21世纪法学系列教材

著作权法

Copyright Law

| 第二版 |

冯晓青 著

法律出版社
——北 京——
始创于1954年

好书，同好老师和好学生分享

图书在版编目(CIP)数据

著作权法 / 冯晓青著. --2版. --北京：法律出版社，2022(2024.1重印)
ISBN 978-7-5197-6934-5

Ⅰ.①著… Ⅱ.①冯… Ⅲ.①著作权法-中国-教材
Ⅳ.①D923.41

中国版本图书馆CIP数据核字(2022)第132980号

著作权法(第二版)
ZHUZUOQUANFA(DI-ER BAN)

冯晓青 著

责任编辑 刘 琳
装帧设计 凌点工作室

出版发行 法律出版社
编辑统筹 法律教育出版分社
责任校对 李慧艳
责任印制 刘晓伟
经 销 新华书店

开本 787毫米×1092毫米 1/16
印张 26.5 字数 633千
版本 2022年11月第2版
印次 2024年1月第2次印刷
印刷 三河市兴达印务有限公司

地址：北京市丰台区莲花池西里7号(100073)
网址：www.lawpress.com.cn
投稿邮箱：info@lawpress.com.cn
举报盗版邮箱：jbwq@lawpress.com.cn

销售电话：010-83938349
客服电话：010-83938350
咨询电话：010-63939796

书号：ISBN 978-7-5197-6934-5 定价：56.00元
凡购买本社图书，如有印装错误，我社负责退换。电话：010-83938349

出版说明

法律出版社作为中国历史最悠久、品牌积淀最深厚的法律专业出版社，素来重视法学教育图书之出版。

"21 世纪法学规划教材"系列作为本社法学教育出版的重心，延续至今已有二十年。该系列一直以打造新世纪新经典教材为己任，遍揽名家新秀，因其卓越品质而颇受瞩目并广受肯定。

中国的法学教育正面临深刻变革，未来的法学教育势必以培养高素质法律人才为目标，以知识教育与应用教育相结合、职业教育与素质教育相结合、精英教育与大众教育相结合为导向，法学教育图书的编写与出版也进入了变革与创新时期。

为顺应未来法学教育的改革方向和发展趋势，本社应时而动，推出全新"21 世纪法学规划教材"，为不同学科、不同层次、不同阶段、不同需求的法学师生量身打造法学教材及教参。在教材方面，将推出课堂教学系列、实训课程系列、通识课程系列、简明本系列、双语教学系列等；在教参方面，将推出案例教程系列、法规教程系列、练习与测验系列、法学讲座系列、专业培训系列等。或革新，或全新，以厚基础、宽口径、多元化、开放性为基调，力求从品种、内容和形式上呈现崭新风采，为法学师生提供更好的教本与读本，同享规划教材之盛。

"好书，同好老师和好学生分享"。本社在法学教育图书出版上必将继往开来，以精益求精的专业态度，打造本套全新"21 世纪法学规划教材"。传播法学知识，传承法学理念，辅拂法律教育事业，积累法律教育财富，服务于万千法学师生和明日法治英才。

法律出版社

2015 年 1 月

作者简介

冯晓青　男，中国政法大学二级教授、博士生导师，中国政法大学知识产权法国家重点学科学术带头人，中国政法大学无形资产管理研究中心主任，中国政法大学国际知识产权研究中心执行主任，北京大学法学博士、中国人民大学法学博士后。兼任中国法学会理事、中国法学会知识产权法学研究会副会长，中国知识产权研究会副理事长、学术顾问委员会委员暨高校知识产权专业委员会副主任委员，最高人民法院案例指导工作专家委员会委员、最高人民法院知识产权司法保护研究中心研究员、最高人民法院知识产权案例指导研究（北京）基地专家咨询委员会委员、重庆市高级人民法院知识产权咨询专家、上海知识产权法院特邀咨询专家、中国国际经济贸易仲裁委员会网上争议解决中心专家、世界知识产权组织（WIPO）仲裁与调解中心专家、北京恒都律师事务所高级法律顾问及兼职律师、北京盈科律师事务所专家顾问，南京、长沙、淄博、焦作仲裁委员会仲裁员，以及北京环世知识产权诉讼研究院院长等。

著有《知识产权法利益平衡理论》《知识产权法哲学》《现代知识产权法》《企业知识产权战略》《企业知识产权管理》《知识产权保护论》等个人专著17部，在《法学研究》《中国法学》等CSSCI刊物发表论文百余篇，国外SSCI刊物论文多篇。成果获得省部级学术奖、科技进步奖和教学奖二等奖5项。主持国家社科基金项目3项，其中重大项目2项。先后获得第二届全国十大杰出中青年法学家提名奖（1999年）、首批国家知识产权专家库专家（2011年）、首批全国知识产权领军人才（2012年）、国家百千万人才工程“有突出贡献中青年专家”（2014年）、享受国务院政府特殊津贴专家（2016年）、文化名家暨“四个一批”人才（2017年）、国家高层次人才特殊支持计划（国家“万人计划”）哲学社会科学领军人才（2018年）等荣誉。开设新浪微博（冯晓青知识产权）和微信公众号（冯晓青知识产权）。

第二版前言

当前，随着国家知识产权战略的深入实施和创新型国家建设的深入推进，知识产权法律制度在我国经济社会发展中的地位和作用日益凸显。基于知识产权制度的重要性，我国已将知识产权纳入国家战略，实施知识产权强国战略，力图使我国由当今的知识产权大国跃变为知识产权强国，为实现中华民族伟大复兴作出重大贡献。2021年9月，中共中央、国务院发布《知识产权强国建设纲要(2021-2035年)》，对当前新发展格局和高质量发展背景下我国知识产权制度及其有效实施进行了更全面的战略布局，充分体现了从国家战略层面实施我国知识产权制度的极端重要性。党的二十大报告则指出，要“加强知识产权法治保障，形成支持全面创新的基础制度”。

知识产权制度的核心是充分、有效地保护知识产权。近些年来，我国通过制定和完善知识产权法律法规，不断加大对知识产权的保护力度，有力地促进了科技和文化创新，为实现我国经济发展方式改变、产业转型升级和创新型国家建设发挥了极为重要的作用。党和政府也通过制定和完善我国知识产权保护政策，进一步推动了我国知识产权保护制度的完善和保护水平的提高。加强知识产权保护，也是党的二十大报告提出的“培育创新文化”的重要方式和内容。

当前，我国已经进入新发展阶段，需要以新发展理念推动我国经济社会发展、国家治理体系和治理能力现代化。在这一进程中，创新驱动始终是引领我国经济社会发展的核心动力和根本保障。党的二十大报告即明确提出要“加快实施创新驱动发展战略”。以知识产权保护为基础和核心的知识产权制度则同时也是激励创新、促进创新成果推广运用、提高我国创新能力的重要的法律制度和激励机制。正如习近平总书记在2020年中央政治局第二十五次集体学习时所指出的：创新是引领发展的第一动力，保护知识产权就是保护创新。全面建设社会主义现代化国家，必须更好地推进知识产权保护工作。知识产权保护工作关系国家治理体系和治理能力现代化、关系高质量发展、关系人民生活幸福、关系国家对外开放大局、关系国家安全。我国知识产权保护重要作用的发挥，则离不开建立和完善知识产权法律法规体系、完善知识产权法律制度。习近平总书记在该次政治学习时还指出：要提高知识产权保护工作法治化水平。完备的知识产权法律法规体系、高效的执法司法体系，是强化知识产权保护的重要保障。要在严格执行民法典相关规定的同时，加快完善相关法律法规，统筹推进专利法、商标法、著作权法、反垄断法、科学技术进步法等修订工作，增强法律之间的一致性。在其他相关重要场合，习近平总书记也多次指出我国要完善知识产权保护相关法律法规。

在当前我国不断强化知识产权保护、完善知识产权保护制度的大背景下，近些年来，我国先后启动了《商标法》《著作权法》《专利法》等知识产权专门法律的修订工作，与之配套的相关司法政策和司法解释的制定和修订也同时进行。其中，就《著作权法》而言，我国2010年第二次修正的《著作权法》实施后，经济社会和技术发展环境出现了很大变化，原有的一些规定逐渐暴露出局限性，亟须通过系统修改的形式加以完善。为此，我国自2012年起即正式启动了《著作权法》第三次修改工作。其间经过多次探讨和向社会广泛征求意见，在2020年11月11日终于通过了第三次修改后的《著作权法》，修正后的《著作权法》于2021年6月1日起施行。

应当说，这次我国《著作权法》修改，具有深刻的现实原因。从总体上说，是为了强化我国对著作权的保护，以更好地激励创作、促进优秀作品的传播和利用。从具体的情况看，是基于著作权保护实践中出现了各种新情况和新问题。正如2020年4月26日司法部时任党组书记、副部长袁曙宏在第十三届全国人民代表大会常务委员会第十七次会议上所作的《关于〈中华人民共和国著作权法修正案（草案）〉的说明》所指出的一样：随着我国经济社会发展，著作权保护领域出现了一些新情况、新问题，亟待通过修改完善著作权法予以解决：一是随着以网络化、数字化等为代表的新技术的高速发展和应用，一些现有规定已经无法适应实践需要。二是著作权维权成本高、侵权赔偿数额低，执法手段不足，著作权侵权行为难以得到有效遏制，权利保护的实际效果与权利人的期待还有一定差距。三是现行著作权法部分规定有必要与我国近年来加入的国际条约以及出台的民法总则等法律进一步做好衔接。这次《著作权法》的修改，对于著作权主体、客体、内容、著作权归属、著作权限制、著作权保护期限、著作权利用、著作权保护、与著作权有关的权利的保护与限制等都作了重要修改。通过这次系统修改，我国著作权保护水平进一步提高，能够更好地适应我国经济社会发展，特别是促进我国科学文化事业发展与繁荣。就我国著作权制度的发展和变革而言，《著作权法》第三次修改无疑是最重要的内容。当然，著作权制度发展与变革还包括更丰富的内容，尤其是著作权保护实践以及国际著作权保护的发展等。

正是基于我国《著作权法》已经作出重大修改、著作权保护实践和我国参加的涉及保护著作权的国际公约有了新的规定，本书作者应法律出版社的建议对本书第一版作出重要修订。本书第二版就是根据我国《著作权法》第三次修改的内容、新近制定和修改的著作权司法政策和司法解释，以及著作权国际公约的最新进展，结合著作权保护实践典型案例和新出现的问题，对上一版所作出的系统修改和完善。其中，在著作权法原理与理论以及著作权法实践尤其是司法保护方面进行了重点修改和完善，特别是增加了一些典型案例研讨内容，从而提升了本书第二版的学术品味和实践品格。

总体上，本书第二版在观点的新颖性、资料的翔实性、内容的全面性、案例资料的典型性、论证的严密性等方面都有较大进展，希望能够继续成为我国高校和科研院所师生、律师、法官、新闻出版及文化传媒等与著作权有关部门的工作人员以及对著作权法感兴趣的读者学习和掌握著作权法的理想教材和专业读物。

在本书出版过程中，法律出版社编辑老师们付出了辛勤的劳动。本书在修订过程中也参考了众多专家学者的论著和资料。在此一并表示感谢。

由于著者水平有限，本书第二版难免存在错漏，希望读者给予批评指正。

作　者

2022年8月18日

目 录

CONTENTS

第一章 导 论

著作权是知识产权的重要组成部分;相应地,著作权法是知识产权法的重要内容。对于著作权法知识和原理的学习与研究,首先需要对著作权和著作权法的基本概念和特征、著作权制度的理论基础与社会价值、著作权制度的历史沿革、我国著作权法的制定与完善,以及我国著作权法基本原则、调整对象与适用范围等问题加以理解。本章将对这些基本问题进行探讨。

第一节 著作权、著作权法的概念

一、著作权的概念

(一)著作权的概念

著作权属于知识产权的范畴,一般是指作者对其创作的文学、艺术和科学作品依法享有的专有权利。著作权有狭义与广义之分。前者仅指作者对其创作的文学、艺术和科学作品所享有的专有权利;后者则还包括表演者、录音录像制作者、广播组织等作品的传播者对其在作品传播过程中产生的创造性劳动成果所享有的专有权利,通常被称为邻接权或相关权利。从广义的角度说,由于在现实中作者之外的其他自然人、法人或非法人组织成为著作权人的情况也十分普遍,因此更严格地说,著作权是作者和其他自然人、法人或非法人组织对文学、艺术和科学作品依法享有的专有权利。

(二)著作权概念的不同表达

"著作权"这一法律术语的称谓在各国不尽一致,主要有"版权"和"作者权"两种叫法。在英文中,著作权被称为Copyright,意为抄录或复制之权,译为"版权"。根据《英国百科全书》中关于"版权"词条的解释,它是法律承认原作者对其作品的传播加以控制或获得利益的权利。版权概念强调著作权的财产属性,对作者的精神权利则不够关注。著作权制度建立较早的西方大陆法系国家则称之为"作者权",即作者的权利,日文转译为"著作权",其英文是Author's Right,德文是Urheberrecht,法文是Droit d'auteur。与版权概念不同,作者权概念强调作者的精神权利,同时也关注财产权利,有学者认为这是"以人为本"哲学理念的体现。[1]

(三)我国著作权概念的发展脉络

在我国,"著作权"与"版权"这两个术语都是"舶来品",又都是某种程度的转译。在日本,"版权"一词被公认是著名作家福泽谕吉从英文Copyright翻译过来的。"版权"一词在我国较

〔1〕 吴汉东主编:《知识产权法》,北京大学出版社2007年版,第30页。

早见于清末资产阶级改良派思想家严复的论著。1904 年，严复翻译的《英文汉诂》由商务印书馆出版，版权页上有“侯官严氏版权所有　翻印必究”的版权印花，这是我国使用版权印花的最早实例。我国官方最早使用“版权”一词则是清光绪二十九年（1903 年）的《中美通商行船续订条约》。据官方解释，“保护版权”为“中国书籍翻刻必究之意”，与同年的《中日通商行船续约》第 5 条所称的“印书之权”相同，仍然没有突破印刷特权的含义。清末变修法律，在起草保护作者权益法律的过程中，参考了各国的著作权法。宣统二年（1910 年）制定了《大清著作权律》，使用“著作权”而放弃“版权”一词。这是我国法律中最早出现的“著作权”概念。当时由商务印书馆出版的代表官方解释的《大清著作权律释义》指出，在欧洲，“由法律上有特种权利者，殆自中世纪印刷发明之日为始。然其初犹只优厚于首先出版者，而授以出版之特许权，尚未有如今日认为创作者之权利者。其由出版特许主义进而为著作者保护主义，盖在于第十八世纪以后，欧美各国先后于其国内法规定之……”在中国，“向者翻刻必究之奠揭，仅有社会之习惯，继而版权所有之保护，渐见之官厅之命令，终至于今日而著作权成文之规定，遂见于国家之法律……”“有法律不称为版权律而名之曰著作权律者，盖版权多出于特许，且所保护者在出版，而不及于出版物所创作之人，又多指古籍国画，而不足以赅雕刻模型等美术物，故自以著作权名之为适当也……”自此以后这一用语便延续下来，北洋政府、国民党政府和现在的我国台湾地区，一直使用“著作权”一词，“版权”仅指出版权。

中华人民共和国成立后，著作权和版权这两个术语都被用来表示作者因创作而产生的权利这一含义。如 1950 年第一届全国出版会议所作的决议中，使用“著作权”一词 1953 年出版总署发出的《关于纠正任意翻印图书现象的规定》（现已废止），使用的则是“版权”一词。1985 年颁布的《继承法》（现已失效）规定公民著作权中的财产权利可作合法遗产被继承，用的是“著作权”。1986 年颁布的《民法通则》（现已失效）将“著作权（版权）”这一用法列入法律条文。在起草我国《著作权法》的过程中，对这一权利术语的称谓则见仁见智，主要有三种提法：版权、著作权和作品权，其中著作权与版权之争尤为突出。主张使用“版权”的学者认为，以复制权为核心的版权概念无论是从历史渊源还是现代社会要求来看均具有合理性；主张使用“著作权”的学者则认为，版权概念没有充分体现保护作者权利，著作权的概念则符合著作权法的本意。

实际上，版权与著作权在国内外都是同义语，不仅由各类法律词典作了解释，而且得到了法律确认。从世界各国立法体例看，无论是称著作权（作者权）还是称版权，其保护的客体、内容是相同的。在国际法领域，这两个词也早已成为可以互换的同义语，为世界上大多数国家所约定俗成。可见在现代社会中，版权与著作权都是作者对其作品享有权利的不同称谓，并无实质性差异。

我国 1990 年 9 月 7 日颁布的《著作权法》（以下简称 1990 年《著作权法》）基于“著作权”“版权”两词在我国使用的实际情况，为避免不必要的混淆与误解，在附则部分第 51 条明确规定，“本法所称的著作权与版权系同义语”。2001 年 10 月 27 日修改的《著作权法》（以下简称 2001 年《著作权法》），则在其第 56 条规定：“本法所称的著作权即版权。”也就是说，著作权即版权，两者的法律意义相同，这两个法律术语在我国均可继续使用。

二、著作权法的概念

著作权又称版权，相应地，著作权法也称版权法。著作权法是由国家制定或认可的调整基于文学、艺术和科学作品而产生的社会关系的法律规范的总和,是调整文学、艺术和科学作品作者、传播者以及社会公众三者利益关系的法律规范。

由此可见,著作权和著作权法是两个密切相关但又互相区别的概念。如同民事权利是民事法律的核心一样,著作权是著作权法的核心。著作权是作者对其创作的作品依法享有的专有权利,而著作权法则是确认和保护这种专有权利的法律规范,是调整著作权关系的基本准则,其核心是为文学、艺术和科学作品提供法律保护。

著作权法有狭义与广义之分。狭义的著作权法仅指系统、集中地调整著作权关系的法典,如我国2001年《著作权法》,这也就是所谓形式意义上的著作权法。广义的著作权法则还包括调整著作权关系的其他法律法规,如我国《刑法》关于著作权犯罪的规定、《著作权法实施条例》、《计算机软件保护条例》等,是所谓实质意义上的著作权法。根据国外学者关于著作权法内容的观点,著作权法包括五个部分:涉及实体著作权的规定,如著作权保护客体、著作权人、著作权内容、著作权保护期限、著作权限制等;涉及邻接权的规定,如表演者、录音录像制作者、广播组织等作品的传播者针对其在传播作品的过程中付出的创造性劳动所享有的权利;涉及著作权合同的规定,如著作权许可、转让的条款;涉及著作权集体管理的规定,如著作权集体管理组织的地位和作用;涉及实施著作权保护的规定,如著作权侵权的民事救济、行政处罚和刑事责任。〔2〕

第二节 著作权的法律性质与特征

一、著作权的法律性质

(一)著作权属于民事权利

著作权属于民事权利,是我国自然人、法人和非法人组织在精神生产领域享有的一项重要民事权利,具有民事权利的一般性质与特征。作者或其他著作权人与他人发生的权利义务关系,属于民事法律关系之一的著作权法律关系。这种法律关系是由著作权法律规范调整的作者或其他著作权人与传播者、社会公众之间因创作、传播和使用作品而产生的具有民事权利义务内容的社会关系。我国《民法典》第一编第五章明确将包含著作权在内的知识产权作为与物权、债权并列的民事权利,实则是对著作权民事权利性质的肯定。

应当指出,著作权是一种民事权利,不应将其与宪法赋予公民进行科学研究、文学艺术创作和其他文化活动的权利相混淆。我国《宪法》第47条规定的权利是我国每个公民都享有的一项基本权利,而著作权是基于智力创作所产生的一项民事权利,只有作者或其他著作权人才能享有,不是每个公民当然享有的。具体而言,前者是一项"应然权利",后者是一项"实然权利",并且前者最终需要后者加以具体落实。〔3〕

还应指出,著作权作为一种民事权利,首先体现为作者对作品享有的专有权利。这是因为,著作权源于作品,而作品是由作者创作完成的。

〔2〕 李明德、许超:《著作权法》,法律出版社2003年版,第2页。
〔3〕 杨利华:《从应然权利到实然权利:文化权利的著作权法保障机制研究》,载《比较法研究》2021年第4期。

（二）著作权具有知识产权的一般属性

著作权构成知识产权的重要内容，属于无形财产权的范畴，是人们在长期的社会实践中，通过自己智力劳动创造的自然科学和社会科学领域的成就，具有知识产权的一般属性。

1. 无形性

财产的有形与无形在古罗马时期即有反映。如盖尤斯在《法学阶梯》中指出，有些物是有体物，有些物是无体物。尽管在古罗马时代缺乏知识产权制度的基础，但那时提出的关于财产"无形"的概念，为后世包容包括著作权在内的知识产权提供了思想基础。无形性是包括著作权在内的知识产权的重要属性。著作权本身是无形的，这和有形财产权不同。著作权人无论是自己行使、许可还是以转让等方式行使和实现自己的权利，标的都是无形的权利，而非负载著作权的有形载体。大陆法系国家将包括著作权在内的知识产权称为"以权利为标的的物权"，即反映了这一点。无形性也使在著作权保护实践中，容易出现侵权难以发现、发现了也难以处理的情况。而且，通常在著作权人行使权利的情况下，如通过侵权诉讼追究侵权人的法律责任，著作权人才能切实感到自己是权利人，难怪在英美法系国家著作权又有"诉讼中的准物权"之说。

在认识著作权的无形性特征时，还应注意它与有形财产的关系，特别是作品的著作权与负载作品的有形载体所有权之间的关系。对此下面还将阐述。

2. 专有性

专有性也称为独占性、排他性。著作权的专有性表现为，只有作者或其他著作权人才能享有著作权，未经其许可或法律特别规定，他人不得控制或使用其作品，否则构成侵犯著作权的行为，应依法承担侵权责任。专有性特征在著作权保护中具有特别重要的意义，因为与有形财产相比，著作权的客体本身具有非独占性和非消耗性，不特定多数人在同一时间可以便利地使用著作权人的作品，如果法律不赋予著作权人专有性地控制其作品的权利，其著作权就无法实现。另外，专有性也是处于专有领域的著作权与处于公共领域〔4〕的智力创造成果相区别的重要特征。在著作权保护制度建立以前，不存在作者对其作品专有控制的问题。即使是著作权制度建立后，也不是所有作品都纳入一个国家或地区著作权保护范围，那些没有纳入著作权保护范围的即为处于公共领域的智力创造成果。专有性由著作权法直接赋予。著作权法的基点也在于赋予作者或其他著作权人对其作品以排他性的专有权，以激励作品的创作和传播。进言之，专有性也可延伸出著作权的支配性特点。著作权的支配性是指著作权人按照自己的独立意志处置作品，不受外部干预，同时其有权禁止他人非法支配其作品。这种支配性也体现了对于著作权这一私权保护的优先性。例如，根据欧盟著作权指令、欧洲理事会和欧洲议会的共识，任何对著作权与邻接权的调整必须以保护著作权为目标。如果著作权人想继续他们的创造性与艺术性工作，他们就应当因其作品得到使用而获得相应的报酬。〔5〕

3. 时间性

著作权的时间性，是指除著作权中人身权利大多没有时间限制外，其财产权具有最终进入

---

〔4〕"公共领域"，也称"公有领域"，两者本质相同。公共领域是著作权法中十分重要的概念，其与专有领域相对，揭示了著作权法中不受著作权保护的、可以自由利用的空间。冯晓青：《著作权法与公有领域研究》，载《法学论坛》2008年第5期。

〔5〕宋锡祥、夏玮：《论德国著作权法的最新修正》，载《政治与法律》2004年第5期。

公共领域的性质,即有一定的保护期限。时间性显然也是著作权和有形财产相比较的重要区别特征,因为有形财产的所有权不存在时间限制。规定著作权具有时间性,也是早期著作权立法的重要特点。例如,英国1709年《安娜女王法》、法国1791年《表演权法》和1793年《作者权法》都规定了权利的保护期限。

事实上,著作权保护的作品可以永久性地存在,而不受著作权保护时间的限制。规定著作权保护的时间限制完全是著作权法律基于自身的政策考量,也是基于合理平衡著作权人利益与社会公众利益而作出的制度安排。具体地说,著作权保护的作品具有社会属性,它不仅是著作权人个人的财产,而且是具有公共产品性质的社会产品,社会也需要从受著作权保护的作品中获得收益。如果无限地保护著作权人的作品,将使社会公众为利用其作品付出沉重代价。另外,作者投入到作品中的劳动毕竟是有限的,作者或其他著作权人对该劳动成果享有不受时间限制的利益也是不公平的。因此,规定著作权的时间性已成为各国著作权法的通例,并很早就得到国际公约的认可。

4. 地域性

著作权的地域性,是指只有在承认和保护著作权的国家、地区,智力作品才能获得著作权并受法律保护。一国、地区法律保护的著作权只在该国、地区内有效,越出该国、地区范围即失去保护。虽然国际公约能改变著作权在国外不能得到保护的问题,但由于实行独立保护原则,仍然未改变著作权的地域性。因此,不能以参加国际著作权公约可以使本国、地区作品在公约其他成员方获得保护而认为著作权保护丧失了地域性。本国、地区作者在公约其他成员方受到著作权保护,其原因是该国、地区参加了保护该作者作品的国际公约,从而使得其能够在公约成员方享有国民待遇以及公约提供的特别保护。例如,我国公民、法人或者非法人组织的作品依照我国《著作权法》的规定所享有的著作权,在中国地域范围内受到保护。由于我国加入了《保护文学和艺术作品伯尔尼公约》(以下简称《伯尔尼公约》),我国公民的作品也可以在该公约成员国受到保护。我国还加入了《与贸易有关的知识产权协议》(以下简称TRIPs协议),我国公民的作品还可以在世界贸易组织成员内获得广泛的保护。但是,我国公民在《伯尔尼公约》成员国以及世界贸易组织成员内受到的具体的保护以及相应的权利限制,均取决于这些国家或者地区著作权法的规定。具体言之,国际著作权保护是以地域性为基础,通过奉行"国民待遇原则""互惠原则"来实现的。以我国某作者在英国发表一篇英文论文为例,虽然根据中国和英国共同参加的《伯尔尼公约》实行国民待遇保护,但中国作者在英国受到的具体的保护,仍然以英国《著作权法》为准。另外,那些起源于《伯尔尼公约》成员国或世界贸易组织成员的作品在我国获得的著作权保护,则应当根据我国《著作权法》的规定处理。

当然,随着知识产权国际保护趋势的增强,特别是知识产权全球化趋势的出现,知识产权地域性问题也将出现新的特点。如一些地区出现的统一协调本地区知识产权法的地区性组织和公约,就在某种程度上削弱了著作权保护的地域性。还有,随着互联网的发展,网络的无国界性使得作品可以在世界上任何一个角落被使用和传播,这也为著作权的地域性带来了值得研究的新问题。[6]

---

〔6〕 应当指出,关于著作权的地域性特征,学术界也不乏否定的观点。如有学者认为,地域性并不是著作权的独有特征,也不是知识产权的特征,而是与国际法相比较而言,这是一切国内法确认的民事权利所共有的客观表征,因为任何国内法的适用范围具有地域性,均只能在制定该法律的国内适用。费安玲:《著作权法教程》,知识产权出版社2003年版,第16页。

此外，还有观点认为可复制性是著作权的特性之一。事实上，可复制性不是针对著作权本身而言的，而是针对受著作权保护的客体即作品而言的。从后面的阐述可知，可复制性是我国现行《著作权法》实施以前受著作权保护作品的构成要件之一，原因在于复制是行使著作权的重要方式。但是，随着技术的发展，受著作权保护的作品并非一定限于以复制形式予以体现。对此，后文将继续探讨。

（三）著作权是一种无形财产权

著作权的法律性质实质上是以作品的专有权为标的的商品交换关系。各国著作权法都规定，著作权具有财产的性质，作者对其创作的作品享有财产权利，即作者可因其作品的使用和传播而获取一定的经济利益。这实质上是肯定了作者的财产权可以通过对作品的商业性利用来实现，也就是肯定了文学、艺术和科学作品的商品属性。因此，著作权的法律性质实质上是以对作品的专有权为标的的商品交换关系。[7] 著作权法就是承认文学、艺术和科学作品作者可以对其作品的利用进行支配，并可将它作为商品交换的法律制度。为了促进文化科学事业的发展和繁荣，发展我国社会主义市场经济，必须承认文学、艺术和科学作品的商品属性，运用价值规律，促进智力作品的创作、传播与利用。

二、著作权的特征

著作权是一种极为复杂的民事权利。这种复杂性体现在使用著作权客体的方式多样、权利客体和权利内容广泛，以及权利与权利之间的复杂关系上。为揭示这一专有权利的特征，可以从其与财产所有权、工业产权、工业版权等进行的比较中加以理解。

（一）从著作权与财产所有权的关系看

财产所有权，是指财产所有人依法对自己的财产享有占有、使用、收益和处分的权利。财产所有权具有独占性、排他性，在这一点上，与著作权的排他性质是一致的。但是，两者也有重大区别。这主要是：

第一，著作权是一种无形财产权，是对智力作品的一种支配权，属于知识产权范畴。其客体是无体物，即作者创作的以某种形式表现的文学、艺术和科学作品。财产所有权的客体则是一定的动产或不动产等有形的物体。

第二，占有有形物体不等于取得附着在该有形物体上作品的著作权。一般情况下，作品都有一定的物质载体，但取得载体的所有权并不意味着取得作品的著作权。著作权也绝不等同于负载作品著作权的有形物质载体所有权，两者具有独立性。如美国《著作权法》第 202 条规定：对著作权的拥有，不等于体现了作品的任何有形物的拥有。法国《知识产权法典》第 L. 111 - 1.3 条规定：作者仅可基于创作的事实而享有对该作品的独占和对抗他人的无形财产权，该无形财产权与作为原件的财产所有权具有独立性。我国 2010 年《著作权法》第 18 条也规定："美术等作品原件所有权的转移，不视为作品著作权的转移。"2020 年修改后的《著作权法》第 20 条第 1 款则将上述规定修改为："作品原件所有权的转移，不改变作品著作权的归属，但美术、摄影作品原件的展览权由原件所有人享有。"这表明，著作权的客体在实际上不能被占有，

---

[7] See Abraham Bell & Gideon Parchomovsky, *Reinventing Copyright and Patent*, 113 MICH. L. REV. 231 (2014).

著作权可以不依赖于对实物的所有而独立存在，它指向的是对作品使用的权利，并非作品载体本身。财产所有权强调的则是对实物的直接支配。关于这一问题，后面还将进行探讨。

当然，我们也不能忽视著作权与负载作品著作权的有形载体之间的内在联系。一般地说，作品都需要一定的有形载体，或者说至少具有一定的客观表现形式。如果缺乏有形载体，再好的思想和灵感也无法被他人感知，亦难以被有效传播。因此，尽管著作权保护的不是作品有形载体本身，但作品有形载体对于确认著作权的存在和著作权的保护与行使，仍然具有关键性意义，特别是对于仅具有唯一载体的作品而言，作品载体的灭失也同时意味着著作权的灭失。近些年来我国发生的一些手稿丢失引发的著作权、物权侵权之诉无不反映了这一现实。[8]

第三，作为著作权主体的作者，其创作离不开前人所作的贡献，这种权利有一定的保护期限，并且要受到一定限制，即著作权的独占性不是绝对的。财产所有权则不同，其权利主体可以对所有权客体永久行使支配权，它是一种绝对权，不受时间限制。只要该财产权的客体没有消灭，受法律保护的财产所有权就存在。故两者在权利的独占性程度上不同。

第四，所有权依一定的法律事实而取得，其以有形物作为客体是基于其本身的性质，是基于对财产的绝对占有而产生的，即所谓"得物获权，物去权失"。著作权则具有法定性或者说法律认可性。在绝大多数国家，著作权的取得是基于创作这一事实，一般说来，作品一经创作完成即享有著作权，其他人可以通过转让、继承等方式取得。因此，著作权是一种法定的权利，即它作为一种民事权利是由法律直接规定的。权利人只能在法定的范围内行使权利与履行义务。可见，两者在权利产生的原因方面是不同的。

第五，著作权的内容具有双重性，包括人身权和财产权两方面，是具有人格性质的权利与具有财产性质的权利的混合体。其中，人身权体现了作者的人格属性，反映了作者的人格利益，财产权则反映了作品具有商品属性的特点。这一特点是著作权与财产所有权等一般的民事权利颇不相同的特点。财产所有权仅指财产权，强调对财产的直接占有与支配，仅含有财产因素的内容。

第六，有形财产的价值量是由生产商品的社会必要劳动时间决定的，著作权是一种无形财产权，其价值量则由作者声誉、作品学术或艺术质量、作品传播范围、使用频率、市场合法替代品情况等因素决定，不取决于作品创作中投入劳动量的多少。一般情况下，著作权的价值不能事先确定。故在财产价值衡量标准方面，两者有别。

第七，有形财产一般无地域限制，根据某国法律取得财产所有权，在其他国家通常也被承认。著作权则有地域限制，对此前面已作讨论。

---

〔8〕 2002年10月12日由最高人民法院审判委员会第1246次会议通过、自2002年10月15日起施行了《关于审理著作权民事纠纷案件适用法律若干问题的解释》（以下简称2002年《审理著作权民事案件适用法律解释》）。根据2020年12月23日最高人民法院审判委员会第1823次会议通过的《最高人民法院关于修改〈最高人民法院关于审理侵犯专利权纠纷案件应用法律若干问题的解释（二）〉等十八件知识产权类司法解释的决定》，该司法解释被修正，并于2021年1月1日起施行（以下将2020年修正版简称为2020年《审理著作权民事案件适用法律解释》）。其第23条规定："出版者将著作权人交付出版的作品丢失、毁损致使出版合同不能履行的，著作权人有权依据民法典第一百八十六条、第二百三十八条、第一千一百八十四条等规定要求出版者承担相应的民事责任。"冯晓青主编：《著作权侵权专题判解与学理研究》（第1分册），中国大百科全书出版社2010年版，第141～163页。

(二)从著作权与工业产权的关系看

著作权和工业产权都是知识产权的重要组成部分,以一定的智力劳动成果为保护对象。但著作权与作者人身关系较为密切,主要作用于文化精神领域,目的是促进社会科学事业的发展与繁荣;工业产权则作用于技术、产业和商业领域,主要目的是促进物质生产的发展与市场经济繁荣。两者主要区别表现在:

第一,权利客体不同。著作权的客体为文学、艺术和科学作品,而工业产权的客体包括发明创造、识别性标记等。两者在权利客体上明显不同。当然,两者也存在一定的联系。例如,作品与发明创造都属于人类智力劳动成果,发明创造中的外观设计本身可以视为作品受到著作权保护,识别性标记中的商标图案也可以作为受著作权保护的作品看待。不过,在涉及不同法律保护时,其保护功能不同。这里不妨以 1879 年美国联邦最高法院审理的著名的 Baker v. Selden 案[9]以及我国最高人民法院审理的立体造型美术作品著作权侵权纠纷案为例分析著作权与工业产权中的专利权之区别。

前一案例涉及原告塞尔登(Selden)出版了一本解释簿记方法的书,在书中收录了使用该簿记方法的空白表格。被告贝克(Baker)的书中则使用了原告的簿记方法,原告认为其侵犯了自己作品的著作权。美国联邦最高法院则明确区分了著作权和专利权保护的界限,指出技术可以受到专利权保护,技术的表述才受到著作权保护。作品中对技术的描述不能等同于对技术本身的垄断。著作权不能保护作品中披露的技术,否则会造成著作权人对作品中描述的技术的垄断。

后一案件涉及再审申请人某法蓝瓷公司与被申请人某陶瓷公司侵害著作权纠纷。[10] 在该案中,原告取得了"蜂鸟茶具系列""小红莓系列""蜂鸟摆饰系列"等陶瓷作品的专有使用权,其主张被告产品是对其享有专有使用权的作品的刻意模仿,侵犯了某法蓝瓷公司的著作权。最高人民法院则指出:设计思路以及相应的工艺方法并非著作权法的保护对象,权利人不能通过著作权垄断相应的设计思路和工艺方法;他人可以采用同样的设计思路和工艺方法,设计并生产类似主题的产品,但不能抄袭他人具有独创性的表达,否则将违背著作权法的立法原意,阻碍文学、艺术、科学的进步和作品的多样性。模仿是文学、艺术和自然科学、社会科学、工程技术等进步的基本手段和方法,他人可以采用同样的设计思路和工艺方法,设计并生产类似主题的产品。著作权制度并不禁止他人的适度模仿,但不能抄袭他人具有独创性的表达。[11] 当然,该案涉及的设计思路和工艺方法是已进入公共领域的、可以自由利用的,并不受专利法保护。但即使是受到专利法保护的设计思路和工艺方法,在该著作权侵权纠纷案中,原告也不能基于设计思路和工艺方法相同或者相似而主张著作权侵权,因为这不属于著作权保护的范畴。正如最高人民法院所指出的,在该案中,原告受著作权保护的部分限于其独创性的表达。相关问题将在本书相应章节进一步阐述。

上述案例划清了著作权和专利权保护的界限。事实上,我国 1990 年《著作权法》第 7 条规

---

〔9〕 101 U. S. 99 (1879).

〔10〕 最高人民法院(2012)民申字第 1392 号民事裁定书。

〔11〕 《最高人民法院知识产权案件年度报告》(以下简称《知识产权案件年度报告》)(2013)。

定“科学技术作品中应当由专利法、技术合同法等法律保护的,适用专利法、技术合同法等法律的规定”,也反映了这一点。[12]

第二,权利产生途径不同。绝大多数国家规定,著作权的产生实行“无手续原则”。包括专利权、商标权在内的工业产权则要经过申请、审查、批准等行政程序才能产生。

第三,权利构成要件不同。作为著作权客体的作品,须具备独创性特征,但不要求作品的首创性。故著作权的专有性只是相对的。欲取得专利权,则须要求发明、实用新型具有新颖性、创造性和实用性。可见,专利的独占排他性是绝对的,禁止重复授权也是专利法中专利申请、审批程序的重要原则。就商标权而言,与他人在同一种商品或相类似商品上已经注册的或初步审定的商标相同或近似,也将不能取得商标专用权。

第四,权利有效期不同。著作权与作者人身关系较为密切,其保护期较长。专利权从技术角度考虑,保护期较短。商标由于具有识别作用,有利于维护产业秩序以及积累商品信誉,尽管法律也对其规定了有效期限,但有效期届满前后的法定时间可以被续展,其保护期实际上可以是无限的,因为每次期限届满后续展次数不受限制。

第五,对权利持续的要求不同。取得专利或商标专用权后,权利人均有实施(使用)或许可实施(使用)的义务,并且维持专利要缴纳一定的费用。著作权的维持则不要求履行使用或许可使用作品的义务,这主要是因为它与作者的人身关系较为密切。

第六,权利保护侧重点不同。知识产权都具有人身权和财产权的双重属性,但专利权价值偏重财产权,其人身权基本上只有确认谁是发明人或设计人的问题,商标权不直接涉及人身权的内容。著作权中的人身权和财产权则都是著作权构成的重要支柱。同时,专利权侧重保护客体的内容,商标权侧重保护客体的形式,著作权则兼而有之。这一特点又导致在一定条件下,著作权保护与专利权、商标权保护存在重叠。

另外,上述关于著作权与工业产权的区别主要是针对著作权与工业产权中的专利权和商标权而言的。根据《保护工业产权巴黎公约》(以下简称《巴黎公约》)的规定,制止不正当竞争也属于工业产权的范畴。事实上,著作权与制止不正当竞争也存在密切的联系。制止不正当竞争也称为反不正当竞争,它是指工商业活动中制止违背诚实信用和商业道德的不法行为。根据我国2019年修正的《反不正当竞争法》第2条第2款规定,不正当竞争行为是指经营者在生产经营活动中,违反反不正当竞争法规定,扰乱市场竞争秩序,损害其他经营者或者消费者的合法权益的行为。在著作权领域也同样存在不正当竞争行为,因为在市场经济中作品也是一种特殊的商品,可以在市场上进行流通。如果他人以不正当竞争方式利用著作权人的作品的声誉,企图“搭便车”来牟取不法利益,此时就存在制止不正当竞争的问题。近些年来,我国也出现了一些涉及著作权领域的不正当竞争行为。如在王某诉王某著作权侵权及不正当竞争纠纷案中,被告王某为使自己的作品与原告的作品相混淆,将自己的姓名改换成与原告一样的姓名并出版了涉案作品,最终被法院认定为不正当竞争行为。[13] 又如,在《围城续集》著作权

---

〔12〕 该规定在2001年修改《著作权法》时已被取消。

〔13〕 余晖:《知名人物姓名商业化权利的司法保护》,载冯晓青主编:《不正当竞争及其他知识产权侵权专题判解与学理研究》(第2分册),中国大百科全书出版社2010年版,第218~227页。

侵权纠纷案中,也涉及未经许可使用他人知名作品进行时空延拓的行为是否为不正当竞争行为的问题。

(三)从著作权与工业版权的关系看

"工业版权",是与著作权有关的一个概念。它是针对那些既具有作品特征又具有技术发明特征的创造性智力成果而赋予的一种专门性的知识产权保护形式。在保护条件方面,此概念兼采著作权保护和工业产权保护的某些要件,如著作权法中的独创性要件和专利法中的新颖性要件。工业版权的客体比较典型的有计算机软件、工业品外观设计和集成电路布图设计。

就计算机软件而言,它本身具有作品特性和实用技术方案的技术特性。国际上关于计算机软件保护模式经历了一个探索的过程。目前主要以著作权法保护计算机软件,与硬件相结合的软件则可以获得专利保护。关于计算机软件著作权保护,本书第十二章将专门探讨。

就工业品外观设计而言,其保护模式通常有专利法、专门法和著作权法保护三种方式。我国目前仍采用专利法保护模式。根据现行《专利法》第 2 条第 4 款的规定,它是指对产品的整体或者局部的形状、图案或者其结合以及色彩与形状、图案的结合所作出的富有美感并适于工业应用的新设计。工业品外观设计本身可以是具有独创性的作品。

就集成电路布图设计而言,它是指集成电路中至少有一个是有源元件的两个以上元件和部分或者全部互连线路的三维配置,或者为制造集成电路而准备的上述三维配置。这里的集成电路,则是指半导体集成电路,即以半导体材料为基片,将至少有一个是有源元件的两个以上元件和部分或者全部互连线路集成在基片之中或者基片之上,以执行某种电子功能的中间产品或者最终产品。集成电路布图设计是由一系列相关图形构成的三维设计。集成电路布图设计是具有某种电子功能的技术产品,具有受专利法保护的技术特征,同时又可以通过模具而被批量复制,具有著作权意义上图形作品的特性。美国早在 1984 年即通过了《半导体芯片产品保护法》,将集成电路布图设计称为"掩膜作品"。国际上则有 1989 年在华盛顿外交会议上通过的《关于集成电路的知识产权条约》。我国也以专门法的形式颁行了《集成电路布图设计保护条例》。

此外,从权利保护、权利利用和权利本身的特点看,著作权还具有如下法律特征:

第一,著作权只保护作品思想的表现形式,不保护作品思想本身。这是著作权法区别于专利法和其他知识产权法的本质特征。任何作品本身具有思想与表现形式的二重性,但其中思想、构思、技巧本身是不受著作权保护的。在著作权法中,应区分受著作权保护的表达与不受著作权保护的思想。在著作权法学理上,这被称为"思想与表达二分法"原则。[14] 这一原则也是国际公约以及世界上很多国家著作权立法的通例。例如,TRIPs 协议第 9 条规定,著作权保护应延及表达,而不延及思想、工艺、操作方法或数学概念之类。美国《著作权法》第 102 条规定,在任何情况下,对作者的独创作品的著作权保护,绝不能扩大到作品所描述的任何思想、程序、方法、体系、操作法、概念或原理,或发现上。著作权只保护思想的表现形式,而不保护思想

---

〔14〕 冯晓青、刁佳星:《从价值取向到涵摄目的:"思想/表达二分法"的概念澄清》,载《上海交通大学学报(哲学社会科学版)》2021 年第 2 期。

本身,这一原则在司法实践中被充分体现了。例如,在 Miller v. Universal City Studios, Inc. 案[15]中,法院认为著作权保护只能渗透到作者对事实的描述,而不及于事实本身。

当然,在特定情况下,如果作品的表现形式具有唯一性或者很有限,就存在思想与表达合并的问题。在这种情况下,保护表达就等于保护了思想,因此表达也不再受到保护,这被称为"思想与表达合并原则"。对此,国内外也有相关案例适用了这一原则。如在再审申请人孙某与被申请人马某侵害著作权纠纷案[16]中,最高人民法院指出,如果智力成果在表现形式上是唯一的,无法体现与已有作品存在的差异,即不符合著作权法关于独创性的要求。智力劳动成果必须借助特定形式为他人知晓和确定,这是作品有形形式要求的应有之义。在 Herbert Rosenthal Jewely Corp. v. Kalpakian 案[17]中,法院指出:"如果思想只是从一种或多或少的形式中来,复制那一表达不构成侵权,即令存在着逐个的复制。"在 Apple Computer v. Franklin Computer 案[18]中,法院提到:"如果只有一种方式或很有限的表达方式表达一个思想,允许复制表达的形式。"在 Morrissey v. Procter & Gamble Co. 案[19]中,法院针对一套享有著作权的规则指出:"一个当事人或者多个当事人对仅有的几种表达享有著作权,将会穷尽所有未来使用形式。"[20]此外,关于合并原则,有学者还提到了主要适用于文学作品的"情景理论",即文学作品中的事件、人物特性和特定背景等不受著作权保护,因为它们是创作文学作品不可避免地需要使用的要素,也是特定主题或思想观念的产物。[21]

第二,著作权具有可分性。著作权具有与体现作品的原物质载体可分离的特性,其使用又具有多样性和多层次性的特点。著作权是一个总概念,它包括许多"支分权",其中每个支分权又可分解为若干权利。以其中的翻译权为例,从理论上说,人类有多少种语言,就几乎有多少种翻译权。

第三,著作权和对著作权的限制具有多层性。著作权是一系列权利的总称,其内容广泛。一般而言,使用作品方式的种类与权利多少的种类是一致的。但同时,作者行使权利也要尽社会义务,为了使社会公众能尽可能多地利用作品,丰富自己的精神生活,对作者行使权利也要进行一定的限制。这种限制的形式也是多方面的,而且将随着著作权范围的扩大而扩大。

第四,著作权利用具有间接性,这一特点又决定了其社会义务的广泛性。在实践中,作者本人直接使用作品,实现著作权的情况较少,往往要借助作品的传播者来实现。因此,著作权利用具有间接性特点。

---

[15] 650 F. 2d 1365, 21 U. S. P. Q. 345 (5TH Cir. 1981).

[16] 最高人民法院(2016)最高法民申 2136 号民事裁定书;《知识产权案件年度报告》(2016)。

[17] Herbert Rosenthal Jewely Corp. v. Kalpakian, 446 F. 2d 738, 742 (9th Cir. 1971); Merritt Forbes & Co. v. Newman Inv. Secs., Inc., 604 F. Supp. 943, 951 (S. D. N. Y. 1985); Signo Trading Intl. Ltd. v. Gordon, 535 F. Supp. 362, 365 (N. D. Cal. 1981).

[18] Apple Computer v. Franklin Computer, 714 F. 2d 1240, 1253 (3d Cir. 1983).

[19] 379 F. 2d 675 (1st Cir. 1967).

[20] 379 F. 2d at 678.

[21] 李明德、许超:《著作权法》,法律出版社 2003 年版,第 18 页。

第三节 著作权制度的理论基础与社会价值

一、著作权制度的理论基础

人类社会的文明与进步有赖于知识的取得与积累,此为著作权的基本理论根据。要获得与积累知识,就必须鼓励人们从事智力创造性劳动,并保护人们因此而获得的智力成果。法律通过保护文学、艺术和科学作品作者的物质和精神利益,鼓励作者从事有益于社会和人类文明进步的创作,同时,这种保护以作者权利的行使不妨碍作品的广泛传播和公众获取知识为前提。这已成为世界公认的著作权立法原则。

但由于各国在政治、经济、历史、立法传统上的不同,在著作权法中如何贯彻这一原则就存在很大差别。各国著作权制度差异的出现,是遵循不同立法理论的结果。

(一)个人财产论

这种立法理论认为:著作权具有商业价值,是一种个人财产。作者创作的文学、艺术和科学作品与有形财产在实质上没有区别,可以像有形财产一样转让和处分。著作权是一种私人财产和物质财富,他人不能随意支配。著作权是人为的和有限的,一个国家在确认和保护著作权时,应对著作权的概念作出限制。英美法系就是基于这种理论确认和保护著作权的。其将著作权称为 Copyright,在这些国家的著作权法中,传统上没有对作者身份权、保护作品完整权等人身权作出规定,而是刻意强调著作权作为财产权的基本观念以及财产权在著作权法中的重要地位。

个人财产论强调作品的商业性利用及其价值,将作品看成是可以在市场上流通的商品。即侧重于受著作权保护作品的商业性利用,将著作权看成为一种可以被充分利用的财产,“最为根本的是版权是一种财产权利形式”。[22] 英国版权委员会前主席丹尼斯·戴伪雷塔斯对版权概念的解读即反映了这一观念:“版权的概念,在联合王国(即英国)和美国以及法律制度的起源和原则来自习惯法(即英美法)的其他国家,版权是一种财产权。联合王国和美国的版权法都明确表明,版权是一种个人财产或动产的形式。”[23] 英国哲学家洛克的观点也无不反映了将作品视为财产的观点。个人财产论的重点是确保作者对作品享有具有排他性的财产性权利。在这些国家,除了自然人可以成为作者外,法人也可以成为作者。

将著作权视为个人财产的形式在司法实践中也有体现。饶有趣味的是,大陆法系的典型国家法国在 1880 年最高法院的一个司法判决中也采纳了个人财产论的观点:文学艺术财产是动产,具有与其他财产相同的特征,除了公共利益要求对它的期限所作的限制……当然,早期大陆法系国家学者也有主张著作权为财产权的。例如,19 世纪法国学者 Accolas 等主张,文学艺术作品著作权系财产权,是传统民法财产权在著作权上的适用。[24]

---

〔22〕 国家版权局编:《著作权的管理和行使文论集》,上海译文出版社 1995 年版,第 228 页。

〔23〕 国家版权局编:《著作权的管理和行使文论集》,上海译文出版社 1995 年版,第 76 页。

〔24〕 费安玲:《著作权法教程》,知识产权出版社 2003 年版,第 18 页。

不过,近些年来,随着著作权制度的国际化,特别是随着英国、美国等国家加入《伯尔尼公约》以及 TRIPs 协议,这些国家也开始保护著作权中的人身权利或称为著作人身权、精神权利。[25] 例如,美国 1990 年修改《著作权法》后,明确了视觉艺术家的精神权利受到保护。其第 106 条之二规定了署名权和保护作品完整权。英国《著作权法》第 70 条和第 80 条则分别有表明作者身份和禁止损害作品的规定。

(二)人格权论

这种立法理论认为:作品是作者人格的体现和物化,著作权与作者个人密切相关,只有作者本人才能占有和处分自己的作品,应当保护作者的精神和物质利益。著作权制度的目的是要通过确认作者身份,肯定作品对社会的贡献、保护作品的不可侵犯性,以鼓励作品的创作与传播。

大陆法系国家就是基于上述理论制定本国著作权法的。欧洲大陆法系国家在其著作权制度建立之初,就从天赋人权的哲学中产生出知识产权思想。康德、黑格尔等哲学家提出的作品是作者人格的反映和思想的延伸,在极大程度上为大陆法系国家作者精神权利的保护提供了哲学基础。大陆法系著作权制度自建立以来,一直强调作者的精神权利,认为著作权不仅是一种经济权利,而且是作者人格的反映,包含不具有经济权利性质的人身权利。这些国家特别强调作者人格精神和权利主体的个人身份,认为这才是人的自我实现。在立法上,也把人身权利放在首要位置,并认为只有自然人才能成为作者。[26] 在这些国家的著作权法中,著作权保护的核心观念是对作者人格利益的保护,在重视对作者财产利益保护的同时,更强调对作者人格利益的维护和保障。

以法国为例,在 18 世纪末的法国大革命中,提出了天赋人权的思想,废除了出版商的特权,转而在立法中强调作者的权利,提出了"作者权"的概念,将著作权等同于作者权。其在 1777 年由国王路易十六颁布了 6 项印刷出版的法令,确认了作者享有印刷、出版和发行自己作品的权利。在 1791 年的著作权立法中,明确了作者是著作权保护的主人。

人格权论与英美法系著作权制度强调作品的商业性利用、强调作品的财产价值显然不同。基于这一哲学基础而制定的著作权法强调以作者权利的确认和保护为核心,将作者置于著作权立法的重心。

(三)智力成果论

这种立法理论认为:文学、艺术和科学作品的创作者是社会劳动者的一部分,作品也是社会劳动产品的一部分,是一种特殊商品,它既是作者人格和愿望的一种表现形式,又是社会劳动和个人劳动相结合的产物。著作权就是产生于这种社会劳动产品上的作者之权。作者对其作品享有某些专有权利,但根据个人利益与社会公众利益一致性的原理,在两者发生矛盾时,个人利益应服从社会公共利益。因此,法律授予作者的某些专有权利只能在法定范围内行使,不能当作作者及其继承人谋取个人利益的手段。著作权的行使应受到一定限制。社会主义国家基本上是按这种理论制定著作权法的。

---

〔25〕 有些英美法系国家加入《伯尔尼公约》较早,为此也较早在著作权法中规定了精神权利的保护。例如,1931 年,加拿大为加入《伯尔尼公约》而在修订其《著作权法》时增加了署名权和保护作品完整权的内容。

〔26〕 参见孙新强:《论作者权体系的崩溃与重建——以法律现代化为视角》,载《清华法学》2014 年第 2 期。

（四）利益平衡论

利益平衡论也是构建著作权制度的重要理论基础。自18世纪英国率先制定有关著作权保护的《安娜女王法》以来，著作权法已经发展成为协调作者、传播者、使用者三者利益关系的平衡器。[27] 著作权法是在著作权人和社会公众之间实现精妙平衡的法律机制，是协调著作权人利益与社会公共利益的"平衡器"。"版权制度从来都是利益平衡的结果，三百多年的版权制度发展历史所积累的利益平衡经验是修改现行版权法，进行具体版权制度设计的基本准则。"[28] 从著作权制度的历史看，在著作权法中确立利益平衡原则是一个历史渐进过程，著作权法在平衡作者利益和社会公共利益方面是成功的。并且，著作权制度三百年以来所积累的利益平衡方面的经验既为具体的著作权制度设计提供了指导，为著作权法的修改与完善提供了基本的准则，也为研究新的技术发展环境下的著作权问题提供了理论指引。今天互联网的发展也要求我们重构著作权法的利益平衡。尽管这种平衡是脆弱的，其作用却不可忽视。[29] 关于著作权法中利益平衡的原则和观点在有关著作权的国际公约中也有体现。例如，根据1996年12月世界知识产权组织（WIPO）主持缔结的《世界知识产权组织版权条约》（WCT）和《世界知识产权组织表演和录音制品条约》（WPPT）序言部分的规定，这两个条约的目的是解决对文学、艺术和科学作品的创作和使用，以及对表演和录音制品使用有深刻影响的数字技术和网络环境中有关著作权和邻接权问题，从而以尽可能有效和统一的方式发展和维持对作者就其文学、艺术和科学作品的权利、表演者和录音制品制作者权利的保护，并且保持作者的权利（表演者和录音制品制作者的权利）与广大公众的利益尤其是教育、研究和获得信息的利益之间的平衡。

著作权法的利益平衡体现了著作权法的二元价值取向，即保护作者权益与促进文化事业发展与繁荣和保护作者专有权与对这种专有权的限制并存。著作权法作为促进国家文化繁荣、经济发展和社会进步的重要法律，对作者等著作权人利益的保护不是唯一目的，它还有更重要的促进知识和信息的获得与交流、促进学习和后续创造以及促进文化创新与实现国家文化政策的重要功能。同时，在民主社会，它还有重要的增进民主的价值目标。在这个意义上，对作者权利的保护只是实现著作权法社会公共利益目标的手段和机制。著作权法所保护的著作权被认为是人为创造的具有很强的公共性的私权，它不仅是对作者创作的回报，而且在于通过激励作者创作社会需要的更多更好的作品，满足社会文化和科学事业发展的需要。[30]

二、著作权制度的社会价值

从各国著作权保护实践看，建立著作权制度的社会价值主要是：

---

〔27〕 L. Ray Patterson & Stanley W. Lindberg, *The Nature of Copyright: A Law of Users' Right*, the University of Georgia Press, 1991, p. 2.

〔28〕 陈心歌、李克：《我国计算机软件最终用户责任问题的利益平衡》，载《中国农业大学学报（社会科学版）》2005年第1期。

〔29〕 Computer Science and Telecommunications Board, *The Digital Dilemma: Intellectual Property in the Information Age*, 2000.

〔30〕 冯晓青：《知识产权法利益平衡理论》，中国政法大学出版社2006年版，"第6章"、"第21章"和"第30章"。

第一,著作权法通过确认、维护和保障作者的著作权,以及与著作权有关权益,能够极大地调动文学、艺术和科学作品的创作者,特别是知识分子的创作积极性,鼓励作者创造优秀的精神财富。制定和实施著作权法,确认和维护作者对其创作作品享有专有权利,就为作者进行精神产品的再生产提供了精神鼓励与物质利益两方面条件,从而能够调动他们的创作积极性,充分发挥其聪明才智,为社会提供更多的精神食粮,有利于促进社会精神文明建设。另外,著作权法通过制裁各种侵权行为,能够为作品的创作提供良好的自由竞争环境。

第二,著作权法通过调整作者、作品传播者以及社会公众使用作品的利益关系,能够促进优秀作品的传播与使用,满足人们日益增长的精神文化生活需要。著作权法不仅保护作者因创作而产生的正当权益,也保护作品传播者的正当权益,这就能够调动作者和传播者的积极性,不断产出优秀作品,并使之进入民事流转领域,从而能够促进优秀作品的广泛传播与使用。同时,著作权法对专有权利作了某些限制,既保障了作者专有权利的行使,又能满足社会对作品的不同需求。

第三,通过实施著作权法,有利于减少智力资源外流,减少对外国智力成果的依赖,开展对外科技、文化交流与合作,增进各国间的相互了解。实施国内著作权法是处理涉外著作权关系的基本前提,也是我国在积极参与国际著作权公约的制定中发挥主导作用的先决条件。

第四,实施著作权法律制度,是发展一个国家版权产业的根本保障,对于推动国家经济社会发展具有极其重要的作用。

版权产业是以版权保护和运营为核心的产业,包括图书出版、新闻传播、广播电视、报刊出版、音乐动画、电影、计算机软件产业等。广义上的版权产业还包括部分涉及有版权的产品,向公众和消费者发行享有版权的物品以及与版权产业直接相关的产业。根据美国国际知识产权联盟 2004 年年度报告的观点,版权产业可以分为核心版权产业、部分版权产业、版权关联产业等。党的二十大报告提出,要"建设现代化产业体系"。版权产业作为与文化创意产业相关的产业,在我国现代化产业体系中占据重要地位。大力发展我国版权产业,自然也是建立我国现代产业体系的重要组成部分。

版权产业离不开版权保护,版权法律制度是规范版权产业秩序、调整版权产业利益关系的基础,对于推动国家经济社会发展具有极其重要的作用。

第四节 著作权制度的沿革

著作权制度的产生与发展,是与政治、经济、科技、文化相互作用、相互影响的过程,其中起决定作用的又是科学技术(尤其是传播技术)和商品经济两大因素。商品经济的发展促使人们思想观念发生变化,产生了现代著作权观念。科学技术的发展使作品的价值在更大范围内实现,产生了保护著作权的客观要求。这两大因素交互作用,使著作权制度得以产生和发展。

一、印刷技术的出现与著作权制度的产生

在活字印刷技术发明以前,智力作品的保护是根据财产法来调整的。作品被视为一种有

形的私人财产,可以和一般财产一样被自由买卖。那时,作品的复制主要靠手抄,抄本数量毕竟很有限,使用作品不会给作者带来多大经济损失。同时,当时的学者为宣扬自己的思想观点,一般欢迎别人抄写、印制其作品,甚至不惜雇人抄写、印制其作品。那时作品的传播也主要是通过手抄、口述、朗诵等有限的形式体现,并没有产生保护著作权的迫切需要。

15 世纪,德国人约翰尼·古登堡将 11 世纪初我国宋人毕昇发明的活字印刷术传到欧洲后,作品较过去可以越来越低的成本迅速大量复制,其传播速度大大加快。据悉,在 1455 年,古登堡已开始采用活字印刷《圣经》。随着印刷图书的便利,印刷业逐渐成为一种有利可图的行业,智力创作的作品就成了商品,并能给作者带来利益。出版商为了牟取经济利益,竞相印刷图书。有些投机商人为了攫取更多利润,便擅自大量翻印已经印刷出版的图书,损害了原印刷出版商的利益,于是他们纷纷要求皇室授予他们印刷出版的专有权。当时的欧洲统治者和教会也很快认识到印刷业发展的重要性,并把它看成是一种威胁其统治的力量。这种情况使得统治者授予印刷商以印刷某种出版物的特权,并禁止他人从事印刷出版行为。

15 世纪,威尼斯共和国印刷商冯·施贝叶在威尼斯印刷出版的专有权,是欧洲第一个由统治者颁发的保护翻印权的特许令。16 世纪初欧洲各国的皇室也纷纷为印刷出版商颁发印刷特许证。例如,1556 年,英王玛丽批准成立出版业公会,该公会是一个包括印刷者、出版者和书商的行会。公会被授予出版和销售图书的垄断权。同时,还规定图书须呈送官方审查,并在公会登记注册才能出版。据考证,17 世纪以来,英国出版商为控制和垄断英国图书市场,采取了一些阻止自由复制和翻印的手段,包括通过游说,说服英国皇家取消图书进口的自由,说服英国皇家给予英国印刷、发行者更多的特许,以及说服英王玛丽一世批准成立出版业公会。[31] 从 1556 年到 1637 年,英国先后颁布过四个《星法院法》,旨在授予印刷出版商印刷出版的特权。耐人寻味的是,该公会后来成为主张著作权保护的重要团体,其重要理由之一是主张公共利益。

由封建君主或地方政府授予印刷出版商印刷作品的专有权,在欧洲一直持续到 17 世纪末。它实际上是封建君主或地方政府赐予的一种特权,体现的是国家公权力,真正受益的并非智力创作者,而是少数印刷、出版商。这种特许制度,具有明显的封建专制色彩,与现代著作权制度有着重大区别。

由出版商为权利本位转变到作者为权利本位的现代著作权概念则是欧洲资产阶级革命的产物。17 世纪的英国资产阶级革命推动了商品经济的发展,著作权作为一种无形财产权日益受到重视。英国哲学家洛克在《国富论》中指出:作者在创作作品时花费的时间,与其他劳动成果的创作花费是一样的,因而作品也应像其他劳动产品一样,获得报酬。这个时候,要求废除封建特权法令,保护作者权的呼声与日俱增。作者和出版者通过禁止他人非法复制以保护自己权益的必要性也日益被人们所认识。以前的封建特许制度已经不能适应资产阶级保护著作权的需要。这样,用作为成文法的著作权法取代封建特权法令,已成为一种客观上的要求。

二、世界上第一部著作权法及其影响

1709 年,英国下议院通过了一部保护著作权的法律——《安娜女王法》。该法是世界上第

---

〔31〕 费安玲:《著作权法教程》,知识产权出版社 2003 年版,第 2 页。

一部著作权法。该法的原名是《为鼓励知识创作而授予作者及购买者就其已印刷成册的图书在一定时期内之权利的法》。该法序言部分指出:鉴于近来经常发生印刷商、书商和其他人未经作者或所有者之授权,擅自印制、翻印和出版图书,使图书作者或者所有者深受其苦,而且经常使其家庭破产;为杜绝以后发生此类事情,鼓励学者撰写有用的图书,特制定本法。该序言鲜明地表明了其立法宗旨。

《安娜女王法》第一次确认了作者对其作品享有财产权,从保护财产权的角度保障作者通过其作品的使用而获得财产利益,指出作者是第一个应当享有作品无形财产权的人,从而在法律上第一次确认了作者是法律保护的主体。这也正是该法被视为世界上第一部著作权法的重要标志。该法保护的作品限于图书,不包括其他作品。

《安娜女王法》规定了著作权的保护期限。对已出版的作品,自法律颁布之日起 21 年内享有重印该书的独占权。当时尚未出版的书籍,其著作权保护期为 14 年;期满后如果作者还健在,可以续展 14 年。续展后的权利均回归作者,该权利可以再次转让给出版商。该法还规定取得著作权应履行一定手续,即作者应到出版公会登记注册,向某些大学和图书馆赠送 9 本样书。该法颁布后,在英国存在依照普通法产生的著作权和依照该法产生的著作权的冲突。自从上议院的判决确立了图书出版后应按照《安娜女王法》的规定赋予该图书的权利后,类似的纠纷都是按照这一判例法原则解决的。

《安娜女王法》废除了皇家颁发许可证制度,使权利从公法领域进入私法领域,特权被民法调整的可转让的财产权所替代。该法明确了作者对其作品的支配权,实现了由主要保护印刷出版者到主要保护作者的飞跃,从而确立了现代著作权法律制度的雏形。这也使人们对印刷出版商与作者关系的理解发生了极大的变化,即作者应成为法律保护的主体。这部法律对世界各国后来的著作权立法产生了深远的影响,因而堪称著作权保护史上的里程碑。当然,与当代着重保护作者和其他著作权人利益的著作权法相比,该法在保护作者方面并不彻底,因为对出版商的保护仍然是该法的主要内容——出版商对于依法印刷出版的书籍享有翻印、出版和出售的专有权。

《安娜女王法》的颁布与实施在著作权法发展史上意义重大。其后,随着资本主义商品经济的发展,资本主义世界中曾经的出版特权制度逐渐被著作权制度所代替。[32]

在法国,印刷出版商的特权也曾受到保护。法国著作权制度的出现同样是印刷出版商特权向作者权利迈进的产物。1791 年,法国颁布《表演权法》,规定作者享有公开演出权,其受让人或者其亡故后的继承人可享有 5 年权利;1793 年又颁布《作者权法》,进一步确认了作者有复制自己作品的权利,其受让人或者其亡故后的继承人可享有 10 年权利。该法的一个重要特点是,不仅承认作者对其作品享有财产权,而且承认作者对其作品享有人身权。这就进一步完善了著作权制度,对世界各国后来的著作权立法影响巨大。

美国在独立战争后有 21 个州在 1783 ~ 1789 年先后制定了著作权法律。英国著作权立法观念深深地影响到美国著作权立法,1790 年美国国会即仿照《安娜女王法》制定了联邦著作权

---

〔32〕 参见丁丽:《版权制度的诞生:从古登堡印刷术到安娜女王法》,载《编辑之友》2016 年第 7 期;Adi Libson & Gideon Parchomovsky, *Toward the Personalization of Copyright Law*, 86 U. CHI. L. REV. 527 (2019).

法。之后，联邦著作权法经过了多次重大修改。[33]

德国在19世纪是由各邦组成的邦联，第一部联邦法于1837年通过，1901年通过了关于文学及音乐作品的作者权法，1907年实施了关于美术和摄影作品的著作权法。与法国一样，德国著作权立法深受作者人格权观念的影响，特别是康德哲学观念的影响，认为作者创作的作品是作者人格的体现和反映，作为实现作者人格的部分，作者要求保护其作品是顺理成章的。丹麦和挪威于1741年通过了第一部著作权法，授予作者及其后嗣一种永久财产权。西班牙、意大利、俄国、比利时等国也相继制定了著作权法。至于东欧和许多发展中国家，其著作权立法较晚，这是由于其特殊的政治、经济条件决定的，兹不赘述。

迄今为止，著作权立法基本上形成了以法国、德国为代表的大陆法系传统以及以英国、美国为代表的英美法系传统，这尤其体现在对待著作权中的人身权利方面。

三、国际著作权保护的形成与发展

19世纪后期，欧美各国先后制定了著作权法以保护本国出版的本国国民的作品。科学技术的不断进步，使作品的传播手段越来越多。随着国际关系和文化交流的发展，许多优秀作品的传播已经跨越国界，一国作者的作品被译成他国文字在其他国家出版发行。这就给著作权保护提出了一个新问题，因为著作权具有严格的地域性，一国的著作权法只能在该国范围内有效，不能延伸到他国。这一情况使各国积极谋求著作权的国际保护。起初，一些国家在其国内法中规定一些互惠条款。后来，一些国家开始签订双边协定，相互提供保护。现今，更多国家开始缔结多边公约、进行世界范围内的保护——这主要体现于1886年签署的《伯尔尼公约》和1952年缔结的《世界版权公约》之中，而TRIPs协议的实施则是包括著作权在内的知识产权国际化进一步发展的重要标志。此后，随着国际科学文化交流与合作的加强，著作权的国际保护还会得到进一步发展。

四、新技术革命对著作权法的冲击及著作权法的应对

从前面的阐述可知，著作权制度是商品经济发展的产物，同时又深受技术发展的影响，著作权制度本身是印刷技术的产物，其产生和发展与科学技术的发展息息相关。

著作权制度从产生之日起，就一直对科学技术的发展作出相应反应。早期的著作权保护仅限于机械印制品。19世纪末，随着无线电广播和唱片的产生，著作权保护内容发展到邻接权保护。20世纪50年代以来，新技术革命对社会生活各个领域产生了深远的影响，同时也冲击着著作权制度。这一方面表现在这一阶段出现了大量新的作品的表现形式，如有声书籍、计算机程序、视听作品；另一方面表现在作品的复制和传播手段得到了空前的发展，如影印复制、静电复印、录音录像、缩微胶片、网络传输、直播卫星等。

新技术革命不仅使作品类型与利用方式大大增加，也让著作权法面临着更多理论与实践层面的问题。此类问题尤其体现为如下两方面：其一，科学技术让作品的类型不断扩展，使著

---

〔33〕 See Shyamkrishna Balganesh, *Copyright as Legal Process: The Transformation of American Copyright Law*, 168 U. PA. L. REV. 1101 (2020).

作权法亟须讨论是否将之纳入保护范围;其二,技术本身使作品的利用和传播方式迅速更新,使得著作权法更需着眼于是否将之纳入调整领域、是否赋予著作权人以新的权利或者确立新的权利主体。

就前者而言,这体现在著作权客体的不断扩张方面。无论是从各国著作权法还是国际公约的沿革看,受著作权保护的作品范围有不断扩张的趋势。以美国《著作权法》为例,其1790年第一部《著作权法》保护的客体有地图、图标和书籍。在19世纪摄影技术出现后,摄影和底片被纳入保护范围。20世纪以来,随着电影、录音、计算机技术的出现,电影、录音和计算机软件纷纷被纳入著作权保护范围。进入21世纪以来,随着人工智能技术的迅猛发展,又产生了人工智能生成物是否可以作为著作权客体的难题。特别是近年随着以ChatGPT、"文心一言"为代表的生成式人工智能的"横空出世",对于著作权法是否应当保护人工智能生成内容(AIGC)引发了广泛的关注和争议。[34]

就后者而言,随着科学技术的发展,特别是无线电广播技术、录音录像技术、电视和卫星传播技术的出现和广泛运用,作品的传播方式和范围大大扩展,著作权人权利的范围增加了机械表演权、放映权、录音录像权等。20世纪90年代以来,信息网络技术蓬勃发展,作品可以通过互联网形式传播到世界的每一个角落,作品利用和传播变得极为便捷。为适应数字化时代的需要,各国著作权法纷纷增加了信息网络传播权一类的权利。1996年世界知识产权组织则分别制定了《世界知识产权组织版权条约》和《世界知识产权组织表演和录音制品条约》,以规范网络环境下的著作权保护。同时,作品传播方式的增加也产生了诸如录音录像制作者权、广播组织权等与著作权相关的邻接权。前述进入21世纪以来人工智能技术的迅猛发展,又产生了如何确定人工智能生成作品的权利主体资格和权利归属等疑难问题。近年来,生成式人工智能的出现使得这一问题变得更复杂。[35]

可以预料,新技术革命对著作权法的影响还在加大,著作权法也会不断地适应新技术革命的要求而日臻完善。[36]

第五节 我国著作权制度的历史沿革

我国是一个具有悠久历史和灿烂文化的文明古国,是传播知识的重要媒介——纸张和印刷术的发明者,曾对人类文明的发展与进步作出了卓越的贡献。然而,由于我国长期处于封建专制统治下,商品经济和科学文化发展十分落后,实行著作权立法一直无从谈起。另外,著作权观念在我国产生则较早。如春秋战国时代流传至今的古典文献大都有作者的署名,剽窃抄

---

〔34〕 参见冯晓青、李可:《人工智能生成内容在著作权客体中的地位》,载《武陵学刊》2023年第6期;杨利华:《人工智能生成物著作权问题探究》,载《现代法学》2021年第4期。

〔35〕 参见唐一力、牛思晗:《论人工智能生成作品的权利主体及其著作权归属》,载《福建论坛(人文社会科学版)》2023年第11期;易玲、尹丝媛:《我国著作权法中人工智能主体资格之否定》,载《科技与法律(中英文)》2021年第4期。

〔36〕 See Jane C. Ginsburg, *Copyright and Control over New Technologies of Dissemination*, 101 COLUM. L. REV. 1613 (2001).

袭者会受到社会谴责,这体现了作者对其因创作而产生的署名权等人身权利进行保护的要求,以及社会对这些权利的尊重。

一、我国古代的著作权保护

中西方的知识产权学者都认为著作权保护是随着印刷术的应用而产生的。我国著作权保护的产生也不例外。在毕昇发明活字印刷术之前,早在东汉时就发明了造纸术,隋唐时有了雕版印刷业。据宋代孔平仲所著《珩璜新论》记载,五代后唐长兴二年(931 年),朝廷命田敏在国子监主持校正《九经》,作为读书人的标准,刻版印卖。《九经》刻成后的百余年间,未经国子监许可,民间不得翻版。随着活字印刷术的发明和应用,我国图书印刷业进一步发展起来。这是因为,印刷业发展使图书的传播成本大大降低,相应地使图书的印刷、出版和发行活动成为一种有利可图的行业。图书印刷业的发展,使作品得以广泛传播,出版商为了制止他人翻版盗印,获取更多利益,便寻求法律保护。于是出现了禁止他人随意翻印图书的客观需要。

早在 11 世纪,我国宋代就有了官府具状禁止翻刻的记载。如南宋四川眉州人王充写的一部北宋历史《东都事略》,在初刻本目录页上附有一方牌记:“眉山程舍人宅刊行,已申上司,不许复板。”这是迄今为止世界上发现的最早的“著作权保留声明”。在 1071 年,宋神宗发布诏令,要求“诏民间勿得私印造历日;令司天监选官,官自印卖;其所得之息,均给在监官属”。[37]南宋咸淳年间,两浙政府为了保护《方舆胜览》的卷首等四部书的权益发了榜文,如有人翻版,允许“陈告、追人、毁版、断治施行,庶杜翻刊之患”。这体现了我国古代社会对作品的出版权寻求官府特权保护。[38]

我国清代目录学家叶德辉在其所著的《书林清话》中曾对我国古代著作权保护作了系统论述。该书指出:“翻版有禁例始于宋人。”我国台湾地区学者也认为,从法律上保护作者的作品不得任意使用,始于宋朝。以上史料的记载也说明了这一点。宋朝地方政府为了保护编著者和刻版者的利益,开始用法律对“嗜利翻版”的侵权者进行制裁。这可以说是我国著作权法制的渊源。究其原因,乃在于著作权观念与制度是社会经济、文化、科学发展的产物。北宋活字印刷术的发明与应用,著作物成为商品流通物,在客观上有了保护刻印专有权的要求。

到了我国元代,“禁例”保护制度仍被沿用。如元刻本《古今韵会举要》就载有:“窃恐嗜利之徒,改换名目,节略翻刻……已经所属陈告,乞行禁约。”

清末以前,我国也一直是以禁例形式保护刻印出版者权益的。这和欧洲封建统治者授予出版商以印刷出版之特权有惊人相似之处。禁例保护的直接受益者是版刻者,而不是作者,因此不能说是建立了著作权制度。但这一保护最终使作者的作品得以完整地保存,便于作者出版权的正确行使。因此,这仍可看作我国著作权法律制度的雏形。

二、我国近现代的著作权保护

(一)《大清著作权律》的诞生与主要内容

1840 年鸦片战争后,中国逐渐沦为半殖民地半封建社会,同时也有许多近代社会观念进

[37] 周宝荣:《中国古代版权保护的源头》,载《著作权》1993 年第 4 期。

[38] 冯晓青:《中国古代版权保护是啥样》,载《人民论坛》2021 年第 15 期。

入了中国社会,其中包括言论出版自由的思想和保护著作权的思想。这在清政府与帝国主义签订的某些条约和颁布的一些法律中已有所反映。从当时的立法背景看,清末变修法律,实施立宪活动,其中著作权立法就是其中一项内容。1910 年,清政府民政部大臣向宣统皇帝呈交的奏折称:窃为著作一端,东西各国均设专律,确立范围,保障权利,故学问、艺术日新月异。现在预备立宪,国民程度正期继长增高,预谋思想之交通,必得推行之无弊。臣部职司警政,首在保卫治安……著作数端为最要,所有报律,结社集会律等,业经臣部奏请核定施行,则著作权之专律当及时拟定。该奏折反映了制定著作权立法的必要性。1908 年,清政府迫于外国帝国主义的压力和国内学者的强烈要求,派观察员参加了《伯尔尼公约》成员国柏林修改会议。宣统二年(1910 年),清政府颁布了《大清著作权律》。

《大清著作权律》分为 5 章,共 55 条,是我国第一部著作权法。它第一次在中国普遍肯定了作者受著作权保护的法律地位。《大清著作权律》对著作权的概念、客体、作者权利及其有效期、取得著作权的手续、权利限制、侵权法律制裁,以及委托作品、合作作品、口述作品和翻译作品的继承和归属等问题都作了明确规定。例如,著作权被定义为"凡称著作物而专有重制之利益者,曰著作权";受保护的客体有文艺、美艺等物,包括诗文、曲本、乐谱、笔记、说部、图画、帖本、照片、雕刻、模型等。不受保护的作品则包括法令约章及文书案牍、各种善会宣讲之劝诫文、各种报纸记载政治及时事上之论说新闻、工会之演说等。著作权年限已满者、作者身故后无承继人者、著作久经通行者以及愿将著作任人翻印者之情形将造成著作权消失而增进公共利益。关于著作权侵权行为,该法列举的行为有:翻印仿制以及用其他方法假冒他人已注册之著作;就原著加以割裂、改窜及变匿姓名或更改名目发行;假托他人姓名发行自己之著作;将教科书中设问之题,擅作答词发行;未经原主同意,他人将未发行的著作强取抵债。该法规定,凡侵害他人著作权者,均得科以罚金或没收其财产。从这些规定可以看出,《大清著作权律》对著作权法所应规定的内容是较明确和全面的,因而是一部具有现代著作权法特征的法律。

《大清著作权律》颁布后的第二年,即 1911 年,清朝政府即告覆灭,故这部法律实际上没有实施。但这部法律对后来的北洋政府及国民党政府历次著作权立法有重大影响,对我国今天的著作权立法仍具有一定参考价值和重要的法律文化意义。[39]

(二)北洋政府及国民党政府时期著作权立法

1915 年,北洋军阀政府颁布了一部《著作权法》。该法分为总纲、著作人之权利、著作权之侵害、罚则、附则五章,共计 45 条。除了将登记主管机关改为内务部,在受保护的客体中增加"演述""讲义"等项外,其内容基本沿袭《大清著作权律》。该法也随着北洋军阀政府的垮台而失效。

1928 年,国民党政府又颁布一部《著作权法》及其实施细则。该法分为总纲、著作权之所属及限制、著作权之侵害、罚则、附则五章,共 40 条。该法的内容与前两部大同小异,但增加了政治性的内容。从实质上讲,无论是《大清著作权律》,还是北洋政府和国民党政府颁布的《著作权法》,都是为封建地主阶级和官僚买办资产阶级利益服务的。

国民党政府 1928 年颁布的《著作权法》后来又经过多次修订,才基本上摆脱了《大清著作权律》的影响。

---

〔39〕 参见赵晓兰:《从古代萌芽到近代初熟——我国版权保护制度的历史演变》,载《中国出版》2012 年第 11 期。

三、中华人民共和国成立后的著作权保护

中华人民共和国成立后，我国尚没有全面保护著作权的法律，也没有形成比较完善的著作权制度。但是，在有关法律法规、规定中是对著作权加以保护的。

1950 年，第一届全国出版会议通过的《关于改进和发展全国出版事业的五项决议》对著作权的保护作了原则性规定，指出稿酬应在兼顾作家、读者和出版者三方面利益的原则下与著作者协商解决。原则上，不主张卖绝著作权，以保护作者利益。这是一部保护著作权的重要文件，它成为后来处理有关著作权问题的依据。例如，1950 年年底发生的新华书店大连分店擅自翻印事件，就是依此处理的。

1952 年，当时的中央人民政府出版总署制定了《关于国营出版社编辑机构及工作制度的规定》，指出依据选题计划向作者约稿应当订立合同。20 世纪 50 年代末至 60 年代初，各出版社根据该规定制定了约稿合同和出版合同及稿酬支付办法，著作权纠纷也较少。

针对一些机关团体和学校随意翻印出版社出版图书的情况，1953 年，中央人民政府出版总署公布了《关于纠正任意翻印图书现象的规定》。

1957 年，当时主管著作权方面工作的文化部起草了《保障出版物著作权暂行规定》，准备对已出版的著作实行全面保护。

1958 年，文化部发布了《关于文学和社会科学书籍稿酬的暂行规定草案》。

1961 年，文化部又发出废除稿税制度，实行薪酬办法的通知，实行一次付酬的办法。

"文化大革命"期间，作者因创作而取得著作权的思想被当作资产阶级的"名利思想"，保护著作权自然无从谈起。

"文化大革命"后，特别是党的十一届三中全会以来，我国保护著作权的制度得以恢复，并逐步健全起来。

1977 年，国家出版事业管理局发布了《关于试行新闻出版稿酬及补贴试行办法》，恢复了稿酬制度。在此基础上，1980 年，国家出版事业管理局又发布了《关于书籍稿酬的暂行规定》，这是我国重建著作权制度的开端。为进一步健全稿酬制度，调动广大作者的创作积极性，文化部出版局对《关于书籍稿酬的暂行规定》作了全面修订，发布了《书籍稿酬试行规定》，于 1984 年 12 月 1 日在全国试行。

1982 年，广播电视部发布《录音录像制品管理暂行规定》。此后，广播电视部又发布了《录音录像出版物版权保护暂行条例》及《录音录像出版工作暂行条例》，对录音录像出版单位及表演者、作者等的权利作了规定。

1984 年，文化部制定了《图书、期刊版权保护试行条例》，1985 年又制定了实施细则，对著作权的主体、客体、内容、归属、限制、保护期、侵权法律责任等都作了具体规定。这可看作中华人民共和国著作权立法的雏形。

1985 年，经国务院批准，国家版权局正式成立，担负了草拟著作权法和指导全国著作权管理工作的任务。

1990 年 6 月，国家版权局又制定了《书籍稿酬暂行规定》，适当提高了书籍稿酬的标准。

值得指出的是，随着我国著作权制度的恢复与健全，党的十一届三中全会以来，我国颁布

的有关法律已明确将著作权列入受保护的对象。例如,1985年4月10日通过的《继承法》第3条明确规定著作权中的财产权利可作为遗产被继承。1986年4月12日第六届全国人民代表大会第四次会议通过的《民法通则》更是对著作权保护作了明确规定。在各方面条件成熟后,中华人民共和国第一部著作权法终于在1990年9月7日出台。有关我国《著作权法》的制定与修改内容,将在下一节详细介绍。

第六节 我国《著作权法》的制定与完善

1990年9月7日,第七届全国人民代表大会常务委员会第十五次会议通过了《中华人民共和国著作权法》,次年6月1日正式实施。这是中华人民共和国成立以来颁布实施的第一部全面保护著作权的法律。该法的颁布与实施,体现了我国对保护精神创造和精神产品的高度重视,是我国著作权保护史上的里程碑。我国著作权法律制度是随着经济社会与技术发展而诞生与完善的。[40]

一、1990年《著作权法》的制定及其主要内容

(一)我国著作权法的立法依据

我国著作权法的立法依据是宪法。《宪法》第20条、第22条和第47条等规定是我国著作权立法的直接依据。

我国原《民法通则》则将著作权作为一项特殊的民事权利,列入知识产权范畴。其第94条规定:"公民、法人享有著作权(版权),依法有署名、发表、出版、获得报酬等权利";第118条规定:"公民、法人的著作权……受到剽窃、篡改、假冒等侵害的,有权要求停止侵害,消除影响,赔偿损失"。可见,原《民法通则》的规定是著作权立法的具体依据。《著作权法》的制定,可以说是我国《宪法》和原《民法通则》原则的具体化。

(二)1990年《著作权法》的基本特点

1990年《著作权法》分为六章,共56条,规定了著作权的客体、著作权的内容、著作权许可使用合同、著作权限制、与著作权有关的权益以及著作权侵权的法律责任等内容。为了将该法实施前存在的作品著作权保护期限与该法规定衔接并妥善处理在该法实施前发生的侵权或者违约行为,该法第55条还规定:"本法规定的著作权人和出版者、表演者、录音录像制作者、广播电台、电视台的权利,在本法施行之日尚未超过本法规定的保护期的,依照本法予以保护。本法施行前发生的侵权或者违约行为,依照侵权或者违约行为发生时的有关规定和政策处理。"

1990年《著作权法》是从我国的基本国情出发而制定的,这是该法与我国历史上颁布过的几部著作权法的根本区别之一,也是其最重要特点。具体地说,1990年《著作权法》有以下特点:

第一,从整体上看,著作权保护水平比较充分,具有现代化的特点。大多数发展中国家在

---

〔40〕 参见熊琦:《中国著作权立法中的制度创新》,载《中国社会科学》2018年第7期;梁志文:《论版权法改革的方向与原则》,载《法学》2017年第12期。

建立著作权制度之初，保护面都较窄。我国《著作权法》一经诞生，著作权保护水平即较充分。主要体现在：一是著作权客体保护全面，二是著作权内容较充分，包括著作人身权和著作财产权两部分，前者中的发表权、修改权没有列入保护水平较高的《伯尔尼公约》，充分体现了我国《著作权法》对创作者个人人格与名誉的尊重。该法对著作财产权的保护也较充分，著作财产权包括使用权和获得报酬权两部分。

第二，保护著作权与保护邻接权并举，对两者关系处理较为妥当。从法律条文上看，《著作权法》明显分为两大块，一块是对著作权的规定，另一块是对邻接权的规定。《著作权法》把作者权和作品传播者权统一起来，应当说这是其一大成功。

第三，对侵权行为表现作了具体列举，并对严重侵权行为规定了行政制裁措施。鉴于我国公民著作权意识比较淡薄，《著作权法》具体列举了各种侵权行为。同时，为弥补民事救济的不足，《著作权法》对严重侵权行为规定了行政救济措施，这也是其他国家著作权法不多见的。

第四，符合国际惯例和国际公约的基本原则，具有国际性的特色。这使后来在 1992 年我国加入两大国际公约时，不存在国内法与国际法的重大冲突，不需要对国内法作出重大修改。

二、2001 年《著作权法》的修改背景与主要内容

（一）修改背景

1990 年《著作权法》的实施，对于鼓励作者创作优秀作品，促进作品的传播和利用，繁荣我国科学文化事业，推进我国社会主义精神文明和物质文明建设，发挥了重要作用。然而，该法实施后，我国面临的国际国内形势发生了很大变化。从国内形势看，1992 年前后，我国社会主义市场经济体制正逐步建立，著作权立法应与市场经济规律相吻合。在市场经济条件下，著作权法在促进文化产品传播、为版权产业奠定坚实的法律基础方面被赋予更加重要的职能和使命。从国际形势看，1990 年《著作权法》实施后，著作权国际保护趋势仍然在不断强化，如 1996 年世界知识产权组织通过了《世界知识产权组织版权条约》和《世界知识产权组织表演和录音制品条约》。特别是从 1986 年开始，关贸总协定乌拉圭回合谈判一直在紧锣密鼓地进行，到 1994 年终于达成了 TRIPs 协议。该协议是世界贸易组织"一揽子"协议的重要组成部分。我国为了"入世"，必须遵循包括该协议在内的一揽子协议。为了加快"入世"进程，国家立法机关有必要展开对包括《著作权法》在内的法律修改工作。同时，我国在加入国际著作权保护体系方面也向前迈进了一大步。例如，1992 年 10 月，我国分别加入了《伯尔尼公约》和《世界版权公约》，同年又加入《保护录音制品制作者防止未经许可复制其录音制品公约》（以下简称《录音制品公约》）。著作权国际公约的规定没有充分地反映在 1990 年《著作权法》中。而且，我国加入《伯尔尼公约》之前，国务院还专门颁布了《实施国际著作权条约的规定》，这些规定存在在中国保护外国人的待遇高于中国人的不合理现象，即"超国民待遇"。另外 1990 年《著作权法》实施后不久，我国即与美国分别在 1992 年、1995 年和 1996 年达成了有关著作权等知识产权的协议，有关内容需要通过修改立法予以实现。在新的政治经济形势下，1990 年《著作权法》的一些规定已显得过时，需要通过修改立法的形式加以改变。因此，从 1995 年开始，《著作权法》修订工作即提上日程。1998 年 12 月，国务院向全国人大常委会提交著作权法修正草案。终于在 2001 年 10 月 27 日，第九届全国人民代表大会常务委员会第二十四次会议通

过了《关于修改〈中华人民共和国著作权法〉的决定》。

(二)修改的主要内容

2001年《著作权法》修订的内容较多,主要修改内容有:

一是权利客体。2001年《著作权法》将"摄影作品"从原来的"美术、摄影作品"一类中分离,单独列为一类作品;采纳了《伯尔尼公约》的提法,将包括动态摄像的作品描述为"电影作品和以类似摄制电影的方法创作的作品",相应地取消了原来的"电视、录像作品"的提法;同时,整合了图形作品和模型作品,将原来的"工程设计、产品设计图纸及其说明"和"地图、示意图等图形作品"进行了合并,并在涉及实用设计时增加了模型作品。这一修改,使作品的归类更加科学。同时,增加了杂技艺术作品、建筑作品等类型。

二是权利内容。2001年《著作权法》细化了著作财产权的内容,对于复制、发行、出租、汇编等12种财产权的内涵作了界定;新增了电影作品和以类似摄制电影的方法创作的作品、计算机软件以及录音制品的出租权、放映权等权利;扩大了表演权的内涵,使之包含机械表演;引入了汇编权的概念。在邻接权保护方面,取消了表演者的法定许可,同时也扩大了表演者财产权的内容,即表演者不仅可以对传送其现场表演进行有效的控制,而且能够对录制品的复制权、发行权和信息网络传播权进行更加有效的控制;在录音录像制作者保护方面,除了调整法定许可以外,主要是扩充了录音录像制作者的控制权,规定录音录像制作者对其制作的录音录像制作品,享有许可他人复制、发行、出租、通过信息网络向公众传播并获得报酬的权利。

三是权利利用。在著作权利用方面,2001年《著作权法》的重要特点是增加了著作权转让制度。

四是权利限制。在法定许可方面,2001年《著作权法》取消了1990年《著作权法》第43条关于法定免费使用的规定,代之以法定许可。同时,2001年《著作权法》增加了为贯彻九年制义务教育和国家教材出版规划等法定许可类型。

五是增加了网络环境下著作权保护的内容。在1990年《著作权法》制定之时,网络技术在我国还很陌生,因此该法没有对网络环境下的著作权保护做任何规定。随着20世纪90年代以来网络技术的普及,网络空间著作权问题日益凸显。为适应新的形势以及国际公约的规定,2001年《著作权法》专门规定了信息网络传播权,包括:著作权人享有信息网络传播权,表演者有权许可他人通过信息网络向公众传播其表演,录音制品制作者有权许可他人通过信息网络向公众传播其录音制品。此外,2001年《著作权法》还规定了技术措施和权利管理电子信息的保护。

六是加强了著作权的行政保护与司法保护。在行政保护方面,增加了著作权行政执法措施,扩大了适用著作权侵权行政处罚的著作权侵权行为的范围。在司法保护方面,增加了诉前临时禁令、诉前财产保全和证据保全制度,并确立了侵权全面赔偿原则和法定赔偿制度。

七是确立了著作权集体管理组织的地位。2001年《著作权法》明确了著作权集体管理组织的法律地位,为建立健全我国著作权集体管理组织提供了基本的法律依据。

三、2010年《著作权法》的修改背景与内容

2010年2月26日,第十一届全国人民代表大会常务委员会第十三次会议通过了《关于修改〈中华人民共和国著作权法〉的决定》,对2001年《著作权法》作了如下修改:一是将第4条

修改为:“著作权人行使著作权,不得违反宪法和法律,不得损害公共利益。国家对作品的出版、传播依法进行监督管理。”二是增加一条,作为第26条:“以著作权出质的,由出质人和质权人向国务院著作权行政管理部门办理出质登记。”该决定自2010年4月1日起施行。2001年《著作权法》根据该决定作修改并对条款顺序调整后,重新公布(以下简称2010年《著作权法》)。

四、2020年《著作权法》的修改背景与主要内容

(一)修改背景

2010年《著作权法》实施以来,我国经济社会和科学技术发展出现了很多新情况,著作权保护面临新的挑战,国际著作权保护也出现了新的变革。在上述背景下,需要通过修法的形式,提高著作权保护水平,完善著作权保护体系,并进一步与国际接轨。具体而言,2020年对《著作权法》进行修改的必要性可以从以下几方面加以理解:

第一,加强包括著作权在内的知识产权保护是推动科技创新和文化繁荣发展的重要举措。党中央、国务院始终高度重视知识产权保护。习近平总书记指出,“要加大知识产权保护力度,提高侵权代价和违法成本,震慑违法侵权行为”,“要完善知识产权保护相关法律法规”。时任国务院总理李克强强调,“知识产权是发展的重要资源和竞争力的核心要素”,“要强化知识产权保护,鼓励创新创造”。[41] 著作权作为知识产权的重要内容,加强著作权保护需要通过进一步修法的形式加以实现。

第二,通过修法,更好地适应我国经济社会发展。著作权制度本身是商品经济的产物。当前,我国社会主义市场经济体制正在不断完善。在著作权法律制度方面,需要通过修改法律的形式,更好地利用市场机制和市场规律,促进作品的创作、传播和利用。

第三,通过修法,更好地适应技术发展需要。适应技术的发展是著作权制度现代化的重要标志之一。著作权制度现代化是一个与时俱进的概念,它要求现代著作权制度必须因应技术的发展,面对技术发展提出的新问题和新要求及时进行变革。[42] 随着技术发展,我国《著作权法》需要充实相关权利,并重构利益平衡机制,这也为修法提供了契机。

第四,通过修法,进一步与著作权国际保护接轨。国际化代表了著作权制度的发展趋势与水平,是著作权制度现代化的重要标志。国际化也是我国制定和完善著作权制度的基本原则之一。随着知识产权国际保护制度的变革,在促进知识产权全球治理的大背景下,我国著作权制度在国际保护环境之下仍有进一步发展的空间,也需要随着国际保护制度的变革而不断地完善。[43]

(二)修改的主要内容

2020年11月11日,第十三届全国人民代表大会常务委员会第二十三次会议通过《关于修改〈中华人民共和国著作权法〉的决定》,自2021年6月1日起施行。为方便起见,本书将2020年第三次修改后的《著作权法》称为2020年《著作权法》或现行《著作权法》。

---

〔41〕 2020年4月26日在第十三届全国人民代表大会常务委员会第十七次会议上《关于〈中华人民共和国著作权法修正案(草案)〉的说明》。

〔42〕 冯晓青:《知识产权法律制度反思与完善:法理·立法·司法》,知识产权出版社2021年版,第57~59页。

〔43〕 冯晓青:《国际知识产权制度变革与发展策略研究》,载《人民论坛》2019年第23期。

关于《著作权法》第三次修正的内容,本书将在后面进行详细的介绍和分析。在此,先进行简单的概括和归纳,以见一斑。

关于著作权客体制度的完善。这方面的修改,包括明确作品的定义、明确视听作品的概念、修改关于作品类型的兜底性质的规定、修改不适用于著作权法保护的对象等。

关于著作权归属和利用制度的完善。这方面的修改,包括优化视听作品、职务作品著作权归属制度、完善合作作品著作权利用制度等。

关于著作权的权利内容的完善。这方面的修改,包括优化复制权、出租权和广播权的内容等。

关于邻接权制度的完善。这方面的修改,包括完善表演者权内容、增设广播组织的信息网络传播权等。

关于著作权限制规定的完善。这方面的修改,包括完善合理使用制度、法定许可制度等。

关于著作权和与著作权有关的权利的保护的完善。这方面的修改,包括强化行政执法、提高司法保护水平、强化技术措施和权利管理信息保护等。

关于我国著作权制度与国际接轨方面的完善。这方面的修改,包括为实现著作权国际公约要求而做的优化。

关于著作权集体管理及其他相关制度的完善。这方面修改包括改进著作权集体管理组织制度、扩充著作权行政管理范围,以及对相关概念和术语的重构等。

第七节 我国著作权法的立法宗旨、基本原则、调整对象与适用范围

一、著作权立法宗旨

著作权立法宗旨,也称为著作权法的目的,是认识著作权法基本精神的重要内容。我国的立法传统是在法律文本的第一条开宗明义,规定其立法宗旨,以明确立法希望实现的效果和目的。[44]《著作权法》自然也不例外。现行《著作权法》第1条规定:"为保护文学、艺术和科学作品作者的著作权,以及与著作权有关的权益,鼓励有益于社会主义精神文明、物质文明建设的作品的创作和传播,促进社会主义文化和科学事业的发展与繁荣,根据宪法制定本法。"这一条,就是关于著作权立法宗旨的规定。

我国《著作权法》的立法宗旨,可以从以下三方面加以理解:

其一,保护文学、艺术和科学作品作者的著作权,以及与著作权有关的权益。

著作权法保护的是文学、艺术和科学作品作者创作的作品。基于此,著作权法需要充分保护作者的权益,以调动作者从事创作的积极性。拥有一支强大的作者队伍,则是著作权法生根落地的保障。党的二十大报告指出,要"坚持以人民为中心的创作导向,推出更多增强人民精神力量的优秀作品,培育造就大批德艺双馨的文学艺术家和规模宏大的文化文艺人才队伍"。从本书关于著作权制度的阐述和研究看,我国著作权制度的制定与实施均是以充分保护文学、

---

〔44〕 冯晓青、杨利华主编:《著作权法评注与案例》,中国法制出版社2023年版,第3页。

艺术和科学作品作者的著作权作为重要内容的。《著作权法》还将保护“与著作权有关的权益”作为立法宗旨的重要内容。

其二,鼓励有益于社会主义精神文明、物质文明建设的作品的创作和传播。

作品的创作和传播,是作品实现其经济社会价值的基本形式,也是我国《著作权法》实现其立法目的的重要内容。一方面,创作是产生作品的唯一形式,著作权制度是围绕鼓励创作和保护创作成果而建立起来的知识产权制度;另一方面,作品创作和作品传播是源和流的关系,促进作品传播同样重要。

关于上述鼓励作品创作和传播,还必须充分地看到,我国作为社会主义国家,作品的创作与传播必须有益于社会主义精神文明、物质文明建设。党的二十大报告指出:“中国式现代化是物质文明和精神文明相协调的现代化。物质富足、精神富有是社会主义现代化的根本要求。”法治建设则为中国式现代化的重要内容。[45] 现行《著作权法》对于作品著作权和与著作权有关的权利的保护,体现了鼓励有益于社会主义精神文明、物质文明建设的作品的创作和传播的意旨。

其三,促进社会主义文化和科学事业的发展与繁荣。

包括著作权制度在内的知识产权制度被认为是“以保护公共利益为指针的私权保护制度”。[46] 上述内容,揭示了著作权立法最终服务于国家利益和公共利益的深刻内涵。

当前在中国式现代化进程中,社会主义文化和科学事业的发展与繁荣是其重要内容。党的二十大报告指出,要“繁荣发展文化事业和文化产业”。关于促进我国社会主义文化发展与繁荣,习近平总书记也发表了系列重要讲话。作为习近平文化思想重要内容的体现,其深刻地揭示了社会主义文化和科学事业的发展与繁荣对于实现文化强国、文化自信和提高国家文化软实力的重要性。[47] 著作权法作为鼓励和保护作品创作和传播的文化促进与文化创新之法,自然需要以促进社会主义文化和科学事业的发展与繁荣作为最终目的。

二、著作权法的基本原则

著作权法的基本原则是贯穿于全部著作权法之中,对实施著作权法具有指导作用的准则。我国《著作权法》体现了以下基本原则:

第一,以维护作品创作者权益为核心的原则。

人类生产劳动包括物质生产和精神生产两方面,其中后者是人类社会文明和进步的条件。作者就是从事精神生产的智力劳动者,一部作品是作者脑力劳动的结晶,是其人格的延伸。作者对其精神财富享有专有的人格权和财产权,著作权法关键要保护智力成果的创造者,因而它必须明确作者的法律地位和正当权益。以维护作者的权益为核心,确认作者在著作权法中处于主导地位,才能充分有效地调动作者的创造积极性,维持精神产品的再生产,为社会提供更多的精神财富。

---

〔45〕 蒋传光:《党的二十大报告对习近平法治思想的丰富和发展》,载《上海师范大学学报(哲学社会科学版)》2023 年第 1 期。

〔46〕 冯晓青主编:《知识产权法前沿问题研究》,中国政法大学出版社 2023 年版,第 71 页。

〔47〕 参见宋友文:《习近平文化思想的科学体系和理论创新》,载《南京社会科学》2023 年第 12 期;范玉刚:《习近平文化思想的原创性贡献》,载《人民论坛》2023 年第 23 期。

事实上,以维护作者权益为核心不仅是我国著作权法的基本原则,[48]也是国外特别是大陆法系国家著作权立法的根本原则。如前所述,大陆法系国家著作权法即被称为"作者权法"。作者在著作权法中之所以处于主导地位,是因为著作权保护的是作品,而作品是作者付出辛勤劳动和投资的产物,作者是对作品的诞生做出了创造性、实质性贡献之人。离开了对作者权益的充分保护,著作权法将失去重心和支点。通过充分地保障作者权益,以激励其创作的积极性,为人类文明贡献更多更好的精神食粮,著作权法将能更好地实现其立法目的。

第二,保护与著作权有关权益,协调作者、作品使用者和社会公众利益的原则。

围绕作品所产生的利益关系是著作权法所调整的核心。[49] 著作权法一方面保护作者著作权,另一方面鼓励有益于社会主义精神文明、物质文明建设的作品的创作与传播,对作品传播者在传播作品过程中所产生的与著作权有关的权益也给予保护。其原因在于,表演者、录音录像制作者、广播组织等作品的传播者在传播作品的过程中不仅付出了大量成本,而且融入了自己的创造性劳动。传播者传播作品也是著作权价值得以实现的重要保障。只有充分保护作品传播者传播作品产生的合法利益,才能有效地促进作品传播,为增进文明进步作出更大的贡献。

同时,著作权法还应协调作者、作品使用者和社会公众的利益,在著作权人利益与公众利益之间实现平衡。一方面,如前所述,著作权法以维护作者权益为核心,这是保护和鼓励作者创作所必须的。另一方面,"著作权法中存在着广泛的公共利益,它也是最终促进公共利益的重要手段"。[50] 著作权法中的公共利益首先表现为使用者方便地使用作品、从作品中获得知识和信息的利益,对作者著作权的保护不能妨碍作品的正常利用和传播。在国外著作权司法实践中,对公众利益的考虑甚至被置于更重要的位置。如美国19世纪的著作权判例指出,"制定著作权法主要不是为了作者的利益,而是为了公众的利益"。[51] 在 Fox Film Corp. v. Doyal 案[52]中,法院指出,"在赋予著作权垄断权方面,美国的唯一利益和主要目标在于一般的公共利益,这种利益是公众从作者的劳动中获得的"。为了实现著作权人利益以及公共利益这两类不同的利益,著作权法需要建立一种利益平衡机制,协调作者、作品使用者和社会公共利益。为此,我国现行《著作权法》第23条规定了著作权的保护期,第24条规定了合理使用制度,第25条、第35条第2款、第42条第2款、第46条第2款规定了法定许可制度。这些对著作权的限制共同构成了利益关系平衡的杠杆。

第三,作品自动产生著作权的原则。我国著作权法实行作品自动保护主义。这是符合我国的实际情况和世界潮流的。关于这一原则,将在第六章中进一步讨论。

第四,有偿使用作品的原则。获得报酬权是著作权的一项基本权能。贯彻有偿使用作品的原则,是智力作品生产活动得以存在和发展的前提和基础。著作权法确认了这一原则。对作品的使用,除法律另有规定外,应按国家规定或合同约定向著作权人付酬。

第五,符合国际著作权保护基本准则的原则。著作权法是国内法,它又具有涉外性质,要

---

〔48〕 参见刘春田:《〈民法典〉与著作权法的修改》,载《知识产权》2020年第8期。

〔49〕 See Molly Shaffer Van Houweling, *Distributive Values in Copyright*, 83 TEX L. REV. 1535 (2005).

〔50〕 冯晓青:《知识产权法利益平衡理论》,中国政法大学出版社2006年版,第315页。

〔51〕 Folsom v. Marsh, 9 F. Cas. 342, 344 (C. D. D. Mass. 1841).

〔52〕 286 U. S. 123, 127 (1932).

调整涉外著作权关系。这也是现代各国法律的通例。国际上通过双边协定和多边公约已形成一些为世界各国普遍接受的基本准则。[53] 如《伯尔尼公约》确立的关于著作权保护的基本原则和制度,已成为其成员国共同遵守的惯例。我国《著作权法》在1990年制定时即十分重视符合国际著作权保护基本准则的原则。当时我国虽然还没有参加任何一个国际著作权公约,但仍然根据《伯尔尼公约》和《保护表演者、录音制品制作者和广播组织罗马公约》(以下简称《罗马公约》)等国际公约的规定保护外国人作品和邻接权客体,并适用国民待遇、自动保护、独立保护等著作权保护准则。后来在2001年修改《著作权法》时,我国已经加入了《伯尔尼公约》、TRIPs协议等国际公约,按照我国参加的这些国际公约的规定修改《著作权法》成为修法的一条重要原则。

三、著作权法的调整对象与适用范围

(一)著作权法的调整对象

著作权法的调整对象,即著作权法律规范的效力所及的范围。著作权法是我国民法体系中的一个独立法律部门,著作权法律规范属于民事法律规范的一部分。但著作权法有自己特有的调整对象。

著作权法是调整因作品创作、传播和使用过程中发生的各种社会关系的法律规范的总和。著作权法调整包括创作者、作品传播者和作品使用者在内的平等民事主体在创作、传播、使用和保护文学、艺术和科学作品过程中产生的社会关系。著作权法调整的社会关系既包括人身关系,也包括财产关系。著作权法调整上述社会关系的目的在于确认作者、传播者和作品使用者的权利范围,明确如何正确行使自己的权利,制裁侵权行为,从而实现著作权法的立法宗旨。

(二)著作权法的适用范围

我国《著作权法》的适用范围采取了国际上通行的"国籍原则"、"互惠原则"和"地域原则",体现在现行《著作权法》第2条之中,另外还引进了"首次出版地原则"。这些原则也反映了我国著作权法的效力范围兼顾属人主义与属地主义。

1. 国籍原则

这是根据著作权主体所在国确定给予著作权保护的原则。我国现行《著作权法》第2条第1款规定:"中国公民、法人或者非法人组织的作品,不论是否发表,依照本法享有著作权。"该规定也是根据《伯尔尼公约》和《世界版权公约》规定的国籍原则而作出的。即《伯尔尼公约》或《世界版权公约》成员国的国民无论其作品是否已出版,均享有各成员国法律规定的对其本国国民提供的著作权保护的同样的权利,而且该保护不能低于公约规定的最低保护要求。当然,我国《著作权法》上述规定和公约规定仍然存在细微区别,即公约针对的是作品是否已经出版,而我国《著作权法》规定的是作品是否已经发表。事实上,出版和发表并非同一概念,前者比后者的范围要窄。根据《伯尔尼公约》第3条的规定,出版是将作品的复制件以满足公众需要的方式公开发行。根据我国现行《著作权法》第10条第1款第(1)项的规定,发表是将作品公之于众的行为。这样,我国《著作权法》根据国籍原则提供的著作权保护水平明显地满足了公约的最低要求。

---

[53] 参见王迁:《著作权法借鉴国际条约与国外立法:问题与对策》,载《中国法学》2012年第3期。

根据上述规定,凡具有中国国籍的人(自然人、法人或者非法人组织),无论其作品是否发表,均适用著作权法,受著作权法保护。须注意,这里的"中国公民",是按照中国国籍法取得中国国籍的自然人,除中国大陆(内地)外,应包括中国台湾地区、香港特别行政区、澳门特别行政区同胞及侨居在海外的中国公民(华侨),以及取得中国国籍的外国人和无国籍人。不过,基于实行"一国两制"的原因,原则上只适用于中国大陆(内地)。但是,中国台湾地区、香港特别行政区、澳门特别行政区同胞及其在中国大陆(内地)的法人和非法人组织根据国际公约的规定获得我国《著作权法》的保护则是另外一回事,因为除中国大陆(内地)外,中国台湾地区、香港特别行政区、澳门特别行政区分别作为独立的关税区加入了世界贸易组织。中国法人是按照中国法律成立并经登记的法人。非法人组织在我国 1990 年《著作权法》中被称为"非法人单位"。根据 1991 年《著作权法实施条例》第 9 条的规定,所谓非法人单位是"不具备法人条件,经核准登记的社会团体、经济组织或者组成法人的各个相对独立的部门"。

2. 互惠原则

这是根据国与国之间签订的协议或共同参加的国际条约确定给予著作权保护的原则。同样,我国公民、法人或者非法人组织作品在外国也是据此协议或条约受到保护的。贯彻互惠原则,是履行《伯尔尼公约》要求的体现。根据《伯尔尼公约》第 5 条之规定,就享有本公约保护的作品而论,作者在作品起源国以外的本同盟成员国中享有各该国法律现在给予和今后可能给予其国民的权利,以及本公约特别授予的权利;享有和行使这些权利不需要履行任何手续,也不论作品起源国是否存在保护。因此,除本公约条款外,保护的程度以及为保护作者权利而向其提供的补救方法完全由被要求给予保护的国家的法律规定。起源国的保护由该国法律规定。如作者不是起源国的国民,但其作品受公约保护,该作者在该国仍享有同本国作者相同的权利。我国现行《著作权法》第 2 条第 2 款规定:"外国人、无国籍人的作品根据其作者所属国或者经常居住地国同中国签订的协议或者共同参加的国际条约享有的著作权,受本法保护。"这一规定体现了著作权保护的互惠原则。互惠原则在著作权保护早期阶段多以双边条约形式存在,在当代著作权保护日益国际化的环境下,一般是依照共同参加的著作权国际条约进行的。就我国而言,在加入《伯尔尼公约》和《世界版权公约》之前,与有的国家达成的双边协定涉及著作权保护的内容,就体现了互惠原则。加入《伯尔尼公约》和《世界版权公约》、TRIPs 协议等国际公约后,更多地体现为我国与《伯尔尼公约》和《世界版权公约》成员国以及 TRIPs 协议成员之间依照共同参加的国际条约的保护。

根据上述规定,享有互惠原则保护应满足以下条件:(1)外国人所属国或者经常居住地国、无国籍人经常居住地国与中国签订了有关著作权的协议或者共同参加了有关著作权的国际条约;(2)该协议或者国际公约承认该外国人或者无国籍人的作品享有著作权;(3)该协议或者国际公约要求协议国或者参加国相互保护其承认的著作权。[54] 另外,这里规定的"受本法保护"是指依照协议或者国际条约规定的标准获得我国著作权法保护。

著作权法是国内法,一个国家一般不会无条件地保护所有外国作品,而不要求外国保护本

〔54〕 姚红主编:《中华人民共和国著作权法释解》,群众出版社 2001 年版,第 49 页。

国作品。[55] 这是由著作权的地域性和国家主权原则决定的。迄今,互惠原则已成为国际著作权保护中的一个重要原则。因此,外国人作品在国外使用,我国著作权法不予调整。对于没有与我国签订著作权保护的双边协议也没有共同参加国际条约的国家或地区,我国公民可以自由地使用其作品,当然反过来也一样。外国人作品在中国境外发表,但在中国境内被使用,依照其所属国同我国签订的协议或共同参加的国际条约,该作品受保护的,著作权法予以保护。

3. 地域原则

根据《伯尔尼公约》第 5 条第 2 款的规定,除本公约规定外,权利的保护范围以及为保护作者的权利而向其提供救济的方法完全由被要求给予保护的国家法律予以确定。这一原则确立了著作权保护的地域性原则。也就是适用本国的著作权法保护作品在本国的著作权,其中包括外国人根据《伯尔尼公约》的规定在本国享有的著作权。

我国现行《著作权法》第 2 条第 3 款规定:"外国人、无国籍人的作品首先在中国境内出版的,依照本法享有著作权。"现行《著作权法实施条例》第 7 条则规定,上述规定的首先在中国境内出版的外国人、无国籍人的作品,其著作权自首次出版之日起受保护。外国人是不具有中国国籍的人,也包括取得外国国籍的华人,无论他们居住在中国还是外国。无国籍人是指没有任何国籍的自然人。"外国人、无国籍人的作品首先在中国境内出版",是指外国人未发表的作品通过合法的方式首先在中国境内出版,外国人、无国籍人的作品首次在中国境内被出版。它包括两方面含义:(1)该作品在外国未出版,其作品出版的行为发生在中国。若外国人的作品在国外已出版过,再在中国重版,不适用我国著作权法保护。若外国人作品在任何地方都没有出版过,且该作品原件在中国境内,如果作品在我国首先出版,受我国著作权法保护。(2)该作品是通过合法方式首先在中国境内出版的。如果是通过非法方式出版,就不构成首先在中国境内出版。根据现行《著作权法实施条例》第 8 条的规定,外国人、无国籍人的作品在中国境外首先出版后,30 日内在中国境内出版的,视为该作品同时在中国境内出版。这实际上是给予外国人、无国籍人作品一种"优先权",与国际惯例相一致。上述地域原则有利于鼓励外国人首先在我国出版自己的作品。

值得注意的是,在 1990 年《著作权法》中,其第 2 条第 3 款没有规定无国籍人问题,2001 年《著作权法》则根据国际公约的要求增加了无国籍人的作品,这样就扩大了作品的保护范围。同时,原规定限于"发表"行为,而不是"出版",2001 年《著作权法》则将"首先在中国境内发表"改为"首先在中国境内出版"。这一修改也是为了与《伯尔尼公约》相应规定相协调。根据公约规定,非《伯尔尼公约》成员国国民,其作品在本同盟一个成员国中首次出版,为其作品受到保护的条件。

4. 首次出版地原则

我国现行《著作权法》第 2 条第 4 款规定:"未与中国签订协议或者共同参加国际条约的国家的作者以及无国籍人的作品首次在中国参加的国际条约的成员国出版的,或者在成员国和非成员国同时出版的,受本法保护。"根据这一规定,如果某作者系非《伯尔尼公约》成员国国民或非世界贸易组织成员,或者系无国籍人,如其作品首先在《伯尔尼公约》成员国或世界贸易组织成员出版,或者在上述成员(国)或非成员(国)同时出版,则可以受到我国《著作权

[55] 法国在 1852 年曾宣布无条件保护所有外国作品,但后来也改为依"互惠原则"保护外国作品。

法》的保护。可见上述原则既包含了互惠原则因素,也包含了地域原则因素。

实际上,确认首次出版地原则也是为了履行《伯尔尼公约》的义务。根据该公约规定,作者为非本同盟任何成员国的国民者,其作品首次在本同盟一个成员国出版,或在一个非本同盟成员国和一个同盟成员国同时出版的都受到保护。这种保护应与各成员国法律规定的为其本国国民提供的著作权保护相同,且不应低于公约规定的最低要求。适用我国《著作权法》上述规定的要求有以下两点:(1)作者为外国人或无国籍人,该外国人所属国没有与我国签订著作权保护的协议,也没有共同加入保护著作权的国际公约。(2)该作者的作品首次在中国参加的国际条约的成员国出版,或者在成员国和非成员国同时出版。值得注意的是,这里的"同时出版"具有特定含义,即一个作品首次出版后30天内在另一个国家出版。

此外,著作权法还有时间上适用范围的规定。

2020年《著作权法》第67条规定:"本法自1991年6月1日起施行。"即著作权法发生法律效力的时间是1991年6月1日。

2020年《著作权法》第66条第1款规定:"本法规定的著作权人和出版者、表演者、录音录像制作者、广播电台、电视台的权利,在本法施行之日尚未超过本法规定的保护期的,依照本法予以保护。"这表明,《著作权法》对保护期的规定是溯及既往的。在《著作权法》生效前产生的作品,按照《图书、期刊版权保护试行条例》的规定,作品的著作权保护期尚未届满时,保护期将顺延至《著作权法》规定的保护期届满为止;作品的著作权保护期届满时,只要没有超过《著作权法》规定的保护期,则作品可以从"公有领域"回转到专有领域,受《著作权法》保护。对《著作权法》生效前产生的出版者、表演者、录音录像制作者、广播电台、电视台的邻接权,只要其财产权利未超过《著作权法》规定的保护期,《著作权法》也予以保护。具体地说,包括出版者对版式设计享有的权利、表演者对表演享有的权利、录音录像制作者对录音录像制品享有的权利,以及广播电台、电视台对其播放的广播、电视享有的权利,在《著作权法》生效前尚未超过其规定的保护期的,可以在该法生效后受到保护。

2010年《著作权法》第60条第2款规定:"本法施行前发生的侵权或者违约行为,依照侵权或者违约行为发生时的有关规定和政策处理。"即《著作权法》对1991年6月1日前发生的侵权、违约行为没有追溯力,应按发生时的有关规定和政策处理。2020年《著作权法》第66条第2款则删除了上述规定中的"和政策"。这一修改,是考虑到"政策"的概念较为宽泛,在具体案件适用时可操作性不强。由于当前我国涉及上述问题的相关规定较多,不需要基于发生时的政策处理。

本章案例研讨

◈ 境外影视作品著作权权属认定与外国法查明的适用

《碧蓝之海》著作权侵权纠纷案[56]

原告上海某数码科技有限公司(以下简称某数码公司)以福州市某科技有限公司(以下简称

〔56〕 选自上海市杨浦区人民法院(2019)沪0110民初8708号民事判决书。

某科技公司)、福州某网络有限公司(以下简称某网络公司)、福建某投资集团有限公司(以下简称某投资公司)为被告,向上海市杨浦区人民法院提起侵害作品信息网络传播权诉讼。上海市杨浦区人民法院于2019年4月30日立案后,于2020年6月11日公开开庭进行了审理。

在该案中,2018年6月,某公司作为许可方与被许可方BilibiliInc.签订许可协议,将涉案作品《碧蓝之海》互联网权利(通过互联网下载或互联网流式传输使用电影)授予BilibiliInc.,授权期限为5年,共12集,同时约定了特许权使用费的计算方法和支付方式。2019年4月2日,BilibiliInc.出具《授权与确认函》,授权某数码公司在中国境内行使,某数码公司有权以自身名义采取任何及全部的必要法律行动。

上海市杨浦区人民法院将该案的主要争议焦点归纳为:其一,原告是否对涉案作品《碧蓝之海》享有信息网络传播权?其二,若原告享有权利,三被告的行为是否共同侵犯了原告的信息网络传播权?其三,若被控侵权行为成立,三被告如何承担民事责任?

关于原告是否对涉案作品《碧蓝之海》享有信息网络传播权,法院认为:首先需要认定涉案作品的原始权属问题。涉案作品系于日本创作并引入我国的动漫影视作品,基于知识产权的地域性,作品的署名方式、转让、授权链条的确定等事项因各国地域文化、法律规定等因素存在一定的差异。从保护著作权人合法权益出发,不能因不同法域署名、授权方式的差异而给权利人维权增加不必要的困难,亦不能因此使侵权人不受制约。在确认权利人及权利流转环节时,应当正视引进的域外影视作品中著作权制度和作品署名、授权规则的差异,结合全案证据及相关证明标准予以综合判断。

法院认为,由于我国与日本国同为《伯尔尼公约》和《世界版权公约》的成员国,因此根据公约和我国相关法律规定,对于涉外作品的保护,适用我国《著作权法》及相关法律、司法解释。本案中,涉案作品的片头、片尾版权声明部分有四个署名者,即"井上坚二"、"吉冈公威"、"讲谈社"和"GRANDBLUE制作委员会"。庭审中原告解释称,"井上坚二""吉冈公威"系漫画作品的作者,"讲谈社"系漫画作品的出版方,三者虽然标注在涉案作品的片头、片尾中,但并非涉案作品的权利人,此为日本版权声明特殊的署名方式所造成,涉案作品的权利应属于"GRANDBLUE制作委员会"成员共有。三被告辩称,以上多项署名正说明涉案作品权属不明。

在该案审理过程中,某政法大学外国法查明研究中心就涉案作品原始著作权取得及部分许可关系等问题出具了《法律意见书》。法院认为,从《法律意见书》中载明的"以制作委员会方式制作影视剧在日本业界成为商业惯例……属于日本民法规定的'组合'""采用制作委员会方式制作的动画作品,署名方式并无统一规则。有的作品以'制作委员会'署名,有的作品则同时署成员公司名称"等内容,结合片头、片尾中标注的"制作GRANDBLUE制作委员会NBC环球娱乐某公司讲谈社JR东日本企划MBSZEROGQTECGYAO"的信息,可以确认涉案作品由上述成员组成的制作委员会制作。综上,虽然原告未提交涉案作品的制作协议等有关权属约定的直接证据,但其现有证据已经形成证据链条,在三被告未提供反证的情况下,足以证明涉案作品的原始权属归于《碧蓝之海》制作委员会成员具有高度的盖然性。虽然本案不存在直接适用外国法的情形,但《法律意见书》中有关日本动漫影视作品的制作方式、作品署名、权益分配、作品授权等行业惯例的介绍,具有能够客观反映一定的法律事实的功能,可作为认定涉案作品权属的参考。

本案中，涉案作品的片头、片尾版权声明中标注“制作 GRANDBLUE 制作委员会 NBC 环球娱乐某公司讲谈社 JR 东日本企划 MBSZEROGQTECGYAO”，某公司出具的《原产国证明》中亦对涉案作品制作情况作了说明，根据《著作权法》上述有关作者认定和作品署名的规定，可以确认某公司参与了涉案作品的创作，系涉案作品著作权的共有人之一。根据《著作权法实施条例》第 9 条的规定，作为涉案作品著作权共有人之一的某公司，有权行使除将涉案作品著作权转让以外的其他权利，包括将涉案作品的信息网络传播权授予原告，但其所得的相关收益应当合理分配给其他共有人。

本案虽然其他共有人未能出具授权证明，但根据上述意见书内容并结合涉诉后某公司向《碧蓝之海》制作委员会发送邮件告知本案诉讼维权情况而未收到异议回复的事实，可认定某公司有权将涉案作品在中国的独家信息网络传播权授予原告。综上所述，可以认定原告享有对涉案作品在中国的独家信息网络传播权，有权提起本案诉讼。

关于被告的行为是否共同侵犯了原告的信息网络传播权，法院认为在案公证书显示，在 D 站（www. dilidili. name）首页中选择“2018 新番”项下“7 月”，即可找到涉案作品页面，且页面上并未显示上传者信息，在播放涉案作品时亦未见网页跳转或链接到其他网站的任何标识，故可以认定 D 站上的涉案作品系由被告直接提供。原告提交的公证书显示，可以证明 D 站和论坛通过百度网盘文件分享的方式提供了涉案作品的下载服务。被告某科技公司、某网络公司和某投资公司对 D 站及某网站有实质上的经营合作关系。从三被告成立后股东及投资关系，以及三被告在 D 站、某网上的具体行为等情况，可认定三被告对相关网站具有实质上的经营合作关系。

基于上述认定，上海市杨浦区人民法院认为被告某科技公司、某网络公司、某投资公司共同经营的被控侵权网站为涉案作品《碧蓝之海》提供在线播放、下载服务，所播放、下载的内容与原告享有信息网络传播权的作品相同，三被告行为侵犯了原告对涉案作品享有的信息网络传播权，故判决被告停止侵权、共同承担损害赔偿民事责任。

本案涉及来自境外的享有著作权的影视作品的著作权权属认定和相关的许可关系问题。随着我国文化事业发展，当前国外著作权贸易日益频繁。在我国当事方引进国外作品时，需要明确作品的原始著作权归属以及许可权利的范围。根据我国著作权法和司法解释规定，可以作品署名确定作者身份。但是，如果作品署名模糊，如何确定作者身份及相关的著作权人，则是需要在诉讼中解决的问题。本案涉及作品引进方提供了“窗口公司”授权书作为权属证明能否作为确认权利归属证据的问题。法院通过委托国内中立的外国法查明机构提供外国法查明服务，首次“以外国法查明的方式确定国外行业惯例，辅助事实查明”，接受了查明报告中认定的关于涉案作品权属和相关的许可关系的认定结论，认可了日本影视制作行业存在“制作委员会”“窗口公司”的行业惯例，对于处理涉及外国作品授权的同类案例具有启发意义。

第二章 著作权的主体

著作权主体是著作权法理论中十分重要的问题,是确认著作权保护的基本前提。在现实中,因为著作权主体引发的权属纠纷屡见不鲜。弄清著作权主体的内涵,对领会著作权法的精神实质具有极其重要的意义。

第一节 著作权主体概述

一、著作权主体的概念

著作权的主体,是依照法律规定,对文学、艺术和科学作品享有著作权的人,即著作权人或称为著作权主体,主要包括自然人、法人或非法人组织。著作权立法的目的,是保护文学、艺术和科学作品的著作权,而确认谁是著作权的主体,既是实施著作权保护的前提,也是司法实践中处理著作权纠纷的重要方面,因此,准确认定著作权主体有着重要意义。作为著作权主体的法律资格,是通过法律规定赋予的。具体地说,著作权主体首先需要具有民事权利能力,其是以作品为基础而产生的权利和义务的资格。在不同的著作权主体中,法律对民事权利能力的规定不一:就自然人而言,其从出生时起,一直到死亡均享有民事权利能力;法人的民事权利能力源于依法成立;非法人组织则具有民事诉讼行为能力。

二、著作权主体的分类

著作权主体涉及不同类型,包括作者、著作权继受人、外国人等。在特定情况下,国家也可以成为著作权主体。具体言之,著作权主体可按以下标准分类:

第一,根据著作权主体与作品的关系和著作权取得方式,可以分为原始著作权主体和派生著作权主体。

原始著作权系指最初获得的著作权,它不因权利主体的变更而产生,而是基于直接产生智力作品而取得。故原始著作权主体一般是指直接因创作作品而享有著作权的作者,也包括其他自然人、法人或非法人组织。原始著作权主体是直接根据创作的事实、法律规定或者合同约定而取得著作权主体资格的人。这里应特别注意,作者并不都是著作权主体,作者和著作权人虽然可以竞合,但并不完全等同。除作者外,著作权主体还包括作者以外的自然人、法人或非法人组织。就原始著作权主体而言,除作者外,在我国还有"视为"作者的法人或非法人组织及在委托作品中依合同约定取得著作权的委托人,以及特殊型职务作品中享有除署名权以外的著作权的法人或非法人组织等情形。在法国、德国等大陆法系国家,作者被限定为创作作品的自然人,法人或者雇主可以通过合同获得著作权中的经济权利,成为原始著作权主体。

派生著作权则是指基于某种法律事实,如继承、遗赠、转让等方式取得的著作权。这种取得是权利人基于权利的转移而获得的。派生著作权主体就是通过继承、受遗赠、转让等法律事实而享有著作权的主体,其是与原始著作权主体形成一定法律关系而取得著作权主体法律资格的。派生著作权以原始著作权为基础,通常是通过合同或者法律的直接规定而获得的。

由于原始著作权主体与派生著作权主体在权利范围、权利行使方式方面均有所不同,这种划分有利于著作权人行使自己的权利。实际上,原始著作权主体一般也是完整的著作权主体,而派生著作权主体一般是部分的、不完整的著作权主体。因此,也有著作将著作权主体分为完整著作权主体与不完整著作权主体,这实际上可以涵盖在上述分类之中。

第二,根据著作权主体的自然属性,可以分为公民、法人、非法人组织和国家。

创作是一种依赖于一定思维,表现思想感情的智力活动。所以,一般地说,著作权的主体就是指自然人,自然人成为著作权主体是理所当然的,在大多数情况下又是指自然人作者。不过,现代著作权法已经突破了传统著作权法仅将自然人视为原始著作权人的理论。多数国家认为,法人或者非法人组织也可以享有著作权,成为著作权主体。这是因为,尽管法人或非法人组织缺乏创作能力,但一些作品的创作需要法人或非法人组织付出投资或者体现其意志,甚至由其承担责任,在特定的情况下法人或者非法人组织也可以取得著作权主体的地位。从现行《著作权法》第 9 条规定可以看出,著作权主体包括作者,作者以外的其他享有著作权的自然人,作者以外的依法取得著作权的法人或非法人组织。此外,在特定情况下,国家也能成为著作权主体。现行《著作权法》第 21 条第 2 款规定:“著作权属于法人或者非法人组织的,法人或者非法人组织变更、终止后,其本法第十条第一款第五项至第十七项规定的权利在本法规定的保护期内,由承受其权利义务的法人或者非法人组织享有;没有承受其权利义务的法人或者非法人组织的,由国家享有。”

第三,根据著作权主体的国籍,可以分为本国人、外国人和无国籍人。

作者的国籍与著作权主体的身份有着密切的关系。著作权具有严格的地域性,一国著作权法主要是调整本国人国内的著作权关系,本国人成为著作权主体是不言自明的。根据国际上的通行做法,对外国人作品根据双方签订的协议或共同参加的国际条约予以保护。这里的本国人,是指根据本国法律享有本国国籍的自然人和依照本国法律成立的法人和非法人组织。外国人是依照外国法律享有外国国籍的自然人、依照外国法律成立的法人或非法人组织。无国籍人则是不具有任何国家国籍的自然人。

将著作权主体分为本国人、外国人和无国籍人,有利于贯彻国籍原则、互惠原则和地域原则,充分有效地保护本国国民的著作权。

第四,根据著作权主体是否单一,可以分为单一主体与非单一主体。

当作品著作权属于某一单一权利主体时,该著作权主体是单一主体,如个人独创作品时,作者个人是单一著作权主体。除此之外的都是非单一著作权主体。这种划分标准在解决合作作品著作权以及共有著作权纠纷一类问题上具有较为重要的意义。

应当指出,上述分类并不是截然分开的,而主要是以一种标准为基础进行的大致划分。例如,作为著作权主体的自然人可以是单一主体,也可以是非单一主体;既可以是本国人,也可以是外国人。

第二节 几种不同类型的著作权主体

本节按照上述第二种分类标准加以分析。

一、作者

(一)作者作为著作权主体的特性

在著作权诸主体中,作者是最主要的著作权主体,是原始的、完整的著作权主体。一方面,作者是原始的著作权主体。因为没有作者创作,就谈不上作品和著作权,作者可以通过创作行为直接取得著作权。另一方面,作者是完整的著作权主体,享有全部著作人身权和著作财产权,而依照法律规定,通过转让、继承、遗赠等方式取得著作权的其他权利人,只享有著作财产权,不能享有著作人身权。因此,从此意义上说,只有作者才能成为著作权中完整的权利主体。因而可以说,著作权首先是作为作者创作作品的作者之权。

正因如此,确认作者的法律地位和正当权益,对于著作权保护具有关键意义。一般地说,作品的作者确定了,著作权的归属也就确定了。确认作者在著作权法中的法律地位和正当权益,这也是各国著作权法的主要任务。著作权作用的实质就在于从法律上确认和维护作者对其作品所拥有的专有权利,从而鼓励作者积极从事创作,促进人类精神财富的创造与积累,使公众从中受益。

所谓作者,是指直接创作作品的人,即文学、艺术和科学作品的创作人。这里的"创作",根据我国现行《著作权法实施条例》第 3 条第 1 款的规定,"是指直接产生文学、艺术和科学作品的智力活动"。它是作者创作表现形式的活动,是作者将思想或感情通过各种形式传达给他人的行为,是作者内在精神、人格和思想、情感的反映。从理论上说,也确实只有作为自然人的作者才能创作出作品。作品是自然人作者创作的当然结果,自然人作者应成为著作权主体。

由此不难理解,世界各国著作权立法一般都确认作者为第一位的原始著作权人,而且是完整的著作权人。现行《著作权法》第 9 条规定,"著作权人包括:(一)作者;(二)其他依照本法享有著作权的自然人、法人或者非法人组织"。其第 11 条第 1 款规定:"著作权属于作者,本法另有规定的除外";第 2 款规定:"创作作品的自然人是作者"。这一规定体现了著作权法对作者享有原始、完整的著作权主体地位的确认。值得一提的是,这里的"作者"是从法律意义上说的,和实际"创作者"并不完全等同,因为在特定情况下实际从事创作的人反而失去了法律上的作者身份。这里的法律意义上的作者,系指有资格在作品上署名,表明作者身份的人。如前所述,经过转让、继承关系也可以从作者那里取得著作权,成为著作权主体,但这种权利毕竟是从作者那里派生出来的。

(二)确认作者身份的标准和基本方法

由上述可见,判断作者的标准是其是否直接参加了作品的创作,并有作品诞生。凡是直接参加了作品创作且使作品以一定形式表现出来的,即为作者。[1] 作者身份的认定,是一个法律问题与事实问题兼而有之的问题。例如,意大利《著作权法》第6条规定,只有通过智力活动创作出作品的人才能取得著作权。法国《知识产权法典》第L.111-1条规定,智力作品的作者,仅基于创作的事实,就该作品享有著作权。但是,作者创作可能是一个比较复杂的工作,如果判断作者的方法过于烦琐,就会使作者权益难以获得充分的保护,也不符合法律的效益目标。因此,各国著作权法采用了一种十分简便且合理的"推定作者"的方法:如果没有相反的证明,在作品上署名的人即为该作品的作者。我国现行《著作权法》第12条第1款规定:"在作品上署名的自然人、法人或者非法人组织为作者,且该作品上存在相应权利,但有相反证明的除外。"署名是作者身份的直接标志形式,确认"署名之人即为作者"也是确认作者行使著作人身权的表现。

上述确认作者身份的标准和方法,也得到了《伯尔尼公约》的肯定。该公约第15条规定,受其保护的文学艺术作品的作者,只要其名字以通常方式出现在该作品上,在没有相反证据的情况下,即视为该作品的作者并有权在成员国中对侵犯其权利的人提起诉讼。该条还规定,如果是假名作品,则只要根据该假名可以毫无疑问地确定作者的身份,也适用上述规定。以通常方式在电影作品上署名的自然人或法人,推定为该作品的制片人,但有相反证据除外。

对于匿名作品和上述情况以外的假名作品,如果作品上有出版者的名称,在没有相反证据时,可以将该出版者视为作者的代表,并有权以此资格维护和行使作者的权利,直到作者公开其身份并证实其为作者时为止。如果是作者身份不明的未出版作品,当有充分的理由确认其为某一成员国国民时,可以指定主管当局代表该作者并有权维护和行使作者在成员国内的权利。

在司法实践中,上述作者推定的方法已被广泛运用。例如,在再审申请人某(北京)图像技术有限公司与被申请人某软件开发有限责任公司侵害著作权纠纷案中,最高人民法院一方面强调专业图片公司"在官方网站上登载图片并销售的行为"属于"公之于众"的行为,因而也属于发表作品的行为;另一方面,其肯定在网站上展示的图片作品上的署名情况,包括权利声明和水印,在缺乏相反证据的情况下,可以认定署名情况构成著作权权利归属的初步证明。[2]

其中值得注意的是上述"相反证明"问题。换言之,在当事人提出相反证明的情况下,可以否认作品上署名人为该作品的作者,从而做到正本清源,厘清著作权法律关系。例如,在一个涉嫌"抄袭"的著作权侵权纠纷案中,原告指控某被告整篇抄袭其作品,构成著作权侵权,理由是被控作品署名为某被告,而该作品系选自原告的学位论文。事实上,在起诉前,某被告和原告均收到了另一被告的致歉信,该信件指出由于自己的不慎,在摘录原告论文时不仅没有征得原告许可,而且错将原告姓名写成某被告姓名,显属"张冠李戴"。在该案中,某被告仅凭另一被告向原告和其发出的具有同样内容的致歉信即足以推翻其不是涉案作品的作者,从而排除抄袭的嫌疑。

---

[1] 在人工智能时代,作者创作的形式存在特殊性。参见徐小奔:《论算法创作物的可版权性与著作权归属》,载《东方法学》2021年第3期;石冠斌:《论智能机器人创作物的著作权保护——以智能机器人的主体资格为视角》,载《东方法学》2018年第3期;梁志文、李忠诚:《论算法创作》,载《华东政法大学学报》2019年第6期。

[2] 最高人民法院(2014)民提字第57号民事判决书。

关于确认作者身份的有关问题，将在第四章中进一步讨论。

（三）作者与辅助者的界限

作者因创作这一事实而取得受著作权保护的主体资格。如前所述，创作本身是一种事实行为，而非法律行为。在界定是否为作者的问题上，“创作”标准划清了作者和非作者的界限。例如，德国《著作权法》规定，作者是创作作品的人，著作权保护作者与其作品的智力和个人关系，并保护作者对作品的利用。但作者在创作过程中，往往要取得其他人的帮助，如进行创作的组织工作，提供有关参考资料，审阅校订稿件。这种工作不是创作，因为他们没有对作品的创作付诸创造性劳动。对此，我国现行《著作权法实施条例》第 3 条第 2 款明确规定：“为他人创作进行组织工作，提供咨询意见、物质条件，或者进行其他辅助活动，均不视为创作。”辅助劳动不能视为创作，辅助劳动者自然就不能视为作者。

（四）我国《著作权法》中作者的两种类型：原始作者和“拟制”作者

作品的创作是一种依赖于人所特有的思维的智力劳动。因此，一般来说，作者就是指自然人。许多国家对此都有规定。我国 2010 年《著作权法》第 11 条第 2 款也规定，创作作品的公民是作者。也就是说，公民创作作品，作品的作者即是该公民。自然人可以成为作者，这在各国都是毫无疑义的。

值得注意的是，现行《著作权法》第 11 条第 2 款将上述“公民”改为“自然人”。作者一般是指自然人，即作品的原始创作者。对于法人或非法人组织能否成为作者曾是著作权法理论上争议的热点问题之一。

一种意见认为，创作是自然人心理活动的过程，作品是自然人从事智力劳动的成果，这是其他任何生命体、社会组织都无法代替的。因此，只有自然人才能成为作者。法人或非法人组织没有思维，根本不可能进行创作，不能成为作者。像法国、德国等多数大陆法系国家即有此种立法例。在这些国家，基于强调自然人作者和天赋人权的事实，其著作权法不承认雇主可以创作作品并成为作者。雇佣作品在立法中尽管被认可，但仍然认为著作权最初归属于自然人作者，只是可以通过协议将其中的经济权利转让给雇主。即法人享有著作权应看成是自然人在特殊情况下将著作权转让给了法人。

另一种意见则认为，法人是一种无形权利主体，是组织的拟人化，具有思维能力，可以进行创作，因而可以成为作者。如英国、美国等国认为，“雇佣作品”的作者及原始著作权主体是雇主。强调雇佣作品的原始著作权人并不是从事了创作的雇员，而是雇主。当然，其仍然承认真正的作者是创作出了作品的自然人，雇主只是被视为作者。如美国《著作权法》第 201 条第 2 款规定，在规定雇佣作品时，雇主被视为作者，享有著作权或构成著作权的各项权利。

我国《著作权法》有条件地采纳了第二种意见，即法人或者非法人组织在一定的条件下可被视为作者。法人创作的作品，作品的作者即是该法人。2010 年《著作权法》第 11 条第 3 款规定：“由法人或者其他组织主持，代表法人或者其他组织意志创作，并由法人或者其他组织承担责任的作品，法人或者其他组织视为作者。”现行《著作权法》第 11 条第 3 款将其中“其他组织”的表述修改为“非法人组织”。其第 12 条则对 2010 年《著作权法》第 11 条的其他规定作了修改，具体修改情况为：将 2010 年《著作权法》第 11 条第 4 款改为第 12 条第 1 款，内容修改为：“在作品上署名的自然人、法人或者非法人组织为作者，且该作品上存在相应权利，但有相反证明的除外。”同时,增加两款,分别作为第 2 款和第 3 款,即“作者等著作权人可以向国家著作权主管部门认定的登记机构办理作品登记”和“与著作权有关的权利参照适用前两款规定”。之所以增加上述两款,一是因为我国实行作品著作权的自愿登记制度,如后面将要探讨的,著作权的获得并不以登记作为前提,但它对于确认作者的身份仍然具有法律意义;二是因为我国《著作权法》除了保护著作权外,还保护与著作权有关的权利,对于与著作权有关的权利人身份的确认遵循与作者身份相同的规则,这有利于同时确立与著作权有关的权利人的身份。

由上述规定可见,在我国,法人或者非法人组织可以拟制为作者。也就是说,我国著作权法上的作为原始的、完整的著作权主体的作者有两类:一类作为自然人的原始作者;另一类作为法人或非法人组织的拟制作者。这里的“拟制作者”系指非实际著作人,只是名义著作人,但在享有著作权的法律地位上与实际著作人一样。

拟制作者并非真正作者,但享有著作权法上的作者地位,故应符合如下严格条件:(1)作品的创作是由法人或者非法人组织主持,而不是由单位工作人员自发进行的。这里的“主持”是指创作活动是由法人或者非法人组织具体组织、安排和分工的。(2)创作的作品反映的是法人或者非法人组织的思想或意志,而不是进行具体创作的自然人的个人意志。(3)作品以单位名义发表,由法人或者非法人组织承担责任,即由其代表人中授权主持创作的人负责。这可以说是“文责自负”的例外。但是,如果具体执笔的人有剽窃、抄袭行为,创作者本人应负直接侵权责任,法人或者非法人组织则承担间接侵权责任。(4)法人作品的创作由法人或者非法人组织提供资金,并且提供经济、创作环境等方面的便利条件。

还应当指出,如前所述,上述“非法人组织”,在我国 1990 年《著作权法》中被称为“非法人单位”。该法第 11 条规定:“由法人或者非法人单位主持,代表法人或者非法人单位意志创作,并由法人或者非法人单位承担责任的作品,法人或者非法人单位视为作者。”在现实中,“非法人组织”确实很普遍。这些介于自然人与法人之间的涉及作品创作的主体,由于不具备法人条件,难以独立承担民事责任,在处理著作权纠纷中如何充分保障当事人之间的合法权益,确实是值得探讨的问题。另外,由于我国《民法总则》(现已并入《民法典》)在自然人、法人民事主体基础上增加了“非法人组织”一类民事主体,为保持与国家基本法一致,2020 年修改《著作权法》时将“非法人单位”替换成了“非法人组织”。

二、作者以外的依法享有著作权的其他自然人

作者以外的其他自然人首先可以通过著作权的转让取得部分或全部著作财产权,成为著作权主体。前已述及,作为著作权客体的智力作品是一种特殊的商品,作者可以使其“特殊商品”进入商品流通领域,通过商品货币交换的形式将作品的著作权转让给其他自然人。相应地,受让著作权的其他自然人就成了著作权主体。作者以外的其他自然人还可以通过合同约定的形式取得全部著作权,成为著作权主体。例如,在委托作品中,如果委托人是自然人,合同约定著作权归委托人享有,则作品创作完成后,委托人即成为著作权主体。

作者以外的其他自然人还可以通过继承关系取得著作权,成为著作权主体。在著作权有效期内,如作者亡故,其著作权中的财产权利可依继承法的规定转移给继承人享有。相应地,

作者的继承人成为著作权主体。当作品无继承人和受遗赠人，而此时作者尚未发表的作品的原件又被其他自然人占有时，只要该作品原件是合法取得的，该作品的著作权可由作品原件的合法所有人行使，但作者生前明确表示不发表的除外。关于著作权继承的有关问题，将在第五章中予以讨论。

此外，自然人还可以通过接受作者的捐赠，取得作品的著作权。

三、依法享有著作权的法人和非法人组织

法人是相对自然人而言的，它是社会组织在法律上的拟人化。当法人或非法人组织成为拟制作者时，即成为原始著作权主体。拟制作者以外的法人或非法人组织则可以通过合同转让的形式取得著作权，成为著作权主体。

法人或者非法人组织尚可通过法定转让的方式取得著作权。依《著作权法》规定，主要有：一是法人或非法人组织可以成为职务作品的著作权主体。依现行《著作权法》第 18 条第 2 款之规定，职务作品作者所在单位对主要是利用法人或非法人组织的物质条件创作，并由法人或者非法人组织承担责任的工程设计图、产品设计图、计算机软件、地图、示意图等职务作品，报社、期刊社、通讯社、广播电台、电视台的工作人员创作的职务作品，以及法律、行政法规规定或者合同约定著作权由法人或者非法人组织享有的职务作品，取得除署名权以外的著作权，成为著作权主体，法人或者非法人组织可以给予作者奖励。[3] 即使法律、行政法规规定或合同约定著作权由作者享有，法人或者非法人组织仍有权在其业务范围内优先使用。此时，则可将法人或者非法人组织视为准著作权主体。二是在委托作品创作中，如果委托人是法人或者非法人组织，当合同约定委托作品的著作权归法人或者非法人组织享有时，法人或者非法人组织即成为委托作品的著作权主体。

此外，法人或非法人组织在下列情况下将成为著作权主体：

第一，依现行《著作权法》第 17 条第 1 款的规定，视听作品中的电影作品、电视剧作品的著作权由制作者享有，但编剧、导演、摄影、作词、作曲等作者享有署名权，并有权按照与制作者签订的合同获得报酬。[4] 其第 2 款则规定，前款规定以外的视听作品的著作权归属由当事人约定；没有约定或者约定不明确的，由制作者享有，但作者享有署名权和获得报酬的权利。关于视听作品著作权归属问题，本书还将进行探讨。由于在我国，视听作品的制作者很多是法人或者非法人组织，故法人或者非法人组织一般可以成为电影作品、电视剧作品这类视听作品的著作权主体。

第二，百科全书、报纸、期刊、文集、选集、字典、词典等汇编作品作为一个整体，如果是由法

---

〔3〕 2010 年《著作权法》第 16 条第 2 款相应规定如下：有下列情形之一的职务作品，作者享有署名权，著作权的其他权利由法人或者其他组织享有，法人或者其他组织可以给予作者奖励：(1) 主要是利用法人或者其他组织的物质技术条件创作，并由法人或者其他组织承担责任的工程设计图、产品设计图、地图、计算机软件等职务作品；(2) 法律、行政法规规定或者合同约定著作权由法人或者其他组织享有的职务作品。比较上述规定可以看出，现行《著作权法》扩大了作者仅享有署名权的职务作品的范围，特别是增加了报刊等新闻传播媒体工作人员创作的职务作品这一类型。

〔4〕 2010 年《著作权法》第 15 条的相应规定为，电影作品和以类似摄制电影的方法创作的作品的著作权由制片者享有。

人或非法人组织组织创作的，其著作权归该组织享有。在上述两类作品中，法人或非法人组织作为著作权主体存在两级著作权的问题，即法人或非法人组织对作品整体享有著作权，各具体作品的著作权则属于各具体作品的作者。

第三，当法人或非法人组织接受作为作者遗产一部分的著作财产权时，即为受遗赠人，可以领受已故作者的著作财产权，成为著作权主体。这是一种无偿转让，与带有贸易性质的著作权转让完全不同。

第四，取得著作权的法人或者非法人组织在变更、终止后，由承受其权利义务的法人或者非法人组织取得作品的著作权。如前所述，现行《著作权法》第21条第2款对此作出了规定。

四、特殊著作权主体——国家

国家是一种特殊的民事主体，它可以参与一定的民事法律关系，并且是以国家名义享受权利和承担义务的。这里的权利主要是指财产权。著作权是一种具有财产特性的民事权利，故在一定的情况下，国家可以成为著作权主体。国家成为著作权主体的情形主要有转让、接受捐赠、遗赠等形式。另外，如前所述，著作权属于法人或者非法人组织的，在该法人或者非法人组织变更、终止后，如果没有承受其权利与义务的法人或非法人组织，著作权也由国家享有。根据现行《著作权法实施条例》第16条的规定，国家享有著作权的作品的使用，由国务院著作权行政管理部门管理。另外，在有些国家，当某些作品涉及国家与社会利益时，国家主管部门可以依法以征购的形式将某些作品收归国有，作品的著作权被转移给国家。这将在第七章中进一步阐述。

本章案例研讨

◈ 参与法人作品创作中可单独使用的作品著作权归属

新疆某畜牧科技发展有限责任公司与卞某侵犯著作财产权纠纷案[5]

2004年7月，木垒县人民政府为庆祝该县成立50周年，在编辑《今日木垒县》画册时，邀请个体摄影爱好者卞某等人参与摄影制作。该画册刊登的两幅摄影作品：《绒山羊》图、《毛纺厂车间》图是由卞某本人摄影创作。2006年新疆某畜牧科技发展有限责任公司（以下简称某畜牧公司）从木垒县政府获得这两幅作品，并用于其企业制作的2006年、2007年、2008年的挂历中。其中2006年的挂历中使用了《绒山羊》《毛纺厂车间》两幅图片。2007年、2008年的挂历中使用了《绒山羊》图片。挂历在全县的农牧民中发放，宣传其业务。卞某认为某畜牧公司侵害了其对涉案作品享有的著作权，遂向昌吉回族自治州中级人民法院提出侵害著作财产权之诉。

---

〔5〕 选自新疆维吾尔自治区高级人民法院（2009）新民三终字第13号民事判决书。另参见昌吉回族自治州中级人民法院（2008）昌中民三初字第3号民事判决书。

昌吉回族自治州中级人民法院认为，摄影作品著作权受我国著作权法保护，任何未经著作权人的许可，使用他人作品的行为均构成侵犯他人的著作权。本案应当首先明确著作权人。木垒县人民政府为庆祝木垒县成立50周年时，邀请卞某等人参与摄影图片的制作，卞某作为个体摄影爱好者参与此次活动，并用自己的摄影工具，完成了《绒山羊》图、《毛纺厂车间》图两幅摄影作品，并被编辑在《今日木垒县》画册中。根据我国著作权法的规定，这种非职务性作品，受人委托又没有订立合同，也没有明确约定权属作品的著作权归作者，故这两幅摄影作品的著作权应属于卞某，卞某是著作权人。某畜牧公司为宣传其企业，扩大影响，在其印制的三年挂历中，未经著作权人卞某许可，单独使用了《今日木垒县》画册中卞某的《绒山羊》《毛纺厂车间》两幅摄影作品，其行为已经侵犯卞某的著作权，故判决被告停止侵害、赔偿损失。

某畜牧公司不服上述判决，向新疆维吾尔自治区高级人民法院提起上诉。其认为，《今日木垒县》画册（包括其中的文字作品和摄影作品）是由《木垒画册》代表新疆木垒哈萨克自治县人民政府的编辑委员会主持，代表编辑委员会意志的创作，并由编辑委员会承担责任的作品。在创作过程中，上诉人按照编辑委员会的要求，提供了拍摄现场和实物背景：在上诉人使用摄影作品前，取得了著作权人的同意。一审判决将《绒山羊》图和《毛纺厂车间》图先后认定为“非职务性作品”和“委托作品”。本案涉诉作品属于“法人作品”，即应当适用《著作权法》第11条第3款有关“由法人或者其他组织主持，代表法人或者其他组织意志创作，并由法人或者其他组织承担责任的作品，法人或者其他组织视为作者”的规定。

新疆维吾尔自治区高级人民法院认为该案争议的焦点为：卞某是否享有涉案两幅摄影作品的著作权。其认为：《著作权法》第11条规定：“法人或者其他组织主持，代表法人或者其他组织意志创作，并由法人或者其他承担责任的作品，法人或者其他组织视为作者。”本案中，木垒县人民政府为庆祝木垒县成立50周年，成立编辑委员会，编辑出版了《今日木垒》画册，该画册是由编辑委员会主持，对若干照片进行整理并配以文字说明而形成的汇编作品，其体现的是木垒县人民政府成立50周年来所取得的建设成就，反映的是木垒县人民政府的创作意图，应当认定《今日木垒》画册为法人作品，其著作权人为木垒县人民政府。尽管涉案《绒山羊》《毛纺厂车间》两幅摄影作品被收录进《今日木垒》画册这一法人作品中，但只有与《今日木垒》画册中收录的其他摄影作品以及文字说明结合起来，才能体现《今日木垒》画册创作的整体意图。《绒山羊》《毛纺厂车间》两幅摄影作品属于可以单独使用的作品，且单独使用时，并不能够直观地反映出其创作目的是体现木垒县人民政府成立50周年来所取得的建设成就。《绒山羊》《毛纺厂车间》两幅摄影作品的著作权人有权单独行使著作权。

委托作品是受托人接受他人委托，按照委托人的要求而创作完成的作品。委托作品产生过程中，委托人会提供一定的创作条件，并对受托人给予一定的报酬，但是作品是受托人创作的，是受托人付出创作劳动而取得的智力成果。因此在未约定著作权归属的情况下，本着保护作者权益的基本原则，法律规定著作权属于受托人。本案中卞某与《今日木垒》画册编辑委员会没有劳动关系，《绒山羊》《毛纺厂车间》两幅摄影作品是由卞某摄影创作，应认定卞某参与创作是基于《今日木垒》画册编辑委员会的委托。某畜牧公司在《毛纺厂车间》摄影作品拍摄过程中提供了帮助，但摄影过程中拍摄者对构图、光线的把握以及对照相机的操作均体现了拍摄者独立创作的智力劳动。卞某与《今日木垒》画册编辑委员会之间没有对著作权归属作出约定,《绒山羊》《毛纺厂车间》两幅摄影作品的著作权应归属于创作人卞某。原审法院判令某畜牧公司未经卞某许可使用涉案摄影作品,构成侵权并承担赔偿损失的责任并无不当,本院予以维持。

在上述认定基础上,新疆维吾尔自治区高级人民法院认为涉案摄影作品不属于法人作品,卞某对其享有著作权。基于此,判决驳回上诉,维持原判。

该案的关键问题在于如何认定涉案摄影作品的著作权主体。其不仅涉及法人作品、委托作品著作权归属问题,而且涉及纳入法人作品系列中的可以单独使用的作品,其著作权是否也属于该法人以及他人使用是否应征得可单独使用作品作者许可的问题。在该案中,二审法院明确了《今日木垒》画册为法人作品,其著作权人为木垒县人民政府。但是,一审原告涉案《绒山羊》《毛纺厂车间》两幅摄影作品并不因为被收录至该法人作品而使得其丧失著作权保护。一审原告作品由于能够单独使用,该作品作者享有独立的著作权,因而有权单独行使其著作权。本案为涉及法人作品中可以单独使用的作品著作权的归属和行使提供了启发和指引。

◈ 法人作品著作权侵权损害赔偿责任的认定

刘某与陈某侵害著作权民事纠纷案[6]

刘某为《通河县交通志》编纂委员会主任,陈某为通河县地方志办公室在编的编辑人员。《通河县交通志》无出版书号、印刷时间、印数等出版、印刷信息,未标注定价。刘某向哈尔滨市中级人民法院起诉,请求陈某立即停止侵权使用其享有原始著作权的《通河县交通志》中的历史记录、纪实部分,在通河县电视台公开赔礼道歉,并赔偿刘某经济损失。

哈尔滨市中级人民法院认为,本案争议焦点是陈某是否侵害了刘某的著作权以及应如何判定其责任。法院认为,针对法人作品,法人或者其他组织享有作品的一切著作权,真正创作完成作品的自然人对作品没有任何著作权法意义上的权利,包括署名权。本案中,《通河县交通志》署名"通河县交通志编纂委员会",该委员会系由县政府和职能部门的领导组成,该书由通河县人民政府主办、通河县交通运输局承办,系通河县地方志办公室组织编纂的法人作品,符合法人或者其他组织视为作者的情况,应由法人或者其他组织承担责任。《通河县交通志》未向社会公开发行,没有定价。刘某承认,通河县交通局向其工作人员发放《通河县交通志》。结合全案证据,可认定《通河县交通志》系在通河县交通局等单位内部发放。陈某作为《通河县交通志》编辑之一,参与该书编辑,是完成本职工作的职务行为,不应对《通河县交通志》的编纂、出版、发放承担责任。刘某没有举证证明《通河县交通志》系由陈某个人创作、出版、发行,也没有出示陈某因参与编辑《通河县交通志》而获利的证据,其关于陈某自行出版了《通河县交通志》,并获利3万余元的主张,没有证据证明,不能认定。刘某起诉陈某侵害其著作权,没有法律根据。基于上述认定,哈尔滨市中级人民法院判决驳回刘某诉讼请求。

---

〔6〕 选自黑龙江省高级人民法院(2018)黑民终528号二审民事判决书。另参见哈尔滨市中级人民法院(2018)黑01民初133号民事判决书。

刘某不服，向黑龙江省高级人民法院提起上诉。二审期间，刘某围绕上诉主张依法提交了其在搜集《通河县交通志》资料过程中形成的初稿电子版打印件一份、矫某的《革命工人登记表》一份，意在证明刘某搜集的交通志内容有误，但陈某仍然抄袭了该错误内容，陈某应向刘某承担著作权侵权责任。陈某对该证据的真实性无异议，但认为该证据不能证明陈某对刘某的作品进行了抄袭，且陈某是《通河县交通志》的编辑之一，编辑该书是职务行为，不应对《通河县交通志》是否抄袭错误书稿承担法律责任。黑龙江省高级人民法院认为，该证据意在证明《通河县交通志》是否存在剽窃他人作品的事实，不能因此证明陈某必然构成著作权侵权，本院对该证据不予采信。

黑龙江省高级人民法院认为：本案系刘某以陈某在《通河县交通志》一书中剽窃刘某的作品构成著作权侵权为由提起的诉讼。按照《著作权法》第11条第3款规定，由法人或者其他组织主持，代表法人或者其他组织意志创作，并由法人或者其他组织承担责任的作品，法人或者其他组织视为作者。《通河县交通志》由通河县人民政府主办、通河县交通局承办、县政府地方志办公室组织编纂工作，通河县交通志编纂委员会在该书封面署名，故《通河县交通志》系代表法人或其他组织意志、由法人或其他组织承担责任的"法人作品"，其作者应为法人或其他组织。陈某作为《通河县交通志》编辑之一，其编辑工作为职务行为，对《通河县交通志》的相关内容是否构成著作权侵权不应承担侵权赔偿责任，刘某应向该书作者主张权利。

基于上述认定，黑龙江省高级人民法院判决驳回上诉，维持原判。

本案是关于如何认定法人作品以及参与法人作品编辑的编辑人员是否需要对法人作品可能存在的著作权侵权行为承担著作权侵权损害赔偿责任的案例。在该案中，一审、二审法院基于署名为"通河县交通志编纂委员会"的《通河县交通志》一书系通河县人民政府主办、通河县交通运输局承办、通河县地方志办公室组织编纂的法人作品，认为其符合法人或者其他组织视为作者的情况，应由法人或者其他组织承担责任。本案为明确法人作品涉及的著作权侵权责任提供了较为重要的启示。

第三章　著作权的客体

著作权客体是著作权法律关系的重要内容之一。著作权法是通过保护著作权的客体不受侵犯达到保护著作权主体的目的,即著作权之于作品是法律通过赋予作品以著作权进而对作品的著作权主体的智力劳动进行保护。弄清著作权客体的内涵对于学习与研究著作权法具有重要意义。

第一节　著作权客体概述

一、作品的概念与分类

著作权的客体,是指著作权法律关系中权利义务所共同指向的对象。它是以一定形式体现的具有独创性的智力成果,即文学、艺术和科学作品。[1]

作品是著作权的客体,它是作者智力创造性劳动的结晶,在著作权法和著作权保护中具有基础性地位,因为它是著作权存在的基础,没有作品就没有著作权。[2]

从总体看,著作权的客体是以一定的思想表现形式体现的通过创作行为产生的精神劳动成果。[3] 著作权客体形式多样,内容广泛。在立法例上,通常采用列举的方式对享有著作权的作品进行规定。我国《著作权法》规定即是如此。其中,2010 年《著作权法》第 3 条规定,"本法所称的作品,包括以下列形式创作的文学、艺术和自然科学、社会科学、工程技术等作品",然后列举了八类具体作品及一类"法律、行政法规规定的其他作品"。现行《著作权法》第 3 条则对上述规定作了修改,具体规定为,"本法所称的作品,是指文学、艺术和科学领域内具有独创性并能以一定形式表现的智力成果"。该规定显然是吸收了现行《著作权法实施条例》

---

〔1〕 对作品、著作权客体相关概念的认识,学界仍存在不同观点。通说将作品视为著作权客体,认为著作权客体是人们直接支配和获得利益的知识产品,即作品。在著作权客体学说中,有一种观点将作品具体界定为信号的集合,这就是所谓信号集合说。根据这一学说,作品本身(信号)与作品表现的内容(信息方面)不能混淆,这样可以实现著作权保护与宪法原则的统一。该观点的倡导者为张俊浩教授。否认作品是著作权的客体的观点则主要见于刘春田教授的论著中。刘春田教授认为:著作权的客体不是作品本身,而是在法律规定的范围内对作品各类支配权的总和。换言之,客体不是作品,对作品的支配权才是客体。其原因在于,涉及作品有三个层面的问题:一是思想、情感和客观事物,是作品所需要表达的东西;二是思想、情感为表现任务的作品,即思想情感的表现形式;三是对作品的利用和支配。这些涉及思想、作品和对作品的支配权三个问题。只有对作品的支配权,才是著作权保护的客体。只有未经许可行使了对作品的支配权才构成侵害著作权。费安玲:《著作权法教程》,知识产权出版社 2003 年版,第 43 ~ 44 页。

〔2〕 参见曹新明:《著作权法上作品定义探讨》,载《中国出版》2020 年第 19 期。

〔3〕 杨利华:《我国著作权客体制度检讨》,载《法学杂志》2013 年第 8 期。

第2条关于作品定义的规定,同时作了一定的发展,即将“以某种有形形式复制”改为“以一定形式表现”。这一修改的原因,将在下面关于作品构成要件部分进行探讨。

随着民族文化和科学技术的不断发展,作品被利用的形式与手段越来越多,著作权的保护范围也有扩大的趋势。在著作权制度建立之初,作品的范畴仅及于文字、美术等作品,现在则发展到电影、电视、录像、计算机软件等作品,并有向高科技领域发展的趋势。例如,英国早期《著作权法》保护的客体限于书籍,后来分别在1735年、1777年、1798年、1833年增加了雕塑、地图、雕刻、戏剧作品,现在则涵盖了包括计算机软件、数据库在内的各种高科技作品。今后,随着文化科学事业的发展,还会有更多的新作品纳入著作权法的“势力范围”。

上述对著作权客体的列举式与概括式的规定,实际上也是对作品的一种分类。对作品进行分类,还可以按下列标准进行:

第一,根据作品的表现形式分类。据此,作品可以分为:(1)以语言文字表现的作品,如专著、教材、论文、小册子、演讲稿;(2)以动作表现的作品,如舞蹈、哑剧作品;(3)以声音表现的作品,如音乐作品;(4)以形状或色彩表现的作品,如美术作品;(5)以图纸或模型表现的作品,如模型作品等。当然,很多作品不限于一种表现形式,这里只是从表现形式种类上作初步划分。在从作品表现形式方面认识作品时,还应注意作品的表现形式与内容之间具有紧密联系。作品是形式与内容相结合的产物,作品的内容是作品的实质性构架,特别是内容中体现的作者的思想和情感,是作品的灵魂。任何作者创作作品的内容需要通过一定的表现形式加以附载,作品内容实则是作品外在表现形式反映的作者独立的创作思维、情感、认识、思想等信息。在涉及抄袭一类的著作权侵权案件中,尽管主要认定作品的外在表达形式是否雷同,但也不能离开对作品内容的审视。这主要是因为,作品的表现形式和内容不可分离。

第二,按照作品的创作来源,即按创作和再创作的关系进行分类。根据这一标准,作品可分为原始作品、演绎作品及组合作品。这种分类可以明确在任何情况下都不应忘记原创作品作者的权利。

第三,根据作品是否发表,可将作品分为“已发表作品”和“未发表作品”。这种分类有助于适用著作权法有关规定。例如,只有未发表的作品才享有发表权,著作权限制的许多规定均不适用于未发表作品,在计算著作权保护期限时,这种分类也有作用。

第四,按照作品的署名情况,可将作品分为实名作品、假名作品和无名作品。这种分类对于适用著作权法对作者的确认、有效期的起算及权利的保护等规定有重要作用。

第五,根据作者的人数,可将作品分为“单独作品”和“合作作品”。这种分类对于适用著作权法对作者权利的行使及保护期的起算等方面起作用。

二、作品与相关对象的关系

(一)作品与作品标题的关系

作品标题无疑是作品的必要组成部分之一,对作品整体的著作权保护应当涵盖对作品标

是通过其独创性劳动融于其作品之中的,故作品具有个性特征。二是从作品的创作过程看,作品是作者独立的脑力劳动的结晶,独立创作成为界定独创性的根本标准。创作,是作品的源泉,是以作品为客体的著作权法律关系产生的基础,它规定了著作权理论中其他范畴的实质内容和相互关系,而作品的独创性则是作品中凝聚的作者创作活动的体现,对创作行为的保护构成了著作权保护的实质内容。因此,对作品独创性之界定,必须与作品创作活动相联系,只有这样才能真正揭示作品独创性的本质内涵。进言之,创作是一种智力活动,这种智力活动直接形成和增添作品,作者通过注入其独有的创作,直接形成具有自身个性化特征的作品。也就是说,作品必须与创作有关,创作需要有创造性活动,该活动导致作品的诞生。实际上,著作权保护的根本原则就是保护作者创作的原则。尽管著作权保护的直接客体是作品,但这种保护真正强调的是智力活动本身,即创作本身。如果我们离开"创作"的质的规定性,孤立地探讨作品的独创性是没有意义的。创作活动本身是一种主观见之于客观的活动,这一智力活动的成果通过作品这种外在形式表现出来,通过此种活动直接形成作品。这种行为凝聚成作品的情形,在著作权法上就是所谓的"独创性"(originality)。可见,作品独创性从根本上说是指作品来自创作这一智力创造活动。

作品的独创性作为取得著作权的要件之一,最早见于英国1917年《著作权法》第6条第1款的规定。从此以后,在各国著作权法中得到了普遍确认。例如,美国《著作权法》第102条规定,对于固定于任何有形的表现媒介中的作者的独创性作品给以著作权保护。我国现行《著作权法》虽未明确规定作品独创性的概念,但在该法第3条明确规定受著作权保护的作品必须具有独创性,并且在第52条将剽窃他人作品的行为纳入侵犯著作权的行为,也等于是间接地对著作权客体提出了独创性的要求。

(二)独创性的认定

我国著作权法对作品独创性的界定应力求符合以下要求:(1)借鉴两大著作权体系对作品独创性界定的合理因素;(2)要反映我国著作权保护的价值取向,符合著作权立法的宗旨;(3)由于创作概念是确定作品独创性的质的规定性的依据,独创性之界定,应依据"创作"之规定性赋予其明确的含义;(4)便利司法实践划分侵权与独创、排除不受著作权保护的公共领域,也是值得考虑的因素。关于独创性的认定,主要应把握以下几点。

第一,独创性限于作品表达形式的独创,不同于专利法上的新颖性和创造性。作品的独创性或创造性、原创性,与专利法上的"创造性"或"首创性"不同。作品的独创性首先是指表达形式的创新性,它不要求作品表现的思想主题新颖别致、绝无仅有,只要是作者自己独立创作,就应视为具有独创性。正如1976年美国国会立法报告中所说的,"著作权法中的创造并非创始或新奇——首先在地球上出现之意,而是指作品为作者独立创作完成"。英国出版的《现代版权与外观设计法》一书也指出:独创性只是意味着作者并没有原封不动地抄袭……技巧、知识可以弥补脑力劳动的缺乏。[13] 该观点强调独创性立足于独立的创作性劳动。专利法上的"新颖性"是指技术解决方案是独一无二的;"创造性"是指和已有技术相比,具有(突出的)实质性的特点与(显著的)进步。对于作者创作的作品,只要是作者本人独立完成的,即使在其

---

〔13〕 王迁:《著作权法学》,北京大学出版社2007年版,第11页。

创作完成之前已有相同或类似的作品存在,仍不丧失作品的独创性而享有著作权。对此,美国联邦最高法院1991年Feist publication, Inc. v. Rural telephone Service Co., Inc.案[14]即有相关观点:“独创性绝不等于新颖性,尽管一部作品和另一部作品非常相似,但只要该相似具有偶然性而不是复制的结果,就具有独创性。”《突尼斯示范著作权法》在第1条的注释中就特别强调此点,即作品的独创性是问题关键所在,但应注意不应将独创性与新颖性相混淆。从这一点也可以看出,作品的独创性不是绝对的,只是相对于作者而言的。

当然,不要求作品具有首创性、新颖性仅是从作品取得法律保护资格的角度而言。实际上,独立创作完成的作品往往具有不同程度的新颖性。人类科学文化发展是一个推陈出新的过程,说作品享有著作权不取决于是否具有新颖性绝不是说其不重要,而只是指新颖性并非著作权客体的要件。

第二,独创性不排除对他人作品的合理使用和公共领域资源的利用。作品要求具备独创性,并不是说作品自始至终都是作者本人“独立”创造的。独创性并不排除在法律规定的范围内合理使用他人已发表的作品。只要作品在整体上注入了自己的见解和构想,并且是以自己特有的表现手段,包括富有个性的语言、风格、技巧等进行创作完成的,就应当认为具备了独创性。同时,独创性也不排除利用不受著作权保护的、进入公共领域的资源。例如,作者可以自由利用不受著作权保护的官方文件、历史题材、史料等“创作的基本建筑材料”。只是这些公共领域资源本身将永久性地留在公共领域,不能被创作独创性作品的作者所垄断。[15] 在著作权司法实践中,判定独创性问题时需要排除这些进入公共领域的资源。

例如,在再审申请人秦某、某国学教育研究中心与被申请人李某、抚顺市某文化艺术学校等侵害著作权及不正当竞争纠纷案中,最高人民法院指出:对国学经典类题材作品实质性近似的判断,一方面应考虑中华五千年文明历史是人类社会共同的精神财富,任何人均可以不同表达方式对此类题材加以利用并进行创作;另一方面也应看到中华五千年文明历史系客观事实,基于该历史事实进行的相关创作具有一定局限性。若不同作品的表达均系独立完成且表达方式不同,应当认定各作品均享有独立著作权。[16] 该观点表明,利用同一客观事实进行独立创作完成的作品,均具有独创性,都受到著作权保护。

又如,在再审申请人张某与被申请人雷某、赵某、一审被告山东某音像图书有限公司侵害著作权纠纷案[17]中,原告指控被告《最后的骑兵》侵害其二十集电视连续剧《高原骑兵连》著作权。最高人民法院审查认为:著作权法所保护的是作品中具有独创性的表达,即思想或情感的表现形式,不包括思想或情感本身。著作权法保护的表达不仅指文字、色彩、线条等符号的最终形式,当作品的内容被用于体现作者的思想、情感时,内容也属于受著作权法保护的表达,但创意、素材或公有领域的信息、创作形式、必要场景或表达唯一或有限则被排除在著作权法的保护范围之外。在判断被控侵权作品与主张权利的作品是否构成实质相似时,应比较两部

---

〔14〕 499 U.S. 340, 18 U.S.P.Q. 2d 1275 (1991).

〔15〕 冯晓青:《公共领域保留视域下作品著作权保护研究——以作品中不受保护事实、题材为考察对象》,载《湖南大学学报(社会科学版)》2021年第1期。

〔16〕 最高人民法院(2019)最高法民申6219号民事判决书;《知识产权案件年度报告》(2020)。

〔17〕 最高人民法院(2013)民申字第1049号民事裁定书。

作品中对于思想和情感的表达,即两部作品表达中作者的取舍、选择、安排、设计是否相同或相似。经对比,法院认定原告不能垄断相同的题材,被告作品和原告作品在语言表达与故事情节展现上均具有各自特色。本案属于由不同作者就同一题材创作的作品,两剧都有独创性,各自享有独立的著作权。[18] 该案涉及的实质性问题是就同一题材的必要场景及十分有限的表达方式不受著作权保护,不能排除他人的使用。

第三,独创性与作品的学术质量或艺术质量无关。作品的独创性不是针对作品的价值、质量、艺术或学术水平、社会评价等方面而言的。[19] 从法理意义上讲,要规定一定的创造水平、高度作为独创性的标准也是不可能的。而且,著作权保护的仅是作品思想的表现形式,而非思想本身。作品如以"创作高度"来衡量,将会使表现形式富有个性特色但内容平淡的作品,以及科普读物之类的作品不能得到著作权保护。而且,在司法实践中要判断一部作品的创作水平与高度,也颇有困难。[20]

第四,独创性不排除"巧合作品"的存在。独创性强调创作的独立性,但在现实中基于创作题材、方法、思路和观点的相同或者类似,难免存在"雷同"的"巧合作品"。对创作在后的巧合作品,著作权法同样给予保护,而不能以侵权论处。例如,2002 年《审理著作权民事案件适用法律解释》第 15 条即明确规定,由不同作者就同一题材创作的作品,作品的表达系独立完成并且有创作性的,应当认定作者各自享有独立著作权。2003 年国家版权局在《关于报送成都市版权局〈关于电脑书法作品是否构成侵权的请示〉的报告》也体现了上述观点。该报告指出:投诉人已证明其电脑书法是委托他人在选择某种电脑字体后经艺术加工完成的。这种书法尽管基于现有电脑字体产生,可能艺术性不高,可能完全借助电脑完成,但仍应看作具有独创性并能以某种形式复制的智力成果。对于投诉人的构成美术作品的电脑书法,他人不能擅自进行复制,特别是复制用于同类商品的包装上。但是,如被投诉人能证明自己的"泡椒牛肉"字体是在未参照投诉人的原始字体的情况下独立设计的,则不构成对投诉人的电脑书法的侵权。

第五,独创性在不同类型作品中的表现和程度不一。不同作品的创作,对独创性的要求是不同的。有些作品对已有的资料、素材或事实的依赖性较强,不同的作者依据这些相近的创作素材所完成的作品具有一定的相似性,这类作品的独创性程度更多地体现在作品的材料选择、编排方面。汇编作品就比较典型,历史题材类作品也具有这一特点。那些有巨大发挥个人创造力空间的作品,如小说、诗歌、散文、戏剧、绘画等文学、艺术作品,独创性程度往往很高。地图、摄影作品一类带有事实性或功能性作品则由于受到客观事实的制约,其独创性相对来说要

---

〔18〕《知识产权案件年度报告》(2015)。

〔19〕 See Robert Kirk Walker & Ben Depoorter, *Unavoidable Aesthetic Judgments in Copyright Law: A Community of Practice Standard*, 109 NW. U. L. REV. 343 (2015).

〔20〕 在德国的一个著作权判例中,法院就科学领域作品的"创作高度"作了评判,认为:一切与已知创作很近似的创作都不是智力创造性劳动,著作权保护范围的下限始于创作活动明显高于一般的平均能力之时。实际上,即使是科学作品,判别这种创作高度也是有难度的。相反,在美国一个判例中,法院指出:对付出了劳动而写成的书获得版权保护并不取决于……是否在思想或语言方面……体现了文学技巧或者创造性。Jewelers's Circular Co., v. Keystone Pub. Co., 281 F. 83, at 88 (2nd Cir. 1922). 转引自王迁:《著作权法学》,北京大学出版社 2007 年版,第 12 页。

小些。[21] 正是基于上述特点，司法实践中在认定涉案作品的独创性时，考虑当事人双方作品的类型也是有益的。例如，在有的案件中，法院认为：独创性判定需要根据具体案件事实。不存在适用于所有作品的统一标准，因为不同种类作品对独创性的要求不尽相同。[22] 又如，关于“古籍点校”是否属于具有独创性的作品，最高人民法院相关案件做了明确回答。在再审申请人葛某与被申请人李某侵害著作权纠纷案[23]中，最高人民法院认为“古籍点校”属于智力劳动成果，若不同点校者依其自身对古籍原本的理解进行点校，往往会产生不同的点校结果，其点校行为可视为一种特殊的具有独创性思维的表达，这种情况下的点校本构成著作权法意义上的作品。

（三）独创性与反映作品个性的关系

作品的独创性还应当包括作品必须反映作者一定的个性内容。这是因为，既然作品是作者自己独立创作完成的，就应当有不同于其他作品的独到的地方，即富有个性的文字、表达风格、思想、情感、审美态度等。个性是在结果上能够反映出的智力活动最基本的特征，因此个性描述的是智力创造结果的最低的创造性程度。[24] 有学者则提到，当代德国学者重视区分作品中的有个性特征和属于公有领域的因素，只有前者是受著作权保护的。[25]

进一步说，作品是显示作者个性的智力创造成果，这是独创性在作品中蕴含的更深一层含义。作品的个性使不同的智力创造成果存在一定的差异，这种差异是作为智力创作成果的作品在作品创造性的量的规定上必然呈现的特征，是智力创作成果经个性化表达后必然出现的结果。著作权保护的目的，即保护带有个性的智力创作成果，保障作者从对其作品的利用中得到适当的份额，正是以个性的标志来体现的。

基于此，衡量一部作品是否具有独创性，可从两方面来判断：其一，是否作者本人独立完成；其二，是否体现了作者一定的个性内容。根据这一标准，那些纯粹的“表格类表达方式”，难以体现人的个性色彩，且体现作品的形式单一，不能受著作权保护。例如，在再审申请人马某与被申请人某文化广播影视新闻出版局、唐某著作权权属、侵害著作权纠纷案[26]中，最高人民法院指出，作品独创性应体现于作品表达方式，而不是思想或观点之中。具有独创性的表达方式应由作者独立完成且不同以往。表格形式仍属于一般性的表格分类方式，表格内容的表达方式相对固定，不具备作品所应具有的独创性，不能受到著作权法的保护。又如，那些纯粹是由计算机自动完成的“作品”、通过自动摄像机拍摄的“作品”，不是具有独创性的作品。当然，关于借助于计算机完成的作品，特别是当前如火如荼的人工智能创作的作品，情况较为复杂，不能简单地否定人工智能生成物具有独创性、否认其成为著作权法意义上的作品。[27]

---

〔21〕 参见梁志文：《摄影作品的独创性及其版权保护》，载《法学》2014 年第 6 期。

〔22〕 最高人民法院（2013）民申字第 1262 号民事裁定书。

〔23〕 最高人民法院（2016）最高法民再 175 号民事判决书；《知识产权案件年度报告》（2018）。

〔24〕 金渝林：《论作品的独创性》，载《法学研究》1995 年第 4 期。

〔25〕 韦之：《著作权法原理》，北京大学出版社 1998 年版，第 20 页。

〔26〕 最高人民法院（2015）民申字第 1665 号民事判决书；《知识产权案件年度报告》（2015）。

〔27〕 杨利华：《人工智能生成物著作权问题探究》，载《现代法学》2021 年第 4 期；冯晓青、潘柏华：《人工智能“创作”认定及其财产权益保护研究——兼评“首例人工智能生成内容著作权侵权案”》，载《西北大学学报（哲学社会科学版）》2020 年第 2 期。

不过,一般认为,人工智能生成物获得著作权法中作品的地位,至少在当前弱人工智能时代需要借助于人的干预。欧盟在2018年发布的关于人工智能生成作品著作权保护问题即持这一观点。人的干预,则依然会体现人的个性化特征。从这个意义上说,人工智能生成物也可以受到著作权保护。

二、作品必须具有一定的客观表现形式

作品须有一定的客观表现形式,它是作品已经表达出来的形式,如以文字、声音、语言、动作、符号、色彩等表现于外部,能够为人们所直接或间接地予以看到、听到或感触到的形式。各国著作权立法与实践都有这种要求。这一要件实质上间接反映了著作权的一个重要特点,即依附性。著作权的产生和存在,必定依附于某种形式的物质载体。这一要件,也将未能通过一定形式表现出来的作品的创意、思想观念排除在著作权保护之外。

著作权保护的是作品的表现形式,这也必然要求作品须以某种客观的形式存在。而且,一般还应体现为某种有形的形式。《伯尔尼公约》第2条即规定,各成员国可以通过立法决定一般作品或者某一特定种类作品享受保护的条件是必须以某种有形形式加以固定。至于各国对作品须有一定客观表现形式的具体要求则并不相同。大陆法系国家著作权立法立足于保护著作人身权,作者只要是基于创作这一事实,其作品就能够取得著作权,而不论作品是否以物质形式固定。在这些国家,作品的客观表现形式不限于作品一定要附着于一定的物质载体上,即作品的有形性不限于作品的物质固定性。英美法系国家则注重著作财产权的保护,强调作品未以物质形式固定则不能享有著作权,以防止他人擅自使用体现作品的物质实体。在这些国家中,口述作品就被排除在著作权保护之外。如美国《著作权法》第102条、英国《著作权法》第3条均有相似规定。

我国《著作权法》为充分保护作者权益,借鉴了大陆法系国家的做法,规定作品无论以何种客观表现形式体现出来,一经创作完成即自动取得著作权。故我国《著作权法》对未以物质形式固定的口述作品也给予保护。

关于作品必须有一定的客观表现形式,还需要结合前面述及的2020年《著作权法》的修改加以探讨。如前所述,我国现行《著作权法》第3条关于作品的定义,整合了现行《著作权法实施条例》第2条规定,同时将“能以某种有形形式复制”改为“能以一定形式表现”。这里首先需要理解两者的关系,然后认识为何要作出上述修改。

毫无疑问,复制是表现作品的“一定形式”,如后文在复制权部分所探讨的,复制意味着将作品制作一份或者多份,实际上是以固定作品的方式再现作品的形式和内容。从著作权保护的社会本位属性来看,作品是人类文化的一种形式,作品创作出来后,即成为人类文化的组成部分,要求能为他人自由利用。作品被利用也才能实现著作权法的社会目的。作品的复制使用则是利用作品的主要方式。因此,在一般意义上,作品的可复制性是作品享有著作权的一个必备条件。世界各国著作权法对此都予以确认。

现代科学技术的发展使作品的复制手段越来越多。一般而言,作品以某种客观形式表现后,总是能够以某种手段予以复制。不过,也有些作品尽管能以物质形式固定,但在现有技术条件下复制会遇到困难。这也说明,复制和以物质形式固定不是一回事,复制强调的是作品的

客观表现形式可以再现而为他人所利用。作品的可复制性也是法律依其本身的社会性提出的要求。这一要件从作品著作权保护的可能性和社会利用价值方面明确了作品的法律特性，即明确了作品受著作权保护的条件。

但是，必须进一步看到的是，随着社会发展，特别是技术进步，作品的表现形式将不限于通过复制的形式予以再现，而是可以借助于技术手段和工具以复制以外的形式加以体现。因此，基于法律对社会关系调整前瞻性、开放性的要求，2020 年《著作权法》第 3 条作了上述修改。

三、作品必须属于法律规定的文学、艺术和科学领域的智力成果

这一要件是对著作权客体的外延的限制，即作品应当是文学、科学和艺术领域内作者的创作性劳动的结晶，系文学、科学和艺术领域内的表达形式和智力表达。作品作为一种智力创作成果，是作者创造性劳动的结晶，是智力成果之一。智力成果的范围很广，法律保护的仅是其中的一部分，而著作权法保护的又只是其中属于文学、艺术和科学领域内的创作，不延及技术范畴。更严格地说，著作权法保护的只是属于著作权法规定的文学、艺术和科学领域内的智力创作成果。对此，《伯尔尼公约》第 1 条、《世界版权公约》第 1 ~ 2 条都有规定。经过自己独立构想，付诸创造性劳动产生的智力成果，若不付诸文字、符号、图表、颜色等表现形式体现出来，则不属于文学、艺术和科学领域的创作，谈不上给予著作权保护。

在著作权司法实践中，认定原告主张著作权保护的对象属于著作权法意义上的作品具有关键意义，而属于法律规定的文学、艺术和科学领域的智力成果的关键则在于甄别相关对象的产生是基于智力机械劳动、智力技艺劳动还是智力创作劳动，〔28〕只有智力创作劳动才谈得上受著作权保护。例如，在申请再审人陈某与被申请人某印务有限公司侵犯著作权纠纷案〔29〕中，最高人民法院指出：本身并不表达某种思想的答题卡不构成著作权法意义上的作品。答题卡的相关设置主要针对考题的选项及统计信息需要而设，且图形排布受制于光标阅读机等阅读设备所识别的行列间距等参数，其本身并不表达某种思想和设计，加之其排列及表达方式有限，不属于著作权法意义上的具有独创性的智力成果，二审四川省高级人民法院认定其属于通用数表有所不当，但认定不属于著作权法保护的客体并无不当。

关于上述受著作权保护作品的构成要件，还有必要结合 2012 年以来启动的《著作权法》第三次修改过程中不同草案版本相关条文的规定加以探讨。这主要涉及以下两个问题：一是是否有必要将“文学、科学和艺术领域”扩大到“文学、科学和艺术领域等”；二是将“智力成果”界定为“智力表达”是否合适。关于第一个问题，在修改草案版本中曾出现，最终修改的《著作权法》保留了 2010 年《著作权法》的表述。这是因为，“文学、科学和艺术领域”已足以涵盖受著作权保护作品的领域，至少在当代社会环境和技术条件下不必拓展到其他领域。关于第二个问题，2014 年《中华人民共和国著作权法（修订草案送审稿）》（以下简称《送审稿》）第 5 条将著作权法中的作品定义为“智力表达”，即文学、艺术和科学领域内具有独创性并能以某种形式固定的智力表达。在此后的修订版尤其是 2020 年两次审议稿均恢复到 2012 年国家版权

---

〔28〕 刘春田教授关于著作权法实践中认定独创性相关成果的观点。

〔29〕 最高人民法院（2011）民申字第 1129 号民事裁定书；《知识产权案件年度报告》（2011）。

局先后公布的著作权法修稿草案版本第3条“智力成果”的表述。由于“智力表达”的概念有些宽泛和抽象，而受著作权保护的作品的核心定位应当为基于智力创作而产生的智力成果，因而最终修改后的《著作权法》没有采纳送审稿的意见。当然，基于作品最终来自作者创作，在定义受著作权保护的作品概念时，仍然可以考虑加入“基于作者创作”这一本质性特征和条件。这样也便于区分同样属于“智力成果”的、但在著作权保护范围以外的知识产权客体。

第三节 我国著作权法上的著作权客体

关于著作权客体，很多国家著作权法采用列举的方式加以规定。例如，美国《著作权法》第102条列举的受保护的作品有文字作品；音乐作品，包括配词；戏剧作品，包括配曲；表意动作和舞蹈作品；绘画、图形和雕刻作品；电影和其他视听作品；录音制品；建筑作品等。不同国家对作品的分类有所差异。我国《著作权法》对著作权客体实际上采用了概括式与列举式“双重”分类方法。就概括式来说，它是指“文学、艺术和科学领域内具有独创性并能以一定形式表现的智力成果”。值得注意的是，在我国现行《著作权法》实施前，对于作品的概括式列举方式为“文学、艺术、自然科学、社会科学、工程技术等作品”。其中，艺术作品实际上包含文学作品，但各国著作权法均将两者并列。工程技术作品应属自然科学作品之列，我国《著作权法》考虑到其特殊性，特别是科技的作用日益受到重视的现实，将其与自然科学作品并列为一种作品。由此可以看出，我国现行《著作权法》第3条的分类是以法律形式确认受著作权保护的作品种类，而不是对受著作权保护作品的逻辑分类。[30] 不过，作品是否受到著作权保护与其所处的类型没有任何关系，因为作品的内容并不是作品受到著作权保护的条件。从列举式来看，我国现行《著作权法》第3条和第6条一共规定了十类客体。下面分别予以阐述。

一、文字作品

在著作权客体中，以书面形态的文字为表现形式的作品处于最重要的地位。正因如此，许多国家著作权法及《伯尔尼公约》都将其列入受著作权法保护的首要客体。

依我国现行《著作权法实施条例》第4条第(1)项的规定，文字作品指小说、诗词、散文、论文等以文字形式表现的作品。对文字作品宜作广义上的解释，即以文字、符号、数字、记号等形式表现的作品都应归入文字作品之列。著作权产业分析报告或凸点盲文、电讯符号、速记符号之类以符号记录的作品都是文字作品。如美国《著作权法》第101条规定，文字作品是以文字、数字或者其他词语的或者数字的符号、记号来表述的作品。此外，有些作品是采用文字加其他形式表现的，如果以文字表现形式为主，也可归入文字作品之列。文字作品通常以印刷出版物的形式体现与传播，但随着科学技术的发展，其还可以体现于磁带、移动优盘、光盘、胶片、唱片、计算机内存中。根据TRIPs协议第10条的规定，计算机程序也可以作为文字作品保护。这是因为，计算机程序虽然是一种技术性作品，但它仍然是以语言为表达工具的，其源代码和

---

〔30〕 参见梁志文：《作品类型法定缓和化的理据与路径》，载《中外法学》2021年第3期。

目标代码分别为程序员所理解以及计算机所读取。

以文字等形式表现的作品多种多样,但并不是所有以文字形式表现的作品都能受著作权法保护或者作为文字作品受著作权保护。原则上说,首先应判别其是否具备著作权法意义上的独创性;其次,在满足独创性的前提下,需要进一步评判该作品的实际用途、功能与目的。例如,下面还将述及的书画作品,其形式当然是文字,但被归入美术作品之列,而不是文字作品,其原因在于该作品侧重的是文字的艺术内涵,并非文字组合表达的思想、观点和信息。

二、口述作品

口述作品,又称口头作品,根据我国现行《著作权法实施条例》第 4 条第(2)项的规定,是指即兴的演说、授课、法庭辩论等以口头语言形式表现的作品,即用口述形式创作的作品。

由此可见,口述作品的特征有两点:(1)以口头语言而不是以文字或其他形式进行的创作,如教师讲课、讲座、演讲、会议发言等;(2)该创作未以任何形式固定,即未经任何物质媒介固定。如果以文字、录音等形式加以固定,即不是口述作品。有人认为,以口头形式创作的作品若未以文字或录音固定下来就不能成为著作权客体。实际上,口述作品的著作权保护对象是口述人及其口述的内容,而不是口述的记录者。记录者将口述内容记录后,一般仍不能成为著作权主体。[31] 例如,他人对口述作品进行速记,速记人并非口述作品作者。将他人口述作品录音录像后,成为录音录像制品,但录制者也并非该作品著作权人。口述作品一般以声音或声音加手势的形式传播,但并非一定要用口头形式直接传达给公众,通过广播、电视间接传播也可,如电视演说即是一例。当然,口述作品作者有权禁止他人以录音、录像等形式录制其口述作品。

口述作品得到了国际著作权公约的保护。例如,《伯尔尼公约》第 2 条规定,讲课、演讲、和其他同类性质的作品受著作权保护。口述作品在许多国家也是著作权客体。如法国将口述作品规定为会议报告、讲演词、辩护词以及其他相同性质的作品。其《知识产权法典》第 112 条对此作了明确规定。德国将其归入以语言形式表现的文字作品。《伯尔尼公约》在 1976 年以后将未以物质形式固定的口头作品列为受著作权保护的客体。我国《著作权法》不要求著作权客体须具备有形载体,口述作品也被明文规定为著作权客体之一。

不过,也有一些国家不保护口述作品。这些国家大体可分为以下几种情况:其一,承认口述作品是"作品",但由于它未固定在一定的载体上,司法机关在确定侵权与否时很难取证,所以不予保护。如在美国,口述作品如未付诸文字、录音、计算机储存等形式加以固定,就只能视为表演,不受联邦著作权法的保护。不过,这类作品仍然能够受到美国州法的保护。另如在英国,根据其判例法,文学作品应以书面或者其他能够译读的字体形式表达,音乐作品必须以标准的乐谱记录下来,艺术作品必须有能够凭借视觉察觉到的形态表示出来,单纯以口述形式或其他空气震荡形式表达作者思想的,不承认有作品产生。[32] 其二,有的国家著作权法认为,受

---

〔31〕 如果记录者在记录整理过程中,在编排、内容整理、文字表述等上付诸创造性构思,就应视为一种创作。记录者对其独创性部分享有著作权。

〔32〕 费安玲:《著作权法教程》,知识产权出版社 2003 年版,第 29 页。

保护的作品应当以一定的物质形式表现出来,未经录音或记录的口述作品当然就得不到保护。其三,有的国家要求作品进行注册以保护和证实作者身份,法律规定口述作品只有被汇编成集后,方能受到保护。其四,还有的国家认为,口述作品在实质上不是作品,仅是一种表演,因而不是著作权保护的客体。

应当看到,口述作品作为一种"作品"也应具备作品的构成要件。据此不难理解,日常生活中的寒暄、交谈一般不能成为口述作品。还应当注意区分的是:口述作品与表演中的"朗诵"的关系。朗诵即对诗歌、散文等作品响亮地诵读,并借助表情或手势将作品的思想感情表达出来。朗诵是一种表演活动,本身并不构成口述作品,而是再现被朗诵的诗歌、散文等作品。在本质上,朗诵属于传播作品的活动。但如果被"朗诵"的内容不是先前已存在的,而是即兴作出的,那么朗诵者的"朗诵"可以构成口述作品,即兴赋的诗、词、散文等"即兴作品"构成口述作品,就是一例。此时朗诵者具有双重身份,他既是口述作品的作者,又是口述作品的表演者。口述作品与表演中的其他形式也存在明显区别,如演唱、演奏现有作品也都属于对作品传播,而并非口述作品。

三、音乐、戏剧、曲艺、舞蹈、杂技艺术作品

这几类作品有较多的共同点,它们都属于以文艺性语言、动作来表现思想感情,由表演者通过表演来传播和使用,都是为演出而创作的,故《著作权法》将其归入一类作品中。

(一)音乐作品

现行《著作权法实施条例》第4条第(3)项规定,音乐作品是指歌曲、交响乐等能够演唱或者演奏的带词或者不带词的作品。音乐作品能够被演唱或演奏,这是它区别于其他各类作品的重要标志。

音乐作品可分为配词和不配词两种。配词的音乐作品显然与文字作品有一定的交叉。如世界知识产权组织与联合国教科文组织1987年发表的一份报告中就认为,音乐作品包括"一切类型的(无论附带或不附带歌词的)独创的声音之组合的作品"。一般地说,当配词和乐曲连在一起时,仍归入音乐作品之列,不在一起时则可将配词列入文字作品之列。

音乐作品还可分为以乐谱形式出现的音乐作品和未以乐谱形式出现的音乐作品。在过去,音乐作品多以乐谱形式体现,但进入20世纪后,除乐谱形式以外,还有的固定在CD、VCD、磁盘等有形载体上,不限于书写形式表现出来。这些大量出现的无乐谱的音乐作品,同样受到著作权法的保护,即兴音乐作品就是典型例子。我国《著作权法》不要求作品的物质固定性,因而此类作品也应列入著作权客体。

一般地说,具备音乐的节奏、旋律等要素,创造性地表现作者思想感情就能成为音乐作品。作为"独创性"的音乐作品,主要是看音乐家的构思是否具有独创性。当然,由于人类文化科学的承袭关系,任何音乐作品都是从人类共同的音乐宝库中产生的,在判断音乐作品的独创性时,应从整体上把握,而不能仅从一些要素、主题上来认识。作品的旋律与前人作品相同或相似,但整体上具有独创性,即应为可保护的作品。再如,不少音乐作品在其变调或和声的音阶中使用相同的叠句或相同的主题,但从整体看富有个性特色,也不影响其成为受保护的作品。

（二）戏剧作品

现行《著作权法实施条例》第4条第（4）项规定，戏剧作品是指话剧、歌剧、地方戏等供舞台演出的作品。戏剧作品是戏剧艺术的基础，它主要由人物对话或唱调以及舞台指示组成。戏剧作品一般通过演员扮演角色，在舞台上当众表演进行传播，有时也可作为文字作品通过印刷出版物传播。一般国家著作权法对之都予以保护，如法国、美国及我国将其列为一类客体，日本、德国将其列为文字作品。

戏剧作品包括的范围颇广，如按题材可分为历史剧、现代剧、童话剧；按作品表现特点，可分为喜剧、悲剧和正剧。戏剧是从古代的歌舞、伎艺发展而来的，现在已形成一种由剧本、导演、音乐、美工等多种艺术成分组成的综合性艺术。但戏剧作品究竟是指"一台戏"还是仅指剧本，对此看法不一。一种观点认为戏剧作品即剧本。如有学者指出，戏剧作品是指由对话、旁白、音乐、配词等构成的剧本，而不是指在舞台上呈现出来的表演。我国《著作权法实施条例》所指的"供舞台演出的作品"正是这样的含义。[33] 有的学者认为，戏剧作品是指用于剧院上演或伴有音乐的话剧、京剧、地方戏、歌剧等戏剧的剧本。[34] 另一种观点则认为，戏剧作品是一种综合艺术形式，是将剧本、音乐、美术结合而成的新作品，戏剧作品的作者即剧本作者、导演、音乐作者和美术作者。

本书认为，戏剧作品一般指剧本，而不是指一台戏的整个现场表演活动，因为一台戏除剧本作者创作外，还有音乐作者、布景设计者、导演、演员的创造性劳动，他们可分别按著作权法享有音乐作品、美术作品等作品的著作权及表演者的邻接权。从《伯尔尼公约》第11条第2款规定看，戏剧作品就指剧本。有的国家将戏剧作品列入文字作品一类，这也暗示戏剧作品即剧本。当然，也应指出，在有些情况下，以非剧本形式表现的作品也可成为戏剧作品，如即兴表演的戏剧作品。

关于一整台戏是否可以像电影作品一样作为作品受著作权保护，这在实践中还没有形成定论，有待于以后逐步探索解决。不过，本书认为，一整台戏不能视为一种新组成的作品，这有利于区分著作权保护与邻接权保护。[35]

（三）曲艺作品

现行《著作权法实施条例》第4条第（5）项规定，曲艺作品是指相声、快书、大鼓、评书等以说唱为主要形式表演的作品。其特点主要是以带有表演动作的说唱塑造人物，叙述故事，表现思想感情，反映社会生活。曲艺作品可以通过文字形式或口头形式出现，通常是以文字形式表现的说唱底本，除了上面列举的表现形式外，还有弹词、快板、坠子、琴书等形式。它是曲艺作品作者以说唱为主要表演形式的舞台表演创作的作品。在曲艺作品中，确实有许多是"说""唱"融为一体的。如果是自编自演，则曲艺作品的表演者也是曲艺作品的创作者；如果仅是再现已经完成的文字脚本或口述作品，则仅是曲艺作品的表演者。因此，应当注意区分这类作品的创作者与表演者。

---

〔33〕 李明德、许超：《著作权法》，法律出版社2003年版，第37页。

〔34〕 汤宗舜：《著作权法》，知识产权出版社2005年版，第33页。

〔35〕 参见佟姝：《戏剧作品著作权法律保护问题研究》，载《知识产权》2014年第12期。

（四）舞蹈作品

现行《著作权法实施条例》第4条第(6)项规定，舞蹈作品，是指通过连续的动作、姿势、表情等表现思想情感的作品，亦即将连续有节奏的富于美感的一组连续动作、姿势编在一起供人跳舞的作品，如芭蕾舞、探戈舞、秧歌舞等。

舞蹈作品实际上指的是舞蹈的动作设计，即为在舞台上跳舞而设计的一组动作构图，或主要是配合音乐而创作的其他模式的连续姿势。从我国《著作权法实施条例》的规定来看，受著作权保护的舞蹈作品范围较广，它既可以将舞蹈动作以图像、文字或符号记录的舞谱形式出现，也可不以舞谱的形式出现，而以经过艺术加工的一组动作、姿态、节奏、表情来表现思想感情，反映社会生活。以舞谱形式作文字作品传播的情况很少，这是符合我国实际情况的。因为从我国舞蹈创作的情况来看，编导在创作时较少使用舞谱，在以后一段时间内也不会形成舞蹈作品创作的舞谱化。如果将受著作权保护的作品仅限于舞谱，就会使许多作品得不到应有的保护。因此，我国著作权保护的舞蹈作品表现形式至少有以下几种：(1)将舞蹈动作以图像文字或符号记录下来的各种舞谱；(2)以录音、录像磁带将动作设计和示范固定下来的录音录像制品；[36] (3)以口述作品形式存在的舞蹈教师的口头指导。

舞蹈作品多以演员的现场表演及其录像制品进行传播。但应注意，与现场表演音乐、戏剧、曲艺作品一样，舞蹈演员在舞台上的现场表演不是舞蹈作品，而是对舞蹈作品的表演、再现，属于与著作权有关权益范畴。另外，如果是舞蹈演员的即兴表演，那么即兴表演者就既是舞蹈作品的创作者，也是该舞蹈作品的表演者。当然，即使如此，舞蹈作品的表演和舞蹈作品本身仍存在区别。

舞蹈作品通常伴有音乐，在这种情况下舞蹈作品与音乐作品有一定的交叉。另外，实践中还存在“哑剧”。由于这类作品也是“以连续的动作、姿势、表情表现的作品”，故根据《伯尔尼公约》的规定，它也应纳入舞蹈作品的范畴。

（五）杂技艺术作品

现行《著作权法实施条例》第4条第(7)项规定，杂技艺术作品，是指杂技、魔术、马戏等通过形体动作和技巧表现的作品。这类作品是我国2001年《著作权法》新增的受著作权保护的客体。

杂技艺术作品之所以受著作权保护，是因为在杂技表演中存在艺术性成分。这种艺术性成分反映了作者独创性构思。对这类作品的保护应注意，杂技表演中的技巧性成分不属于著作权保护的内容。杂技表演是技术和艺术的结合，其中的杂技动作、难度等技巧成分，例如：魔术表演中的隐饰动作，马戏表演中的跳跃障碍等高难度动作，杂技表演中的走钢丝、顶碗、呼啦圈、滚球等，不能受到著作权保护，因为保护这类技术将不利于杂技艺术的发展，而且也不属于著作权保护范围。又如，在我国，体操、跳水、柔道、滑冰等体育竞技也不属于著作权保护范围，也是因为这类活动更多地属于技巧性活动而不是艺术性活动。

---

〔36〕 应注意将以录音录像形式表现的舞蹈作品与录像制品公司录制的舞蹈录制品相区分，前者是作者为舞蹈表演而进行的创作，后者则是为消费娱乐而进行的录制。录像制作者在一定的条件下可以成为作者，但不是舞蹈作品的作者。关于录音录像的有关问题将在后面章节中讨论。

在实践中,杂技艺术作品与表演是联系在一起的,要判断其相关客体是否属于受著作权保护的杂技艺术作品,需要从创作意义上的独创性和杂技艺术作品的艺术性等方面综合考虑。以下案例具有一定的代表性。

某动物园开办了海豚表演馆,某报社对该馆的海豚表演进行了新闻报道,并由该报记者拍摄了海豚表演的新闻照片。从事海洋动物展出业务的某公司获国家 4A 旅游景区的称号,某报社在对某公司进行采访时,获悉某公司将开办海豚表演项目,于是在该报的新闻版面进行报道,并配以某动物园的海豚表演图片。某动物园遂以某报社、某公司侵犯其动物表演的著作权为由,向法院起诉。实务界专家分析此案认为:对杂技艺术作品的保护,是对该作品中艺术成分的保护,即意味着禁止他人非法模仿、复制、表演该作品独有的艺术特征。因此,并非任一杂技节目均构成著作权的保护对象,只有具有独创艺术性的杂技艺术节目,才构成著作权法上的作品。作为著作权法意义上之杂技艺术作品,应包含人或人与动物具有创造性的节目编排、表演节奏、艺术造型等基本要素。从这个意义上讲,对杂技艺术作品的保护,从实质上说是对该作品节目的编排中体现的艺术性及通过形体和技巧表现出来的艺术成分的保护。以海豚表演为例,如果演出单位对海豚表演进行独创的精心编排,通过驯养员的指引、在背景音乐的配合下,海豚以自己的动作、形体等动作技巧向观众展示了一个完整的情节演进,这种编排本身就向观众传达了思想艺术性,与话剧、舞台剧的剧本一样,应当受到著作权法的保护。[37]

在实践中,上述五类作品往往是共同表现、传播和使用的,如地方戏曲就是一个典型的例子。在实践中要区分这几类作品,应根据上述各自的特点加以判明。

四、美术、建筑作品

将美术、建筑作品归入一类作品,是 2001 年《著作权法》修改时的一个特点。在 1990 年《著作权法》中,美术作品与摄影作品归为一类,当时或许是基于美术作品和摄影作品都属于造型艺术作品,通常都以展览或发行复制品的方式传播。之所以将建筑作品与美术作品并列为一类,是因为两者都属于"具有审美意义的作品"。[38]

(一)美术作品

美术作品,是指通过视觉给人以美感的作品,即以线条、颜色、明暗等方式表达思想感情的富有审美意义的造型艺术作品,包括平面美术作品与立体美术作品两种。关于美术作品的含义及范围,各国认识并不相同。我国现行《著作权法实施条例》第 4 条第(8)项规定,"美术作品是指绘画、书法、雕塑等以线条、色彩或者其他方式构成的有审美意义的平面或者立体的造型艺术作品"。值得注意的是,作为受著作权保护的作品,美术作品应当是通过人工创作的作品,那些在自然界中自然形成的具有审美意义的自然物质,如雨花石、张家界天子山奇峰等都不在之列。但是,利用计算机创作出的美术作品仍然符合著作权保护的条件,此时计算机不过是创作者的创作工具而已。另外,"具有审美意义"并不要求具有一定的艺术质量,因为在独

---

〔37〕 余晖:《杂技艺术作品著作权的保护》,载冯晓青主编:《知识产权法权属专题判解与学理研究》(第 2 分册),中国大百科全书出版社 2010 年版,第 29～33 页。

〔38〕 1991 年《著作权法实施条例》第 4 条第(7)项则将建筑作品纳入美术作品范畴。参见梁志文:《版权法上的审美判断》,载《法学家》2017 年第 6 期。

创性问题上,[39]艺术质量是一个难以评判的问题,而且在不同时代有不同的审美标准。

美术作品的范围十分广泛,如绘画、书法、雕刻、雕塑、舞台布景、工艺美术、建筑设计图或模型等。下面分别予以阐述。(1)绘画作品,是指借助一定的工具和物质材料,通过构图、造型和色彩等表现手段表达思想感情,在一定平面上创造可视形象的作品。(2)书法作品。书法在我国是一种传统艺术形式。书法作品指的是用毛笔、钢笔等书写汉字的艺术作品,即用毛笔、钢笔等书写汉字的方法创作出富有美感可供人们欣赏的一种纯美术的艺术形象作品,如《钢笔行书字帖》。书法作品通过书写汉字,以线条作为表现形式。(3)雕塑作品,是指用一定的物质形式(雕、刻、塑等)对某些人或物加以塑造,形成现实的或抽象的三维空间的以立体形式表现的作品,包括雕刻和雕塑两种,如木雕、石雕等。许多国家将雕塑作品视为美术作品保护。但随着雕塑作品品种日益增多,且日益偏重应用艺术,它逐渐脱离了原有美术作品的范畴而成为一种独立的艺术形式,所以现在一些国家将其单列为一种作品予以保护。雕塑作品是一种比较典型的立体美术作品。(4)实用艺术作品。实用艺术作品,顾名思义,是具有实用性的艺术作品。这类作品在日常生活中十分常见,如艺术花雕、艺术器皿等。实用艺术作品是美术作品中比较独特的一种作品。鉴于其特殊性,本章将在下一节中专题讨论。

(二)建筑作品

由于“建筑作品”具有一些特殊性,许多国家将其单列为一种作品。如前所述,在我国1991年《著作权法》中,建筑作品被纳入美术作品之列。但是,从《伯尔尼公约》和很多国家的著作权法的规定看,它被独立于美术作品。这是因为,尽管两者都属于“具有审美意义的作品”,但建筑作品仍然具有一些美术作品所不具备的特性,如著作权法保护建筑作品的建筑物空间布局要素和外观。基于此,在2001年修改《著作权法》时,建筑作品被明确地从美术作品中分离,成为与美术作品并列的一类具有审美意义的作品。这一规定,也有利于突出建筑作品的审美意义和观赏价值。

建筑作品是艺术和技术高度结合的产物,只有既符合建筑美学理论和美的规律,在空间和实体上构成给人以美的感受的艺术造型,同时又符合建筑工程技术规范的建筑,才能够成为建筑作品。[40] 但是,“建筑作品”究竟包括哪些内容,各国对此认识并不相同。不少国家认为,建筑作品不仅包括一定美学构思的建筑表现图、建筑施工设计图,也包括“建筑物”本身。如1983年保加利亚《建筑作品著作权法》即将建筑物本身列入保护范围,并指出受著作权保护的建筑物是反映建筑艺术价值的房屋、区域建筑布局、城镇建筑总体规划、建筑的标准物件。联合国教科文组织与世界知识产权组织1986年公布的一份文件也认为,建筑作品应包括建筑设计图、建筑模型以及建筑物本身。我国现行《著作权法实施条例》第4条第(9)项则规定:“建筑作品是指以建筑物或者构筑物形式表现的有审美意义的作品。”

应当看到,“建筑物本身”作为建筑作品受到保护,其外观上的独创性具有非常重要的意义。建筑物本身作为建筑作品受到著作权保护,主要是指外观、设计或装饰上具有独创性的建筑物。有许多建筑物本身并无多大的艺术性,在建筑物本身的审美创造、布局及环境协调的审

---

〔39〕 参见刘文献:《美术作品独创性理论重构:从形式主义到历史主义》,载《政治与法律》2019年第9期。

〔40〕 费安玲:《著作权法教程》,知识产权出版社2003年版,第55页。

美创造性等方面没有建筑设计师的独特设计成分,因而谈不上具有创造性,不受著作权法保护。这类建筑物外观及其装饰缺乏独创性的设计成分,像一般住宅就是如此。可见,并非所有的建筑物都受著作权保护。实际上,法律保护的仅是经过创造性设计的建筑物整个外观的一部分。具体地说,著作权法保护的建筑作品限于建筑物外观本身的艺术性设计,包括建筑物整体的外形、空间结构和建筑设计诸要素的排列、组合,而建筑物所用的材料以及具有实用性的建筑物的组成要件不属于受著作权保护的建筑作品。换言之,建筑作品保护的是其艺术创作成分,而非建筑物的结构和设计本身。建筑物如果不具有审美意义,就不能作为受著作权保护的建筑作品。这里强调的是,建筑作品应当反映设计者独特的设计风格和个性特征,特别是应具有给人视觉愉悦之审美意义。当然,建筑物中涉及的建筑材料和建筑方法等,可以受到其他法律的保护。

“建筑表现图”及“建筑模型”作为建筑艺术的一部分,也被赋予了建筑设计师的创造性构思,是其一定美学构思的外在表现形式。在性质上,“建筑表现图”与一般的彩画或素描区别不大。“建筑模型”是一种立体外观设计,也是具有一定审美意义的造型艺术。从著作权法的角度来说,这两者均应列入著作权客体之列。从我国《著作权法实施条例》的规定来看,建筑作品以建筑物或者构筑物形式表现出来的作品,不包括建筑设计图和建筑模型,因为2001年《著作权法》明确规定了“工程设计图、产品设计图、地图、示意图等图形作品和模型作品”,建筑设计图即应放入图形作品中保护,不列入建筑作品保护,建筑模型则可以纳入模型作品受著作权保护。[41]

五、摄影作品

(一)摄影作品的概念

如前所述,在1990年《著作权法》中,摄影作品与美术作品同类,2001年《著作权法》则将其单列为一种受著作权保护的特殊作品,这样就与《伯尔尼公约》及很多国家的著作权法的规定一致起来了。

传统的著作权法认为摄影作品仅指用照相机摄制的照片。我国1991年《著作权法实施条例》第4条第(8)项即规定,摄影作品是指“借助器械,在感光材料上记录客观物体形象的艺术作品”。随着摄影技术的发展,摄影作品已经不囿于“照片作品”的范围,还包括“使用摄影的方法表现的其他作品”,如电影、电视剧中的单独镜头、录在录像磁带上的静止图像等。如《伯尔尼公约》第2条规定,“与摄影术类似的方法创作的作品”也构成摄影作品范畴。世界知识产权组织也认为,摄影作品的范围应包括“一切摄影作品”,以及“使用摄影方式表现的其他作品”,如储存在计算机中可在其终端屏幕上表现的摄影作品,以全息摄影、激光摄影等技术拍摄的作品。[42] 基于此,2002年《著作权法实施条例》第4条第(10)项规定,摄影作品是指“借助器械在感光材料或者其他介质上记录客观物体形象的艺术作品”。这样就扩大了摄影作品的著作权保护范围,适应了科学技术发展的需要。

---

〔41〕 参见王迁:《论建筑作品的表现形式》,载《法商研究》2014年第6期。

〔42〕 参见孙昊亮:《全媒体时代摄影作品的著作权保护》,载《法律科学(西北政法大学学报)》2021年第3期。

（二）摄影作品著作权保护中独创性的判断

从某种意义上说，摄影作品没有独创性，不能受到著作权保护，因为摄影作品在很大程度上依赖于机械作用和技术操作，以及摄影器材、感光材料乃至数码技术，它只是"记录"了所呈现的客观物体形象。鉴于此，有人认为，摄影作品对一景物的再现与完成一件艺术作品无法相比，它包含的是技术性因素，不具备人格属性。但是，由于摄影师在创作摄影作品时，需要在确定主题、构图、被摄对象、光量、角度、速度等方面进行选择与调整，有时还要对底版进行修改，在摄影、显印、印相过程中还需要运用自己的技巧与智慧，付出创造性劳动，因此摄影作品可以作为著作权的客体。

当然，并不是所有摄影作品都能受著作权保护，判断的关键还是在于是否具有独创性。根据我国《著作权法实施条例》的规定，摄影作品本质上属于"艺术作品"范畴。摄影作品必须具有一定的艺术表现形式，如摄影作者在对象和角度选择、采光、曝光、编辑加工等方面体现了其独到的审美眼光和艺术修养。当然，与美术作品一样，著作权法并不要求摄影者拍摄的摄影作品的"艺术质量"，即使是那些摄影技术非常一般的摄影者，其拍摄的摄影作品仍然具有独创性而受著作权保护。但是，如果仅仅是借助技术手段而没有留下作者个性的痕迹，如纯复制性质的"翻拍"作品，与复印机复制出的作品无甚差别，就不能受到著作权保护。这类作品，如地图照片、技术图纸照片、文件照片、各种商品照片和自动摄像机拍摄的照片等。以仅用自动摄像机拍摄的照片为例，由于这类照片不存在创作者个人的智力创作成分，而仅仅是机械自动完成的结果，因此不能成为艺术作品和受著作权保护的摄影作品。

多数国家对摄影作品给予法律保护，但在保护方式上差别较大。如德国《著作权法》规定，摄影作品以外的普通照片作为邻接权的对象受法律保护，其保护准用于照片作品。德国著作权专家雷炳德指出：在德国，只有通过对题材的选择、灯光阴影的映衬、润色、照片的剪辑或者艺术处理工具的使用，表达了摄影师的艺术观点与创造力的照片才会被认为是个人智力创作成果，才能作为摄影作品受著作权保护。对没有达到独创性要求的普通照片则作为邻接权的客体受到较短期限的保护。[43] 瑞典、丹麦、挪威、芬兰等北欧国家则将摄影作品以特别法进行保护，这些国家先后颁布了摄影作品保护法。

（三）摄影作品著作权保护中的一个特殊问题

当美术作品、摄影作品涉及公民的肖像时，一方行使权利可能构成对另一方权利的"侵犯"。如委托他人为自己拍摄照片、绘制画像或塑像，创作者以他人为原型创作出肖像作品，就容易出现侵权纠纷。以前者为例，公民到照相馆去照相，他在支付报酬后，有权得到底片及冲洗出来的照片，对照片的底片享有所有权。摄影师无权擅自为任何目的用底片洗印照片，否则就会侵犯公民的肖像权。但底片的所有权并不一定和著作权在一起，如果他不能享有复制这些照片的著作权，也就不能充分有效地保护自己的肖像权。

若肖像权主体与著作权主体同一，则不会发生权利冲突问题。若两者不同一，则权利冲突不可避免，即肖像权人享有肖像的展览权和使用权，著作权人享有肖像作品的发表权和使用权。本书认为，在这种情况下著作权人行使作品发表权、使用权应征得肖像权人的许可，但肖

---

〔43〕［德］M. 雷炳德：《著作权法》，张恩民译，法律出版社2005年版，第151页。

像权人行使肖像展览权、使用权无须征得著作权人的许可。国外对此已有立法例，其之所以如此，在于肖像权属于人格权，对人格权的保护应优先于对财产权的保护。另外，若第三人使用肖像美术或摄影作品，应取得肖像权人和著作权人的双重许可，否则仍构成侵权行为。这样有利于为民事权利提供全面保护。

六、视听作品

这类作品，在2010年《著作权法》第3条中被称为“电影作品和以类似摄制电影的方法创作的作品”。在我国著作权法理论与实务界，则常常将“以类似摄制电影的方法创作的作品”简称为“类电作品”。考察我国《著作权法》制定和修改的历程，可以发现这类作品的名称和内涵有一个发展的过程。根据现行《著作权法实施条例》第4条第(11)项的规定，电影作品和以类似摄制电影的方法创作的作品，是指摄制在一定介质上，由一系列有伴音或者无伴音的画面组成，并且借助适当装置放映或者以其他方式传播的作品。在1990年《著作权法》中“电影作品和以类似摄制电影的方法创作的作品”被称为“电影、电视和录像作品”。2001年《著作权法》之所以作以上修改，一是基于国际上通行的“电影作品和以类似摄制电影的方法创作的作品”提法；二是基于《著作权法》还有一个“录像制品”的概念，在同一部法律中使用“录像作品”与“录像制品”，容易产生混淆。

在视听作品中，电影作品是最重要的一种类型。与戏剧作品正好相反，电影作品是指整部电影，而非仅指电影剧本。这是因为，电影作品和戏剧作品不同，戏剧作品导演是按剧本去执导的，剧本的完成也就标志着戏剧作品创作的完成。电影作品则不同，其创作要经过两个阶段。第一阶段是有关作者提出画面、音响结构方案和各种生产准备阶段。如导演对剧本搬上银幕进行总体设计，准备“分镜头剧本”，摄影师提出整体画面结构的拍摄思想，录音师提出整体音响的录制设想。第二阶段是对上述设计、构思进行形象化再创作，并固定在胶片上的创作生产实践阶段。如摄影师将画面和模型拍摄在胶片上，录音师将音响录制在磁带上，演员进行表演等。由此可见，电影作品的创作是一个复杂的过程。它是许多作者及作为邻接权人的表演者创造性劳动的产物，电影剧本的创作完成，只是电影作品创作的开始。

以类似摄制电影的方法创作的作品是指以拍摄电影的方式、步骤摄制的电视剧、电视纪录片和录像片等与电影同类的作品。以类似摄制电影的方法创作的作品列入著作权客体，是著作权法顺应现代科学技术发展的一种表现。在认定这类作品时，应注意仅用摄像机对现场表演、报告、讲座等进行录像而拍成的电视、录像节目由于没有付诸创作上的智力劳动，不能作为著作权客体。

值得进一步探讨的是2020年《著作权法》将“电影作品和以类似摄制电影的方法创作的作品”名称修改为“视听作品”的缘由。这实际上是著作权法律制度顺应科学技术发展的体现。因为随着作品创作、传播技术及其产业的发展，以动态的声音、画面为特征并借助于现代技术予以固定和展现的作品不限于以类似于摄制电影的方法创作的作品，也不限于摄制在一定的介质上的作品，现有的“电影作品和以类似摄制电影的方法创作的作品”概念将无法涵盖技术发展进而产生的新型类似的作品。例如，当前涉及体育赛事直播、网络游戏及其直播画面是否具有作品属性以及在具有作品属性前提下是否属于类电作品，就存在广泛的争议。“视听作品”则是一个包容性很强的作品概念，特别是其能够顺应科学技术发展的需要，将符合“视”“听”及动态画面相关特征的智力成果纳入受著作权保护客体范畴，因而能够更好地调整这类作品法律关系并促进相关产业的发展。[44]

七、工程设计图、产品设计图、地图、示意图等图形作品和模型作品

这类作品在 1990 年《著作权法》中即有规定，但在具体规定上有别，即其将地图、示意图等图形作品单列为一种作品，并且将模型作品纳入图形作品之中。2001 年《著作权法》则将地图、示意图等图形作品与工程设计图、产品设计图放入一类，并且将模型作品从图形作品中分列，以突出模型作品的著作权保护。现行《著作权法实施条例》第 4 条第(12)项规定，“图形作品，是指为施工、生产绘制的工程设计图、产品设计图，以及反映地理现象、说明事物原理或者结构的地图、示意图等作品”；第(13)项规定：“模型作品，是指为展示、试验或者观测等用途，根据物体的形状和结构，按照一定比例制成的立体作品。”

(一)工程设计、产品设计图

工程设计、产品设计图主要不是供出版、发行使用，而是为生产建设需要而创作的一类作品。在工程施工、产品生产前，往往要根据一定的目的、标准制定出设计图样，并附上文字以便于说明。设计图的范围很广，著作权保护的只是其中的工程设计、产品设计图纸及其说明部分，它们是以线条表现工程或产品结构、分解等的科技图形作品及其说明，如铁路设计图、机器构造图、建筑设计图、家具设计图及其说明。

设计图是设计人员的智力劳动成果，这是其受著作权保护的前提条件。但并非所有的设计图都应纳入著作权保护范围之中。其原因主要是：其一，设计图可以受多种法律调整。像机械设计、工业设计、家具服装等设计既存在著作权保护的可能，也存在申请专利保护的可能。应当只对专利法、合同法等法律难以保护的设计图予以著作权保护。一般情况下，设计图的著作权保护主要体现于禁止设计图被剽窃、抄袭以及非法复制。其二，著作权法保护设计图并非没有缺点。设计图的最终目的是用于生产，其较之于一般文学艺术作品“时效性”强，给予著作权规定的保护期可能会于生产不利。正因如此，大多数国家都只是有选择性地用著作权法保护设计图。例如，日本《著作权法》规定，受著作权保护的设计图应具有学术性。意大利《著作权法》规定，只有建筑设计图受著作权法保护。《伯尔尼公约》和《突尼斯示范著作权法》规定，与建筑、科学有关的设计图才受保护。

就工程设计、产品设计图而言，还有一个问题值得探讨，根据其进行施工或者生产而产生的成果是否也属于著作权保护的客体。按照工程设计、产品设计图生产而形成的客体，如果属于美术作品，如实用艺术作品，或者属于建筑作品，则该设计图的保护涵盖了从图纸的平面复制到立体复制。但如果经过施工或生产而产生的属于具有实用性的工业产品或设施，如装置、机器、设备、桥梁、道路，这类客体无疑不属于著作权保护的作品。我国 1990 年《著作权法》第 52 条第 2 款规定，“按照工程设计、产品设计图纸及其说明进行施工、生产工业品，不属于本法所称的复制”。2001 年《著作权法》则删除了这一规定。这些规定的变化，反映了立法者对实

---

[44] 参见王迁：《论视听作品的范围及权利归属》，载《中外法学》2021 年第 3 期。

施工程设计、产品设计图生产结果的不同认识，具体还将在本书关于复制权部分进行分析。

（二）地图、示意图等图形作品

地图、示意图等图形作品是指地形图、线路图、地质图、解剖图、行政区划图等反映地理现象、说明事物原理或者结构的图形。它是以线条、符号、色彩等为表现手段，以图表现内容的作品。这类作品多以印刷出版物的形式传播。在数字化时代，也常以磁盘、光盘、计算机内存等形式体现。这类作品的共同特征是具有指示性，旨在提供某种信息，便于查找、使用等。

地图是一种自然科学与社会科学相结合的比较特殊的作品。地图虽是一种客观存在的反映，但地图上绘制的内容是将一定的客观存在按一定比例表现于平面上，绘制者也要对此加以选择和取舍，而且在绘制中要运用一定的指示性符号、使用不同的颜色以便于人们识别，这些都包含了地图绘制者的艺术性创作成分。因此，地图构成受著作权法保护的客体之一。地图作品著作权较好地体现了著作权保护中受到保护的独创性表达与不受保护的事实和素材之间的区别：地图中反映、体现的客观地理现象属于不受著作权保护的客观事实。在地图作者创作地图时，为了描述、说明地图中特定的内容以及区分不同的对象所用的指示性成分，绘制地图惯常使用的手段、成分，如区分湖泊、河流、海洋的线条、颜色属于不受著作权保护的公有领域的素材，而地图绘制者使用的独特性的标记、图案、颜色组合或艺术性文字等带有艺术性成分，则是受著作权保护的对象，他人在创作地图时不能擅自复制。

地图是一种特殊的作品，它往往涉及国家行政管理、外交关系，有一定的政治性，其编制出版有严格的审批制度。1980 年国务院发布的《我国地图编制出版管理办法》规定，地图未经审批一律禁止出版或者再版。

示意图是为解释某一现象、概念，说明某一事物的原理或者结构，用线条或符号制成的旨在便于领会的略图，如人体穴位图、人体解剖示意图、家用电器结构图、交通示意图、线路示意图等。它是表示大概意思的略图，其特征是不严格按照图影法和事物的比例绘制，只表明大概意思，从而突出主题，一目了然。示意图作为著作权客体是由于在绘制这类作品时包含了绘制者独特的艺术性或指示性成分，且其表现方式在取舍、选择和加工上具有独创性。

除地图、示意图外，以一定的符号、线条、色彩、模型来表现自然现象和社会现象的图表也可因其在表现形式上具有独创性而受到保护，如指示图、图表等。

（三）模型作品

模型作品是 2001 年修改《著作权法》时新增的著作权客体，是指为展示、试验或者观测等用途，根据物体的形状和结构，按照一定比例制成的立体作品，在现实中很常见，如产品模型、动物模型、住宅模型。[45] 模型作品受著作权保护是因为制作者对模型的制作需要对材料选择、整体外观结构、空间要素配置进行设计，并具有一定的美学内涵，这些都体现了该作品的独创性。至于根据模型作品进行生产或者施工而产生的结果是否属于受著作权保护的作品，则不能一概而论。如果生产或施工的结果是产生实用艺术作品或者具有作品属性的建筑物，就属于受著作权保护的作品。如果仅为具有实用性的工业产品或者不构成作品的建筑物，则不受著作权保护。

---

〔45〕 参见王迁：《“模型作品”定义重构》，载《华东政法大学学报》2011 年第 3 期。

八、计算机软件

计算机软件包括计算机程序和文档。计算机软件列入著作权客体是著作权法顺应科学技术发展的必然结果。由于软件具有和一般作品不同的特点,我国现行《著作权法》第 64 条规定:"计算机软件、信息网络传播权的保护办法由国务院另行规定。"2001 年 12 月,国务院颁布了修改后的《计算机软件保护条例》,于 2002 年 1 月 1 日起实施。鉴于计算机软件著作权保护的技术性和重要性,本书将在第十二章专门论述。

九、符合作品特征的其他智力成果

用"列举"的方式规定受著作权法保护的作品不可能一劳永逸地穷尽著作权客体,很可能出现挂一漏万的情况。立法者为解决这一问题,常在列举的最后一项作出有弹性的兜底性规定。具体地说,主要有以下几种情况:一是有些作品当前没有被列入著作权客体,但随着文化科学的发展将被列入;二是有些作品原来由其他法律调整,根据需要,有必要改为由著作权法调整,如有的国家原来用专利法保护计算机软件,现在则改由著作权法保护;三是随着科学文化事业的发展,有可能出现新的作品的表现形式。也正是基于上述考虑,2010 年《著作权法》第 3 条第(9)项规定,"法律、行政法规规定的其他作品"。法律和行政法规可以根据需要,增列受著作权法保护的作品种类。根据该规定,这类作品只能由法律或者行政法规规定,不能由部门规章作出规定,这样做有利于保持法制的统一。

现行《著作权法》第 3 条第(9)项则将上述规定修改为"符合作品特征的其他智力成果"。对比上述规定,可以认为是扩大了可以受著作权保护的作品范围,并且便于著作权司法实践中人民法院根据具体案件的情况判定涉案作品是否符合著作权法规定。[46] 这是因为,根据 2010 年《著作权法》的上述规定,如果除《著作权法》外,其他法律、行政法规对于是否属于受著作权保护的作品也没有作出规定,相关作品就不能纳入受著作权保护的作品范围;但按照修改后《著作权法》的规定,只要属于智力成果的范畴并且符合作品特征,就可以按照受著作权保护作品对待,而不用考虑其他法律、行政法规是否有相应规定。在著作权司法保护实践中,著作权法可以被定位于"著作权司法裁判法",原因在于著作权司法保护需要运用著作权法的规定解决实际纠纷,实现定分止争的目的。对于解决著作权纠纷案件而言,这一规定无异于赋予了人民法院在审理著作权纠纷案件时确定涉案标的是否符合著作权法意义上作品要件的自由裁量权,其积极作用是明显的。像近几年发生的"音乐喷泉"是否属于美术作品的争议案件,就反映了这方面情况。当然,也应注意新增规定在司法实践中应当严格按照标准适用,以免造成同一涉案标的在不同法院之间的认定标准不一的现象发生。

---

〔46〕 参见卢纯昕:《法定作品类型外新型创作物的著作权认定研究》,载《政治与法律》2021 年第 5 期。

第四节　几种特殊类型的受著作权保护的作品

一、民间文学艺术作品

我国《著作权法》将民间文学艺术作品纳入著作权法保护范围。[47] 但鉴于民间文学艺术作品的特殊性，和计算机软件一样，现行《著作权法》第6条规定："民间文学艺术作品的著作权保护办法由国务院另行规定。"

（一）民间文学艺术作品的概念、范围与特征

民间文学艺术作品，是指在一国国土上由该国某个民族或某个地区的社会群体经过世代相传、逐渐创作出的反映本民族或本地区社会群体的生活历史、自然环境、风俗习惯、心理特征的文学和艺术形式。它是由传统文化遗产的独特成分组成的作品，是同一社会群体文化、社会特征及其价值标准的集中体现。有学者认为，民间文学艺术作品的概念并不十分精确，称为"民间文学艺术"或者"民间文学艺术表达"更为合适。本书认为，既然目前国内立法已使用民间文学艺术作品的表述，也就没有必要使用其他术语。

民间文学艺术作品反映了本民族或本部族的文化艺术遗产的独特成分，它是由社会群体成员或反映该社会群体艺术愿望的个人发展并保存下来的，并且一直处在缓慢的发展过程中。概括地说，民间文学艺术作品具有以下特征：

第一，没有确定的作者，但可确信是某个民族或某个地区的社会群体创作的。它是集体创作的产物，体现了社会群体整体的创作风格和特点，因此民间文学艺术作品具有创作主体的群众性和非特定性特征。从理论上讲，民间文学艺术作品的创作主体应是创作了这些作品的作者，但由于其不确定性，在实践中代表权利人行使权利的可以是其所在民族地区的文化主管部门或者政府。对此，《突尼斯示范著作权法》即规定，主管当局可以对本国民间创作的作品享有权利并予以行使。例如，在黑龙江省某县赫哲族乡人民政府诉郭某、某电视台等侵犯著作权纠纷案中，北京市第二中级人民法院判决即认为：民间文学艺术是指某一区域内的群体在长期生产、生活中，直接创作并广泛流传的，反映该区域群体的历史渊源、生活习俗、生产方式、心理特征、宗教信仰且不断演绎的民间文化表现形式的总称。由于民间文学艺术具有创作主体不确定和表达形式在传承中不断演绎的特点，民间文学艺术作品的权利归属具有特殊性。一方面它进入公有领域，另一方面它又与某一区域内的群体有无法分割的历史和心理联系。赫哲族世代传承的民间曲调，是赫哲族民间文学艺术的组成部分，也是赫哲族群体共同创作和每一个成员享有的精神文化财富。它不归属于赫哲族的某一成员，但又与每一个赫哲族成员的权益有关。因此，该民族中的每一个群体、每一个成员都有维护本民族民间文学艺术不受侵害的权利。原告作为依照宪法和法律在少数民族聚居区内设立的乡级地方国家政权，既是赫哲族部分群体的政治代表，也是赫哲族部分群体公共利益的代表。在赫哲族民间文学艺术可能受

---

〔47〕 参见刘雪凤、王家棋：《中国民间文学艺术知识产权保护研究述评及展望》，载《贵州师范大学学报（社会科学版）》2021年第1期。

到侵害时，鉴于权利主体状态的特殊性，为维护本区域内赫哲族公众的利益，原告以自己的名义提起诉讼，符合宪法和法律确立的民族区域自治制度，且不违反法律的禁止性规定。被告关于原告不具有诉讼主体资格的抗辩主张，本院不予采纳。[48] 显然，该判决确认了民间文学艺术作品原创地政府机关可以作为权利主体维护涉案民间文学艺术作品的资格。

第二，民间文学艺术作品始终处于连续的、缓慢的创作过程，并世代相传，因而它具有一定的继承性。相当一部分作品继承多于创造，群体审美趣味和流行样式限制了个性的独创表现。这一特点决定了民间文学艺术作品的保护期限较长。《突尼斯示范著作权法》即规定，对本国民间创作的作品提供的保护不受时间限制。不过，对于未经加工、整理的民间文学艺术作品发表后是否应规定一定的保护期，则存在不同认识。如埃及、摩洛哥等国认为应从发表之日起计算保护期，非洲知识产权组织认为其保护期也是无限的。

第三，民间文学艺术作品不一定以物质形式固定下来。民间文学艺术作品都有一定的客观表现形式。所以，对这类作品进行保护，只要有能使人感知和利用的一定客观表现形式即可。如果将流传的民间文学艺术以一定形式固定下来，就可以成为受著作权保护的作品。这种作品有可能是对民间文学艺术的改编，仍与原来的民间文学艺术形式存在一定的法律关系。前述黑龙江某县赫哲族乡政府诉某电视台及郭某《乌苏里船歌》著作权侵权纠纷案就反映了这一点。值得注意的是，民间文学艺术作品与以民间文学艺术为素材进行创作，由民间文学艺术加工或整理者完成的加工、整理版本不同，后者的著作权人具有特定性，著作权保护期限也具有有限性。

第四，民间文学艺术作品一般只在本民族成员内部或本地区社会群体内流传，具有地域性。其原因在于，它受社会群体生活环境、思想观念等影响。

（二）民间文学艺术作品受法律保护的重要性

从国际上看，关于民间文学艺术作品的著作权保护，并未达成一致意见，且争论激烈。大体上讲，民间文学艺术资源不占优势的发达国家对推动民间文学艺术国际保护不够积极，甚至一些国家明确加以反对。其理由包括，民间文学艺术难以确定作者，未以物质形式加以固定，且创作过程处于连续性，难以确定保护期限，因而与一般的著作权保护标准不同。另外，民间文学艺术的创作者缺乏著作权保护的财产权观念，将其纳入著作权保护体系缺乏思想基础。那些拥有丰富的民间文学艺术资源的国家则主张以著作权或者其他知识产权的形式保护民间文学艺术作品。这些不同主张在一定程度上反映了南北国家之间在知识产权国际保护上的分歧和利益冲突的现实。事实上，一个国家是否保护民间文学艺术作品，总体上取决于其对经济、文化发展的影响。

习近平总书记指出，要"及时研究制定传统文化、传统知识等领域保护办法"。[49] 我国是一个具有几千年历史的文明古国，蕴藏着绚丽多彩的民间文学艺术，但由于法律保护不够充分，这些作品的创作者的利益并没有得到保障，加上现代传播技术的影响，民间文学艺术作品

---

〔48〕 北京市第二中级人民法院(2001)二中知初字第223号民事判决书。关于本案的分析，参见冯晓青主编：《著作权侵权专题判解与学理研究》(第1分册)，中国大百科全书出版社2010年版，第328～339页。

〔49〕 习近平：《全面加强知识产权保护工作 激发创新活力推动构建新发展格局》，载《求是》2021年第3期。

面临潜在的危险。因此,建立保护民间文学艺术作品的法律制度已刻不容缓。这有利于挖掘我国民族文化宝库,弘扬民族文化传统,还有利于平衡我国与发达国家的著作权贸易,更好地吸引世界优秀文化科学成果为我所用。

(三)民间文学艺术作品符合著作权保护条件

1. 民间文学艺术作品可以构成著作权客体

第一,在独创性上,它总是根据某一社会群体特有的个性、思想观念、生活方式而发展,表达了这一社会群体对不断变化的环境所持的态度和作出的反应,凝聚了该特定群体的审美意识。这一过程也是创作活动的过程。

第二,在表现形式上,民间文学艺术作品形式多样,如戏剧、音乐、舞蹈、传说、故事、绘画等。这些作品既可以通过文字记载,以表演、播放等形式传播,也可以通过出版、录音、录像等方式复制,无论如何,都能够以一定形式体现。

第三,民间文学艺术作品是同一社会群体集体创作的智力成果,当然也属于文学、科学和艺术领域内的智力成果。

2. 用著作权法保护民间文学艺术作品符合国际著作权保护发展趋势

20 世纪 60 年代和 70 年代初期,一些国家就开始探讨如何保护民族传统文化艺术,维护国家和民族利益的问题。当时由于加入国际著作权公约的发展中国家使用发达国家受著作权保护的作品是有偿的,而发达国家使用发展中国家优秀的民间文学艺术作品却是无偿的,这就在发达国家与发展中国家之间形成了一种事实上的不平等。于是,许多国家纷纷提出用著作权法保护民间文学艺术作品的问题。到目前为止,已有突尼斯、玻利维亚、智利、摩洛哥、肯尼亚、马里、几内亚、布隆迪等国家将此类作品列入著作权法保护范围。

《突尼斯示范著作权法》、1977 年非洲知识产权组织的班吉文本、1982 年通过的《保护民间文学表达形式,防止不正当利用及其他侵害行为的国内法示范法条》等国际性文件,也都有保护民间文学艺术作品的条款。为适应民间文学艺术作品保护的要求,且使绝大多数成员国能够接受,《伯尔尼公约》第 15 条第 4 款规定,各成员国在书面通知伯尔尼联盟总干事前提下,可以给作者身份不明、未曾发表的,但有足够理由推定其属于本联盟成员国国民的作品提供法律保护。这些规定,都有利于推动民间文学艺术作品的国际保护。

二、实用艺术作品

世界知识产权组织认为,实用艺术作品是具有实际用途的艺术品,无论这种产品是手工艺品还是工业生产的产品。《伯尔尼公约》第 2 条第 7 款则明确规定其是需要给予保护的客体,但不限于著作权保护模式。即在遵守本公约第 7 条第 4 款之规定的前提下,本同盟各成员国需要通过国内立法规定其法律在何种程度上适用于实用艺术作品以及工业品平面与立体设计,以及此种作品和平面与立体设计受保护的条件。在起源国仅仅作为平面与立体设计受到保护的作品,在本同盟其他成员国只享受各该国给予平面与立体设计的专门保护;但如在该国并不给予专门保护,则这些作品将作为艺术作品得到保护。据此,外观设计保护与艺术作品著作权保护均是实用艺术作品保护的形式。之所以如此,是因为实用艺术作品与外观设计之间具有十分密切的联系。两者不仅均具有实用性、可以批量地进行工业化复制,而且都是富有美感的设计，体现了某种美学构思的表达。实用艺术作品本身既可以被纳入外观设计保护范围，也可以被纳入著作权保护范围。不过，在作为艺术作品给予著作权保护时，其保护期短于一般作品的著作权保护期，但不得低于作品完成后 25 年。而且，实用艺术作品的保护范围比工业品外观设计要大，工业品外观设计是实用艺术作品中用于工业目的的部分。在国际保护上，实用艺术作品的保护具有对等性，即如果一个成员国不以著作权而是以工业品外观设计保护实用艺术作品，那么对于起源于该国的实用艺术作品来说，其他成员国即令保护起源于本国的实用艺术作品著作权，也只能以外观设计的形式保护。

我国在 1990 年《著作权法》规定了美术作品的著作权保护，而没有单列实用艺术作品，不过，根据 1991 年《著作权法实施条例》第 4 条第(7)项对美术作品的解释，"美术作品，指绘画、书法、雕塑、建筑等以线条、色彩或者其他方式构成的有审美意义的平面或者立体的造型艺术作品"，可以认为其包含了实用艺术作品。同时，尽管当时没有明确规定实用艺术作品的著作权保护问题，但我国对实用艺术作品的保护仍然符合《伯尔尼公约》的上述规定，因为我国《专利法》为外观设计提供了保护。只是根据上述对等性保护原则，来源于我国的实用艺术作品也不能在其他成员国受到著作权保护。1992 年国务院制定的《实施国际著作权条约的规定》则规定了对外国人实用艺术作品以著作权保护。但是，这一规定并没有解决中国公民的实用艺术作品受著作权保护的问题，尽管根据《伯尔尼公约》的规定，中国公民的实用艺术作品在其他成员国仍然可以对等地受到著作权保护。2001 年《著作权法》修改后，尽管仍然没有直接规范实用艺术作品的著作权保护问题，但从 2002 年《著作权法实施条例》第 4 条对美术作品解释，即"是指绘画、书法、雕塑等以线条、色彩或者其他方式构成的有审美意义的平面或者立体的造型艺术作品"，应可推断出实用艺术作品可以被包含在美术作品范畴中。因此，我国《著作权法》实际上已经对实用艺术作品给予了著作权保护。〔50〕

不过，实用艺术作品著作权保护毕竟不同于一般的纯美术作品，因此需要进一步认识其著作权保护的特殊性。〔51〕 实用艺术作品之著作权保护，保护的显然不是其实用性方面，而是其艺术性方面。〔52〕 这两方面在实用艺术作品中的功能和作用不同。在实用性方面，涉及实用艺术作品的功能、用途、物质材料组成和结构等要素；艺术性方面则涉及实用艺术作品具有艺术性的造型、外观、色彩和装饰等，是创作者审美思想和美学构思的外观表达。

近些年来，我国法院审理了不少涉及实用艺术作品著作权侵权纠纷案，积累了相关经验。以下以最高人民法院 2021 年公布的指导案例之一加以讨论。

在北京某木业有限公司与被申请人某家居用品（上海）有限公司（以下简称上海某家居公司）著作权侵权纠纷案〔53〕中，当事人上海某家居公司主张作品的性质以及被控侵权人是否构

---

〔50〕 有学者指出，在 2001 年修订《著作权法》的过程中，曾考虑实用艺术品的保护问题。但因以下原因，未将其明确纳入著作权法保护客体：一是实用艺术品与纯美术作品不易区分，有些美术作品创作时属于纯美术，但可以用在工业品上；二是实用艺术品与工业产权中的外观设计不易区分；三是实用艺术品与工艺美术作品不易区分。参见姚红主编：《中华人民共和国著作权法释解》，群众出版社 2001 年版，第 58 页。

〔51〕 参见吕炳斌：《实用艺术作品可版权性的理论逻辑》，载《比较法研究》2014 年第 3 期。

〔52〕 冯晓青、付继存：《实用艺术作品在著作权法上之独立性》，载《法学研究》2018 年第 2 期。

〔53〕 最高人民法院(2018)最高法民申 6061 号民事裁定书。

成著作权侵害是本案的关键。在再审程序中，最高人民法院将涉案作品定性为实用艺术作品，并根据著作权侵权判定的一般原理和法律规定认定被控侵权行为人著作权侵权成立。该案为处理我国实用艺术作品著作权侵权纠纷提供了指引。

一是需要明确实用艺术作品的性质及其与美术作品的关系。该案中，最高人民法院裁定书对此进行了明确。实用艺术作品是具有实用性的造型艺术作品。实用艺术作品同时具有实用性和艺术性，两者缺一不可。[54] 美术作品也是一种造型艺术作品。因此，从具有艺术性方面来说，实用艺术作品可以归入美术作品范畴。对此，郑成思教授早已指出。同时，从著作权保护的范围来说，实用艺术作品著作权保护的是该作品的艺术性，而不是实用性。最高人民法院该案裁定对此予以明确，为人民法院审理涉及实用艺术作品著作权纠纷在确定著作权保护范围方面提供规范指引。实用艺术作品中的实用性涉及作品的功能性方面属于著作权法中进入公共领域的思想范畴。在著作权保护意义上，基于维护公众利益的需要，实用功能不能被纳入著作权保护范围，著作权保护限于具有独创性的艺术造型或者艺术图案。这一点也被再审裁定所强调。

二是需要明确实用艺术作品受著作权保护的条件。作为受著作权保护作品的范畴，实用艺术作品也需具备作品独创性等基本要件。同时，其还需具备实用性和艺术性。再审裁定书对此均予以肯定。值得注意的是，在界定实用艺术作品时，需要明确实用性和艺术性之间的关系。再审裁定提出了实用性和艺术性可分离的标准。从相关国外司法实践的情况来看，对实用艺术作品通常主张物理上不可分离、观念上可以分离。本案再审裁定则明确在物理上也可以分离，对此是否妥当，可以进一步研究，并进一步总结司法实践经验。

三、数据库

（一）数据库的概念

数据库是在系统汇编作品、作品的片段、数据或者其他材料基础上形成的。数据库的目的是供使用者利用电子或非电子手段使用其中的数据。数据库中相当一部分构成了受著作权保护的汇编作品，但也有一部分是不构成受著作权保护的汇编作品的数据集合。数据库是否受著作权保护取决于制作者对构成数据库的作品、作品片段、数据或者其他材料的选择、编排、排列方面是否具有独创性。对于受著作权保护的数据库，数据库著作权人可以禁止他人擅自复制数据库资料，但不能禁止他人使用数据库中不享有著作权的数据或其他资料。

随着电子信息技术的发展，电子数据库应运而生。电子数据库出现后，人们获取、使用数据库较之于纸质时代具有更大的便利性。同时，这也带来了相应的法律问题。特别是就不具有独创性的数据库而言，如何予以法律保护便成为一个现实问题。

（二）数据库的法律保护模式

在著作权保护的框架下，数据库的法律保护模式大体分为两种情况：对具有独创性的数据库按照汇编作品予以著作权保护；对不具有独创性的数据库则赋予数据库“特殊权利”（sui ge-

---

〔54〕 参见谢晴川：《论实用艺术作品的“美”和“艺术性”要件——以适用路径的反思与重构为中心》，载《法律科学（西北政法大学学报）》2018 年第 3 期。

neris right)保护。

对于前者,数据库保护等同于汇编作品的著作权保护。就使用者而言,其使用应征得数据库著作权人的许可。但是,根据 TRIPs 协议第 10 条第 2 款的规定,对这些数据库的保护,不应延及数据或者资料本身,也不得损害数据或者材料本身已有的著作权。当然,对于被收入到数据库中的不享有著作权的作品、数据或者其他材料,使用者的使用不需要经过他人的许可。

对于后者,数据库可以获得"特殊权利"保护。欧盟 1996 年达成的《关于数据库法律保护的指令》为那些不具有独创性的数据库提供了这一保护。根据该指令的规定,无论是电子数据库还是非电子数据库,受保护的数据库的内容包括文学、艺术、音乐和其他形式的作品以及图像、数据、数字、事实等。获得特殊权利保护的条件是应当系统而有序地编排数据库,以便于用户可以通过电子或者其他方式使用或者获取其中的数据。数据库所有者的权利有:禁止他人大量或者反复提取数据库中的内容;禁止他人大量甚至全部抽取数据库中的内容。这种以"特殊权利"保护数据库的方式,旨在为数据库的投资者提供一定的法律保护,本质上具有制止不正当竞争的性质。根据指令的规定,意大利、德国等欧洲国家通过在其国内著作权立法中增加一类邻接权客体的方式为缺乏独创性的数据库提供邻接权保护。

(三)我国对数据库的著作权保护

我国对数据库的著作权保护仍然是在汇编作品的框架内予以解决的。对于不具有独创性的数据库,则没有规定"特殊权利"一类的保护。但是,在发生侵权纠纷时,数据库的所有者依据《反不正当竞争法》仍可以主张权利。

第五节　不适用著作权法保护的客体

著作权法保护的客体范围十分广泛,但并非所有的作品都适用著作权法保护。[55]

一、官方文件及其正式译文

官方文件及其正式译文不适用于著作权法保护,是国际公约的明确要求。《伯尔尼公约》第 2 条即规定,本同盟各成员国对立法、行政或司法性质的官方文件以及这些文件的正式译本的保护由其国内立法确定。

在我国,法律法规、法院判决书等官方文件包括全国人大及其常委会制定的法律、国务院制定的行政法规和国务院各部委及地方政府依法制定的行政规章,地方各级人民代表大会及

---

〔55〕 在现行《著作权法》修改前,《著作权法》明确规定不适用著作权法保护的客体有两类:一类是不受著作权保护的违禁作品;另一类是不适用于著作权法保护的客体。2010 年《著作权法》修改了第 4 条,即删除了第 1 款"依法禁止出版、传播的作品,不受本法保护",在保留第 2 款"著作权人行使著作权,不得违反宪法和法律,不得损害公共利益"的同时,增加了"国家对作品的出版、传播依法进行监督管理"的内容。但本书认为,原第 1 款删除对这类作品不受我国著作权保护不会产生任何影响,因为在我国,依法禁止出版、传播的作品是那些违反了我国法律法规而应禁止在市场上流通的作品,自然不能受到著作权保护。事实上,原有规定的取消具有复杂的国际背景,即美国将中国知识产权问题付诸世界贸易组织申诉,其中包括该规定的内容。

其常务委员会、人民政府及其各部门、人民法院、人民检察院作出的决议、决定、命令，其他具有立法、行政、司法性质的文件，如人民法院判决书。其中，法规包括行政法规、部门规章、地方性法规、自治条例和单行条例，其本身也是“作品”，其“作者”是法律和其他官方文件的制定者。这些使人们了解官方权力活动的“作品”不受保护，并不是因为不具备著作权客体的条件，而是从公共利益、公共政策等角度加以考虑的。这类官方文件具有社会规范性质，其“创作”目的就是广泛地传播，甚至人人皆知，因此不宜限制其复制和使用。作品一旦公开，就应视为已进入公共领域，任何人都可以自由使用。值得注意的是，不仅我国法律、法规，国家机关的决议、决定、命令和其他具有立法、行政和司法性质的文件及其官方正式译文不适用著作权法保护，依照《伯尔尼公约》规定，与我国共同参加国际著作权公约的国家的法律、法规，国家机关的决议、决定、命令和其他具有立法、行政和司法性质的文件，也同样不适用于我国《著作权法》的保护。[56]

当然，尽管上述官方文件不受著作权保护，但并不意味着可以不受任何限制地被传播。以法律法规的编撰为例，早在1990年国务院发布的《法规汇编编辑出版管理规定》就有相关规定，2019年修正为：“编辑法规汇编，遵守下列分工：（一）法律汇编由全国人民代表大会常务委员会法制工作委员会编辑；（二）行政法规汇编由司法部编辑；（三）军事法规汇编由中央军事委员会法制局编辑；（四）部门规章汇编由国务院各部门依照该部门职责范围编辑；（五）地方性法规和地方政府规章汇编，由具有地方性法规和地方政府规章制定权的地方各级人民代表大会常务委员会和地方各级人民政府指定的机构编辑。”可见，公民个人或者单位对不受著作权保护的法律法规的汇编仍然是受到限制的。

国家机关确认的正式译文，是国家有关机关将法律等文件翻译成其他民族文字或外国文字的正式译本，如全国人大原法律委员会主持审定的《中华人民共和国香港特别行政区基本法》的官方正式英译本。正式译文与法律和其他官方文件具有同等效力。值得注意的是，官方文件的非正式译文仍然是享有著作权的。对他人翻译的官方文件的非正式译文，其他任何人不得擅自使用。当然，该译文作品著作权人并不享有禁止他人再重新翻译同一官方文件的权利。

另外，国际组织的文件，如联合国和世界贸易组织的文件和决议，以及政府间组织的文件和决议，一般也认为不适用著作权保护。

二、单纯事实消息

单纯事实消息，一般是指通过报纸、期刊、广播电台、电视台或其他新闻媒介报道的关于某一事实或事件的单纯消息，如交通事故、水灾、疫情、人事往来、重要会议等日常消息。它反映的是一种客观事实的存在。一般地说，单纯事实消息不需要付出独创性智力劳动，不构成作品，不为著作权法所调整。而且，从鼓励、促进人类信息交流的目的出发，也不宜保护单纯事实消息。因此，世界各国均允许自由使用单纯事实消息。《伯尔尼公约》第2条第8款也规定，

---

〔56〕 在现实中，有些客体是否属于官方文件则尚存争议，如专利申请文件。此种文件具有一定的特殊性，即最初是由个人或代理机构起草的，后来才转化为官方文件。

"本公约的保护不适用于日常新闻或纯属报刊消息性质的社会新闻"。单纯事实消息不受著作权保护有利于及时扩散信息,方便公众了解近期国内外发生的事件,也有利于实现新闻报道自由的目的。

基于上述原因,2020 年修改的现行《著作权法》第 5 条第(2)项规定,单纯事实消息为不适用于著作权法保护的对象之一。在 2010 年《著作权法》第 5 条第(2)项中,对应的概念为"时事新闻"。之所以对该概念进行修订,是考虑到时事新闻的概念容易与具有独创性的新闻作品发生混淆,使用单纯事实消息概念则有利于在不具有独创性的纯粹事实消息与具有独创性的新闻作品之间划清界限。在新闻与传播实践中,在单纯事实消息基础上完成的新闻报道,增加了报道者自己的分析评论,或对某些事实进行了特写、摄影时,就会转化成具有独创性的作品。很多时事性质作品已不单纯是事实消息,随意转载可能引发著作权纠纷。

此外,还有几点应予注意:其一,当某一新闻单位花了大量人力、物力获取一条"独家新闻",另一家新闻单位擅自抄袭,抄袭者是否可以以"单纯事实消息不受著作权保护"为由逃避责任?对此,在新闻出版商品化国家,可用反不正当竞争法处理,我国对这类情况也可适用《反不正当竞争法》予以规制。其二,单纯事实消息经过独创性版面设计和修改编排组成的整个版面,能够形成汇编作品,受著作权法保护,只是该单纯事实消息本身仍然不适用于著作权法保护。其三,传播单纯事实消息也有注明出处的义务。根据 2020 年《审理著作权民事案件适用法律解释》第 16 条的规定,通过大众传播媒介传播的单纯事实消息属于 2021 年 6 月 1 日前实施的《著作权法》第 5 条第(2)项规定的时事新闻。传播报道他人采编的时事新闻,应当注明出处。

三、历法、通用数表、通用表格和公式

历法是以科学为依据计算时间和节气的方法,如年历。人们利用历法时不需要创造性劳动,因而它不属于作品范围。但应注意,在历法的基础上制成的台历、挂历或其他类似作品,由于付诸了创作上的智力劳动,应作为作品保护,只是历法本身仍游离于著作权保护之外。通用数表是以文字、数字反映一定量的关系的表,如平方表、立方根表、三角函数表、元素周期表。通用表格是为某一行业、部门或某一目的而按一定项目制成的表格,如通用的银行储蓄存单。公式是用数字、符号反映量的关系的式子。这三类客体具有普遍的适用性,能够适用同类间所有的问题。[57] 将其排除于著作权保护范围之外,是因为有些早已处于公共领域之中,不能将已经处于公共领域的内容重新纳入专有领域范围。还有的是因为表达形式的唯一性或者有限性,不符合受著作权保护的意旨。

但应指出,如将这些常识性内容按一定体例编排组合成汇编作品,汇编人对该汇编作品在整体上是享有著作权的。因为此时已在汇编上付出了独创性劳动,如他人擅自复制发行,将构成对汇编人著作权的侵犯。

---

〔57〕 值得注意的是,在 1990 年《著作权法》中,"数表"前没有"通用"的限制,这样就将那些具有独创性的数表排除在著作权保护范围之外了,不大合理。因此,2001 年修订《著作权法》时限定为通用数表。

本章案例研讨

◈ 作品标题能否作为作品受著作权保护

赵某与某卷烟厂著作权侵权纠纷案[58]

在该案中,原告赵某认为,被告某卷烟厂未经作者同意,将“五朵金花”作为香烟商标使用,利用《五朵金花》的知名度进行牟利。被告的行为严重歪曲了原告和王某创作《五朵金花》的原意,侵犯了原告的著作权,并构成不正当竞争行为。

我国《著作权法》对是否保护文学作品的名称没有明确规定,一审法院认为,电影文学剧本《五朵金花》的名称不能单独受我国《著作权法》保护。原因在于:(1)著作权法保护的对象是作品,而作为一部著作权法意义上的文学作品,是指用文字表达意见、知识、思想、感情等内容的具有独创性的文学创作成果。就本案而言,电影文学剧本《五朵金花》是一部完整的文学作品,但仅就“五朵金花”四字而言,并不具备一部完整的文学作品应当具备的要素。首先,该词组由一个数量词“五朵”和一个名词“金花”组成,不能独立表达意见、知识、思想、感情等内容;其次,在云南,“金花”作为白族妇女的称谓古已有之,并非原告独创。“五朵金花”这一词组的构成虽然有可能包含作者的思想感情及创作意图,但我国《著作权法》所保护的是作品的内容,而非作者的思想。因此“五朵金花”这一词组只有与作品内容共同构成一部完整的作品,才受我国《著作权法》保护。(2)“五朵金花”一词并不构成《五朵金花》电影剧本的实质或者核心部分。如果对其单独给予著作权法保护,禁止他人使用“五朵金花”一词,既有悖于社会公平理念,也不利于促进社会文化事业的发展与繁荣。(3)被告的行为既不损害原告的著作权,也不妨碍原告行使其著作权。无论从我国《著作权法》规定的著作权人的权利,还是从著作权侵权行为表现形式审查,被告的行为都不损害原告基于剧本《五朵金花》享有的著作权中任何一项人身权或财产权,也不妨碍原告行使其著作权。综上所述,被告使用“五朵金花”四字作为其香烟商标的行为不违反我国《著作权法》的规定,不构成著作权侵权。

在该案二审中,云南省高级人民法院认为,根据我国《著作权法》的规定,《著作权法》保护的客体是作品。一部受著作权法保护的作品,除具有独创性外,还要能独立表达意见、知识、思想、感情等内容,使广大受众从中了解一定的讯息,不应当仅是文字的简单相加。如果把具有独创性作为判断作品名称享有著作权的唯一标准,势必造成作品名称独立于作品的著作权,即如果作品名称具有独创性,则作品名称有一个独立的著作权、正文又有一个著作权,那么基于同一部作品,相同的作者可以享有两个或两个以上的著作权,这既不符合法律逻辑,也不符合法律规定。就本案而言,《五朵金花》剧本是一部完整的文学作品,“五朵金花”四字仅是该剧本的名称,是该剧本的组成部分,读者只有通过阅读整部作品才能了解作者所表达的思想、情感、个性及创作风格,离开了作品的具体内容,单纯的作品名称“五朵金花”因字数有限,不能

---

〔58〕 选自云南省高级人民法院(2003)云高民三终字第16号民事判决书。另参见昆明市中级人民法院(2002)昆民六重字第2号民事判决书。该案是最高人民法院2008年公布的改革开放30年以来100个典型知识产权案件之一。

囊括作品的独创部分,不具备法律意义上的作品的要素,不具有作品属性,不应受著作权法保护。在著作权法领域,不同作者基于各自的创作可以产生名称相同但形式、内容不同的作品;在不同领域则产生性质不同的权利,不能适用著作权法调整,否则将会妨碍社会公共利益,与著作权法的立法原则和精神不符。综上所述,赵某主张某卷烟厂用其作品《五朵金花》的作品名称作为商标使用侵犯其著作权的观点本院不予采纳。

该案一审、二审都否认了《五朵金花》剧本的名称"五朵金花"单独受著作权保护。实际上,国家版权局版权管理司曾发布过两个涉及该问题的答复。其中,1996 年 7 月 17 日的《关于作品标题是否受著作权保护的答复》认为:"作品的标题宜由反不正当竞争法保护,而不宜由著作权法保护。这样,不管标题是否具有独创性,只要被他人用于商业目的,都有可能寻求法律援助。"[59]

◈ 独创性表达与公共领域素材的区分

厦门某视动漫有限公司等诉某企业公司等著作权侵权、不正当竞争纠纷案[60]

某企业公司、皮某认为厦门某视动漫有限公司(以下简称某动漫公司)、北京某影视文化传媒有限公司(以下简称某影视公司)"K1""K2"动画形象的电影《汽车人总动员》、电影预告片、电影海报侵害其动漫作品著作权,向上海市黄浦区人民法院提起诉讼。

关于某企业公司、皮某涉案动画形象与电影海报的独创性表达及作品权属,上海市黄浦区人民法院认为:某企业公司、皮某是在美国设立的企业,我国和美国都是《伯尔尼公约》的成员国,根据该公约关于国民待遇的规定,某企业公司、皮某的作品可以受我国著作权法的保护。"闪电麦坤"及"法兰斯高"动画形象是拟人化的赛车。这两个动画形象保留了赛车通常都有的基本结构,但在一些部位进行了拟人化设计。在既有车辆样式的基础上进行了独创性的设计,尤其是其拟人化的脸部具有很高的独创性,整体动画形象具有美感,属于美术作品,受我国著作权法的保护。《赛车总动员 2》的电影海报也具有独创性,属于受著作权法保护的美术作品。

关于某动漫公司、某影视公司涉案动画形象及电影海报是否与某企业公司、皮某作品构成实质性相似,是否构成著作权侵权,该院认为将《汽车人总动员》电影海报中的动画形象"K1"与"闪电麦坤"、"K2"与"法兰斯高"进行比较,认定"K1""K2"使用了某企业公司、皮某"闪电麦坤"及"法兰斯高"动画形象最具独创性的眼部和嘴部的表达方式,两者几乎没有差别,故分别构成实质性相似。法院认为,简单的某种设计思路作为思想不应被垄断,应当允许合理的参

---

〔59〕 2001 年 12 月 25 日,国家版权局版权管理司在权司(2001)65 号文中对昆明市中级人民法院提出"文学作品名称不宜受著作权法保护"的答复。

〔60〕 选自上海知识产权法院(2017)沪 73 民终 54 号民事判决书。另参见上海市浦东新区人民法院(2015)浦民三(知)初字第 1896 号民事判决书。

考与借鉴。但是,当多重的设计组合充分展示出拟人化的独有特征后,这种设计的组合不再属于不受保护的思想,而进入独创性表达的范畴。某企业公司、皮某"闪电麦坤"和"法兰斯高"动画形象通过拟人化的眼部、嘴部以及特定色彩的组合,构成独创性表达,而某动漫公司、某影视公司恰恰在上述设计组合上复制了某企业公司、皮某的作品。"K1""K2"使用了"闪电麦坤""法兰斯高"具有独创性的表达,两者构成实质性相似。《汽车人总动员》电影海报中"K1""K2"动画形象与"闪电麦坤""法兰斯高"构成实质性相似。但就海报整体而言,两者在构图、背景等方面均存在较大的差别,故两者不构成实质性相似。

关于某动漫公司、某影视公司是否构成共同侵权,以及某动漫公司、某影视公司侵害了某企业公司、皮某作品著作权中的哪些权利,法院认为某动漫公司认可某影视公司委托第三方制作的电影海报等宣传资料,且某动漫公司亦通过使用这些宣传资料获益,故认定某动漫公司、某影视公司构成共同侵权。具体而言,侵害了某企业公司、皮某涉案作品的复制权、信息网络传播权和展览权。

在上述基础上,上海市黄浦区人民法院判决被告停止侵权和赔偿损失。

某动漫公司、某影视公司不服一审判决,向上海知识产权法院提起上诉。该院于2017年10月10日公开开庭进行了审理。该院将该案焦点问题归纳为某动漫公司和某影视公司是否实施了著作权侵权行为等。其认为,将汽车进行拟人化设计属于思想范畴,不受著作权法的保护;但是,具体设计方案即拟人化的具体表达方式,则属于表达范畴,可以受到著作权法的保护。涉案电影《汽车人总动员》及涉案电影海报中的"K1""K2"动画形象与"闪电麦坤""法兰斯高"动画形象构成实质性相似。法院认为,对于"实质性"的认定,既要考虑相同点的数量也要考虑相同点的质量。数量主要考虑相同点是否达到一定数量;质量主要考虑相同点是否是著作权法所保护的具有独创性的表达。"K1""K2"动画形象在涂装色、眼睛、鼻子、嘴部乃至眼珠、眼睑、牙齿等细节方面的表达均与"闪电麦坤""法兰斯高"动画形象基本相同,数量达到一定程度。而且,这些基本相同的表达,即汽车拟人化的具体表达方式,均体现了某企业公司、皮某具有独创性的设计,属于著作权法所保护的具有独创性的表达。上诉人主张,一审法院认定两者构成实质性相似的"用前挡风玻璃表达眼睛、用进气格栅表达嘴巴"已经进入公有领域。对此,本院认为,本院无意排斥他人用前挡风玻璃表达眼睛、用进气格栅表达嘴巴进行创作,但即使均用前挡风玻璃表达眼睛、用进气格栅表达嘴巴,其具体表达方式也有多种选择,这从某动漫公司及某影视公司提供的他人创作的拟人化动画形象中亦可看出。而"K1""K2"动画形象在具体表达方式的选择上均与"闪电麦坤""法兰斯高"动画形象基本相同,其表达相似程度已经达到了以普通观察者的标准来看两组形象,无论如何,不会认为前者是在脱离后者的基础上独立创作完成的。综上,足以认定"K1""K2"动画形象与"闪电麦坤""法兰斯高"动画形象构成实质性相似。至于两组形象的区别点,其对整体形象并未产生实质影响,不影响对于实质性相似的认定。此外,关于上诉人主张一审法院未考虑混淆因素的意见,在著作权侵权判定中,不以混淆作为作品构成实质性相似的考量标准,故对该意见亦不予采纳。此外,该院还对上诉人涉案行为是否构成不正当竞争进行了评判。

在上述认定和评判基础上,上海知识产权法院判决驳回上诉,维持原判。

该案涉及如何判定作品独创性以及著作权侵权案件中实质性相似对比问题。在该案中,

一审、二审法院均注意区分作品中不受著作权保护的思想以及应当排除于独创性表达之外的公共领域素材与受著作权保护的独创性表达,仅针对涉案对象的个性化表达明确其作为作品的独创性考量标准。具体而言,一审原告"闪电麦坤"及"法兰斯高"动画形象最具独创性的眼部和嘴部的表达方式,通过拟人化的眼部、嘴部以及特定色彩的组合,构成独创性表达。将汽车进行拟人化设计属于思想范畴,不受著作权法的保护,但具体设计方案即拟人化的具体表达方式则属于可以受到著作权保护的表达范畴。本案对于如何区分独创性表达与公共领域素材以及在著作权侵权案件中如何进行实质性相似对比提供了重要指引。

◈ 古籍点校本的著作权侵权问题

陈某、陈某某著作权权属、侵权纠纷案〔61〕

《黄山指南》系一部志体导游书,作者为陈少峰。陈少峰号"黄海散人",于1950年去世,生前育有一子,名为陈明轩。陈明轩生育陈绍泰(已去世)、陈某、陈某某。陈绍泰育有四个子女,即陈甲、陈乙、陈丙、陈丁。在本案审理中,陈甲、陈乙、陈丙、陈丁向本院出具《声明》,放弃在本案中的诉讼权利和实体权利。2010年7月至12月,黄山市某档案局依据《黄山指南》原版组织人员对该书进行了点校,形成《黄山指南》点校本。《黄山指南》点校本扉页载明"黄海散人著"。《黄山指南》点校本于2011年3月以内部资料形式印刷共计1000册,每册工本费36元。陈某、陈某某认为,黄山市某档案局再版发行的《黄山指南》一书,没有按照点校本、整理版本应遵循的"确定体例、多本对照、考证史事、补遗正讹"原则,严重破坏了原著《黄山指南》的完整性,违背大黄山的客观事实,侵犯了其署名权、修改权、保护作品完整权,遂以黄山市某档案局为被告,向黄山市中级人民法院提起侵害著作权诉讼。

黄山市中级人民法院将该案焦点归纳为:其一,本案是否遗漏了必要的共同诉讼人;其二,黄山市某档案局是否侵犯了陈某、陈某某的著作权,是否应当赔偿陈某、陈某某各项损失。

关于第一个问题,黄山市中级人民法院认为,《黄山指南》一书的发表权陈少峰已经行使,陈少峰于1950年去世,该书所涉的《著作权法》第10条第1款第(5)项至第(17)项规定的权利的保护期截止时间应为2000年12月31日。另根据《著作权法实施条例》第15条第1款规定,作者死亡后,其著作权中的署名权、修改权和保护作品完整权由作者的继承人或者受遗赠人保护。由于署名权、修改权、保护作品完整权的保护期不受限制,可由作者的继承人或者受遗赠人保护。陈某、陈某某作为陈少峰的孙子,享有对该书的署名权、修改权、保护作品完整权进行保护的权利。黄山市某档案局辩称应追加其他继承人参加诉讼,但著作权中的人身权作为一项精神权利,任何一名继承人作为共有人,都可以独立地对侵权行为人提起诉讼,且陈绍泰的子女陈甲、陈乙、陈丙、陈丁已向本院出具《声明》,放弃在本案中的诉讼权利和实体权利。黄山市某档案局主张本案遗漏必要共同诉讼人应追加当事人参加诉讼,本院认为已无必要,并

〔61〕 选自安徽省高级人民法院(2020)皖民终965号民事判决书。另参见黄山市中级人民法院(2020)皖10民初59号民事判决书。

不予采纳。

关于第二个问题,黄山市中级人民法院认为:古籍点校是点校人在古籍版本的基础上,运用专业知识,依据文字规则、标点规范,对照其他版本或史料对相关古籍进行划分段落、加注标点、选择用字并拟定校勘记的过程。古籍点校通常会受点校人知识水平、文学功底、价值观、人生观、世界观及客观条件等多方面因素影响而有所不同。点校整理的目的亦是在遵循古籍原意的前提下,根据点校人对古籍含义的理解,在其认为的有限的表达方式中进行选择,通过使用现代汉语中的标点加以标识或进行分段等,向现代人恢复古籍作品的原貌,以方便现代人阅读。本案中,黄山市某档案局组织具有一定古文知识水平的人对古籍进行点校,点校中无论是改变原著段落,还是增加标点与注释、或使用简化字等,此过程更接近于思想而非独创性的表达,所产生的表现形式极其有限,并不构成对作者的修改权、保护作品完整权者的侵犯。另外,被告已在《黄山指南》点校本扉页注明《黄山指南》一书作者系“黄山散人”即陈少峰,故未侵犯该书作者的署名权。此外,《黄山指南》一书所涉的著作权保护期截止时间应为 2000 年 12 月 31 日。据此,陈某、陈某某主张黄山市某档案局对《黄山指南》一书进行点校并形成《黄山指南》点校本侵犯了《黄山指南》一书的著作权不能成立。

基于上述认定,黄山市中级人民法院判决驳回陈某、陈某某的诉讼请求。

陈某、陈某某不服上述判决,向安徽省高级人民法院提起上诉。该院于 2020 年 9 月 7 日立案后,依法组成合议庭并开庭审理。安徽省高级人民法院认为:本案焦点为被上诉人是否侵害了作者的署名权、修改权和保护作品完整权。若侵权成立,侵权责任应如何判定。案涉作品为古籍点校本,某档案局、黄山区地方志办公室在典校本封面标注“典校整理”,系对点校事实的客观记述,点校本的扉页为案涉《黄山指南》原本的封面,明确标注“黄海散人著”。因此,点校本未对《黄山指南》原本作者的身份作任何变动,未侵害该作品的署名权。同时,点校是对古籍标点、校订的简称,是编辑加工古籍使其成为可靠的、便于阅读的出版物的一项基础性工作。点校中通过使用现代汉语中的标点加以标识或进行分段等,是点校工作的基本方式,点校人根据自己对古籍含义的理解,在其认为的有限的表达方式中进行选择,向现代人恢复古籍作品的原貌,以方便现代人阅读。本案中,黄山市某档案局在组织实施点校的过程中,并未歪曲、篡改《黄山指南》原本,未侵害原作者的人格利益,该点校行为本身亦有利于《黄山指南》一书的流传,符合公共利益。因此,不构成对《黄山指南》原本作品修改权和保护作品完整权的侵犯。

基于上述认定,安徽省高级人民法院判决驳回上诉,维持原判。

本案反映的主要问题是古籍点校行为性质以及古籍点校本在著作权法中的地位。古籍点校行为实际上是对著作财产权期限早已届满的作品进行的整理加工行为,该行为的目的是便于现代读者理解和阅读古籍本的内涵。在本案中,由于黄山市某档案局在点校本上的署名保留了原版的作者身份,因此法院认为不构成侵害署名权。同时,基于在组织实施点校的过程中,并未歪曲、篡改《黄山指南》原本,法院也否定了对黄山市某档案局侵害修改权和保护作品完整权的指控。本案还涉及古籍点校行为是否属于著作权法意义上的创作行为等问题。

◈ 体育赛事节目的作品属性

某 NBA 产物股份有限公司、上海某网络有限公司、北京某科技有限公司侵害著作权及不正当竞争纠纷案[62]

某 NBA 产物股份有限公司(以下简称某股份公司)针对北京某科技有限公司(以下简称某科技公司),向北京市第一中级人民法院提起诉讼,指控被告侵害其体育赛事节目著作权。

北京市第一中级人民法院认为,构成电影作品或类电作品的条件应该包括“固定于一定介质上”“具有独创性”。被诉行为系网络直播行为,该过程与现场直播基本同步。在这一过程中,涉案赛事整体比赛画面尚未被稳定地固定在有形载体上,此时赛事直播公用信号所承载画面并不满足电影作品中的固定的要求。关于涉案视频节目“独创性”问题,独创性强调个性化选择,个性化选择的多少既受创作主体主观因素的影响,亦受客观因素的制约。通常情况下,客观限制因素越多,则表达的个性化选择空间越少,独创性程度越低。NBA 赛事节目直播存在如下客观限制因素:赛事本身的客观情形、赛事直播的实时性、对直播团队水准的要求、观众的需求、公用信号的制作标准等。上述客观限制因素使得公用信号所承载的连续画面在素材的选择方面基本上并无个性化选择,而在对素材的拍摄、对拍摄画面的选择及编排等方面的个性选择空间则相当有限。在直播类中,对摄制有标准要求的显然要比无此要求的具有更小的个性化选择空间。NBA 赛事节目直播的连续画面属于上述类型中客观限制最多的情形。基于上述,涉案 NBA 赛事直播节目连续画面不符合电影作品的固定要件,直播视频及直播截屏亦未达到电影作品的独创性高度,故其未构成电影作品,应属于录像制品。但是,某网络公司和某科技公司行为破坏了公平、自由的竞争环境,违反了诚实信用的原则和公认的商业道德,构成不正当竞争行为。

基于上述认定,北京市第一中级人民法院判决某网络公司、某科技公司停止播放某股份公司享有权利的 NBA 比赛节目视频及直播截屏,消除影响并赔偿损失。某网络公司、某科技公司不服上述判决,向北京市高级人民法院提起上诉。该院依法组成合议庭于 2018 年 11 月 14 日、2020 年 7 月 30 日公开开庭进行了审理。

北京市高级人民法院将该案争议焦点归纳为:其一,某股份公司在本案请求著作权保护的 NBA 赛事节目在著作权法上如何定性,某股份公司对其是否享有权利;其二,某网络公司和某科技公司是否实施了某股份公司主张的被诉行为,该行为是否构成著作权法意义上的侵权行为;其三,某股份公司的起诉是否超过诉讼时效,一审法院关于责任承担的确定是否正确。

关于 NBA 赛事节目是否属于著作权法保护的类电作品,北京市高级人民法院认为:在法律适用过程中,判断某一客体是否属于著作权法保护的特定类型作品时,应从体系上理解并适用法律规定,既要考虑该客体是否符合作品的一般定义,也要考虑该作品是否符合特定类型作

---

[62] 选自北京市高级人民法院(2018)京民终 562 号民事判决书。另参见北京市第一中级人民法院(2014)一中民(知)初字第 8731 号民事判决书。

品的表现形式。关于涉案 NBA 赛事节目是否达到构成类电作品的独创性要求,作品的独创性源自作者的创作,作品是否具有独创性与作者是否从事了创作,属于同一问题的两个判断角度,而创作是一种事实行为,对于是否存在创作这一事实行为,只能定性,而无法定量;同理,对于作品的独创性判断,只能定性其独创性之有无,而无法定量其独创性之高低。所谓作品"具有独创性",一般是指作品系作者独立完成并能体现作者特有的选择与安排,通常从以下两方面进行判断,一是作品是否由作者独立创作完成,即作品应由作者独立构思创作,而非抄袭他人;二是作品表达的安排是否体现了作者的选择、判断,即要求作品应当体现作者的智力创造性。著作权法意义上的录像制品则限于复制性、机械性录制的连续画面,即机械、忠实地录制现存的作品或其他连续相关形象、图像。除此之外,对于在画面拍摄、取舍、剪辑制作等方面运用拍摄电影或类似电影方法表现并反映制作者独立构思、表达某种思想内容,体现创作者个性的连续画面,则应认定为电影或类电作品。

对于体育赛事节目是否构成类电作品,不能一概而论,应当从是否具有独创性的角度予以分析认定。一般而言,对于由多个机位拍摄的体育赛事节目,如制作者在机位的设置、镜头切换、画面选择、剪辑等方面能够反映制作者独特的构思,体现制作者的个性选择和安排,具有智力创造性,可认定其符合著作权法规定的独创性要求,在同时符合其他构成要件的情况下,即可认定为类电作品。但对于仅通过简单的机位设置、机械录制的体育赛事节目,由于在镜头切换、画面选择等方面未体现制作者的个性选择和安排,则不宜认定为类电作品。就本案而言,涉案 NBA 赛事节目是极具观赏性和对抗性的篮球赛事项目,为适应直播、转播的要求,该类赛事节目的制作充分运用了多种创作手法和技术手段,包括摄制准备、现场拍摄、加工剪辑等。上述制作过程必然要求主创人员根据创作意图和对赛事节目制作播出要求的理解作出一系列个性化的选择和安排。故可以认为其具有著作权法所要求的类电作品独创性,不属于机械录制所形成的有伴音或无伴音的录像制品。

北京市高级人民法院还对某股份公司对涉案 NBA 赛事节目是否享有著作权、某网络公司、某科技公司各自行为的性质,以及某股份公司的起诉是否超过了诉讼时效进行了认定。最终,二审判决撤销一审判决,判令某网络公司停止在线直播涉案的某股份公司享有著作权的 NBA 篮球赛事节目视频的行为,消除影响并赔偿损失。

本案涉及体育赛事节目直播的连续画面是否构成具有独创性的类电作品等问题。对此,一审、二审法院对于判断作品个性化选择、认定独创性存在分歧。一审法院认为,直播视频需要达到电影作品的独创性高度。二审法院则认为,独创性标准不在于独创性高低,而在于独创性的有无。二审法院认定体育赛事直播画面可以构成具有独创性的类电作品,并以著作权侵权为基础判决被告承担相应的法律责任。本案为如何认识体育赛事节目的法律属性、独创性问题的理解等问题提供了启发。

◈ 地图数据及导航电子地图的作品属性认定

北京某科技股份有限公司与北京甲科技有限公司、北京乙科技有限公司、某信息技术股份有限公司侵害著作权及不正当竞争纠纷案[63]

北京某科技股份有限公司（以下简称某股份公司）指控北京甲科技有限公司（以下简称甲科技公司）、北京乙科技有限公司（以下简称乙科技公司）、某信息技术股份有限公司（以下简称某信息公司）存在侵害著作权及不正当竞争行为，依法向北京市海淀区人民法院提起诉讼。该院认为地图作品的独创性主要体现在根据地图的使用目的，对上述地理信息、标注及绘制方式的选择、编排、处理上，地图中反映客观事实的要素以及无独创性的选择等并不受著作权法保护。本案涉及的地图是利用计算机技术，以数字方式存储并使用专门的软件进行查阅等操作的数字地图产品。本案中某股份公司虽然主张涉案的地图数据构成地图作品，但根据现有证据，无法查明某股份公司主张的地图作品中具体内容，故无法认定某股份公司已整体创作完成了其主张的地图作品。基于此，北京市海淀区人民法院认定被告不构成侵害原告著作权。该院还就被告行为是否构成不正当竞争进行了事实认定和法律适用分析。最终，北京市海淀区人民法院判决驳回原告诉讼请求。

某股份公司不服上述判决，向北京知识产权法院提起上诉。该院于2020年7月23日公开开庭进行了审理。北京知识产权法院将该案焦点问题归纳为：其一，涉案导航电子地图是否构成地图作品；其二，被诉使用行为是否侵害了某股份公司对涉案导航电子地图的著作权；其三，被诉使用行为是否构成不正当竞争；其四，被上诉人是否应当承担民事责任以及如何承担民事责任。

关于某股份公司主张的涉案导航电子地图是否构成地图作品，该院认为，我国立法区分了地图以及其他图形作品与同为视觉表达的美术作品：前者的特点在于具有相当强的科学性或技术性，有实用功能或可以反映一定的客观事实，而后者则主要发挥审美功能。著作权保护的是独创性表达，其保护范围是作品的独创性部分。因此，独创性也是划定著作权保护范围与公有领域边界的工具。导航电子地图独创性的主要因素是对客观地理信息的取舍表达。著作权对于作品的独创性，要求一为独立创作，二为体现作者独特的智力判断与选择，展示作者的个性。根据著作权对作品独创性的要求，表达说明客观事物功能性的一面不属于著作权保护的范围。地图一般被认为是地理信息的汇编，其创作就是基于客观的地理数据，可供作者自由选择、编排的空间有限。

随着技术的发展，导航电子地图的出现带来了新的问题。导航电子地图是一种能够反映相关地理现象，显示空间地理坐标位置，并且与导航应用系统结合使用的终端地图数据产品。导航电子地图是导航电子产品的重要组成部分，它以地图学知识为基本原理，用数字化形式把地理信息中各要素以及他们之间的相互关系进行有机组织并存储于计算机内部。导航电子地

---

〔63〕 选自北京知识产权法院（2019）京73民终1270号民事判决书。另参见北京市海淀区人民法院（2016）京0108民初27234号民事判决书。

图主要是由地理信息和图形两部分组成。导航电子地图的地理信息主要包括路网、背景、注记和索引四部分信息。图形是把储存在计算机中的地理信息借助计算机软件或导航仪呈现出来而形成的。导航电子地图的独创性主要表现在把具体地物、地貌、信息点等测量到地图上的过程中，根据地图使用目的、地图比例尺及相关测量规范等要求对地物、地貌、信息点等进行取舍。这种取舍的过程，实际上就是制图者创作的过程。即使对于相同地物、地貌进行绘制时，也存在不同的表达。导航电子地图有很大的创作空间，至少独立测绘的导航电子地图偶合或者与现有作品重合的可能性小。故独立测绘的导航电子地图，通常可以符合独创性的要求。导航电子地图的"可感知性"，体现为通过地图软件呈现的图形化表达。虽然导航电子地图在计算机上以数据形式存储，但其表现方式还是图形化的，故其本质还是图形作品。导航电子地图虽然存储形式有特殊性，但仍然是以图形化要素说明地理信息的地迹。故具有独创性的导航电子地图属于著作权保护的图形作品。

在上述分析的基础上，北京知识产权法院认为，导航电子地图系科学领域内具有独创性并能以某种有形形式复制、反映地理现象的地图作品。导航电子地图的独创性主要表现在对客观地理信息的选择、取舍，即在把具体地物、地貌、信息点等测量到地图上的过程中，根据地图使用目的、地图比例尺及相关测量规范等要求对地物、地貌、信息点等进行取舍。涉案导航电子地图的独创性，则体现于：(1)对于地图中地物、地貌、地点的选择和取舍。涉案导航电子地图将具体地物、地貌、信息点等客观地理信息测量到地图上的过程中，体现了制图者的选择、取舍，具有独创性。(2)在对地图中相同地物、地貌绘制时，根据客观地物地貌，绘图颜色的选择不同，会产生关于地理事物不同的表达。对于客观地理信息中相同的地物、地貌，不同制图者选择不同颜色的表达，体现了独创性。(3)对于地图中相同地物、地貌绘制时，不同标注和绘制方式的选择和取舍，会产生地理事物形状的不同表达。

关于被诉使用行为是否侵害了某股份公司对涉案导航电子地图的著作权，北京知识产权法院认为：未经许可使用某股份公司涉案导航电子地图，侵害了上诉人著作权。基于上述认定，北京知识产权法院判决撤销一审判决，判令被上诉人向上诉人公开赔礼道歉、消除影响并赔偿损失。

该案是关于地图数据、电子导航地图的法律性质，尤其是其是否具有作品独创性的典型案例。该案一审、二审法院均认为需要从独创性方面加以认定。其中，一审法院认为"地图作品的独创性主要体现在根据地图的使用目的，对上述地理信息、标注及绘制方式的选择、编排、处理上"，二审法院认为"导航电子地图独创性的主要因素是对客观地理信息的取舍表达，要体现作者独特的智力判断与选择，展示作者的个性"。该案二审判决否定了一审关于作品认定的观点，为认识电子导航地图的独创性提供了较重要的指引。

第四章 著作权的内容

著作权是在作者创作文学、艺术和科学作品以后产生的一种民事权利。著作权的内容即作者因创作而产生的各种正当权益而由法律设定的各种权利,包括人身权利和财产权利两部分。有的国家称著作权中的人身权(著作人身权)为"精神权利",称著作权中的财产权(著作财产权)为"经济权利"。[1] 人身权和财产权是构成著作权内容的重要支柱。

如前所述,著作权制度是科学技术和商品经济发展的产物。著作权内容也随着社会发展,特别是传播技术的发展而不断丰富。《安娜女王法》主张作者是第一个应当对作品享有无形财产权的人,该法被认为实现了由主要保护出版商到主要保护作者的历史性飞跃。该法授予作者的著作权限于对特定作品制作印刷复印件的权利,以及阻止他人擅自印刷、翻印或出版作者的印刷复印件的权利。也就是说,所保护的权利限于复制权。在后来的约两个世纪内,著作权保护的内容限于复制、翻译、表演权等。其后,伴随各国著作权法的发展,著作权保护的内容得到很大程度的充实。正如郑成思教授所指出的,著作权是一个历史的概念。随着新技术的发展,产生了新的著作权权能,如录音录像复制权、播放权、制片权、邻接权;随着商品经济的发展,增加的著作权有改编权、发行权、追续权、连载权等;随着国际交往,扩大了著作权的范围,主要有翻译权和最终使用权。[2] 到了当代信息网络社会,则出现了以数字化形式体现的信息网络传播权等全新的著作权。

第一节 著作人身权

一、著作人身权概述

(一)著作人身权的概念及其正当性

著作人身权,在西方国家和《伯尔尼公约》中又被称为精神权利(moral right),是文学、艺术和科学作品作者对其创作的作品所享有的与其人身不可分离的非财产权利,即作者因创作而依法享有的与其人格和身份相互关联的专有权利,是作者就其作品所享有的在精神、人格方面的专有权利。与下面探讨的著作财产权相比,著作人身权在各国著作权法中被确立的时间要晚一些。法国被认为是最早保护著作人身权的国家,在20世纪20年代,意大利、罗马尼亚、

---

[1] 日本《著作权法》比较独特,它将基于作品而产生的受保护的权利分为作者的人格权和著作权,其中著作权被明确界定为一种财产权。参见日本《著作权法》第17条规定。

[2] 郑成思:《版权的概念与沿革》,载《中华人民共和国著作权法讲析》,中国国际广播出版社1991年版,第68～87页。

波兰等国家才开始规定保护作者的人身权。至于英美法系国家，诞生世界上第一部著作权法的英国直到20世纪末才在法律中确认了精神权利的保护。[3] 在国际保护上，《伯尔尼公约》到1928年罗马修订会议才增加了保护作者人格权的规定。

著作人身权的正当性，[4]从根本上说是特定作者创作出了反映自己思想、观点、气质、风格、审美思想等"个人人格"的作品。马克思认为，作品是人的现实，是一个人本质力量的对象化。智力作品之所以具有人格性，是因为作品的创作不可避免地要受作者气质、性格、知识结构、审美意识、情绪、习惯等人格因素的影响，作品不可避免地要反映作者的人格精神。因此可以说，作品是人的自我表现，是作者人格、精神状态的自然延伸。作品作为智力创作成果，反映了作者的人格精神，是作者人格和精神的产物，是作者人格、精神状态的自然延伸。作品是作者人格的体现，这就使得不同作者创作的作品富于个性化，从而在市场上能够相互区别。

作品打上作者人格的烙印，这是作者通过自己的创造性劳动将自己的个性、人格融于作品之中的结果。这种创造性劳动的人格性在著作权法中就表现为著作权中的人身权。具体又分为人格权和身份权两部分，前者如保护作品完整权，后者如确认作者身份权等。著作权法对作者人格权保护的目的也就是要维护作者对其作品享有的人格利益和作者的人格价值。因此，对著作人身权的尊重也就是对作者人格的尊重。确认和维护作者对其作品的著作人身权，有利于促进智力资源的开发。

基于作者与其特定作品的人格关系而产生的著作人身权，也是保护文学和艺术作品的《伯尔尼公约》所确认和保护的权利。随着文化科学事业的发展，著作人身权的价值越来越为人们所认识与尊重。一些原来在著作权法中不保护著作人身权的国家也开始将其纳入著作权保护内容或对这种权利的态度有所改变。如1989年1月生效的英国《著作权法》已正式保护著作人身权（发表权除外）。该法第77条规定，享有著作权的文学、戏剧、音乐或艺术作品的作者以及享有著作权的影片的导演，有要求申明为作者或者导演的权利；第80条规定，享有著作权的文学、戏剧、音乐或艺术作品的作者以及享有著作权的影片的导演，有权在法律规定的情形下使自己作品免受损害性处理，包括作品被他人任意添加、删改、替换或改编，使得作品内容被歪曲、割裂，或者在其他方面有损于作者或者导演的声望或名誉。1990年美国国会通过的《观赏艺术作者权利法案》规定，"独份或复制量很少的油画、素描、版画或雕刻等观赏（或视赏）艺术作品，作者享有法律规定的精神权利"。这说明，确认和保护基于作者人格和身份而产生的著作人身权，已成为著作权保护的主要趋势。

从以上阐述可知，所谓著作人身权，仅是指作者对其作品之人格与精神利益享有的独占权利，作者以外的其他著作权人并不享有此种权利。基于此，典型的大陆法系国家如法国、德国在著作权法中是直接规定作者享有发表权、署名权、保护作品完整权等精神权利。英美法系国家为适应加入《伯尔尼公约》的需要也逐渐通过修改立法而增加对精神权利的保护。我国有的著作权法教材也直接以"作者的精神权利"称之。

---

〔3〕 参见杨延超：《精神权利的困境——两大法系版权立法比较分析》，载《现代法学》2007年第4期。
〔4〕 参见张建邦：《精神权利保护的一种法哲学解释》，载《法制与社会发展》2006年第1期。

(二)著作人身权的特征

著作人身权是直接基于作者创作而产生的以其人身利益为内容的权利。[5] 这一权利具有以下特征：

第一,著作人身权与作者特定身份不可分离。著作人身权与作者本身的声望、名誉、人格、身份等联系在一起,该权利主体即作者被认为“生活在作品中”,因为作者的作品,是其人格的延伸,不可避免地要反映其个人特性。

第二,著作人身权本身不具有直接的财产内容。著作人身权本身追求的不是财产上的利益。著作权法保护这种权利的目的也不是保护作者的物质利益,而是通过保障作者对反映其个人特性的精神创作成果的支配,使其始终忠实于作者的真实意志。

第三,著作人身权可以不依赖于著作财产权的存在而存在。在同一著作权主体中,即使著作财产权被转让,权利主体仍享有著作人身权。

第四,著作人身权具有不可转让性。著作人身权是一种绝对权。著作人身权只能由作者享有与行使,在作者死亡后,该权利对该作者而言自然失效,作者的继承人也不能继受,而只能由其依法代为行使或保护。这表明,著作人身权不能像著作财产权一样在权利主体之间相互转让,原因在于:著作人身权不是商品,不能进入商品流通领域。这一特点在大陆法系国家表现得尤为明显。例如,根据德国《著作权法》的规定,作者的精神权利不能被转让。即使作者通过合同转让了著作财产权,精神权利仍然保留在作者手中。英国《著作权法》第 94 条规定,精神权利不得转让。当然,著作人身权虽然具有不可转让性,但并不排除其可以被依法转移于作者的继承人或者受遗赠人行使,由其保护该权利免受他人侵害。

第五,著作人身权的保护期是无限的。大多数保护著作人身权的国家都是这样认为的。关于这一点,本书将在第六章中进一步论述。

第六,著作人身权不可被剥夺与不可被强制宣布无效。著作人身权是与作者人身密切相关的一种人格权,具有人身专属性,并不能被转让,因而也是不可被剥夺与不可被强制宣布无效的。如《突尼斯示范著作权法》第 5 条就明确规定:作者身份等精神权利是永久的、不可剥夺的和不可强制宣布无效的。法国《知识产权法典》第 L. 121 – 1 条规定,作者对自己的姓名、作者身份及作品享有受尊重的权利。该权利系于作者人身。该权利永远存在、不可剥夺且不因时效而丧失。又如,在我国,被剥夺政治权利的人在行使作品发表权、出版权等权利时要受到限制,但这并不意味着作为著作人身权的发表权被依法剥夺,只是权利行使受到了限制而已。

但应指出,著作人身权的剥夺与强制宣布无效与作者自愿放弃此种权利是不同的。著作人身权能否放弃,各国认识不同。像巴西 1973 年《著作权法》、汤加 1985 年《著作权法》都明确规定,著作人身权不能放弃。1989 年生效的英国《著作权法》第 87 条则规定:精神权利中的任何一种均可由权利人通过署名的书面声明予以放弃。瑞典、芬兰等北欧国家则认为“有限地”放弃精神权利是可以的。从我国《著作权法》的规定来看,著作人身权应当是不可放弃的。

---

[5] 参见熊文聪:《作者人格权:内在本质与功能构建的法理抉择》,载《法制与社会发展》2012 年第 6 期;李莉:《论作者精神权利的双重性》,载《中国法学》2006 年第 3 期。

现实中存在作者同意非作者在其作品上署名并发表的情况,但这并不是作者"部分放弃"署名权,而是作者署假名的一种方式。这在后面将作进一步讨论。还如,作者授权他人修改自己的作品,这也不是放弃自己的精神权利,而是其行使修改权的一种方式。即使有些国家允许作者放弃精神权利,也要求不得"一揽子"放弃其全部精神权利。如美国《观赏艺术作者权利法案》就要求,视觉艺术家放弃其精神权利时受合同约束,不得放弃其所有的精神权利。

总之,著作人身权是与作者人身不可分割的具有作者人格利益和价值的人身非财产权。

(三)著作人身权与一般民法中人身权利的关系

著作人身权是没有直接财产内容的权利,和财产权是相对的,包括人格权和身份权两部分。著作权中人身权利是民法中人身权利在著作权法中的体现,可以看作类似于民法中人格权和身份权的混合,它是基于创作这一事实引起的,作者与其作品之间既有人格关系,也有身份关系。[6] 换言之,著作人身权是随着作品创作完成而与作者建立特定联系的,它既具有身份权属性,也具有人格权属性。只是在不同的著作人身权中,有的可归结为身份权,有的可归结为人格权,前者如署名权,后者如保护作品完整权。

由于著作权是一种特殊的民事权利,著作人身权与一般民法中的人身权存在重大差别。主要有:

第一,一般人身权具有普遍性,它以作为民事主体的人的出生为依据,每个人都可依法享有法律赋予的人身权利,是与人身密切关联但没有直接财产内容的权利,包括人格权和身份权两类,其中前者如生命健康权、姓名权、名称权、肖像权、名誉权等,后者如荣誉权、亲权和监护权等,是基于血缘或某种法律事实而产生的权利,也是"民事主体基于特定身份关系并由其专属享有,以其体现的身份利益为客体,以维护该种关系所必需的权利"。[7] 著作人身权则只能属于创作作品的作者或取得作者法律地位的人,它以创作作品为依据,不是每个人出生后都能享有的。同时,一般人身权专属于自然人享有,法人或非法人组织不能享有,而著作人身权除作为作者的自然人享有外,还可以由被视为作者的法人或非法人组织享有。

第二,一般人身权只与作为民事主体的人相联系,是依附于特定人身并与特定人身不可分离的权利。著作人身权与创作作品的特定作者和作品相联系,是派生于特定作品并依附于该作品的权利,该权利虽与特定人身相联系,但并不是直接派生于人身。

第三,从权利保护角度来看,侵犯一般人身权通常表现为对作为民事主体的人的直接侵犯,而侵犯著作人身权一般表现为对作品的直接侵犯,只有作品受到侵犯才能使作者间接受到侵犯。因而,正如前面所指出的一样,著作权法通过保护著作权客体不受侵犯达到保护著作权主体的目的。

第四,一般人身权是使人具备法律主体资格必不可少的权利,著作人身权则是具备了法律主体资格之后实施某种法律行为、成就某种法律事实而取得的一种民事权利。

第五,一般人身权的保护随着作为民事主体的自然人的死亡而终止,不能被转让、继承,著作人身权则一般被认为其保护期是无限的或者至少到作者死亡后若干年为止。在著作权人亡

---

〔6〕 参见王坤:《著作人格权制度的反思与重构》,载《法律科学(西北政法大学学报)》2010年第6期。

〔7〕 杨立新:《人身权论》,中国检察出版社1996年版,第49页。

故后,它可以由著作权人的继承人或者受遗赠人保护,还可以按照遗嘱的规定由第三人行使。根据有的学者阐述的观点,一般民事主体生前享有的人身权在其亡故后灭失,法律保护的仅为其生前获得的名誉、荣誉、隐私等人身利益。就著作人身权而言,作者死亡后,其生前享有的著作人身权也不再存在,所受保护的仍然是作者生前之于作品所获得的人身利益。[8]

第六,从世界范围来看,一般人身权是一切法治国家都毫无例外地给予本国国民的一种基本权利,著作人身权则不是每个有著作权法的国家都给予保护的权利。如前所述,从两大法系的规定看,大陆法系国家很早就将著作人身权作为著作权的重要内容加以规定,英美法系国家著作权法则在相当长的时间内并不规定著作人身权的保护,而是将其纳入普通法保护。当然,随着两大法系之间的逐渐融合以及 TRIPs 协议的实施,这一区别越来越不明显了。

(四)著作人身权与著作财产权之关系

著作人身权与著作财产权(在西方国家和《伯尔尼公约》中被称为经济权利,英文为 economic right)都是著作权中的重要组成部分,两者共同构成了著作权的完整内容。但是,著作人身权是独立于著作财产权的,即使在著作财产权已经失效时,著作人身权仍然存在。在大陆法系国家,著作人身权较之于著作财产权居于更加重要的地位。著作人身权先于著作财产权产生。不过,同样是在大陆法系国家,德国和法国对两者关系的认识仍有重大差别。这里着重阐述的是德国一元论和法国二元论。

德国一元论认为,著作权中的精神权利和经济权利是不可分离的整体,著作权本身是作者的精神权利和经济权利的有机复合体。法国二元论则认为,著作权中的精神权利和经济权利并非不可分离的整体,而是可以互相分离的,著作权是由两个相互独立的作者人格权和财产权构成的。这两种观念的不同直接导致了在著作权保护期限和其他相关规定上的不同。根据德国一元论观点,精神权利的保护期限和经济权利的保护期限相同,有关经济权利的规定与精神权利的规定直接相关。按照法国二元论的思想,经济权利保护有一定期限,而精神权利保护没有期限限制,对经济权利的规定也与精神权利的规定无关。当然,不论是采用哪种学说,其共同点都是将作者作为著作权保护的首要主体、以保护作者的权利为著作权立法的核心。

从我国《著作权法》的规定看,著作人身权在著作权法中具有十分重要的地位,但并不认为它与著作财产权不可分离。我国《著作权法》对著作人身权和著作财产权的一些规定是不同的,特别是在保护期限方面。由此可以看出,我国《著作权法》接近法国二元论观点。

另外,关于著作人身权和著作财产权之关系,[9]还需要指出的是著作人身权虽然本身不具有财产权的内容,但它仍然与著作财产权的实现具有某种联系,或者说著作人身权的保护有利于实现著作财产权。例如,禁止歪曲、篡改他人作品,既维护了作品的完整性,同时也有利于保证作品的质量和价值,特别是其中蕴含的思想和审美价值。当然,著作人身权本身毕竟不是著作财产权,著作权法保护这种权利主要不是出于经济利益的考虑,而是出于承认作者的创作身份,维护作品的完整性,从而达到鼓励创作和传承文化的目的。

---

〔8〕 吴汉东主编:《知识产权法》,北京大学出版社 2007 年版,第 61 页。

〔9〕 参见何怀文:《我国著作人身权与著作财产权协调的法律原则》,载《知识产权》2015 年第 9 期。

(五)著作人身权的内容

关于著作人身权的内容,各国著作权法的规定不尽相同。但是,一般认为著作人身权包括发表权、署名权、保护作品完整权。例如,德国《著作权法》规定的著作人身权的内容有发表权、署名权、保护作品完整权,法国《知识产权法典》规定的有发表权、署名权、保护作品完整权和收回权。前面提到的英国《著作权法》也规定了精神权利,具体包括:作者或导演身份权;反对对作品进行损害性处理的权利;作者免予受虚假署名的权利;某些照片或影片的隐私权等。不过,英国《著作权法》是将精神权利规定为与版权平行的权利的,为强调这一点,其第 1 条还特别指出版权是一种财产权利。此外,有的国家还规定了收回权或接触作品权。[10]

无论各国如何规定,署名权、保护作品完整权一般是必须有的内容。事实上,《伯尔尼公约》就只规定了这两项精神权利。可以认为,署名权和保护作品完整权是著作人身权中的核心内容。我国《著作权法》规定的著作人身权有发表权、署名权、修改权和保护作品完整权。应当说,我国对著作人身权的规定比较全面,其中像《伯尔尼公约》和很多国家著作权法没有规定的发表权、修改权,在我国《著作权法》中都作了规定。以下将主要以我国《著作权法》的规定为基础加以讨论。

二、发表权

(一)发表权的概念

发表权,又称"公表权"或"公开权",是指作者对其尚未发表的作品有决定是否将其公之于众的权利。发表权是作者控制其作品是否发表之权。作者有权决定其作品是否发表、何时何地发表、以何种方式发表、在何种条件下发表等。

发表与出版以及发表权与出版权具有一定的联系,但两者并不相同。1991 年《著作权法实施条例》第 5 条第(6)项规定,"出版,指将作品编辑加工后,经过复制向公众发行"。我国现行《著作权法》第 63 条则规定,"本法第二条所称的出版,指作品的复制、发行"。美国《著作权法》第 101 条规定:出版是指以销售或者其他转移所有权的形式或者以租赁、出租或出借的形式向公众发行作品的复制品或录音制品。《伯尔尼公约》第 3 条第 3 款将"已出版作品"解释为得到作者同意后出版的作品,而不论其复制件的制作方式如何,只要从这部作品的性质来看,复制件的发行方式能满足公众的合理需要。戏剧、音乐戏剧或电影作品的表演,音乐作品的演奏,文学作品的公开朗诵,文学或艺术作品的有线传播或广播,美术作品的展出和建筑作品的建造不构成出版。一般地说,出版既涉及作品的复制,也涉及作品的发行。即它是将作品

---

〔10〕 关于收回权,下面还将讨论。这里对接触作品权略作述及。该权利是针对他人取得了作品原件或复制件后,为充分行使其著作权而有必要接触该原件或复制件的权利。该权利只是在个别国家中有规定。例如,西班牙《著作权法》第 14 条规定,如果他人占有的复制件具有唯一性或者稀有性,作者有权接触该复制件,以行使其发表权或相关权利。德国《著作权法》第 25 条规定,作者可以要求作品原件或复制件所有人允许其接触该原件或复制件。当然,由于作品原件或复制件掌握在其所有人手中,允许作者接触它们可能会影响到原件或复制件所有人的利益。因此,为平衡两者之间的关系,这些国家的法律还规定了限制性条件。例如,西班牙《著作权法》第 14 条同时要求接触作品不能使作者要求转移作品复制件,且应以对占有者造成最少不便的场所和方式进行。在占有者因满足作者接触作品原件或复制件而造成自己损失时,作者还应支付适当的对价。德国《著作权法》要求接触应基于对作品复制或改编的需要,不能损害原件或复制件所有人的合法利益,也不应要求所有者将原件或复制件交给作者。

复制后向公众提供的行为。

由此可见,出版可以构成作品发表的一种方式。但是,有些不构成出版的行为,如上述《伯尔尼公约》提到的一些不属于出版的行为,却可以构成发表行为。换言之,发表可以包括报刊刊登、舞台表演、广播组织的播放、展览会的展览等。

(二)发表权的性质

关于发表权的性质,各国认识不一。一种观点认为,发表权属于财产权,它是财产使用权的一项内容,因为只有发表作品才能获得经济利益。通过发表作品,作者能够将自己的智力创作成果向社会公开,并要求取得一定的物质收益。另一种观点认为,发表权具有人身权和财产权的双重性质。再一种观点认为,发表权属于因创作而产生的人格权,包括我国在内的许多国家著作权立法都持有这种理论。

本书认为,发表权是著作人身权一项基本权能,但发表权和著作财产权使用密切相关。因为作品的发表是对作品的首次使用,而作品的使用与作品的财产利益又是密切相关的。作者在发表作品时,需要选择某种利用作品的方式,如表演、出版、展览、广播等形式,这些形式本身是对作品著作财产权的行使。著作财产权的首次行使通常也意味着作品的首次发表,著作财产权的实现很难离开发表权的行使。例如,作者行使复制、发行权,需要在发表作品的基础之上。也正是在这一意义上,很多国家的著作权法并没有在著作人身权中单列发表权,《伯尔尼公约》也没有专门规定发表权。而且,即使是规定了发表权的国家,在对发表权的规定方面,有些也类似于著作财产权的规定。以我国《著作权法》和《著作权法实施条例》为例,现行《著作权法》第23条将发表权的保护期限规定为与著作财产权保护期限相同。现行《著作权法实施条例》第17条规定,作者生前未发表的作品,如果作者未明确表示不发表,作者死亡后50年内,其发表权可由继承人或者受遗赠人行使;没有继承人又无人受遗赠的,由作品原件的所有人行使。就作者之外的人而言,其取得作品的使用权,也就应当认为作者已决定发表该作品,因为发表权通常是包含并转移于使用权中。但从总体上说,发表权是一种决定作品是否公之于众的人格权,不直接与著作财产权相联系,它侧重的是"是否公之于众",而著作财产权侧重的是"如何利用而获得报酬"。在有些情况下,作者仅行使发表权,不能必然推理出同时行使了著作财产权。而且,正如德国著作权专家迪茨教授所说的,法律承认作者的发表权,旨在强调作者精神权利这一方面,强调只有作者本人可以决定自己的作品是否发表和以何种方式发表。〔11〕 当然,正因为发表权与著作财产权具有十分密切的联系,我国《著作权法》在对发表权进行规定时,作出了一些与其他著作人身权不同的规定。例如,上述关于著作权保护期限的规定即是如此。

发表权的合法性或者说产生依据,从根本上说在于维护作者的人格利益和人格价值。国内外著作权文献均认为,作者发表作品是拟使其作品推出与公众见面的意志体现。也就是说,作品的发表意味着作者愿意使自己的作品公之于众。作品的发表使作者凝聚在作品中的思想、感情等个人品质以一定的形式传达给公众,从而获得一定的名誉和声望,带来一定的人格利益和人格价值。

---

〔11〕 李明德、许超:《著作权法》,法律出版社2003年版,第76页。

（三）发表权的特征

发表权和其他著作人身权相比，具有如下特点：

第一，作者只能行使一次发表权。[12] 作品发表后，该作品即成为已发表作品，作者就不能再次行使这项权利。也就是说，发表权是作者一次性的权利。例如，作者将其作品以报纸刊登的形式发表，即行使了发表权。以后其再将该文章通过网络或者杂志刊登，则不属于作品的发表，而属于作品的二次使用。作者行使发表权而发表的作品，被称为“已发表作品”。现行《著作权法实施条例》第20条规定：“著作权法所称已经发表的作品，是指著作权人自行或者许可他人公之于众的作品。”从该规定看，如果他人未经作者许可而使其作品被公之于众，作者的发表权就不因他人的这种侵犯发表权的行为而丧失。显然《著作权法实施条例》的这一规定有利于保障作者发表权的实现。

第二，作品的发表能够产生一定的法律后果。如前所述，只有未发表的作品才享有发表权，著作权的限制及强制许可不适用于未发表作品，在计算著作权有效期时，未发表作品与已发表作品也可能不同。另外，作品发表意味着作品的首次公开使用，进而成为作品进一步流通的基础，也成为著作权人实现作品著作财产权的基础。

第三，在作者去世后，发表权和著作人身权中的其他权利不同，只要作者生前对遗作没有反对发表的意愿，其继承人就可以发表该作品。如果作者在生前不愿意发表其作品，但由于在其死后形势发生了根本变化，此时如可推定作者愿意发表其作品，其继承人即可行使作品发表权。[13] 此外，发表权有一定的保护期，其他著作人身权则没有，这主要是从促进作品的传播与使用角度考虑的，在一定意义上也体现了著作权法的效率价值取向。[14]

第四，作者行使发表权具有相对性，[15] 要受其他法律的制约。例如，作品是否发表、作品发表范围要受出版法、保守秘密法、新闻法等法律规范制约。

（四）发表权的内容

一是将作品公之于众。这是通过发表作品行使发表权。发表应在众多的人中公开并能满足公众的合理需要，而不是仅将作品向某个特定范围内的人公开，或者向相互之间具有一定身份关系的人公开，如在朋友中传阅，提供给专家指点。国外著作权法对此已有明确规定。如德国《著作权法》第15条第3款规定，如为数人再现作品，属于公开再现，除非这些人的范围被加以特定限制并且相互之间或举办者之间存在一定的个人联系。2020年《审理著作权民事案件适用法律解释》第9条则规定：《著作权法》第10条第1款第（1）项规定的“公之于众”，是指著作权人自行或者经著作权人许可将作品向不特定的人公开，但不以公众知晓为构成条件。例如，公开出版、在公众场所表演和展览、以有线或者无线方式向公众传播作品的表演。该规定

---

〔12〕 参见李雨峰、陈伟：《为何“一次性”的发表权需要期限限制？——基于发表权的理论逻辑与权利框架的反思》，载《电子知识产权》2019年第9期。

〔13〕 参见李杨：《论遗作发表权的“行使”和“保护”——兼谈〈著作权法（修订草案送审稿）〉第24条的立法完善》，载《北京社会科学》2015年第5期。

〔14〕 参见冯晓青：《知识产权制度的效率之维》，载《现代法学》2022年第4期。

〔15〕 参见李杨：《论发表权的“行使”——以发表权的权能构造为切入点》，载《法律科学（西北政法大学学报）》2015年第6期。

表明,公之于众主要取决于作者的主观意愿和提供作品的方式,而与受众在客观上是否得知以及受众人数的多寡无关。

二是授权他人将作品公之于众。这是行使发表权许可权,如许可他人在展览会上展览其作品,和图书出版者订立合同出版自己作品。在这种情况下,被授权人应按照作者确定的时间、地点、方式发表其作品,否则也是对作者发表权的侵犯。

三是禁止他人擅自将作品公之于众。作品是否公之于众,完全取决于作者本人的愿望。凡未经作者同意将其已完成的或未完成的作品发表,不论以何种方式,都构成对作者发表权的侵犯。此时即使该作品的内容已为公众所知,作者仍不丧失对该作品的发表权。正如前面所提及的,在未经作者同意而发表他人作品的情况下,尽管该作品已经被他人知悉,仍然视为该作品尚未公开发表。只有这样,才能充分地保护著作权人的发表权。

三、署名权

(一)署名权的含义及与确认作者身份权的关系

署名权,也称姓名表示权,是指作者有要求他人承认其创作人资格,决定作品是否署名及如何署名的权利。[16] 简言之,即是否表明作者身份,在作品上署名的权利。署名权是作者精神权利的核心内容。

署名权也就是作者就其创作的作品主张为著作人的权利,故有的学者将其称为"著作人资格权"。它是作者最基本的权利,是行使其他各项著作权权能的前提和基础。其法律意义就在于说明著作权人是作品的作者,防止他人假冒。从正面来说,署名权是作者在作品上署名以表明其作者身份的权利;从反面来说,署名权则是作者禁止他人在自己的作品上署名的权利。一般地说,作者署名的目的是表明作者身份,表明作者身份是署名权中必然包含的内容。

确认作者享有署名权是各国著作权法的通例。不过,不少国家将署名权表述为"确认作者身份权"或"保护作者身份权"。[17]《伯尔尼公约》第6条之二也规定,作者有要求确认其作者身份的权利。实际上,署名权的本质是表明作者身份,它和确认作者身份权在本质上是一回事。署名权反映了作者与其作品的特定关系,是表明作者身份的权利。作者之所以有权在其创作的作品上署名,是因为作品是由作者创作完成的,这一事实是任何人都不能改变的。其他人之所以不能在作者的作品上署名,也是因为其与作品之间不存在这种自然的关系。确认作者身份,就是承认特定作品是由特定作者所创作的,承认其是作品的主人,有权行使著作权,这对于激励创作,促进文化发展繁荣具有重要意义。

确认作者身份权是作者要求承认自己是该作品作者的权利,是要求承认和尊重其具有作为作者的法律地位的权利,如同父母对子女的亲权,确认作者身份权和作者密不可分。在司法

---

〔16〕 在学术研究中,一种观点主张:"将作者权与著作权分置。作者权定性为作品创作事实的确认机制,由创作者独享;著作权定性为作品经济利益的分配机制,由创作者与投资者分享。作者权中的署名权是表明创作者的身份,著作权中的署名权是表明著作权人的身份。"参见张玲:《署名权主体规则的困惑及思考》,载《中国法学》2017年第2期。本书认为,该观点尽管新颖,但在著作权保护实践中容易造成对表明创作者身份的作者署名和表明著作权人身份署名的混淆,故值得商榷。

〔17〕 参见陶鑫良:《论"署名权"应改为"保护作者身份权"》,载《知识产权》2020年第5期。

实践中,这种权利的行使表现为提起确认作者身份之诉。例如,在他人将作品冒充为自己的作品时,作者有权要求确认自己的作者身份。有时作者因署假名而难以直接表明其作者身份,在发生纠纷时,作者有权通过提供证据确认自己的作者身份。一般著作权法都规定:在无相反证据的情况下,在作品上署名的人即被认为是作者。这就是说,表明作者身份,一般是通过在作品上署名的方式来实现的。换言之,作者是通过行使在作品上署名的权利来表示其作者身份的。所以,这两个概念实质上是一样的。正因如此,我国《著作权法》未单列"确认作者身份权",而是通过对署名权的规定体现这一内容。从理论上讲,也只有具备作者身份的人才有权在作品上署名。

关于署名权与确认作者身份权的本质意义相同,国内外许多学者也都持这一看法。不过,严格地说,两者仍然不能完全等同。署名是确认作者身份的重要途径,但并不是表明作者身份的唯一方式,也不是身份权本身。换言之,署名虽然可以在某种程度上表明作者身份,但并非在任何场所都能够表明作者身份,如在署假名的情况下就是如此,除非假名作者非常知名。只是这种差异并不排除两者在本质上的一致性。因此,在著作权法只规定确认作者身份权或署名权的情况下,仍能确认作者身份。

(二)署名权的行使

署名权也可以说是作者在自己作品及作品的所有复制品上表示自己姓名的权利。作者有权选择其作品被使用时的署名方式,即作者有权在自己创作的作品上署上真实姓名(实名)、署假名(笔名)或者不署名(匿名)。同时,作者也享有变更其署名形式的权利。例如,作者在其作品上以某一方式署名后,后来又改变其署名方式,应当允许。当然,这种变更署名行为如果给他人造成了损失,则应予以赔偿。应当注意的是,作者在自己作品上不署名(匿名)并不是作者放弃署名权或没有署名权,更不是作者放弃所有著作权。这也是作者行使署名权的一种方式,或者说是作者对署名权的一种处分行为。作者署真名是要表明作者身份,署假名或者不署名主要是要隐瞒作者身份。所以,法律不应排除以匿名的方式行使这种权利。而且,作者在此时间不署名或者署假名,在彼时间依然可以主张自己的署名权。

由于作品的种类、使用方式不同,作者享有与行使署名权也会存在不同情况。[18] 以合作作品为例,在该类作品中每个合作者都是创作者,因而都享有署名权。合作作者有权共同决定其署名方式和顺序。如果某位作者未按商定的方式署名,就有可能构成对其他合作作者署名权的侵犯。当然,每个合作作者也有权决定自己在作品上的署名方式。至于将合作作品以个人名义发表,则是明显侵犯他人署名权的行为。

此外,署名权的行使包括禁止非作者在自己作品上署名的行为。例如,最高人民法院《关于焦某诉傅某、某江电视台著作权纠纷案如何处理的复函》指出:电视剧"血染冰河"剧本系他人与傅某"另起炉灶"合作创作完成的,焦某未参与该剧本的创作,故对焦某提出的以合作作者身份署名的请求不予支持。

(三)署名权包括禁止冒名之权

将自己作品署上他人姓名(多是名人)冒充为他人作品发表,或者将自己的伪作冒充为他

---

〔18〕 参见关永红:《署名权行使方式探微》,载《中国出版》2012 年第 23 期。

人作品发表，这是“假冒”姓名的行为。署名权是否应包括禁止冒名之权，各国对此认识不尽相同。有些国家认为，以他人名义发表自己作品只是侵犯了一般民法中的姓名权。应当指出，在作品中的冒名和一般民法中侵犯姓名权并不相同。著作权保护的客体是作品，在作品上署名不当，会损害作者的名誉和声望，尤其是冒名发表质量低劣的作品，不但会直接损害真正作者的人格利益和价值，直接危及其作品的市场价值，而且会直接损害购买者的利益，扰乱正常的文化市场秩序。所以，也有一些国家将这项禁止权包括在作者的署名权或确认作者身份权中。如英国1988年《著作权法》、德国《著作权法》均有禁止假冒他人姓名发表自己作品的规定。世界知识产权组织编撰的《伯尔尼公约指南》也认为，确认作者身份权中包括了禁止他人在非作者的作品上署上作者姓名的权利。我国现行《著作权法》没有对一般作品的冒名问题作出规定，但在第53条第(8)项中对“制作、出售假冒他人署名的作品的”行为规定了相应的侵权责任。

(四)关于作者同意非作者署名问题

从确认与保护署名权的角度看，署名权也应包括禁止未参加创作的人在作品上署名。我国现行《著作权法》第52条第(3)项规定，“没有参加创作，为谋取个人名利，在他人作品上署名的”，应承担民事责任。

但是，现实中还存在一种作者自愿同意未参加创作的人在其作品上署名的情况，如不少初出茅庐的作者为使自己作品得以发表，经名家同意，作品以联名的形式发表。这从著作权的角度看，存在不同认识。本书认为对这种署名方式应作具体分析。原则上讲，作者有权同意非作者在自己作品上署名。这应视为一种“署假名”的行为，但此种行为的合理性应以不妨碍社会秩序、不违反社会公共利益为前提。如质量低劣的作品通过署上名人的姓名得以发表，产生不良社会后果，对这种行为的合法性就不应予以承认。因为这会产生欺骗性的后果，受害者是广大社会公众。《大清著作权律释义》曾在解释“不得假托他人姓名发行己之著作，但用别号者不在此限”时指出：“……盖法律之精神在禁止著作者之姓名被他人假托，非禁止作者之著作不得用他人之名”，“曰用别号者不在此限，其实岂但别号而已，即不署姓名亦可，变更为他人姓名亦可。所不可者，在假托名学者之名”。可见，这种署名行为可视为署假名行为，但应以不产生欺骗性后果为限。还应指出，作者同意非作者署名，作品发表后，就会产生一定的法律后果。如果作者在事后又反悔，在准许排除非创作者署名的同时，应责成作者因违反民法诚实信用原则而承担对署名的损害赔偿责任。

四、修改权与收回权

(一)修改权

修改权是作者本人或授权他人修改自己作品的权利。修改的内容，主要是对作品的内容和表现形式进行局部的订正与更改。例如，我国现行《著作权法》第36条规定：“图书出版者经作者许可，可以对作品修改、删节。报社、期刊社可以对作品作文字性修改、删节。对内容的修改，应当经作者许可。”据此，作者许可图书出版者修改、删节作品或者许可报社、期刊社修改作品的内容，就是行使其修改权的行为。应注意，修改作品和改编作品不同，改编作品是在不改变作品基本内容时将一部作品由一种类型改为另一种类型或者在保持原作品类型不变的前提下改变作品的体裁。修改原则上不视为创作行为，改编则是一种再创作行为。

在作品发表前，作者修改自己的作品本身是行使修改权的体现。作品诞生后，他人阻碍作者修改自己的作品和不经作者同意擅自对作品进行修改，都是侵犯作者修改权的行为。但是，修改权并非一切保护精神权利的国家著作权法明确规定的一种权利。不过，该权利仍存在充分的合理性，具体体现于以下几方面：其一，作者创作作品是为了向社会传播作品，一则作者通过发表作品取得一定的人格利益；再则作者应对作品的社会效益承担责任，从此意义上讲，作者应享有修改权。其二，人类社会是在改造客观世界中前进的，随着客观情况的变化，以及人们认识水平的提高，就需要对不符合现实的情况进行订正或更改，因而作者应享有修改权。

和署名权一样，修改权的行使也因作品种类不同而异。[19] 在有些情况下，作者只保留部分著作权，修改权被法定转让给作者之外的人。仍以合作作品而论，其修改权属于全体合作者，任何单独作者无权在未经共同授权的情况下行使整个作品的修改权。在实践中，修改权是通过互相协商一致后行使的，如推举其中一位合作者修改，或者共同授权合作者之外的第三人行使修改权。不过，据我国《著作权法》规定，合作作品有的可以分割使用，此时作者对各自创作部分可以单独行使著作权，从而也可以行使相应部分的修改权，当然在行使该部分修改权时，不得侵犯合作作品的整体著作权。对美术作品修改权的行使有时则会遇到困难。在许多情况下，美术作品原件对美术家来说更具有价值。如作品原件已被他人合法持有，作者要进行修改是难以实现的。此时，作者只有事先取得原件持有者的许可，才能修改作品。但原件所有人并没有修改原作品的权利，如擅自修改并进入流通领域或公开展览，作者有权制止这种侵权行为。

就授权修改而论，被授权修改的人一般不享有对修改后作品的著作权。但如前所述，修改者在某些特定情况下可以成为著作权人。

（二）收回权

收回权，又称反悔权，意指作者在自己的思想观点发生变化、作品的内容出现错误或存在其他正当理由时，有权收回已公开发表的作品。它是作者修改权的一种极端表现，也可以理解为对作者发表权的进一步保障。因为在一般情况下，作品发表后无法收回，作品一旦被公之于众后就处于自然传播的状态。有了收回权，作者则可以改变作品公之于众的状态。

收回权是一部分保护精神权利的国家授予作者的一种权利。例如，法国《知识产权法典》第L.124－1条规定，作者转让权利之后，并在其作品发表后，仍然享有修改权与收回权。西班牙《著作权法》第14条也有类似的规定。还有的国家规定，如果作者对收回作品进行了修改并欲再次授权他人使用其作品，应优先考虑原来的使用者。不过，授予收回权的国家一般对该权利的行使规定了严格的限制条件。如收回权的行使以作者愿意赔偿出版者、使用者的损失为前提；收回作品须经原出版者或发行者的同意，收回作品不得损害社会公共利益；收回作品须向法院提出申请，由法院裁决是否准许等。

收回权在两大著作权公约中也得到了间接承认。这体现在《伯尔尼公约》附件第2条第8款和《世界版权公约》第5条第2款第（2）项之上。

---

〔19〕 参见刘有东：《论作品的修改权》，载《现代法学》2010年第3期。

实际上,作者要行使这种权利会遇到许多困难。如作品被停止继续发行给出版发行单位造成的损失,作者就难以承担。这一权利只在法国、德国、意大利等保护著作人身权比较典型的国家才能见到。我国《著作权法》未授予作者以收回权。

五、保护作品完整权

(一)保护作品完整权的概念

保护作品完整权,即保护作品不受歪曲、篡改的权利。[20] 歪曲、篡改作品是未经作者同意对作品进行改动、割裂的非法行为。所谓"歪曲",是指故意改变事实或内容,如歪曲他人作品的主题、情节、人物形象;"篡改",是指用作伪的手段曲改或改动他人作品。歪曲、篡改他人作品不仅破坏了作品的完整性,损害了作者的人格和名誉,还有可能带来不良社会后果。这里的作品完整性,涉及作品表达形式、作品主题、思路、主要观点和基本情节等内容,它们一起构成了一部作品的完整的内容。作者正是通过这些内容体现其思想、情感、审美思想和基本观点的。从保护作品完整权在现实中的情况看,歪曲、篡改行为应采取广义的概念,它还应包括对作品肆意割裂、变更,对作品和作者声誉进行诋毁、攻击和贬损的恶劣行为。

保护著作人身权的国家一般都授予作者对其作品的禁止歪曲、篡改权,只是在表达方式上略有不同而已。例如,日本《著作权法》视保护作品完整性权为"同一性保持权"。德国《著作权法》第 14 条规定:作者有权禁止任何人对其作品所作的有损其智力创作权益和人身权益的歪曲、篡改。美国《著作权法》第 6 条之一规定:视觉艺术家有权禁止他人对其作品进行有损自己声誉的歪曲、篡改或者修改。

《伯尔尼公约》第 6 条之二对这种权利也予以确认和保护,即作者有权反对对其作品的任何有损其声誉的歪曲、割裂或其他更改,或其他损害行为。《世界版权公约》虽然没有直接规定著作人身权,但规定通过强制许可取得作品的翻译权,不得对原作品歪曲与篡改,这也等于间接地承认了这种权利。我国现行《著作权法》第 10 条第 1 款第(4)项规定了这种权利,并在第 52 条第(4)项中规定了侵权责任。值得注意的是,我国现行《著作权法》没有依照《伯尔尼公约》的规定,限定"有损作者的声誉"这一条件。这样有可能在实践中导致不适当地扩大保护作品完整权的范围。因此,是否需要进一步修改,值得探讨。在司法实践中,已经出现了被告的修改行为根本不构成对作者声誉的损害,但原告仍然以侵害保护作品完整权为由主张权利的情形。

不难看出,保护作品完整权实际上是一种"禁止权",是作者禁止他人对其作品进行歪曲、更改或贬抑等有损于作品完整性、同一性的权利。[21] 正因如此,这种权利也可称为"禁止变更权"、"禁止改变权"或"作品的不可侵犯权"。这种权利与作者的修改权密切相关,故也可看作是修改权的一种表现。许多国家即视这种权利包含于修改权之中,即修改权的禁止权方面。但应指出,由于修改权包括作者本人修改和授权他人修改两部分内容,自然人作者死亡后,除其生前授权他人修改外,修改作品的权利自行消灭。保护作品完整权则仍然可以转移。从保

---

〔20〕 参见李雨峰:《精神权利研究——以署名权和保护作品完整权为主轴》,载《现代法学》2003 年第 2 期。

〔21〕 参见陶乾:《不同使用方式下保护作品完整权的侵权判定标准》,载《中南大学学报(社会科学版)》2020 年第 3 期。

护作者权利的角度出发,将该项权利从修改权中独立出来是有必要的。

各类作品中该项权利的行使和修改权的情况相类似,兹不赘述。但在合作作者中,任何一个合作者都有权行使这种禁止权,而不仅限于可以分割的属于自己单独创作的那一部分。

(二)保护作品完整权与修改权的关系

保护作品完整权和修改权之间具有十分密切的联系。一般认为,保护作品完整权就是狭义上的修改权,是同一个权利的两个方面。即从正面上讲,作者有权修改或者授权他人修改自己的作品;从反面来讲,作者有权禁止他人歪曲、篡改、割裂自己的作品。这两个权利的价值目标具有一致性,即旨在维护作品的本来面貌,保持作品的完整性和同一性,避免作品中反映的思想、观点、情感、人格精神被扭曲、贬损,维护作者的人格利益。有学者则指出,从民事权利的基本理论分析,修改权是具有基础性质的权利,而保护作品完整权则具有救济性质。因为修改权的行使完全根据作者的意愿发生,而保护作者完整权则是在作品的完整性受到侵害时方可发生,其明显的功能是保护基础权利,使修改权免受他人正在实施或准备实施的侵害。[22]

在司法实践中,对于修改权和保护作品完整权而言,侵犯其一,则往往也侵犯了另一权利。[23] 不过,保护作品完整权和修改权毕竟是两种不同的著作人身权。其主要区别是,两者的价值取向仍有不同侧重,其中保护作品完整权强调维护作者的人格和声誉,防止他人对作品进行歪曲、篡改等有损作者人格和声誉的行为出现,修改权则强调维护作者在作品中表达的意志。

第二节 著作财产权

一、著作财产权概述

(一)著作财产权的概念

著作财产权,也称经济权利,是和著作人身权共同构成著作权权利内容的专有权利,即作者或其他著作权人本人或通过授权他人以各种方式依法利用其作品的权利,以及因这种使用而获得经济利益的权利。简言之,是著作权中那些能够带来经济利益的权利,也是著作权人控制其著作权的财产性使用的专有权,是以著作权人的财产性利益为内容的专有权利。

著作财产权是任何建立了著作权法律制度的国家和地区都予以保护的权利。但是,两大法系对著作财产权的地位的认识有所不同。在大陆法系国家看来,著作权由精神权利和经济权利构成,精神权利处于核心地位。英美法系国家著作权法则在相当长的时间内不承认精神权利,但一开始就将著作权当成是一种具有专有性的经济权利。例如,美国《著作权法》第106条、英国《著作权法》第16条都有类似规定。

作者有权使用或许可他人使用其作品,并因此种使用而获取经济上的收益。确认和保护

---

〔22〕 费安玲:《著作权法教程》,知识产权出版社2003年版,第95页。

〔23〕 参见李扬、许清:《侵害保护作品完整权的判断标准——兼评我国〈著作权法修订草案(送审稿)〉第13条第2款第3项》,载《法律科学(西北政法大学学报)》2015年第1期。

作者因创作而产生的著作财产权,这是各国著作权法毫无例外的一个基本原则。著作财产权的合理性或者说其产生依据,从根本上来说在于智力劳动的价值性,在于作者创作出了能够为作品使用人和社会带来和实现直接经济价值的智力作品。作为与享有著作权作品有关的产业,如图书、报刊、录音录像出版、计算机软件,广播电台、电视台、卫星广播,以及配套的销售、服务,离不开著作权作为一种财产权的充分保护。

(二)著作财产权的内容

著作财产权的内容,与作品的不同使用方式是紧密相联的。一般地说,作品有多少种使用方式,就有多少种著作财产权,亦即著作财产权与作品使用方式是相对应的。[24] 作品的使用方式与科技进步,特别是传播技术的进步又是密切相关的。故著作财产权的内容将随着科学技术的发展而不断拓展。例如,在早期,著作财产权的内容限于机械复制和发行权,后来随着科学技术的发展,其内容被大大扩充。现在的录音录像权、信息网络传播权等无不是科学技术发展的产物。

著作财产权本身是由很多具体的权能构成的,其内容随着科学技术特别是传播技术的发展而不断得到充实。现在国际上通常将作者的基本财产权利分为复制权和向公众传播权。但各国的具体规定不尽相同。一般说来,有两种主要方式。一是只作原则性规定的概括式。如波兰《著作权法》第 15 条规定:著作财产权包括对作品的专有处分权和因他人使用作品而获得报酬的权利。二是列举式,如德、英、美、加拿大等国著作权法对著作财产权的内容都作了详细列举。例如,美国《著作权法》第 106 条规定,著作权人享有的经济权利包括复制权、发行权、演绎权、表演权和展览权。英国《著作权法》第 16 条规定,著作权人的财产权包括复制、发行、公演、放映、播放、广播或电缆节目服务权、改编权等。俄罗斯《著作权法》第 16 条规定了复制权、传播权、展览权、改编权、出租权等内容。法国《知识产权法典》则规定了复制权和表演权两种权利。不过,值得注意的是,该法规定的表演权的范围比其他国家要大得多。它不仅包含了公开朗诵、音乐演奏、戏剧表演、公开演出、公开放映以及在公共场所远程传送或传播作品的行为,而且包含了通过所有的电信传播方式传送各种声音、图像、资料及信息的远程传送和向卫星传送作品的行为。这种将公开传播作品的权利视同表演权,无疑是扩大了表演权的范围。

我国现行《著作权法》第 10 条规定,著作权中的财产权利包括使用权和获得报酬权,即以复制、发行、出租、展览、表演、播放、放映、广播方式,或通过信息网络传播、摄制、改编、翻译、汇编等方式使用作品的权利;以及许可他人以上述方式使用作品,并由此获得报酬的权利。[25] 具体列举能使著作权人自己和他人对该权利的内容有比较清楚的了解。本节也将以我国现行《著作权法》规定的著作财产权内容为基础加以讨论。

此外,世界知识产权组织和联合国教科文组织 1976 年为发展中国家制定的《突尼斯示范著作权法》和《伯尔尼公约》也是以列举方式规定著作财产权内容的。如《突尼斯示范著作权

〔24〕 参见李杨:《著作财产权客体结构中的使用行为——审视著作权法权利作用"焦点"的一个阐释进路》,载《法制与社会发展》2012 年第 3 期。

〔25〕 参见张今、郭斯伦:《著作财产权体系的反思与重构》,载《法商研究》2012 年第 4 期。

法》第4条规定，受保护作品作者本人或授权他人有复制作品、翻译、改编、整理或以其他形式改变作品、表演或通过广播向公众传播其作品的权利。根据《伯尔尼公约》的规定，作者享有的经济权利有复制权、翻译权、表演权、广播权、朗诵权和改编权等。关于《伯尔尼公约》对著作财产权内容的规定，将在第十四章中讨论。

从理论上归纳，一般认为可以将著作财产权分为复制权、演绎权和传播权三种类型。[26]其中复制权是著作财产权中最古老且最重要的一种权利。随着科学技术的发展，复制权的范围在不断扩展，除传统的印刷、机械复制外，将作品数字化，固定在计算机内存、光盘、优盘上都是复制的重要形式。演绎权则是著作权人许可他人对其作品进行再创作的权利，主要涉及改编、翻译、摄制视听作品。传播权则是对通过各种形式传播作品的权利的通称，是著作权人通过信息网络传播等形式将其作品向公众公开传播的权利，如表演、播放、展览、放映。[27] 通常，著作权人实现其传播权需要通过广播、电视、音响设备、放映设备、信息网络等技术手段。值得注意的是，有的学者将演绎权包含于复制权范畴，认为像翻译、改编也是对作品的复制，因为它是以另一种形式再现原作。不过，本书认为这一分类在理论上容易造成混乱，在实践中也有不妥之处，因为演绎是一种具有独创性的创作活动，它和那种仅仅再现原作的复制在性质上是根本不同的。

在著作财产权的分类上，还有必要提及德国《著作权法》的规定。其将经济权利分为复制权、发行权、展览权等以有形方式使用作品的权利以及以朗诵、表演、广播、演出、卫星传播、通过录音录像制品传播作品以及再广播等无形方式利用作品的权利。在这两种分类形式上，再将经济权利细化为复制权、发行权（包括出租权和公共借阅权）、演绎权（改编权和翻译权）、传播权（表演权和展览权）。[28]

（三）著作财产权和一般民法意义上财产权及著作人身权的区别

1. 著作财产权和一般民法意义上财产权的区别

著作财产权与一般民法意义上的财产权具有十分密切的联系。在法律性质上，著作财产权作为著作权的重要组成部分，具有民事权利的性质，本质上也是一种财产权，是以财产利益为内容的支配性权利。但是，基于著作权的无形财产权属性，著作财产权与一般民法意义上的财产权仍然有一些不同特点。关于著作权与财产所有权的关系，前面已作阐述，这里仅就著作财产权与其中的物权的区别略作补充。作为一种无形财产权，著作财产权的存在形式颇不同于物权。物权立足于物的存在，著作财产权则依赖于作者创作出的作品，至于作品的有形载体则恰好是物权的客体，而不是著作权的客体。在权利的存续方面，物权灭失的重要原因是物本身的灭失，而著作财产权的消灭则是由于法律强制性规定的保护期限届满，与作品的存在和延续没有关联。另外，在权利行使方面，著作财产权与物权也颇不相同，因为物权以占有为基本形式，“一物一权”是调整物权关系的基本原则。但在著作财产权形式中，则不存在物权意义上的“占有”之说，权利人完全可以同时许可多人利用其作品，而且不同的使用者利用作品也

---

〔26〕 参见刘银良：《论著作权法中作者经济权利的重塑——以比较和实践为视角》，载《知识产权》2011年第8期。
〔27〕 参见王迁：《著作权法中传播权的体系》，载《法学研究》2021年第2期。
〔28〕 李明德、许超：《著作权法》，法律出版社2003年版，第86页。

互不排斥，甚至还可以出现同样的作品由不同作者分别创作而均可以独立行使著作权的情形。

2. 著作财产权和著作人身权的区别

著作财产权和著作人身权一样，都是著作权的重要内容。其显著特点之一是专有性。在允许著作权转让的国家，这两项权利是可以互相分离的。

由于两者的产生依据不同，它们之间也存在若干差异：(1)著作财产权是一种能给著作权人带来经济收益的权利。在商品经济条件下，著作财产权可依知识产品价值规律，进行某项许可使用或转让。著作人身权是一种基于创作这一事实和作者这一特定身份能够给作者带来人格利益和价值的权利，即能带来精神方面利益的权利。它属于精神领域，不是商品，不能买卖、转让，无法用金钱衡量其价值。尽管作者可对侵犯著作人身权的行为要求侵权人以金钱赔偿，但这并不表明著作人身权可以成为商品，而是对侵权人的一种惩罚性手段和对受害人的一种精神安慰。(2)著作财产权可以作为继承的标的，可以继承、遗赠或捐赠。著作人身权与作者密切相关，除遗作的发表权可由继承人行使外，一般不能由作者继承人继承。(3)著作财产权不是基于作者的创作，而是基于对作品的使用而实现的，它永远处于流转之中，是著作权中的“动态部分”；而著作人身权是直接基于作者创作可以实际享有的，是著作权中的“静态部分”。故从两者的实现时间来看，著作人身权先于著作财产权。(4)两者在保护期上也不相同，这将在第六章中阐述。

二、复制权

(一)复制权的概念

复制权，又称重制权，是指著作权人通过一定的方式使作品以某种物质形式再现出来的权利。它是著作权人许可或禁止他人复制自己作品的专有权利，是著作权人在复制作品方面享有的专有排他权，通常也就是著作权人将作品制成有形复制品的权利。例如，我国2010年《著作权法》第10条第1款第(5)项规定：“复制权，即以印刷、复印、拓印、录音、录像、翻录、翻拍等方式将作品制作一份或者多份的权利。”法国《知识产权法典》第L. 122－3条规定，复制是指以任何方式将作品固定在物质之上，使作品可以以非直接方式向公众传播的行为。

所谓复制，是以一定方式对作品进行重制的行为。它通常是对原件的重制，也可以是针对复制品的再次重制。[29] 鉴于这种权利的重要性，许多国家著作权法都对复制的含义作出解释。复制是以静态的文字、图像或动态的声音、图像等物质形式将作品原样再现出来。不过，应注意的是，并非任何再现作品的行为都是复制，受复制权控制。从以下阐述可知，像表演、播放、改编、翻译等也是再现作品的行为，但并非复制。著作权法意义上的复制，限于以特定的方法和方式再现作品的行为，一般限于在有形物质载体上再现作品，而且这种再现具有持久的稳定性并缺乏创造性。[30] 例如，美国《著作权法》第106条对“复制件”的解释是：作品以现在已知的或以后发展的方法固定于其中的物体，通过该物体可直接或借助于机器或装置感知、复制

---

〔29〕 参见焦和平：《“异体复制”的定性与复制权规定的完善——以我国〈著作权法〉第三次修改为契机》，载《法律科学(西北政法大学学报)》2014年第4期。

〔30〕 See Joseph P. Fishman, *The Copy Process*, 91 N. Y. U. L. REV. 855 (2016).

或用其他方式传播该作品。

自保护作者权利的著作权法产生以来,复制权一直是所有国家著作权法中最基本的和处于首要地位的著作财产权。[31] 这是因为,在作品的众多使用方式中,复制是最普遍采用的方式。使用作品的其他方式一般都是在复制作品之后进行的,像美术作品之类直接使用原作的情况不多。这样,作者行使复制权也是其实现收益权的来源。随着作品的复制手段、方式不断增加以及复制载体的变化,如从纸张媒介到磁带、光盘、胶片、录音录像带、计算机内存、数字化等多种形式,作者复制权的范围也在不断扩大。相应地,复制权在著作财产权中的地位也越来越高。故而对作者财产权的保护,应当着意对复制权的保护。

著作权法一般都不限定复制作品的数量、方法、范围等。在数量上,复制是对作品制作一份或多份的行为。也就是说,复制是不受份数限制的,再制作品多份是复制,再制一份也是复制。在方法上,即使只复制作品的一部分,但若这部分构成了作品的实质内容,也构成复制。在范围上,即使是在一个特定范围内进行再制仍构成复制。

值得进一步探讨的是,随着信息网络和数字技术的发展,复制权所覆盖的范围被扩大,延伸到作品数字化行为。我国现行《著作权法》第 10 条第 1 款第(5)项在 2010 年《著作权法》同条款第(5)项中的“翻拍”后增加“数字化”。[32] 这一修改尽管只增加几个字,但具有极其重要的意义和价值,因为它使我国著作权制度赶上了数字化和信息网络时代的步伐,体现了著作权制度现代化的要求。[33] 对此,将在下一部分关于复制的分类中进一步探讨。

(二)复制权涉及复制的分类

按照复制中载体及表现方式的变化情况,还可将复制分为若干类型:(1)将作品制成同一有形的复制物。这种复制方式出现最多,如以印刷、复印、油印、拓印、手抄、复写、翻拍等方式复制作品。这种复制方式一般不改变载体类型,如复印一本杂志上的文章,载体都是纸张。当然,也有改变载体类型而不改变表现形式的。(2)从无载体到有载体的复制。如将口述作品固定在录音磁带或以文字形式记载于纸张上。此外,还有对现场表演进行录音与录像的复制方式。当然,如果表演者的表演是受著作权保护的作品(如舞蹈作品),那么对该作品而言,是变换了载体的一种直接复制。但需要注意区分机械复制与摄制电视、录像作品以及录音录像制作者制作录音录像制品的不同。关于这一点,将在后面有关章节中阐述。(3)数字复制与非数字复制。这一分类是因应数字网络技术发展的需要,因为在信息网络飞速发展的当代,作品复制大量表现于数字环境中。[34]《世界知识产权组织版权条约》关于第 1 条第 4 款的议定声明即指出:《伯尔尼公约》第 9 条所规定的复制权及其所允许的例外,完全适用于数字环境,尤其是以数字形式使用作品的情况。不言而喻,在电子媒体中以数字形式存储受保护的作品,

---

〔31〕 冯晓青、付继存:《著作权法中的复制权研究》,载《法学家》2011 年第 3 期。

〔32〕 还需要指出,在《著作权法》第三次修改过程中,对于复制权的定义除了都增加上述数字化形式外,曾存在不同的定义。例如,2014 年送审稿将复制权定义为“以印刷、复印、录制、翻拍以及数字化等方式将作品固定在有形载体上的权利”。现行《著作权法》保留了 2010 年“将作品制作一份或者多份”的表述。本书认为,这一修改是适当的,因为复制的本质是非创造性地再现作品一份或者多份,而“将作品固定在有形载体上”只是明确作品载体问题。

〔33〕 杨利华:《我国著作权制度的最新进展及其司法适用与完善》,载《中州学刊》2021 年第 7 期。

〔34〕 参见肖刚、韩强:《试论网络环境下的复制权》,载《法学》2003 年第 6 期。

构成《伯尔尼公约》第9条意义下的复制。《世界知识产权组织表演和录音制品条约》关于第7条、第11条和第16条的议定声明则指出:《世界知识产权组织表演和录音制品条约》第7条和第11条所规定的复制权及其中通过第16条允许的例外,完全适用于数字环境,尤其是以数字形式使用表演和录音制品的情况。不言而喻,在电子媒体中以数字形式存储受保护的表演或录音制品,构成这些条款意义下的复制。

为适应数字化时代著作权制度发展的需要,国家版权局在相关通知、部门规章中明确将作品数字化界定为复制行为,有利于作品在数字化环境下得到充分保护。例如,国家版权局在《关于以IC和CD-ROM等方式使用音乐作品制作电脑卡拉OK付酬问题的通知》中指出:将音乐作品用技术手段存储进IC、CD-ROM等载体,并通过电脑等技术设备合成再现音乐作品、制作电脑卡拉OK的行为系对音乐作品的录音;《关于制作数字化制品的著作权规定》更是明确指出:将已有作品制成数字化制品,即以数字代码形式固定的有形载体,无论以何种形式固定和表现已有作品,均属于著作权法意义上的复制行为。从当前网络著作权保护司法实践看,数字环境下作品的复制行为通常表现为:以一定的技术手段将作品固定于磁盘、光盘、硬盘、芯片等有形媒介中;将作品上载至开放的网络服务器中;通过网络下载数字化作品并存入本地计算机中。至于通过网络向他人发送作品,如通过电子邮件发送作品,这也包含了对作品的复制行为。

在数字环境下,以数字形式存储和使用作品,本质上并没有改变作品的性质,特别是复制,只是改变了存储和使用作品的载体而已。当然,数字环境下作品的复制和著作权保护也具有很多模拟环境下不具备的特点,需要专门研究。[35]

此外,根据复制与被复制存在的立体状况,可以分为以下几种类型:(1)从平面到平面的复制。这种复制形式是日常生活中最常见的。上述以印刷、复印、油印、拓印、手抄、复写、翻拍等方式将作品制成一份或者多份的行为,就属于此类型。(2)从平面到立体的复制。这主要是针对艺术作品而言,如将动画"米老鼠与唐老鸭"中的形象制成玩具;根据雕塑作者设计的雕塑作品草图制作成雕塑作品。有些国家还规定,根据设计图、建筑施工图等图纸及其说明进行施工、建造也属于著作权法意义上的复制。我国1990年《著作权法》第52条第2款则明确规定:"按照工程设计、产品设计图纸及其说明进行施工、生产工业品,不属于本法所称的复制。"依该法第7条之规定,这种情况应由"专利法、技术合同法等法律"调整。对使用人来说,其还可以不受修改权、保护作品完整权的限制。但是,2001年《著作权法》明确删除了1990年《著作权法》第52条第2款的规定。这是否意味着根据设计图、建筑施工图等图纸及其说明进行施工、建造属于著作权法意义上的复制,存在不同观点。一种观点认为,由于修改后的《著作权法》明确增加了建筑作品的保护,将建筑物本身纳入了著作权的保护范围,因此应作肯定回答。另一种观点则认为,上述行为不属于复制,但仍然是侵害著作权的行为。应当看到,这种施工、建造行为如果不涉及对作品的美学思想或艺术成分的表述,而只是运用技术手段生产

---

〔35〕 参见冯晓青主编:《著作权侵权专题判解与学理研究》(第2分册·网络空间著作权),中国大百科全书出版社2010年版;冯晓青、胡梦云:《动态平衡中的著作权法——"私人复制"及其著作权问题研究》,中国政法大学出版社2011年版。

出工业产品,就不是从平面到立体的复制行为。但是,就根据建筑设计图建造建筑物或者根据设计图制作实用艺术作品而言,若建造或制作的结果包含了建筑设计图或者产品设计图的美学构思的表达,则可以视为从平面到立体的复制。事实上,从国外以及我国台湾地区著作权有关规定看,按照工程设计、产品设计图纸及其说明进行施工、生产工业品,在一定的情况下也构成复制。例如,日本《著作权法》第2条第1款规定,根据与建筑有关的图纸建成的建筑物属于复制。我国台湾地区"著作权法"第3条规定,依建筑设计图或建筑模型构造建筑物属于重制。实际上,按照工程设计、产品设计图纸及其说明进行施工、生产工业品,其结果能否受到著作权保护,取决于是否存在艺术审美性以及其是否能够与实用功能相分离。有关规定之所以认定根据与建筑有关的图纸建成的建筑物、依建筑设计图或建筑模型构造建筑物属于复制,是因为最后生成的建筑物具备了独立的艺术审美品格。(3)从立体到平面的复制。这主要是针对摄影而言。如一部《雕塑作品选》就是从立体到平面的复制。不过,摄影师在摄影立体作品时往往要付诸自己的创造性劳动。因而,和临摹不同,经许可而"复制"的作品被视为一种演绎作品。又如,临摹处于公共场所的雕塑、雕刻作品,也是从立体到平面的复制行为。不过这种复制行为也可能包含了制作者的创作性劳动,不是单纯的复制。(4)从立体到立体的复制。如装饰性、陈列性的雕塑均可通过制模浇铸、缩小、放大等进行从立体到立体的复制。从我国《著作权法》规定的客体来看,这种复制形式一般指的就是雕塑。

还需要注意的是,朗诵作品,表演戏剧、音乐作品以及演奏音乐作品等,看似是对作品的复制,实质上是行使公开朗诵权和表演权的行为,不能将其纳入复制和复制权的范畴。这里涉及复制的仅为对朗诵、演奏、表演作品进行录音或录像。

(三)几个特殊问题的探讨

1. 临摹是否属于著作权法中的复制行为

关于"临摹"作品是否构成著作权法意义上的复制,我国1990年《著作权法》第52条规定,"本法所称的复制,指以印刷、复印、临摹、拓印、录音、录像、翻录、翻拍等方式将作品制作一份或者多份的行为"。可见,临摹被明确地纳入了复制的范畴。但是,2001年《著作权法》第10条第1款第(5)项在解释复制权时指出,它是以印刷、复印、拓印、录音、录像、翻录、翻拍等方式将作品制作一份或者多份的权利,没有明确提到临摹是否属于复制。这样就导致实践中对临摹的认识存在不同观点。

一种观点认为,临摹作品(尤其是美术作品)也包括临摹者的"再创作"成分,不是简单地抄袭或机械复制,因为临摹作品也要对颜色调配、画面构思、形状设计等经过独立思考与创作才能产生。这种观点实际上是认可临摹不是复制,而是创作行为,受到著作权保护。析言之,主要又有演绎说和部分演绎说之分。其中,前者认为临摹是一种具有独创性的演绎行为。临摹是将自己的一切个性特征泯除尽净从而在无限近似的程度上传达原书画作品的技法、风格、神韵。[36] 但是,与创作一部作品一样,临摹者灵魂深处的修养、气质、学识中流淌出的清澈的精神之水,同样反映出临摹者人格的光辉。[37] 后者认为,不能笼统地将临摹界定为复制行为,

---

〔36〕 参见郑成思:《临摹、独创性与版权保护》,载《法学研究》1996年第2期。

〔37〕 浮新才:《创作论——兼论几个有关的问题》,载《著作权》1994年第4期。

有些临摹被认为具有创造性。[38]

另一种观点则认为,临摹和一般复制没有本质区别,临摹者的劳动和演绎作者的再创作劳动不能等同。擅自临摹他人作品并出售,应被认为是侵犯被临摹作品复制权的行为。而且,此种行为还容易侵犯被临摹作品的保护作品完整权,因为两种作品之间难免存在差异,差异部分就可能被认为是对原作的歪曲与篡改。至于将临摹作品署上原作者姓名出售,这和假冒无异;如果只署临摹者姓名,不署原作者姓名,这和抄袭也没有什么不同。正是基于上述考虑,1990年《著作权法》第52条明确将“临摹”视同复制。这对于打击文化领域中以假乱真的现象是有积极意义的。2001年《著作权法》在解释复制权时,没有明确列举临摹行为,并不意味着临摹不再属于复制行为。从独创性角度评判临摹,似乎存在一个悖论,即越是拙劣的临摹,其与原作的距离越远,反倒能够体现临摹者的个性;反之,精湛的临摹会失去临摹者的个人成分,失去独创性。本书认为,临摹属于复制还是创作,不能一概而论,应根据临摹者的具体情况确定。在对待临摹他人作品的问题上,还需要判断是否为合理使用。[39] 在临摹他人作品并进行市场化使用时,可能会与原作品的正常利用相冲突,并进而损害原作著作权人的利益。

2. 网络环境中的“临时复制”是否受复制权的保护

临时复制是计算机网络空间出现的一种暂存作品和短暂再现作品的现象。在网络空间,存在大量的临时复制现象,如用户通过上网而临时下载作品,在没有以软盘、硬盘等一定的有形载体固定下来后,其存储的作品信息可能因为关闭或重启计算机以及后续信息的覆盖而灭失。对于这种“复制”,是否受到著作权人复制权的控制,发达国家和发展中国家的立场截然相反。发达国家认为,临时复制尽管只是短暂地再现数字化作品,但由于在计算机屏幕上再现了作品,属于以计算机为载体的一次性复制,仍然会损害著作权人的利益。发展中国家则主张,临时复制不仅不会构成对权利人的损害,而且是网络空间利用和传播作品必需的,因此不能纳入复制权的控制范围。实际上,对临时复制性质的不同认识,本质上反映了不同利益导向。《伯尔尼公约》第9条将复制权涉及的“复制行为”解释为“以任何方式和采取任何形式复制”,世界知识产权组织出版的《伯尔尼公约指南》中也将其解释为“足以包括所有的复制方法……以及其他所有已知和未知的复制过程”,[40] 这种解释却没有专门针对网络空间出现的临时复制。将某种行为纳入复制权的范围,需要符合复制权的基本意旨。正如实务界有人指出:“《伯尔尼公约》第9条中规定‘所有录音或录像均应视为本公约所指的复制’,这种强调至少表明,在缔约国代表的意图中,并非所有已知和未知的复制过程都属于复制权的范畴,否则这一条本身就是多余的。从《斯德哥尔摩公约》修订会议委员会主席的简要报告来看,当时人们强调,复制不仅仅要求能够‘固定’作品,因而能够向公众间接传播,而且还要求可以在此基础上进行进一步的复制。[41] 从这个要求看,如果临时复制不符合‘固定’的要求,并且不可以

---

〔38〕 郑成思:《论我国著作权法修订的必要性》,载《著作权》1994年第3期。

〔39〕 参见吕晓晓:《关于艺术作品独创性判定方式的探讨——以临摹与挪用作品为例》,载《美术》2020年第2期。

〔40〕 Claude Masouyé, *Guide To The Berne Convention For The Protection of Literary And Artistic Works* (Paris Act 1971) (1978), WIPO Publication No. 615 (E).

〔41〕 Records 1967 Stockholm, 852, 853, para. 661, in Mihály Ficsor, *The Law of Copyright and the Internet: The 1996 WIPO Treaties, Their Interpretation and Implementation*, Oxford University Press Inc., 2002, p. 94.

在临时复制的基础上进行进一步的复制，它本身就不属于复制的范畴。因此，《伯尔尼公约指南》的解释是值得商榷的。”[42]

值得注意的是，《外交会议将要讨论的关于文学和艺术作品保护某些问题的条约之实体条款基本建议》第7条第1款指出：《伯尔尼公约》第9条授予文学和艺术作品作者以授权复制其作品的专有权，该权利应该包括永久或临时性的，以任何方法或形式直接和间接复制其作品。第2款指出，根据《伯尔尼公约》第9条的规定，在临时复制的唯一目的是使作品能够被感知，或者复制具有瞬时或者附带性质的情况下，只要该复制发生在作者授权或者法律允许的使用作品的过程中，缔约国有权限制复制权。[43] 后来《世界知识产权组织版权条约》第1条议定声明指出：《伯尔尼公约》第9条所规定的复制权及其所允许的例外，完全适用于数字环境，尤其是以数字形式使用作品的情况。不言而喻，在电子媒体中以数字形式存储受保护的作品，构成《伯尔尼公约》第9条意义下的复制。由于在缔结《世界知识产权组织版权条约》过程中发展中国家明确反对保护临时复制权，该条约最终没有明确要求保护临时复制权。因此，我国著作权立法中也无须保护临时复制行为。

3. 制作录音制品是否受复制权的控制

《伯尔尼公约》第9条第1款规定：受本公约保护的文学艺术作品的作者，享有授权以任何方式和采取任何形式复制这些作品的专有权利。其第3款规定，所有录音或录像均应视为本公约所指的复制。从这一规定看，制作录音制品也应包含在复制权控制的范围之内。但是，从上述我国《著作权法》关于复制权的规定看，不能直接得出我国规定了著作权人享有制作录音制品的权利的结论，这是因为我国《著作权法》中规定的复制概念比较狭窄，限于机械复制。制作录音制品则不仅包含机械复制，而且包含了对作品进行适合于表演或演奏的改编，以及聘请演员表演或者演奏，与摄制电影、录像类似。1990年《著作权法》在摄制权部分只涉及摄制电影和制作录像制品的权利，不包含制作录音制品。但是，该法在第39条第1款又规定录像制作者使用他人作品制作录像制品，应当取得著作权人的许可，并支付报酬。从这一规定可以看出著作权人享有制作录音制品的权利。[44] 本书认为，使用著作权人作品制作录音制品，如录音磁带、CD等，由于包含了对其作品的复制，显然应受其复制权的控制。实际上，这一权利也可以解释于《著作权法》第10条第1款第(17)项“应当由著作权人享有的其他权利”之中。

4. 复制权是否规范普遍存在的私人复制行为

随着复制及录音录像技术的发展，个人或者家庭基于私人目的通过复制、录制设备而复制、录制他人享有著作权的作品的现象日益普遍，这就是所谓“私人复制”问题。[45] 这种情况

---

〔42〕 冯晓青主编：《著作权法专题判解与学理研究》（第2分册·网络空间著作权），中国大百科全书出版社2010年版，第13页。

〔43〕 *Basic Proposal for the Substantive Provisions of the Treaty on Certain Questions Concerning the Protection of Literary and Artistic Works to Be Considered by the Diplomatic Conference*, WIPO Doc. CRNR/DC/4 (Aug. 30, 1996), Article 7(1) and 7(2). 转引自冯晓青主编：《著作权法专题判解与学理研究》（第2分册·网络空间著作权），中国大百科全书出版社2010年版，第13页。

〔44〕 姚红主编：《中华人民共和国著作权法释解》，群众出版社2001年版，第109页。

〔45〕 See Glynn S. Lunney Jr., *The Death of Copyright: Digital Technology, Private Copying, and the Digital Millennium Copyright Act*, 87 VA. L. REV. 813 (2001).

是否受复制权的控制，我国《著作权法》缺乏详细的规定。[46] 从《伯尔尼公约》第9条的规定看，有私人复制不能不合理地损害著作权人利益的原则性要求。但是，即使私人复制构成侵害著作权，在司法实践中也很难操作，加之私人复制行为的普遍性，著作权人很难进行有效的控制。像在我国，由于立法和有效执行手段的缺失，存在以个人使用为目的的私人复制行为，特别是将他人享有著作权的图书作品整本复制的行为。应当说，这种行为会构成对著作权人利益的损害。因为按照国外著作权专家的一种观点，"值得复制的就是值得保护的"。[47] 一般而言，复印一本书后，以后即使找到了同一本书，人们也不会再愿意花钱购买，这就影响到了作者的潜在销售市场，从而危及著作权人的利益。

为解决私人复制给著作权人利益带来的损失，从20世纪60年代以来，德国、法国、意大利、西班牙、加拿大等40多个国家逐步引进了私人复制著作权补偿金制度。其主要内容是，在出售复制设备和媒介时，应按照一定的标准向著作权人支付补偿金，以弥补消费者利用该设备或复制媒介的复制行为给著作权人造成的损失。德国在1965年在其《著作权法》中首次确认了录音录像设备的著作权补偿金制度，后来在1985年又将著作权补偿金制度适用范围拓展到复印设备和空白录音录像带。到2009年，德国《著作权法》在修订时完善了报酬请求权的规定。该法第54条第1款规定，若从种类上看可以预期将作品通过录制广播电视节目而转录在录音录像制品上或者从一种录音录像制品转录到另一录音录像制品上，则该作品的作者对于设备和录音录像制品制造商所制造的显然用于上述复制行为之用途的物品，就上述设备以及录音录像制品的出售所提供的复制机会享有适当报酬请求权。除了制造商，在该法适用范围内从事上述设备或录音录像制品的营利性进口、再进口或者从事销售活动的人，都作为连带债务人共同承担支付报酬义务。

我国《著作权法》尚未引进上述国家确立的著作权补偿金制度，这一问题还需要加强研究。另外，值得指出的是，实施私人复制的著作权补偿金制度的国家，通常依赖于著作权集体管理组织承担该项职能。从这个角度看，若我国将来引进著作权补偿金制度，也需要通过完善著作权集体管理制度加以实现。

三、发行权

（一）发行权的概念

我国现行《著作权法》第10条第1款第（6）项规定："发行权，即以出售或者赠与方式向公众提供作品的原件或者复制件的权利。"发行权是著作权人享有的发行作品的权利，即著作权人享有的许可或者禁止他人以出售或者赠与等方式发行作品的专有权利。[48] 它是著作权人以物质形式使用其作品的专有权之一，是实现作品的社会效益和著作财产权的保证之一。

很多国家和地区的著作权相关规范规定了发行权的保护。例如，美国《著作权法》第106条规定了复制、发行、演绎、表演和展览的权利。德国《著作权法》第17条规定，发行权是将作

---

〔46〕 参见杨明：《私人复制的著作权法制度应对：从机械复制到云服务》，载《中国法学》2021年第1期。

〔47〕 冯晓青、胡梦云：《私人复制著作权问题的立法规制透视——兼论我国〈著作权法〉之完善》，载《学海》2011年第3期。

〔48〕 参见应振芳：《发行权性质浅论》，载《中国出版》2014年第21期。

品原件或者复制件提供给公众或使之进入流通领域的权利。我国台湾地区“著作权法”第3条规定，发行是指权利人重制并散布能满足公众合理需要之重制物。《伯尔尼公约》虽然没有明确规定发行权，但是从其第3条规定的“作品复制件的发行方式能满足公众的合理需要”可以推断出其间接确认了这一权利的存在。另外，该公约第17条规定：“如果本同盟任何成员国的主管当局认为有必要对于任何作品或制品的发行、演出、展出，通过法律或条例行使许可、监督或禁止的权力，本公约的条款绝不应妨碍本同盟各成员国政府的这种权力。”这一规定也同样间接地确认了发行权的存在。但是，尽管发行权是著作财产权体系中的重要权利，其却受“权利穷竭原则”的限制，对此将在本书第七章中讨论。

按照1991年《著作权法实施条例》的解释，发行权是“为满足公众的合理需求，通过出售、出租等方式向公众提供一定数量的作品复制件”的权利。但是，2001年《著作权法》已将“出租”从发行中独立出来，专门规定了著作权人享有的出租权。因此，发行权不再涉及出租行为，它是通过出售、赠与、散发等方式将作品的原件或者复制件向社会公众提供的行为。一般情况下，发行权涉及的是作品一定数量的复制件，而不是作品的原件，如图书报刊的发行、录音录像制品的发行以及视听作品的发行等。当然，作品原件，也属于发行权的保护客体。

关于发行权的法律性质，应注意避免错误认识，即发行权不属于著作权中财产权的范畴，属于有形物体权利。如邮票的发行权从来属于邮票公司，与制邮票的作者无关。还如图书出版者对其出版的图书享有所有权，因此有权复制发行其图书。这种观点的错误之处在于或者是将物权所有人对有形物的销售权与著作权人对作品的发行权混为一谈，或者是将图书出版者、电影制片者等经过行政审批途径获得的发行权与著作权人对作品的发行权相混淆。事实上，发行权是作者或其他著作权人实现其作品著作财产权的基本权能之一，是著作权人将作品提供给公众、满足公众合理需要的权利。当图书出版者发行作品、电影制片者发行电影拷贝时，首先必须取得著作权人发行作品的授权。当然，著作权人行使发行权，除了应遵循著作权法的规定外，还要符合出版法、保守秘密法等的规定。

著作权人行使发行权一般可控制以下三方面，即发行对象、发行范围（内部发行还是对外发行，国内发行还是国外发行等）和发行方式（出售还是赠与等）。著作权人自己可以发行，也可以许可他人发行。

（二）发行权与相关权利的关系

发行权与“出版权”“复制权”等权利的关系是值得进一步研究的问题。我国现行《著作权法》第10条第1款未单列“出版权”，但该法有时又提及“出版发行”。实际上，这是两种密切相关的权利。我国现行《著作权法》第63条规定：本法第2条所称的出版，指作品的复制、发行。出版实际上是指将作品制成一定数量的复制品，提供给社会公众。《伯尔尼公约》第3条第3款认为，已出版的作品，系指经作者同意而已经出版的作品。就作品的性质而言，无论复制本以何种形式创作，只要可以满足公众的合理需求，即构成出版。这里强调了作品的出版应经过作者同意，否则不视为出版。同时也要求作品的复制件能够满足公众的合理需要，否则也不能认为是出版。《世界版权公约》第6条则规定：出版，系指以一定有形形式复制其作品，将其复制本在公众中分销，以供阅读，或以其他方式观赏。可见，出版通常至少是包含一部分发行的。正因如此，两个国际公约及许多国家的著作权法都没有单列发行权，而只规定了出版权。但是,考虑到这两种权利的行使仍然存在差别,有些国家未单列出版权,发行权就“无所依托”了,因而须将其单独规定。美国、奥地利及我国《著作权法》就是这样考虑的。当然,出版中涉及的复制、发行,并非针对所有的受著作权法保护的作品。一般而言,主要涉及文字作品,电影作品、电视剧作品等视听作品,计算机软件等作品。

发行权与复制权也是密切相关的,因为作品要经过印刷、复印、录音、录像等形式后才能发行。《突尼斯示范著作权法》的制定者就认为发行权包括在复制权之中,作者可以在签订复制其作品的合同中规定诸如发行复制的数量、价格、授权发行地区等条款。故该法没有授予著作权人以发行权。但制定者也同时认识到,考虑到新技术发展的影响,在法律中单列这种权利,对作者来说也是有利的。当然,确实有一些国家著作权法并没有明确规定发行权。但这不意味着这些国家的著作权法不保护发行权,而只是将发行权包含在复制权中而已。因为复制和发行是紧密相关的传播作品的环节,如果没有发行权而仅有复制权,就不能有效地将作品推向市场。

(三)信息社会中发行权的变化趋向

随着数字网络技术和其他传播技术的发展,作品传播范围发生了根本性的变化,即作品可以通过网络空间便捷、迅速地在全世界范围内传播。[49] 关于在网络空间传输作品的行为是否属于作品的发行,美国 1995 年关于信息高速公路的白皮书明确指出,其属于发行作品的行为,其原因是没有理由将通过网络传输向公众传播作品与通过其他传统方式散发作品区别对待,因为无论通过何种手段,消费者将获得作品的有形复制件。该观点在美国司法实践中也被采纳,如在 Napster 案中,美国第九巡回上诉法院判决认为,P2P 用户擅自将他人享有著作权的 MP3 音乐文件上载到“共享区”供其他用户检索和下载,侵犯了著作权人的发行权。[50] 近些年来的一些与网络环境有关的国际性公约也明确赋予著作权人以发行权。例如,《世界知识产权组织版权条约》第 6 条规定:文学和艺术作品的作者应享有授权通过销售或其他所有权转让形式向公众提供其作品原件或复制品的专有权。不过,该条的议定声明则指出,该条中的用语“复制品”和“原件和复制品”,专指可作为有形物品投放流通的固定的复制品。《世界知识产权组织表演和录音制品条约》第 12 条则规定:录音制品制作者应享有授权通过销售或其他所有权转让形式向公众提供其录音制品的原件或复制品的专有权。这些规定表明,越是随着传播技术的发展,越有必要确认发行权的存在。例如,2001 年《欧洲议会和欧盟理事会关于协调信息社会中版权和相关权利指令》第 4 条规定,作者就其作品的原件或者复制件享有通过授权或其他方式向公众提供的排他性权利。不过,仍然需要明确的是,通过网络传输作品与传统意义上的发行行为具有重要区别,即不存在作品有形载体的转移,而是数字信息的流动,只是信息接收者可以通过存储和打印程序获得该作品的复制件。[51] 但是,在著作权立法确认了网络空间的信息网络传播权的前提下,这种传输行为已经获得了著作权保护,没有必要再在发行权中寻求庇护屏障。

---

〔49〕 参见李昱晓:《数字时代发行权的变革与发展研究》,载《编辑之友》2018 年第 2 期。

〔50〕 A & M, Records, Inc. v. Napster, 239 F. 3d 1004 (9th Cir. 2001).

〔51〕 参见何怀文:《网络环境下的发行权》,载《浙江大学学报(人文社会科学版)》2013 年第 5 期。

四、出租权

出租权是不少国家和地区著作权相关规范规定的著作权的内容。[52] 例如,我国台湾地区"著作权法"第29条规定,著作人专有出租其著作的权利。出租权也是我国2001年《著作权法》新增加的著作权的内容。该法第10条第1款第(7)项规定:"出租权,即有偿许可他人临时使用电影作品和以类似摄制电影的方法创作的作品、计算机软件的权利,计算机软件不是出租的主要标的的除外";其第41条第1款规定:"录音录像制作者对其制作的录音录像制品,享有许可他人复制、发行、出租、通过信息网络向公众传播并获得报酬的权利";其第41条第2款规定:"被许可人复制、发行、通过信息网络向公众传播录音录像制品,还应当取得著作权人、表演者许可,并支付报酬。"2010年《著作权法》第10条第1款第(7)项和第42条分别保留了上述规定。

现行《著作权法》第10条第1款第(7)项则将上述规定修改为:"出租权,即有偿许可他人临时使用视听作品、计算机软件的原件或者复制件的权利,计算机软件不是出租的主要标的的除外。"对比上述规定,可以发现,修改之处,除了将"电影作品和以类似摄制电影的方法创作的作品"改为"视听作品"外,在"权利"之前增加了"原件或者复制件",实际上是强调了出租复制件也同样属于视听作品和计算机软件作品的出租权所控制的范围。这是因为,作品出租的目的是通过临时出借的形式实现有偿许可,无论是作品原件还是复制件均可以实现这一目的,复制件有必要纳入出租权控制的范围。此外,该法第44条第2款还将2010年《著作权法》第42条第2款上述规定修改为:"被许可人复制、发行、通过信息网络向公众传播录音录像制品,应当同时取得著作权人、表演者许可,并支付报酬;被许可人出租录音录像制品,还应当取得表演者许可,并支付报酬。"上述规定修改之处有:一是在"取得著作权人、表演者许可"之前补充"同时",使得取得许可的主体更加明确,避免在实践中产生歧义;二是针对被许可人出租录音录像制品,明确还应当取得表演者许可、并支付报酬的规定。这样就赋予了表演者针对录音录像制品的出租权,进一步提高了对表演者的保护水平。

从这些规定可以看出,出租权的适用对象仅限于视听作品、计算机软件和录音录像制品,其中录音录像制品是邻接权的保护对象,不属于著作权的保护范围。在1990年《著作权法》中,出租则被包含在发行的概念中。因此,即使那时《著作权法》没有明确规定出租权,也不意味着出租行为不受其保护。[53] 由于出租权是著作权人许可或禁止他人以出租形式使用其作品的权利,而著作权法中还确立了权利穷竭原则,是对发行权的限制,有的学者将出租权制度视为对著作权限制的反限制措施。

在上述受著作权保护的出租权中,计算机软件有一定的特殊性。即计算机软件如果不是出租的主要标的,就不受出租权的约束。例如,一台包含了计算机软件的大型设备,其所有人

---

〔52〕 参见武继华:《作品出租权法律制度研究》,载《兰州学刊》2009年第1期。

〔53〕 将出租权包含在发行中,也见于其他国家著作权法的规定。例如,根据美国《著作权法》第103条第(3)项的规定,发行是指将享有著作权的作品复制品或录音制品,通过销售或其他所有权转移方式,或者通过出租、租借或借阅的方式提供给公众。西班牙《著作权法》第19条则规定,发行是指作品的原件或复制品通过销售、出借、出租或其他方式向公众提供。

在出租该设备时，就不受该计算机软件出租权的制约。这一规定，旨在防止因为出租权行使阻碍对包含计算机软件的标的的正常利用。

应当说，出租权被纳入著作权之内容，与技术的发展导致作品存储和复制方式巨大变化，从而极大地影响了著作权人的利益有关。以前，作品的存储形式有限，通常表现为图书、报纸、杂志等媒介物，现在则发展到录音带、录像带、磁性光盘、胶片和计算机内存等。这导致作品出租的载体和形式大大扩大。特别是视听作品、计算机软件和录音录像制品，出租业务异常火爆，甚至成为向公众提供作品的主要形式。正是在这种情况下，有关国际公约针对这几类作品或制品规定了出租权。例如，TRIPs 协议第 11 条规定，至少对于计算机程序及电影作品，成员应授权其作者或作者之合法继承人许可或禁止将其享有版权的作品原件或复制件向公众进行商业性出租。对于电影作品，成员可不承担授予出租权之义务，除非有关的出租已导致对作品的广泛复制，其复制程度又严重损害了成员授予作者或作者之合法继承人的复制专有权。对于计算机程序，如果有关程序本身并非出租的主要标的，则不适用本条义务。关于录音制品的出租权，该协议第 14 条也作了规定。此外，1996 年缔结的《世界知识产权组织版权条约》和《世界知识产权组织表演和录音制品条约》也分别规定了出租权。前者第 7 条规定：计算机程序、电影作品和以录音制品体现的作品的作者，应享有授权将其作品的原件或复制品向公众进行商业性出租的专有权。如果计算机程序本身并非出租主要对象，以及对电影作品的出租并没有导致广泛的复制，则可以不适用上述出租权。

五、表演权

（一）表演权的内涵

表演权，又称公演权，是著作权人自己或授权他人表演其创作的文学、音乐、戏剧、舞蹈、曲艺等作品的权利，即著作权人通过表演方式使用其作品所享有的专有权。著作权人有权决定是否表演其作品、由谁表演及以何种形式表演。我国现行《著作权法》第 10 条第 1 款第(9)项规定：“表演权，即公开表演作品，以及用各种手段公开播送作品的表演的权利。”但上述定义是否包含通过录制品进行的表演，不够明确。根据《伯尔尼公约》规定的“用各种手段和方式公开表演和演奏”，可以认为应当包括。

随着传播技术的发展，表演权的范围除了涉及传统的以朗诵、演奏、舞台演出等舞台表演形式外，还包括以录音、录像、广播、放映等借助于各种技术手段传送作品的表演活动，[54] 即传播已经录制的舞台表演。在理论上，前者称为活表演，后者称为机械表演。其中活表演针对现场表演作品或许可他人表演自己的作品，包括上演、演奏作品等。机械表演包括许可他人以任何方式公开表演，包括通过唱片、磁带、光盘等录音录像制品所进行的表演，使用录放设备公开播送包含表演的录音录像制品，如歌舞厅、饭店、超市为顾客播放歌舞表演、音乐作品等；还包括使用广播、电视传播形式以外的形式向公众传送作品的表演，如通过有线传输形式传送作品的表演。表演权由活表演拓展到机械表演，无疑反映了著作权法顺应技术发展和进步的潮流，

---

〔54〕 信息网络技术发展，则进一步影响了表演权的保护范围。参见王迁：《论网络环境中表演权的适用——兼评〈著作权法修改草案（送审稿）〉对表演权的定义》，载《比较法研究》2017 年第 6 期。

适时扩大对权利人保护范围的规律。在机械表演同样获得保护的情况下，将现场表演录制以后再通过录音录像等技术设备向公众播放，以及使用转播设备将现场表演直接进行有线播放都被纳入表演权规制的范围，需要得到著作权人的许可并支付报酬。

表演包括活表演与机械表演，这不仅体现在我国2001年修订后的《著作权法》规定上，也反映在其他国家及《伯尔尼公约》的规定上。例如，美国《著作权法》第101条规定，表演一部作品是指以朗诵、舞蹈或动作的形式，直接或者以设备或程序表现该作品，或者在涉及电影或其他影视作品时以连续的方式表现其形象或使人听到有关的伴音。《伯尔尼公约》第11条规定："戏剧作品、音乐戏剧作品和音乐作品的作者享有下列专有权利：(1)授权公开表演和演奏其作品，包括用各种手段和方式公开表演和演奏；(2)授权用各种手段公开播送其作品的表演和演奏。"不过，第(2)项不包括广播或播放在内。

随着传播技术的发展，机械表演权在表演权中的地位越来越高。这从我国1990年《著作权法》未规定这一权利，而在2001年《著作权法》中予以明确确认也可以认识到。根据1991年《著作权法实施条例》第5条第(2)项规定，"表演，指演奏乐曲、上演剧本、朗诵诗词等直接或者借助技术设备以声音、表情、动作公开再现作品"。很明显，该规定未包含机械表演权。[55]

表演权涉及的"表演"应具有公开性，即限于公开表演的场合。如果只是在家庭或朋友范围内表演或者借助于录音录像等技术手段传送表演，则不是著作权法意义上受到表演权控制的行为，而属于合理使用行为。例如，美国《著作权法》第101条关于公开表演或展示的解释中指出，它是在对公众开放的场所，或者超过一个家庭或者社交关系正常范围的相当多人聚集的地点表演。对于什么是"公开表演"，我国《著作权法》未作明确规定。根据美国《著作权法》前述规定，公开表演即在向任何公众开放的地点或者多于一般家庭成员或者社交朋友的相当数量的人群出现的地点进行的表演，以及以任何设施或者技术手段将作品之表演传送给向公众开放的地点或公众，不考虑接受表演的公众是否处在同一地点以及接受作品是否在同一时间。法国《知识产权法典》第122条之五则规定，如果是限于家庭范围内的表演和免费表演，则作者不得在发表其作品后禁止这种行为。

（二）表演权的范围

被"表演"的作品，一般地说，包括音乐、戏剧、舞蹈作品，不如其他权利客体包括的范围广泛。如上述《伯尔尼公约》第11条只规定了戏剧作品、音乐戏剧作品和音乐作品的表演权。当然，成员国可以在此规定基础之上增加其他作品。各国对表演权客体的规定也不尽相同。有些国家将文学作品排除在外，认为对文学作品的朗诵不是一种表演。有些国家则认为，一切文学作品、戏剧作品和音乐作品均享有表演权。如英国1956年《著作权法》第2条第3款、美国《著作权法》第106条第4款就是如此规定的。在法国，如前所述，其表演权涉及所有作品。实际上，法国《知识产权法典》规定的表演权，指的是以各种表演方式传送作品的权利，包括了公开朗诵、音乐演奏、戏剧表演、公开展示、公开放映、在公众场所远程传送作品等。

---

〔55〕 1992年国务院颁布实施的《实施国际著作权条约的规定》确认了机械表演权，不过它仅适用于外国人的作品。根据其第11条的规定，外国作品的著作权人，可以授权他人以任何方式、手段公开表演其作品或者公开传播对其作品的表演。

由于各国对表演权客体认识不完全相同,在表演权内容的规定上也存在差别。有些国家将这种权利具体分为朗诵[56]、演出、展出权,有些国家将这种权利分为朗诵、表演和放映权,如德国《著作权法》第19条规定,朗诵权是指通过演出公开演示语言作品的权利,表演权指通过个人演出公开演示音乐作品或者以戏剧形式公开演出作品的权利,并且朗诵和表演权包括在个人演出的场所之外通过银幕、扩音器或者类似技术设备使公众感知到朗诵、表演的权利。有的法律则将表演权列入"向公众传播权"中,如《突尼斯示范著作权法》第4条第3款规定,传播权是指以表演或广播的形式向公众传播作品的权利。但一般地说,这种权利可以分为上演权、演奏权和上映权。利用剧本、舞蹈作品、乐谱产生的表演权称为上演权,利用声音或乐器使用音乐作品的称为演奏权,电影作品的表演权称为上映权。

还应指出,作者的表演权和表演者权是不同的。表演者权是表演者就其表演形象、表演活动享有的一种与著作权有关的权益,是从表演权"衍生"出的一种权利。表演者权的获得通常先需要从著作权人那里获得表演权。如表演者的即兴表演,表演者和作者则是同一人。当然,在这种情况下区分两者仍然是具有理论意义的。

六、放映权

放映权,是指著作权人享有的许可或者禁止他人以放映机、幻灯机等技术设备公开再现自己作品的权利。放映权是我国2001年《著作权法》新增的权利。其第10条第1款第(10)项规定:"放映权,即通过放映机、幻灯机等技术设备公开再现美术、摄影、电影和以类似摄制电影的方法创作的作品等的权利。"2010年《著作权法》保留了上述规定。2020年《著作权法》则将上述"电影和以类似摄制电影的方法创作的作品"改为"视听作品",其他地方未作修改。[57]

可见,放映权的对象并非任何受著作权保护的作品,而限于美术、摄影、视听作品。这与放映权和特定的公开再现作品的技术手段有关,一般作品难以通过放映的形式被传播。放映权也是其他国家和地区著作权相关规范和《伯尔尼公约》明确规定的权利。例如,德国《著作权法》第19条还规定,放映权是指通过技术设备使公众感知到美术作品、摄影作品、电影作品或科学技术种类的各种表现形式的权利,其不包括使公众感知到电视台播放的这类作品的权利。《伯尔尼公约》第14条则规定,电影作品作者享有授权他人放映电影作品的专有权,著作权人以类似摄制电影的方法创作的作品享有同样的权利。基于此,一些国家和地区的著作权相关规范仅规定了视听作品的放映权问题。如日本《著作权法》第26条规定,著作权人享有公开上映其电影著作物或颁布其复制品的专有权。我国台湾地区"著作权法"第25条规定,著作人专有公开上映其视听著作之权利。

---

〔56〕"朗诵权"是《伯尔尼公约》规定的经济权利之一。国际上通行将表演权与朗诵权并列,或将后者包含在前者之中,视朗诵权为表演权的一个支分权。我国1991年《著作权法实施条例》第5条第(2)项在界定"表演"的概念时列举了"朗诵诗词",这说明是将朗诵权纳入表演权之中。2002年修订后的《著作权法实施条例》则取消了对表演概念的解释。由于朗诵权被《伯尔尼公约》作为一种独立的权利,我国《著作权法》仍然有必要加以确认。

〔57〕在2014年《送审稿》和2012年国家版权局《著作权法》(修改草案)2、3稿中,均取消了放映权。当时是考虑到放映权可以被复制权替代,因为两者都涉及再现作品。实际上,放映行为不能等同于复制,放映权和复制权在权利内容上存在区别。基于此,现行《著作权法》保留了这一权利。

放映权可以被纳入广义的机械表演权的范畴，因为它也是通过一定的技术手段再现作品。也正因如此，一些国家、地区将其规定于表演权之中。例如，美国《著作权法》第106条规定，有著作权作品的专有权利包括公开演出有著作权的文字作品、音乐作品、戏剧作品和舞蹈作品、哑剧、电影和其他作品。意大利《著作权法》第15条规定，专有公开表演朗诵权涉及的行为是以任何方式表演音乐、戏剧作品，放映电影作品，展示其他适宜展示的作品，或者朗诵口头作品，无论是否向表演者付酬。但是，为了突出特定技术手段对美术、摄影、视听作品公开传送的作用，在表演权之外有必要另行规定放映权。

七、广播权

我国2010年《著作权法》第10条第1款第(11)项规定："广播权，即以无线方式公开广播或者传播作品，以有线传播或者转播的方式向公众传播广播的作品，以及通过扩音器或者其他传送符号、声音、图像的类似工具向公众传播广播的作品的权利。"[58]现行《著作权法》则将上述规定修改为："广播权，即以有线或者无线方式公开传播或者转播作品，以及通过扩音器或者其他传送符号、声音、图像的类似工具向公众传播广播的作品的权利，但不包括本款第十二项规定的权利。"对比上述规定，可以发现修改之处体现于：一是整合了以有线或者无线方式传播及转播作品的表述，使得立法条文表述更加精练、但内容更周全，特别是适应了当前网络同步转播使用作品技术发展的需要；[59]二是为了与该法规定的信息网络传播权相区分，规定广播权不包括信息网络传播权，有利于以交互式传播标准界分信息网络传播权和广播权，防止在实践中两者发生混淆。[60]

广播权是《伯尔尼公约》第11条之二明确规定的著作财产权。即文学艺术作品的作者享有下列专有权利：(1)授权广播其作品或以任何其他无线传送符号、声音或图像的方法向公众传播其作品；(2)授权由原广播机构以外的另一机构通过有线传播或转播的方式向公众传播广播的作品；(3)授权通过扩音器或其他任何传送符号、声音或图像的类似工具向公众传播广播的作品。一般国家著作权法也都规定了著作权人享有的广播权。例如，英国《著作权法》第16条规定，著作权人享有广播作品或将其收入电缆节目服务的专有权利。西班牙《著作权法》第20条规定了通过电线、电缆、光纤或者其他类似办法向公众传送作品的传播权。

---

[58] 1990年《著作权法》规定的权利为"播放权"，主要针对广播电台、电视台播放作品，2001年《著作权法》则改称为"广播权"，除了涵盖广播电台、电视台播放作品外，还包括其他传播媒体的播放形式。值得一提的是，在《著作权法》第三次修改过程中，2012年国家版权局公布的《著作权法》(修改草案)两个版本曾将权利名称恢复为1990年法的规定，并将播放权定义为："播放权，即以无线或者有线方式向公众播放作品或者转播该作品的播放，以及通过技术设备向公众传播该作品的播放的权利。"

[59] 2020年4月26日，时任司法部党组书记、副部长袁曙宏在第十三届全国人民代表大会常务委员会第十七次会议上所作的《关于〈中华人民共和国著作权法修正案(草案)〉的说明》明确指出，修改广播权有关表述，旨在"适应网络同步转播使用作品等新技术发展的要求"。

[60] 参见刘银良：《制度演进视角下我国广播权的范畴》，载《法学》2018年第12期。

我国《著作权法》上述规定涉及以下三方面权利:

第一方面的权利属于有线广播权,即以有线方式公开传播或者转播作品的权利,包括通过有线网络传送声音、符号、图像的方式向公众公开传播或者转播作品的权利。在现实中,以有线传播系统广播作品的形式非常普遍,如宾馆、饭店、娱乐场所安装的用来转播广播电台、电视台和卫星广播组织节目的有线播放系统即是如此。这类权利强调通过有线方式实现,如通过有线电视传播、有线广播或转播广播电台、电视台广播的作品。值得指出的是,关于以有线方式公开传播或者转播作品,从2010年《著作权法》的规定看,虽然以有线方式传播广播的作品被纳入广播权控制的范围,但并没有明确以有线方式公开传播或转播作品是否也受广播权所控制。《伯尔尼公约》对广播权的规定也是如此。应当说,公约的规定是受制于当时技术发展状况的。随着传播技术的发展,目前以有线方式传播作品的情况非常普遍,这种传播已远不限于传送广播电台、电视台播放的节目,而是直接以有线方式公开传播或者转播作品。例如,很多有线电视台直接广播作品就是如此。这种情况,仍然需要受到广播权的控制。实际上,《伯尔尼公约》固然没有明确在广播权条款部分专门规定以有线方式公开传播或者转播作品属于著作权人广播权的控制范围,但在其他相关条款涉及了通过有线方式直接传送作品受著作权控制。〔61〕 由于以有线方式公开传播或者转播作品对著作权人的利益具有重要影响,著作权人应享有以有线方式公开传播或者转播作品的专有权利,否则在保护其广播权方面将出现真空地带。基于上述考虑,现行《著作权法》明确规定著作权人享有以有线方式公开传播或者转播作品的专有权利。

第二方面的权利属于无线广播权,即以无线方式公开传播或者转播作品的权利,包括以无线电波传送符号、声音或图像的形式向公众传播或者转播作品,如广播电台和广播卫星的广播、电视台的播放等传送声音或者图像均属于受广播权控制的行为。

第三方面的权利属于利用扩音器一类工具的广播权,即通过扩音器或者其他传送符号、声音、图像的类似工具向公众传播广播的作品的权利。这类传播工具,通常用来转播广播电台、电视台和卫星广播组织的节目。

值得注意的是,在上述广播权的内容中,一般是以机械表演的形式传送作品的。但是,也并不排除在一定的情况下直接通过相关技术设备传送表演的情形。在这种情况下,仍应赋予著作权人以广播权。另外,一则应注意广播权和后面阐述的广播组织权是不同性质的权利,前者属于著作权,后者属于邻接权,是广播电台、电视台和卫星广播组织等就其编排的广播、电视所享有的专有权利。二则应注意广播权和后面探讨的信息网络传播权的界限,前者限于非交互式传播行为,后者限于交互式传播行为。〔62〕

---

〔61〕《伯尔尼公约》第10条之三关于作品朗诵的有线传输的规定、第11条关于作品表演的有线传输的规定,以及第14条关于电影的有线传输的规定。

〔62〕 参见刘银良:《信息网络传播权及其与广播权的界限》,载《法学研究》2017年第6期;焦和平:《三网融合下广播权与信息网络传播权的重构——兼析〈著作权法(修改草案)〉前两稿的相关规定》,载《法律科学(西北政法大学学报)》2013年第1期。

八、展览权

(一)展览权的概念与范围

我国现行《著作权法》第10条第1款第(8)项规定:“展览权,即公开陈列美术作品、摄影作品的原件或者复制件的权利。”展览权在《伯尔尼公约》中没有被明确规定,但其第17条规定,如果本同盟任何成员国的主管当局认为有必要对于任何作品或制品的发行、演出、展出,通过法律或条例行使许可、监督或禁止的权力,本公约的条款绝不应妨碍本同盟各成员国政府的这种权力。这说明公约间接承认了展览权。

享有我国著作权意义上的展览权的作品仅限于美术作品和摄影作品的原件或者复制件,即绘画、书法、雕刻、雕塑、照片等作品的原件或者复制件。这一规定也是考虑到美术、摄影作品的展览权较之于其他作品具有更重要的人格和财产价值。以美术作品而言,著作权人行使展览权可以体现为在展览会、博览会上展出,在电视、电影中展出,以及禁止他人未经许可而擅自展览其美术作品。

一般国家著作权法都对展览权予以确认。例如,美国《著作权法》第101条规定,展览一部作品是指直接展示或者以胶片、幻灯、电视形象或其他设备或程序展示作品的复制品,或者在涉及电影或其他影视作品时以非连续的方式展示单个的画面。不过,不同国家的著作权法对权利的客体及内容认识不一致。例如,日本《著作权法》第25条规定,展览权是“作者对其美术作品或未发行的摄影作品的原作展出享有的独占排他权”。即这种权利是将绘画、雕塑或未发行的摄影作品原作等展示给公众的一种专有权,权利不及于美术、摄影作品以外的作品。美国《著作权法》第106条则将展览权客体扩大到大多数受著作权保护的客体,除美术、摄影作品外,还包括文学作品、戏剧作品、音乐作品、哑剧作品,以及电影、录像作品中的单个镜头等。德国《著作权法》第18条将展览权的客体限定于未发表的美术作品和摄影作品的原件或者复制件。西班牙等国家笼统地规定艺术作品享有展览权,法国和意大利则一般性地规定作者享有展览权,而不是专门针对美术、摄影等作品。

(二)著作权人展览权与美术作品原件展览权的关系

前面已经指出,取得作品原件的所有权不等于所有权人有权行使作品的著作权。但在美术作品中“展览权”规定存在一个例外。一般国家的著作权法都规定,所有人取得美术作品原件所有权后,所有人有权行使作品原件的展览权。如前所述,我国现行《著作权法》第20条第1款规定:“作品原件所有权的转移,不改变作品著作权的归属,但美术、摄影作品原件的展览权由原件所有人享有。”其第2款则规定:“作者将未发表的美术、摄影作品的原件所有权转让给他人,受让人展览该原件不构成对作者发表权的侵犯。”之所以作出这种规定,是考虑到所有人取得美术、摄影作品原件所有权后,原件展览权仍保留在著作权人手中将难以行使展览权。在美术、摄影作品原件被转让后,该作品的著作权仍然保留在著作权人手中,但原件所有人享有对该原件的所有权,该原件的展览权应归原件所有人享有。而且,从发表权的角度看,转让未发表的美术、摄影作品的原件所有权,应推定为该作品作者同意展览其原件,受让人展览该原件不构成对作者发表权的侵犯。否则,在未经作者同意时就不能展览该原件,这不利于原件价值的实现。这是因为,与其他类型作品不同,美术、摄影作品原件的展览是实现这类作品价值的基本方式。

（三）著作权人展览权与肖像权的冲突和协调

前面提到，美术、摄影作品肖像化时易发生著作权与肖像权的冲突，展览权的行使当然也不例外。对此，各国的做法不尽相同，有的国家将其放入一般民法“肖像权”中去解决，有的放入“邻接权”中去解决，有的则在著作权法中作具体规定。如多米尼加《著作权法》第51条规定：画像、塑像及摄像的被画、塑、摄者，有权禁止展出其肖像或其他以营利为目的的方式展出其肖像，否则将依法负民事赔偿责任。就我国而言，著作权人依《著作权法》享有著作权，肖像权人依《民法典》享有肖像权，为协调这种关系，著作权人在行使展览权时应以尊重肖像权人肖像权为前提，如应事先征得许可，不以营利为目的进行展览。

九、信息网络传播权

在当代信息社会，因特网已成为人们最重要的对外信息沟通与获取知识和信息的手段之一，对国家和社会的政治、经济和文化都产生了深刻影响。这是因为，通过表达和通信来认识外部世界并与之发生联系，是人类认识和改造世界的重要途径。以计算机网络为基础的因特网形成了一个巨大的信息分布、传输和使用空间，并且其信息含量之丰富、传输速度之快、传播范围之广，都是传统的信息传播手段无法企及的。因特网的出现和迅猛发展对全球的影响是革命性的，其根本的原因在于信息的流动性以及其对人类社会实践影响的能力。在国际上，为应对数字技术的挑战，专门设置了向公众传播的权利。为适应网络技术发展的需要，我国2001年《著作权法》第10条第1款新增了“信息网络传播权”，即“以有线或者无线方式向公众提供作品，使公众可以在其个人选定的时间和地点获得作品的权利”。这一权利的增设，无疑是著作权法适应新技术革命的产物。它和前述广播权不同，主要体现在：信息网络传播权调整的信息网络传播行为具有交互性，而广播权涉及的广播行为是单向的；信息网络传播权调整的行为是通过网络向公众提供作品，这与其他传播媒介也不同。

信息网络传播权具有较丰富的内涵，它主要涉及提供作品〔63〕以及作品在互联网上传播的控制问题。〔64〕一般而言，著作权人实现其信息网络传播权，离不开作品数字化行为。所谓作品数字化，是指将作品通过计算机软件变换成0和1的数字化形式再现作品。从性质上说，作品数字化属于对作品的复制行为而非创作行为。由于它是对作品的复制，因此并不产生新的作品，而是在数字技术条件下再现作品的新的方式。作品数字化以后，还需要通过计算机网络在网络上传播。这种传播或者传输，包含了在计算机服务器中的内存和计算机中的复制、临时复制行为，但整体上它是由人操作计算机完成的。作品数字化和在网络空间传输后，通常公众可以在其选定的时间和地点获得或者访问该作品。所有这些行为均受著作权人信息网络传播权的控制。

值得注意的是，修改后的《著作权法》对于网络著作权限定的名称是“信息网络传播权”，这表明著作权法调整的行为不仅限于互联网络，还包括电视、电话、手机等作品点播系统。另

〔63〕 参见张金平：《信息网络传播权中“向公众提供”的内涵》，载《清华法学》2018年第2期；徐珉川：《论互联网“提供作品”行为的界定》，载《中外法学》2020年第2期。

〔64〕 参见靳学军、石必胜：《信息网络传播权的适用》，载《法学研究》2009年第6期。

外,从国际上对这类权利的规定来看,1996 年世界知识产权组织主持签订的《世界知识产权组织版权条约》和《世界知识产权组织表演和录音制品条约》确立了作者、表演者和录音制作者“向公众传输的权利”。即将作者的作品、表演者固定下来的表演或者录音制作者的录音放置在网上传播,应取得该作者、表演者、录音制作者的许可。不过,《世界知识产权组织版权条约》使用的是“向公众传播的权利”,而《世界知识产权组织表演和录音制品条约》使用的则是“提供已录制表演的权利”以及“提供录音制品的权利”。在我国 2001 年修改《著作权法》的过程中,曾一度使用“向公众传播的权利”的提法,目的是与这两个公约一致。但这两个公约的用法本身并不一致。原因在于两者的来源不同:前者是《伯尔尼公约》的延伸。《伯尔尼公约》中有“向公众传播”的概念,《世界知识产权组织版权条约》只是援用了这一概念并将其延伸到网络环境中。在《世界知识产权组织版权条约》中,向公众传播的权利首先可以说是网络传播的权利,但仍然保留了一般意义上的向公众传播的权利的含义。后者则是以《罗马公约》为基础制定的。《世界知识产权组织表演和录音制品条约》使用上述两个术语,目的是与《罗马公约》相一致。我国修改后的《著作权法》中使用“信息网络传播权”的提法实际上涵盖了上述两个公约对于通过网络信息向公众传播的权利的内容。

为了充分保护著作权人享有的信息网络传播权,2006 年 5 月 10 日国务院第 135 次常务会议通过了《信息网络传播权保护条例》,于 2006 年 7 月 1 日起施行,并于 2013 年进行修订。当然,该条例也涉及对表演者和录音录像制作者等邻接权主体信息网络传播权的保护。条例的有关内容将在本书相关部分进行阐述。

十、演绎权

演绎权,是作品著作权人对于他人以其作品为基础依法演绎使用而享有的专有权利,是著作权人许可或者禁止他人以自己的作品为基础进行再创作的权利。[65] 演绎权行使或者实现的结果是形成演绎作品,这类作品又被称为派生作品。即以原作为基础经独创性地再创作而诞生的新的作品。

(一)改编权

改编权是著作权人享有的许可或禁止他人以改编形式使用自己作品的专有权利。我国现行《著作权法》第 10 条第 1 款第(14)项规定:“改编权,即改变作品,创作出具有独创性的新作品的权利。”《伯尔尼公约》第 12 条也确认了改编权,即文学艺术作品的作者享有授权对其作品进行改编、音乐改编和其他变动的专有权利。

改编权是作品著作权人首要的一种演绎权,也是著作权法赋予大多数著作权客体所享有的一种权利。所谓改编,意指在原有作品基础上,通过改变表现形式或用途,创作出具有独创性的新作品。改编有两种形式:一是将作品由一种类型改变为另一种类型,如将小说改编成电影,将钢琴曲改编为交响曲;二是不改变作品的类型而将其改变为适合某种特定需要的作品,如将大字典改编为学生字典,将一部理论专著改编为通俗读物,将原作品缩写或扩写等。著作权人不仅对其原作享有改编权,而且对其原作的改编形式也享有权利。他人未经许可改编著

〔65〕 参见梁志文:《论演绎权的保护范围》,载《中国法学》2015 年第 5 期。

作权人的作品,如果公开该改编作品,则会构成著作权侵权。在获得著作权人改编许可的情况下,改编作品的主体则因付诸独创性劳动而亦享有著作权。

改编不是一种"全新"的创作,它要以已有作品为基础。改编后的作品,或多或少地保留原作的某些独创性特征。但改编和抄袭与部分抄袭又有重要区别,它是一种不改变原作基本内容基础上的再创作活动。换言之,如果在改写时变更了原作的基本内容,就会变成重新创作了。但是,如果原作的内容没有被修改,而只是在形式上有些变化,则可能被判为复制或抄袭。在许多国家,包括改编作品在内的演绎作品如标示为原作,很有可能被视为抄袭或部分抄袭。同时,改编在表达形式上,也具有相似性。如果只是表达的思想类似,则不属于改编。正如有学者指出:仅根据原作品的思想创作出新作品并非受改编权控制的行为。只有在保留原作基本表达的情况下通过改编原作品创作出新作品,才是著作权法意义上的改编行为。[66]

著作权人有权决定自己的作品是否改编、由谁改编及怎样改编。在他人改编著作权人的作品时,应征得著作权人的同意,否则改编后的作品构成侵权作品。[67] 即使是改编的作品,对该作品进行商业性利用,也仍受到原作改编权的制约。[68] 根据我国《著作权法》的规定,改编作品著作权人行使著作权时不得侵害原作的著作权。

改编权适用于大多数著作权客体。如电影改编就是遵循电影艺术的特点和规律,运用电影思维,将其他形式的文学艺术作品再创作为一部电影作品。音乐作品的改编则更为常见。改编音乐作品必须使用原作的实质内容,对原作的旋律进行创造性修改,但又未使原有音乐作品的旋律消失,如在古典交响乐基础上改写成流行乐曲、将京剧的曲调改编成交响曲都是改编音乐作品。当然,音乐作品的改编在实践中有时难以区分其与重新创作的界限。

改编改编作品是否也应归于原作著作权人控制的范围,这在实践中已有所见。[69] 例如,上海美术制片厂取得原告的授权将《黑猫警长》改编成美术动画片,被告人经制片厂的许可又将动画片改编为连环画,原著作权人认为未取得本人许可,侵犯了原作《黑猫警长》的改编权,遂引起讼争。本书认为,任何改编作品都是从原作派生出来的,尽管改编作品和原作享有几乎相同的包括改编权在内的著作权,改编作品仍从属原始作品,改编还可能涉及原作保护作品完整权的问题。因此,改编改编作品除取得改编作品著作权人同意外,还应取得原始作品著作权人的授权。

(二)翻译权

翻译权是著作权人享有的许可或者禁止他人翻译其作品的专有权利。我国现行《著作权法》第10条第1款第(15)项规定:"翻译权,即将作品从一种语言文字转换成另一种语言文字的权利。"

翻译权是演绎权中的一个重要内容,在国际著作权保护中尤为重要。《伯尔尼公约》第8条即规定:"受本公约保护的文学艺术作品的作者,在对原著享有权利的整个保护期内,享有

---

〔66〕 王迁:《著作权法学》,北京大学出版社2007年版,第144页。

〔67〕 利用他人作品元素改编则存在一定的复杂性。参见苏志甫:《利用他人作品元素改编行为的判断思路与逻辑展开——从"武侠Q传游戏"侵害改编权及不正当竞争案说起》,载《法律适用》2020年第18期。

〔68〕 参见李杨:《改编权的保护范围与侵权认定问题:一种二元解释方法的适用性阐释》,载《比较法研究》2018年第1期。

〔69〕 参见华劼:《改编权权利范围及立法模式研究》,载《南京大学学报(哲学·人文科学·社会科学)》2017年第6期。

翻译和授权翻译其作品的专有权。”

翻译是用另外一种语言表述出来，这需要付诸独创性。因此，翻译实质上是用另外一种语言文字进行再创作。在实践中，还存在将翻译作品再进行翻译的情形，此时译者除需要征得翻译作品著作权人授权外，同样需要征得原作著作权人的授权。当然，从忠实原文的角度来说，这种情况应当尽量避免，因为翻译作品与原作相比难免有变化，直接根据原文翻译可以更加贴近原文。

从理论上讲，人类有多少种语言文字，就有多少种翻译权，因而著作权人转移一种语言文字的翻译权不等于转移了其他语言文字的翻译权。翻译权也是两个著作权国际公约所确认的重要权利。但应指出，由于在一般情况下从著作权人那里取得翻译权的目的是出版，两个国际公约及许多国家著作权法都认为翻译权中包含出版权。如《世界版权公约》第 5 条第 1 款规定：公约所指的权利中，包括作者本人及授权他人翻译公约保护的作品及出版译本的专有权。

（三）摄制权

我国现行《著作权法》第 10 条第 1 款第（13）项规定，“摄制权，即以摄制视听作品的方法将作品固定在载体上的权利”。摄制权也被称为制片权。《伯尔尼公约》第 14 条规定，作者享有授权他人以摄制电影的方法将作品固定在载体上的专有权。它是原作作者的一项权利，而不是视听作品作者的权利。

前面在阐述电影作品、电视剧作品等视听作品时，提到了这类作品的创作过程。它通常包括选定导演和演员，创作分镜头剧本、主题音乐，拍摄景观，音乐合成等程序。在创作分镜头剧本前，则需要将文学艺术作品改编为电影剧本。在获得分镜头剧本后，需要根据其进行摄制，将改编的剧本以摄制的方法加以固定。

在实际中，许多文学艺术作品被摄制成视听作品，往往要涉及对作者原作进行改编的问题。这就不难理解许多国家为何将摄制权列在演绎权中。《伯尔尼公约》第 14 条也是如此。公约规定，文学艺术作品的作者享有下列专有权利：（1）授权将这类作品改编和复制成电影以及发行经过如此改编或复制的作品；（2）授权公开表演、演奏以及向公众有线传播经过如此改编或复制的作品。其原因在于，摄制视听作品，通常离不开将小说、戏剧、舞蹈等作品以改编的形式搬上银幕，即拍摄成电影或者以类似摄制电影的方法创作的作品。这一过程就是原作者行使演绎权的体现。值得注意的是，摄制权被纳入演绎权范畴，在其他国家或地区的著作权相关规范中也有规定。例如，日本《著作权法》第 27 条规定，摄制电影是与翻译同类的改编的权利。德国《著作权法》第 23 条规定，摄制电影属于改编和演绎的权利。不过，我国《著作权法》没有将摄制权并入改编权中，而是单列为一种独立的权利。在《著作权法》第三次修改过程中，曾主张取消摄制权的规定。〔70〕 电影制片者在摄制电影作品时，需要同时获得改编权和摄制权。从著作权人的角度来说，则是行使了这两种权利。〔71〕

---

〔70〕 参见刘华、姚舜禹：《论摄制权的存废——对〈著作权法〉修订草案送审稿取消摄制权的讨论》，载《知识产权》2019 年第 12 期。

〔71〕 与摄制权相关的还有一种所谓“重拍权”，是指“就原电影内容的同一故事，利用现代摄影及色彩等技术，以现在或未来之观点阐释该故事而为改编及重新拍制新电影的权利”。该权利在我国《著作权法》中没有规定。日本、美国著作权法将其规定为改作权。参见甘龙强：《电影著作权》，中国电影出版社 1991 年版，第 66 页；张革新：《现代著作权法》，中国法制出版社 2006 年版，第 105 页。

（四）汇编权

汇编权是著作权人授权或禁止他人汇编自己的作品的权利。[72] 我国现行《著作权法》第10条第1款第（16）项规定："汇编权，即将作品或者作品的片段通过选择或者编排，汇集成新作品的权利。"[73] 例如，作者可以将自己多年来发表的某一类论文汇集成一部论文集。当汇编他人的作品时，应事先取得该作品著作权人的许可。这种许可的方式因作品不同而异。对于报纸、杂志等定期出版物，著作权人投稿，则认为是向报刊社默示许可刊登其作品；对于非定期出版物，汇编者应通过合同取得著作权人的许可。

汇编权是各国、地区著作权法保护的著作财产权之一。例如，我国台湾地区"著作权法"第28条规定，作者享有将其著作编辑成著作的权利。不过，一些国家是在确认汇编作品的著作权保护时间接承认著作权人的汇编权的。例如，德国《著作权法》第4条规定，数篇作品或稿件的汇编物（汇编作品）通过选择和编排构成智力创作的，在不损害被汇编物著作权的情况下，可以作为独立的作品受到保护。

著作权人行使汇编权的结果是产生汇编作品，但汇编权与行使汇编权而创作出汇编作品的作者所享有的著作权并不是一回事。汇编作品著作权人对汇编作品享有著作权，但该著作权不能及于被汇编的作品。汇编作品著作权之产生，是基于在汇编作品的过程中对被汇编的作品或者作品的片段在选择或者编排方面付诸的独创性劳动。对于被汇编作品而言，其著作权具有独立性，不因被收入某一作品而丧失著作权。汇编作品著作权保护的丧失也不会影响被汇编的每一部作品的著作权的存在，反过来也一样。

由于汇编权是专属于著作权人的，擅自汇编他人享有著作权的作品自然构成对著作权人汇编权的侵犯。不过，也有国家在实践中视其为侵犯复制权。这里需要区分复制和汇编，判断经汇编后能否形成具有独创性的汇编作品。如果汇编过程中缺乏独创性的智力劳动，而只是近乎将他人作品复制发行，这种行为还同时侵犯了著作权人的复制权。

十一、收益权

确认收益权也是各国著作权法的通例。例如，法国《知识产权法典》第L.123-1条规定，作者享有以任何形式使用其作品的专有权，并获得报酬。德国《著作权法》在"作者的其他权利"部分也规定了获得报酬权，具体包括追续权、公共借阅权、复印器材和空白磁带使用费等。我国现行《著作权法》第10条第2款规定：著作权人可以许可他人行使第1款第（5）项至第（17）项规定的权利，并依照约定或者本法有关规定获得报酬；第3款规定，著作权人可以全部或者部分转让第10条第1款第（5）项至第（17）项规定的权利，并依照约定或者本法有关规定获得报酬。我国《著作权法》视收益权为"获得报酬权"，这一权利的授予能使著作权人获取一定的经济效益。在我国现阶段保护作者或其他著作权人的著作财产权，关键也在于完善作品的有偿使用制度，特别是作品的"二次使用"制度。

---

〔72〕 参见王迁：《论我国〈著作权法〉中"汇编权"的重构》，载《法学论坛》2008年第6期。

〔73〕 1990年《著作权法》使用的相应概念是编辑权。但由于"编辑"在该法不同条文中具有不同含义，且《伯尔尼公约》使用的是"汇编"这一术语，2001年《著作权法》修订时改用"汇编"这一用语。

第三节　其他权利

为充分保护著作权人享有的著作权，从2001年《著作权法》起，均在第10条第1款第(17)项规定了“应当由著作权人享有的其他权利”。在理论上，这被称为关于著作权权利内容的“兜底条款”。从充分保护著作权人的角度来说，增加兜底条款有利于著作权司法实践中根据个案确定是否将原告主张的权利纳入著作权的保护范围。不过，在学术界也有观点担心这可能会违背著作权法定原则，而且有可能造成司法实践中认定标准不一的问题。[74] 从我国著作权司法实践情况看，适用这一项规定的权利也较为特殊，且总体数量不多。

本书认为，鉴于现行《著作权法》对于作品使用方式进行了阐述，这些使用方式与具体的使用权相对。因此，“应当由著作权人享有的其他权利”包括注释权、整理权等。司法实践中认定的其他权利也值得关注。[75] 至于延续权和公共借阅权，我国从1990年《著作权法》至今尚未规定，但也值得研究。[76] 限于篇幅，本节仅对上述四项权利进行阐释。

一、注释权

注释，是对文字作品的字、词、句进行解释，包括对作品的语汇、内容进行阐述以及对引文出处进行说明等。注释权即著作权人自己或授权他人注释自己作品的权利，是著作权人在注释其作品方面的专有权。在授权他人注释的情况下，著作权人有获得报酬的权利。著作权人有权决定其作品是否注释、由谁注释及怎样注释。在著作权人授权他人注释其作品时，注释人对自己所作的注释享有著作权，但不能对被注释的原作主张权利。在实际中，注释作品是大量存在的。当然，有很多是针对著作权保护期届满或者以前的古代作品进行的注释，自然不存在取得原作著作权人同意的问题。对处在著作权保护期内的作品进行注释，就需要取得原作著作权人的同意。这既关系到著作权人使用作品的经济效益，也关系到保护其精神权利的问题。比如，有的作品经“注释”后，如果变得不堪入目，与歪曲、篡改毫无二致，损害了著作权人的人格利益，就需要受到注释权的规制。如果是作者针对自己的作品进行的注释，则注释部分构成了其作品的组成部分，也享有著作权。注释本身具有独创性，可构成独立的受著作权保护的作品。如果缺乏注释权，就难以控制擅自注释他人作品的行为。通过确认注释权，则可以建立注释他人享有著作权的作品应取得著作权人许可的制度，有利于充分保障著作权人的利益。

---

〔74〕 参见王一璠：《著作权权利“兜底”条款的解释适用——基于398份裁判文书的类型化》，载《中国出版》2019年第23期；刘银良：《著作权兜底条款的是非与选择》，载《法学》2019年第11期；刘铁光：《论著作权权项配置中兜底条款的废除——以著作权与传播技术发展的时间规律为中心》，载《政治与法律》2012年第8期。

〔75〕 根据笔者指导的2020年全国大学生版权征文本科生组唯一特等奖获得者邓仁江同学的论文《应当由著作权人享有的其他权利研究》所进行的分析，司法实践中认定的权利有网络直播权、(定时非同步)网络播放权、作品(角色)形象使用权、保护作品使用环境完整权、禁止假冒署名权、数字化权等。

〔76〕 参见熊琦：《论“接触权”——著作财产权类型化的不足与克服》，载《法律科学(西北政法大学学报)》2008年第5期。

值得注意的是,我国1990年《著作权法》第10条第1款第(5)项明确规定了著作权人享有的注释权,但在2001年《著作权法》修订时没有明确列举这一权利。其原因在于,行使注释权的场合不多。不过,这并不意味着著作权人不存在这一权利,因为该法还在第10条第1款第(17)项规定了“应当由著作权人享有的其他权利”。注释权即可纳入“其他权利”之列。

二、整理权

整理权是著作权人整理自己作品或者授权他人整理自己作品的权利。我国现行《著作权法》虽然没有明确规定著作权人享有整理权,但在一些条文中明确地提到了整理作品的问题,如第13条、第16条。从这些规定看,著作权人享有整理权。按照1991年《著作权法实施条例》第5条第(12)项的解释,“整理,指对内容零散、层次不清的已有文字作品或者材料进行条理化、系统化的加工,如古籍的校点、补遗等”。在修改后的条例中则不再存在这一解释。从作为著作权人权利的整理权来说,显然不包含古籍的校点、补遗,因为古籍无著作权可言。易言之,整理权只能针对享有著作权的作品。如果整理不享有著作权的作品或其他材料,形成的整理版本能否受到著作权保护,仍然取决于是否付出了独创性的智力劳动。例如,邢某诉《天下第一楼》著作权侵权案就反映了涉及整理版本的著作权问题。在该案中,原告指控被告《天下第一楼》剧本部分文字和内容抄袭了原告出版在先的《全聚德史话》。被告则认为,《全聚德史话》中的菜单是历史事实,不享有专有权。但法院判决认为,《全聚德史话》中的菜单和当年全聚德饭庄中使用的菜单不同,原告已进行了加工、整理,对加工、整理后的菜单整理版本享有著作权。

三、延续权

延续权,又称追续权、转售权,是指艺术品的作者在其作品原件被转让之后,在该作品被再次出售时有分享收益的权利。延续权制度多为大陆法系国家所采用。其中,法国是世界上最早确立延续权制度的国家。除此之外,德国、比利时、意大利、波兰、匈牙利、卢森堡、葡萄牙、摩洛哥、土耳其、塞内加尔、马里、乌拉圭、巴西等国也都确立了这一制度。从这些国家的规定看,作者或者其继承人分享作品原件再销售的比例一般为3%至5%。

《伯尔尼公约》在其1948年布鲁塞尔文本第14条之二确认了这种权利。但它不仅限于艺术家,一般作者也可享有这项权利。该公约1971年巴黎文本第14条之三则规定:对于艺术品原作及作者与作曲人的原稿,有关作者或其死后由法律授权的人或机构,对于作品由作者首次转让后的每一次转售,有权从中收取收益。此项权利不可剥夺。但公约没有规定延续权是各成员国必须保护的权利,而是一种互惠性质的保护。即只有作者所在国承认该权利,其作品才能在其他成员国获得保护,且其受保护的程度与作者所在国家的受保护程度一致。

著作权法之所以要确认延续权制度,是因为美术等艺术作品价值的特殊性。历史上,有些著名的画家在世时因为作品未被广泛认可而使其作品在市场上价格很低,但后来随着其艺术成就得到广泛承认,原作的价值可能暴涨。荷兰著名画家梵高就是比较典型的例子。但在美术作品的转售中,直接获得高额利润的并不是作者,而是作品收藏家或艺术商。正是基于这种考虑,作为对美术作品作者经济利益的一种经济补偿手段,一些国家开始对美术作品授予延续权。随后,这种权利的客体进一步扩展到文学及音乐作品的手稿。《伯尔尼公约》布鲁塞尔文本就反映了这一特点。

从各国著作权法对延续权的规定看,该权利具有以下特征:第一,从权利主体看,延续权只能由作者本人或其继承人享有,权利也不能被转让、剥夺与放弃。由此看来,延续权具有著作人身权的性质。第二,从权利客体看,延续权只适用于包括美术作品、书面刻印等在内的艺术作品及音乐作品、文学作品原稿,不适用于作品的复制品,这就大大限制了权利行使范围。这与美术等作品的价值,主要为作品原件的转卖价值和对作品原件的欣赏价值有关。第三,从权利的行使来看,它体现在对有形物的再出售上。权利人能够分享每次公开转售作品原件所获得的收益。

我国《著作权法》没有规定这种权利。随着我国艺术品市场的繁荣,以及我国著作权法制的不断健全,可以适时确认这一制度。

四、公共借阅权

公共借阅权是西方一些国家著作权法规定的权利。[77] 它是指因作品的出借而获得报酬的权利。这种权利的范围较窄,即它限于获得报酬的权利。有学者认为公共借阅权属于出租权的范畴,其实两者之间仍存在较大的差别。因为就出租权而言,它涉及出租人向著作权人支付租金,而公共借阅权则涉及公共图书馆或者通过国家专门的税收向作者或者其他著作权人支付报酬;出租权是作者或其他著作权人直接控制作品出租行为的权利,而公共借阅权则谈不上控制作品借阅或出租,著作权人只享有因作品被借阅而获得报酬的权利。另外,出租权的客体限于视听作品、计算机软件等作品。在邻接权中,则还包括录音录像制品的出租,而公共借阅权的客体范围则大得多,没有这些作品或制品类别的限制。公共借阅权限于少数发达国家著作权法的保护,而出租权是 TRIPs 协议明确保护的权利,这也是两者不同之处。

本章案例研讨

◈ 有孔虫模型作品独创性认定及侵犯复制权与演绎权的区分

某科学院海洋研究所、郑某与刘某、某市某石业有限公司、某环境艺术管理办公室侵犯著作权纠纷案[78]

某科学院海洋研究所(以下简称海洋研究所)、郑某认为刘某、某市某石业有限公司(以下简称某石业公司)、某市环境艺术管理办公室(以下简称某环境办公室)侵犯其有孔虫模型作品著作权,向青岛市中级人民法院提起诉讼。

---

〔77〕 参见张惠彬、吴柯苇:《公共借阅权:理性评判与法律解析——从西方经验到中国语境》,载《情报资料工作》2020年第1期;丁利明、马良:《论公共借阅权制度的本土化困境》,载《图书馆论坛》2012年第6期。

〔78〕 选自山东省高级人民法院(2012)鲁民三终字第33号民事判决书。

青岛市中级人民法院查明争议焦点为:其一,原告制作的有孔虫模型是否属于著作权法保护的作品,作品类型及完成时间;其二,被控雕塑是否侵犯了原告的著作权;其三,如果构成侵权,侵犯了原告对作品享有的何种权利;其四,如果构成侵权,三被告应承担什么样的侵权责任。

法院认为:本案的有孔虫模型系郑某在其专业领域研究过程中独立创作完成,体现了其对有孔虫特定生长阶段、色彩及表达方法的个性化选择及其观察能力、绘图能力和雕刻能力,是其智力劳动的成果,构成著作权法意义上的作品。依据常理,有孔虫模型于有孔虫雕塑园兴建之时和科普基地揭牌时已经创作完成,据此,海洋研究所、郑某有孔虫模型作品的创作完成时间最晚为2006年。

关于被告刘某的被控雕塑对原告郑某有孔虫模型是否构成著作权侵权,法院认为:首先,将被控雕塑与模型作品进行比对,除1号雕塑以外,其余9件雕塑与模型作品的整体结构、基本形态、表现手法均构成相似,仅是在局部进行了简单的改变,从整体上看9件雕塑与模型作品不存在明显的视觉差异,构成实质性相似。其次,刘某于2007年6月25日在原告郑某实验室的来访登记上签字,并认可同年夏天将郑某的有孔虫模型借走,应认定刘某在其设计被控雕塑前即2007年接触过郑某模型作品。最后,基于涉案作品所反映题材的专业性,刘某对有孔虫的了解并未达到熟知的程度,不能仅仅依据有孔虫的平面图片就能推测有孔虫的形态从而设计出被控雕塑。因此,在被控雕塑与模型作品构成实质性相似、被告刘某设计被控雕塑前确曾接触原告郑某模型作品的情况下,刘某主张其依据公共出版物中的有孔虫图片创作了被控雕塑,该观点不能成立。基于此,法院认定刘某未经许可、根据郑某作品设计的9个被控雕塑侵犯了原告海洋研究所、郑某对其相关有孔虫模型作品所享有的著作权。

关于原告海洋研究所、郑某对有孔虫模型享有的何种权利受到侵犯。法院认为,海洋研究所对有孔虫模型作品所享有的复制权、修改权被侵害,郑某署名权也受侵害。此外,被告刘某将被控雕塑错误命名,使用了与郑某模型作品不一致的名称,割裂了郑某作品与其名称之间的对应关系,歪曲了郑某作品所反映的事物内容,违背了郑某创作的原意和思想感情,构成对海洋研究所享有的保护作品完整权的侵犯。

基于上述认定,青岛市中级人民法院判决被告刘某公开赔礼道歉、赔偿损失,被告某石业公司、烟台市环境办在《某日报》或《某晚报》向原告海洋研究所、郑某刊登声明消除影响等。刘某不服一审判决,向山东省高级人民法院提起上诉。

山东省高级人民法院二审认为:有孔虫模型是对有孔虫生命体特征的反映,其本身体现了制作者郑某的个性化选择和表达,属于著作权法保护的对象。郑某根据其多年对有孔虫的观察、分析和研究成果,独立制作出有孔虫放大模型,体现了郑某对有孔虫生命体的理解,是对客观事物进行艺术抽象和美学修饰的创作成果,符合著作权法对作品独创性及独创高度的保护要求,构成著作权法意义上的作品。一审法院认定有孔虫模型作品完成于2006年正确。

法院针对不同编号的雕塑与原告有孔虫模型一一进行了比对。刘某的9个被控雕塑与郑某主张保护的有孔虫模型的主体结构和造型选择基本相同,从整体上看,二者不存在实质性差异,可以认定被控雕塑整体脱胎于模型作品。即使考虑到刘某所主张的参考书籍,仍不能改变刘某主要参照郑某有孔虫模型的基本结构设计被控雕塑的事实。从细节上看,雕塑作品对模型作品进行了局部修改和变形处理,有别于模型作品。根据已查明的事实,刘某接触过郑某有孔虫模型作品。对刘某独立创作的抗辩理由不予采纳。

关于上诉人刘某侵犯了被上诉人海洋研究所何种著作权的问题，法院认为：本案中雕塑作品与模型作品相比，整体结构、基本形态构成实质性相似，但又有一定的创作成分于其中，被控雕塑根据艺术表现的需要，在模型作品基础上进行了艺术加工，增添了新的创作成分，但这种加工并没有脱离模型作品的"基本构成"，系由原作品派生而来，构成对模型作品的演绎作品。刘某未经海洋研究所、郑某许可，借助有孔虫模型制作被控雕塑并据此获利的行为侵犯了海洋研究所享有的著作权。一审法院认定刘某侵犯了海洋研究所的复制权，适用法律欠妥，但认定刘某承担赔偿责任并无不当。

关于上诉人刘某是否侵犯了作者署名权和保护作品完整权的问题，法院认为：刘某未经郑某许可，使用有孔虫模型制作被控雕塑，未说明其创作来源，侵犯了被上诉人郑某对其模型作品所享有的署名权。同时，刘某对被控雕塑错误命名，割裂了有孔虫模型与其名称之间的对应关系，侵害了海洋研究所对有孔虫模型享有的保护作品完整权。刘某虽抗辩称有孔虫名称由前人命名，不受著作权法保护，但我国著作权法意义上的保护作品完整权是指作者保护其作品的内容、观点、形式等不受歪曲、篡改的权利，即作者有权保护其作品的完整性，保护其作品不被他人丑化，不被他人作违背其思想的删除、增添或其他损害性的变动，郑某对有孔虫名称本身虽不享有任何权利，但模型作品所对应的有孔虫名称已成为郑某作品的一个组成部分，应受著作权法关于作品完整权的保护。

基于上述认定，山东省高级人民法院判决驳回上诉，维持原判。

本案除了涉及有孔虫模型是否具有包括独创性在内的作品特征外，主要涉及如何认识作品著作权中的复制权与演绎权的区分，以及被告制作有孔虫雕塑是否侵害原告的著作权、侵害了哪些著作权等问题。本案还涉及利用自然界公共资源素材或元素独立创作与具有侵权性质的对他人作品利用的界分问题。在本案中，原告有孔虫模型基于作者创作的个性化选择、判断和技巧利用等而具有独创性，被控作品则再现了原告作品中的个性化表达，构成与原告作品的实质性相似。由于被告具有接触原告在先作品的可能，一审、二审法院均认为刘某侵害了原告有孔虫模型作品的著作权。本案为界分复制权与演绎权以及明确著作权侵权中原告署名权、保护作品完整权被侵害等问题提供了较为重要的启发。

◈ 侵犯作品改编权的认定

涉《诛仙》小说游戏改编著作权纠纷案[79]

小说《诛仙》(1－6)署名萧某著，某出版社2005年6月－2006年4月出版。小说《诛仙》7、《诛仙大结局》亦署名萧某著，某文艺出版社分别于2006年11月、2007年7月出版。2013年6月6日，张某(甲方，笔名萧某)与某软件公司(乙方)订立《〈诛仙〉系列小说游戏改编授权

〔79〕 选自北京知识产权法院(2018)京73民终992号民事判决书。另参见北京市海淀区人民法院(2016)京0108民初30628号民事判决书。

协议》。授权性质为独占使用权及转授权。某软件公司指控广州某网络公司侵害其涉案游戏改编权,遂向北京市海淀区人民法院提起著作权侵权之诉。

法院认为,根据本案现有证据,法院认定某软件公司根据合同约定自2015年9月30日起取得了将《诛仙》系列小说改编为网络游戏并运营所改编游戏的独占性权利,从合同文义及目的理解,可以认定某软件公司对《诛仙》小说享有改编网络游戏的改编权及信息网络传播权,有权提起本案诉讼。

关于广州某网络公司的行为是否侵害某软件公司享有的《诛仙》系列小说改编权、信息网络传播权,法院认为:应先分析广州某网络公司的行为是否是对《诛仙》小说内容的改编,如果是改编行为,广州某网络公司是否有合法理由改编。就《青云志》游戏是否改编《诛仙》小说内容而言,除了反映作者"天马行空想象力"和"雄健恢弘叙事"风格的小说整体属于作者的独创性表达,小说中包括人物名称、经历及性格特点、人物关系、故事情节等部分也是作者独特的智力创作成果,亦属于作者的独创性表达。经对比,可以认定《青云志》游戏中的涉案人物名称、人物关系与《诛仙》小说中对应人物名称、人物关系构成实质性相似。综合前述人物名称、人物关系、神兽名称及故事情节,可以确认《青云志》游戏中的涉案内容来源于《诛仙》小说,是按网页游戏要求对该小说中对应表达的改编。广州某网络公司抗辩称游戏人物名称、场景等元素不具有独创性,不构成表达。对此,法院认为仅就某一网络游戏中的人物名称、场景名称或单一元素而言,或者出于无法反映作者独创性的取舍、安排,或者无法完整传达作者的创作思想而难以构成作品。但是,若将他人作品中人物名称、人物关系、故事情节、场景等综合性元素的独创性表达改编为网络游戏中对应内容,依然属于对原作品独创性表达的使用行为,应获得原作品著作权人许可。

广州某网络公司强调其为开发《青云志》游戏做了大量独创性工作,《青云志》游戏是将《青云志》电视剧改编而来的类电影作品,对演绎作品中独创性部分再演绎无需获得小说作者的同意。法院认为,广州某网络公司为开发《青云志》游戏所做的独创性工作可以使其对该游戏整体及独创性智力成果部分享有著作权,但不能据此认定广州某网络公司对该游戏中改编自他人作品的部分亦享有著作权。《青云志》游戏整体是否属于类电影作品的性质不影响该游戏各元素或元素组合系改编自他人作品中独创性表达的情形。广州某网络公司经授权可将《青云志》电视剧中区别于《诛仙》小说内容的独创性部分用于《青云志》游戏的演绎创作中,但无权未经许可使用《诛仙》小说中的独创性部分用于该游戏的演绎创作。因此,广州某网络公司取得的授权无法对抗某软件公司的本案主张。

在上述基础上,北京市海淀区人民法院判决广州某网络公司停止在《青云志》网页游戏中使用涉案人物名称、人物关系、神兽名称、故事情节的侵害改编权行为,停止通过信息网络传播含有涉案侵权内容的《青云志》网页游戏,并进行赔偿等。广州某网络公司不服上述判决,向北京知识产权法院提起上诉。

北京知识产权法院将争议焦点归纳为:一是某软件公司是否有权提起本案诉讼;二是广州某网络公司是否侵害了某软件公司就《诛仙》系列小说享有的游戏改编权以及信息网络传播权;三是广州某网络公司在网站上的宣传行为是否构成虚假宣传;四是一审法院对广州某网络公司承担民事责任的认定是否正确。

关于某软件公司是否有权提起本案诉讼,法院认为:某软件公司基于《授权协议》取得的授权有效,某软件公司获得了《诛仙》系列小说的游戏改编权及相关权利,鉴于《授权协议》中,权利内容包括享有运营改编开发的游戏产品的权利以及权利性质为独占,从实现合同目的的角度,上述权利实质应包括为了保证改编游戏的独占运营和使用从而禁止他人对《诛仙》系列小说进行游戏改编以及后续使用、传播的权利。综上,某软件公司有权就本案所诉侵害著作权的行为提起诉讼。

关于广州某网络公司是否侵害了某软件公司就《诛仙》系列小说享有的游戏改编权以及信息网络传播权,法院认定广州某网络公司具有接触涉案作品的可能性,并且其在《青云志》游戏中使用的内容与某软件公司主张的《诛仙》系列小说内容构成实质性相似。综合来看,两部作品对应的内容足够具体,可以体现作者在作品表达中进行的取舍、安排和设计,构成具有独创性的表达。在未获许可的情况下,广州某网络公司将《诛仙》系列小说中的部分内容改编成《青云志》游戏中的组成部分,侵害了某软件公司享有的就《诛仙》系列小说改编为游戏的改编权。广州某网络公司未经许可通过信息网络运营《青云志》游戏,使公众可以在个人选定的时间和地点获得《诛仙》系列小说中的相关内容,亦侵害了某软件公司的信息网络传播权。

法院还对广州某网络公司是否构成虚假宣传的不正当竞争问题以及责任承担问题进行了认定。

基于上述认定,北京知识产权法院判决驳回上诉,维持原判。

该案涉及游戏改编权保护问题,同时也兼及诉讼主体资格与实质性相似的对比等问题。在该案中,法院认定广州某网络公司将《诛仙》系列小说中的部分内容改编成《青云志》游戏中的组成部分,侵害了某软件公司享有的就《诛仙》系列小说改编为游戏的改编权。该案原告作品中被利用的部分,主要体现为《诛仙》小说中涉案人物名称、人物关系、神兽名称及主要故事情节,这些内容也体现了原告作品的独创性表达,被告在未经许可的情况下使用即构成著作权侵权。至于被告作品中新增的独创性表达部分,与其改编行为构成著作权侵权没有必然联系。该案为著作权司法实践中如何认定侵害作品改编权提供了较为重要的指引。

第五章 著作权的归属

著作权的归属,即著作权归谁所有、作品著作权主体是谁。确定著作权的归属,是著作权法的核心。只有确定了著作权的归属,才能明确谁是著作权人。著作权是随着作品的创作完成而产生的,著作权归属自然同时得到确定,故创作活动本身的特点,决定了作品的特点和著作权归属的特点。由于各种作品创作时的情况不同,各种作品的本身特点也不同,著作权的归属也就不尽相同。此外,著作权还可因转让、继承、继受和执法活动而发生转移,从而也会使著作权的归属发生变化。基于此,本章将著作权的归属分为两大类:著作权的原始归属和后继归属。

第一节 著作权的原始归属

一、一般情况下的著作权归属

著作权源于作品的创作完成,而作品又是作者创作完成的,因而著作权的原始归属一般就属于作者,这是绝大多数国家著作权立法的通例。[1] 例如,美国《著作权法》第201条规定,根据本法受保护作品的著作权,最初属于作品的作者。我国现行《著作权法》第11条也规定:著作权属于作者,本法另有规定的除外。

单独作品的著作权一般归属于作品的创作者,这是世界各国著作权立法的通例。当然,对于各种具体的作品,由于立法上的差异,各国对作者的认定标准并不同一。例如,对于摄影作品,一般认为作者是具体拍摄照片之人,而英国1956年《著作权法》第48条第1款则规定,摄影作品的作者,应是照片拍成之际该照片的所有人。还如,用计算机创作音乐等艺术作品、进行翻译的情况,是否应将软件设计人视为作者,这也存在不同认识。特别是,随着当前人工智能及其产业的迅猛发展,人工智能生成物如果能够成为受著作权法保护的作品,其著作权归属如何确定,也存在一定争议,大致有归属于人工智能所有者、投资者、使用者等不同观点。[2] 总的来说,应注意区分作品的真正创作者和为作品的创作作出非创作性贡献的其他人,如作品的复制者、制作者和施工者。以雕塑作品为例,按照一定比例放大或者缩小以及铸造雕塑的行为,不是这类作品的创作行为,而只是复制或制作行为。

---

〔1〕 参见李自柱:《著作权归属认定的一般规则》,载《中国出版》2020年第13期。

〔2〕 杨利华:《人工智能生成物著作权问题探究》,载《现代法学》2021年第4期。

二、演绎作品的著作权归属

(一)演绎作品的概念及其著作权归属

演绎作品并非我国《著作权法》的专门术语,而是一个被广为使用的学术用语。演绎作品最重要特点是基于现有作品进行再创作而产生的作品。离开原有作品,演绎作品无法产生。[3] 在演绎作品中,既包含了演绎作者的独创性成分,也包含了原作品的表达成分。正是在此意上,有观点认为演绎作品中包含了原有作品和派生作品两部作品。在创作作品时,如果仅是借助于原有作品的创作思想,而不是基本表达,创作出来的作品看不出原有作品的基本表述,就是一部完全新的作品,而不是演绎作品。在现实中,演绎作品普遍存在,如就已有文学艺术作品而改编完成的电视剧、戏剧作品,就外文作品翻译成的译作。

从广义上讲,只要是以现存作品为基础直接创作出的新的作品都是演绎作品,包括同种作品形式之间的改编、转换,以及以其他形式表达作品的内容。如果一部作品的创作以另外一部在先作品为基础,在先作品的思想内容被移植到后来的作品中,都属于广义的演绎。[4]

演绎作品是受著作权保护的作品,主要原因在于演绎作品对已有作品在实质内容上有明显的创新,投入了其创作性劳动。如果对作品的演绎没有达到独创性的要求,则不能按照著作权法意义上的演绎作品对待,而只能是原作品的复制品或者不成功的演绎。演绎作品的著作权属于演绎人,这也是各国著作权法及国际公约的通例。2010 年《著作权法》第 12 条即规定,改编、翻译、注释、整理已有作品而产生的作品,其著作权由改编、翻译、注释、整理人享有。2020 年《著作权法》第 13 条维持了该规定。

在演绎作品中,改编作品是主要的一种形式。改编也就是利用他人作品,加以改变或者改写,创作出新作品。改编后形成的作品为改编作品,即以原作品为基础,通过改变作品的表现形式或者用途,经创作而形成的新的作品。文学、音乐、戏剧、美术等作品均适用于改编,例如,将小说改编为剧本、将专著改编成通俗读物。改编后的作品,保留了原作的基本内容,但在表现形式或作品用途上作了改变,这一改变包含了足够的独创性,根据《伯尔尼公约》第 2 条第 3 款之规定,改编作品应作为具有独创性的作品受到著作权保护。改编作品的著作权归属于改编者。

翻译作品,通常简称为译作,也是演绎作品的一种重要形式,其不仅包括书面的文字翻译,也包括口译。它是在他人作品的基础上,以另一种语言表达思想感情的智力创作成果。与原作相比,除语言不同外,在表达方式、用词习惯、语法结构、语言风格等方面也不同。由于翻译作品包含了翻译者对原作的理解,需要用另一种语言重新体现原作的构思、情感与表达,这也要具备专门的知识与技能,故翻译作品也是一种创造性的智力成果。1908 年在《伯尔尼公约》修订会议上就确认了翻译作品应得到与原作同等的,但不损害原作者权利的保护。

关于翻译作品,值得探讨的是,使用计算机软件产生的翻译成果是否属于著作权法意义上

---

[3] See Pamela Samuelson, *The Quest for a Sound Conception of Copyright's Derivative Work Right*, 101 GEO. L.J. 1505 (2013).

[4] 韦之:《著作权法原理》,北京大学出版社 1998 年版,第 40 页。

的翻译作品？从著作权法保护人类创作的基本精神看，这类成果似乎不属于著作权法意义上的翻译作品。但是，由于其原作属于原作者具有独创性的作品，如果“自动翻译机”翻译形成的另外一种语言文字的作品〔5〕不享有著作权，他人就可以将该译作随意使用。由于该译作作为演绎作品包含了原作的独创性成果，只是所表达的语言不一而已，在这种情况下应当禁止他人使用该译作。基于此，本书倾向于主张使用翻译软件之类翻译自己享有著作权的作品而形成的译作，应当也受著作权保护，其著作权属于该作者，也就是翻译软件的使用者。这种情况可以视为人们利用机器翻译等人工智能手段翻译自己的作品。至于在翻译软件自动生成的翻译成果基础上进行改写、润饰、重构形成的最终成果，则更应属于受著作权保护的翻译作品。不过，需要进一步指出，如果使用者使用翻译软件翻译的不是自己享有著作权的作品，使用者是否对于该“译作”享有著作权，则需要进一步研究。

注释作品是对作品进行释义、注释、说明、阐述而产生的作品，通常是对一些古诗文、科学、文化著作进行注释而产生的作品。从原作某种特定用途来讲，注释者所付诸的创造性劳动，是对原作不可或缺的补充。注释作品主要意义在于帮助他人理解被注释作品。注释作品一般限于文字作品，其著作权归注释人享有。从著作权角度看，被注释的作品有的是享有著作权的作品，有的则是不享有著作权的作品或材料。对于前者而言，注释者需要取得著作权人的许可。

整理作品是对原已存在的作品按照一定的结构或逻辑进行加工、组合、编排使其具有可读性而产生的作品，如前所述，1991 年《著作权法实施条例》第 5 条第（12）项规定，整理，指对内容零散、层次不清的已有文字作品或者材料进行条理化、系统化的加工，如古籍的校点、补遗等。对民间文学艺术或其他民间传统等民间素材进行整理、加工而成的整理本，也是整理作品，但作者应当尊重主要素材提供者的权益。整理作品同样包含了整理者的创造性劳动，其著作权归属于整理者。

改编、翻译、注释和整理他人作品，如果原作品尚在著作权保护的有效期内，则应取得该著作权人的许可并支付报酬。如果原作已不存在著作权，则不存在征得原作著作权人许可的问题，但仍应表明原作的作者和作品来源，并不得歪曲和篡改。

（二）演绎作品著作权的几个特殊问题

1. 演绎作品著作权与原作品著作权的关系

演绎作品存在双重著作权问题，即原作品著作权和演绎作品著作权。由于演绎权属于原作著作权人，演绎作者在对原作品进行再创作时，应事先征得原作品著作权人的同意，否则即构成侵犯其演绎权。有人认为，改编、翻译等演绎行为改变了作品的表现形式，而著作权只保护作品的表现形式，故演绎作品时不必征得原作品权利人许可。实际上，改编、翻译等演绎行为仍基本上反映了被演绎作品的主题思想、情节、结构，故其合法性在于事先取得演绎权许可。另外，演绎作者虽然可以取得与原作作者几乎相同的法律地位，对自己的智力成果享有独立的著作权，但是，演绎作品毕竟是从原作品派生出来的，演绎作品从属于原作品。在演绎作品中，既包含了演绎作者的智力创造性劳动成果，也包含了原作品作者的智力创造性成果。因此，演

〔5〕 参见尹锋林、赵旖鑫：《挑战与应对：机器翻译的发展与翻译权行使的未来》，载《科技与法律（中英文）》2021 年第 3 期。

绎作品著作权人在行使著作权时，不得损害原作品的著作权。《伯尔尼公约》第 2 条之一第 3 款即规定，翻译、改编、乐曲改编以及对文学或艺术作品的其他变动应得到与原作品同等的保护，但不得损害原作品的著作权。例如，翻译作品应尊重原作品的结构，无权变更原作情节展现方式，而只有在内容表达上的选择自由，如根据个人喜好选择词汇、习惯表达方式、风格等。改编作品应当忠实于原著，不能对原作品的主题思想进行歪曲、篡改，否则即构成对原作品保护作品完整权的侵犯。对此，各国著作权法都有规定。我国现行《著作权法》第 13 条也规定，改编、翻译、注释、整理人行使著作权时，不得侵犯原作品的著作权。而且，演绎作品著作权人不能对原作品本身主张任何权利。例如，在美国 1990 年的 Steward v. Abend 案[6]中，法院指出："演绎作者在演绎作品中所添加的东西是该作者的财产。但是，从已有作品中抽出的因素，仍然属于已有作品的作者。"另外，对演绎作品的著作权保护，并不妨碍其他人对同一作品以改编、翻译、注释、整理等方式进行再创作。当然，其他演绎作者也不得损害原作品的著作权。

进言之，演绎作品与原作品的渊源关系决定了演绎作品著作权人在行使著作权时需要充分尊重原作品著作权人的利益，其中演绎作品著作权人不得行使原作品著作权，这是毫无疑问的。例如，演绎作品著作权人在转让或许可自己作品的著作权时，不能擅自转让或许可原作品著作权。在司法实践中，值得关注的是究竟如何理解"演绎作品著作权人在行使著作权时，不得侵犯原作品的著作权"。这是否可以理解为：改编、翻译等演绎作品著作权人行使著作权时需要取得原作著作权人的许可。例如，在某改编作品著作权侵权纠纷案中，被告方特别区分了"改编作品著作权的合法行使"与"行使改编作品著作权不得侵犯原作品著作权"的关系，认为："我国《著作权法》多条规定都明确采用'应当取得著作权人许可'的表述，由此可见，立法者在此处采用'不得侵犯原作品的著作权'的表述并不是立法者的疏忽，而是特意采取此种表述的。从文义和法理上看，'不得侵犯原作品著作权'和'应当取得著作权人的许可'内涵和意义完全不同。'应当取得著作权人的许可'要求行为人积极行为以取得许可，加诸给行为人的是积极义务；而'不得侵犯原作品著作权'无此积极行为的要求，其只要求行为人不以主动行为侵犯原作品的著作权即可，其加诸给行为人的是一种消极义务。因此，我国《著作权法》规定的是改编作品著作权人的消极义务，其只要求改编作品著作权人不积极侵犯原作品的著作权即可，并不要求改编作品著作权人行使著作权时需要主动取得原作品著作权人的许可。"

当然，在该案中，由于另一被告某出版社在出版某改编作品时，仅获得改编作品作者的许可，未获得本案原告即同名原作品著作权人许可，根据 2010 年《著作权法》第 35 条规定，构成了对原告著作权的侵害。这一点应当是没有疑问的。值得思考的是，涉案改编作品作者是否应当对于其许可某出版社出版该改编作品的行为也承担侵害著作权的民事责任。应当认为，由于改编作品作者享有对该作品的著作权，其仅行使许可权的行为不应承担上述著作权侵权责任。至于最终该作品的出版侵害了原告著作权，是因为某出版社没有履行获得原告许可的法定义务。

改编作品的著作权和原作品的著作权一样，都是独立的权利，二者不存在优先次序之分。

---

〔6〕 110 S. Ct. 1750, 14 U. S. P. Q. 1622 (1990).

如若要求改编作品的著作权人行使著作权必须取得原作品著作权人的许可,就无异于将改编作品著作权这种独立的权利强行附属于原作品著作权,使其丧失独立性而异化为一种须经许可的原作品著作权的使用权。这与改编作品著作权本质上的独立性是相悖的。这也正是我国2010年《著作权法》第13条仅规定改编作品著作权的行使不得侵犯原作品著作权的原因所在。

此外,在演绎作品与被演绎的原作著作权关系方面,毫无疑问,如果被演绎的作品是不享有著作权的作品,演绎作者就不存在取得原作著作权人许可的问题。例如,保护期届满的作品以及不在我国《著作权法》保护之列的已有作品。当然,即便如此,演绎作者也仍然存在对原作完整性的尊重问题,如不得歪曲、篡改原作品,应当标注原作者的署名和出处。这也是维护文化的传承性所需的。

2. 第三者使用演绎作品与原作品的关系

对于第三者,使用演绎作品除须取得该演绎作品著作权人许可外,还应取得原作品著作权人的许可,并向其支付报酬。这是因为,演绎作品体现了原作者和演绎作者的不同智力成果,原作品著作权人对演绎作品总是能够享有权利。如日本《著作权法》第28条就规定,二次著作物的原作品著作权人就该二次著作物的使用,享有和该二次著作物享有的同一类权利的专有权。又如,《伯尔尼公约》第14条规定,根据文学或艺术作品制作的电影作品以任何其他艺术形式改编,在不妨碍电影作品作者授权的情况下,仍须经原作作者授权。这说明,对电影作品进行再改编,除需要获得电影作品作者的许可外,还需要获得原作作者的许可。

我国现行《著作权法》第16条规定:"使用改编、翻译、注释、整理、汇编已有作品而产生的作品进行出版、演出和制作录音录像制品,应当取得该作品的著作权人和原作品的著作权人许可,并支付报酬。"该规定是完全新增的内容。值得指出的是,上述规定针对演绎作品的使用,规定应当取得演绎作品著作权人和原作品著作权人双重许可并支付报酬的情况,限于"出版、演出和制作录音录像制品"。由于对作品的使用并不限于这三种情况,对于其他情况下使用演绎作品是否也需要取得上述双重许可并支付报酬,值得进一步研究。

当然,演绎作品如果是基于不受著作权保护的作品而产生的,第三者就无须征得原作者许可,也无须支付报酬。此外,从权利的保护角度看,当演绎作品受到侵犯时,原作品著作权人对该作品亦享有诉权,因为对演绎作品的侵害,也会涉及对原作品的侵害。

3. 侵权演绎作品著作权问题

如前所述,由于原作品著作权人享有演绎权,对他人作品的演绎应经过原著作权人的授权许可。但现实中则确实存在未经许可而演绎他人享有著作权的作品的现象。对于这种未经同意因演绎而产生的演绎作品是否也享有完整的著作权,〔7〕各国的认识不尽一致。我国《著作权法》对此类问题未作规定。有观点认为,侵权演绎作品不能享有著作权,因为未经许可在他人作品基础上创作演绎作品属于对原作品的非法使用,自然不能就非法使用产生的结果享有著作权。实际上,侵权演绎作品是否享有著作权与该作品是否受到著作权保护不是一个层面的概念。如果一概否认侵权演绎作品的著作权,可能反而不利于保护原作品著作权人的利益,

---

〔7〕 参见杜牧真、李仁玉:《未经许可创作的演绎作品著作权保护探析》,载《知识产权》2018年第12期。

因为他人对该演绎作品的传播将不能受到著作权人的控制。另外,侵权演绎作品毕竟包含了演绎作者的独创性劳动,特别是其中那些与原作品没有关系的部分,更不能否认其独立著作权的存在,只是该演绎作者在行使著作权时,不得侵犯原作品著作权。

三、合作作品的著作权归属

(一)合作作品的认定

合作作品,也称共同作品,是指两个或两个以上的人共同创作的作品。合作作品的作者称为合作作者,既可以是两个或两个以上的自然人,也可以是两个或两个以上的法人或者自然人与法人。合作作品是从著作权主体特征上对作品进行的一种分类,其特征是合作作者具有合意性,他们通过共同的独创性劳动创作了一部作品。[8] 在这种作品中,凝聚了合作人共同的精神劳动,这种精神劳动又具有合成性。

构成合作作品的每个合作者都必须亲自参加创作活动。无论个人的创作成果在作品中采用多少,均不影响合作作品的成立。现行《著作权法》第 14 条第 1 款规定,"没有参加创作的人,不能成为合作作者"。因此,在作品完成过程中,没有参加实质性的创作活动,而仅是为作者创作做些辅助工作,就不能成为合作作者。这些人的劳动不能反映作者的愿望与技巧,没有独创意义。此外,现实中存在大量被非作者署名的作品,其中有的是作者迫于无奈而违心地让非作者署名,有的则是作者为了提高作品及自身的知名度而主动要求非作者署名。根据著作权法保护创作的基本原则,不应将这些非作者视为该作品的合作作者。实际上,作品上的署名并非判断真正作者的客观标准,最可靠的客观标准仍是创作标准,这一点已为国内外著作权判例多次指出。

综上所述,衡量一部作品是否为合作作品须从以下方面考虑:

一是要看主张合作作品的人对创作作品是否存在合意。合意是基于合作从而产生合作作品的基础,也是区分合作作品与委托作品的重要界限。合意意味着不同作者在创作同一合作作品时,具有将各自创作的部分纳入一个整体的意图。在缺乏这种意图时,这些不同的作品虽然亦是被合并在一起并作为一部作品的,但并非合作作品。例如,某人针对他人在先的作品创作出关联作品,如为一首诗歌谱曲,不能认定为合作作品。这里的合意,通常可以以合作创作合同作为依据加以认定。例如,在最高人民法院针对四川省高级人民法院关于刘某诉叶某著作权纠纷案的复函中指出:歌乐山烈士群雕,是倡议单位聘请叶某个人创作并由叶某亲自参加和指导下制作完成的。刘某仅在参加群雕制作过程中提过一些建议,与叶某不存在合作创作的约定,不能认定是群雕的共同创作人。[9] 在实践中,可能存在缺乏口头或文字形式表达的共同创作的合意,但客观上存在共同创作的行为的事实,这种情况仍然可以据此认定为存在合意。在民法理论上,这可以称为默示。另外,这里的合意不一定体现为合作作者之间共同创作的合意,也可以体现为合作作者与合作作品组织者共同创作的合意。

二是要看各方有无共同创作行为。共同创作行为指的是具有合作创作因素,每个合作作

---

〔8〕 参见曹新明:《合作作品法律规定的完善》,载《中国法学》2012 年第 3 期。

〔9〕 1990 年 1 月 22 日(89)民他字第 56 号。

者对合作作品的诞生都作出了实质性贡献。合作作品是各合作作者共同创作行为的汇集,合作各方都应为作品的创作完成作出了实质性的、直接的贡献,即都应当亲自参加作品的创作。这里的“共同创作”既可以是混合的,也可以是分开进行的,其实质就在于各合作者的行为共同指向同一作品。这里的共同创作,可以根据一定的创作数量和质量判断。如在美国 Eckert v. Hurley Chicago Co. Inc. 案中,法院认为:尽管合作作者之间的贡献不必相同,但该合作作者的贡献无论是在质量上还是数量上都是显著的,从而可以推断各方当事人意图创作一件合作作品。[10]

三是要看共同的创作成果是否表现为一个共同的作品。亦即在形式、结构上都是一个连贯的、完整的作品。合作作品是由各合作者创作部分共同组成的一个有机整体,每个合作者所创作部分对整个创作来说是不可少的。各创作人各自创作行为不同,但这些各不相同的行为互相联系,创作结果表现为一个有机联系的整体。

(二)合作作品的分类

各国对合作作品范围的界定,主要有两种立法例。

第一种立法例认为,合作作品每个作者的创作成果不能区分为相互独立的部分,它们融为一体,不可分割。这也就是国际上通行意义上的合作作品。例如,德国《著作权法》第 8 条规定:认定合作作品的条件是两个以上作者共同创作了一部作品,其各自创作成果只能合在一起使用,而不能单独被利用。美国《著作权法》第 101 条规定:合作作品是指两个或者两个以上作者创作的作品,其创作目的是将其成果合并为一个整体,成为其中不可分割或者相互依存的部分。这种立法例实际上是将由两人或两人以上共同创作的可以分割的作品排除在合作作品之外,这种可分割作品被称为结合作品或合成作品。在具体区分这两种作品的标准上,这些国家在理论上又存在“单独使用说”与“分离使用说”。前者即是要看分离后的创作部分能否在实质上加以利用,如果不能利用就是合作作品,反之就是结合作品。

第二种立法例则认为,合作作品既包括第一种立法例中的“共同作品”,也包括结合作品(合成作品)。我国《著作权法》即属这种立法例。该法没有将结合作品从合作作品中分开,主要原因之一是共同合作作品与结合合作作品基本特点相同,即作者都是两人或两人以上,各合作者有共同创作行为,合作创作成果表现为一个共同的作品。这样就扩大了合作作品的范围,有利于建立统一的合作作品法律制度。实际上,第二种立法例将合成作品视为合作作品,在其认定标准上也存在“单独使用说”与“分离使用说”。一般而言,可分离的作品是能够单独使用的,故两种认定标准基本一致。当然,在有些情况下,可分离的部分并不一定能够单独使用。由此可见,“单独使用说”比“分离使用说”更具有合理性。正因如此,我国《著作权法》对结合合作作品采用“可分割使用”的认定标准。

(三)合作作品的著作权归属与行使

就共同合作作品而言,在这种作品中,合作者不能划分各自著作权的所占份额,合作者也无法抽出自己的创作部分加以利用,他们共同投入的智力创作劳动已融为一体。故这类作品只有一个整体著作权,由全体合作作者共同享有,即各合作者形成一种共享著作权的关系。对

---

〔10〕 230 U. S. P. P. Q 612 (N. D. Ⅲ. 1985). 转引自李明德、许超:《著作权法》,法律出版社 2003 年版,第 149 页。

于这类作品著作权的行使，一般是通过签订协议确定。如果没有协议或者协议中没有约定的权利，作品著作权由各合作者共同行使。在行使共有著作权时，可以经协商推举一名代表人，代表人行使著作权的行为，在各合作作者之间产生约束力。如韩国1987年《著作权法》第15条第2款就明确规定：凡合作作品，均须由各合作作者指定一名作者，代表全体合作作者行使这项权利。但是，为了防止限制单独共有人行使著作权所产生的弊端，便于共有著作权的行使，不少国家著作权法还另外作了专门规定。

我国现行《著作权法》第14条第1款则规定："两人以上合作创作的作品，著作权由合作作者共同享有。没有参加创作的人，不能成为合作作者。"这一规定明确了合作作品著作权由全体合作作者共同享有的原则。[11] 这无论是从权利共有的一般原则还是合作作品实际情况看都是合理的。

现行《著作权法》第14条第2款规定："合作作品的著作权由合作作者通过协商一致行使；不能协商一致，又无正当理由的，任何一方不得阻止他方行使除转让、许可他人专有使用、出质以外的其他权利，但是所得收益应当合理分配给所有合作作者。"该规定很明显地是吸收了现行《著作权法实施条例》第9条的规定，[12] 只是在内容上有所改进，即在不能协商一致时，仍然可以阻止他方行使的权利内容从转让扩大到"许可他人专有使用、出质"。这一规定体现了协议优先的原则，也兼顾到现实中合作作者各方可能存在不能协商一致的情况。[13] 为促进作品的利用和传播，该条允许在有正当理由的情况下，他方可以行使除转让、许可他人专有使用、出质以外的其他权利。同时，为公平合理起见，他方行使著作权所得的收益，合作作者仍然有权合理分享。值得注意的是，这里特别强调转让、许可他人专有使用、出质著作权的权利必须经合作作者各方同意才能行使，这是因为：一则著作权转让涉及权利主体的变更，对合作作者各方利益影响巨大，在达不成一致意见的情况下自然不能单独转让。实际上，在现行《著作权法》实施前，我国相关司法实践已按照此规定精神处理相关案件了，此规定也可以说是对司法实践经验的总结。例如，在再审申请人北京某文化艺术有限公司与被申请人上海某影视发展有限公司、原审被告李某、李某某侵害著作权纠纷案[14]中，最高人民法院指出：共有著作权人可在与对方协商不成、对方无正当理由、行使的权利不含转让、与对方分享收益等情况下，有条件地单独行使权利。但是，著作权质押和转让是对共有著作权的重大处分。未与共有权人协商而对著作权进行转让，构成未经许可侵害共有权人著作权的行为。二则许可他人专有使用尽管不属于著作权转让，但会排除其他任何第三方同样地使用。三则出质后，对于被出质的著作权也不能随意使用。现行《著作权法》增加上述规定，可以避免在实践中对作品的使用出现冲突和矛盾的情况。

就结合合作作品而言，这种合作作品可以分割使用，合作者可以明确区分各自创作部

---

〔11〕 参见殷志刚：《合作作品共有著作权行使规范解释适用与完善》，载《法学杂志》2017年第11期。

〔12〕 具体内容是：合作作品不可以分割使用的，其著作权由各合作作者共同享有，通过协商一致行使；不能协商一致，又无正当理由的，任何一方不得阻止他方行使除转让以外的其他权利，但是所得收益应当合理分配给所有合作作者。

〔13〕 参见左梓钰：《论合作作品的著作权法规范》，载《知识产权》2020年第7期。

〔14〕 最高人民法院(2015)民申字第131号民事判决书；《知识产权案件年度报告》(2015)。

分。[15] 对这类作品,本书认为我国著作权法上的“分割使用说”的认定标准具体是:第一,考虑某一合作者能否将自己的创作成果从作品整体中抽出来单独成为一部新的作品。第二,看该作者分割出自己的创作成果后,作品整体的剩余部分能否形成一部新的作品。第三,看这两部分分割使用是否会影响合作作品整体著作权的行使。如果合作作者之一单独抽出自己创作成果部分后,能形成两部相对独立的作品,且这两部作品著作权的行使不会影响作品整体著作权的行使,就应认定该合作作品是可分割使用的结合合作作品。这类作品存在两个层次的著作权法律关系:就合作作品整体而言,各合作者存在著作权共有的关系,其著作权的行使情况与共同合作作品一样;就各合作者各自创作部分而言,该部分著作权归该作者享有,在不影响整体著作权的情况下,可以分别行使该部分著作权。此时合作者们无权禁止个别作者在完成合作作品后另行使用自己的创作成果。现行《著作权法》第 14 条第 3 款保留了 2010 年《著作权法》的规定,即“合作作品可以分割使用的,作者对各自创作的部分可以单独享有著作权,但行使著作权时不得侵犯合作作品整体的著作权”。

在合作作品著作权被侵犯时,有部分作者可能不愿提起诉讼,这将对其他共有人不利。因此,每个共有人均有权单独行使禁止权。这种诉讼属于一种必要的共同诉讼,因为其诉讼标的是共同的。根据我国《民事诉讼法》的规定,其中一个共有人的诉讼行为经全体共有人认可,对其他共同诉讼人发生效力。但对可分割的合作作品,单独作者对该部分提起的侵权诉讼,只对当事人本人发生效力。

另外,无论是共同合作作品还是结合合作作品,在行使著作权时,还可能因署名顺序发生纠纷而引发著作权侵权诉讼。2020 年《审理著作权民事案件适用法律解释》第 11 条规定,人民法院按照以下原则处理:有约定的按照约定确定署名顺序;没有约定的,可以按照创作作品付出劳动、作品排列、作者姓氏笔画等确定署名顺序。

四、汇编作品的著作权归属

(一)汇编作品的概念

汇编作品这一概念是我国 2001 年《著作权法》对 1990 年《著作权法》中“编辑作品”的概念修订而成的。从 1990 年《著作权法》第 14 条和 1991 年《著作权法实施条例》第 5 条第(11)项的规定看,编辑作品仅限于汇编作品或者由作品片段形成的作品,不包括由事实、数据或者其他材料构成的在内容的选择和编排上具有独创性的数据库。2001 年《著作权法》修订后则弥补了这一不足。该法第 14 条规定:“汇编若干作品、作品的片段或者不构成作品的数据或者其他材料,对其内容的选择或者编排体现独创性的作品,为汇编作品,其著作权由汇编人享有,但行使著作权时,不得侵犯原作品的著作权。”现行《著作权法》第 15 条维持了这一规定。

(二)受著作权保护的汇编作品的类型

根据现行《著作权法》第 15 条的规定,构成汇编作品的有“作品、作品的片段或者不构成作品的数据或者其他材料”。大体上,可以将其分为作品汇编与事实汇编两种类型。作品汇编在有的著作和教材中又被称为“集合作品”。它是针对作品或者作品的片段而形成的作品,

---

〔15〕 参见王鸿:《可以分割使用合作作品著作权行使规范之完善》,载《学海》2016 年第 6 期。

构成汇编作品的单篇作品或者作品片段包括的范围较广，除立体艺术作品外，大都可以成为汇编作品的一部分，典型地表现为文集、选集之类的作品。事实汇编则是其中的不构成作品的数据或者其他材料的汇编，又被称为“数据汇编”。

如前所述，1990 年《著作权法》对编辑作品的保护没有涉及这类汇编作品。随着数据处理特别是数据库产业的发展，数据汇编需要纳入著作权保护范围，而且这也是国际公约的要求。基于此，我国 2001 年修改《著作权法》时增加了对数据汇编的保护。事实上，我国较早即出现过关于事实汇编性质的作品是否享有著作权的问题，如广西某广播电视报诉广西某工人报著作权侵权纠纷案。在该案中，广西某广播电视报社在获得广西广播电视厅和中国电视报社同意后，获得了刊登广西电视台和中央电视台节目预告的权利。同时，该报社还被授权追究擅自刊登中央电视台节目预告的侵权行为。被告广西某工人报社则在未经许可的情况下转载了原告的节目时间表。故原告向主管法院起诉被告侵害其著作权。该法院判决被告侵害著作权成立。被告不服而提起上诉。二审柳州地区中级人民法院在经有关方面商讨后，作出了侵害其他民事权益的判决，而回避了著作权侵权与否的问题。[16] 该案判决后，在学术界和实务界引起了较大反响，其中关键在于像广播电视节目表之类的汇编物，能否成为著作权意义上的、具有独创性的作品。[17]

(三)汇编作品的独创性

就汇编作品而言，其著作权保护的关键问题是对其独创性的判断。[18] 这种独创性与从无到有的一般原创作品不同，汇编作品是基于已有作品、作品片段乃至不构成作品的事实、数据或其他材料而以汇编方式产生的新的作品，其独创性更多地体现于对作品或资料的选择、编排，在一定情况下还可以包括使用原作品与自身创作的结合。总的来说，汇编作品的独创性体现在汇编人对作品、作品片段或不构成作品的事实、数据等材料独到的选择、安排、取舍、编排、组合等方面，特别是汇编作品在整体的结构、风格和形式上的独特性方面。

有观点认为，在确定汇编作品是否具有独创性方面，具有明确的主题与选择和编排的独特构思是应具备的基本条件。所谓有明确的主题，是指作者有明确的创作意图、进行创作的构思和围绕这些意图进行的选择和编排，作者收集、整理、选择、编排信息材料的目的是创作出新的作品，而不是其他。事实上，汇编作品本身只是这种意图的外在表达而已。选择和编排时体现了独特的构思，即对被汇编对象进行编辑，应当是以汇集和编排的方式将被汇编对象编排成新的作品，该作品符合著作权法上对作品的定义和本质特征。[19] 本书认为，上述观点实际上是将“创作意图”纳入了作品创作界定的范畴。这和美国著作权专家尼默(Nimmer)提到的判断独创性的“意图”要件似乎异曲同工。事实上，创作意图只不过是主观上的一个因素，作品独创性最终需要体现为外在行为。因此，创作意图只能作为判断独创性的辅助标准，而不是主要

---

〔16〕 广西壮族自治区柳州地区中级人民法院(1994)柳地法民终字第 127 号民事判决书。

〔17〕 在国外，美国 Feist Publications, Inc. v. Rural Telephone Service Co. 案也非常具有代表性。在费斯特案中，一定地区的所有电话按字母顺序的列表被认为不符合著作权保护的独创性的条件，尽管该作品具有商业上的重要性，并且作者在作品中投入了辛劳、资金并进行了组织安排。Feist, 499 U. S. at 358.

〔18〕 参见卢海君：《汇编作品的可版权性要素及其合法性要件——以期刊作品为例》，载《中国编辑》2014 年第 2 期。

〔19〕 金晓虹：《从一起侵权行为看汇编作品的双重著作权行使》，载《景德镇高专学报》2006 年第 1 期。

标准。在判断汇编作品独创性方面,也是一样。

还有观点认为,具备独创性的汇编作品必须同时满足两个条件:其一,作者创作作品过程的独立性。换言之,汇编作品是作者独立创作完成的,非剽窃、抄袭之作。其二,汇编作品是作者智力劳动的结果,即作品应体现一定限度的创造性。[20] 其实,这也是一般作品独创性的基本内涵,而非汇编作品独创性的独到之处。如就“独立创作完成”而言,早在 1903 年美国布莱斯通(Bleistein)案中,美国联邦最高法院指出:“只要作品符合法定的可著作权作品的种类,并且由权利主张者独立创作完成的,它就具有独创性。”该案甚至被认为是美国著作权判例中第一个对作品独创性认定的案例。[21] 同时,美国联邦最高法院对“独立完成”作了如下解释:“个性总是包含了某种独特的东西,即使在笔迹中它能够表现出其独特之处,而一件极低水平的艺术品也存在某些不可减约的东西,这就是独立完成。”[22] 当然,就“独立创作完成”本身而言,汇编作品具有比较独到的特色,即前面反复强调的对被汇编的作品、作品片段以及不构成作品的数据或者其他材料的选择和编排上。[23]

由于汇编作品具有独创性,目前世界上大多数国家著作权法都对之赋予独立的著作权保护。例如,日本《著作权法》第 12 条规定,在选材或编排上有创造性的汇编物,可作为著作物受到保护。《伯尔尼公约》在 1948 年布鲁塞尔文本中就开始规定汇编作品享有著作权。其第 2 条第 5 款规定:文学或艺术作品的汇编,诸如百科全书和选集,凡由于对材料的选择和编排而构成智力创作的,应得到相应的,但不损害汇编内每一作品的著作权保护。TRIPs 协议第 10 条第 2 款也有类似规定。《世界知识产权组织版权条约》第 5 条则规定,数据或其他资料的汇编,无论采用任何形式,只要由于其内容的选择或排列构成智力创作,其本身即受到保护。这种保护不延及数据或资料本身,亦不损害汇编中的数据或资料已存在的任何著作权。该规定明显借鉴了 TRIPs 协议第 10 条第 2 款的规定。由于汇编作品包含了被汇编的单篇作品或不构成作品的事实、数据等材料,在他人侵犯汇编作品著作权时,也可能同时侵害被汇编的作品的著作权。[24]

(四)汇编作品的著作权归属及与被汇编的原作品的法律关系

汇编作品作为一个整体享有著作权,并不依赖于构成汇编作品的各单篇作品是否享有著作权;[25] 同时,被汇编作品的著作权也不因为被汇编而有所改变。至于那些不享有著作权的事实、数据或其他材料,则不因为被汇编而享有著作权。汇编作品的著作权属于汇编人,但由于汇编权是属于原作著作权人的,在编纂这类作品时,就应事先征得原作著作权人的同意,并按规定支付报酬。而且,汇编人对该作品中每一部单篇作品也不能享有著作权,不仅无权禁止他人再汇编该单篇作品,而且在行使权利时也不得侵害各单篇作品的著作权,如将使用的作品

---

〔20〕 张耕:《数据库的法律保护探讨》,载《西南民族大学学报(人文社会科学版)》2005 年第 4 期。

〔21〕 Air Miller & Mihi Davis, *Intellectual Property - Patents, Trademarks, and Copyright in A Nutshell*, West Publishing Co., 1983. 转引自顾微微、徐慎莉:《从美国 Feist 案看汇编作品的法律保护》,载《新疆社科论坛》2006 年第 4 期。

〔22〕 金渝林:《论作品的独创性》,载《法学研究》1995 年第 4 期。

〔23〕 冯晓青主编:《知识产权法权属专题判解与学理研究》(第 2 分册),中国大百科全书出版社 2010 年版,第 5 页。

〔24〕 参见王迁:《论汇编作品的著作权保护》,载《法学》2015 年第 2 期。

〔25〕 参见刘翾:《从案例看公有领域内容汇编作品的著作权问题》,载《科技与出版》2013 年第 11 期。

另换标题、将作者姓名抹掉，或对原作加以篡改，这些都是著作权侵权行为。对此，根据现行《著作权法》第15条的规定，汇编作品由汇编人享有著作权，但行使著作权时，不得侵犯原作品的著作权。而且，汇编作品中可以单独使用的作品的作者有权单独行使其著作权。当然，单独作品作者也不得侵害汇编作品整体的著作权。如果是汇编人汇编自己的作品，则汇编作品和汇编作品中的单篇作品的著作权都属同一人。

对于未经单篇作品作者同意的侵权汇编作品，有些国家认为汇编人对原作作者负有侵权责任，但这并不影响汇编作品可以取得著作权。本书认为，和侵权演绎作品类似，从著作权的原则精神来讲，侵权汇编作品可以享有著作权，但该作品整体应包含汇编人的独创性劳动，并且作品的使用无碍于社会公共利益。此时，汇编人仍然应对侵权行为承担法律责任。对于擅自使用汇编作品，除对汇编人应负侵权责任外，对原作者也应承担侵权责任，因为汇编作品也派生于原作。[26] 当然，在实际中，要使用汇编作品整体，只要取得汇编人同意就行，不必另行征得每位单篇作品作者的同意，否则将不利于汇编作品的传播和利用。

(五)关于缺乏独创性的汇编物的保护问题

如前所述，我国著作权法意义上的汇编作品是指汇编若干作品、作品的片段、不构成作品的数据或者其他材料，对其内容的选择或者编排体现独创性的作品。在现实中，还存在一些缺乏独创性的汇编物，对此是否需要给予保护，我国《著作权法》及其他相关法律均未予规定。这类汇编物不能获得著作权保护是没有疑问的，问题是是否需要给予其他形式的法律保护。如前所述，《欧盟数据库保护条例》为了保护投资者的利益，赋予了没有独创性的数据库以特殊权利保护。在我国，可以借助于《反不正当竞争法》等法律加以保护。

五、视听作品的著作权归属

视听作品和一般作品不同，需要由制片人投资并组织拍摄，需要剧本、音乐等脚本，还需要导演、摄影师的摄影、服装设计、道具制作、灯光、布景及各种角色的演员。在实践中，视听作品主要体现为电影、电视剧等。随着技术的发展，这类作品的范围也在拓展。

视听作品的著作权归属比较复杂，在确定这类作品的著作权归属时，就应在智力创作者和组织进行巨额投资的自然人或法人双方利益之间寻找平衡。这类作品著作权归属的核心问题也在于协调制片人和各创作者的利益关系。

由于视听作品的特殊性，《伯尔尼公约》第14条之二第2款对其著作权归属并未作统一规定，而是交由成员国自行决定，即视听作品著作权归属的确定，属于被要求保护的成员国国内立法范围。许多国家著作权法都作了特殊规定，大致有下述几种立法例。

第一种以美国为代表。美国《著作权法》第101条规定这类作品的著作权归属问题适用雇佣作品的规则。此外，澳大利亚《著作权法》第98条规定，制片人享有视听作品的著作权。这自然与其雇佣作品的著作权属于雇主的原则相关。这类作品是由制片人投资拍摄，导演、美工、音乐作品作者、摄影作者、演员和其他辅助人员通力完成的。制片人是雇主，其他人员都属

〔26〕 参见冯术杰：《试论汇编作品的保护范围与侵权认定——对与教学辅导材料相关判决的分析》，载《知识产权》2012年第7期。

于雇员范畴。

第二种以德国为代表。德国《著作权法》规定,电影作品著作权归属于参加创作的作者,但不是所有制作电影的人都列为电影作品作者,只有那些在制作电影过程中起主要作用的人才是电影作品作者。而且,著作权自始被视为已转移给作为邻接权人的制片人行使。这实际上是著作权的法定转让。

第三种以法国为代表。法国《知识产权法典》第 L. 113 – 7 条规定,在无相反证明的情况下,剧本作者、改编作者、对白作者、专门为视听作品创作的乐曲作者和导演被推定为视听作品作者,即视听作品的创作者对该作品享有原始著作权。不过,可以通过合同将权利转让于制片人。

第四种以苏联、罗马尼亚为代表。这类作品的整体著作权归属于制片单位,而可以单独使用的各个作品由其作者单独享有著作权。

我国 2010 年《著作权法》第 15 条第 1 款规定:“电影作品和以类似摄制电影的方法创作的作品的著作权由制片者享有,但编剧、导演、摄影、作词、作曲等作者享有署名权,并有权按照与制片者签订的合同获得报酬。”其第 2 款规定:“电影作品和以类似摄制电影的方法创作的作品中的剧本、音乐等可以单独使用的作品的作者有权单独行使其著作权。”该规定被认为既照顾到制片人在投入巨额资金后回收成本的问题,又充分考虑到创作人的权利维护问题。

如前面所提到的,现行《著作权法》第 17 条第 1 款规定:“视听作品中的电影作品、电视剧作品的著作权由制作者享有,但编剧、导演、摄影、作词、作曲等作者享有署名权,并有权按照与制作者签订的合同获得报酬。”其第 2 款规定:“前款规定以外的视听作品的著作权归属由当事人约定;没有约定或者约定不明确的,由制作者享有,但作者享有署名权和获得报酬的权利。”其第 3 款则实质性地保留了 2010 年《著作法权》的规定,具体内容为“视听作品中的剧本、音乐等可以单独使用的作品的作者有权单独行使其著作权”。

对照上述修改,可以发现,现行《著作权法》第 17 条第 1 款将视听作品中的电影作品和电视剧作品的著作权归属制度仍然按照 2010 年《著作权法》的规定处理,第 2 款则对电影作品和电视剧作品以外的其他视听作品的著作权归属制度采取约定优先原则,在没有约定或者约定不明的情况下才法定地属于制片者所有,同时作者享有署名权和获得报酬的权利。[27] 之所以作出这一区分,而不是对视听作品著作权归属作出统一规定,是基于此次修法后将原先的“电影作品和以类似摄制电影的方法创作的作品”修改为“视听作品”,从而大大扩大了受著作权保护的这类作品的范围,需要根据不同类型视听作品的情况分别作出规定。就电影作品和电视剧作品来说,由于这类作品的创作成本巨大,且需要承担较大的投资风险,有必要遵循 2010 年《著作权法》的规定,仍然将其著作权法定为属于制作者。至于其他类型的视听作品,制作者和作者之间可以约定其著作权的归属。这样便于视听作品的制作、发行遵循市场规律,也符合当前我国文化创意产业改革和发展的趋势。同时,基于制作者制作视听作品需要付出成本,在双方没有约定或者约定不明时,电影作品、电视剧作品以外的视听作品著作权仍然法定归属

---

〔27〕 参见陈虎:《论视听作品著作权归属制度——以新修〈著作权法〉第 17 条为中心》,载《苏州大学学报(哲学社会科学版)》2021 年第 3 期。

于制作者。

至于现行《著作权法》第 17 条第 3 款的规定，无论是从著作权法基本原理还是著作权法实践看，视听作品中的剧本、音乐等可以单独使用的作品的作者有权单独行使其著作权，这是当然的事情。此外，单独行使其著作权时，应注意不得损害视听作品整体的著作权。

六、职务作品的著作权归属

（一）职务作品的概念及其著作权归属的一般情况

职务作品，在西方国家又称雇佣作品。它是为完成本职工作或工作任务而创作的作品，即由于职务上的原因而创作的作品。确定职务作品著作权归属的核心问题是要协调作者和其所在单位之间的利益关系。

各国对职务作品著作权归属的规定主要有下述几种立法例：

第一种，在重视作者权的大陆法系国家，法律一般规定，职务作品的原始著作权由作者享有。例如，法国《知识产权法典》第 L. 113 – 9 条规定，雇员履行职务或者按照雇主指示创作的软件及文档属于雇主，其他智力作品的著作权属于作者，在作者定有劳务合同或雇佣合同时也不受影响。不过，由于职务作品的创作往往是依合同或有关规定进行的，对权利归属及利益分配等问题，往往还要受到民法、劳动法、合同法及其他法律的影响。在这些国家中，通过签订确认雇主与雇员之间权利义务关系的雇佣合同，雇主可依合同授权使用作品。在劳动合同中，一般还要求雇员在合同许可范围内准许雇主使用某些作品的部分著作权。以德国《著作权法》规定为例，受托人在委托关系内创作的作品以及雇员在雇佣关系内创作的雇佣作品，包括精神权利和经济权利在内的作品原始著作权属于创作作品的受托人或者雇员所有。但是，创作作品的受托人或者雇员可以通过合同明确其与委托人或者雇主的关系，将经济权利转让给雇主。大陆法系的上述做法，与其强调作者的精神权利、强调作者只能是自然人等观念有关。

第二种，大多数英美法系国家及个别大陆法系国家，侧重考虑雇佣者在雇佣作品中的作用及作者和雇主在法律上的隶属关系，其立法一般规定雇佣作品的原始著作权属于雇主或作者所在单位，或者被依法推定或转让给雇主或作者所在单位。这些国家认为雇主不仅享有著作财产权，而且享有著作人的地位和身份。例如，美国《著作权法》第 201 条规定："雇主或者委托创作作品的人被视为雇佣作品或委托作品的作者，除非各方在书面合同中作出另外的协议，雇主或委托创作作品的人享有著作权中的一切权利。"这种将雇主或者委托创作作品的人"视为"作者的情形，反映了对雇佣作品雇主一方利益的充分照顾。英美法系国家的这种规定，显然受著作权作为财产权观念的影响。

第三种，个别国家规定，职务作品的著作权由雇主和作者共享。如巴西《著作权法》规定，为履行职责或根据雇佣合同或劳务合同而创作的智力作品，著作权按国家著作权委员会规定的方式由双方当事人共有，但双方当事人另有约定的除外。

我国职务作品的问题甚为突出，因为我国绝大多数职务作者是企事业单位的职工，他们创作的作品数量众多，情况复杂。2010 年《著作权法》第 18 条本着兼顾作者个人利益和单位利益的原则，对职务作品的著作权归属作了规定。现行《著作权法》则对职务作品著作权归属制度作了一定的改进。

（二）我国《著作权法》对职务作品著作权归属的规定

1. 职务作品的概念与特征

根据现行《著作权法》第18条的规定，职务作品是自然人为完成法人或非法人组织工作任务所创作的作品。职务作品具有以下特征：

第一，职务作品的创作者与所在单位之间存在劳动、人事关系。劳动、人事关系是建立职务作品法律关系的基础。[28] 这种关系在创作职务作品时体现于，作者在本单位有完成工作任务的义务，同时也享有领取工资等福利待遇的权利。如果作者与单位之间不存在劳动、人事关系，无论创作出的作品与单位之间存在多大程度的业务关联，都不能视为职务作品。

第二，职务作品的创作是基于完成法人或非法人组织的工作任务，属于作者所属单位"工作任务"的范畴。所谓"完成工作任务"，是指法人或非法人组织为实现一定目的，指派或授权其成员或雇员进行的与此相关的一系列活动。完成工作任务显系履行本单位工作职责，是基于与单位存在人事关系、劳动关系。如果创作行为与履行本单位职责或者完成工作任务没有关系，就不能作为职务作品对待。根据现行《著作权法实施条例》第11条的规定，关于职务作品规定中的"工作任务"，是指公民在该法人或者该组织中应当履行的职责。不过，对"应当履行的职责"不能作过于宽泛的解释，如教师的基本职责是教书育人，但其在课堂教学之余撰写学术著作、编写教材、撰写论文发表，一般不能认定为职务作品。具体言之，这里的工作任务，既包括长期的经常性的任务，也包括短暂的临时性的任务。此处临时性任务既属于单位的业务范围，也属于职务作品作者本职岗位或临时确定的职责范围内的工作任务。

第三，创作职务作品的主体是领取工资的法人或者非法人组织的职务作者。职务作品作者是基于劳动、人事关系为完成劳动合同或职责规章或其他有关规定所确定的义务而创作作品，但不限于机关、团体、企事业单位的正式工作人员，也包括临时借调的人员和临时招聘的人员。

第四，职务作品与职务工作单位的正常业务活动直接相关。亦即创作职务作品应当是作者工作单位的正常业务活动所必需的，不能违背单位法定的业务宗旨。若单位将与正常业务活动无直接关系的创作任务交由作者完成，这不能视为职务作品。

2. 职务作品的著作权归属

第一种情形，作者享有著作权、单位享有业务范围内2年优先使用权的一般型职务作品。

根据现行《著作权法》第18条的规定，职务作品的著作权除法律另有规定外，一般由作者享有。但法人或者非法人组织有权在其业务范围内优先使用。作品完成2年内，未经单位同意，作者不得许可第三人以与单位使用的相同方式使用该作品。这一规定确立了单位享有业务范围内2年的优先使用权制度，这种优先使用权在作品完成2年内具有独占性。赋予单位享有一定期限内的优先使用权，有利于保障单位通过利用职务作品而及时获得利益。但是，在作品完成2年内，如果单位并没有在其业务范围内使用该职务作品，作者则可以要求单位同意由第三人以与单位使用的相同方式使用该作品。现行《著作权法实施条例》第12条进一步规定："职务作品完成两年内，经单位同意，作者许可第三人以与单位使用的相同方式使用作品

〔28〕 参见李伟民：《职务作品制度重构与人工智能作品著作权归属路径选择》，载《法学评论》2020年第3期。

所获报酬,由作者与单位按约定的比例分配。作品完成两年的期限,自作者向单位交付作品之日起计算。”对这种类型的职务作品,可以称为“一般型职务作品”。

这就是说,在一般情况下职务作品的著作权属于作者,但作者所在的法人或者非法人组织在其业务范围内有永久使用权和2年的优先使用权。这和上述一些国家的做法是一致的。这里的“使用”,从著作权的范围来看,可以包括除著作人身权以外的各种财产权利,具体内容应依据单位的业务范围来确定,单位的业务范围则可以根据其设立宗旨、营业执照等确定的内容加以确定。《著作权法》和《著作权法实施条例》尽管没有明确规定2年以内,单位在业务范围内使用是否需要支付报酬,从职务作品的性质以及单位与作者之间利益平衡的角度来说,这种使用显然应当是无偿的。另外,即使在2年以后,单位在其业务范围内仍享有使用权,并且这种使用也是免费的。

还值得注意的是,现行《著作权法》第18条强调的是作品完成2年内作者不得许可第三人以与单位使用的相同方式使用该作品,如果作者许可第三人以与单位不同方式使用该职务作品,则不受此限制,无论是在作品完成2年内或者2年后,作者均可自由行使其许可权。这是因为,第三人被许可以与单位不同方式使用该职务作品,与单位利益之间不发生冲突,无须受单位控制。另外,在作品完成2年以后,也就是单位享有的优先使用权届满后,作者许可第三人以与单位使用的相同方式使用,既不需要征得单位的许可,其所得报酬也不需要与单位分享。

第二种情形,作者享有署名权,著作权中其他权利由单位享有的特殊型职务作品。

现行《著作权法》第18条第2款规定:“有下列情形之一的职务作品,作者享有署名权,著作权的其他权利由法人或者非法人组织享有,法人或者非法人组织可以给予作者奖励:(一)主要是利用法人或者非法人组织的物质技术条件创作,并由法人或者非法人组织承担责任的工程设计图、产品设计图、地图、示意图、计算机软件等职务作品;(二)报社、期刊社、通讯社、广播电台、电视台的工作人员创作的职务作品;(三)法律、行政法规规定或者合同约定著作权由法人或者非法人组织享有的职务作品。”

根据现行《著作权法实施条例》第11条第2款的解释,物质技术条件是指该法人或者该组织为公民完成创作专门提供的资金、设备或者资料。“主要利用”意味着作者使用本单位的物质技术条件,对职务作品的创作完成具有关键作用。这就排除了“一般利用”作为单位职务作品的情况。在这种作品中,职务作者所在单位享有的著作权范围较广,即享有所有著作财产权和除署名权以外的著作人身权。之所以如此,是因为这类作品的完成要么是单位起了决定性作用,包括提供主要的物质技术条件和承担责任,要么是法律或者合同基于某种特别考虑而作出。法律、行政法规规定或者合同约定著作权由法人或非法人组织享有的职务作品,也属于特殊型职务作品,如《计算机软件保护条例》对单位享有软件著作权的规定。至于通过合同约定的情形,这种情况在现实中出现较少。

特殊型职务作品著作权归属,或者是基于创作所利用的物质技术条件和承担责任两方面,或者是基于创作主体为报社、期刊社、通讯社、广播电台、电视台及所属媒体的工作人员。上述规定,既尊重了作者权利,保证了作者作为著作权人的地位,有利于调动作者的创作积极性,又照顾到了作者所在单位的利益,可以满足作者所在单位开展正常业务活动而使用作品的需要,也有利于调动作者所在单位支持、帮助作者从事创作的积极性。可见,我国《著作权法》对职务作品著作权归属的规定具有鲜明的中国特色。

(三)职务作品与法人作品的关系

值得注意的是,如前所述,现行《著作权法》第11条第3款还规定了“法人作品”。[29] 由此可见,著作权法没有将法人作品与职务作品等同。这是对传统理论“法人作品视同职务作品”的一大突破。这两类作品在实践中容易相混淆,故有必要区分两者的关系。

从“完成工作任务”的内涵看,自然人作者都是根据单位安排进行创作,而非其自发的创作。但职务作品体现单位意志仅体现在创作行为上,作品内容仍是作者个人思想、感情的反映;法人作品反映单位意志不仅体现在创作行为上,而且体现在创作内容上,即应“代表法人或者非法人组织意志创作”。

从单位所起的作用看,职务作品所在单位一般只起检查和督促作用,而法人作品所在单位具有组织主持创作、帮助和监督创作的作用。

从作品的署名情况看,职务作品的署名者即职务作者,法人作品的署名者不是实际从事创作活动的创作者,而是法人或非法人组织。但在特定情况下,法人作品也有以个人名义发表的。

七、委托作品的著作权归属

(一)委托作品的概念和特征

委托作品是受托人根据与委托人订立的委托创作合同,按照委托人的要求为委托人创作的作品,即作者受人之托而创作出的作品。委托作品具有以下特征:

第一,作者是接受他人委托进行创作的,其创作应体现委托人的意愿与要求,并接受其指导与监督。由此可见,委托作品创作不一定反映作者自己的思想与感情,而是仅体现其创作技巧与才能。基于此,多数国家著作权法规定,受委托而创作的作品,其著作权归属于委托人。

第二,委托关系的存在是委托作品产生的前提条件。[30] 在委托作品中,作者创作一般要签订委托创作合同,在合同中明确有关的权利义务关系。委托合同既包括书面合同,也包括口头合同;既可以是有偿合同,也可以是无偿合同。

第三,在委托作品中,委托人与受托人是一种平等主体之间的民事关系。受托人除自然人外,也可以是法人或非法人组织。在这种情况下,仍是一种平等主体间的民事关系,应遵循自愿公平、等价有偿等民事活动的基本原则。

第四,受托人与委托人之间也是一种劳务关系。在委托作品中,作者依委托人要求创作,并获取一定的经济报酬,委托人依照规定取得使用作品的有关权利。这种劳务关系既可以是一种临时经济关系,也可以是无报酬关系。

---

〔29〕 参见蒋舸:《雇佣关系与法人作品构成要件》,载《法律科学(西北政法大学学报)》2014年第5期。

〔30〕 参见宋慧献、张今:《作为为他作品的委托作品:目的价值与权利分配——从〈大头儿子和小头爸爸〉系列案件说起》,载《电子知识产权》2018年第1期。

（二）委托作品的著作权归属

各国著作权法对委托作品著作权归属的规定不尽相同。[31] 主要有以下三种类型：

第一种，著作权归委托人享有。如根据美国《著作权法》第101条规定，雇员在雇佣期间职责范围内创作的作品以及通过特别订购或者委托而产生的作品均属于雇佣作品。可见，委托作品是雇佣作品的一种特殊类型，而雇佣作品的原始著作权属于雇主，故委托作品的著作权归属于委托人（雇主）。这与英美法系国家关于著作权的财产权观念有关。不过，我国第一部著作权法《大清著作权律》第26条也规定，出资聘人完成之著作，其著作权归出资者。

第二种，著作权归受托人所有。如法国《知识产权法典》规定，所有作品，包括委托作品的著作权只能由作者享有，任何合同也不能改变这种权利归属。但是，委托作品作者可以通过合同将作品著作权中的经济权利转让给委托方。德国《著作权法》的规定与法国对雇佣作品的规定一致。这种规定与大陆法系国家强调精神权利、强调自然人创作成为作者的观念有关。

第三种，委托作品的著作权原则上由受托人享有，但当事人另有约定则从其约定。我国过去没有对委托作品著作权归属问题作明文规定。理论界的不同主张大致被归纳成上述三种类型。现行《著作权法》第19条规定："受委托创作的作品，著作权的归属由委托人和受托人通过合同约定。合同未作明确约定或者没有订立合同的，著作权属于受托人。"[32] 值得注意的是，根据上述规定，在合同约定著作权归属时，是否可以包括著作人身权。对此存在两种相反的观点。一种观点类推2010年《著作权法》第16条关于职务作品的著作权归属，并根据该条并没有明确禁止约定著作人身权不得转让，认为应包括著作人身权的约定。另一种观点则从著作人身权不得转让的基本观念出发，认为上述规定不应当理解为可以约定著作人身权的归属，特别是署名权是专属于作者的，将上述约定的"著作权"解释为包括署名权在内的著作人身权，背离了著作权保护的宗旨，特别是会助长现实中并非罕见的替人"捉刀"的行为。

另外，2020年《审理著作权民事案件适用法律解释》规定，按照2010年《著作权法》第17条（现行《著作权法》第19条）规定委托作品著作权属于受托人的情形，委托人在约定使用范围内享有使用作品的权利；双方没有约定使用作品范围的，委托人可以在委托创作的特定目的范围内免费使用该作品。这一规定照顾到了委托人使用委托作品的利益，也有利于方便委托作品的利用。除2010年《著作权法》第11条第3款规定的情形外，由他人执笔，本人审阅定稿并以本人名义发表的报告、讲话等作品，是与委托作品类似的作品，根据上述司法解释规定，著作权归报告人或者讲话人享有。[33] 著作权人可以支付执笔人适当的报酬。当事人合意以特

---

〔31〕 参见陈明涛：《委托作品权利归属法律适用标准之探讨》，载《社会科学》2015年第2期。

〔32〕 参见张以标：《对我国约定不明委托作品著作权归属的反思——一种合同法的视角》，载《青海社会科学》2014年第3期。

〔33〕 在最高人民法院的两次《审理著作权民事案件适用法律解释》发布前，早在1988年最高人民法院针对上海市高级人民法院的请示所作的《关于由别人代为起草而以个人名义发表的会议讲话作品其著作权（版权）应归个人所有的批复》即有相同的观点。该批复指出：《汉语大词典》主编罗某在中国语言学会成立大会上关于介绍《汉语大词典》编纂工作进展情况的发言稿，虽然是由《汉语大词典》编纂处工作人员金某等四人分头执笔起草，但他们在起草时就明确是为罗某个人发言作准备的；罗某也是以主编身份组织、主持拟定发言提纲，并自行修改定稿，嗣后以其个人名义在大会上作发言。因此，罗某的发言稿不属于共同创作，其著作权（版权）应归罗某个人所有。罗某同意在其他刊物署名刊载发言稿全文，不构成侵害他人著作权。对金某等人在执笔起草发言稿中付出的劳动，罗某在获得稿酬后，可给予适当的劳务报酬。

定人物经历为题材完成的自传体作品，当事人对著作权权属有约定的，依其约定；没有约定的，著作权归该特定人物享有，执笔人或整理人对作品完成付出劳动的，著作权人可以向其支付适当的报酬。[34]

（三）委托作品涉及的著作权与肖像权冲突的处理

前面多次提到，当美术作品或摄影作品涉及个人肖像时，易发生肖像权与著作权的冲突。实际上，这种冲突主要发生在委托作品中。为了协调这一权利冲突，一些国家著作权法对这类作品作了特别规定。如有的国家规定，涉及个人肖像的委托作品，其原始著作权归委托人，至少发表权归委托人。如澳大利亚《著作权法》第35条规定，当照片、人像或者雕刻是为了私人或家庭目的而委托他人拍摄、绘制或制作，著作权应由委托人享有。意大利《著作权法》第98条规定，在没有相反约定的情况下，委托他人拍摄肖像照片的人可以不经摄影师许可而发表、复制或授权他人复制作品。但是，对肖像作品进行商业性复制时，应向摄影师支付合理的报酬。有的国家原则上规定"权不随物转移"，但制作与肖像有关的作品时，除非合同另有规定，与肖像有关的作品载体转移时，视同著作权一道转移，如摩洛哥《著作权法》第10条就是这样规定的。英国1988年《著作权法》则规定，一切受委托创作摄影作品的人，接受委托为他人绘制肖像的作者或者委托创作雕塑作品的作者，均享有原始著作权。

我国《著作权法》和《著作权法实施条例》均未规定委托作品涉及著作权与肖像权冲突时的解决办法。原则上说，应遵循《民法典》关于肖像权保护和《著作权法》关于委托作品著作权保护的规定，在两者发生冲突时，应使作为人格权的肖像权优先受到保护。国家版权局《关于对影楼拍摄的照片有无著作权的答复》（国权办〔1997〕12号）阐述的观点对认识上述问题不无启发。该答复明确指出：（1）顾客同影楼的关系，应属于民法中的承揽合同关系。因承揽合同关系产生的照片，应属于2010年《著作权法》第17条（现行《著作权法》第19条）规定的委托创作。很明显，影楼拍摄的照片的著作权，有合同约定的，依合同确定著作权的归属，没有合同约定或者合同未明确约定的，应推定著作权属于影楼。照片著作权属于影楼的，他人以著作权法规定之方式使用照片，应事先经影楼许可。（2）由于照片还可能涉及顾客的肖像权，因此影楼在行使著作权时应遵守《民法通则》第100条的规定，即营利性使用照片，须事先取得肖像权人的许可。[35]（3）关于本案的法律适用，除适用著作权法的有关规定，还应考虑《民法通则》第7条的规定。[36] 如果本案的原、被告在拍摄照片时都明确被告将以复制、发行广告等方式营利性使用照片，或者在没有协议的情况下，有理由认为原告明知被告将营利性使用照片并且没有提出异议，应认为即使照片著作权属于原告，被告应有权在其经营活动范围内营利性使用照片。但是，被告付给原告的报酬应与原告应得的报酬相当，可参照其他广告公司或者影楼拍摄类似照片的酬金。如果双方没有明确被告将营利性使用照片，或者没有理由认为原告明知被告将营利性使用照片，在著作权属于原告的情况下，被告欲营利性使用照片，应事先取得原告的许可。

---

〔34〕《审理著作权纠纷案件适用法律解释》第12～14条。

〔35〕对应于《民法典》第1018条。

〔36〕对应于《民法典》第8条、第1019条。

八、作者身份不明作品的著作权归属

有些已发表的作品作者身份不明,其著作权归属就不能按一般作品对待。对于这类作品,一般国家的做法是,其著作权由作品原件的所有人行使或由出版者代为行使。当出现侵权纠纷时,也由作品原件所有人或出版者以著作权代理人身份参与诉讼。但作品原件所有人或出版者并非真正的著作权人。所以,一般国家还规定,一旦作者披露了其真实身份,作品的著作权即自动回归作者手中。我国现行《著作权法实施条例》第 13 条即规定:"作者身份不明的作品,由作品原件的所有人行使除署名权以外的著作权。作者身份确定后,由作者或者其继承人行使著作权。"

有些国家规定这类作品的著作权由国家代为行使,个别国家则将其作为一种无主财产对待,著作权收归国有。如印度尼西亚 1987 年《著作权法修正案》第 5 条就有类似规定:匿名作品著作权应由"国家持有"。

第二节 著作权的后继归属

著作权的后继归属发生于原始著作权权利主体变更之后,包括著作权转让、继承与著作权因执法而转移等情况,是著作权发生转移而产生的。这种转移,严格地说,限于所有权的转让,不包括后面阐述的著作权的许可使用。它是指因为特定的法律事实导致著作权脱离了原著作权人,而由他人享有的情况。著作权转移是发挥著作权的经济效能,实现作品进一步增值的需要。一般地说,由于著作人身权与作者具有内在的密切联系,其不能被转移。如果在合同中约定了著作人身权转移的条款,则该条款可以被认定为无效。

一、著作权转让

(一)著作权转让的概念、特点及各国的立法例

著作权转让,是指著作权人在著作权有效期内将著作权中财产权利的全部或部分出让给他人的一种法律行为。通过转让,受让人成为部分或全部著作权主体,转让人则丧失了所转让的权利。

著作权转让的特点可以概括为:(1)只涉及作者或其他著作权人的著作财产权,不涉及著作人身权的转让。因为著作人身权和作者有着不可分割的联系,只能由其本人享有。这尤其在法国、日本、意大利等大陆法系国家著作权法中被明确强调。从国际公约的规定看,《伯尔尼公约》第 6 条之二规定,不受作者经济权利的影响,甚至在上述经济权利转让之后,作者仍保有要求其作品作者身份的权利,并有权反对对其作品的任何有损其声誉的歪曲、割裂或其他更改,或其他损害行为。该规定也间接反映了著作人身权的不可转让性。(2)著作权转让导致的法律后果是权利主体的变更,这是其与著作权许可使用最大的不同。(3)在实现著作权转让的形式上,法律一般要求以书面合同的形式加以体现。对此本书后面有关章节将予以讨论。

由于各国的立法传统不同,对著作权是否可以转让及权利转让的性质认识不一样。如前

所述,英美法系国家奉行著作权财产说,著作权人如同其他动产所有人一样,可以任意处分自己的著作权。因而,著作权在这些国家可以作为买卖、交换、赠与、遗赠等的对象。权利转让后,受让人能以自己名义行使著作权并对侵权行为享有诉权。例如,英国《著作权法》第90条规定,著作权可以像动产一样以转让、设立遗嘱或者执行法律的方式转移。美国《著作权法》第203条规定,作者可以转让和许可他人行使著作权。大陆法系国家认为著作权是一种与作者个人不可分离的个人权利,其中著作人身权是不能转让与继承的,可转让的只是著作财产权。但各国的规定也不尽相同,如德国《著作权法》认为著作财产权和著作人身权不能相对分离,著作财产权虽然可以被许可使用,但不能转让。法国《知识产权法典》第L.122-7条则规定两者可以相对分离,表演权和复制权可以有偿和无偿转让,其他财产权则不允许转让。

(二)著作权转让的类型

著作权转让,根据转让人有无经济收益的标准,可以分为无偿转让与有偿转让两大类。无偿转让实际上就是赠予。赠予通常包括赠予给国家、自然人、法人或非法人组织等形式。有偿转让即转让人以失去权利为代价取得一定数额的经济报酬。这是著作权人行使权利的一种重要方式。

根据权利的转让程度,还可将著作权转让分为全部转让与部分转让。全部转让是著作权人将全部著作财产权在著作权有效期内转让给受让人,即著作权人处分了著作权中的一切财产权能。这相当于一次卖绝著作权,受让人成为作品的实际著作权人,原著作权人不再享有著作权中的任何财产权利。在这种情况下,受让人还可以将其著作权再次转让。英美法系国家一般允许著作权的全部转让,德国、法国等大陆法系国家则不允许全部转让。部分转让即著作权人将全部或部分著作权在一定期限内出让给他人。具体来说,部分转让可以分为著作权部分权利的转让;著作权在一定时期内的转让;著作权分别在不同地区的转让。有的学者认为,著作权不能在一定期限内转让,只能在整个保护期限内转让,这是不够全面的。事实上,多数国家著作权法规定著作权中财产权的转让可以是永久性的,即可以将整个著作权保护期内的著作权转让给第三方。也有的国家著作权法规定著作权中财产权的转让有期限限制,只能在著作权保护期限内的一段时间有效。有的国家为了保障作者或其他著作权人的利益,规定著作权人在转让其作品著作权或者许可他人使用其作品后的一定年限后,有收回自己作品的权利。这表明著作权的转让可以是有期限的,而并非一定要达到整个著作权的保护期限。

根据权利转让的是现有作品还是未来作品,可以分为现有作品著作权的转让与未来作品著作权的转让。现有作品著作权转让容易被理解,即签订著作权转让合同时作品已经产生。未来作品著作权转让则涉及签订合同时作品尚未产生。一般认为,转让未来作品著作权是允许的。例如,英国《著作权法》第91条规定,通过合同,作者可以将其未来作品著作权的全部或者部分转让给他人。法国《知识产权法典》第L.133-1条规定,作者可以转让未来作品的著作权,但不允许全部转让。[37]

(三)著作权转让与体现著作权的实物买卖关系

在著作权转让活动中,还应特别指出,著作权转让与作品载体所有权的转让不能等同。在

---

〔37〕 李明德、许超:《著作权法》,法律出版社2003年版,第162页。

大多数情况下，这两者的归属是不同的。著作权主体和作品所有权的主体往往发生分离，主要原因在于物权和著作权是作为两种不同权利彼此独立存在的。一方面，著作权的转让不表示体现著作权的作品物质载体所有权的转让。另一方面，体现著作权的实物转移也不意味着著作权同时被转让。“得物获权，物去权失”，这是财产所有权的特征，在著作权关系中则并不要求占有作品的物质载体，而只要求使用依附在物质载体上的作品并获得经济收益。可见，著作权是无形的，它不以占有其所附着的客体为前提。难怪西方有些著作权学家将研究著作权的这门科学称为“鬼学”，在著作权领域，“灵魂真的离开躯壳而独立存在了”。

(四)我国关于著作权转让的立法进程

我国 1990 年《著作权法》只规定了权利有偿许可使用制度，没有直接明确地规定著作权转让制度。对于著作权能否转让，当时学术界颇有争议。随着我国社会主义市场经济体制的建立和发展，实行著作权转让制度势在必行。因为科技、文化、商品经济的发达，必然会使无形知识产品作为商品进入商品流通领域，著作权客体的商品属性也决定了著作权能成为买卖的对象。而且，随着我国改革开放的深入，禁止著作权转让可能影响国际文化交流与合作，因为允许著作权转让已成为当今世界著作权立法趋势。基于此，2001 年《著作权法》明确规定了著作权转让制度。该法第 10 条第 3 款规定：“著作权人可以全部或者部分转让本条第一款第(五)项至第(十七)项规定的权利，并依照约定或者本法有关规定获得报酬。”其第 25 条则规定，“转让本法第十条第一款第(五)项至第(十七)项规定的权利，应当订立书面合同”。此后的《著作权法》修改版本维持了同一规定。

二、著作权继承

(一)著作权继承的概念及其合理性

著作权的继承，是指作者或其他著作权人亡故后，依遗嘱继承、法定继承等继承方式，其著作权被依法转移给其继承人的一种法律行为。著作权继承是著作权的法定转移形式之一。通过继承著作权，已故著作权人的继承人成为著作权主体。

几乎所有建立了著作权制度的国家都认为，著作权中的财产权可以作为遗产被继承。[38] 我国 2010 年《著作权法》第 19 条第 1 款即规定：“著作权属于公民的，公民死亡后，其本法第十条第一款第(五)项至第(十七)项规定的权利在本法规定的保护期内，依照继承法的规定转移。”现行《著作权法》第 21 条第 1 款则将上述规定修改为：“著作权属于自然人的，自然人死亡后，其本法第十条第一款第五项至第十七项规定的权利在本法规定的保护期内，依法转移。”上述修改，除了将“公民”改为“自然人”外，还将“依照继承法的规定转移”改为“依法转移”。本书认为，后者的表述包含的范围更广，即除了按照继承法的规定转移外，还可以包含其他合法转移形式。这样就使得相应规定更具有包容性，能够适应现实中更复杂的情况。

不过，无论如何，针对上述情况，著作权继承形式仍然是合法转移的最重要形式。因此，也可以认为，上述修改后的规定仍然明确了在我国著作财产权可以作为遗产被继承。事实上，我国《继承法》第 3 条也明确了著作权中的财产权可以作为公民的合法遗产被继承，《民法典》对

---

〔38〕 参见孙学致：《应修改继承法扩大继承人范围——从溥仪著作权继承之争说起》，载《法学》2008 年第 2 期。

该规则无实质性变动。

著作权继承的合理性就在于著作权客体的商品属性,即文学、艺术和科学作品在商品经济条件下,和其他知识产品一样都是一种具有财产价值的无形商品。它既是作者人格的一种体现,也是一种物质财富。由于作为作者智力劳动结晶的作品在其有生之年也是一种个人财产,在其去世后,这一无形财产就理所当然地应和其他有形财产一样作为遗产被继承。毋庸置疑,著作权法规定著作权可以作为遗产被继承,可以使作者或其他著作权人的著作权得到更加充分的保护。

(二)著作权继承的内容

现代意义上的继承,已经失去了宗法社会中人格继承的最初含义,专指财产权的继承。著作权继承也不例外,仅指著作权中财产权的继承,不包括著作权中人身权的"继承"。在我国,著作权继承也专指著作财产权的继承。当然,这并不排除著作权法作个别的例外规定。如著作权中的发表权属于著作人身权的范畴,但由于其与著作财产权之间具有十分密切的联系,其亦能够依照继承法的规定发生转移。

著作权继承的内容仅及于著作财产权,而这一内容与被继承人生前享有与行使著作财产权的内容相同。故而著作权继承的内容就是:作者或者其他著作权人的继承人、受遗赠人对作者创作的作品有专有使用权和收益权。他人要使用该作品,除非法律另有规定,都必须取得其授权,并按照规定支付报酬。而且,继承人还可将其继承的著作权转让或许可他人行使,也可由其继承人再继承。无疑,由于著作权保护期是著作权的有效期限,继承人可继承的著作财产权也就只能限定在作者死亡后剩余的保护期内。另外,合作作品继承具有一定的特殊性。现行《著作权法实施条例》第 14 条规定:"合作作者之一死亡后,其对合作作品享有的著作权法第十条第一款第五项至第十七项规定的权利无人继承又无人受遗赠的,由其他合作作者享有。"

至于著作人身权,其虽不属于著作权继承的内容,在作者死亡后,保护该权利的国家一般仍继续予以保护,通常可由作者的继承人、受遗赠人来维护这一权利的不可侵犯性。例如,德国《著作权法》第 28 条至第 30 条规定,著作权可以被继承,作者可以通过遗嘱将著作权的行使转移给遗嘱执行者。著作权可在执行遗嘱中或在遗产分配中向共同继承人转让,除此之外不得转让。如无其他规定,作者的权利继承人具有本法属于作者的权利。我国现行《著作权法实施条例》第 15 条规定:"作者死亡后,其著作权中的署名权、修改权和保护作品完整权由作者的继承人或者受遗赠人保护。著作权无人继承又无人受遗赠的,其署名权、修改权和保护作品完整权由著作权行政管理部门保护。"例如,当他人对被继承人的作品有歪曲、篡改行为时,继承人有权制止。

(三)关于未发表作品著作权继承的问题

对于作者生前未公开发表的作品(遗作),各国著作权法一般也规定了著作权的归属。大多数国家著作权法认为,对于作者的遗作,只要作者生前没有反对发表的意愿,就可由其继承人行使作品的发表权,并相应取得该作品的著作财产权。如果没有继承人,就由作品原件所有人行使。但在规定权利的具体内容、保护期及权利归属方面,各国著作权法又各具特色。

两大法系均认为在著作权制度建立后创作的、著作权保护期届满才发表的遗作,仍然享有著作权。如法国、荷兰等大陆法系国家著作权法规定，不管作者是否死亡，尚未发表的作品永远受到保护。同时，权利归属与著作权保护期相联系。在著作权有效期内发表的，著作权由作者的合法继承人享有；在著作权有效期届满后发表的，著作权由作品原件合法所有人享有。英美法系国家一般也规定作者的遗作无论何时发表都享有著作权，并由继承人继承，权利的范围相当于作者生前已成为著作权人所享有的著作权。

在我国，遗作除著作财产权外，其精神权利中的发表权也可以被转移，归属于作者的继承人、受遗赠人或作品原件的合法所有人。现行《著作权法实施条例》第 17 条规定："作者生前未发表的作品，如果作者未明确表示不发表，作者死亡后 50 年内，其发表权可由继承人或者受遗赠人行使；没有继承人又无人受遗赠的，由作品原件的所有人行使。"之所以作出这种规定，是考虑到避免一部作品因作者去世未能发表而被湮灭。

（四）关于使用仅取得部分继承人许可的被继承著作权的作品问题

在著作权实践中，由于作品著作权继承人数较多或者其他原因，被继承作品的后续利用可能仅取得部分继承人的许可。在这种情况下，被许可使用人使用被继承著作权作品的行为是否构成著作权侵权，值得探讨。以下以齐甲、齐乙等诉江苏文艺出版社侵犯著作权纠纷案为例加以介绍，以见一斑。[39]

2007 年 5 月 21 日，齐白石纪念馆（甲方）与被告江苏某出版社（乙方）签订一份《图书出版合同》。合同约定，甲方授权乙方在合同有效期内，在中国、其他国家和地区以图书形式出版发行《齐白石艺术随笔》汉字文本的专有使用权以及网络、电子图书的使用权。2007 年 10 月，被告正式出版上述随笔，书名为《煮画多年》，原告齐甲等对此认为，齐白石纪念馆并非齐白石的继承人，其无权接收稿酬，即使被告行为不构成侵权，其仍应将稿酬支付给原告方。

南京市鼓楼区人民法院一审认为：齐白石于 1957 年 9 月 16 日去世，根据法律规定其作品著作权保护期截止时间应计算至 2007 年 12 月 31 日，被告江苏某出版社出版《煮画多年》的时间为 2007 年 10 月，仍在该保护期内，故被告的出版行为应依法得到许可。齐白石去世后，其作品的著作财产权在没有遗嘱继承等情况下，发生法定继承。即公民死亡后，其财产按照法定继承的顺序由第一顺序继承人继承。在法定继承中，被继承人的子女先于被继承人死亡时，由已死亡的晚辈直系血亲代位继承。如果被继承人的子女在继承开始后遗产分割前死亡的，则其应该继承的遗产份额转由其合法继承人转继承。继承是从被继承人死亡时开始。对于继承开始之后去世的子女，该子女所应当继承的份额应当按照继承法的规定，由该子女的继承人继承。原告齐甲等均是齐白石的著作财产权的相应继承人，有权对侵犯齐白石著作财产权的行为提出主张，原告的主体适格。

被告江苏某出版社还提交了齐丙和齐丁共同出具的《证明》和《授权委托书》证明其出版行为已获得许可。两份证据证明齐白石纪念馆委托被告出版《煮画多年》，并取得了齐丙和齐丁的许可，虽然此二人不能代表所有齐白石继承人，但因齐白石的继承人人数众多，难以确定，且分散于各地，齐白石作品的出版如需取得全体继承人的同意，几无可能，如此将会导致齐白

〔39〕 选自江苏省南京市鼓楼区人民法院（2008）鼓知民初字第 38 号民事判决书。

石的所有作品在保护期内难以出版。事实上,在本案中原告起诉也未能获得全体继承人的授权。齐白石作为享誉世界的艺术大师,其作品如果由于未取得所有继承人同意而无法在保护期内出版,则不仅不符合原告方自身的利益,也不符合《著作权法》促进文化传承和发展的精神。本案中,被告出版《煮画多年》一书是为了配合齐白石去世50周年的纪念活动,其出版行为具有一定的公益性质,并在出版前与齐白石纪念馆签订了书面合同,得到了齐白石部分继承人的许可,被告的出版行为并不会妨碍齐白石继承人对作品的正常使用,也不会损害其合法利益。综合这些因素,法院认为被告取得齐丙、齐丁的许可即应视为已获得了合法授权,其出版《煮画多年》不构成侵权。

齐白石纪念馆并非权利人,无权收取稿酬,更无权将稿酬与其购书费用进行充抵,被告给付稿酬的相对方应当是齐白石继承人。2011 年 3 月 15 日,南京市鼓楼区人民法院判决:被告江苏某出版社于本判决生效之日起 10 日内一次性给付原告齐甲等稿酬人民币 5150 元;驳回原告齐甲等的其他诉讼请求。原告齐甲等不服一审判决,向南京市中级人民法院提起上诉。在二审中,原告于 2011 年 9 月撤回上诉,南京市中级人民法院作出民事裁定准许原告撤回上诉。

该案较为典型之处在于对于被继承著作权的作品的使用,如果只取得部分继承人的许可,是否构成著作权侵权。法院采用了《著作权法实施条例》关于合作作品著作权行使的原则,并指出著作权人对作品的传播和使用并不享有绝对的垄断权。加之被告使用对涉案作品著作权行使和公共利益无甚损害,一审法院遂判决被告不构成著作权侵权。[40]

三、著作权继受及因执法而转移

著作权继受是与著作权继承相联系的概念。现行《著作权法》第 21 条第 2 款规定:“著作权属于法人或者非法人组织的,法人或者非法人组织变更、终止后,其本法第十条第一款第五项至第十七项规定的权利在本法规定的保护期内,由承受其权利义务的法人或者非法人组织享有;没有承受其权利义务的法人或者非法人组织的,由国家享有。”

此外,著作权在某些情况下还可因执法而发生转移。这主要发生于以下几种情况:一是在违约、侵权诉讼中,法院判决将当事人一方的著作权作为赔偿物转移给另一方所有,但一般不包括著作人身权。二是著作权人因破产而使其著作权成为清偿债务的标的。根据我国《破产法》的规定,破产财产包括“应当由破产企业行使的其他财产权利”。著作权属于破产企业的,其著作财产权就当然包括在内,构成破产财产的组成部分,可以依法作为清偿标的转移给有关债权人。

---

〔40〕 在涉及著作权继承的著作权侵权纠纷案件中,还存在只有部分继承人主张诉权、其他继承人不予主张或者无从联系的情况。在这种情况下,部分继承人主张诉权是否有效,相关案件提出了这一问题。2021 年 11 月 26 日,最高人民法院知识产权审判庭专门召开了“著作权继承人诉讼维权问题研讨会”。该研讨会讨论的议题之一即为“在已故著作权人的全体继承人未能达成一致的情况下,部分继承人是否有权单独提起侵权之诉?”从著作权保护原理和著作权继承的目的看,本书主张部分继承人有权单独提起著作权侵权之诉。相关案例,参见北京市西城区人民法院(2019)京 0102 民初 32859 号民事判决书、北京知识产权法院(2020)京 73 民终 3021 号民事判决书、北京知识产权法院(2019)京 73 民终 3099 号民事判决书、北京市高级人民法院(2002)年高民终字第 00613 号民事判决书等。

本章案例研讨

◈ 著作权法实施前传统动画影片角色形象著作权归属的界定

胡某、吴某与某美术电影制片厂著作权权属纠纷案[41]

胡某、吴某因为《葫芦兄弟》著作权权属纠纷问题，以某美术电影制片厂（以下简称某电影制片厂）为被告，向上海市黄浦区人民法院提起诉讼。

上海市黄浦区人民法院将该案争议焦点确定为：其一，“葫芦娃”造型设计是否构成作品及由谁创作；其二，“葫芦娃”造型设计美术作品的性质；其三，“葫芦娃”角色造型能否作为可以单独使用的作品并由作者单独行使其著作权；其四，“葫芦娃”形象与“葫芦娃”角色造型美术作品的关系。

关于“葫芦娃”造型设计是否构成作品及由谁创作，该院认为：“葫芦娃”造型设计的作者首次以线条勾勒出“葫芦娃”的基本造型，其巧妙地将葫芦与中国男童形象相融合，塑造出炯炯有神、孔武有力、天真可爱的“葫芦娃”角色造型，并以七色区分七兄弟，体现了作者的匠心独运与绘画技巧，其通过手工绘制而形成的视觉图像，结合线条、轮廓、服饰以及颜色的运用形成特定化、固定化的“葫芦娃”角色造型，已不再停留于抽象的概念或者思想，其所具有的审美意义、艺术性、独创性和可复制性，符合我国著作权法规定的作品的构成要件，应当受到我国著作权法的保护。

关于“葫芦娃”角色造型由谁创作的问题，两原告未提供定稿的“葫芦娃”角色造型美术作品。但是，涉案影片的影片目录、每集的完成台本和1996年某电影制片厂出品的《葫芦兄弟》系列VCD光盘的每集片尾工作人员名单均显示，造型设计：吴某、进某，对该署名自影片创作完成至今双方均无异议，被告某电影制片厂亦承认两原告对系争造型所作的贡献。根据我国著作权法有关如无相反证明，在作品上署名的公民、法人或者其他组织为作者的规定，据此认定两原告共同创作了“葫芦娃”角色造型美术作品。

关于“葫芦娃”造型设计美术作品的性质，法院认为：对系争权属的判定，不能脱离作品创作的时代背景和当时的法律制度。在作品创作的当时，两原告作为被告方的造型设计人员完成被告交付的工作任务，正是其职责所在，其创作的成果归属于单位是毋庸置疑的行业惯例，也是整个社会的一种约定俗成。从当时的法律制度来看，对于电影作品著作权的归属及电影作品中哪些作品可以单独使用并由作者单独行使著作权均未作出规定。从微观的规章制度来看，完成法人交付的工作指标任务，取得工资、奖金及相关的医疗、分房等福利待遇，创作成果则归属于法人，符合当时社会人们的普遍认知，也是社会公众普遍认同的行为准则。根据系争作品创作当时的时代背景、历史条件和双方当事人的上述行为，可以认定“葫芦娃”角色造型美术作品的著作权由被告享有，两原告仅享有表明其作者身份的权利。

---

〔41〕 选自上海市第二中级人民法院（2011）沪二中民五（知）终字第62号民事判决书。另参见上海市黄浦区人民法院（2010）黄民三（知）初字第28号民事判决书。

至于被告某电影制片厂关于系争作品系法人作品的辩称意见,法院认为,虽然两原告系单位职工,造型设计属于其职责范围,系争作品是在单位主持下,为了完成单位的工作任务而进行的创作,责任亦由单位承担,但是,不能将法人意志简单地等同于单位指派工作任务、就创作提出原则性要求或提出修改完善意见等,否则,所有的职务作品均可被视为法人作品,作为自然人的创作者将丧失作者地位。系争美术作品的创作无须高度借助单位的物质技术条件,创作的过程也并不反映单位的意志,而是体现了作者独特的思想、感情、意志和人格。

关于"葫芦娃"角色造型能否作为可以单独使用的作品并由作者单独行使其著作权,法院认为:单独使用的前提有三个:一是身份系作者,其意义在于进一步保护电影作品中合作作者的单独的著作权;二是著作财产权归属于该作者;三是作品可以单独使用。系争角色造型属于原告创作,且可以从电影中抽离出来,并独立地使用在其他的商品或服务标识之上。故"葫芦娃"角色造型美术作品属于可以单独使用的作品,作者可以单独行使其著作权。

关于"葫芦娃"形象与"葫芦娃"角色造型美术作品的关系,法院认为:就存在于影片中的每一个"葫芦娃"形象而言,由于两原告已同意被告某电影制片厂将其作品拍摄成电影,且电影作品的整体著作权应由被告行使。当系争的角色造型美术作品进入影片以后,经动作设计、背景设计、绘制、摄影、编剧、导演、配音等人员的创造性劳动,形成了"葫芦娃"具有个性特征的完整形象,已不是单纯的一幅美术作品。因此,被告某电影制片厂对于"葫芦娃"形象的整体性作出了贡献。从民法的公平原则角度出发,对于"葫芦娃"形象的整体性和知名度所作的贡献均应归功于被告,故两原告关于影片中"葫芦娃"形象的著作权归其所有的主张,不予支持。

基于上述认定,上海市黄浦区人民法院判决驳回了胡某、吴某要求确认《葫芦兄弟》及其续集《葫芦小金刚》系列剪纸动画电影中"葫芦娃"(葫芦兄弟和金刚葫芦娃)角色形象造型原创美术作品的著作权归其所有的诉讼请求。

胡某、吴某不服一审判决,向上海市第二中级人民法院提起上诉。该院认为:从动画电影的创作过程看,动画电影中的角色形象应有在先的静态造型,该造型如构成美术作品,应受到著作权法的保护。根据《葫芦兄弟》动画片的署名、证人证言,以及双方对创作过程的陈述等,足以确认上诉人创作了系争"葫芦娃"角色造型美术作品,且是为完成单位的工作任务所创作的。因此,系争作品属于《著作权法》第16条第2项规定的职务作品。法院根据双方当事人缺乏合同约定、当时社会的普遍认知等情况认定涉案作品属于"特殊职务作品",由上诉人享有署名权,著作权的其他权利由被上诉人享有。

基于上述认定,上海市第二中级人民法院判决驳回上诉,维持原判。

该案涉及的《葫芦小金刚》系列剪纸动画电影中"葫芦娃"(葫芦兄弟和金刚葫芦娃)角色形象造型创作于1990年《著作权法》实施前。如何处理基于当时特定社会环境下的作品著作权归属问题,需要本着尊重历史和公平合理的原则,参照《著作权法》相关规定加以解决。该案中,原告参与创作是为了完成单位的工作任务,其创作完成的作品属于《著作权法》规定的特殊型职务作品范畴。基于此,一审、二审法院均认定原告只享有署名权,著作权中其他权利由被告享有。该案为处理著作权法实施前涉及作品著作权归属的"遗留问题",以及明确职务作品和法人作品的界限等问题提供了较为重要的指引。

◈ 合作作品的著作权归属及其行使

某广播电视台、北京某影视文化有限公司著作权权属、侵权纠纷案[42]

北京某影视文化有限公司(以下简称某影视文化公司)以某广播电视台在本台下属所有频道播放电视剧《红娘子》侵犯其享有的著作权为由,向邢台市中级人民法院提起诉讼,要求停止播放、公开赔礼道歉、消除影响并赔偿损失。

邢台市中级人民法院认为:根据《著作权法》《著作权法实施条例》规定,合作作品不可以分割使用的,其著作权由各合作作者共同享有,著作权人中的任何一方不得阻止他方行使除转让以外的其他权利。涉案影视作品系合作作品,某影视文化公司作为该合作作品的著作权人之一,享有以自己的名义行使除转让权以外的其他相关著作权。某广播电视台在未经许可的情况下,擅自在某广播电视台(1)频道播放电视剧《红娘子》的行为,侵犯了某影视文化公司的合法权益,某影视文化公司有权以自己名义提起本案诉讼,某广播电视台对其侵权行为应当承担相应的民事责任。基于上述认定,邢台市中级人民法院判决某广播电视台赔偿原告某影视文化公司经济损失,驳回某影视文化公司其他诉讼请求。

某广播电视台不服上述民事判决,向河北省高级人民法院提起上诉。该院于2020年8月3日立案后,依法组成合议庭对本案进行了审理。

河北省高级人民法院查明:某影视文化公司与北京某文化传媒有限公司于2011年4月8日签订《电视剧〈红娘子〉联合投资摄制合同书》,该合同第3条约定"版权。3.1双方同意,自本合同签订之日起该剧之所有版权及其他衍生权利由双方共同享有";第4条约定"署名。4.1双方同意,该剧署名事宜由双方协商决定后签署协议二。某(北京)影视文化有限公司享有署名权。4.2其他署名按照国家广电总局的规定,确定排列以及相关宣传品是否署名、排列次序、样式、字体大小和内容等"。

该院确定该案二审争议焦点为:一是某影视文化公司是否具有本案的诉讼主体资格;二是原审判决的赔偿数额是否得当。

关于某影视文化公司是否具备本案的诉讼主体资格问题,法院认为:本案中关于认定涉案电视剧著作权人的主要证据有以下三份,一是某影视文化公司提交的《电视剧〈红娘子〉联合投资摄制合同书》,旨在证明涉案电视剧的著作权为某影视文化公司与北京某文化传媒有限公司共同享有;二是某影视文化公司提交的《国产电视剧发行许可证》,显示某广播电视总台系涉案电视剧的制作机构,北京某文化传媒有限公司、某影视文化公司为合作机构;三是某广播电视台提交的电视剧《红娘子》片尾视频截图,显示涉案电视剧为某广播电视总台、北京某文化传媒有限公司、某影视文化公司等四家单位联合出品。

在上述三份证据中,《电视剧〈红娘子〉联合投资摄制合同书》中虽然清晰地约定了涉案电视剧著作权的归属,也约定了某(北京)影视文化公司享有署名权的内容,但该协议仅为某影

[42] 选自河北省高级人民法院(2020)冀知民终2号民事判决书。另参见邢台市中级人民法院(2020)冀05知民初4号民事判决书。

视文化公司与北京某文化传媒有限公司双方签署，未有某（北京）影视文化公司等相关单位的盖章确认，不能仅凭该协议即认定涉案电视剧的著作权人。涉案电视剧片尾视频截图显示了出品单位，虽然该标注系在作品上署名的行为，但有其他证据证明实际著作权人的情况下，可以推翻该署名行为的效力，因此在本案中亦不能仅凭该视频截图即认定涉案电视剧的著作权人。《国产电视剧发行许可证》作为影视主管部门核发的行政许可决定书，具有较高的证明效力，结合该发行许可证与《电视剧〈红娘子〉联合投资摄制合同书》看，可以确认某（北京）影视文化公司并非涉案电视剧的著作权人。此外，某影视文化公司提交了某广播电视总台授权北京某文化传媒有限公司、某影视文化公司海内外全部播映权的授权书，在此情况下，不论某广播电视总台是否为涉案电视剧的著作权人，某影视文化公司与北京某文化传媒有限公司作为著作权人，都可就涉案电视剧提起著作权侵权的维权诉讼。

某影视文化公司一审中提交了《〈红娘子〉电视剧播映权许可合同》及对浙某影视文化有限公司的授权书原件，虽然某广播电视台对于该证据亦不予认可，但并没有提交相反证据予以推翻，本院对该合同及授权书的真实性予以认定。该合同及授权书中显示某影视文化公司作为著作权人独立对外进行了授权的情况，且没有证据表明有其他著作权人对该行为提出过异议，该证据可以对北京某文化传媒有限公司及上海某影视文化工作室的两份授权书的真实性予以印证，故本院对该两份授权书的真实性予以认定。由此可以看出，经过前述授权，某影视文化公司享有独立针对涉案电视剧侵权行为提起诉讼的权利。况且，某影视文化公司在本案中的维权诉讼，并未对其他著作权人的权益造成损害，故某影视文化公司虽然系著作权人之一，但其在本案中以自己的名义提起维权诉讼并无不当。

某广播电视台播放涉案电视剧的行为未经著作权人许可，且亦未支付相应的费用，侵害了权利人的合法权益，理应承担赔偿责任。综合考虑涉案电视剧《红娘子》的知名度、总集数、播映权许可费用、侵权人的主观过错程度、侵权播放地域范围及收视对象等诸多因素，原判确定的赔偿数额并无不当。

基于上述认定，河北省高级人民法院判决驳回上诉，维持原判。

该案是关于合作作品著作权主体以及合作作品著作权如何行使、侵权如何认定的纠纷案件。在该案中，一审、二审法院均确认涉案影视作品为合作作品，某影视文化公司作为该合作作品著作权人之一，享有以自己的名义行使除转让权以外的其他相关著作权。某广播电视台擅自在其频道播放电视剧《红娘子》的行为，侵犯了某影视文化公司享有的著作权。该案还涉及在具有相反证据的前提下，可以推翻根据作品上署名确定著作权归属的推定。该案为如何理解合作作品著作权的归属和行使提供了较重要的启示。

◈ 著作财产权的法定继承

邱甲、邱乙与某博物馆、某出版社有限公司、某美术学院著作权权属、侵权纠纷案[43]

邱石冥(1898—1970年),出生于贵州省铜仁市石阡县,系我国当代知名画家和美术教育家,在现代画坛享有一定声誉。其与妻子黎荷香(已故)仅育有一子邱承惠(已故)。邱承惠与第一任妻子(已故)育有长女邱先容及二女邱先碧;邱承惠与第二任妻子(已故)育有三女邱甲、四女邱乙。邱先容与其夫曾戊共育有三子一女,分别是曾甲、曾乙、曾丙、曾丁。邱承惠于1992年去世,邱先容于1995年去世。邱甲、邱乙、曾戊向贵阳市中级人民法院起诉,请求判令某博物馆、贵州省某出版社有限公司(以下简称某出版社)停止侵权并销毁侵权出版物《邱石冥书画集》;判令某博物馆、某出版社连带赔偿原告经济损失及合理开支。

贵阳市中级人民法院确定该案争议的焦点为:其一,曾戊是否是本案适格原告;其二,原告对案涉作品是否享有复制权、发行权及汇编权;其三,被告出版《邱石冥书画集》的行为是否侵害了原告对案涉作品享有的复制权、发行权、汇编权;其四,原告诉讼请求是否具有法律和事实依据。

针对焦点一,法院认为:邱石冥去世后,继承即开始发生。依照《继承法》第3条第6款、第10条第1款第1项规定,案涉作品著作财产权的继承人为其子邱承惠。邱承惠于1992年去世,则案涉作品著作财产权再次发生继承,由邱承惠之继承人继承。继承属于事实行为,被继承人死亡,继承开始。邱承惠于1992年去世,则邱承惠之继承人在1992年就发生了继承。邱先容作为法定继承人的资格已经确定。邱先容系邱石冥之孙女,曾戊作为邱先容之夫,在其死亡后,具有邱石冥继承人之资格,是本案适格原告。

针对焦点二,法院认为:邱石冥于1970年去世,依照《著作权法》第21条第1款规定,其书画作品并未超过保护期,依法应当受到保护。邱石冥逝后,其书画作品继承人为其子邱承惠。依照《继承法》第3条第6款、第10条第1款第1项规定,邱承惠依法继承邱石冥书画作品的著作权。邱承惠及其妻、长女邱先容均去世后,对邱石冥书画作品享有继承权的人分别有:邱甲、邱乙、邱先碧、曾戊、曾甲、曾乙、曾丙、曾丁。其中,邱先碧、曾甲、曾乙、曾丙、曾丁五人明确表示自愿放弃在本案中主张权利,故邱甲、邱乙、曾戊三人在本案中主张权利。

同时,《邱石冥书画集》中收录汇编的邱石冥书画作品分别来源于某博物馆、某学院、贵州省档案馆的馆藏,以及邱石冥后人及段某个人收藏。美术作品原件所有权的转移不视为该作品著作权的转移;取得作品原件的所有权,不等于就取得该作品的著作权。依照《著作权法》第18条的规定,案涉作品均为美术作品,案涉作品的著作权由邱石冥继承人享有,故原告对案涉作品享有复制权、发行权及汇编权等。

针对焦点三,法院认为:1985年6月18日,某博物馆举办"邱石冥画展",邱承惠受邀参加

---

〔43〕 选自贵州省高级人民法院(2020)黔民终1141号民事判决书。另参见贵阳市中级人民法院(2018)黔01民初354号民事判决书。

并再次督促出版画册一事。由此可以判断,邱承惠与某博物馆关于捐赠画作、办画展、出版画册的协议系双方真实意思表示,且双方已经履行完毕部分合同义务,可以认定双方已就上述事项达成口头协议。彼时,邱承惠作为邱石冥唯一继承人,其与某博物馆达成的口头协议系其对自己因继承而享有的权利处分之行为。

囿于历史原因以及当时收集的画作数量不够,出版工作一度停滞,直至2012年《邱石冥书画集》才最终出版。被告出版该书画集的行为系履行与邱承惠口头协议之行为。依照《合同法》第60条第1款规定,被告经邱承惠许可,使用案涉作品汇编出版《邱石冥书画集》系履行合同义务。

同时,邱甲、邱乙行使从邱承惠处继承的案涉作品的著作权不能损及被继承人邱承惠的利益。至今仅《邱石冥书画集》汇编出版邱石冥书画作品。被告出版该书画集,一方面是为履行与邱承惠之口头协议,另一方面是为宣传邱石冥的作品,弘扬邱石冥的精神,具有一定的公益性质。故被告出版《邱石冥书画集》的行为没有侵害原告对案涉作品享有的复制权、发行权、汇编权。

此外,某出版社作为出版人,对于出版行为具有一定的审查义务。本案中,出版《邱石冥书画集》系某博物馆履行与邱承惠口头协议确定的合同义务的行为,且无营利目的,故某出版社已尽到谨慎审查义务,其出版行为并未侵害原告享有的案涉作品的复制权、汇编权和发行权。

针对焦点四,法院认为:邱石冥继承人有因继承邱石冥作品的著作权而享有获得报酬的权利。当初邱承惠与某博物馆协商出版画册并未放弃要求支付报酬的权利。被告某博物馆在2012年10月出版《邱石冥书画集》后,应履行支付报酬义务,以及因本案而支出的合理开支。

基于上述认定,贵阳市中级人民法院判决被告某博物馆给付原告邱甲、邱乙、曾戊稿费及因本案而支出的合理费用,驳回邱甲、邱乙、曾戊其他诉讼请求。

邱甲、邱乙不服上述判决,向贵州省高级人民法院提起上诉。该院于2020年10月26日立案后,依法组成合议庭,不开庭进行了审理。

贵州省高级人民法院将该案二审争议焦点归纳为曾戊是否具备本案原告的主体资格、某博物馆是否应承担侵权责任、某出版社是否应承担侵权责任等。

对此,贵州省高级人民法院认为:本案系著作权权属、侵权纠纷,不涉及对各继承人继承份额的审理,继承人之间对继承份额有争议的,另行依法主张权利。在黎荷香去世后,邱承惠作为邱石冥、黎荷香财产的唯一继承人,亦未对此前捐赠画作、办画展、出版画册的意思表示进行变更。因此,某博物馆出版涉案书画集的行为系履行与邱承惠口头协议之行为,不构成侵犯邱石冥书画作品享有的复制权、发行权、汇编权。根据在案证据可以认定,某博物馆与邱承惠达成口头出版画册、办画展的协议并已部分履行。某博物馆找某出版社出版画册是为了继续履行口头协议,涉案画册里的书画作品也都是来自邱石冥生前工作的学校、某博物馆(邱承惠捐赠)、邱石冥后人,出版行为具备正当性,同时邱承惠的书信中也多次提及贵州出版社出版画册的问题。因此,某出版社不应承担责任。

基于上述认定,贵州省高级人民法院判决驳回上诉,维持原判。

该案案由是著作权权属、侵权纠纷,但涉及的问题主要为作品著作财产权的继承问题。根

据我国《继承法》《著作权法》规定,著作财产权可以作为遗产被继承。在该案中,邱承惠作为继承人,其生前与某博物馆就出版涉案书画集的行为达成了口头协议并得到部分履行,其身故后的继承人不能以此后实施的《著作权法》和《著作权法实施条例》规定,要求存在书面许可协议时某出版社才能出版涉案画册。该案一审、二审法院均认定某博物馆、某出版社等未侵犯原告著作权。但是,继承人获得报酬权也应得到尊重,某博物馆获得的相关报酬应当返还给继承人。本案为处理涉及著作财产权继承案件,为明确继承人资格以及相关权属问题提供了较为重要的启示。

第六章 著作权的取得形式与保护期

著作权有一定的取得形式,这在各国不尽相同,主要有自动保护主义、注册登记制和加注著作权标记三种形式。同时,著作权也不是作者一劳永逸的专有权利,有一定的保护期限。本章将探讨这两个问题。

第一节 著作权的取得形式

一、自动取得著作权

大多数国家著作权法规定,作品经作者创作出来后,即自动获得保护,不需要履行任何形式的手续。这就是获得著作权的"自动保护主义"原则。

著作权产生于"作品创作完成"之后,但这并不是说作品一定要已经全部完成。即使是部分完成,亦即作者已经形成构思并将这种构思表现出一部分,也能够自动获得著作权。如设计图的草图、展开部分情节的文学作品、论文的初稿并不因为作品未全部完成或者未形成定稿而丧失著作权。

自动保护主义也是《伯尔尼公约》确认的一项原则。该公约第 3 条第 1 款规定,作者为本同盟任何成员国的国民者,其作品无论是否发表,都受到保护。其第 5 条第 2 款规定:享有和行使这些权利不需要履行任何手续,也不论作品起源国是否存在保护。因此,除本公约条款外,保护的程度以及为保护作者权利而向其提供的补救方法完全由被要求给予保护的国家的法律规定。自动保护主义是该公约与《世界版权公约》的重要区别之一。

从世界范围看,自动保护主义是著作权取得形式的主要趋势。我国《著作权法》适应了这一趋势,即著作权自然产生于作品的创作完成,不需要履行任何手续。这体现在现行《著作权法》第 2 条之中。现行《著作权法实施条例》第 6 条则明确规定:"著作权自作品创作完成之日起产生。"我国已经加入实行自动保护主义的《伯尔尼公约》,采用这一原则是遵循国际标准的体现和要求。

二、经注册登记取得著作权

在有些国家,作品创作完成后要取得著作权,需要履行一定的注册登记手续,如登记注册、缴送样本、办理公证文件、刊登启事等。这些国家主要是实施 1987 年《著作权法》前的西班牙及阿根廷、乌拉圭、巴拿马、哥伦比亚等拉丁美洲国家,以及利比里亚、马里等非洲国家,其中大部分是《世界版权公约》的成员国。例如,阿根廷《著作权法》规定:作品发表后 3 个月内应向国家著作权登记处注册，否则不得行使著作权。乌拉圭《著作权法》规定：一切作品都应向有关部门的政府机构登记注册，才享有著作权。从历史上看，登记制最早出现于1709年英国《安娜女王法》。该法规定，书籍出版前应在出版业公会登记，否则该书籍不能出版，也不能获得著作权保护。

实行登记制的国家参加国际著作权公约后，会出现与国际公约规定不一的情况，因为《伯尔尼公约》和《世界版权公约》均没有作品的登记注册要求。为协调与国际公约的关系，这些国家一般都规定在国外发表的作品不要求履行注册登记手续作为取得著作权的条件。[1] 换言之，即使以登记作为取得著作权的条件的国家，在其加入《伯尔尼公约》或《世界版权公约》后，只能要求本国国民履行登记注册要求，而不能要求外国国民履行这一要求。以美国为例，根据其《著作权法》第410条和第411条之规定，在任何司法程序中作品发表前或者首次发表后5年内签发的登记证书是构成著作权和所述事实的初步证据。在著作权登记前，不得对侵犯该作品著作权的行为提起诉讼。这一规定在事实上强化了登记对于著作权保护极其重要的意义，因为未经登记虽然并未丧失著作权，但无法得到司法保护。不过，在美国加入《伯尔尼公约》后，该规定并不适用于《伯尔尼公约》其他缔约国的国民。

此外，另外一些国家也规定了著作权的"登记制"，不过此时登记并不是取得著作权的前提条件，而是为在侵权诉讼中提供证据或证实某些作品著作权归属等而规定的。例如，日本是实行自动保护主义的国家，但其《著作权法》规定，假名或匿名作品作者可以就作品登记真实姓名，以确认著作权归属。

如前所述，我国在著作权取得形式上也是实行自动保护主义。但是，为了加强著作权的保护，1994年12月31日国家版权局发布了《作品自愿登记试行办法》。该部门规章指出，进行作品自愿登记是为了有助于解决因著作权归属造成的著作权纠纷，并为解决著作权纠纷提供初步证据。而后，2002年《审理著作权民事案件适用法律解释》进一步明确了著作权登记证书的证据效力。其第7条规定，"当事人提供的涉及著作权的底稿、原件、合法出版物、著作权登记证书、认证机构出具的证明、取得权利的合同等，可以作为证据。在作品或者制品上署名的自然人、法人或者其他组织视为著作权、与著作权有关权益的权利人，但有相反证明的除外"。2020年12月23日最高人民法院审判委员会第1823次会议通过的修正后的上述司法解释第7条，则将上述规定中的"其他组织"改为"非法人组织"，其他规定不变。这说明，尽管著作权登记不是我国取得著作权的必经程序和要求，但它仍具有公示和初步证据的效力。因此，其意义是不可忽视的。特别是就计算机软件著作权登记而言，其作用和意义更大，有关问题将在第十二章予以介绍和分析。

三、经加注著作权标记取得著作权

有些国家，对未发表作品不需要履行任何手续即可享有著作权，但对已发表作品须载有著作权的专用标记才能取得保护。例如，美国《著作权法》规定，著作权标记是取得著作权保护

[1] See Dotan Oliar, Nathaniel Pattison & K. Ross Powell, *Copyright Registrations: Who, What, When, Where, and Why*, 92 TEX. L. REV. 2211 (2014).

的一个前提条件。所有出版物均应在注目的位置上刊载著作权标记©、作者或其他著作权人姓名、作品出版年月。作品如以录音制品形式出版，应将标记©换成℗。

加注著作权标记以表示作品已经取得著作权，这也是《世界版权公约》的一个重要特点。有些国家则可能还采取公约之外的其他形式的标记符号或用语，如“著作权”、“COPR”（英文“著作权”的缩写）、“DR”（“保留著作权”的西班牙文缩写），再加上著作权人姓名、出版者、印刷者或首次出版日期或著作权注册年份。这些标记一般只能在印刷出版物或录音录像出版物上标记，而且应印在作品的显著位置上，以便使人一目了然。由于有些作品加注著作权标记具有不便性，因此在要求著作权人加注著作权标记的国家也规定了例外情况。例如，基于对美术作品、建筑作品外观的考虑，一般不要求在这类作品上加注著作权标记。

值得注意的是，以加注著作权标记作为取得著作权保护的条件的国家，随着加入实行自动保护主义的《伯尔尼公约》而相应地取消了这一条件。美国《著作权法》的演化即是如此。1989年，美国加入《伯尔尼公约》。为与该公约相协调，美国专门颁布了《伯尔尼公约实施法》将在出版物上加注著作权标记仅作为选择性要求。只是在美国出版物上加注著作权标记仍然具有一定的法律意义，因为按照美国《著作权法》第401条之规定，加注著作权标记可以阻止侵权人主张无过错责任。

在实践中，许多国家国内立法中并不要求加注著作权标记作为取得著作权的前提条件，但也要求在作品的所有版本上加注著作权标记，以表示已取得著作权保护。这对作者是有益的。从国内来说，它是享有著作权的证明；从国际保护的角度看，加注著作权标记更具有重要意义。我国已加入《世界版权公约》，为避免我国的作品在该公约成员国中丧失著作权，也应在作品出版物上载有公约规定的著作权标记。原因在于，尽管很多国家加入了实行自动保护的《伯尔尼公约》，但也有一些国家不是该公约成员国而只是《世界版权公约》成员国。如果我国著作权人的作品不加注著作权标记，在这些成员国就会丧失著作权保护。

第二节　著作权保护期

一、著作权保护期的概念与特点

著作权的保护期是著作权具有法律效力的时间界限。[2] 在著作权有效期内，著作权人可以充分行使自己的权利。但保护期一旦届满，著作权人将丧失作品的著作权，作品成为社会的公共财富，任何人都可以不经许可、不付报酬地自由使用。

从著作权立法的历史看，现代著作权立法规定的保护期普遍长于早期立法规定的保护期，著作权保护期具有扩张的趋势。例如，德国1966年以前的《著作权法》规定的著作权保护期为作者有生之年加死亡后50年，1966年后修改为作者有生之年加死亡后70年。美国在1999年也专门通过了《著作权保护期延长法》，将著作权保护期延长到作者有生之年加死亡后70

---

〔2〕 参见李雨峰：《论著作财产权的保护期》，载《政治与法律》2008年第4期。

年。著作权保护期的延长，是各国著作权法政策变异的结果。如美国延长著作权保护期，有增加作品在欧洲市场竞争力的考虑。不过，整体上说，著作权保护期延长，反映了随着社会的变迁法律对著作权人利益的充分照顾。

从国际著作权保护的角度看，[3]《伯尔尼公约》1886 年最初文本没有规定著作权的保护期问题，只是在 1908 年公约修订会议上，基于国民待遇和成员国著作权法规定的著作权保护期限不一的考虑，规定著作权保护期限为作者终身加死亡后 50 年，但允许成员国规定的期限短于这一期限。到后来 1948 年布鲁塞尔修订会议才将公约规定的著作权保护时间确定为公约的最低要求。由于大多数国家和地区参加了该公约，特别是 TRIPs 协议要求成员遵循该公约的实体条文，当代著作权保护期限具有统一化趋向。

二、著作权保护期的正当性

作品著作权有一定的保护期限，这也是著作权法重要的制度设计。根据各国著作权法的规定，一旦著作权的法定保护期届满，作品将自动地进入公共领域，公众可以自由地复制或者以其他方式使用。确定合适的著作权保护期限也是促进各国著作权法改革的重要原因。[4]从著作权法保护原理看，需要对著作权的保护期作出一定限制，以维持文化表达多样性的延续。限制著作权的保护期限是实现著作权立法宗旨的一种手段。即使著作权人的专有权在某种程度上是独特的，例如由作者行使专有权能够给社会带来更大的价值，作品也会最终进入公共领域。

著作权期限的合理性，可以从著作权期限设立的公共利益的角度考虑。确立著作权法公共利益目标符合著作权法的宪法目标。公共利益可以作为著作权保护的基础，也可以作为著作权权利限制的基础。在讨论著作权期限时，它甚至是著作权期限延伸的一个重要基础。除了由作者的创作所提供的文学和其他著作权作品的公共利益外，独立的作者利益不存在有效的法律或者历史基础。著作权保护期限的合理性，还可以结合著作权法促进民主文化目标的方面加以认识。著作权法的民主范式与著作权法的激励理论是一致的。[5] 根据传统的著作权法激励理论，理想的著作权期限不能长于或短于为促进新作品创作和传播需要提供足够收益的保护期限，即它应相当于为有效地促进新作品创作和传播需要提供足够收益的保护期限。

由于作品创作的社会性和作品作为公共产品的特征，作品或多或少地具有社会价值，因而它需要在适当的时候成为人类公有文化遗产，以丰富公共领域，促进更多作品创作和传播。这不单纯是基于市场失败考虑。以“一定时期”的著作权保护作为足够地支持著作权法实现表达多样性和创造性自治的手段时，其结果将是在一定的时点上使作品进入公共领域，因作品的利用而产生的消费者盈余将由著作权人让位于社会公众。用经济学的语言来说，一旦实质性地提供了著作权的民主目标，为了更广泛地实现教育和文化目的，消费者盈余将通过对现有作品的使用而得到更好的分配。

---

〔3〕 参见韦之：《欧盟著作权保护期指令评介》，载《中外法学》1999 年第 6 期。

〔4〕 参见喻玲：《著作权保护期限标准的审视与重构》，载《法学家》2020 年第 3 期。

〔5〕 See Jeanne C. Fromer, *Expressive Incentives in Intellectual Property*, 98 VA. L. REV. 1745 (2012).

正是规定著作权保护期具有充分的正当性,各国著作权法都规定了一定的保护期。各国在立法时,也总是在强调作者个人利益和社会公众利用作品的相关利益的基础上,根据该国的经济文化状况对各类作品规定适当保护期的。这直接关系到作者个人利益和社会利益的平衡,关系到作者和作品使用者的利益关系。

三、著作人身权的保护期

著作权包括著作人身权和著作财产权两部分,相应地,著作权保护期也分为两部分。著作人身权原则上只能由作者本人享有,作者死后,则通过其作品的存在而体现,它可以独立于著作财产权而存在。因此,著作人身权的保护期不受著作财产权保护期的影响。

由于各国立法传统不同,对著作权的认识不一样,在著作人身权保护期上也各具特色。

大陆法系国家认为著作人身权的保护期应当是永久性的、不受限制的或者至少与著作财产权的保护期限相同。如德国《著作权法》第 34 条规定,著作人身权的一部分与著作财产权的保护期相同,均为作者有生之年加死亡后 70 年,其他部分则没有时限。葡萄牙《著作权法》第 57 条规定,著作人身权只有在著作财产权有效期内才能由作者本人及其继承人或指定人行使,在著作财产权有效期过后,有关著作人身权只能由国家行使。日本《著作权法》第 60 条则规定,作者死亡后,将其作品提供给公众的人应与该作者在世时一样,不得有侵犯其人格权的行为。只是由于生活经济情况的变化,将作品提供给公众的人在不损害作者意愿的情况下不认为是侵害其人格权。苏联、东欧国家和大陆法系国家相类似,也规定著作人身权的保护期是无限的。

英美法系国家偏重智力作品的“个人财产性”。即使在著作权法中规定了著作人身权的国家,也认为这一权利具有保护期限。有的国家规定,著作人身权随作者死亡而灭失。有的国家则规定著作人身权的保护期与著作财产权的保护期相同,或者在著作财产权终止后再延长一定的时间,或者在作者死亡后延长一定的时间。以英国《著作权法》为例,其规定的四项著作人身权中的前三项的保护期限终于作品著作财产权的存续期,第四项权利延续到作者死亡后 20 年,发表前的保护期限则与著作财产权的保护期限相同。

我国 2010 年《著作权法》对著作人身权保护期的规定和德国《著作权法》第 34 条的规定相类似。我国 2010 年《著作权法》第 20 条规定,作者的署名权、修改权、保护作品完整权的保护期不受限制;第 21 条规定,发表权的保护期和著作财产权的保护期相同。署名权、修改权和保护作品完整权的保护期不受限制,这意味着法律对这三项权利的保护是永久性的,即使在作品著作财产权保护期届满后,他人亦不得随意更改作者姓名、擅自修改作品或歪曲篡改作品。根据现行《著作权法实施条例》第 15 条的规定,作者死亡后,其著作权中的署名权、修改权和保护作品完整权由作者的继承人或者受遗赠人保护。著作权无人继承又无人受遗赠的,其署名权、修改权和保护作品完整权由著作权行政管理部门保护。作为作者的法人或非法人组织,在其变更或终止后,也可依《著作权法》的规定,由承受其权利义务的法人或非法人组织负责保护这几项权利。

四、著作财产权的保护期

大多数国家都将一般作品的著作权保护期按“作者有生之年加死亡后若干年”的方法计

算。这就是所谓“死亡起算主义”。当然,从死亡时起算一般并不是从确切死亡日期起算。从世界各国的规定来看,主要有以下几种计算方法:其一,从作者死亡之年年初(1月1日)起算;其二,从作者死亡之年年底(12月31日)或作者死亡的翌年的1月1日起计算,如奥地利、匈牙利、法国、肯尼亚、新西兰、秘鲁、日本等国;其三,从作者死亡之年的确切日期起算,如保加利亚、白俄罗斯等少数国家,以这一方法计算,在很多情况下难以准确地确定著作权保护期的终期,为便于计算,一般国家不采用这一计算方法。

我国2010年《著作权法》第21条第1款、现行《著作权法》第23条第1款将一般作品的发表权、使用权和获得报酬权的保护期规定为,作者终身及其死亡后50年,截止于作者死亡后的第50年的12月31日。以后者为例,其规定:“自然人的作品,其发表权、本法第十条第一款第五项至第十七项规定的权利的保护期为作者终生及其死亡后五十年,截止于作者死亡后第五十年的12月31日;……”这一保护期比中华人民共和国成立前的几部著作权法实行过的保护期长20年,与目前世界上多数国家的保护期及国际公约的最低要求相协调。从该法的规定可以看出,对自然人作品的保护期没有规定“起算日”,只规定了终期。这表明,作品无论是否发表、何时发表,只要在作者终身及其死亡后50年内,均可受著作权保护。

也有一些国家不问作者生卒,对一般作品从作品注册或首次出版、发行或演出之年的年底起算。同时,在对一般作品实行死亡起算主义的多数国家也认为,有些作品不宜或不能适用从死亡时起算的方法,如包括“法人作品”在内的著作权属于法人或非法人组织的作品就是如此。这些国家认为,这类作品的著作权保护期为作品首次发表后若干年,一般也是50年。例如,我国2010年《著作权法》第21条第2款规定:“法人或者其他组织的作品、著作权(署名权除外)由法人或者其他组织享有的职务作品,其发表权、本法第十条第一款第(五)项至第(十七)项规定的权利的保护期为五十年,截止于作品首次发表后第五十年的12月31日,但作品自创作完成后五十年内未发表的,本法不再保护。”其第3款规定:“电影作品和以类似摄制电影的方法创作的作品、摄影作品,其发表权、本法第十条第一款第(五)项至第(十七)项规定的权利的保护期为五十年,截止于作品首次发表后第五十年的12月31日,但作品自创作完成后五十年内未发表的,本法不再保护。”

值得注意的是,2020年《著作权法》第23条第2款和第3款分别对上述规定作了修改。其中,其第2款规定:“法人或者非法人组织的作品、著作权(署名权除外)由法人或者非法人组织享有的职务作品,其发表权的保护期为五十年,截止于作品创作完成后第五十年的12月31日;本法第十条第一款第五项至第十七项规定的权利的保护期为五十年,截止于作品首次发表后第五十年的12月31日,但作品自创作完成后五十年内未发表的,本法不再保护。”其第3款规定:“视听作品,其发表权的保护期为五十年,截止于作品创作完成后第五十年的12月31日;本法第十条第一款第五项至第十七项规定的权利的保护期为五十年,截止于作品首次发表后第五十年的12月31日,但作品自创作完成后五十年内未发表的,本法不再保护。”对照上述修改,可以发现有以下变化:

一是对于法人或者非法人组织的作品、著作权(署名权除外)由法人或者非法人组织享有的职务作品规定的发表权的保护期限较之于2010年《著作权法》的规定明显要短,因为“截止于作品创作完成后第五十年的12月31日”显然短于“截止于作品首次发表后第五十年的12

月31日”。尽管其同时规定，“但作品自创作完成后五十年内未发表的，本法不再保护”，毕竟只要是在创作完成后50年内首次发表的，均可以再保护50年。这一修改的意义在于，促使这类作品尽快发表，否则会因为作品不在法定时间内发表，其发表权将不再受到保护。

二是对于视听作品而言，基于同样的原因，发表权的保护期限被缩短。同时，现行《著作权法》第23条第3款删除了2010年《著作权法》第21条第3款关于摄影作品著作权保护期限的规定。这意味着摄影作品著作权保护期限应按照通常的作品著作权保护期限的规定确定，即如果是自然人创作的摄影作品，适用作者终身加亡故后50年的规定，如果是法人或者非法人组织的作品、著作权（署名权除外）由法人或者非法人组织享有的职务作品，则按照上述规定确定著作权保护期限。由此可以看出，由自然人享有著作权的摄影作品著作权保护期限被延长了。此外，如前所述，现行《著作权法》第17条第3款规定：“视听作品中的剧本、音乐等可以单独使用的作品的作者有权单独行使其著作权。”对于视听作品中这类可以单独使用的作品的著作权保护期限，需要根据作品的类型确定著作权期限的界定方法。2020年《审理著作权民事案件适用法律解释》第10条即规定：“著作权法第十五条第二款所指的作品，著作权人是自然人的，其保护期适用著作权法第二十一条第一款的规定；著作权人是法人或非法人组织的，其保护期适用著作权法第二十一条第二款的规定。”

第三节　著作权的特殊保护期限

有些作品难以适用于一般作品的著作权保护期，各国著作权法一般都作了特殊规定。

一、作者身份不明的作品

作者以匿名或者以不暴露作者身份的假名发表的作品，作者身份不明。这种情况是著作权法允许的，因为在作品上是否署名以及如何署名是作者署名权的体现。但是，由于无法确定作者是否在世，也就不能按“作者有生之年加死亡后若干年”的方法计算著作权保护期。对此，一般国家都规定著作权的保护期从作品发表之日起计算，保护期的长短与作者死亡后的保护期相同，也有少数国家规定保护期短于作者死亡后的保护期。各国一般还规定，如果真实作者在著作权有效期内披露了自己真实身份，或者他人证实了作者的真实身份，就仍应适用“作者有生之年加死亡后若干年”的方法计算保护期。如意大利《著作权法》第27条即有此种规定。我国现行《著作权法实施条例》第18条规定：“作者身份不明的作品，其著作权法第十条第一款第五项至第十七项规定的权利的保护期截止于作品首次发表后第50年的12月31日。作者身份确定后，适用著作权法第二十一条的规定。”这就是说，作者身份不明的作品的著作权保护期从作品首次发表之日起算，保护期与作者死后保护期相同。一旦作者身份被确知，作者是自然人的适用死亡起算主义；作者是法人或非法人组织的，保护期仍然是作品首次发表后50年。在日本，对假名或匿名作品可以进行“实名登记”，这实际上是披露作者身份的一种方式。此外，在下列情况下也改为死亡起算主义计算方法：一是当作者的假名具有很大知名度时；二是作品发表50年内，作者以实名或著名笔名发表该作品时。还如在美国，匿名作品、假名作品和笔名作品的著作权人可以通过向版权局登记的形式确认其作者身份,并据此重新计算著作权保护期限。这一规定值得我国借鉴。

二、遗作

遗作即作者生前未公开发表的作品。它是作者生前创作死亡后待发表的作品。多数国家著作权法规定,遗作的著作权保护期与作者生前发表作品的保护期相同。只是在起算点上有差别。如法国、加拿大、巴西、日本规定,保护期始于作品发表之日;土耳其、挪威、丹麦、阿根廷规定,保护期始于作者去世之年。新西兰等少数国家则将保护期分为作品发表后 50 年或作者去世后 75 年,以最短的一个为准。

我国《著作权法》《著作权法实施条例》没有直接规定遗作的著作权保护期。但从现行《著作权法》第 23 条及《著作权法实施条例》第 17 条的规定来看,遗作也是受保护的,其保护期与作者生前发表作品的保护期相同,即一般情况是作者终身及死亡后 50 年。在作者死亡后 50 年内,如作者生前未明确表示不发表,其继承人或受遗赠人可以行使该作品的发表权。但若过了这一期限,继承人或受遗赠人将丧失作品的发表权与著作财产权。

三、摄影作品与实用艺术作品

摄影作品较之于其他作品更多地依赖器材,大多数国家对其著作权保护期作了特殊规定,在保护期的计算上不适用死亡起算主义,而是从作品创作完成之日或发表之日起算。如根据《伯尔尼公约》第 7 条第 4 款的规定,摄影作品的保护期限由成员国法律规定,不应少于自该作品完成之后起算的 25 年。我国 2010 年《著作权法》的规定则和日本相似:摄影作品的发表权、使用权和获得报酬权的保护期为 50 年,截止于作品首次发表后 50 年的 12 月 31 日,但作品自创作完成后 50 年未发表的,该作品不再被保护。

摄影作品的著作权保护期短于其他作品,这已成为国际上一种通行做法。不过,也有少数国家对某些类型的摄影作品规定的保护期适用一般作品的规定。如瑞典《著作权法》第 15 条规定,一般摄影作品的保护期为作品发表之年起 25 年。但如果所拍摄的对象是科学或艺术作品,则其保护期与其他享有著作权的作品一样,适用作者终身加死亡后 50 年的规定。

如前所述,关于摄影作品的著作权保护期,我国现行《著作权法》对 2010 年《著作权法》作了重要修订,使其与一般作品的著作权保护期相同。就自然人享有这类作品的著作权而言,实际上是延长了摄影作品的著作权保护期。这一修改,会出现这样一种情况:现行《著作权法》已于 2021 年 6 月 1 日起实施,在此之前根据 2010 年《著作权法》规定的摄影作品著作权保护期届满后,依照现行《著作权法》第 23 条第 1 款的规定则仍然在著作权保护期内,此时是应当继续给予保护还是进入公共领域,值得研究。由于根据 2010 年《著作权法》规定某些摄影作品著作权保护期届满,尽管根据现行《著作权法》规定仍然处在保护期内,根据“公共领域不可逆转”的基本原理和维护社会关系稳定的考虑,现行《著作权法》第 65 条新增规定:“摄影作品,其发表权、本法第十条第一款第五项至第十七项规定的权利的保护期在 2021 年 6 月 1 日前已经届满,但依据本法第二十三条第一款的规定仍在保护期内的,不再保护。”

在著作权法中保护实用艺术品的国家,一般也规定其著作权保护期与摄影作品相同。当然，保护实用艺术品的国家要参加《伯尔尼公约》，其保护期就不应少于作品完成之后25年。因为与摄影作品一样，公约规定作为艺术作品保护的实用艺术作品的保护期限由成员国的法律规定，但这一期限不应少于自该作品完成之后起算的25年。

四、视听作品

视听作品大部分属于演绎作品，各国对电影作品规定的保护期一般都短于自然人原创作品的保护期。各国规定的保护期通常在计算方法上也不尽一致。我国现行《著作权法》第23条第3款规定："视听作品，其发表权的保护期为五十年，截止于作品创作完成后第五十年的12月31日；本法第十条第一款第五项至第十七项规定的权利的保护期为五十年，截止于作品首次发表后第五十年的12月31日，但作品自创作完成后五十年内未发表的，本法不再保护。"这种计算方法与著作权归法人的国家的规定大体相同。

另外，电影作品是一个综合性的艺术作品。其中涉及的文字脚本、主题音乐、分镜头剧本、美术设计等能够单独使用的部分，可以分别按照所属作品的保护期规定计算保护期，该保护期不同于作为整体的电影作品的著作权保护期。如前所述，2020年《审理著作权民事案件适用法律解释》第10条分别对著作权人是自然人以及法人或非法人组织的著作权保护期限的法律适用作了规定。

五、合作作品

合作作品的各合作作者年龄有长幼之别，寿命也长短不一。为了充分、合理地保护合作作者的著作权，大多数国家规定，其保护期以合作作者中最后一个去世的作者的死亡期为起点计算。《伯尔尼公约》第7条第2款对这一方法也予以确认。少数国家，如澳大利亚、缅甸、尼泊尔、塞浦路斯则规定，合作作品著作权保护期从第一个死亡的作者的死亡之日起算。

我国现行《著作权法》第23条参照了多数国家的共同做法，规定合作作品的著作权保护期"截止于最后死亡的作者死亡后第五十年的12月31日"。不难看出，先死亡的合作作者对合作作品的发表权和著作财产权会超过其死亡后50年，只有最后一个死亡的作者这些权利的保护期才是作者终身及死后50年。该规定体现了著作权法充分保护作者权益的立法价值取向。

在我国，合作作品包括共同合作作品和结合合作作品两种类型。合作作品著作权保护期特殊性还体现在权利主体的复杂性上：

第一，合作作者都是中国自然人。依现行《著作权法》第23条第1款规定，著作权保护期终于最后去世作者去世后第50年的12月31日。

第二，合作作者都是中国法人或非法人组织。这种情况可以适用现行《著作权法》第23条第2款规定，即其发表权的保护期为50年，截止于作品创作完成后第50年的12月31日；《著作权法》第10条第1款第(5)项至第(17)项规定的权利的保护期为50年，截止于作品首次发表后第50年的12月31日，但作品自创作完成后50年内未发表的，著作权法不再保护。

第三，合作作者一部分是中国自然人，一部分是中国法人或非法人组织。如该合作作品是自然人与法人或者非法人组织合作创作的视听作品，著作权保护期应适用现行《著作权法》第

23条第3款规定。如该作品是上述作品之外的作品,对著作权保护期的计算,《著作权法》没有规定。本书认为作品整体的著作权保护期应适用现行《著作权法》第23条第1款之规定,截止于最后死亡的自然人作者死亡后第50年的12月31日。但如果合作作品中最后死亡的自然人死亡时作品仍未发表,且尚未发表的时间不足50年,应适用其第23条第2款规定,保护期截止于作品首次发表后50年的12月31日。如果是结合合作作品,则各自创作部分应分别适用著作权法的相应规定。但应指出,如果作品整体先于法人或非法人组织创作部分发表,法人或非法人组织创作部分著作权保护期应从作品整体发表之日起计算。

第四,合作作品中部分是中国自然人,部分是外国自然人。当该作品是共同合作作品时,如该作品首先在中国境内发表,或该外国自然人所属国与我国签订了保护著作权的协定或共同参加了国际条约,作品著作权保护期应适用现行《著作权法》第23条第1款的规定。如不具备上述因素之一,外国自然人不能成为著作权的合格主体,但作品的著作权保护期仍应适用上述规定。当该作品是结合合作作品时,中国自然人创作部分适用现行《著作权法》第23条第1款规定,外国公民创作部分适用《著作权法》第23条第2款或第3款的规定。如该作品外国自然人创作部分是首先在中国境外出版的,而该外国自然人所属国与我国没有签订相互保护著作权的协定也没有共同参加国际条约,则外国自然人创作部分不受我国著作权法保护。

第五,合作作品作者中,作者都是外国自然人。如合作作者属于不同国籍,作品又是首先在中国境内出版的,或者其中一个作者能够成为我国著作权主体,则该作品受我国《著作权法》保护。

本章案例研讨

◈ 著作权登记证书的效力认定

新疆甲酒业有限责任公司与新疆乙酒业有限公司、新疆丙酒业有限公司侵害作品复制权纠纷案〔6〕

2019年5月7日,新疆维吾尔自治区版权局经原告新疆甲酒业有限责任公司(以下简称甲酒业公司)申请,对其作品“和阗经典玫瑰香1”和“和阗经典玫瑰香2”出具了《作品登记证书》。原告认为,新疆乙酒业有限责任公司(以下简称乙酒业公司)、新疆丙酒业有限责任公司(以下简称丙酒业公司)的产品包装与涉案作品设计风格和设计元素十分相同,严重侵犯其著作权,遂向乌鲁木齐市中级人民法院提起诉讼。

乌鲁木齐市中级人民法院将该案争议焦点确定为:其一,涉案两幅作品是否属于著作权法所保护的美术作品;其二,乙酒业公司、丙酒业公司是否侵犯了甲酒业公司要求保护的涉案作

〔6〕 选自新疆维吾尔自治区高级人民法院(2020)新民终283号民事判决书。另参见乌鲁木齐市中级人民法院(2019)新01民初480号民事判决书。

品的著作权;其三,若侵权事实成立,甲酒业公司主张的侵权赔偿数额是否成立。

关于涉案两幅作品是否属于著作权法所保护的美术作品的问题,法院认为:作品除需具有一定的表现形式,还需为创作者独立创作完成,能够体现创作者的个性、判断及技巧。实际上,不同种类的作品对独创性的要求不尽相同。构成美术作品需要具备三要素:独创性、可复制性和一定的审美意义。对于美术作品,其独创性要求体现作者在美学领域的独特创造力和观念,美术作品能否得到保护取决于作者在美学方面付出的智力劳动,及从该智力劳动成果中体现出的独特个性和创造力。就本案作品而言,甲酒业公司未向法院说明其两幅作品的创作过程及理念、创作构思,在进行作品登记时即以酒瓶瓶贴包装的方式,背标除含量、成分及酒精度等一般酒类包装应包含的内容外还包含了二维码及认证标志,不具有独创性,不体现作者的个性及技巧。正标瓶贴最具审美意义的部分即为古代酒樽及"玫瑰香"文字的组合,但古代酒樽是以标准形状体现,圆形、直壁、三足,并在杯口边缘包含两柱,是典型的古代酒樽形象,不具有独创性。"玫瑰香"采用了特殊字体,但目的是体现酒的类型。正标瓶贴整体是不具独创性的图案和线条的组合,缺乏美术作品应具有的审美意义,不具备美术作品应具备的艺术高度和美感,其虽经著作权登记机构的登记,但该登记并不采用实质审查的方式,故涉案作品可作为酒类产品的包装、装潢,但不属于著作权法意义上的美术作品。

鉴于涉案"和阗经典玫瑰香1"及"和阗经典玫瑰香2"不属于著作权法所保护的美术作品范畴,其他争议焦点不再赘述。

基于上述认定,乌鲁木齐市中级人民法院判决驳回甲酒业公司的诉讼请求。甲酒业公司不服上述民事判决,向新疆维吾尔自治区高级人民法院提起上诉。该院于2020年7月1日立案后,于2020年7月13日公开开庭进行审理。

新疆维吾尔自治区高级人民法院将二审争议焦点概括为:第一,甲酒业公司主张保护的两幅作品"和阗经典玫瑰香1""和阗经典玫瑰香2"是否构成著作权法保护的美术作品;第二,如果涉案两幅作品构成美术作品,乙酒业公司、丙酒业公司是否构成涉案作品著作权的侵权以及侵权行为成立,侵权责任应当如何承担。

关于第一个争议焦点问题,法院认为:甲酒业公司主张涉案两幅作品为美术作品,涉案两幅作品获得著作权登记证书并不能作为当然获得著作权法保护的依据。对于涉案作品能否构成我国著作权法保护的美术作品,还应根据法律规定对作品的独创性进行审查。涉案两幅作品均为葡萄酒的瓶贴包装设计,正面瓶贴均为黑色底色,金黄色勾边,最上方为和阗商标,商标下方为上下两行排列艺术字体的"HetianWine"及"经典"文字,"经典"两旁画有回字纹,文字及回字纹均为金黄色,瓶贴正中为金色古代酒樽图案,酒樽三足处标注红色汉仪粗豪字体"玫瑰香",瓶贴上部两侧分别竖向排列虚线边框长方形,内写有简体汉仪粗篆字体的"新疆和田"及"葡萄酒"文字,最下方从左到右依次标注酒精含量、甲酒业公司企业名称以及产品净含量。虽然两幅作品中酒樽图案、文字及字体均来自公有领域,并非甲酒业公司独创设计,背贴中产品信息说明亦更具有实用性,缺乏艺术性美感,但作品正面瓶贴中通过对酒樽图案、文字及字体等各个元素的排列布局、色彩搭配、整体的结构造型等设计,体现了创作者的选择、判断和取舍,该设计可以与葡萄酒瓶贴的功能性进行区分,使作品整体具有一定审美意义,具有独创性,符合著作权法对于美术作品的要求。一审判决仅以作品中酒樽图案、"玫瑰香"文字元素不具有独创性为由，认定甲酒业公司主张保护的涉案两幅作品不构成著作权法意义的美术作品缺乏依据，本院对此予以纠正。

关于本案第二个争议焦点问题，法院认为：本案中甲酒业公司提交的《作品登记证书》载明涉案两幅作品的作者和著作权人是甲酒业公司。乙酒业公司、丙酒业公司并未提交相关证据，推翻《作品登记证书》中的记载。

经过对涉案两幅美术作品与被控侵权包装进行比对，被控侵权包装同样采用黑色底色，金黄色勾边，正面瓶贴从最上方自上而下是黄黑色相间女王头像图案、“DesertQueen”“沙漠皇后”商标，商标下方为上下两行排列艺术字体“XinjiangWine”及“精品葡萄酒”文字，“精品葡萄酒”两旁画有波浪号，文字及波浪号均为金黄色，瓶贴正中为金色古代酒樽图案，酒樽三足处标注红色汉仪粗篆字体“玫瑰香”，瓶贴上部两侧分别竖向排列虚线边框长方形，内写有篆刻字体的“品沙漠皇后”及“享西域风情”，最下方从左到右依次标注酒精含量、乙酒业公司企业名称以及产品净含量。被控侵权包装虽然在“酒樽”图案细节，文字内容等方面与涉案美术作品存在不同，但在涉案美术作品体现独创性表达的部分如底色、文字布局、排列组合和图形配色上基本相同，构成实质性相似。

著作权自作品创作完成之日起产生。甲酒业公司提交的《作品登记证书》中记载涉案作品完成及发表时间为2009年6月8日。但对于“和阗经典玫瑰香2”创作完成以及公开发表的时间，甲酒业公司并未提交相关证据予以证实。结合本案证据以及乙酒业公司与甲酒业公司系同业竞争者的事实，可以认定乙酒业公司对甲酒业公司生产并在市场上销售的葡萄酒产品包装设计应当是知晓的。

乙酒业公司未经著作权人许可，在其生产的产品上使用与涉案“和阗经典玫瑰香1”美术作品构成实质性相似的包装设计，构成对涉案美术作品著作权中复制权的侵犯。丙酒业公司并不存在使用被控侵权包装的行为，甲酒业公司也没有提交任何证据证明丙酒业公司存在任何生产、销售被控侵权包装的行为，因此甲酒业公司主张丙酒业公司与乙酒业公司构成共同侵权缺乏依据，不予支持。

基于上述认定，新疆维吾尔自治区高级人民法院判决撤销一审判决，乙酒业公司停止在其生产、销售的产品上使用侵犯美术作品“和阗经典玫瑰香1”著作权的包装的行为并赔偿损失。

该案涉及著作权登记证书的效力以及构成美术作品的独创性要件的认定等问题。由于我国实行著作权自动保护主义，作品著作权登记与否并不影响其著作权保护。同时，由于著作权登记部门对于登记对象是否符合著作权法规定的作品要件并不进行实质审查，在发生著作权纠纷时，不能以登记证书作为认定涉案对象符合作品构成要件的法律依据，而应根据著作权法规定以及个案中的情况加以确定。该案中，二审法院否定了一审法院关于“和阗经典玫瑰香1”“和阗经典玫瑰香2”两件作品不构成具有独创性的美术作品的结论，结合案件事实，认定乙酒业公司侵害了前一美术作品著作权。该案为理解著作权登记证书的法律效力以及美术作品独创性认定和侵害复制权等问题提供了较重要的启示。

第七章 著作权的限制

著作权是一种专有权利，但它又不是一种绝对的和无限的权利。各国著作权法都毫无例外地规定，著作权的行使应予以适当限制，以平衡作者个人利益和社会利益的关系，实现著作权立法的宗旨。本章将阐述著作权限制的合理性与特征、著作权限制的类型及其适用条件等问题。

第一节 著作权限制的合理性与特征

一、著作权限制的合理性

著作权有一定的保护期限，这实际上是从时间上对著作权进行限制的一种形式。从空间上讲，著作权具有地域性也可以说是一种权利限制。除此之外，考虑到下列情况，为使单位和个人正当使用作品，而又不损害作者的利益，法律规定了"合理使用""法定许可""强制许可"等限制：从使用作品的方式和作品的性质上考虑，著作权效力不应及的情况；从公益上考虑，著作权效力不应及的情况；为调整与其他权利的关系，对著作权应予以限制的情况；根据社会习惯，对著作权限制不会不合理地损害权利人经济利益的情况。

法律对著作权作出各种限制是基于以下原因：

第一，著作权客体是一种智力劳动产品，这种精神产品是在前人的文化遗产基础上创作出来的，它直接或间接地受他人的启发和影响，如中国的庄子思想深受老子的影响。故从人类文化科学承袭关系的角度来看，作者在享有专有权利的同时，也应对社会尽一份义务，不能绝对地、无限地垄断这种权利。

第二，与著作权保护期合理性原因一样，为协调著作权人独占性利益与社会公共利益的关系，在两种利益之间寻求利益平衡，也有必要进行权利限制。从利益的角度考察，可以将著作权限制视为作品权益在著作权人和作为一般公众的广大使用者之间的分配和调整。从维护著作权人个人利益与社会利益之间均衡的角度来说，授予著作权人的专有权不应妨碍社会所需要的对作品传播和利用而产生利益的实现。进言之，著作权法既有维护个人利益的作用，也有保护社会利益的功能。"为了发挥著作权的功能，给予著作权一定的限制，确保社会公众对作品的接触和使用，在公众眼中看来是公平的。公平原则也要求他人不得对作品进行恶意使用，但并不排斥公众在一定社会现实条件下对作品的适当使用。"[1]由此可见，从公平角度看，著

---

〔1〕 胡开忠：《著作权限制与反限制的法哲学基础研究》，载《法商研究（中南政法学院学报）》1996 年第 1 期。

作权法也需要通过对著作权的限制来保障公众接近作品。适当的著作权限制不会影响到著作权人的利益,而这种限制对维护社会公共利益是必要的。

第三,作品是一种具有社会性的精神产品,它既是著作权人的个人财产,也是社会财富的一部分,其价值只有通过社会效益才能体现出来。为充分发挥其社会效益,就应允许为了公众利益而适当使用作品。同时,著作权人因行使权利而获得物质收益,也不应使作品使用者和社会负担过重,在有些情况下著作权人就不应主张收益权。

第四,从法理上讲,权利和义务是一致的。著作权不是绝对的,权利人在行使权利时也应为社会承担一份义务。著作权人为社会承担义务在著作权立法上就表现为对其享有的专有权予以适当限制,以使社会能够分享创作者的智力劳动成果。

第五,被限制的著作权权能一般只是权利人行使的一个很小的部分,它不会损害著作权人的根本利益,而对社会、公众却十分有益。国外判例即认为,通过限制著作权这一专有权,立法者确保了公众能够接近作品,从而促进了创造性作品的创作。[2]

第六,著作权限制具有经济学上的效益性。适当限制是提高著作权人个人效益和社会效益的手段。原因在于:适当的限制,一则不会影响到著作权人行使作品的专有权,不会影响到作者的创作热情;二则可以避免对著作权的过度限制而出现的妨碍作者回收创作成本与获得必要利益,使建立在刺激作者创作更多更好的作品基础之上的社会利益落空。由此可见,效益价值取向要求在一定的范围内减少对著作权的限制,但不是取消对著作权的限制。最佳模式是要找到能够使著作权人的效益和社会公众的效益总量达到最大化的机制。[3]

基于上述原因,各国著作权法都对著作权限制问题作出了规定。

二、著作权限制的特征

从各国著作权法和国际公约的规定来看,著作权限制具有以下特点:

第一,权利限制的标的仅及于已发表作品。如果使用未发表作品,仍须征得权利人同意并支付报酬。其原因在于,未发表作品涉及作者或其他著作权人的诸多利益,不宜给予著作权限制。

第二,著作权限制不得损害著作人身权。作品使用人在依法使用作品时,应提及作者姓名、作品名称,并不得侵害著作权人享有的其他各种正当权利。

第三,权利限制只能由法律加以规定,具有法定性。著作权本身是一种法定权利;与此相对,著作权限制也具有法定性。

第四,著作权限制本身受到一定限制。这在《伯尔尼公约》、TRIPs 协议、《世界知识产权组织版权条约》中有明确规定。例如,《伯尔尼公约》第 9 条第 2 款规定,作为合理使用的复制,限于某些特例,并不得与作品的正常利用相冲突,也不得无故损害作者的合法利益。《世界知识产权组织版权条约》第 10 条则规定,缔约方在某些不与作品的正常利用相抵触,也不得无理损害作者合法利益的特殊情况下,可在其国内立法中对依本条约授予文学和艺术作品作者的

---

〔2〕 Twentieth Century Music Corp. v. Aiken, 422 U. S. 151, 156 (1975).

〔3〕 冯晓青:《知识产权法利益平衡理论》,中国政法大学出版社 2006 年版,第 597 页。

权利规定限制或例外。缔约方在适用《伯尔尼公约》时,应将对该公约所规定权利的任何限制或例外限于某些不与作品的正常利用相抵触,也不无理地损害作者合法利益的特殊情况。著作权限制受到合理限制的原因在于,避免因著作权限制而损害著作权人的利益,以更好地在著作权人的利益、使用者的利益和社会公众的利益之间达成平衡。

第二节 合理使用

一、合理使用的概念、性质与特征

(一)合理使用的概念

合理使用,是指在一定的条件下使用享有著作权的作品,可以不经著作权人的同意,也不必向其支付报酬,但应当尊重著作权人的精神权利。合理使用概念自美国 Folsom v. Marsh 案[4]首次提出,并于美国 1976 年的《著作权法》中得以法典化。合理使用制度的初衷是解决后续的作者为了创作新作品如何利用先前作品的问题。到目前为止,合理使用制度已成为各国著作权法中通行的制度。[5]《伯尔尼公约》也明确规定了合理使用制度。例如,其第 10 条第 1 款规定,从一部合法公之于众的作品中摘出引文,包括以报刊提要形式引用报纸期刊的文章,只要符合合理使用的惯例,在为达到目的的正当需要范围内,就属合法。

(二)合理使用的性质

合理使用作为著作权限制最重要的一种形式,其性质自然可以定位于对著作权的限制。[6]"从使用者利益的观点看,合理使用不是对著作权这一专有权的排除,而是对其最重要的限制。"[7]从各国著作权法的规定看,各国著作权法对著作权这种专有权都规定了一些方面的限制。其中有些限制适用于作品或者与作品相关的某些方面,如著作权人发行和展示作品的专有权受制于首次销售原则的限制;而有些限制适用于著作权作品使用的特定类型,如适当引用。对合理使用来说,该原则也是对所有著作权人专有权利的某些方面的限制。如计算机程序复制品的所有人为了备份而制作一个复制品,根据合理使用原则,没有侵犯程序著作权人的著作权。在合理使用原则下,本来由著作权人控制对作品著作权使用的行为如复制作品,可以由使用者自由使用。从各国著作权法的规定看,批评、评论、新闻报道、教学、学术和研究等性质的对作品的使用被划定为合理使用行为。也就是说,著作权法列举了一些特定的使用作为合理使用行为。但是,在具体涉及合理使用判断的著作权案件中,无论一个使用作品的行为是否被列入有限的行为分类,都不能简单地确定是否为一种合理使用。没有在明确的分类中

---

[4] Folsom v. Marsh, 9 F. Cas. 342 (C. C. D. Mass. 1841).

[5] 参见吴汉东:《论合理使用》,载《法学研究》1995 年第 4 期。

[6] 关于合理使用的性质,学界仍存在不同看法。除了权利限制说外,还有侵权阻却说和使用者权利说之分。张静:《著作权法评析》,台北,水牛图书出版事业公司 1983 年版,第 241 页;L. Ray Patterson & Stanley W. Lindberg, *The Nature of Copyright: A Law of Users' Right*, the University of Georgia Press, 1991, p. 3 – 4, 193;刘银良:《著作权法中的公众使用权》,载《中国社会科学》2020 年第 10 期。

[7] John S. Lawrence, *Fair Use and Free Inquiry: Copy and New Media*, 1980, p. 271.

的作品使用也可能是合理使用,而在列举范围内的行为也可能不是合理使用。各国在司法实践中也发展了判断合理使用的标准和方法。如在美国,法院首先应考虑行为是否列入了一个或几个广义和模糊的合理使用的分类中,然后考虑界定合理使用的四个因素。

合理使用制度可以说是知识产权制度中对权利限制最有代表性的例子。[8] 这一制度典型地体现了著作权法保护作者和其他著作权人的利益与促进知识与信息广泛传播的双重目的。一方面,著作权法以维护作者的权益为核心,对作者权益的充分保护始终是各国著作权法的主旋律。另一方面,著作权法的制度设计要求有利于促进知识与信息的广泛传播,以最大限度地实现社会文化、科学事业的进步和繁荣。两者看似相互冲突,但这种潜在的冲突可以通过一定的制度设计加以解决。基本的思想则是,只有通过临时限制信息流动的方式,广泛传播信息而最大限度地促进社会进步和文化繁荣的目的才能实现。著作权制度中的合理使用原则正是实现这样一个思想的机制,"它为著作权人针对信息传播中的公共利益提供了一个利益平衡的手段",[9]确认了包含在著作权中的思想或者信息对于社会的根本利益的作用。

(三)合理使用的特征

合理使用是针对所有不特定之人的使用,包括自然人、法人或非法人组织等。因此,该使用作品的行为具有广泛性。著作权意义上的合理使用具有以下特征:

第一,合理使用是著作权限制中最主要的一种。它是平衡作者个人利益与社会利益的一种重要手段,其目的在于让著作权人行使权利时对社会承担应尽的义务,同时也使作品使用人在使用作品时尊重著作权人的权益。合理使用是著作权人为社会利益所付出的一种无偿牺牲,故只有在著作权法有明文规定时才能依法进行这种使用。

第二,合理使用无须取得著作权人的许可。这是著作权人行使独占权的一个例外。其原因就在于这种使用有限,尚未达到应予授权的程度。

第三,合理使用无须支付报酬。这也是著作权人行使著作权收益权的一个例外。其原因有二:一则在于这种使用的数量有限;二则这种使用不是出于营利目的,也不至于侵害著作权人的著作财产权。

第四,合理使用在著作权法中表现为一种授权性规范。对作品使用人来说,他可以在法律许可范围内行使,也可以放弃这一权利而按照通常的程序使用作品;对著作权人来说,他可以要求使用者支付报酬,如使用者出于自愿,这种支付也是正常的。进言之,合理使用来自法律的直接规定,需要有法律依据。[10] 关于合理使用标准的法律规定也是司法实践中衡量某种使用作品的行为是否构成侵权的重要依据。

第五,合理使用一般限于已发表作品。这是因为,未发表作品涉及著作权人的发表权和一般民法中的隐私权、名誉权、商业秘密权等民事权利,不宜纳入合理使用之列。关于合理使用一般限于已发表作品,国外相关案例也有体现。如在 Harper & Row Publishers, In. v. National

---

[8] 参见李杨:《著作权合理使用制度的体系构造与司法互动》,载《法学评论》2020 年第 4 期。

[9] New Era Publication Int. l v. Henry Holt and Co., 695 F. Supp. 1493, 1499 (S. D. N. Y. 1988).

[10] See Abraham Bell & Gideon Parchomovsky, *The Dual - Grant Theory of Fair Use*, 83 U. CHI. L. REV. 1051 (2016).

Enterprises 案[11]中,美国联邦最高法院即认为作品发表与否,是构成其特性的重要因素。不过,从国外的研究[12]和司法实践看,也不绝对限于已发表作品。

第六,合理使用具有非商业性。这也是合理使用的重要特征。通常,非商业性地使用作品的行为属于合理使用,商业性使用作品的行为则不能构成合理使用。不过,即使是非商业性使用,也有可能被排除在合理使用之列,因为这种使用仍然有可能损害著作权人的利益。

二、合理使用之正当性

从合理使用原则在司法中的适用来看,它本身是作为接近作品的一种手段。在著作权司法实践中,合理使用逐渐发展为在侵权例外的案件中适用的标准,而不是作为判断侵权的主要标准。合理使用更强调对著作权的限制产生的利益平衡的效果。有关判例表明,合理使用原则分析了先前作品的表达在多大程度上能够为竞争者和公众所利用。[13]

合理使用的正当性,可以从多方面加以认识。仅从合理使用保障著作权法之公共利益目标来说,也能对此加以理解。合理使用产生了两类公共利益:第一类公共利益是直接发生的公共利益,因为公众能够从原创的作品中获得思想和表达;第二类公共利益是附加的公共利益,该利益是公众从需要接近最初作品的竞争者所创制的竞争性表达和思想中获得的。[14] 简单地说,作为用户的公众和竞争者都需要接近著作权作品,以进一步实现著作权法增进知识和学习的目标。这里的接近必须是对著作权作品中的表达的接近,并且通过对表达的接近,接近了这些作品中的思想。[15] 可见,合理使用通过对作品合理接近的保障,实现了著作权法的公共利益目标。

三、合理使用的判断原则与标准

关于合理使用的判断标准,《伯尔尼公约》和 TRIPs 协议有相关规定,即合理使用应限于一定的特例,在该情况下使用受著作权保护的作品不会影响到著作权人对作品的正常使用,而且也不会不合理地损害著作权人的合法权益。不过,上述两个公约规定的范围不一样。根据《伯尔尼公约》第 9 条的规定,受本公约保护的文学艺术作品的作者,享有批准以任何方式和采取任何形式复制这些作品的专有权利;成员国法律应允许在某些特殊情况下复制上述作品,条件是这种复制不损害作品的正常使用也不致无故侵害作者的合法利益。该规定仅限于复制权的合理使用。TRIPs 协议则将合理使用扩大到所有的著作权内容。该协议第 13 条关于"限制与例外"部分规定,"全体成员均应将专有权的限制或例外局限于一定特例中,该特例应不与作品的正常利用冲突,也不应不合理地损害权利持有人的合法利益"。上述规定被称为合

---

〔11〕 471 U. S. 539, 225 U. S. P. Q. 1073 (1985).

〔12〕 See R. Anthony Reese, *Public but Private: Copyright's New Unpublished Public Domain*, 85 TEX. L. REV. 585 (2007).

〔13〕 Campbell v. Acuff - Rose Music, Inc., 114 S. Ct. 1164 (1994).

〔14〕 冯晓青:《知识产权法利益平衡理论》,中国政法大学出版社 2006 年版,第 617 页。

〔15〕 Robert A. Kreiss, *Accessibility and Commercialization in Copyright Theory*, 43 UCLA L. REV. 13 - 14 (1995).

理使用之“三步检验法”。〔16〕后来,该原则在《世界知识产权组织版权条约》第 10 条也得到了体现,《世界知识产权组织表演和录音制品条约》第 16 条则有类似的规定。

就我国而言,1990 年《著作权法》没有规定上述原则。在 2001 年《著作权法》修订过程中,虽然曾将上述三步检验法纳入草案中,最终仍然没有采用。为弥补这一不足,2002 年《著作权法实施条例》则在其第 21 条规定:“依照著作权法有关规定,使用可以不经著作权人许可的已经发表的作品的,不得影响该作品的正常使用,也不得不合理地损害著作权人的合法利益。”这对于在实践中判断一种使用作品的行为是否为合理使用行为,具有重要意义。现行《著作权法》则增加了上述原则,具体将在下面阐述。

除了上述关于合理使用的判断原则外,还特别值得一提的是美国《著作权法》关于合理使用的四项标准。这四项判断合理使用的标准在世界范围内产生了广泛影响。具体地说,包括以下内容:(1)使用目的和性质,包括是否具有商业性或具有非营利性的教育的目的。一般而言,商业性使用作品不是合理使用。教育、学术研究、批评、评论性质的使用行为由于具有非商业性,被认为是合理使用。(2)享有著作权的作品的特性。事实性作品和虚构性作品的要求不一。前者需要忠于客观事实,对他人作品的引用、释义要忠于他人作品。对于文学作品,个人发挥独创性空间较大,著作权保护范围也大一些。(3)与享有著作权的作品相比其使用的质和量。这一标准是看被控侵权作品使用原告作品的部分在原告作品中所占的分量,不考虑在被告作品中所占的分量。例如,有时使用原告作品的数量很少,在被告作品中的比例很低,但如果恰恰是原告作品的实质性或精华部分,则难以构成合理使用。美国 1985 年著名的哈勃案中,被告擅自在自己的作品中摘录了原告作品中重大事件尚未曝光的秘密,就被法院判决不构成合理使用、构成侵权。(4)对于享有著作权的作品的潜在市场或者价值来说,其使用所具有的影响。这一标准被认为是合理使用四要素中最为重要的一个。它主要是用于评估使用行为对原告作品经济价值是否具有损害性。不过,并不需要现实的、直接的损害,只要是对作品潜在市场或价值具有损害性,即可以否定合理使用的存在。

四、我国《著作权法》规定的合理使用的具体类型及适用条件

关于合理使用,大陆法系国家著作权法中一般作了比较详细的列举,英美法系国家则一般不作详细规定,而只是原则性或者示例性地列举。我国《著作权法》采用了大陆法系国家立法模式,对构成合理使用的情形作了明确列举。其中,2010 年《著作权法》第 22 条第 1 款规定,在某些情况下使用作品,“可以不经著作权人许可,不向其支付报酬,但应当指明作者姓名、作品名称,并且不得侵犯著作权人依照本法享有的其他权利”。现行《著作权法》第 24 条第 1 款则在上述第 1 款中的“姓名”后增加“或者名称”;将“并且不得侵犯著作权人依照本法享有的其他权利”修改为“并且不得影响该作品的正常使用,也不得不合理地损害著作权人的合法权益”。上述修改的合理性在于:其一,在有的情况下,作品并非自然人作品,而是由法人或者非法人组织署名并享有著作权,此时应当指明的只能是“名称”而不是“姓名”;其二,2010 年《著作权法》的规定没有明确“合理使用不得影响被使用作品的正常使用”这一原则,加之我国参

〔16〕 See Peter K. Yu, *Fair Use and Its Global Paradigm Evolution*, 2019 U. ILL. L. REV. 111 (2019).

加的《伯尔尼公约》针对合理使用明确了这一原则，并且2002年《著作权法实施条例》第21条也吸收了该公约规定的上述原则，故有必要作出上述修改。现行《著作权法》第24条第1款整合《著作权法实施条例》规定的做法，其实还反映了著作权法修改中的一个重要问题，即对属于著作权法律制度中的重大问题，不宜在立法层次较低的《著作权法实施条例》中规定，而应当在《著作权法》中作出规定。对于先在《著作权法实施条例》作出规定的，可以利用修法的机会将部分重要内容整合到《著作权法》规定中。其实，这种情况在我国《专利法》《商标法》的修改过程中也有体现。

关于我国《著作权法》规定的合理使用的具体类型，现行《著作权法》第24条第1款在基本保留2010年《著作权法》规定的基础之上，对之有所发展和改进，特别是增加了具有兜底性质的规定，从而使得我国著作权制度中的合理使用制度由封闭式跃变为开放式规定。以下将以现行《著作权法》规定为基础，结合其对2010年《著作权法》的改进加以论述。

（一）为个人学习、研究或者欣赏，使用他人已经发表的作品

一般国家著作权法都在权利限制的首要条款中规定，个人使用属于合理使用的范围。例如，意大利《著作权法》第68条规定，为个人使用目的，读者可以通过手抄或者其他不适合流通或公开传播方式复制单一作品或者其中一部分。2020年《著作权法》第24条第1款第（1）项作了上述规定。从著作权限制的程度来说，这一限制堪称最严格的一种。

但是，“为个人使用”并非没有条件限制。为个人使用，不包括为自己营利的事业，如出版发行，也不包括公共生活领域内的使用。这里的“个人”应当作适当的从宽解释，在家庭或相当于家庭范围的使用情况都应包括在内。对此，其他国家也有类似规定。例如，法国《知识产权法典》第L. 122－5条规定，作品发表后，作者不得禁止仅在家庭范围内进行私人和免费的表演。日本《著作权法》第30条规定了对个人或者家庭范围内复制为合理使用。[17] 实际上，要区分为个人目的与为家庭目的也是很难的。不过，也有超出“为个人使用”目的而属于合理使用的例外。如教师将为个人使用而录制的录音带用于课堂教学，由于是为教育目的，也在合理使用之列。这种使用还有一个条件限制是须为已发表的作品。如果是未发表作品，即使是为个人目的而使用，也不能认为是合理使用。

著作权法对为个人目的而使用，没有规定使用作品的种类、方法和数量限制。这说明，在不损害著作权人享有的其他权利的情况下，为学习、研究或欣赏的目的可自由使用各种作品。这可以从个人使用目的方面考虑，通常包括复制、改编、翻译、注释等形式，但不得采用出租、公开表演、播放、展览、发行等方式使用，因为这已经明显地超越了个人使用目的的范围。随着科学技术的发展，对使用作品的种类和方式不加限制也可能会产生问题。有些国家即开始对自由复印之类的合理使用作出某种限制。至于使用数量的限制，这也取决于实际需要。国外有的立法规定限于少量复制，有的规定只能复制作品的一部分。

---

〔17〕 日本著名案例 Sansei YusCki K. K. v. TChC Stage K. K. 即反映了这一点。在该案中，被告复制了原告的一个计划图，而该图是原告为投标韩国国家大剧院而绘制的。法院强调，合理使用只允许家庭或者有限范围内个人性质的使用而进行复制，在公司中出于商业目的所进行的复制不属于个人性质的使用，应征得原告同意。在另一个更著名的发生于美国的索尼案件中，则涉及个人利用录像机在家庭范围内录制电视节目是否构成侵权。审理该案的法官提出了著名的“实质性非侵权用途”原则，至今仍影响深远。

关于上述规定,还值得指出的是,国外著作权法一般没有规定为个人欣赏目的使用他人作品的合理使用。在我国《著作权法》第三次修订过程中,有的草案版本即取消了这类合理使用。不过,将其纳入合理使用也具有合理性,因为这是利用他人作品获得精神愉悦,实现作品社会价值的体现。将其排除于合理使用,不仅在现实中不近情理,也难以区分其与为个人学习、研究的界限。当然,随着经济社会和技术的发展,欣赏作品的形式和手段愈加便利,特别是在信息网络环境下变得更加容易,未来是否仍然需要考虑取消基于欣赏已发表作品的合理使用制度,值得进一步研究。

(二)为介绍、评论某一作品或者说明某一问题,在作品中适当引用他人已经发表的作品

引用,是将他人作品片断地“搬进”自己作品中。在实际中,创作引用他人作品是屡见不鲜的。在作品中引用他人作品,对不少创作来说也是不可缺少的。在合理范围内引述原作品,对原作品及其作者权益无甚损害。所以,一般国家著作权法都允许适当引用他人作品。例如,匈牙利《作者权法》第 17 条规定,个人在指明作品出处和作者姓名的前提下,引用一部已出版作品的某些部分,只要引用的程度与使用引证的作品的特点和目的相称,而且引证忠实于原作品,则被允许。意大利《著作权法》第 70 条规定,为评论、论述或教育目的,可以在符合上述目的限度内摘录、引用或复制一部作品的片段或部分章节,但不得占用作品的经济使用权利。我国现行《著作权法》第 24 条第 1 款第(2)项作了上述规定。《伯尔尼公约》第 10 条第 1 款也规定,从一部合法公之于众的作品中摘出引文,包括以报刊摘要形式引用报纸期刊的文章,只要符合公平惯例,在为达到目的的正当需要范围内,即属于合法。该规定确立了合法引用的条件:一是引文应是来自公众可以获得的作品,这就排除了尚未发表的作品的引用;二是引用应符合公平惯例;三是引用限于为实现引用目的所需要的正当限度。应注意,引用不仅限于引用印刷出版物的文字内容,以及在文字作品中引用他人作品,也包括引用广播、电视节目片断及电影作品中的镜头,以及在广播、电视节目和视听作品中引用他人作品等情况。德国《著作权法》第 51 条甚至规定,独立的音乐作品可以从其他已经出版的音乐作品中摘引片段。不过,在实践中引用最多的当是文字作品。

作为合理使用范围内的“引用”,必须是“适当引用”,[18]具体是指:

第一,引用目的仅限于介绍、评论某一作品或者说明某一问题。引用作品要与上述三个目的相符。如将学术作品的一部分用于商业性的宣传文章,或将美术作品用于书的封面,就不符合上述引用目的,因而是不适当使用。

第二,所引用部分不能构成引用人作品的主要部分或本质部分。本质部分是作品的精华所在。引用部分在引用作品中应居于从属地位,不能构成引用人作品的关键甚至取代了原作;或者说,引用人作品与被引用人作品在内容上要存在实质性的区别。如整段摘引他人作品,而自己的创作仅限于几句简短的评论,这种引用就是不合理的。还如,将他人作品的大部分引用于自己作品中,或者将他人作品经过浓缩后搬进自己作品中,尽管加注了来源,仍然不构成合理使用。除了“量”的考虑外,“质”的考量也很重要。如果将原作的精华部分、实质性部分抄

〔18〕 参见李佳妮:《论著作权合理使用中的“适当引用”——以谷阿莫二次创作短视频为例》,载《东南大学学报(哲学社会科学版)》2019 年第 S1 期。

录到自己的作品中,也可能构成侵权。当然,评判的标准仍然是引用的部分与原作品相比其数量和质量的情况,并不是引用的部分占引用人作品的比例。有时引用部分占引用人作品的比例很低,但由于是被引用人作品的核心内容,而这种引用有替代原作品市场的风险,就不允许这种引用。上述美国哈勃案即有代表性。

第三,引用不得损害被引用作品著作权人的利益,不得构成不合理地损害著作权人的合法权益。如有的人断章取义,曲解原作品,即会损害创作者原意,侵害原作品著作权人的人格权。又如,引用部分虽然没有构成引用人作品的主要部分或者实质部分,但由于引用量明显偏大,以致构成了对被引用人作品的非法复制,这种情况就会构成不合理地损害著作权人的合法权益。这里不妨以一个案例略加说明:在一个著作权侵权案中,被告主编了一本著作,其中第一次引用原告作品时专门加上注释:以后凡是在本书中引用原告作品之处,均以楷体形式体现,不再另外添加注释说明。被告著作中引用原告书达数十处,总计近3万字,占被告作品篇幅的十分之一。原告以引用不适当、构成非法复制为由主张被告侵害其著作权。本案被告行为不应当视为剽窃、抄袭,因为其在涉案作品中标注了信息,公众不会将引用之处视为被告作品。但是,由于引用过量,以致不合理地损害了作为原告的著作权人的合法权益,仍然可以认定构成了不适当引用和著作权侵权。本案最终以和解方式结案,法院并没有作出实体判决。不过,其仍然能够为分析和理解什么是作品的适当引用提供一定的启发。

第四,引用须是已发表作品。若引用未发表作品,引用人作品一旦发表,即会构成对他人发表权和作者隐私权的侵害。当然,基于意思自治原则,如果未发表作品作者同意他人引用,则另当别论。

第五,引用须指明作者姓名或者名称、作品名称。这是作者要求被尊重权的体现。如不作出这一标示,该权利即不能实现,引用人也无法证明其引用行为与抄袭或变相抄袭行为的区别。

总的来说,引用应以不超过与引用目的相符的数量为准。[19] 判断是否为合理范围内的引用,应从引用的目的与性质、被引用作品的性质、原作中被引用的质和量、引用作品的类型、引用对原作品市场和价值潜在影响等因素综合考虑。

(三)为报道新闻,在报纸、期刊、广播电台、电视台等媒体中不可避免地再现或者引用已经发表的作品

新闻是人们了解国内外大事的重要途径。因此,一般国家著作权法均对报道新闻给予了合理使用的便利。例如,匈牙利《著作权法》第19条规定,在注明出处的情况下,可以复制包含事实和消息的通信报道。报纸、期刊、广播、电视在指明作品出处和作者姓名的前提下,可以复制有新闻价值的经济性和政治性文章。我国1990年《著作权法》规定的传播媒体限于"报纸、期刊、广播、电视节目或者新闻纪录影片"。2001年、2010年《著作权法》则扩大了传播媒体的类型。这有利于保持立法的开放性和适用性,将来在有新的传播媒体出现时,该款的规定仍能适用。现行《著作权法》第24条第1款第(3)项除了将2010年《著作权法》第22条第1款第(3)项规定中的"时事新闻"改为"新闻"外,其他地方未做改动。

上述引用必须符合一定条件,才能构成合理使用。具体如下:

---

〔19〕 参见张杰:《亟需完善我国〈著作权法〉中的适当引用制度》,载《中国编辑》2014年第6期。

1. 引用应符合新闻报道目的。若不是为报道新闻，如为制作广播电视节目而大量使用他人作品，即不是合理使用。

2. 引用限于“不可避免地再现已经发表的作品”。例如，某电视台为报道一个美术展，不可避免地要在电视镜头中再现部分美术作品，属于合理使用。当然，即使在这种情况下，合理使用仍然有“度”的限制，如不能将镜头停留的时间拖得太久，也不能将所有被展示的美术作品一览无余地全部以慢镜头形式再现。值得注意的是，这一条件是2001年我国修改《著作权法》时增加的限制性内容，此后修法时一直保留了这一规定。这一修改是适用《伯尔尼公约》规定的需要。该公约第10条之二第2款规定，在用摄影或电影手段，或通过广播或对公众有线传播报道时事新闻时，在事件过程中看到或听到的文学艺术作品在为报道目的正当需要范围内予以复制和公之于众的条件，由本同盟各成员国的法律规定。

3. 引用要有一个合理的限度，被引用部分不能构成新闻的主要内容。即“在符合新闻报道目的的范围内，不可避免地再现已经发表的作品”，才是合理使用。

4. 被引用作品须是已发表作品。不能将他人未发表作品“捅出来”用于报道新闻。

5. 引用作品时应指明作者姓名、作品出处，并且不得侵犯著作权人依照著作权法享有的其他权利。

（四）报纸、期刊、广播电台、电视台等媒体刊登或者播放其他报纸、期刊、广播电台、电视台等媒体已经发表的关于政治、经济、宗教问题的时事性文章，但著作权人声明不许刊登、播放的除外

政治、经济、宗教问题的时事性文章，特别是社论和评论员文章是宣传党和国家方针政策的作品，它类似于官方文件，具有政治性，应当使之家喻户晓。我国《著作权法》将报纸、期刊、广播电台、电视台等媒体刊登或播放政治、经济、宗教问题的时事性文章纳入了合理使用的范围，有利于促进信息共享和交流，保障信息自由目的的实现。但应指出，被刊登或者播放的限于政治、经济、宗教问题的时事性文章，像一般作者对某一事情或作品所撰写的杂文、评论及其他议论性质的文章等均不在此列。

值得注意的是，1990年《著作权法》的相应规定是“报纸、期刊、广播电台、电视台刊登或者播放其他报纸、期刊、广播电台、电视台已经发表的社论、评论员文章”。2001年《著作权法》修改时在刊登或者播放的媒体、作品的范围上作了修订。在刊登或者播放媒体方面，修改后的《著作权法》作了一定程度的扩大，这样有利于将互联网等传播媒体纳入进来，保持立法的包容性和开放性。在作品范围上，由原来的“已经发表的社论、评论员文章”改为“关于政治、经济、宗教问题的时事性文章”。这一修改则是适应《伯尔尼公约》规定的需要，因为该公约第10条之二相应的规定限于“关于政治、经济、宗教问题的时事性文章”。同时，该公约第10条之二规定了向公众有线传送这类文章也属于合理使用：本同盟各成员国的法律得允许通过报刊、广播或对公众有线传播，复制发表在报纸、期刊上的讨论经济、政治或宗教问题的时事性文章，或具有同样性质的已经广播的作品，但以对这种复制、广播或有线传播并未明确予以保留的为限。然而，均应明确说明出处；对违反这一义务的法律责任由被要求给予保护的国家的法律确定。此外，2001年《著作权法》修改时增加了“作者声明不许刊登、播放的除外”的例外规定。这有利于充分尊重作者的意愿，避免作者不愿意进一步传播的作品被其他报纸、期刊、广播电

台、电视台等媒体刊登或者播放。

2010年《著作权法》第22条第1款第(4)项维持了2001年《著作权法》的规定。现行《著作权法》第24条第1款第(4)项则将上述"作者"改为"著作权人"。这一修改具有合理性,因为这类时事性文章的著作权并非一定属于作者,有可能属于作者以外的其他著作权人。

(五)报纸、期刊、广播电台、电视台等媒体刊登或者播放在公众集会上发表的讲话,但作者声明不许刊登、播放的除外

在公众集会上发表的讲话是指在公众场所举行的、公众可以自由参加的集会上所作的演讲、报告、致辞等。这些讲话都具有一定的目的性,并具有公开的性质,故一般对此不应加以限制。但为尊重作者意愿,当作者声明不许刊登或播放时,就不能在这些新闻媒介中刊登或播放。实际中的做法是,只要作者在发表讲话前后未作不准刊登或播放的声明,就视为作者同意其讲话可以被刊登或播放。至于公众集会上的讲话是否需要考虑其性质,《著作权法》没有规定,一般应是涉及政治、经济、时事性问题的讲话。对于在广播或电视中发表的讲话,是否允许报纸、期刊和其他广播电台、电视台等媒体刊登或者播放,《著作权法》也没有规定。从这类讲话具有的公共性质来讲,应当允许报纸、期刊和其他广播电台、电视台等媒体刊登或者播放。实际上,有的国家著作权立法已有专门规定。例如,德国《著作权法》第48条规定,在公众集会上或者在广播电台、电视台上有关时事问题的演讲,报纸、期刊或者有关时事的印刷媒体上可以刊登和传播。

(六)为学校课堂教学或者科学研究,翻译、改编、汇编、播放或少量复制已经发表的作品,供教学或者科学研究人员使用,但不得出版发行

学校教学和科学研究都离不开对已有作品的使用,限制这种使用就会阻碍科学文化事业的发展。因此,一般国家和地区的著作权相关规范都规定,为教学、科研目的,在一定条件下可自由使用作品。如《突尼斯示范著作权法》第7条,日本《著作权法》第35条、第43条都有规定。日本《著作权法》规定,学校或其他不以营利为目的而设立的教育机关中担任教育工作的人,为教学目的可以复制和翻译已经发表的作品。为学校教育目的,在认定的必要限度内,可在教学书中登载已发表的著作物。我国台湾地区"著作权法"也规定,节选他人著作,以编辑教育事务主管部门审定之教科书者,在注明原著出处的情况下不以侵害著作权论。

所谓"学校课堂教学",是指包括国家设立的与民办的小学、中学、大学以及各种业余学校等普通学校的面授教学,即教师与学生在教室、电教室、实验室等场所进行的面对面教学。它不包括现实中一些使用函授、广播电视、互联网等手段传播知识的教学活动,如函授大学、广播电视大学的教学和通过互联网的远程教育。"科学研究",是借助于一定的方法探索事物的本质和规律的活动,包括自然科学研究和社会科学研究两方面。在学校课堂教学或科学研究中,可以翻译、改编、汇编、播放与少量复制[20]已发表作品。至于翻译、改编、汇编、播放量的多寡,应根据教学、科研的需要而定。复制只能是"少量",这主要指作品的份数,而不是一部作

〔20〕2010年《著作权法》第22条第1款第(6)项规定的行为,限于"翻译或者少量复制已经发表的作品"。现行《著作权法》则增加"改编、汇编、播放"行为,这样就能在课堂教学或者科学研究中更好地利用受著作权保护的作品,促进教学和科研活动。

品中本身的比例。少量复制究竟以多少为宜,应根据教学、科研的需要而定,原则上不应影响作品的潜在市场。参照国外的做法,应以参加课堂学习的学生数量为准。就为科学研究而言,欧美国家的做法一般是复制数量受到严格控制,一次只能复印单篇文章或一部著作中的部分章节,而不能对整个杂志或者整部书进行复制。而且,复制限于单份复制,而不是多份复制。应当说,这一问题在我国比较严重,如复制整本书的现象较普遍。现行法律对此并未有具体规定,值得探讨。另外,一些收取较高费用的私立学校,如外语、会计、计算机培训学校,因其具有营利性质,一般不应包括在内。日本即规定以营利为目的而设立的教育机构不适用为教学目的的合理使用。

(七)国家机关为执行公务使用已经发表的作品

国家机关是管理国家事务的机关,它是国家的主要标志。在我国,国家机关包括立法机关、行政机关、审判机关、法律监督机关、军事机关等。国家机关不包括任何全民所有制企事业单位。国家机关为研究问题、制定立法和政策、实施国家管理使用已发表作品的情况很多。例如,国家立法机关为修订我国《著作权法》,复印、摘录已公开的一些法学论文;军事机关为演习的需要而使用地图等。

按照《著作权法》《著作权法实施条例》的规定,这种使用也必须符合一定条件:(1)使用已发表作品应当是为执行公务的需要。所谓"执行公务",是指为了立法、司法和执法的目的。若使用行为与公务活动无关,就仍应取得著作权人的许可并支付报酬,如国家某机关为宣传一项政策,决定组织汇编一部论文集并公开出版,这就涉及他人作品汇编权的问题,需要事先取得被汇编作品的著作权人许可。(2)这种公务性使用必须在合理使用的范围之内。具体地说,使用活动不得影响作品的正常利用,也不得无故损害著作权人的合法权益。从实践看,公务性使用主要是复制,如涉及外文资料,则还存在翻译的问题。该使用应当限于国家机关为执行公务而必须使用他人享有著作权的作品的范围之内,大量复制发行会损害作品的市场价值,歪曲、割裂作品会损害权利人的人格利益与价值。

从国外立法看,国家机关为执行公务使用已经发表的作品一般也被明确地规定为合理使用范围。例如,意大利《著作权法》第67条规定,基于诉讼程序或执行程序目的,可以全部或部分使用作品,但应指明作品出处或作者姓名。德国《著作权法》第45条规定,为法院、仲裁机构或公安机关的诉讼程序使用目的,允许制造或者证人制造作品的单个复制物。

(八)图书馆、档案馆、纪念馆、博物馆、美术馆、文化馆等为陈列或者保存版本的需要,复制本馆收藏的作品

这些提供公共文化的场馆是为文化目的服务的,肩负着公共利益使命,具有公益性质。为了陈列或保存版本的需要,这些公共文化机构复制作品的机会很多。如图书馆复印、影印图书,博物馆将某些历史照片翻拍后陈列,美术馆为保存画家真迹水印绘画等。在这些作品中,有的是绝版图书,有的年代久远而破损,为保存这些有价值的文化遗产,也有必要进行复制。这种复制构成合理使用的范围。

依《著作权法》规定,这种合理使用也必须符合一定条件,即:(1)复制活动只能用于陈列或保存版本的需要,不能用于营利事业或其他目的。如图书馆复制某一绝版图书,而将此书拿出去出借、出租、出售,这种复制活动是不允许的。(2)复制应当是本馆收藏的,不能复制其他

馆藏作品,也不得允许其他馆复制本馆收藏的绝版作品。这和有些国家规定不同。如日本《著作权法》第31条规定,某一公共图书馆可以为其他公共图书馆提供本馆收藏的绝版作品而复制一份。

值得指出的是,与我国2010年《著作权法》相应规定相比,现行《著作权法》修改体现于增加了"文化馆"这一主体。尽管2010年《著作权法》对图书馆、档案馆、纪念馆、博物馆、美术馆列举后,加了"等"字,可以理解为包含了文化馆等其他具有相同性质的提供公共文化服务的机构,为了更加明确地体现文化馆也属于上述合理使用的主体,现行《著作权法》增加了文化馆这一类别。

(九)免费表演已经发表的作品,该表演未向公众收取费用,也未向表演者支付报酬,且不以营利为目的

在我国,为丰富、活跃基层文化生活,免费表演已发表作品的情况很多。这种表演是免费的,不会对著作权人的利益产生损害,同时可以活跃文化生活,促进作品的使用、传播,故著作权法视之为合理使用。其他国家著作权法也有类似规定。例如,美国《著作权法》第110条规定,在礼拜场所或者宗教集会的仪式中表演非戏剧性文字或者音乐作品或者表演宗教性质的戏剧—音乐作品,或者为盲人或者残疾人设计的并以其为主要接受对象的传送或者在传送中表演非戏剧性文字作品,不视为著作权侵权。日本《著作权法》第38条规定,如果不以营利为目的且不向听众或观众收取任何费用,可以公开上演、演奏、口述或者上映已发表的著作物,但该上演、演奏、口述或者上映不应向表演者或口述者付酬。

这里应全面理解"免费表演"的含义。免费表演是一种非营利性的演出。而且,这里的"表演"仅指活表演,不包括机械表演,如播放将舞台表演活动固定的录音录像制品。

根据我国《著作权法》的规定,免费表演包括以下几项不可缺少的内容:

第一,不得以营利为目的。这包括使用作品的直接目的与间接目的都不得以营利为目的。有时直接目的不是营利,但间接目的是营利,如企业为宣传其商品而举行的免费演唱会,实际上是以变相收费的方式为企业从事广告宣传,不能认为这种使用属于合理使用。值得指出的是,2010年《著作权法》第22条第1款第(9)项规定中,并没有明确指出包含"不得以营利为目的"的内容。现行《著作权法》第24条第1款第(9)项则增加了"且不以营利为目的"的内容。这样就对于免费表演这种合理使用制度的内涵有更加明确的规定。

第二,不得向观众、听众收费。不管以何种名目收费(如门票),都不能构成合理使用。应当注意,我国文化领域中经常出现的"义务演出",如为救灾、扶助体障者、赞助某项大型比赛而举行的"义演",这也不能构成对表演权的合理使用。因为在这种情况下仍然要向观众、听众收费,只是这笔费用减去成本后的收益"赠给"公益事业,而不是以营利为目的。

第三,不得向表演者支付报酬。在现实中,一些表演尽管不向公众收取费用,但仍然向表演者支付报酬,无论以酬金、演出费、小费、超过一定数额标准的交通费与误餐费及其他名目交付的金额,均与合理使用规定不符。但应指出的是,对免费表演会上的解说者支付报酬,不应视为给表演者支付报酬,因为解说者并非表演者。

第四,免费表演作品的合理使用只限于已发表作品。如果是未发表作品,即使是免费表演,也应征得著作权人同意。此外,免费表演时,也应指明作者姓名、尊重著作权人享有的其他

各项权利,不得歪曲、篡改作品。

(十)对设置或陈列在公共场所的艺术作品进行临摹、绘画、摄影、录像

复制长期陈列或设置在公共场所的艺术作品,如雕塑、雕刻、壁画,可以不经作者或者其他著作权人同意,不支付报酬,这是世界上普遍采取的对著作权限制的一种形式。例如,美国《著作权法》第 120 条规定:如果体现了建筑作品的建筑物位于公共场所或者其他人能够见到的场所,其他人可以临摹该建筑作品,制作、发行、展览临摹了该建筑作品的图片、绘画、摄影或其他图形作品,建筑作品著作权人不得禁止。这种限制的合理性在于,这些艺术作品本身具有长期公开的性质,具有很强的公共利益属性,应允许以合理的方式使用。

值得指出的是,在我国 2010 年《著作权法》第 22 条第 1 款第(10)项的相应规定中,上述合理使用限于设置或者陈列在室外公共场所的艺术品,不包括室内艺术作品。2002 年《审理著作权民事案件适用法律解释》第 18 条第 1 款规定:"著作权法第二十二条第(十)项规定的室外公共场所的艺术作品,是指设置或者陈列在室外社会公众活动处所的雕塑、绘画、书法等艺术作品。"

我国现行《著作权法》第 24 条第 1 款第(10)项的相应规定中,则删除了上述"室外"字样。[21] 这意味着,室内公共场所也应适用于上述合理使用的规定。如在展览馆、美术馆、博物馆等室内公共场所放置或陈列的艺术作品,就不受此限制。又如,设置在机场或者火车站大厅内的室内艺术作品,尽管是在室内,但仍然是公共场所,其功能也是为公众活动提供公共场所,与室外艺术作品在性质上一样,也适用于上述合理使用规定。之所以作出这一修改,是考虑到对设置或陈列在室内公共场所与室外公共场所的艺术作品进行临摹、绘画、摄影、录像具有相同的性质和效果,将这类合理使用的范围扩大到室内公共场所,有利于社会公众在更大的范围内合理使用艺术作品,丰富人们的文化艺术生活,而这对著作权人利益无甚损害。实际上,室内公共场所同样适用合理使用的规定,在国外也有相应立法例。如英国《著作权法》第 62 条第 1 款第(2)项即规定永久性地处于公共场所或者向公众开放的场所中,无论是室内还是室外,均允许合理使用。[22] 但应注意,将上述合理使用情形拓展到室内公共场所后,不应包含不具有公共场所性质的室内场所,如不包括私人庭院的艺术作品。而且,这种使用仅限于以临摹、绘画、摄影、录像的方式,不延及直接接触的方法,如机械拓印。

我国《著作权法》没有对"陈列或设置"的时间作出规定。许多国家认为,只有长期陈列或设置在室外公共场所的艺术作品才受此限制,如果是短期陈列或设置的,使用时仍应征得作者同意并交付报酬。如将其搬上银幕或电视时,仅限于以其作为背景或主题的附属部分,将其放置在图书或商业性影片中也应征得作者同意并支付报酬。此外,对这类艺术作品进行临摹、绘

---

[21] 在《著作权法》第三次修改过程中,不同版本修改草案对 2010 年《著作权法》第 22 条第 1 款第(10)项的修改有不同规定。例如,2012 年国家版权局公布的《著作权法》(修改草案)第 2 稿第 42 条第 1 款第(10)项规定"对设置或者陈列在室外公共场所的艺术作品进行临摹、绘画、摄影、录像并向公众提供,但不得以该艺术作品的相同方式复制、陈列以及公开传播";其第 3 稿第 42 条第 1 款第(10)项则改为:"对设置或者陈列在室外公共场所的艺术作品进行临摹、绘画、摄影、录像并复制、发行以及向公众传播,但不得以该艺术作品的相同方式复制、陈列以及公开传播。"

[22] 汤宗舜:《著作权法》,知识产权出版社 2005 年版,第 100 页。

画、摄影、录像后,行为人能否再继续使用其成果,我国《著作权法》和《著作权法实施条例》均没有规定。2020 年《审理著作权民事案件适用法律解释》第 18 条第 2 款则规定,“艺术作品的临摹、绘画、摄影、录像人,可以对其成果以合理的方式和范围再行使用,不构成侵权”。这样就较好地调整了这类艺术作品临摹、绘画、摄影、录像者与原作品著作权人之间的权利义务关系。

在著作权司法实践中,针对这类合理使用,还涉及相关当事人的署名义务,包括在合理使用演绎作品时是否以及如何履行原作品署名的义务。例如,在申诉人某市水利局与被申诉人王某,一审被告、二审被上诉人绍兴某印刷有限公司侵害著作权纠纷案〔23〕中,最高人民法院审查认为:对设置在室外公共场所的雕塑作品进行临摹、摄影等,无需征得许可和支付报酬,但应指明作者姓名和作品名称。社会公众应指明作者姓名取决于雕塑本身的署名情况。如果该雕塑作品并未注明系依据他人绘画作品而创作,进行合理使用的社会公众没有义务去追溯原始绘画作品的作者并为其署名。但在涉及特定主体具有较高注意义务的场合,特定主体应当为原作者署名。本案中,《康乾驻跸碑》碑记中有王某署名,且考虑被告某市水利局特殊地位,应当知道涉案雕塑的原绘画作者,故应当为王某署名。〔24〕 该案中,最高人民法院区分了一般社会公众和具有特殊身份的主体在本项合理使用中的署名义务,符合公平原则和实际情况。

(十一)将中国公民、法人或者非法人组织已经发表的以国家通用语言文字创作的作品翻译成少数民族语言文字作品在国内出版发行

我国是一个统一的多民族国家。相对来说,少数民族地区经济、文化科学发展落后。为了促进我国各少数民族文化科学事业的发展,著作权法应作出一些特殊规定。1990 年《著作权法》第 22 条第 1 款第(11)项规定,将已经发表的汉族文字作品译成少数民族文字作品在国内出版发行,可以不经作者同意,不向其支付报酬。2001 年《著作权法》则相应地修改为“将中国公民、法人或者其他组织已经发表的以汉语言文字创作的作品翻译成少数民族语言文字作品在国内出版发行”。2010 年《著作权法》没有作出修改。现行《著作权法》第 24 条第 1 款第(11)项则将上述规定修改为,“将中国公民、法人或者非法人组织已经发表的以国家通用语言文字创作的作品翻译成少数民族语言文字作品在国内出版发行”。其修改之处,除了将“其他组织”改为“非法人组织”外,还将“以汉语言文字创作的作品”改为“以国家通用语言文字创作的作品”。这一修改,体现了法律语言的包容性和前瞻性,因为我国目前以国家通用语言文字创作的作品体现于以汉语言文字创作的作品,但随着社会发展不排除扩大国家通用语言文字的范围的可能。

根据上述规定,该类合理使用须符合以下几个条件:

第一,被翻译的作品须为“中国公民、法人或者非法人组织已经发表的以国家通用语言文字创作的作品”。在当前,这种作品一般就是指以汉语言文字创作的作品。这就既排除了外国人以汉语言文字创作的作品的可能,也排除了以我国其他少数民族文字和英文、法文等外国语言文字创作的作品的可能。还应注意,该项规定仅适用于原作品为以国家通用语言文字创

---

〔23〕 最高人民法院(2013)民提字第 15 号民事判决书。

〔24〕《知识产权案件年度报告》(2015)。

作的作品。如原作品为少数民族文字作品,将其翻译成其他少数民族文字作品时,仍应征得原作品著作权人的同意并支付报酬。另外,中国公民将外国语言文字作品翻译成以国家通用语言文字创作的作品也不包括在内。原因是,根据使用他人演绎作品应征得演绎作品著作权人和原作品著作权人双重同意的原则,将已经翻译成以国家通用语言文字创作的作品的外国语言文字作品再翻译为少数民族文字作品,须取得外国语言文字作品原作品著作权人的同意,并向其支付报酬。

第二,翻译的以国家通用语言文字创作的作品应当是已发表作品。如果是尚未发表的作品,应征得著作权人的许可。

第三,翻译的作品只能在我国境内出版发行,如需在国外出版发行,仍应取得著作权人授权并付酬。原因是,这类作品原本是限于国内少数民族使用的。

第四,翻译时应注明作者姓名、作品名称及其来源,并不得损害著作权人享有的其他权利,尤其是不能擅自修改、歪曲、篡改原作品。

还值得一提的是,上述规定并非《伯尔尼公约》和 TRIPs 协议的要求,而是基于我国促进少数民族科学文化发展需要而专门作出的规定。

(十二)以阅读障碍者能够感知的无障碍方式向其提供已经发表的作品

2010 年《著作权法》第 22 条第 1 款第(12)项规定,“将已经发表的作品改成盲文出版”,属于合理使用的一种类型。盲人是丧失视力的体障者,其基于视力先天或者后天存在缺陷而不能正常阅读,只能凭借触摸等方式加以弥补。为方便盲人掌握科学文化知识,各国、地区著作权法一般规定将已发表作品改成盲文出版属于合理使用。如我国台湾地区“著作权法”第 30 条规定:已发行之著作,得为盲人以点字重制之。经政府许可以增进盲人福利为目的之机构,得录音已发行之著作专供盲人使用。图书以盲文出版,一般印数少,从营利的角度来说是不合算的,对著作权人的经济利益影响也很小。从这方面讲,2010 年《著作权法》上述限制是有充分理由的。从人道主义方面讲,也应作出这一限制。但也应注意的是,被改成盲文出版的作品只能是已发表的作品;改成盲文出版时,应提及作者姓名、作品名称,并不得擅自修改、篡改原作。实际上,2010 年《著作权法》上述规定是对其第 31 条“图书出版者对著作权人交付出版的作品,按照合同约定享有的专有出版权受法律保护,他人不得出版该作品”规定的限制,因为根据上述限制,盲人出版社将他人已经出版的作品改成盲文出版,不受图书出版者享有按照合同约定的专有出版权的限制。

现行《著作权法》第 24 条第 1 款第(12)项则将上述规定修改为“以阅读障碍者能够感知的无障碍方式向其提供已经发表的作品”。对照以上修改,可以发现,对于以盲人为主要代表的阅读障碍者,在作品合理使用方式上更加灵活,不限于“将已经发表的作品改成盲文出版”,因为只要是以阅读障碍者能够感知的无障碍方式向其提供已经发表的作品,都属于合理使用范畴。这样更便于阅读障碍者利用作品,体现了著作权法的人文关怀。此外,还需要指出,尽管在现实中阅读障碍者一般就是指盲人,但除了盲人,也可能存在因为身体其他方面缺陷而不能正常阅读者。将“盲人”扩大为“阅读障碍者”,就能够在更大范围内满足特殊公众利用受著作权保护作品的需要。

（十三）法律、行政法规规定的其他情形

现行《著作权法》第 24 条第 1 款第（13）项作出了上述兜底性质的规定。这一规定也被称为关于合理使用的开放式规定。在此之前，我国《著作权法》关于合理使用类型的规定一直是封闭式规定。

值得指出的是，关于我国著作权合理使用制度是应当采用封闭式规定还是开放式，在《著作权法》第三次修改过程中存在热烈的讨论和一定的争议。其中，主张维持封闭式规定的观点认为：著作权具有法定性，对于合理使用这种最重要的著作权限制形式也应当法定，不宜随意“开口子”而影响对著作权的有效保护。主张开放式规定的观点则认为：（1）封闭式规定存在诸多缺陷，如《著作权法》列举的合理使用情形难免挂一漏万，不能很好地保障实践中出现的新型的、具有合理使用性质的行为；（2）开放式规定能够很好地弥补上述不足，因为其便于法官按照合理使用原则，灵活判断司法实践中的个案是否适用该原则；（3）我国 2010 年《著作权法》第 10 条第 1 款第（17）项有“应当由著作权人享有的其他权利”这一兜底性质的规定，基于权利义务平衡的原则，也应对合理使用这种最重要的著作权限制形式作出具有兜底性质的规定。[25] 经过多方研讨，在合理使用制度中引入开放式规定逐渐达成共识。至于如何表述则也存在一个探索的过程。国家版权局 2012 年公布的修改草案第 2 稿第 42 条第 1 款第（13）项规定为“其他情形”。最终通过的现行《著作权法》第 24 条第 1 款第（13）项则规定为“法律、行政法规规定的其他情形”。本书认为，“其他情形”的表述不够合理，因为在著作权司法实践中，这容易导致针对同一使用作品行为不同法院认定和判决情况不同甚至矛盾的情形存在，在制度设计层面助长“同案不同判”现象。同时，基于著作权的法定性，对著作权的限制也应体现法定性，否则将在著作权司法实践中使著作权人利益不能得到充分保障。基于此，关于著作权合理使用制度兜底性质的规定，既要考虑开放式规定，也要考虑权利限制法定性的要求。现行《著作权法》的规定兼顾了上述两方面，因而具有合理性。

此外，现行《著作权法》第 24 条第 2 款还规定了邻接权限制制度。对此，将在邻接权限制部分再行阐述。

五、网络环境下的著作权合理使用

在网络环境下，著作权合理使用依然存在。[26] 根据我国《信息网络传播权保护条例》第 6 条规定，通过信息网络提供他人作品，属于下列情形的，可以不经著作权人许可，不向其支付报酬：（1）为介绍、评论某一作品或者说明某一问题，在向公众提供的作品中适当引用已经发表的作品；（2）为报道时事新闻，在向公众提供的作品中不可避免地再现或者引用已经发表的作品；（3）为学校课堂教学或者科学研究，向少数教学、科研人员提供少量已经发表的作品；（4）国家机关为执行公务，在合理范围内向公众提供已经发表的作品；（5）将中国公民、法人或者非法人单位已经发表的、以汉语言文字创作的作品翻译成的少数民族语言文字作品，向中国

---

[25] 冯晓青：《知识产权法律制度反思与完善：法理·立法·司法》，知识产权出版社 2021 年版，第 149～151 页。

[26] 参见李建华、王国柱：《网络环境下著作权默示许可与合理使用的制度比较与功能区分》，载《政治与法律》2013 年第 11 期；梅术文：《信息网络传播权合理使用的立法完善》，载《法学》2008 年第 6 期。

境内少数民族提供；(6)不以营利为目的，以盲人能够感知的独特方式向盲人提供已经发表的文字作品；(7)向公众提供在信息网络上已经发表的关于政治、经济问题的时事性文章；(8)向公众提供在公众集会上发表的讲话。

上述规定类似于2010年《著作权法》第22条、现行《著作权法》第24条规定的合理使用制度。其基本要旨是在网络环境中为互联网服务提供商和用户创制一块可以自由利用他人享有著作权的作品的“空间”，以保障在不损害著作权人利益的前提下促进知识和信息共享。[27]这些规定显然是立足于2010年《著作权法》第22条规定而加以明确的。

六、合理使用的发展与变化

新技术革命使复制和传播手段空前发展，传统的合理使用制度已不足以成为平衡作者个人利益和公共利益的手段。如非营利性地复印资料、教材供自己学习、研究，应属合理使用。但人们复印一本书或一篇文章即丧失了对该书的需求。静电复印等复制技术的发展则大大便利了这种使用。这对作品的发行将构成威胁。为协调这一变化，各国纷纷采取措施。如美国对有线电视采取收费的办法；日本详细规定了复印的目的和数量；丹麦实行“一揽子合同付酬制”；德国规定了私人录音录像设备和磁带的版税、教科书版税、报刊转载版税、出租著作物版税等。

总的来说，西方国家采取的措施主要有两种：一是采取限制复制数量的办法来控制作品市场；二是以征收版税的形式弥补作者经济收益上的损害，或两者均采用。随着传播技术的发展，合理使用的内容还在变化。著作权法在这方面始终充当着平衡作者个人利益与社会利益的杠杆。

第三节　法 定 许 可

一、法定许可概述

(一)法定许可的概念与范围

法定许可，是指在法律规定的条件下使用作品，可以不经著作权人同意，但应按照规定向其支付报酬，指明作者姓名、作品名称，并不得侵犯著作权人依法享有的其他权利。法定许可也称为“非自愿许可”，以与作为“自愿许可”的许可使用相区别。在法定许可的情况下，著作权人只有获酬权，不享有禁止使用权。而且，付酬标准也通常由法律法规、行业惯例等确定。

法定许可涉及的权利范围较广，如录制权、表演权、广播权、演绎权等。许多国家著作权法对此予以规定。不过，各国对法定许可规定的范围各不相同。[28] 总的说来，西方国家重视个人利益，法定许可的适用范围较小。如意大利的规定只限于电台、电视台现场转播首次公演的戏剧歌舞，英国规定法定许可仅及于录音制品。社会主义国家重视社会利益，对法定许可划定

---

〔27〕 根据《信息网络传播权保护条例》第10条的规定，第6条中规定的合理使用的行为受到其他一些条件的限制。

〔28〕 参见熊琦：《著作权法定许可制度溯源与移植反思》，载《法学》2015年第5期。

的范围较大。如苏联《民事立法纲要》就规定了法定许可包括公开演出已发表作品、在工业产品中使用造型工艺作品和摄影作品等几种情况。

（二）法定许可制度的合理性

为克服著作权人不愿授权使用的障碍，简化授权使用手续，促进作品及时传播，几乎所有建立了著作权制度的国家都建立了法定许可制度。具体地说，法定许可制度的正当性或者理论依据主要有以下几点：

一方面，该许可对著作权人的权益没有明显损害，著作权人对每次以营利为目的的重复使用均能取得报酬，在绝大多数情况下，著作权人是不会反对这种使用的。法定许可将"著作权人的某些权利由一种绝对权降格成为一种获得合理使用费的权利"，〔29〕这使著作权人仍然能够通过广泛地传播和使用其作品而获得必要的收益，有利于补偿其创作投资并激励其进一步从事智力创作活动。

另一方面，便于简化许可使用手续，有利于作品及时传播、满足广大公众文化生活需要。从著作权法的经济学角度分析，在相当多的带有商业性质的传播、使用作品的场合，获得著作权人许可而需要较高的交易成本将会产生市场失败的结果，因为许可谈判的时间、手续等因素很可能会使谈判遇到实质性困难，从而妨碍传播与使用作品。特别是对于一些需要及时获得作品的传播者、使用者来说，许可这一门槛将使其接近著作权作品变得更加困难甚至不可能。法定许可则避免了因交易成本问题而产生的市场失败风险，大大提高了传播和使用作品的效率，也节省了社会资源。对著作权人来说，法定许可也是有益的。著作权人一则可以省去与传播者、使用者谈判许可证的时间，便于其专心致志从事智力创作活动；二则可以通过更广泛地传播和使用其作品而获得经济利益。同时，法定许可对社会来说也提高了效率，因为更广泛地传播和使用作品意味着更好地实现传播知识和信息的公共利益。

当然，作为著作权限制的重要形式之一，法定许可的正当性还可以从著作权法的利益平衡理论得到说明。从整体上讲，法定许可是协调作品传播者、使用者和著作权人之间利益的重要制度安排。法定许可针对的是商业性使用或者营利性使用，因而著作权人保留收益权也具有合理性。法定许可之制度设计不但避免了著作权人的利益因许可权的法定限制而受到损害，而且在更大范围和程度上拓展了其获得利益的空间以及扩大其作品产生影响和享有声望的领域。法定许可也更好地满足了传播者和使用者等社会公众对著作权作品的需要。因此，它也是建立著作权法利益平衡机制的重要制度设计。

以上从理论角度阐述了法定许可的合理性。实际上，法定许可也是基于现实中授权的困难而诞生的一种著作权限制制度。例如，有些国家对空白录音录像带和复印机征收使用费，这是因为著作权人无法从具体的使用者处获得使用费，使用者获得许可也不现实。

（三）法定许可的特征

法定许可是对著作权权能限制的形式之一。法定许可的一个重要特征是，它更多地适用于邻接权主体。这主要是因为，邻接权主体是作品的传播者，如果在传播作品中都要事先取得作者同意，这就很可能延迟甚至阻碍作品的传播。对作者和作品使用人也会带来不便。为此，

---

〔29〕 韦之：《著作权法原理》，北京大学出版社1998年版，第79页。

法律有必要作出特别规定,准许在支付报酬和不损害权利人其他正当权益的条件下可以不经许可地使用作品。

法定许可是一种有偿使用作品的制度,但由于它与合理使用都是著作权法规定的对著作权的限制,都不必征得著作权人的同意,所以前述之"合理使用"也可看作条件更严格的一种法定许可。不过,两者之间的区别还是很明显的。主要包括:法定许可对象具有特定性,而合理使用适用于所有不特定对象;法定许可只限于少数作品或录音制品,而合理使用原则上适用于所有作品;法定许可使用作品的行为具有商业性,而合理使用作品的行为缺乏商业性。另外,法定许可使用者仍然需要向著作权人支付费用,而合理使用不存在付费问题,这是两者之间的最大区别。

二、我国《著作权法》关于法定许可的规定

我国《著作权法》也确认了法定许可制度。[30] 严格地说,应称为"准法定许可制",因为作者声明保留权利者除外。我国1990年《著作权法》规定了四种法定许可制度,即报刊转载、公开表演、制作录音制品和制作广播节目,不需要经过著作权人的许可,但应按规定向著作权人支付报酬。但是,依照《伯尔尼公约》的规定,只允许在使用已经录制过的音乐作品制作录音制品时适用法定许可。为此,2001年修改后的《著作权法》取消了公开表演和广播组织制作节目的法定许可。但对于报刊转载问题,由于在这一问题上还有较大的分歧意见,加之报刊社的强烈要求,报刊转载仍然作为法定许可被保留下来。2010年《著作权法》维持了2001年《著作权法》关于法定许可的规定。现行《著作权法》则对法定许可制度作了部分改进。随着经济社会和技术发展,法定许可的类型将作出调整。[31]

从我国《著作权法》的规定看,法定许可包括以下几种情况:

(一)教科书法定许可

为实施义务教育和国家教育规划而编写出版教科书,在教科书中汇编已经发表的作品片段或者短小的文字作品、音乐作品或者单幅的美术作品、摄影作品,属于法定许可。

我国是世界上最大的发展中国家,人口数量众多,教育事业是我国的立国之本。为此,著作权法在普及我国义务教育方面应当采取特殊政策。由于编写教科书直接关系学校教育,2001年修改的《著作权法》在第23条新增了为实施九年制义务教育等目的而出版教科书的法定许可。依照该条规定,为实施九年制义务教育和国家教育规划而编写出版教科书,除作者事先声明不许使用外,可以不经著作权人许可,在教科书中汇编已经发表的作品片段或者短小的文字作品、音乐作品或者单篇的美术作品、摄影作品,但应当按照规定支付报酬,指明作者姓名、作品名称,并且不得侵犯著作权人依照本法享有的其他权利。前款规定适用于对出版者、表演者、录音录像制作者、广播电台、电视台的权利的限制。2010年《著作权法》沿袭了上述规定。现行《著作权法》第25条第1款则规定:"为实施义务教育和国家教育规划而编写出版教

---

〔30〕 参见付继存:《著作权法定许可的立法论证原则》,载《学术交流》2017年第5期。

〔31〕 参见蔡元臻:《新媒体时代著作权法定许可制度的完善——以"今日头条"事件为切入点》,载《法律科学》2015年第4期。

科书,可以不经著作权人许可,在教科书中汇编已经发表的作品片段或者短小的文字作品、音乐作品或者单幅的美术作品、摄影作品、图形作品,但应当按照规定向著作权人支付报酬,指明作者姓名或者名称、作品名称,并且不得侵犯著作权人依照本法享有的其他权利。"其第2款规定:"前款规定适用于对与著作权有关的权利的限制。"对比上述规定,可以发现现行《著作权法》有局部修改,具体体现为:(1)取消了"除作者事先声明不许使用"的情形,保障该法定许可得以完全实现;(2)将"九年制义务教育"改为"义务教育",以适应未来我国对义务教育时间段的改革;(3)将法定许可的作品扩大到图形作品;(4)明确了应当按照规定向著作权人支付报酬;(5)明确了应当指明作者姓名或者名称,而不限于作者姓名。

根据现行《著作权法》的上述规定,教科书法定许可须满足以下条件:

第一,教科书范围的限制。目前我国教科书的品种繁多,但纳入法定许可的仅限于"为实施义务教育和国家教育规划而编写出版的教科书"。《教科书法定许可使用作品支付报酬办法》〔32〕第2条规定,"九年制义务教育教科书和国家教育规划教科书,是指为实施义务教育、高中阶段教育、职业教育、高等教育、民族教育、特殊教育,保证基本的教学标准,或者为达到国家对某一领域、某一方面教育教学的要求,根据国务院教育行政部门或者省级人民政府教育行政部门制定的课程方案、专业教学指导方案而编写出版的教科书"。当然,在我国九年制义务教育制度未改变的情况下,现行《著作权法》所指的"义务教育"就是指九年制义务教育。该办法第2条还规定,教科书不包括教学参考书和教学辅导材料。据此,教学参考书和辅导材料一类不应适用法定许可。在实践中,针对教科书编写的法定许可,应严格审查上述条件,如果不是基于为实施义务教育和国家教育规划而编写,则在未经著作权人许可的情况下,会构成著作权侵权。国家版权局办公厅《关于习题集类教辅图书是否侵犯教材著作权问题的意见》(国权办〔2003〕38号)即指出:根据《著作权法》第14条(现行《著作权法》第15条)的规定,构成汇编作品的教科书,在其内容的选择或编排上是具有独创性的,应受到著作权保护。如果某教科书在内容的选择或编排上具有独创性,他人按照该教科书的课程内容和编排顺序结构编写配套教辅读物,应视为对该教科书在著作权意义上的使用;在未经必要许可的情况下,这种使用即构成对该教科书著作权的侵害。除上述保护教科书类汇编作品的一般原则外,对于按照义务教育和国家教育规划编写的与教科书配套的教辅读物,则应具体问题具体分析。在这种情况下,只要教辅读物中没有再现教科书的内容,即不侵害教科书的著作权。

第二,编入教科书内容的限制。即仅限于汇编已经发表的作品片段或者短小的文字作品、音乐作品或者单篇的美术作品、摄影作品、图形作品,不包括其他作品或作品的片段。其他作品或作品的片段如果确实需要被汇编到教材中,则需要与著作权人协商,以取得其授权。《教科书法定许可使用作品支付报酬办法》第3条第2款规定:"作品片断或者短小的文字作品,是指九年制义务教育教科书中使用的单篇不超过2000字的文字作品,或者国家教育规划(不含九年制义务教育)教科书中使用的单篇不超过3000字的文字作品。"其第3款规定:"短小的音乐作品,是指九年制义务教育和国家教育规划教科书中使用的单篇不超过5页面或时长不超过5分钟的单声部音乐作品,或者乘以相应倍数的多声部音乐作品。"

---

〔32〕 2013年9月2日国家版权局局务会议通过,并经国家发展和改革委员会同意后公布,自2013年12月1日起施行。

第三，付酬义务的限制。教科书编撰者仍有支付报酬的义务。该报酬标准由国家版权局会同有关部门制定。根据《教科书法定许可使用作品支付报酬办法》第 4 条第 1 款的规定，教科书汇编者支付报酬的标准如下：(1)文字作品：每千字 300 元，不足千字的按千字计算；(2)音乐作品：每首 300 元；(3)美术作品、摄影作品：每幅 200 元，用于封面或者封底的，每幅 400 元；(4)在与音乐教科书配套的录音制品教科书中使用的已有录音制品：每首 50 元。

第四，尊重作者的其他权利。这主要是应当注明使用作品作者的姓名或者名称、作品名称，并不得侵害著作权人享有的其他权利。例如，不得对作品进行歪曲、篡改，不得对被收入的作品或者作品片段进行演绎性质的使用。

需要指出的是，关于上述教科书法定许可问题，其他国家著作权法中也有类似规定。例如，德国《著作权法》第 46 条规定，作品的部分内容或短小篇幅的语言作品、音乐作品、单独的美术作品或摄影作品出版后被用于汇编物或将数人作品汇编成册且按照上述作品的特性仅为教堂、学校或教学使用的，允许复制和发行这类汇编物。但是，应当在该汇编物的标题页或相应位置表明其用途。

(二)报刊转载法定许可

即报刊社转载或者作为文摘、资料刊登其他报刊上登载的作品，属于法定许可。

现行《著作权法》第 35 条第 2 款规定，作品刊登后，除著作权人声明不得转载、摘编的外，其他报刊可以转载或者作为文摘、资料刊登，但应当按照规定向著作权人支付报酬。依照现行《著作权法实施条例》第 30 条规定，声明不得转载、摘编其作品的，应当在报纸、期刊刊登该作品时附带声明。这一法定许可有利于优秀作品通过多种报刊媒体传播，对于保障公众利益具有重要意义。应当说，这一法定许可形式是我国《著作权法》的一个独创。

根据现行《著作权法》上述规定，报刊转载法定许可应符合以下条件：

第一，发表和转载的媒体均为国家批准的报刊，而不能是图书、网络媒体等。例如，将出版社出版的图书中部分内容在报刊上转载或者将报刊上的文章转载到互联网上，在广播电台、电视台播放的作品，以图书形式出版的作品，以及未发表的作品，均不是在报刊上已登载的作品，报刊社不得转载、摘编。不过，如前所述，报刊社刊登在其他报刊、广播电台、电视台等媒体发表的作者未作禁止性声明的关于政治、经济、宗教问题的时事性文章和在公众集会上的讲话适用合理使用之规定。〔33〕

第二，转载或者刊登的报刊负有向著作权人支付报酬的义务。

第三，限于著作权人未作禁止声明的作品。换言之，如果著作权人作了不得转载、摘编的禁止性声明，则不得转载。根据前述《著作权法实施条例》第 30 条的规定，著作权人声明不得摘编时，应当在报刊发表作品时作出声明，而不能在发表后声明。

第四，报刊转载或摘登其他报刊发表的作品后，应当标明作者姓名或名称、作品名称，并不得侵犯著作权人享有的其他权利。例如，摘登时不能断章取义，歪曲、篡改作品原意。《审理

〔33〕 最高人民法院《关于审理涉及计算机网络著作权纠纷案件适用法律若干问题的解释》（以下简称《审理计算机网络著作权案件适用法律解释》），曾规定了网络环境下的转载为法定许可，后来在修改该司法解释时删除了网络转载法定许可的规定。

著作权民事案件适用法律解释》(2020 年修正)第 17 条规定,《著作权法》规定的转载,是指“报纸、期刊登载其他报刊已发表作品的行为。转载未注明被转载作品的作者和最初登载的报刊出处的,应当承担消除影响、赔礼道歉等民事责任”。

应注意的是,在实践中一些报刊社单方面声明自稿件发表之日起一定期限内,对该文的转载、摘登须获得该刊的书面许可。这种做法剥夺了其他报刊社的法定转载、摘编权,应当视为无效。报刊社若要对自己首先刊登的作品享有禁载权,则应要求著作权人发表不许其他报刊社转载、摘编的声明。报刊社如果还想进一步保障对作品的独家刊载权,那么不仅要有这种声明,也要依著作权法规定与著作权人约定专有出版权,否则报社、杂志社只享有作品的非专有使用权,而不享有专有刊载权。应指出的是,时下有些报刊社单方面声明对其发表的作品享有专有出版权,这是不合法的。[34] 国家版权局曾明确提出报刊社不得擅自声明对所发表的作品享有专有出版权的意见。

(三)播放已发表的作品和已出版的录音制品法定许可

即广播电台、电视台播放他人已发表的作品和已出版的录音制品,属于法定许可。2001 年《著作权法》第 42 条规定:广播电台、电视台播放他人未发表的作品,应当取得著作权人许可,并支付报酬。广播电台、电视台播放他人已发表的作品,可以不经著作权人许可,但应当支付报酬。[35] 其第 43 条规定:广播电台、电视台播放已经出版的录音制品,可以不经著作权人许可,但应当支付报酬。当事人另有约定的除外。具体办法由国务院规定。与 1990 年《著作权法》相比,主要是第 43 条的规定有根本性的变化,而这被认为是 2001 年《著作权法》修改最重要特点之一。

1990 年《著作权法》第 43 条规定:“广播电台、电视台非营业性播放已经出版的录音制品,可以不经著作权人、表演者、录音制作者许可,不向其支付报酬。”这就是著作权学界时常谈及的“著名的”第 43 条问题。是否保留该条或者如何进行修改,是 2001 年《著作权法》修改过程中的焦点。它成为一个焦点问题,实际上反映了有关各方面利益的冲突与趋避,反映了著作权法要调整错综复杂的利益关系的内在特点。修改前的《著作权法》第 43 条规定,在以前存在一定的合理性,随着国内市场保护外国作品越来越多,随着对外国作品保护逐步突破该条而向《伯尔尼公约》看齐,特别是随着对境外的港澳台作品也将达到与外国作品一样的保护水平,原第 43 条的不合理性日渐突出。并且,与国际公约相对照,该条明显违背了《伯尔尼公约》和 TRIPs 协议的规定。从实际效果看,它对于作者的创作积极性特别是音乐作品作者的创作积极性反而有消极作用。这也正是广大作者特别是音乐作者强烈呼吁废除此条的一个重要原因。

2010 年《著作权法》第 43 条和第 44 条分别保留了 2001 年《著作权法》的上述规定。现行《著作权法》第 46 条则基本上沿袭了 2010 年《著作权法》第 43 条的规定,只是将第 2 款“应当

〔34〕 参见焦和平:《转载报刊的法定许可权与首发报刊的专有使用权之冲突及解决——兼评〈著作权法(修订草案送审稿)〉第 48 条》,载《现代法学》2017 年第 6 期。

〔35〕 应当注意,并非广播电台、电视台播放他人已发表的所有作品,都属于法定许可。因为现行《著作权法》第 48 条规定,电视台播放他人的视听作品、录像制品,应当取得视听作品著作权人或者录像制作者许可,并支付报酬;播放他人的录像制品,还应当取得著作权人许可,并支付报酬。可见,电视台对视听作品、录像制品的播放,并不享有法定许可权。

支付报酬”改为“应当按照规定支付报酬”,其具体规定如下:“广播电台、电视台播放他人未发表的作品,应当取得著作权人许可,并支付报酬。广播电台、电视台播放他人已发表的作品,可以不经著作权人许可,但应当按照规定支付报酬。”同时,不再保留 2010 年《著作权法》第 44 条关于广播电台、电视台播放已经出版的录音制品法定许可的规定。[36] 在现行《著作权法》施行后,为便于广播电台、电视台播放已经出版的录音制品,需要完善我国著作权集体管理制度,促进作品及时利用。

(四)制作录音制品法定许可

制作录音制品法定许可,即录音制作者使用他人已经合法录制为录音制品的音乐作品制作录音制品,可以不经著作权人许可,但需要按照规定支付报酬。该法定许可实际上为“机械复制权”的法定许可。

关于制作录音制品法定许可制度是否应当修改问题,在《著作权法》第三次修改过程中存在争议。现行《著作权法》对此予以保留,对此有必要进行深入探讨。2010 年《著作权法》第 40 条第 3 款规定了制作录音制品法定许可制度,同时还规定:著作权人声明不许使用的不得使用。根据现行《著作权法实施条例》第 31 条的规定,著作权人依照该款声明不得对其作品制作录音制品的,应当在该作品合法录制为录音制品时声明。上述第 40 条第 3 款规定缩小了 1990 年《著作权法》规定的制作录音制品法定许可的范围,与《伯尔尼公约》第 13 条接轨。根据《伯尔尼公约》第 13 条第 1 款的规定,音乐作品和歌词的作者可以允许他人录制其音乐作品,成员国可以对有关的条件和限制作出规定;但是,如果一个成员国对有关的条件和限制作出规定,则它只是在本国具有效力,并且不得损害由主管当局规定的合理报酬的权利。

制作录音制品法定许可制度有利于音乐作品的传播与使用,并且著作权收益权的存在使其能从音乐作品的迅速录制和传播中获得更多回报,从而激励音乐作品的创作,最终平衡作者、传播者与社会公众间的利益,实现著作权法的立法宗旨。上述制作录音制品的法定许可,还基于对其他录音制作者销售市场的公平保障。因为在缺乏法定许可的情况下,音乐作品著作权人可能授予第一家录音制品制作者以独占许可权,会造成人为地垄断录音制品市场,不利于录音制品的广泛传播。现行《著作权法》第 42 条第 2 款保留了 2010 年《著作权法》第 40 条第 3 款规定的制作录音制品法定许可制度。当然,由于同时还规定了“著作权人声明不许使用的不得使用”,这就难以避免这一法定许可在实践中被流于形式。

上述法定许可,其条件可以归纳如下:(1)只包含音乐作品的复制,不包括电影作品和戏剧作品的录制,其中音乐作品可以包括配词与不配词的乐曲。(2)该音乐作品应当已经被合法地录制为录音制品。合法录制可以表现为该音乐作品著作权人自己录制,也可以表现为授权他人录制。如果该音乐作品尚未被合法地录制为录音制品,或者虽然被录制但属于侵权性质的录制,这些情况下均不能适用法定许可。(3)仅限于录音制品,不包括录像制品。这里的录音制品系以表演者表演为媒介而制作的录音制品,而不能是翻录他人制作的录音制品,否则涉及侵犯他人录音制作者权利。(4)著作权人在声明不许使用的情况下仍然享有禁止使用的权利。(5)录音制作者应当向音乐作品著作权人支付报酬。(6)录音制作者应标注作者姓名

---

〔36〕 参见刘银良:《我国广播权法定许可的国际法基础暨修法路径》,载《清华法学》2019 年第 2 期。

和作品名称,并不得侵犯音乐作品著作权人享有的其他权利。

针对上述三类法定许可中著作权人获得报酬权问题,依现行《著作权法实施条例》第22条规定,使用作品的付酬标准,由国务院著作权行政管理部门会同国务院价格主管部门制定、公布。又依照其第32条规定,使用他人作品的,应当自使用该作品之日起2个月内向著作权人支付报酬。

此外,根据我国《信息网络传播权保护条例》的规定,在网络环境下,以下两种情况也属于法定许可的范畴:

一是制作和向学生提供课件的法定许可。

当前,随着信息网络技术的发展,在教育领域也越来越需要利用信息网络技术,远程教育应运而生。远程教育的开展,同样需要利用受著作权保护的作品。为了在远程教育中有效利用受著作权保护的作品,同时实现作品著作权在信息网络空间的有效保护,需要兼顾受教育者利用作品的便利与充分保护著作权人的利益。2019年,中共中央、国务院印发的《中国教育现代化2035》,在十大战略之一的"加快信息化时代教育变革"部分即指出,要"创新教育服务业态,建立数字教育资源共建共享机制,完善利益分配机制、知识产权保护制度和新型教育服务监管制度"。

实行针对制作和向学生提供课件的法定许可,就是实现上述目的的重要制度安排。2013年《信息网络传播权保护条例》第8条规定:"为通过信息网络实施九年制义务教育或者国家教育规划,可以不经著作权人许可,使用其已经发表作品的片断或者短小的文字作品、音乐作品或者单幅的美术作品、摄影作品制作课件,由制作课件或者依法取得课件的远程教育机构通过信息网络向注册学生提供,但应当向著作权人支付报酬。"该规定出台于现行《著作权法》之前。随着现行《著作权法》的实施,该条例需要修改并保持和其规定的一致性。因此,上述法定许可的目的需要修改为"为通过信息网络实施义务教育或者国家教育规划",使用作品的范围则需要将单幅的图形作品囊括在内。值得注意的是,上述课件的接收方限于注册学生,而不能传播到注册学生以外的人。因此,需要采取技术措施、权利管理信息等救济手段加以防范,并告知接受课件的学生履行不得发送他人和公开传播的义务。

二是通过网络向农村提供特定作品的法定许可。

我国是一个农业大国,农村人口众多,整体文化水平较低。不仅如此,与城市相比,我国不同地区农村发展不够均衡,个别地方相对落后。为促进农村经济社会发展,提高农民文化素质,在对受著作权保护作品的利用方面应当提供一定的便利。随着信息网络技术的发展,农村信息化建设也日益重要。通过信息网络技术手段开展扶助贫困和文化活动,同样离不开受著作权保护的作品。为了促进农村脱贫,满足农村基本文化需求,需要在制度设计上为相关作品在农村的利用提供便利。

为此,《信息网络传播权保护条例》规定了类似于前述法定许可制度。其第9条第1款规定:"为扶助贫困,通过信息网络向农村地区的公众免费提供中国公民、法人或者其他组织已经发表的种植养殖、防病治病、防灾减灾等与扶助贫困有关的作品和适应基本文化需求的作品,网络服务提供者应当在提供前公告拟提供的作品及其作者、拟支付报酬的标准。自公告之日起30日内,著作权人不同意提供的,网络服务提供者不得提供其作品;自公告之日起满30

日，著作权人没有异议的，网络服务提供者可以提供其作品，并按照公告的标准向著作权人支付报酬。网络服务提供者提供著作权人的作品后，著作权人不同意提供的，网络服务提供者应当立即删除著作权人的作品，并按照公告的标准向著作权人支付提供作品期间的报酬。”其第2款规定：“依照前款规定提供作品的，不得直接或者间接获得经济利益。”

根据上述规定，通过网络向农村提供作品的法定许可制度需要满足一定的条件。具体而言，包括以下几个要点：(1)法定许可的目的限于扶助贫困，而不是其他目的。(2)被法定许可使用的作品限于中国公民、法人或者非法人组织已经发表的种植养殖、防病治病、防灾减灾等与扶助贫困有关的作品和适应基本文化需求的作品，这样就排除了外国人作品、与扶助贫困无关的作品以及并非适应农村基本文化需求的作品。(3)按照规定的程序和条件处理，并赋予著作权人以异议权。从上述规定看，严格地说，并非前述通常意义上的法定许可，而类似于下面需要阐述的强制许可。对此其他学者也有相似观点。[37] (4)不得基于直接或者间接获得经济利益的目的而提供作品。这些条件的设定更使得上述情形与一般情况下的法定许可存在一定差异，因为通常情况下法定许可具有获取经济利益的目的，这也是其与合理使用的重要区别。

第四节　强 制 许 可

一、强制许可的概念

强制许可，是指作品的使用人出于某种正当理由要求著作权人授权以一定方式使用其已发表的作品，遭到拒绝后，可向政府主管部门申请强制使用许可，政府主管部门经过一定的程序，可以将使用著作权作品的许可证授予申请人，使用者则依规定向权利人支付一定的报酬。[38] 为防止著作权人滥用权利，许多国家对为教育科学目的使用作品，规定了强制许可制度。

由此可见，强制许可须具备以下条件：(1)出于文化教育或科研目的，请求著作权人授权出版或以其他方式传播其作品；(2)著作权人无正当理由拒绝授权；(3)经政府主管部门允许出版或以其他方式传播其作品；(4)按照规定向著作权人支付报酬。

基于此，强制许可具有以下特点：(1)它需要由有关主管部门批准，而不能自由使用；(2)与自愿许可相比，强制许可具有非自愿性，违背了著作权人的意志；(3)具有非专有性；(4)需要向著作权人付酬。

强制许可也是对著作权人行使权利的一种限制。它可以避免著作权人无理拒绝他人有正当理由使用其作品的情况发生。但作品使用人取得强制许可证后，应按照规定支付报酬，指明作者姓名或名称、作品名称和出处，并尊重著作权人依法享有的其他各项权利。

---

〔37〕 张今：《著作权法》，北京大学出版社2018年版，第237页。

〔38〕 参见马生军、徐曦哲：《著作权强制许可的法理分析与具体规则构建》，载《出版发行研究》2019年第5期。

二、强制许可的适用范围

强制许可主要适用于:翻译已出版的文学作品,翻印已出版的文学作品;录音录像,如录制已经授权录音的音乐作品;广播,如播放已发表的音乐作品,包括使用唱片。从权利限制的类型看,最常见的是针对翻译权与复制权而规定的。这种许可并非独占性的,也不能转让,而且只在颁发许可证的国家和地区有效。

为促进作品的使用与传播,多数国家都有对强制许可的规定。只是由于各国立法不同,对强制许可规定的程度与范围不一。如美国《著作权法》第 118 条规定,为非商业目的广播受保护的作品,都可依照版税裁判庭规定的程序,取得强制许可证。我国过去政府有关部门也有关于对作品翻译与改编的强制许可的规定。我国《著作权法》则没有规定强制许可制度。这主要是考虑到,通过"合理使用"和"法定许可"两种限制,已能基本满足对作品的正常需要。对于强制许可中普遍规定的对翻译权的限制,出于在现实中不许可他人翻译自己作品的情况极少,因此在实践中意义也不大。此外,从理论上讲,根据我国参加的两个主要的著作权国际公约的规定,我国作为发展中国家,仍然可以适用关于强制许可的规定。但是,在参加国际公约时,如果对于强制许可规定作出了保留,则依然不适用强制许可。

第五节 权利穷竭、公共秩序保留与国家收购

除了上述三种限制外,各国因立法传统不同,对著作权的限制也各具特色。本节将介绍和分析"权利穷竭""公共秩序保留""国家收购"三种对权利进行限制的形式。

一、权利穷竭

(一)权利穷竭的概念与正当性

权利穷竭,也称"发行权一次用尽"或"首次销售原则"。也就是说,当作品原件或者复制件经著作权人同意进入市场后,著作权人无权控制作品的进一步销售。美国学者派特森(Patterson)认为,著作权是控制作品首次销售的权利,而不包括作品的二次销售的权利。也就是法律允许著作权人控制对著作权的使用,但这一控制不涉及作品本身的使用。[39] 欧盟委员会则认为,包含作品的载体与其他商品在本质上一样,其流通应遵循商品的自由流通原则。根据这一原则,著作权人对其作品复制品的控制受到严格限制,如作品复制品的购买者可以自由地出租、销售、展示其享有所有权的复制品而无须经过著作权人同意。亦即对复制品的自由转让行为不受著作权人的控制。著作权的权利穷竭表明,购买著作权作品的复制品然后销售或使用,不会构成著作权侵权。这样既有利于附载作品的有形商品贸易的自由流转,也促进了对

---

〔39〕 L. Ray Patterson & Stanley W. Lindberg, *The Nature of Copyright: A Law of Users' Right*, the University of Georgia Press, 1991, p. 187.

信息的公共接近。[40]

根据权利穷竭原则，任何人在合法地获得作品原件或者复制件后，可以进一步以销售、转卖、转借等方式处置该作品，不受著作权人的限制。换言之，当著作权人行使其发行权后，不得阻止该作品复制品的进一步发行。发行权的穷竭体现了著作权保护与体现著作权的有形商品贸易、著作权与物权的平衡，是促进商品自由流通所必需的，否则作品发行后仍然受著作权人的控制，负载作品的有形商品流通将遇到极大障碍，而这将反过来影响著作权人经济利益的实现。

发行权的穷竭还可以从物权优先权的角度认识。根据物权法理论，物权人有权排除他人对于他行使物上权利的干涉。[41] 就作品复制件这一物质载体的发行来说，该物质载体的销售行为的实质是物权所有人行使所有权中的处分权，这种处分权可以对抗著作权人的著作权，以保障该物质载体在市场上的流通。发行权的穷竭对公众也是有利的，因为它也同时保障了公众及时获得所需要的作品。[42] 从本质上说，发行权的穷竭对著作权人也是有利的，因为作者或其他著作权人实现作品经济利益和精神利益在相当大程度上建立在附载著作权的物质载体的流通上。

（二）权利穷竭的法律适用

在法国、德国、美国等资本主义国家，包括著作权在内的知识产权的体现物是作为一种由产权所有人独家占有的商品。为了协调与商品自由流通的矛盾，一些国家专门制定了权利穷竭原则。如美国《著作权法》第 109 条规定，凡合法制成的作品复制件或者录音制品的所有人，或者该所有人授权的任何人，无须经著作权人同意，即有权出售或者以其他方式处置该复制件或者录音制品的占有权。这就是说，一旦权利人同意出售自己的作品，则在此后任何人以任何方式在法律规定的范围内销售该作品，权利人无权干涉。奥地利《著作权法》则进一步规定：如果作者同意在某一特定领域销售其作品，他对进一步销售的专有权就仅在该领域内消失。

由此可见，权利穷竭原则与专利法中的使用、销售权的限制相类似。这一原则也只适用于著作权人自己或许可他人销售的那一部分作品及其复制品。如果未经作者同意而销售发行，作者仍然享有在市场上流通的控制权。

我国发行权一般被授予作者之外的出版社、新华书店等单位，《著作权法》则将其列入著作财产权之一。但是，《著作权法》没有对这种权利作出限制。本书认为，可以有限地适用权利穷竭原则，即著作权人行使发行权后（包括自己发行和授权发行），对作品的进一步销售权利人无权再过问，这有利于作品的传播与使用。

随着当代信息网络技术的迅猛发展，作品以数字化形式存储和传播，这对于著作权法中权利穷竭原则的法律适用构成了巨大挑战。如何认识信息网络和数字环境下权利穷竭问题，值

---

〔40〕 冯晓青：《知识产权法利益平衡理论》，中国政法大学出版社 2006 年版，第 565 ~ 566 页。

〔41〕 钱明星：《物权法原理》，北京大学出版社 1993 年版，第 12 页。

〔42〕 参见王春燕：《贸易中知识产权与物权冲突之解决原则——权利穷竭的含义、理论基础及效力范围》，载《中国人民大学学报》2003 年第 1 期。

得深入探讨。[43]

（三）权利穷竭的限制

发行权穷竭本身也受到一定的限制。除只适用于合法复制品以外，对特定的作品而言，该原则还受到出租权的限制。例如，视听作品、计算机软件的合法复制件所有人，不得擅自出租。这在 TRIPs 协议和我国《著作权法》中都有明文规定。具体内容已在前述出租权部分阐明，在此不赘述。另外，发行权穷竭还遇到了作品复制品平行进口的挑战。所谓平行进口，是指未经进口国著作权人许可的第三者，从第三国合法购进作品复制品并出口到著作权人所在国的行为。有关国际公约未对平行进口问题作出统一规定，各国根据其自身情况对此采取了不尽一致的态度。在有些国家，其著作权法赋予著作权人禁止来自其他国家作品复制件流入本国的权利，即禁止平行进口。我国《著作权法》对此问题没有明确的规定。2008 年第三次修改《专利法》时则允许专利产品的平行进口行为。本书主张，在著作权领域，我国立法也应当允许平行进口行为。[44]

二、公共秩序保留

公共秩序保留，是指著作权人行使权利时不得损害社会公共利益或秩序。关于这一点，可以从认识著作权法与公共利益保护的关系方面加以理解。

著作权法中存在广泛的公共利益，著作权法本身也是最终促进公共利益的重要手段。从这个意义上看，可以基于公共利益研究著作权法及其相关的政策问题。著作权法具有促进公共利益的目标，它对著作权的过度保护会对著作权法所要实现的公共利益产生损害。著作权法本身也涉及重要的公共利益问题，公共利益在著作权法研究中具有重要地位，甚至可以以公共利益为核心来指导著作权法的概念性框架。事实上，考察世界上第一部著作权法《安娜女王法》的诞生即可以找到著作权法中公共利益的起源。从 19 世纪末开始著作权保护进入国际化阶段以来，与著作权有关的国际公约也引进了公共利益原则。1996 年世界知识产权组织（WIPO）关于著作权的会议的一个重要的成果是，确认了维护作者的权利和“更大的公共利益”，特别是正如反映在《伯尔尼公约》中的对作者权利的保护与教育、研究和对信息的接近的目标之间的平衡。著作权法保护公共利益的立法意旨甚至在司法实践中也被充分地体现。例如，美国联邦最高法院在 United States v. Paramount Pictures, Inc. 案[45]中指出：与专利法一样，著作权法对权利所有人的报酬相对于公共利益来说是作为第二位考虑的。[46]

很多国家规定，为了社会公共利益，不经作者或其他著作权人的同意，国家或国家授权的机关可以行使作品的著作权。比如，某位大科学家去世后，其继承人对其手稿一直不愿发表，而这对国家科学事业的发展很不利，国家或国家授权的机关就可以限制权利人的发表权，将手

---

〔43〕 参见赵加兵：《论版权权利穷竭原则在数字环境中的适用及其考量因素》，载《郑州大学学报（哲学社会科学版）》2021 年第 1 期；冯可欧：《论数字发行之权利穷竭》，载《中国出版》2017 年第 9 期；梁志文、蔡英：《数字环境下的发行权穷竭原则——兼评欧盟法院审理的 Oracle 公司诉 UsedSoft 公司案》，载《政治与法律》2013 年第 11 期。

〔44〕 另外，在规定了公共借阅权或延续权的国家，发行权的穷竭还分别受到这两种权利的限制。

〔45〕 334 U. S. 131 (1948).

〔46〕 冯晓青：《知识产权法利益平衡理论》，中国政法大学出版社 2006 年版，第 315 页。

稿发表。有的国家著作权法对这一限制即有明确规定。例如,保加利亚《著作权法》第 23 条规定:只要对社会公共利益有重大影响,法院即有权在著作权人禁止使用的情况下,判决使用任何已经发表的作品。加拿大《著作权法》第 13 条规定:作为作者继承人的著作权人如果拒绝再次出版有关作品,或者拒绝公演该作品,政府主管部门有权从公共利益出发颁发出版或表演权的强制许可证。

从多数国家的规定来看,公共秩序保留只适用于著作权的后继所有人,大多数情况下又是作者的继承人。但也有个别国家认为也适用于作者本人,如上述保加利亚的规定即是如此。

《伯尔尼公约》也确认了这一原则。该公约第 17 条规定各成员国主管当局在认为有必要行使其权利时,可以通过法律或条例行使权利,以批准、控制或禁止任何作品的流通、表演或展览。这一规定表明,作者及作品的后继权利人只有在不违背社会公共利益的前提下,才能行使其权利。世界知识产权组织在对该条的解释中也指出,任何作者都不得在违背公共秩序的前提下行使其著作权,各国政府有权按照本国其他法律准许或禁止任何作品的传播、表演和展出,而这与成员国实行的作品发行审查制度并不矛盾。

我国 2010 年《著作权法》第 4 条规定:“著作权人行使著作权,不得违反宪法和法律,不得损害公共利益。国家对作品的出版、传播依法进行监督管理。”我国对于“公共秩序保留”的具体情况未作规定,需要随着著作权实践而完善。

值得指出的是,现行《著作权法》第 4 条对上述规定作了一定的修订。该条规定:“著作权人和与著作权有关的权利人行使权利,不得违反宪法和法律,不得损害公共利益。国家对作品的出版、传播依法进行监督管理。”对比前述规定,修订之处对不得违背宪法和法律以及不得损害公共利益的主体由著作权人扩展到“与著作权有关的权利人”,也就是本书所称的邻接权人,以及由行使“著作权”扩展到行使“权利”。这一修订具有合理性,因为我国从 1990 年《著作权法》颁行以来,一直秉承同时规范著作权和与著作权有关的权利的立法模式,对于与著作权有关的权利人自然也应和著作权人一样,在享有权利的同时承担相关的义务。此外,在《著作权法》第三次修改过程中,2020 年 4 月公布的《著作权法(修正案草案)》(一次审议稿)在上述第 4 条中还增加了“不得滥用权利影响作品的正常传播”的内容。为落实该新增规定,在第 50 条涉及法律责任部分,还专门明确著作权人违背上述规定而应承担的严厉的行政责任。由于该行政处罚规定与著作权法保护的基本理念不符,在实践中也容易被被控侵权人滥用,在同年 8 月的二次审议稿和最终通过的现行《著作权法》中,均未采纳一次审议稿第 4 条和第 50 条修改的规定。不过,取消不得滥用权利的规定,不等于著作权人可以滥用其著作权,以致损害公共利益、破坏公共秩序。我国 2022 年修改的《反垄断法》第 68 条即规定了包括著作权在内的知识产权的权利人不得滥用其知识产权,排除、限制竞争。此外,2020 年第四次修改的我国《专利法》第 20 条也规定,专利权人不得滥用专利权损害公共利益或者他人合法权益。滥用专利权,排除或者限制竞争,构成垄断行为的,依照《反垄断法》处理。基于著作权与专利权同属于知识产权的性质,针对现实中的著作权滥用行为,[47] 同样依照《反垄断法》处理。

---

〔47〕 参见郭德忠:《论版权滥用的法律规制——以禁止版权滥用原则为视角》,载《科技与出版》2020 年第 11 期;Kristelia A. Garcia, *Copyright Arbitrage*, 107 CALIF. L. REV. 199 (2019).

三、国家收购

“国家收购”主要是苏联和某些东欧国家限制著作权的措施。它是指为了国家利益，在必要的时候，国家可以收购正在使用中的作品著作权。如苏联为保护本国的利益，将果戈里、普希金等名家的优秀作品著作权收归国有，延长作品的著作权保护期。苏联《民事立法纲要》第106条还规定，依照各加盟共和国规定的程序，国家可以向作者或其继承人征购尚在出版、公演或以其他形式使用作品的著作权。在这种情况下，联邦政府还可以不经作者同意使用这类作品。

根据我国《著作权法》的规定，国家只能依著作权法的规定取得著作权，不能“收购”作品的著作权。这体现了我国《著作权法》对作者权益的充分保护。

第六节　关于精神权利的限制

关于精神权利的限制，学术界关注较少，一般涉及著作权法的著作或教材也没有这方面的内容。实际上，精神权利也存在一定的限制形式。以下将分别予以探讨。

一、发表权的限制

如前所述，发表权虽是一项重要的著作人身权，在许多保护著作人身权的国家却找不到确认作者发表权的规定。《伯尔尼公约》也没有规定发表权。其原因在于许多国家从便于解决著作权纠纷方面考虑，认为不宜将这种权利写进法律条文中。像日本等国家，虽然承认发表权，但考虑到作品的使用及类别，考虑到著作财产权的行使涉及发表权的行使等问题，在下列情况下对发表权进行了限制，推定作者同意发表其作品。即：(1)当作者将未发表的作品转让时，受让人有权将该作品提供给公众，即推断作者已经行使发表权；(2)作者将其未发表的美术作品或摄影作品原件转让时，受让人有权公开展出这些作品；(3)如果电影作品的著作权归电影制片人所有，将作品以行使著作权的方式提供或展示给公众时，应视为作者同意发表。另外，关于作者未发表的遗作，一般认为，为了促进作品的利用，作者生前未明确反对发表的，可以由作者的继承人在作者死亡后50年内发表。如果没有继承人或者无人受遗赠，则发表权可由作品原件所有人行使。

有些作品的发表还涉及其他人的人格利益和民事权益，此时发表权的行使应以尊重他人权利为前提，通常是在发表作品前需要征得第三人的许可。如前面提到的肖像美术、摄影作品就会出现这种情况。又如，对书信的发表，要征得写信人和收信人的双重同意，否则也是侵犯发表权的行为。〔48〕 例如，哈萨克斯坦《民法典》第491条规定，信函的公布须经写信人和收信人双方同意。有些作品的内容还涉及第三人的利益，如载有某人的隐私，作品发表时还应征得

---

〔48〕 参见金海军：《论书信上的物权、著作权与隐私权及其相互关系——从“钱钟书书信拍卖案”谈起》，载《法学》2013年第10期。

第三人的同意,否则构成侵犯他人的隐私权。

二、署名权的限制

署名权尽管是作者一项最基本的权利,也不应滥用,在有些情况下,权利的行使也可能受到一定限制。如某合作作者在作品出版前声称不在作品上署名,出版者尊重其意见。但书稿印刷成书后,又要求署名。由于需要改版重印,出版者难以接受这一要求。除非作者愿意承担由此而增加的费用,否则署名权的要求难以实现。又如有的作品经多次"演绎"后,难以表示出原作者姓名。在特殊情况下,有时作者须放弃署名权的行使,如在某一广告上使用的美术作品或摄影作品,只能以不署名的方式出现。在建筑作品中,许多国家将"建筑物本身"列入作品范围。由于建筑物的特殊性,建筑设计师在其设计的建筑物上署名以确认其身份的权利受到一定限制。如有的法律文件中规定了"善意行使""不妨碍建筑物美观"等原则。

有些国家著作权法规定,如果作者没有向作品的使用者明确声明其署名权,或没有正当理由推迟了声明时间,那么使用者的任何行为将不构成侵犯署名权。日本《著作权法》第19条第3款则规定:"只要不违反公正的惯例,无害于作者要求承认和尊重其作者利益时,根据作品的使用目的和形式,可以省略作者的姓名。"原因就在于使用作品过程中有时难以表示作者姓名。当然,这种"省略"要有严格条件限制。这些规定为处理署名权纠纷提供了便利。我国现行《著作权法实施条例》第19条则规定:"使用他人作品的,应当指明作者姓名、作品名称;但是,当事人另有约定或者由于作品使用方式的特性无法指明的除外。"

三、修改权的限制

在有些情况下,作者本人行使修改权会遇到困难。这主要是指图书出版者、报刊社对作者交付的作品所进行的文字性修改。我国2010年《著作权法》第36条对此作了规定。实际上,作者仍然没有丧失修改权,因为他人只能在法定范围内进行修改。这种修改、删节以不改变原作的基本内容和表现形式为限。同时,为了便于作品的创作和传播,我国现行《著作权法实施条例》第10条规定,"著作权人许可他人将其作品摄制成电影作品和以类似摄制电影的方法创作的作品的,视为已同意对其作品进行必要的改动,但是这种改动不得歪曲篡改原作品"。国外也有类似规定,例如,意大利《著作权法》第47条规定,制版人有权对电影作品中使用的作品进行必要的修改,如作者和制片者没有约定,则由文化部部长根据有关条例指定的专家小组裁决这种修改是否存在必要性。

四、保护作品完整权的限制

保护作品完整权在特定的情况下也受到一定限制。这种情况通常出现于建筑作品、电影作品中。以建筑作品为例,当建筑师按照建筑设计图的要求创作了建筑作品后,根据建筑作品技术和审美的实际需要,有时需要进行必要的改动。这在有关国家著作权立法中即有体现。例如,意大利《著作权法》第20条规定,建筑作品作者不能反对因完成建筑对其进行的必要的改动,也不能阻止对已经建造完成的建筑物进行必要的改动。若国家有关机关认为建筑作品具有重要的艺术价值,那么这种改动应委托建筑作品作者进行研究和改动。

对视听作品而言,当著作权人许可其作品被拍摄成视听作品时,导演或者制片人往往需要根据拍摄的需要对其作品做出较大的修改、删节。如果作者不同意,很可能影响到拍摄出的视听作品的效果。基于此,我国现行《著作权法实施条例》第10条规定:"著作权人许可他人将其作品摄制成电影作品和以类似摄制电影的方法创作的作品的,视为已同意对其作品进行必要的改动,但是这种改动不得歪曲篡改原作品。"也就是说,为适合电影创作的需要,有时需要对作品进行一些必要的改动,只要这种改动没有篡改作者原意,也没有损害作者的思想感情,这种改动也不应视为侵犯作者保护作品完整权。国外也有类似规定。例如,德国《著作权法》第93条规定,被电影所使用的作品的作者只能凭借保护作品完整权禁止制片人对其作品的粗暴歪曲或者割裂行为。[49]

保护作品完整权限制,也见于其他类型作品使用的情况。例如,日本《著作权法》规定,根据作品使用性质或使用目的、方式不得不改变作品、教材等使用作品或学校广播节目播送或者广播节目教材使用作品时,从学校教育目的出发,不得不改变作品等情况均不视为侵权。本书认为,对这种权利的限制首要考虑的是主张这种权利是否有害于作者,同时要从有利于社会公共利益的角度加以考虑,对权利的限制应作从严解释,以免损害著作权人的利益。

本章案例研讨

◈ 教辅书适当引用的判断

孙某与某教育出版社有限公司《说题做题语文课后练习精讲》著作权权属、侵权纠纷案[50]

原告孙某指控被告某教育出版社有限公司(以下简称某出版公司)出版的图书《说题做题语文课后练习精讲》引用了其享有著作权的诗歌近百字,涉及29行,几乎将诗中主要诗句全部引用,并非《著作权法》第22条第1款第(2)项规定的"适当引用"的合理使用行为。孙某遂向上海市黄浦区人民法院提起侵害著作权诉讼。该院判决被告不构成侵害著作权。孙某不服上述判决,向上海知识产权法院提起上诉,被维持原判。孙某不服二审判决,向上海市高级人民法院申请再审。该院受理后,依法组成合议庭进行了审查。

上海市高级人民法院审查认为,判定被控侵权作品是否构成"适当引用"的合理使用,应当从权利作品是否已经公开发表、被控侵权作品引用权利作品的主要目的、被控侵权作品引用权利作品的具体方式、被控侵权作品是否依法指明作者姓名及作品名称、被控侵权作品是否会对权利作品的正常使用和著作权人的合法利益造成负面影响等要件予以综合认定。

关于权利作品是否已经公开发表,根据在案证据及双方当事人确认的事实,权利作品《西

---

〔49〕 王迁:《著作权法学》,北京大学出版社2007年版,第215页。

〔50〕 选自上海市高级人民法院(2020)沪民申2416号民事裁定书。另参见上海知识产权法院(2020)沪73民终154号民事判决书。

部畅想》显已公开发表。

关于被控侵权作品引用权利作品的主要目的,在案证据显示被控图书系八年级上册的《说题做题语文课后练习精讲》,其内容与同学期语文课本相互对应,属于配合语文课本使用的教学辅导和参考材料。该图书第十六单元即被控侵权作品,亦与语文课本中权利作品《西部畅想》相对应。该被控侵权作品中包括“阅读”“表达”“积累”等部分,在“阅读”部分中引用了权利作品的部分诗词,在“表达”部分中列举了权利作品中提到的多处景观。纵观该被控侵权作品内容,可以认定其主要目的在于通过介绍、解读、评论语文课本上《西部畅想》诗歌的内容、含义、意境以及所涉及的相关自然景观、人文景观等,帮助读者更好地了解、感受、体会《西部畅想》这首诗歌。故被控侵权作品引用权利作品的主要目的系为介绍、评论某一作品的范畴,而并非单纯向读者展现权利作品本身或利用权利作品的影响力提升被控侵权作品影响力。同时,需要指出的是,被控侵权图书或被控侵权作品是否以营利为目的或是否实际营利并非判定被控侵权作品是否构成“适当引用”合理使用的要件,故申请人对此提出的相应主张缺乏法律依据,本院难以认同。

关于被控侵权作品引用权利作品的具体方式。申请人主张,被控侵权作品几乎将权利作品中主要诗句全部引用,侵权行为明显。对此,本院认为,我国著作权法所指“适当引用”中的“适当”并不是指被控侵权作品所引用的部分占权利作品的比重大小,而是该部分占被控侵权作品的比重以及被控侵权作品引用的具体方式是否合理,即便权利作品被全文引用的,亦不必然不构成著作权法所指“适当引用”的合理使用情形。易言之,判定引用适当与否的关键在于被控侵权作品是否完全或主要以引用他人作品来代替自身创作,若属此种情形,则应当认定引用方式不合理。本案中,被控侵权作品虽引用了权利作品的部分内容,但其引用时,均融入其具有独创性的介绍、解读和评论内容,且引用的部分较被控侵权作品整体而言仅占较少比重,其程度尚属合理范畴,故被控侵权作品引用权利作品的方式在适度范围内。

关于被控侵权作品是否依法指明作者姓名及作品名称,法院认为对于著作权法“适当引用”情形中所规定的“指明”作者姓名及作品名称的理解,并不仅限于在作品中标注、载明等方式,还包括能使读者明确知晓被引用作品的名称和其作者姓名等信息的情形。本案中,课本原文已经明确指明作者信息,读者在使用时势必会对此予以知晓,故被控侵权作品的相应行为并未违反著作权法的相关规定。

关于被控侵权作品是否会对权利作品的正常使用和著作权人的合法利益造成负面影响,法院认为对权利作品的正常使用和权利人的合法权益造成负面影响,主要指被控侵权作品是否会因其中的引用而对被引用的权利作品产生替代效应,从而导致读者可以用被控侵权作品替代对权利作品的选择。被控侵权作品的主要目的在于介绍、解读、评论权利作品。从日常生活常识角度而言,被控侵权作品不仅不会产生替代效应,反而会对读者加深课文理解有所助益。因此,被控侵权作品并未对权利作品的正常使用和著作权人的合法利益造成负面影响。

上海市高级人民法院还认为:我国著作权法通过明晰权利边界、明确侵权责任等方式保护著作权,也通过设置法定许可、合理使用等制度对该立法宗旨予以充分诠释。本案以介绍、解读、评论教学课文为主要目的的引用,虽具有一定营利性,但尚未逾越著作权法规定的著作权权利边界,亦未损害著作权人法定权益,仍在著作权法“适当引用”的合理使用范畴内,故教学课文之著作权人对此理应予以容忍,以更好地提升社会福祉、促进社会主义文化事业的发展与繁荣。

基于上述认定,上海市高级人民法院驳回孙某的再审申请。

该案涉及被告出版的教辅书一类图书中引用他人享有著作权的作品是否属于“适当引用”、进而构成合理使用问题。我国《著作权法》对于合理使用中“适当引用”条件作了明确规定,尤其是使用目的限于“介绍、评论或者说明某一问题”。被告使用行为是否具有商业目的则与引用是否适当没有必然联系。该案还结合著作权立法目的,阐述涉案被告行为不会构成对原告作品的市场替代并对其产生不良影响,著作权人应对此予以容忍,以更好地提升社会福祉。该案为理解如何认定著作权合理使用制度中的适当引用以及著作权立法目的,提供了较为重要的指引。

◈ 报刊转载中信息网络传播权侵权认定及法定许可的适用

某报社与北京某网络科技股份有限公司侵害作品信息网络传播权纠纷案[51]

北京某网络科技股份有限公司(以下简称某网络科技公司)以某报社为被告,向太原市中级人民法院提出诉讼,请求判令被告立即停止使用原告享有著作权的摄影作品,被告赔偿原告著作权侵权赔偿金及其他费用。

太原市中级人民法院查明:2009 年 11 月 6 日,国家版权局颁发了登记号为 2009 - G - 022011 的《著作权登记证书》,证书载明:申请者某网络科技公司经北京某图片有限公司(中国)转让,于 2002 年 1 月 3 日取得了摄影作品《中国图片库 1E》在中国地区的著作权,经中国版权保护中心审核,对申请者的上述权利予以登记。被告某报社认可在其微信公众号中使用了编号为 1E - 00702 的涉案图片。

法院认为,原告某网络科技公司依法受让取得了摄影作品《中国图片库 1E》在中国地区的著作权,根据最高人民法院《关于审理著作权民事纠纷案件适用法律若干问题的解释》第 7 条的规定:“当事人提供的涉及著作权的底稿、原件、合法出版物、著作权登记证书、认证机构出具的证明、取得权利的合同等,可以作为证据。在作品或者制品上署名的自然人、法人或者其他组织视为著作权、与著作权有关权益的权利人,但有相反证明的除外。”编号为 1E - 00702 的作品收录于《中国图片库 1E》,原告提供了《中国图片库 1E》的《著作权登记证书》,被告未提出其他相反证明,故原告某网络科技公司享有上述作品的著作权,其权利应受法律保护。被告某报社未经权利人许可,擅自在其微信公众号上使用原告享有著作权的作品,侵犯了原告的著作权,应当承担停止侵害、赔偿损失的民事责任。鉴于本案原告的实际损失以及被告的获利均无法确定,综合考虑涉案图片的类型、商业价值、侵权行为的性质、后果以及被告的主观过错程度等因素,对原告请求的赔偿数额在法定赔偿额限度内酌情确定。

---

〔51〕 选自山西省高级人民法院(2018)晋民终 837 号民事判决书。另参见太原市中级人民法院(2018)晋 01 民初 686 号民事判决书。

基于上述认定,太原市中级人民法院判决某报社停止侵害原告某网络科技公司涉案图片著作权的行为,赔偿原告某网络科技公司经济损失及制止侵权支出的合理费用,驳回原告其他诉讼请求。某报社不服上述判决,向山西省高级人民法院提起上诉。

山西省高级人民法院认为:被上诉人某网络科技公司依法受让取得摄影作品《中国图片库1E》,其中编号为1E－00702的作品收录于《中国图片库1E》,某网络科技公司享有该作品的著作权,其权利应受法律保护。上诉人某报社在其微信公众号上转载了源自某财经频道微信公众号的涉案文章,涉案图片为该文章中的配图,但某财经频道并未注明版权方或付费使用标识,涉案图片无明显的水印标志等权利人声明,也未标注不得转载、摘编。上诉人于2017年5月29日转发该文章时,已注明了文章来源以及编辑者信息。上诉人作为新闻媒体,转载作品并标明作品来源,属于对作品的正当使用,并不违反法律规定,并未构成侵权。但在知晓著作权人的情况下,应当依据著作权法第33条第2款"作品刊登后,除著作权人声明不得转载、摘编的外,其他报刊可以转载或者作为文摘、资料刊登,但应当按照规定向著作权人支付报酬"之规定,依法向著作权人支付报酬。

综上,一审认定事实清楚,但适用法律错误。上诉理由成立,本院依法予以采信。上诉人使用涉案图片,属于正当使用,并未构成侵权,依法不承担侵权责任,但应当向著作权人支付相应的报酬。

基于上述认定,山西省高级人民法院判决撤销原判,驳回被上诉人某网络科技公司在原审中的诉讼请求。

该案涉及报刊社转载作品法定许可问题。其特殊之处在于涉案作品并非传统的以纸质形式出版的报刊社转载他人享有著作权的作品,而是在信息网络环境下通过微信公众号转载。一审法院认定被告未经许可,以信息网络传播形式利用涉案作品构成了著作权侵权。由于涉案图片没有禁止转载、摘编的声明,且被告转载时标明了作品来源与编辑者信息,二审法院认定被告符合法定许可条件,并指出被告应依法向原告支付报酬。值得一提的是,该案中被告并非传统的纸质媒体,其是否适用于《著作权法》规定的报刊社转载、摘编法定许可条件,值得进一步探讨。

第八章　著作权的利用

著作权是一种排他的专有权,但若不使用作品,就不能实现其经济和社会价值。作为著作权动态部分的财产权,必须通过作品进入商品流通领域才能实现。[1] 前面在著作权的后继归属部分探讨的著作权的转让,也是著作权利用的方式之一。鉴于已对相关问题进行阐述,本章只在著作权合同中分析著作权转让问题。除此之外,著作权的许可使用、著作权质押等也是利用著作权的重要形式。[2]

第一节　著作权许可使用

著作权是一种专有权利,除法律有特别规定外,使用受著作权保护的作品应当取得著作权人的许可,否则将构成侵犯著作权的行为,这是著作权法的基本原理和制度。著作权的许可使用,便是在商品流通领域中利用作品的一种常见形式,也是智力产品的交换和流通在法律上的体现。各国著作权法都毫无例外地规定,可以通过许可使用的方式使用受著作权保护的作品。可以说,许可使用是著作权权能中最重要的一种权能。著作权许可使用也是著作权人将著作权变成现实权利的最有效途径。

著作权的许可使用一般是通过签订许可使用合同来实现的。

一、著作权许可使用的概念与意义

著作权的许可使用,也称著作权的授权使用,是指著作权人在著作权保护期内,许可他人在一定的期限、范围内,以一定方式使用其作品,著作权人因此而得到一定经济收益,实现著作财产权的一种法律行为。许可使用实际上可以看成是一种特殊的租赁关系,它是著作权人行使权利的一种方式。著作权人可以许可他人行使使用权中一项或数项权能。在著作权许可使用中,并没有发生著作权主体的变更,因为被许可人获得的仅是著作权中某一种或一种以上财产权中的使用权,而不是著作权本身。

著作权这种专有的知识产权之所以能够被他人使用,其原因在于著作权及其权能可以分

---

〔1〕 See Jane C. Ginsburg, *Creation and Commercial Value: Copyright Protection of Works of Information*, 90 COLUM. L. REV. 1865 (1990).

〔2〕 此外,还有著作权质押、著作权投资、著作权证券化、著作权信托、著作权保险等形式。冯晓青:《技术创新与企业知识产权战略》,知识产权出版社2015年版,第267～284页。See Abraham Bell & Gideon Parchomovsky, *Copyright Trust*, 100 CORNELL L. REV. 1015 (2015).

离的理论。如前已述,著作权具有一般产权的含义,一般产权所有人对自己的财产享有占有、使用、收益和处分的权利。所有权人在保留所有权的前提下可将所有权中某些权能“游离”出来由他人行使,在一定的条件下还可将所有权的全部权能从所有权中分离出来由他人行使。著作财产权也不例外,其各项分支权利可以分离出去,被他人以获得许可使用权的形式依法使用。由于作为著作权的客体的作品具有无形性,著作权人在行使其许可使用权时,既可以许可不同的使用者在相同的时间内以相同或者不同的方式使用其同一作品,也可以许可不同的使用者在不同时间内以相同或不同方式使用其同一作品,既可以就其中一项著作权许可他人使用,也可以就部分或者全部著作财产权许可他人使用。

著作权许可使用制度在著作权立法中具有重要意义。一方面,著作权立法特别强调著作权的专有性,强调保护作者因创作而产生的这种垄断权;另一方面,著作权立法要通过保障著作权,促进作品的创作与传播。许可使用制度则能够保障权利人行使许可权而实现其著作权,同时通过授权使用作品,作品得以广泛传播和利用。特别是对那些没有规定著作权转让的国家来说,著作权许可使用尤为重要,它是实现著作权人利益的基本方式。

二、著作权许可使用的类型

著作权的许可使用,可以分为专有许可与非专有许可两种类型。这从现行《著作权法》第26条的规定即可以看出。该条规定了著作权许可使用合同中可以约定许可使用的权利是专有使用权还是非专有使用权。

著作权的专有许可,又称独占许可,是指著作权人在一定的范围、时间内将使用作品的权利只授予一个被许可使用作品的人,被许可人则垄断使用该作品的权利。著作权人不得就同一作品向第三者发放相同的许可证,第三者也不得以同一使用方式使用该作品,而且著作权人自己也无权在该许可证包括的范围内使用作品。也就是说,专有许可证持有者可以对抗包括著作权人在内的一切他人在许可证规定的范围内使用作品。如我国现行《著作权法实施条例》第24条规定:“著作权法第二十四条规定的专有使用权的内容由合同约定,合同没有约定或者约定不明的,视为被许可人有权排除包括著作权人在内的任何人以同样的方式使用作品”;该条还规定,“除合同另有约定外,被许可人许可第三人行使同一权利,必须取得著作权人的许可”。这说明,当专有被许可人需要向第三人发放许可证时,仍然需要取得著作权人的许可,否则将构成对著作权的侵害。在获得著作权人许可的情况下,专有被许可人向第三人发放的许可被称为分许可,它是从基本许可中延伸出来的许可,受到著作权人和专有被许可人的双重制约。

著作权的非专有许可,又称非独占许可。它是指著作权人在同一范围、时间内可将使用作品的权利同时授予若干个被许可使用的人,被许可人取得的是非排他性的使用权,他们之间不得相互排斥对方取得的使用权利,也无权禁止著作权人行使其著作权。著作权人此时不仅有权在许可证的范围内使用作品,而且还可就相同的使用范围向其他人再发放许可证。从著作权的性质讲,著作权的客体是无形的,可以重复使用,故而非专有许可是可以并存的。非专有许可有利于扩大作品的传播和使用范围。

由于著作人身权是与作者人身不可分离的权利,被许可人无论是取得专有使用权还是非专有使用权，无论是取得作品全部使用权还是部分使用权，署名权、修改权、保护作品完整权等精神权利仍保留在著作权人手中。对此，现行《著作权法》第31条规定："出版者、表演者、录音录像制作者、广播电台、电视台等依照本法有关规定使用他人作品的，不得侵犯作者的署名权、修改权、保护作品完整权和获得报酬的权利。"这有利于避免被许可人在使用作品时侵犯著作权人的著作人身权和著作财产权。[3]

三、著作权许可使用与著作权转让的关系

（一）著作权许可使用与著作权转让的区别

著作权许可使用和著作权转让都是著作财产权在经济上实现的重要形式。无论哪种情况，都应尊重作者的精神权利，且不得涉及未被作者许可使用或转让的权利部分。但两者的区别也是明显的。这主要表现在：

一是从权利主体的变化上看。著作权转让后，权利主体发生了变更，著作权的归属也相应发生变化，受让人取得了作者创作作品的著作权而成为新的著作权人。著作权的许可使用不改变著作权的归属，不允许著作权同著作权人彻底分离，权利主体也就没有发生变更。

二是从权利性质上看。在著作权转让中，受让人取得的是所有权，他享有对著作权的处分权。在著作权许可使用中，使用人获得的是使用权，他不能将取得的使用权再许可给他人，但经著作权人同意的除外。

三是从合同的性质看。著作权转让合同是一种准物权性质的买卖合同，许可使用合同则是一种债权合同，许可具有债权性的效力。

四是从对第三人以同一方式使用作品行为的处理上看。在著作权转让后，受让人有权阻止包括原著作权人在内的其他人行使被转让部分的著作权。在著作权许可使用中，除非另有特别规定，使用者不能将取得的使用权让与他人，也不能再许可他人使用。在一般的非专有许可的情况下，使用人无权阻止第三人以同一方式使用作品；在专有许可的情况下，虽然使用人对以某种方式使用作品享有独占排他权，但使用人也难以阻止第三者从著作权人处取得以同一方式使用作品的使用许可，而只能诉著作权人违约而获得司法救济。

五是从给付报酬的性质和数额看。转让著作权时，受让人给付原著作权人的是一种知识商品价款，即购买著作权的价金。在著作权许可证贸易中，被许可人给付著作权人的是一种作品使用费，又称著作权使用费。一般而言，著作权转让费高于著作权许可使用费。

在实践中，基于著作财产权是由很多子权利构成的整体，著作权人在行使许可使用权时，可以先后甚至同时行使转让权。

（二）著作权许可使用与著作权转让的协调

由于我国《著作权法》没有规定著作权许可使用和转让的登记制度，在实践中有时会出现

---

[3] 在著作权许可理论和实践中，还存在独占许可、独家许可和普通许可分类。其中，独占许可相当于前面阐述的专有许可。独家许可则是指，著作权人在一定的范围、时间内将使用作品的权利只授予一个被许可使用作品的人，但许可人仍然能够使用。换言之，在独家许可时，存在被许可人和许可人两个使用人。普通许可则相当于前述非专有许可。

著作权转让后又进行二次转让或者许可使用的情形，有时出现著作权许可使用后又进行转让的情形，为此引发了一些著作权纠纷。解决这类纠纷的关键在于确认转让或许可使用的效力，以及在著作权许可使用与著作权转让发生冲突时如何加以协调。

以下以美国《著作权法》的规定为例加以介绍。美国《著作权法》第205条规定了著作权转让或者与著作权转让有关的文件可以向版权局登记，由版权局发放登记证书。这种登记证书具有以下效力：(1)如果先后转让同一作品的著作权，在两个转让都进行了登记的情况下，先签署生效且登记在先的转让胜过登记在后的转让的效力，在先签署的转让合同没有进行登记而后签署的合同进行了登记，则后一转让胜过先签署的转让的效力。(2)如果著作权转让与著作权的非专有许可之间具有抵触性，则无论非专有许可是否已登记，只要该许可存在著作权人签署的文件证明，而且该许可是在著作权人签署许可以前不知有转让的情况下善意授予的，授予许可的效力胜过著作权转让的效力。亦即受转让的著作权受制于著作权许可。[4] 美国《著作权法》的上述规定能够较好地协调著作权许可使用与著作权转让的关系，特别是在两者发生冲突的情况下，提供了解决的基本制度。

针对我国著作权保护实践中出现的著作权人将其著作权实施许可后，再行转让其著作权时，如何协调著作权许可使用与著作权转让的关系问题，本书认为，应首先考虑著作权许可使用合同的相关约定。如果许可使用合同明确约定了在合同履行过程中著作权被转让时的处理办法，则只要该约定不违背法律的强制性规定，就应以该约定方式处理。不过，原则上说，类似于"买卖不破租赁"的原则，在后的著作权转让行为不应影响在前的著作权许可使用行为。基于此，在后的著作权转让合同可以对著作权许可合同中的著作权人的权利义务作出相应的处理，如许可人的变更、许可费用的处理等。无论如何，在后的著作权转让合同约定的内容不能损害在先的著作权被许可使用人的利益。

第二节　著作权质押

一、著作权质押的概念与意义

著作权质押是质押的一种类型。所谓质押，是债的担保形式之一，系指债务人或者第三人为担保债的履行，将其财产出质，以作为实现债权人债权的担保。当债务人债务到期不履行时，债权人有权依法以该财产折价或者以拍卖、变卖该财产的价款优先受偿。我国《民法典》第四分编第十八章对质押法律制度作了明确规定，根据其规定，质押包括动产质押和权利质押两种类型。著作权质押显然属于后者。该法要求出质人与质权人应订立书面合同，并向其主管部门进行登记，质押合同自登记之日起生效。

著作权质押是利用著作权的重要形式，也是利用著作权这种无形资产进行融资的基本形式，与传统意义上的著作权许可使用、转让具有颇不相同的特点。根据《著作权质押合同登记

---

〔4〕 汤宗舜：《著作权法》，知识产权出版社2005年版，第120页。

办法》(已失效)[5]第2条的规定,著作权质押是指债务人或者第三人依法将其著作权中的财产权出质,将该财产权作为债权的担保。债务人不履行债务时,债权人有权依法以该财产权折价或者以拍卖、变卖该财产权的价款优先受偿。这里的债务人或者第三人为出质人,债权人为质权人。

从上述概念可知,著作权质押与著作权的一般意义上的利用的不同之处是,它具有担保的功能,是盘活无形资产、实现著作权这一无形资产价值保值增值的重要形式。在当前我国深入推进国家知识产权强国建设,大力开展知识产权运营的背景下,提升著作权的融资质押功能,对通过无形资产盘活有形资产、促进我国经济发展方式的转型等方面,均具有重要价值。

二、著作权质押的特点

著作权质押作为担保债权的法律形式,其特点自然可以从担保物权方面加以理解。具体可以归纳为以下几点:

第一,著作权质押需要通过著作权质押合同的形式实现。与其他形式的质押相同,著作权质押的实现需要通过签订著作权质押合同的形式加以实现。有关著作权质押合同的签订和登记问题,将在下面"著作权合同"部分加以阐述。这里仅对著作权质押的法律特征加以讨论。

第二,著作权质押产生的质权属于担保物权,其基本功能是保障著作权质押合同中债权人利益的实现。[6] 按照民法一般原理,相对于债权,物权具有优先的效力,可以优先于债权而实现其利益。著作权质押的担保物权属性体现于,在债务人到期未履行其债务的情况下,作为债权人的质权人可以依法处置被出质的著作权,从而实现其债权。

第三,著作权质押实际上仅针对著作权中的财产权,即著作财产权,著作人身权不在此列。著作权质押合同标的仅涉及著作财产权,而不包括著作人身权。但需要注意,在广义上,这里的著作财产权还包括与著作权有关的权利(邻接权)。《著作权质权登记办法》第3条即规定:"《中华人民共和国著作权法》规定的著作权以及与著作权有关权利(以下统称'著作权')中的财产权可以出质。以共有的著作权出质的,除另有约定外,应当取得全体共有人的同意。"我国《民法典》第440条也明确规定,依法可转让的著作权中的财产权可以作为权利质权的标的。这是由著作人身权的人格性所决定的。

第四,通过著作权质押合同出质的债务人或第三人,应当是对出质的著作财产权享有权利的人。如果出质人并非著作财产权人或者出质的著作权存在权属争议、著作财产权的保护期限届满、著作财产权被依法放弃,或者出质的作品不受我国著作权法保护,出质人在法律上就不是合格的主体,签订的著作权质押合同将无效。原因很简单,出质人出质的目的是要担保主债务的履行,被担保的著作财产权显然应是有效的,也应是归属于出质人的。

---

〔5〕 2010年11月25日,国家版权局令第8号发布《著作权质权登记办法》,自2011年1月1日起施行,《著作权质押合同登记办法》同时废止。

〔6〕 参见陈艳:《论著作权质押中物权与债权区分原则——以〈著作权质权登记办法〉第14条为研究视角》,载《中国出版》2016年第5期。

三、著作权质押的限制

《民法典》第444条第2款规定："知识产权中的财产权出质后，出质人不得转让或者许可他人使用，但是出质人与质权人协商同意的除外。出质人转让或者许可他人使用出质的知识产权中的财产权所得的价款，应当向质权人提前清偿债务或者提存。"此处明确规定了知识产权中财产权出质的限制。根据这一规定，著作财产权出质后，未经质权人同意，著作财产权所有人不得转让或者许可他人使用。在获得质权人同意而转让或者许可使用作为质物的著作财产权的情况下，出质人所得的转让费、许可费应当向质权人提前清偿所担保的债权或者向与质权人约定的第三人提存。如果该笔费用已经达到担保债权数量，则可以提前终止质押关系。

四、著作权质押的履行与终止

根据著作权质押合同设定的质押，在著作权人所担保的债权如期得到偿还时，著作权质押关系自行终止。但如果在著作权人所担保的债权到期后仍未得到清偿，则质权人可以依法将设立质押的著作财产权折价或者以变卖、拍卖等形式就其所得的价款优先受偿。如果该价款少于应清偿的债权，则应由债务人予以弥补；如果超过该债权，则应就超过的部分退还给出质人。如果在担保债权最终清偿前，作为质物的著作财产权已由质权人授权使用，并获得了许可费用，作为提前清偿所担保的债权或者向与质权人约定的第三人进行了提存，则应将该笔费用扣除。另外，在出质人或第三人经质权人同意而以其他质物或其他担保形式替代设为质物的著作财产权时，亦应终止著作权质押关系。

第三节　著作权利用的法律形式——著作权合同

著作权合同是利用著作权的主要法律形式。[7] 前面已经对著作权质押合同相关情况作了阐述，这里主要就著作权许可使用合同和著作权转让合同进行探讨。

一、著作权合同概述

著作权的利用，一般是通过签订著作权合同来实现的。现行《著作权法》第26条规定，"使用他人作品应当同著作权人订立许可使用合同，本法规定可以不经许可的除外"。通过许可使用合同之类的合同取得使用权不能视为著作权人的单方面授权。因为既然是合同，就须经过要约和承诺两个阶段才能成立。不难看出，它是双方民事法律行为。著作权合同作为实现著作权以及著作权利用的中间形式和基本法律途径，通常包括著作权转让合同、著作权许可使用合同、著作权质押合同、著作权投资入股合同等。这些著作权合同无疑受到著作权法的调整，需要遵循著作权法的基本原则和规范。例如，针对著作人身权签订著作权转让合同、针对著作权保护期限届满的作品签订著作权许可使用合同或者著作权许可使用合同有效期超过了

---

〔7〕 See Guy A. Rub, *Copyright Survives: Rethinking the Copyright – Contract Conflict*, 103 VA. L. REV. 1141 (2017).

著作权保护期限，这些都是违背著作权法基本精神和规范的，因而是无效的。作为合同，著作权合同也应遵循《民法典》中合同编的规定，这既体现在合同的订立、合同内容要求和合同履行方面，也体现在合同违约责任和纠纷解决方面。[8] 不过，著作权法对著作权合同的规定，相当于特别法与普通法之间的关系，需要在这类合同中得到特别遵守。

现行《著作权法实施条例》第 23 条规定："使用他人作品应当同著作权人订立许可使用合同，许可使用的权利是专有使用权的，应当采取书面形式，但是报社、期刊社刊登作品除外。"这一规定强调了专有使用权的合同应当采取书面形式，而其他形式的非专有许可使用合同则不要求书面形式。其原因在于，专有许可使用合同对著作权人利益关系重大，也影响到第三人的利益，因此应当以书面的形式加以确认，以免发生纠纷时不能提供有效的证据。非专有许可使用合同，特别是报社、期刊社刊登作品，由于作品数量众多，且时效性较强，就每篇刊登的作品签订书面的许可使用合同不大现实，因此没有必要要求书面合同形式。不过，就其他形式的许可使用合同，一般还是以书面形式为好，这样可以更好地规范合同当事人双方的行为，在发生纠纷时也能更好地提出证据加以解决。[9]

现行《著作权法实施条例》第 25 条则规定，与著作权人订立专有许可使用合同、转让合同的，可以向著作权行政管理部门备案。显然该规定不是强制性的，而是任意性规范。该条例没有规定备案的法律效力，特别是没有规定经备案的专有许可使用合同、转让合同能否对抗第三人。在著作权许可使用或转让实践中，就存在著作权人在颁发独占许可证后甚至转让后，又在同样的范围内再次向第三方颁发独占许可证甚至转让著作权，以致引发著作权侵权或合同纠纷。这方面制度亟待完善。

著作权合同登记制度也是著作权合同制度的重要组成部分。例如，日本《著作权法》规定了著作权转让的登记制度，其第 77 条规定，著作权转让合同应到文化厅著作权处登记，否则不能对抗第三方。著作权转让登记后则具有对抗第三人的效力。这一规定有利于确保在先转让的著作权的效力。[10] 日本《著作权法》还规定了公众对著作权转让登记的请求查阅制度，这便于其了解著作权转让的情况，避免重复转让现象的发生。美国《著作权法》第 205 条规定：所有著作权转让和许可使用合同，都可以在版权局登记，由版权局局长发给登记证书。若存在两个以上内容冲突的著作权转让合同，登记在先的就优先于登记在后的以及没有登记的合同。德国《著作权集体管理法》第 20 条规定：当著作权集体管理组织与使用者签订有关授权使用的合同后，应到主管机关进行登记。[11] 不过，对于著作权转让与许可使用，我国《著作权法》并没有强制登记的要求。这是造成实践中著作权转让"一女二嫁"现象的根源之一。[12] 在进一步完善我国著作权制度时，有必要考虑引进著作权合同登记制度。

---

〔8〕 参见熊琦：《著作权合同实质公平规则形塑》，载《法学》2020 年第 6 期。

〔9〕 冯晓青：《我国著作权合同制度及其完善研究——以我国〈著作权法〉第三次修改为视角》，载《法学杂志》2013 年第 8 期。

〔10〕 参见包红光：《著作权转让登记对抗主义辩护及其改进——兼评〈著作权法修订草案（送审稿）〉第 59 条》，载《科技与法律》2019 年第 3 期；黄玉烨、罗施福：《论我国著作权转让登记公示制度的构建——从著作权的"一女多嫁"谈起》，载《法律科学（西北政法学院学报）》2005 年第 5 期。

〔11〕 李明德、许超：《著作权法》，法律出版社 2003 年版，第 16 页。

〔12〕 冯晓青主编：《知识产权合同专题判解与学理研究》，中国大百科全书出版社 2010 年版，第 89 ~ 102 页。

二、著作权转让合同

著作权转让是将著作权作为商品流转的典型形式,也是著作权人实现其作品经济价值的重要方式。对此前面在阐述著作权的后继归属时已有所论述。

著作权转让一般通过签订书面合同的方式实现。例如,法国《知识产权法典》第 L. 131－3 条规定,著作权转让合同应当载明权利内容,明确所转让的权利范围、目的、地域和期限。我国现行《著作权法》第 27 条规定:"转让本法第十条第一款第五项至第十七项规定的权利,应当订立书面合同。权利转让合同包括下列主要内容:(一)作品的名称;(二)转让的权利种类、地域范围;(三)转让价金;(四)交付转让价金的日期和方式;(五)违约责任;(六)双方认为需要约定的其他内容。"其第 29 条规定:"许可使用合同和转让合同中著作权人未明确许可、转让的权利,未经著作权人同意,另一方当事人不得行使。"2020 年《审理著作权民事案件适用法律解释》第 22 条规定:"著作权转让合同未采取书面形式的,人民法院依据民法典第四百九十条的规定审查合同是否成立。"以下将对上述合同内容进行阐释。

关于作品名称。作品名称是作品"身份"的表现,在著作权转让合同中应当加以明确。为避免以后发生麻烦,应用全称。一般还应将作者的姓名或名称、著作权人的姓名或名称载明。

关于转让的权利种类、地域范围。著作权包括人身权利和财产权利,能够转让的仅仅为著作权中的财产权。同时,著作权中财产权是由很多分支权利构成的整体,这些权利中的任何一项财产权都具有独立性,可以单独被转让。在著作权转让合同中应当明确转让的是哪种著作权,如复制权、发行权、表演权还是改编权。如果不是针对某项权利,则应明确是全部转让还是部分转让。在地域范围上,应明确限于中国大陆(内地)还是包括中国台湾地区、香港特别行政区、澳门特别行政区乃至其他国家和地区,以便于受让人能够在相关地区主张权利。包括我国在内的绝大多数国家都参加了实行自动保护主义的《伯尔尼公约》,作品著作权可以在诸成员国都受到保护。但是,在某一个国家的著作权仍然是由该国著作权法确认的,因此著作权的地域性特征仍然存在。在中国转让著作权时,涉及中国的著作权,地域范围仅限于中国。另外,根据现行《著作权法》第 29 条的规定,许可使用合同和转让合同中著作权人未明确许可、转让的权利,未经著作权人同意,另一方当事人不得行使。

关于转让价金。转让价金是合同的实质性内容和最重要的条款。一般而言,作品著作权转让价金取决于作品本身的质量和声誉、作品市场盈利能力、作者声誉,以及同类市场状况等因素。在商谈转让价金时,应基于公平合理和等价有偿的原则进行。转让价金高低与被转让的权利性质和转让期限有关。

关于交付转让价金的日期和方式。交付价金的方式可以采取一次性付款或分期付款的形式或其他形式。

关于违约责任。违约责任是当事人没有履行合同义务或者履行合同义务不符合合同要求而应承担的法律责任。合同中明确违约责任,有利于在解决法律纠纷时保障守约方的合法利益。

关于双方认为需要约定的其他内容。这些内容需要根据具体的合同情况加以确定。例如,在合同中一般应当由著作权人担保被转让的著作权的真实性,并且该著作权由转让人享有;行使该著作权不会构成对他人权利的侵害,否则受让人因受让该著作权而侵犯他人权利的,著作权人应承担全部法律责任。还如,合同中一般也需要约定争议解决办法,以便发生纠纷时及时加以解决。

三、著作权许可使用合同

(一)著作权许可使用合同的概念

著作权许可使用合同,也称“著作权许可合同”。它是民事合同的一种,故关于民事合同的基本规定也均适用于这一合同。其含义是指,著作权人许可作品使用人在一定的期限、范围内以一定的方式使用其作品,使用人则向著作权人支付约定报酬的协议。即作品使用人与著作权人就使用作品的方式、期限、付酬标准、违约责任等事项确立双方权利义务关系的协议。

(二)著作权许可使用合同的特征

著作权许可使用合同具有一般民事合同的法律特征。但由于著作权是一种特殊的民事权利,这一合同又具有不同于其他民事合同的若干法律性质。其法律特征可以归纳成如下几点:

第一,它是双务合同、有偿合同和诺成合同。许可合同只须当事人双方意思表示一致,就合同的主要条款达成一致意见,合同即告成立。

第二,它是当事人之间利用作品的意思表示。作品不会自动产生社会效益,需要利用才能实现其价值。著作权许可合同就是利用作品的一种协议,它是当事人双方就利用作品意思表示一致的民事法律行为。

第三,它是以作品的使用权为标的的协议。在著作权许可合同中,许可使用的不是特定物质形态的“作品”,而是独占或非独占性地利用作品的权利。故许可合同是以作品的使用权为标的的协议。当然,在许可合同中,也可以对作品物质载体的所有权作出规定。但若只是转让作品物质载体的所有权,就不是著作权许可合同,如雕塑作品原件的转让。

第四,许可合同可采取书面形式或其他形式。为避免发放许可证后权利义务关系不明,以及在发生著作权纠纷时不易取证,以书面形式订立许可使用合同很常见。我国 1991 年《著作权法实施条例》第 32 条曾规定:“同著作权人订立合同或者取得许可使用其作品,应当采取书面形式。但报社、杂志社刊登作品除外。”2002 年修订后的《著作权法实施条例》第 23 条则规定:“使用他人作品应当同著作权人订立许可使用合同,许可使用的权利是专有使用权的,应当采取书面形式,但是报社、期刊社刊登作品除外。”这说明,除了涉及专有使用权的许可使用合同外,法律并不强制签订书面许可合同的形式。因此,采取非书面形式的著作权许可使用合同,也是符合规定的。

(三)著作权许可使用合同的种类

依据不同的划分标准,可以对著作权许可使用合同进行不同的分类:

一是按照著作权人准许作品使用人使用其专有权利的内容来划分,可将著作权许可合同分为“一揽子”合同与单项授权合同。前者是对作品的复制、发行、表演、播放等全部使用项目一并许可给使用者使用所订立的合同;后者是著作权人与作品使用人仅就作品某一方面使用所订立的合同,如表演合同。

二是按照著作权人授权使用的范围，可将许可合同分为专有（独占）许可合同与非专有（非独占）许可合同。这和许可使用的分类是一致的。在一般情况下，权利人已就同一权利发放了非独占许可证，就不应再发放独占许可证。在对第三人使用作品的问题上，一般国家著作权法也规定，即便是取得独占许可证，未经著作权人同意，被许可人不得将许可证中权利义务转让给第三方。这主要是考虑到合同当事人之间的牢固信任关系，如由第三方享有权利与承担义务，可能会使合同履行“流产”。如匈牙利《著作权法》第 28 条第 2 款、日本《著作权法》第 63 条第 3 款都有这样的规定。

三是按照作品的使用方式不同，可将著作权许可合同分为出版合同、表演合同、播放合同、录音合同、录像合同、制片合同、翻译合同、改编合同等不同类型。

四是按照授权许可的人数划分，可将著作权许可合同分为单独许可合同与集体许可合同两类。有些作品的使用所涉人数众多，逐一分别签订合同，对作者和传播者来说都很不方便。于是，在欧美各国出现了著作权集体许可贸易合同。即著作权人和作品使用人都是以集体代表的身份签订合同，或者某些代表作者的组织与作品使用人分别就一部作品或一批作品签订许可合同。这种合同就是集体许可合同。从发展来看，集体许可合同较各著作权人与各作品使用人签订的单独许可合同有比例越来越大的趋势。

五是根据国家著作权行政管理指导权限的不同，可将著作权许可使用合同分为标准合同（格式合同）、示范合同与其他合同。前者，合同条款的内容已经规定出来，当事人不能就合同条款进行修改，在双方协商一致的基础上填写有关内容，合同即告成立。后者是一种起示范作用的合同样式，它对合同当事人缔结合同具有参考作用，但没有约束力。其他合同则是上述合同以外的、由著作权人与被许可人自由达成的许可协议。

六是按照缔结著作权许可使用合同的方式，可以分为口头合同与书面合同。

除此之外，著作权许可合同还可依照其他标准进行分类。如按有效性标准，可以分为有效合同与无效合同。

（四）著作权许可使用合同的主要条款

根据现行《著作权法》第 26 条的规定，合同的主要条款包括以下内容。

1. 许可使用作品的权利种类

这主要是指使用著作权的内容。著作权的内容广泛，同一作品的使用方式多种多样，涉及不同的权利种类。同时，作品使用人对作品的需要也各不相同。故使用不同类型的作品要订立不同类型的合同，许可使用不同的著作权权能，所签订的许可合同也不同。确定许可使用作品的权利种类，这是著作权许可合同必须首先明确的。如许可使用作品的权利种类不明确，其他条款再完备也将形同虚设。可以说，许可使用作品的权利种类是订立合同其他条款的基础。在实践中，著作权许可使用合同需要明确授权的著作权的种类，如复制权、表演权、翻译权。这些不同的权利，需要根据作品的性质和被许可人利用作品的实际需要加以确定。如果对于授权许可的范围不明确，就容易在履行合同过程中产生纠纷，甚至因为被许可人超出许可权限而演变成著作权侵权行为，对于被许可人十分不利。

例如，在再审申请人某网络电视公司与被申请人某信息技术公司及一审被告某集团公司、某电器公司侵害作品信息网络传播权纠纷案[13]中，某信息技术公司对电影《敢死队》享有独占的信息网络传播权。2010 年 12 月 31 日，某网络电视公司与某信息技术公司签订《节目授权播出协议》约定，某信息技术公司将影片《敢死队》授权某网络电视公司运营的 IPTV 平台通过网络对机顶盒、电脑等终端客户以提供视频点播、直播（包括 VOD、IPTV 等）方式进行传播，不包括数字电视、互联网机顶盒和互联网电视机。某信息技术公司认为，某电器公司销售某集团公司生产的互联网电视可在线观看由某网络电视公司提供的影片《敢死队》侵害了其信息网络传播权。被告则认为，许可协议中包含了涉案被控行为。最高人民法院审理认为：当事人对合同条款的理解有争议的，应当按照合同所使用的词句、合同有关条款、合同目的、交易习惯以及诚实信用原则，确定该条款的真实意思。在本案中，由于合同中使用的“IPTV”这一概念目前并无明确、统一的法律定义，当事人签订合同时应当更为谨慎并对合同中的权利义务作出明确约定，否则应当承担相应的法律后果。本案中，合同约定“不包括互联网机顶盒和互联网电视机”，即已经将被诉侵权行为明确排除在授权范围之外，某电器公司通过某集团公司的互联网电视提供涉案影片的行为超出某信息技术公司的授权范围，侵犯了某信息技术公司的信息网络传播权。[14] 该案提供的启发是，著作权许可合同对于许可的权限应当明确，特别是在合同中使用模糊概念时，需要明确列举许可使用的具体范围，以防止许可授权不明而使被许可人存在著作权侵权风险。

2. 许可使用的权利是专有使用权或者非专有使用权

著作权人授予作品使用人的使用权分为专有使用权与非专有使用权。其中，专有使用权是许可人只许可一个被许可人在合同约定的时间、范围内以一定方式使用作品的权利，包括许可人本人在内的其他任何人均不得在合同约定的范围内使用该作品。由于两者权利性质不同，合同对此应加以明确。双方可根据作品的性质、潜在市场价值等因素考虑许可使用何种权利。通过在合同中明确是专有使用权还是非专有使用权，也有利于在发生纠纷时依法取证。为减少因权限不明而产生的纠纷，根据现行《著作权法实施条例》第 24 条的规定，专有使用权的内容由合同约定，合同没有约定或者约定不明的，视为被许可人有权排除包括著作权人在内的任何人以同样的方式使用作品；除合同另有约定外，被许可人许可第三人行使同一权利，必须取得著作权人的许可。这一规定旨在保障通过合同取得专有使用权的被许可人能够切实实现其专有使用权。但为了兼顾与著作权人利益的平衡，上述规定也强调了除非合同另有规定，颁发分许可的权利仍然掌握在著作权人手中。

3. 许可使用作品的地域范围、期间

规定使用作品的地域范围，著作权人才能有效地控制其作品的流转。作品具有向任何地方流动的特点，许可合同中必须明确许可使用的地区是某一国还是某地区，以及在国内何种地域范围内。从一般惯例看，除非合同专门规定，地域限于中国大陆（内地）或者中国大陆（内地）的一部分。在合同没有专门约定时，应解释为限于中国大陆（内地）。

许可使用的期间则是指作品使用人享有使用权的存续期间，也是著作权保护期内的某一

---

[13] 最高人民法院(2014)民申字第 658 号民事裁定书。

[14] 《知识产权案件年度报告》(2015)。

特定期间。它可以明确当事人权利义务关系何时产生、何时实现、何时终止。期间的长短可由当事人根据作品的性质、特点、使用范围和方式等因素加以确定。值得注意的是，我国 1990 年《著作权法》第 30 条曾规定，图书出版者对著作权人交付出版的作品，在合同约定期间享有专有出版权。合同约定图书出版者享有专有出版权的期限不得超过 10 年，合同期满可以续订。上述规定从 2001 年《著作权法》修订时起已经被废除，这意味着《著作权法》对出版合同的许可使用期间不再强制要求为 10 年，而是当事人可以根据情况自由协商决定，充分体现了当事人意思自治原则。

4. 付酬标准和办法

付酬标准是指使用作品付酬数额的标准。1990 年《著作权法》第 27 条规定："使用作品的付酬标准由国务院著作权行政管理部门会同有关部门制定。合同另有约定的，也可以按照合同支付报酬。"2001 年修订《著作权法》时则对上述规定作了修改。该法第 27 条规定："使用作品的付酬标准可以由当事人约定，也可以按照国务院著作权行政管理部门会同有关部门制定的付酬标准支付报酬。当事人约定不明确的，按照国务院著作权行政管理部门会同有关部门制定的付酬标准支付报酬。"其修改之处在于，突出了按照当事人之间的约定支付使用作品的报酬，这无疑体现了意思自治优先的原则。这里所说的国务院著作权行政管理部门会同有关部门制定的付酬标准支付报酬，是国家版权局和原文化部、广播电影电视总局等与著作权联系十分密切的部门会同制定的付酬标准，如《书籍稿酬暂行规定》、《关于适当提高美术出版物稿酬的通知》（已失效）、《报刊转载、摘编法定许可付酬标准暂行规定》（已失效）、《录音法定许可付酬标准暂行规定》、《演出法定许可付酬标准暂行规定》（已失效）等。2010 年《著作权法》修订时则维持了上述规定，只是序号改为第 28 条。现行《著作权法》进一步修订时，其第 30 条将上述第 28 条中的"国务院著作权行政管理部门"修改为"国家著作权主管部门"，其原因与前述第 7 条修改相同，在此不赘述。

付酬办法是指如何支付报酬的问题。如是用现金支付还是用汇票、支票支付，是预付还是在作品出版后再支付。从国际惯例看，支付著作权使用费的方式主要有一次性付酬、版税制和基本稿酬加版税。我国过去的支付方式多为基本稿酬加印数稿酬，后来逐渐向版税制过渡，这已成为我国著作权使用费支付方式变化的重要趋势。版税通常按作品复制、发行总数的市场价格的一定百分率（版税率，通常为 6% 至 15%）计算。著作权许可合同通过明确规定付酬标准和办法，能保证著作权人经济权利的实现。

5. 违约责任

在履行许可合同的过程中，著作权人和作品使用人都可能出现违约的情况。如就许可方来说，在颁发独占许可证后，仍向第三人颁发非独占性许可证；就使用方而言，擅自将合同约定的权利义务转让给第三人。对于违约行为，应承担违约责任。其责任承担方式与一般民事合同大体相同。

6. 双方认为需要约定的其他内容

上述条款对签订各种许可合同都适用，是著作权许可合同的主要条款和基本条款。但根据双方的需要，也可以增加合同其他必要条款，如约定争议解决办法有助于及时解决纠纷。又如，合同中被许可人通常会要求在合同中约定著作权人应保证其是真正的著作权人，有权许可被许可人行使作品的著作权,且没有侵犯第三人的合法权利。如果被许可人行使合同约定的权利而侵犯他人的权利,著作权人应承担相应的法律责任,并赔偿被许可人由此造成的损失。在出现上述情况时,被许可人还有权解除合同。这些条款与上述法律直接规定的主要条款具有同样的法律效力。

(五)著作权许可使用合同中未明确许可权利的行使

著作权是多种权能的集合,在签订非"一揽子"许可合同时,著作权人只许可使用著作权的某些权能,被许可使用人即只能行使合同中明确授予的使用权。对此,现行《著作权法》第29条明确规定:"许可使用合同和转让合同中著作权人未明确许可、转让的权利,未经著作权人同意,另一方当事人不得行使。"这一规定,有利于避免作品使用人在行使使用权时侵犯著作权人的其他合法权益,从而能够切实维护著作权人的专有权。

(六)几种常见的著作权许可使用合同

1. 图书出版合同

首先,关于图书出版合同的概念与特征。

图书出版合同,是指著作权人和图书出版者之间,就著作权人将作品交付出版,图书出版单位负责印刷、发行并交付约定报酬的协议。简言之,即著作权人与图书出版者关于出版作品的协议。这是著作权人行使其著作权最重要的一种法律形式。图书出版合同签订的重要性在于,在一般情况下著作权人不享有出版图书的经营许可权,它只能由经国家有关机关批准享有出版经营权的图书出版者行使。但图书出版者对其出版的图书却不享有复制、发行权,这样就需要通过签订图书出版合同的形式由著作权人授权图书出版者以复制、发行的形式出版其作品。

我国2010年《著作权法》第30条规定:"图书出版者出版图书应当和著作权人订立出版合同,并支付报酬。"这种合同是一种诺成合同和非要式债权合同。图书出版合同具有以下特征:(1)合同双方,一方是国家出版行政管理机关批准成立的图书出版单位,另一方则是依照《著作权法》规定享有著作权的人。合同双方权利义务具有对等的性质,双方当事人是一种债权法律关系。(2)合同标的是著作权人享有的图书出版权,而不是作品物质载体本身。(3)图书出版者除应支付著作权人报酬外,还应承担印刷发行费用。

在我国的图书出版实践中,还有一种约稿合同。这是一种预约合同,在合同中约定就作者尚未创作出来的作品在规定的期限内创作完毕,出版人则有与作者签订出版合同的义务。其具体内容包括作品的暂定名称、字数、交稿日期、对稿件的具体要求、稿酬标准、交付作品的审查与修改办法、违约责任等。

其次,关于图书出版合同的内容。

图书出版合同是明确出版者和著作权人之间权利义务关系,保证作品出版和实现著作权的法律形式。图书出版合同一般应以书面形式订立。

各国对图书出版合同的规定不尽相同,但基本内容大体一致。这主要包括:(1)合同序言。包括双方当事人的姓名或者名称、地址、作品名称、类型、字数、签约日期、交付手稿日期等。(2)作者授予的出版权是专有出版权还是非专有出版权。根据2010年《著作权法》第31条规定,图书出版者对其出版的图书取得的专有出版权来自合同的约定,而不再由法律强制性规定。这一规定与意大利《著作权法》类似。该法第119条规定,作者在出版范围内享有的全部或部分使用的权利可以作为出版合同的标的,在无相反约定的情况下,授予的权利被推定为专有权利。这样,出版合同中约定作者授予的出版权是专有出版权还是非专有出版权就变得非常重要了。[15] 合同中应当对这一重要问题予以明确。为避免出现纠纷,最好同时明确对电子出版物形式是否也赋予专有出版权。另外,如果合同中授予了专有出版权,则还应约定该权利的期限。(3)作品是否出版过。如果出版过,说明出版时间、是否做过修改以及修改的内容。(4)作者对著作权的担保。作者一般应担保,其对交付出版的作品享有完整的权利,没有侵犯他人的著作权,否则应承担侵权责任。不过,即使发生了著作权等侵权行为,出版者也并不能凭借该条款而免责,因为一则合同具有相对性,二则出版者本身负有不侵权的注意义务。这是出版者应当注意的。换言之,出版者不能将作者著作权担保条款当成"尚方宝剑"而对作品中是否存在侵害著作权的内容不闻不问。(5)作品出版日期和合同有效期限。合同可以明确因出版者过错导致作品出版推迟甚至不能出版的法律责任。(6)首次出版数量。合同可以约定首次出版数量,特别是在按照版税支付报酬时,出版数量与著作权人的经济收益直接挂钩,有必要明确。(7)授权范围。作者是否将翻译权、改编权等从属权利授予出版者,作者授予出版者修改作品的范围。(8)清样校对日期及校对者。(9)稿酬的支付数额和支付方式。合同需明确稿酬的计算方法,这是订立合同的主要内容之一。当前采用版税制的情况比较普遍。不仅需要约定出版的稿酬支付问题,也有必要针对重印、再版的稿酬支付加以规定。就传统的稿酬形式而言,包括基本稿酬加上印数稿酬,其中图书的基本稿酬是按照每千字稿酬乘以图书千字数,印数稿酬则以千册为单位,按照每千册基本稿酬的0.8%计算。版税的算法则与图书的销售市场挂钩,通常为图书定价乘以印数(或销售量)再乘以版税率。(10)赠送样书的册数。(11)作品的发行办法与范围。(12)图书的脱销与绝版。如图书脱销,出版者应在接到作者通知后一定期限内重印、再版,否则作者有权解除合同。(13)发生侵权时的处理办法。如第三者侵犯专有出版权,出版者应和作者共同起诉。(14)关于原稿的处理。从民法原理来说,著作权人向图书出版者交付的作品原稿属于著作权人享有所有权的有形财产,本身并非著作权。因此,图书出版者在完成排版、印刷等出版工序后,应将原稿退回著作权人。不过,当前随着信息网络化的发展,著作权人一般提供电子版本及其对应的打印版本,与过去手写稿不同,原稿的物权价值也大打折扣。所以一些出版社并未对此问题加以规定。(15)不可抗力及情势变更的规定。(16)合同争议的解决办法。(17)变更或终止合同的有效条件。现行《著作权法》第34条第3款规定,"图书出版者重印、再版作品的,应当通知著作权人,并支付报酬。图书脱销后,图书出版者拒绝重印、再版的,著作权人有权终止合同"。又根据现行《著作权法实施条例》第29条的规定,著作权人寄给图书出版者的两份订单在6个月内未能得到履行,视为上述规定的图书脱销。从法律规定和出版实践的情况看,出版合同终止的条件一般有:作者未按照合同约定的期限交付稿件;作者拒绝按照合同约定修改作品;出版者未按照合同约定的出版质量、期限出版图书;出版者未按照合同约定的期限再版或图书脱销后拒绝重印再版的;

---

〔15〕 参见李自柱:《专有出版权的权利性质和效力范围》,载《科技与出版》2020年第8期。

出版者未按照合同约定支付报酬;合同约定的专有出版权期限届满等。[16] (18)违约责任等。合同可以约定当事人各方违反合同约定应承担的违约责任。例如,作者违反关于授予专有出版权的约定,擅自许可第三人出版同一作品的违约责任。又如,作者作品存在侵害第三方著作权或者其他民事权利的情况,被第三方提出权利主张,约定此种情况下由作者负侵权赔偿责任。

再次,关于图书出版合同双方当事人的权利与义务。

关于作者的权利,主要有:(1)以署名自愿的方式出版作品;(2)合同期满后,有权收回自己的作品;(3)按照合同约定,有权因授予出版权而获得报酬;(4)出版者因故不能出版作品,作者有权收回其出版权或将出版权出让给其他出版者,并要求赔偿损失;(5)图书脱销后,出版者拒绝重印、再版的,有权要求解除合同。

关于作者的义务,主要有:(1)按照合同约定将作品交给出版者。现行《著作权法》第34条规定:"著作权人应当按照合同约定期限交付作品。"所交付的原稿在形式、内容上均须与合同规定一致。(2)保证著译稿系本人创作或翻译的原稿,如发现有剽窃抄袭等情况而给出版者造成损失,作者应负全部责任,并赔偿出版者因此而受到的损失。(3)作者应按合同约定转移作品的专有出版权,允许以各种版本形式出版。(4)根据合同约定,按出版者的要求修改作品。(5)作者不得一稿两投或多投,在合同有效期内,不得将同一作品或将内容稍加修改后以原名称或更换名称授予第三者另行出版。如因违约造成损失,应承担赔偿责任。

关于图书出版者的权利,主要有:(1)依图书出版合同约定取得专有出版权。现行《著作权法》第33条规定:"图书出版者对著作权人交付出版的作品,按照合同约定享有的专有出版权受法律保护,他人不得出版该作品。"这涉及图书出版者依照合同享有的专有出版权问题。以下将另行讨论。(2)图书出版者对作者交付作品的形式、内容、质量是否符合合同约定,有进行审查、评议的权利。(3)图书出版者按照合同约定,有出版发行作者交付的作品的权利。(4)图书出版者从编辑角度,有对作品进行修改的权利。(5)针对作品中存在的问题,图书出版者有要求作者修改作品的权利。如作者拒绝修改其作品,也不授权他人修改其作品,出版者有权终止合同或要求赔偿损失。

关于图书出版者的义务,主要有:(1)按照合同规定出版作者交付的作品。现行《著作权法》第34条规定:"著作权人应当按照合同约定期限交付作品。图书出版者应当按照合同约定的出版质量、期限出版图书。图书出版者不按照合同约定期限出版,应当依照本法第六十一条的规定承担民事责任。……"(2)尊重作者的各种精神权利,不得对作品的形式和内容随意增删与变更,如更换书名、增加插图、标题或者对内容作实质性的修改。(3)图书出版者重印和再版作品时,应当通知著作权人。(4)图书出版者不得将合同规定的权利义务转让给第三者。(5)图书出版者应向作者支付合同约定的报酬,并赠送样书。(6)出版演绎作品时,图书出版者还有向原作品著作权人支付报酬的义务。2010年《著作权法》第35条规定:"出版改编、翻译、注释、整理、汇编已有作品而产生的作品,应当取得改编、翻译、注释、整理、汇编作品的著作权人和原作品的著作权人许可,并支付报酬。"现行《著作权法》则将上述规定的内容并入其第16条。具体规定是:"使用改编、翻译、注释、整理、汇编已有作品而产生的作品进行出版、

---

〔16〕 姚红主编:《中华人民共和国著作权法释解》,群众出版社2001年版,第200页。

演出和制作录音录像制品，应当取得该作品的著作权人和原作品的著作权人许可，并支付报酬。”

复次，关于图书出版者依照合同享有专有出版权问题。

尽管出版权是著作权人一项重要的经济权利，一些国家著作权法都规定图书出版者从著作权人那里取得的出版权是专有出版权，而不是非专有出版权。例如，日本《著作权法》第 80 条规定：图书出版者享有专有出版权，期限为自首次出版时算起 3 年。我国 1990 年《著作权法》第 30 条规定：图书出版者对著作权人交付出版的作品，在合同约定期间享有专有出版权。图书出版者在合同约定期间享有的专有出版权受法律保护，他人不得出版该作品。这就是说，在我国 2001 年修改《著作权法》之前，出版权使用许可只能是独占许可，而不能是非独占许可。图书出版者对作者交付出版的作品享有的是法定的专有出版权，是图书出版者在合同约定期间享有的排除著作权人在内的任何人出版同一作品的权利。换言之，即使出版合同中没有明确作者是否授予出版者以专有出版权，出版者也仍然享有对该作品的专有出版权——合同一经订立，图书出版者即当然地取得专有出版权。当时的考虑是，这样可以避免因图书出版周期长、盗版复制品进入流通后对出版者销售、发行其图书以及重印和再版产生不良影响，有利于维护图书出版者的利益，避免社会劳动的浪费。这也可以说，是从保护图书出版者的利益出发对著作权人权利的一种限制。但是，这一规定也意味着剥夺了作者对其他图书出版者的选择权。为保障作者就其作品与其他出版者谈判出版的权利，现行《著作权法》第 33 条规定：“图书出版者对著作权人交付出版的作品，按照合同约定享有的专有出版权受法律保护，他人不得出版该作品。”这就是说，图书出版者享有作者交付作品的专有出版权，必须有合同的明确授权，不能以法定的形式获得。如果合同没有明确授予专有出版权，图书出版者在合同约定期限内就不能独占对该作品的出版。不过，尽管《著作权法》已经作出以上修改，但现实中图书出版者一般仍然会要求作者将专有出版权授予出版者。因此，该条修改对图书出版实践的影响并不大。

图书出版者依照合同取得专有出版权，实质上是一种禁止权。该权利的行使涉及以下内容：(1)图书出版者享有独占性的专有出版权，在出版合同有效期内他人无权出版该作品。依现行《著作权法实施条例》第 28 条规定，图书出版合同中约定图书出版者享有专有出版权但没有明确其具体内容的，视为图书出版者享有在合同有效期限内和在合同约定的地域范围内以同种文字的原版、修订版出版图书的专有权利。第三人出版该作品，无论是否取得著作权人或出版者的许可，都属于侵权行为。(2)图书出版者的专有出版权只能自己行使，不能转让他人，不能许可他人出版。否则这将是违约行为，应承担相应的违约责任。这有利于避免出版者因许可或转让专有使用权而不劳而获。(3)著作权人自己在合同约定的许可使用期限内，也不得再授权其他出版者另行出版。只有在合同约定的许可使用期限届满或因其他原因终止合同时，专有出版权才回到著作权人手中。(4)著作权人自己也不得出版许可他人享有专有出版权的作品。当然，对于合作作品，可单独使用的部分也并非不可以单独行使该部分的出版权。原因在于，专有出版权是针对作品整体而言的，该作品整体包含的可以单独使用的部分没有同时被赋予专有出版权。不过，如果该部分的出版会损害授予出版者整个作品的专有出版权时，则对该部分也不得另行出版。

此外，约定专有出版权的合同也可因一定原因而失效。这主要包括：(1)合同约定的专有出版权期限届满，双方没有续订合同。这是专有出版权合同失效的主要原因。(2)图书脱销后，图书出版者拒绝重印或再版的，著作权人提出终止合同。(3)一方当事人严重违反合同，另一方提出终止合同。(4)在履行合同时，出现意外情况，如著作权人死亡或失去行为能力、图书出版者破产等原因。

最后，关于图书出版者出版改编、翻译、注释、整理、汇编已有作品而产生的作品问题。

在实践中，图书出版者出版的图书有的是改编、翻译、注释、整理、汇编已有作品而产生的作品。对这类作品的出版，如何解决其著作权问题，如前所述，在现行《著作权法》第16条中已有体现。可见，出版这类作品存在著作权双重许可问题。这主要是因为，改编、翻译等演绎性质的作品，不仅包含了演绎作者的独创性劳动成果，也包含了原作的独创性成分，图书出版者在出版演绎作品时，除需要取得演绎作品著作权人许可并付酬，而且还要征得原作著作权人许可并付酬。如果图书出版者仅取得演绎作品著作权人的授权而没有征得原作著作权人同意，就侵犯了原作品著作权人的著作权，应承担侵犯著作权的法律责任。同样，如果其只取得了原作品著作权人授权而没有取得演绎作品著作权人授权，也应承担侵犯演绎作品著作权的法律责任。因此，为避免侵权，图书出版者在出版这类图书时，应分别与演绎作品著作权人和原作品著作权人签订出版合同，或者同时与演绎作品著作权人及原作著作权人共同签订三方合同。

2. 报刊出版合同

报刊社每年都要大量登载作者的作品。与图书出版相比，其出版作品的时效性较强、周期较短，像日报每天都要出版。这一特点决定了作者与其签订书面合同以出版作品不大现实。因此，一般国家著作权法均允许不采取书面合同的形式。我国现行《著作权法实施条例》第23条则规定："使用他人作品应当同著作权人订立许可使用合同，许可使用的权利是专有使用权的，应当采取书面形式，但是报社、期刊社刊登作品除外。"

现行《著作权法》第35条第1款规定："著作权人向报社、期刊社投稿的，自稿件发出之日起十五日内未收到报社通知决定刊登的，或者自稿件发出之日起三十日内未收到期刊社通知决定刊登的，可以将同一作品向其他报社、期刊社投稿。双方另有约定的除外。"据此规定，在规定期限内，报刊社如不通知著作权人，或者在期限届满后才通知著作权人，即使已经采用了稿件，也无权阻止著作权人向其他报刊另行投稿。这有利于避免报刊社拖延稿件，影响作品的发表。另外，还应注意，著作权人如果在上述法定期限内没有收到已经采用的通知，向其他报刊社投稿不视为一稿多投，也不承担任何责任。

3. 表演合同

表演权主要是通过著作权人与表演者签订表演合同，由表演者行使。2001年修改《著作权法》前，对著作权人作禁止使用声明以外的已发表作品的表演权实施法定许可，故当时表演合同仅是针对未发表作品而言的。2001年《著作权法》修改后，取消了上述法定许可，故表演合同也针对已发表作品。

表演合同是著作权人与表演者签订的关于表演作品的协议。在现行《著作权法》实施前，表演者既包括演员，也包括演出单位。因此，表演合同既可以由著作权人与某一表演者签订，也可以由其与某一演出单位签订。根据现行《著作权法》第38条规定，使用他人作品演出，表演者应当取得著作权人许可,并支付报酬。演出组织者组织演出,由该组织者取得著作权人许可,并支付报酬。此外,现行《著作权法》第40条还规定了职务表演制度。因此,表演合同的主体,除了著作权人以外,仍然可以是演员与表演单位。

我国《著作权法》和《著作权法实施条例》没有专门规定表演合同问题。根据法国《知识产权法典》第132条的规定,表演合同的内容主要有:表演合同以一定期限和一定次数为限;如果没有特别约定专有表演许可,合同不授予演出经营者任何垄断经营权;戏剧作者授予的任何专有表演权不超过5年,若连续2年中断演出则丧失专有许可权;未经作者或者其权利继受人正式及书面同意,演出经营者不得转让合同权益。[17] 一般地说,表演合同应对表演的方式、期限、范围、付酬标准与办法等作出规定。在实践中,它通常是以作者为一方当事人,演出举办人为另一方当事人。在合同中,著作权人授予表演者公开表演其作品的权利,表演者则按合同规定的条件、期限和方式演出该作品并向著作权人支付报酬。

4. 录制合同

录制合同是著作权人与录音录像制作者就制作作品的录音录像制品达成的协议。录制合同包括录音合同和录像合同。

在录制合同中一般规定,著作权人将自己的作品交付给录制者使用,许可其制作录音录像制品并公开发行,录制者因使用作品而向著作权人支付报酬。当然,在录制活动中,由于通常情况下还必须有表演者的参与,录制合同还会涉及录音录像制作者与表演者及著作权人之间相关权利义务更为复杂的约定,这些约定需要以《著作权法》的规定作为依据。

5. 电影合同

电影合同是作者与制片者之间关于摄制电影作品的协议。电影作品属于视听作品的范畴,其作者包括电影剧本作者、电影导演、摄影作者、电影音乐作词作曲者等,他们可以共同就作品著作权问题与制片人签订合同,也可就各自的创作成果与制片人订立合同。通过合同约定,各作者将其创作成果交制片者使用,制片人须在合同期限内将电影拍摄完毕,并向作者支付合理的报酬。

6. 广播电台、电视台播放合同

广播电台、电视台播放合同是著作权人与广播电台、电视台之间就广播电台、电视台使用著作权人的作品制作广播电视并向著作权人支付报酬所达成的协议。

按照我国《著作权法》的规定,广播电台、电视台播放他人已发表的作品,可以不经著作权人许可,但应当按照规定支付报酬。故广播电台、电视台播放合同只是就著作权人未发表作品制作广播、电视所订立的合同。

四、著作权质押合同

(一)著作权质押合同的签订与内容

《著作权质权登记办法》第4条规定:"以著作权出质的,出质人和质权人应当订立书面质权合同,并由双方共同向登记机构办理著作权质权登记。出质人和质权人可以自行办理,也可

〔17〕 李明德、许超:《著作权法》,法律出版社2003年版,第175~176页。

以委托代理人办理。”

《著作权质权登记办法》第 7 条规定:“著作权质权合同一般包括以下内容:(一)出质人和质权人的基本信息;(二)被担保债权的种类和数额;(三)债务人履行债务的期限;(四)出质著作权的内容和保护期;(五)质权担保的范围和期限;(六)当事人约定的其他事项。”与此前的《著作权质押合同登记办法》第 8 条规定相比,对著作权质权合同的内容明显进行了精简和优化。在上述内容中,应当注意著作权质押受著作权这一无形财产权的特点所限,符合著作权的基本特性。例如,出质的著作权限于著作财产权,不包括著作人身权;质押担保的期限,显然不能超过著作权剩余的保护期限,当然因著作权保护期限较长,实践中一般不会存在这一问题。

(二)著作权质押合同的登记

2010 年《著作权法》第 26 条规定:“以著作权出质的,由出质人和质权人向国务院著作权行政管理部门办理出质登记。”现行《著作权法》第 28 条则将上述规定修改为:“以著作权中的财产权出质的,由出质人和质权人依法办理出质登记。”关于这一修改,在 2020 年 8 月著作权法修正案草案二次审议稿中有以下说明:“有的地方、专家和社会公众提出,著作权中的人身权不能出质,财产权才可以出质,建议予以明确。有的部门和专家提出,《民法典》物权编已删除了关于著作权等知识产权出质的登记机关的规定,建议本条与《民法典》的规定相衔接。”

《著作权质权登记办法》第 5 条规定:“著作权质权的设立、变更、转让和消灭,自记载于《著作权质权登记簿》时发生效力。”由此可见,以著作权中的财产权出质的,出质人与质权人除应当订立书面合同外,还应到登记机关进行登记。著作权质押合同自《著作权质押合同登记证》颁发之日起生效。

国家版权局是著作权质押合同登记的管理机关。国家版权局指定专门机构进行著作权质押合同登记。著作权质押合同的登记,应由出质人与质权人共同到登记机关申请办理。出质人或质权人中任何一方持对方委托书亦可申请办理。

根据《著作权质权登记办法》第 6 条规定,申请著作权质权登记的,应提交下列文件:(1)著作权质权登记申请表;(2)出质人和质权人的身份证明;(3)主合同和著作权质权合同;(4)委托代理人办理的,提交委托书和受托人的身份证明;(5)以共有的著作权出质的,提交共有人同意出质的书面文件;(6)出质前授权他人使用的,提交授权合同;(7)出质的著作权经过价值评估的、质权人要求价值评估的或相关法律法规要求价值评估的,提交有效的价值评估报告;(8)其他需要提供的材料。提交的文件是外文的,需同时附送中文译本。

根据《著作权质权登记办法》第 8 条、第 9 条和第 10 条的规定,申请人提交材料齐全的,登记机构应当予以受理。提交的材料不齐全的,登记机构不予受理。经审查符合要求的,登记机构应当自受理之日起 10 日内予以登记,并向出质人和质权人发放《著作权质权登记证书》。经审查不符合要求的,登记机构应当自受理之日起 10 日内通知申请人补正。补正通知书应载明补正事项和合理的补正期限。无正当理由逾期不补正的,视为撤回申请。

根据《著作权质权登记办法》第 15 条的规定,有下列情形之一的,登记机构应当撤销质权登记:(1)登记后发现有第 12 条所列情形的;(2)根据司法机关、仲裁机关或行政管理机关作出的影响质权效力的生效裁决或行政处罚决定书应当撤销的;(3)著作权质权合同无效或者被撤销的；(4)申请人提供虚假文件或者以其他手段骗取著作权质权登记的；(5)其他应当撤销的。《著作权质权登记办法》第16条规定了著作权质权变更登记事项，即"著作权出质期间，申请人的基本信息、著作权的基本信息、担保的债权种类及数额，或者担保的范围等事项发生变更的，申请人持变更协议、原《著作权质权登记证书》和其他相关材料向登记机构申请变更登记"。《著作权质权登记办法》第17条进一步规定："申请变更登记的，登记机构自受理之日起10日内完成审查。经审查符合要求的，对变更事项予以登记。变更事项涉及证书内容变更的，应交回原登记证书，由登记机构发放新的证书。"

《著作权质权登记办法》第18条和第19条分别规定了著作权质权注销登记的情形和手续。具体而言，有下列情形之一的，申请人应当申请注销质权登记：(1)出质人和质权人协商一致同意注销的；(2)主合同履行完毕的；(3)质权实现的；(4)质权人放弃质权的；(5)其他导致质权消灭的。申请注销质权登记的，应当提交注销登记申请书、注销登记证明、申请人身份证明等材料，并交回原《著作权质权登记证书》。登记机构应当自受理之日起10日内办理完毕，并发放注销登记通知书。

本章案例研讨

◈ 超授权范围行使著作权及合同解除的效力认定

北京某科技有限公司与北京某技术有限公司著作权权属、侵权纠纷案[18]

北京某技术有限公司(以下简称某创新公司)以北京某科技有限公司(以下简称某科技公司)为被告，向北京市海淀区人民法院提起著作权侵权诉讼，要求某科技公司立即停止在互联网中传播涉案字体，停止使用"新蒂""新蒂下午茶"字体名称并赔偿其经济损失。

北京市海淀区人民法院将争议焦点归纳为：其一，某科技公司的涉案行为是否侵害了"新蒂下午茶体"的改编权及信息网络传播权；其二，某科技公司的涉案行为是否构成不正当竞争；其三，某科技公司应承担的法律责任。

法院首先就涉案字体是否属于著作权法意义上的作品以及何种作品进行了认定。法院认为：汉字作为一种文字，虽有固定的书写规范，但在字形、结构搭配、笔画粗细、走向等方面均可以展现不同的表达风格和样式，有较大的创作空间，不同的设计者根据设计思路的不同可以产生不同的字体，当该字体具有审美意义时，可以作为美术作品受到著作权法的保护。本案中，"新蒂下午茶体"是字体设计人员创作出的具有统一艺术设计风格的字体，呈现出不同于公有领域字体的书写风格，即笔法线条圆滑流畅、没有分明棱角、笔画萧疏，展现出一种舒缓、轻松的特点，并充满手写感，在笔画间结构的搭配、笔画的粗细、曲直、长短等方面都融入了字体设计人员对字体美感的把握和对设计形态的取舍，体现了设计人员的个性化风格，具有独创性，

[18] 选自北京知识产权法院(2020)京73民终1897号民事判决书。另参见北京市海淀区人民法院(2017)京0108民初44120号民事判决书。

属于有一定审美意义的字体，构成我国著作权法意义上的美术作品。本案中，在无相反证据的情况下，能够证明某创新公司经“新蒂下午茶体”原始著作权人的合法受让，依法取得“新蒂下午茶体”的著作权及相关维权权利。

关于某科技公司的涉案行为是否侵害“新蒂下午茶体”的改编权及信息网络传播权，法院认为：首先应先判断被诉字体是否构成对“新蒂下午茶体”的改编；如构成，再判断某科技公司改编并发布被诉字体的行为是否构成侵权；最后再判断某创新公司发出解除通知后，某科技公司仍在涉案平台提供“新蒂下午茶体”是否侵权。

关于被诉字体是否构成对“新蒂下午茶体”的改编，法院认为：将被诉字体“新蒂下午茶桃心体”“新蒂下午茶繁星体”“新蒂下午茶 music 体”与“新蒂下午茶体”进行比对可知，一方面，上述三种被诉字体中的笔法线条走向、粗细弯直程度、笔画轮廓等方面均与“新蒂下午茶体”基本一致，保留了“新蒂下午茶体”的原有书写风格；另一方面，三种被诉字体在部分使用频率高的常见单字偏旁部首上或合适位置分别通过添加桃心元素、星星元素、音乐符号及五线谱元素进行美化、修饰，使得该三种被诉字体呈现了不同的表达风格。可见上述三种被诉字体是在“新蒂下午茶体”原有的字形风格和样式基础上进行再设计，通过添加特定、风格统一的图案元素进行美化，既保留了“新蒂下午茶体”的基本表达，同时又在部分单字的特定位置添加相应图案、元素进行装饰，融入了新的字体创作表达风格，故该三种被诉字体在元素添加位置及数量、点缀图案选择等设计方面都体现了字体设计者的独特选择与审美判断，构成了对“新蒂下午茶体”的改编。

针对某科技公司主张其系在“新蒂下午茶体”原著作权人的授权范围内修改该字体的辩称，法院认为，根据合作协议的约定，某科技公司仅有权根据移动端应用平台的技术要求等因素，适当修改字体文件，此种修改应理解为为适应移动应用平台操作系统、分辨率等客观技术条件不同的情况作出的对字体文件技术上的调整，并不涉及对相关字体添加图案、元素，更未涉及对字体风格、表达等方面进行改编的授权。

综上，法院认定，某科技公司未经许可，擅自将“新蒂下午茶体”改编成“新蒂下午茶桃心体”“新蒂下午茶繁星体”“新蒂下午茶 music 体”三种被诉字体，侵害了某创新公司对“新蒂下午茶体”享有的改编权。同时，某科技公司将该三种被诉字体发布于涉案平台，使公众可以通过信息网络在个人选定的时间和地点获得该三种被诉字体，侵害了某创新公司就“新蒂下午茶体”享有的信息网络传播权。

至于“新蒂下午茶加粗体”，其变化主要体现在笔画的粗细上，未在“新蒂下午茶体”基本表达之上融入其他具有独创性的表达，未形成新的作品，故不构成对“新蒂下午茶体”的改编。本案中，合作协议既无授权某科技公司加粗“新蒂下午茶体”的相关约定，对字体的加粗亦不属于合作协议约定某科技公司根据移动端应用平台的技术要求等因素适当修改字体文件的范围。某科技公司系未经许可通过信息网络向用户提供“新蒂下午茶加粗体”，侵害了某创新公司享有的信息网络传播权。

关于某科技公司在某创新公司发出解除通知后仍提供“新蒂下午茶体”下载服务是否侵权，法院认为：首先要判断合作协议是否已经解除。某创新公司经受让获得“新蒂下午茶体”的著作权，其有权对“新蒂下午茶体”著作权转移之前发生的侵权行为进行维权，有权要求被授权的相对方履行协议以及依法解除相关协议。合作协议约定"如被授权人违反合作协议条款或被授权人过错导致著作权人及新蒂字体受到不良影响，著作权人有权随时撤回该授权"，而根据合作协议的授权内容，某科技公司仅享有在授权手机应用平台中发布"新蒂下午茶体"的权利，在合作协议授权范围内未取得对"新蒂下午茶体"的改编权，故在已认定某科技公司未经许可擅自改编"新蒂下午茶体"并通过涉案平台传播被诉字体的情况下，某科技公司的行为已违反了合作协议的约定，致使合作协议无法继续履行，某创新公司有权依据合作协议的约定行使解除权。在合作协议解除后，某科技公司未经许可，仍在涉案平台上通过信息网络传播"新蒂下午茶体"，使相关公众可以在其个人选定的时间或地点获得"新蒂下午茶体"，侵害了某创新公司对"新蒂下午茶体"享有的信息网络传播权。

北京市海淀区人民法院还对某科技公司的涉案行为是否构成不正当竞争以及相关法律责任问题进行了认定。

在上述认定基础上，北京市海淀区人民法院判决某科技公司停止侵权、赔偿损失，驳回其他诉讼请求。某科技公司不服上述判决，向北京知识产权法院提起上诉。该院依法组成合议庭，对本案进行了审理。

北京知识产权法院将该案二审争议焦点问题概括为：一是某科技公司的涉案行为是否侵害了"新蒂下午茶体"的改编权及信息网络传播权；二是一审判决确定的赔偿数额是否适当。该院分别确认了一审法院认定的事实和认定的观点。

在上述认定基础上，北京知识产权法院判决驳回上诉，维持原判。

该案除了涉及字体在著作权客体中地位、改编行为及信息网络传播行为认定问题外，主要针对的是超越授权范围利用受著作权保护的作品及著作权合同解除条件的认定等问题。在该案中，一审、二审法院均认定被告未经许可将"新蒂下午茶体"改编成被诉字体并在涉案平台上通过信息网络传播，侵害了原告对"新蒂下午茶体"享有的改编权和信息网络传播权。法院认定被告涉案行为已超越授权许可范围。原告在与被告合作的期间，根据合同约定的单方解除权，在发出合同解除通知后，合同即应予以解除，被告继续使用涉案作品的行为将面临著作权侵权风险。该案为处理超著作权许可范围的著作权侵权问题以及合同解除的效力认定等问题提供了较为重要的指引。

◈ 著作权转让合同的效力及著作权侵权判定

某枸杞产业集团有限公司与北京某版权代理有限公司侵犯其他著作财产权纠纷案〔19〕

2003 年 8 月 1 日，《销售与市场》（管理版）期刊（期刊号 ISSN：1005－3530）登载《打破终端管理的瓶颈》一文，文章署名张某。2005 年 3 月 9 日，北京某版权代理有限公司（以下简称

〔19〕 选自宁夏回族自治区高级人民法院（2016）宁民终 240 号民事判决书。另参见中卫市中级人民法院（2016）宁 05 民初 24 号民事判决书。

某版权代理公司)与张某签订《委托汇编与版权转让合同书》,约定某版权代理公司委托张某汇编包括《打破终端管理的瓶颈》一文在内的文章,除署名权和合同约定的转让价金外,自发表之日起至合同期满版权归某版权代理公司所有,合同有效期为10年。2005年2月25日,某枸杞产业集团有限公司(以下简称某枸杞集团公司)在未取得著作权人同意且未支付报酬的情况下,在其网站 ningxiahong. com 上发布《打破终端管理的瓶颈》一文。2015年1月23日,应某版权代理公司申请,北京市某公证处对某枸杞集团公司网站上的上述文章进行了保全。因某版权代理公司与某枸杞集团公司就赔偿问题未能协商一致,某版权代理公司以某枸杞集团公司为被告,向中卫市中级人民法院提起侵害著作权诉讼,要求停止侵权和赔偿损失。

中卫市中级人民法院认为:张某系《打破终端管理的瓶颈》一文的著作权人,某版权代理公司通过与张某签订转让合同取得该文的著作权符合法律规定,某枸杞集团公司认为某版权代理公司与张某签订的《委托汇编与版权转让合同书》违反《著作权法》第10条的相关规定转让除署名权之外其他人身权利,合同无效的意见不能成立。理由如下:第一,涉案文章权利转让之前已公开发表,转让的权利中不包括发表权;第二,某版权代理公司与张某签订转让合同是为了获得著作财产权;第三,依照《合同法》第50条"无效的合同或者被撤销的合同自始没有法律约束力。合同部分无效,不影响其他部分效力的,其他部分仍然有效"的规定,某版权代理公司与张某在合同中约定转让与《著作权法》第10条规定相悖的权利均属无效约定,但符合《著作权法》第10条规定的转让行为应属有效约定,据此,应认定某版权代理公司取得涉案文章的著作财产权,权利期限自文章发表之日即2003年8月1日至2015年3月8日。某枸杞集团公司未支付报酬自2005年2月25日至2015年1月23日在其网站上发布涉案文章,侵犯了某版权代理公司的以上权利,应承担相应的赔偿责任。赔偿数额参照国家有关稿酬规定,综合考虑涉案文章的字数、某枸杞集团公司的侵权情节、主观过错程度、某版权代理公司为诉讼支出的合理费用等因素,酌情判处某枸杞集团公司向某版权代理公司支付赔偿款4000元。对于某枸杞集团公司认为某版权代理公司的起诉已过诉讼时效的意见,某版权代理公司在诉状中陈述,2014年发现某枸杞集团公司侵权,但未陈述具体时间。庭审中,某版权代理公司陈述其发现侵权时间为2015年。本案起诉时间为2016年2月26日,依据某版权代理公司于2015年1月23日申请公证保全的相关事实,本案应推定某版权代理公司发现某枸杞集团公司侵权的时间为2014年2月26日之后,因此,本案并未超过诉讼时效。

基于上述认定,中卫市中级人民法院判决某枸杞集团公司承担赔偿责任。

某枸杞集团公司不服上述判决,向宁夏回族自治区高级人民法院提起上诉。该院于2016年9月5日立案后,于2016年10月13日公开开庭进行了审理。

该院认为本案的焦点问题是:其一,被上诉人的主体资格是否合适?上诉人是否构成对被上诉人著作财产权的侵害?其二,一审认定的赔偿数额是否适当?

关于被上诉人的主体资格、上诉人是否构成对被上诉人著作财产权的侵害问题。最高人民法院《关于审理著作权民事纠纷案件适用法律若干问题的解释》第7条第2款规定,在作品或者制品上署名的自然人、法人或者其他组织视为著作权、与著作权有关的权利人,但有相反证明的除外。本案中,因合法出版物《销售与市场》登载《打破终端管理的瓶颈》一文署名为张某,依据上述规定,在无相反证据的情况下,应认定张某系该文的作者,张某对该文享有著作财产权。某版权代理公司通过与张某签订《委托汇编与版权转让合同书》取得涉案文章的著作财产权，合同约定某版权代理公司委托张某汇编包括《打破终端管理的瓶颈》一文在内的文章，除署名权和合同约定的转让价金外，在自发表之日起至合同期满版权归某版权代理公司所有，因涉案文章在权利转让之前已公开发表过，转让的权利中不包括发表权，某版权代理公司与张某签订《委托汇编与版权转让合同书》是为了获得著作财产权，一审依照《合同法》第 50 条"无效的合同或者被撤销的合同自始没有法律约束力。合同部分无效，不影响其他部分效力的，其他部分仍然有效"的规定，认定某版权代理公司与张某在合同中的转让约定符合著作权法第十条规定的转让行为应属有效约定并无不妥。某枸杞集团公司自 2005 年 2 月 25 日至 2015 年 1 月 23 日未支付报酬在其网站上发布涉案文章，其转载行为虽然发生在权利转让合同之前，但合同约定某版权代理公司的权利是自文章发表之日至合同期满，故某枸杞集团公司的转载行为侵犯了某版权代理公司所享有的权利，应承担相应的赔偿责任。某版权代理公司发现其权利受到侵害后于 2015 年 1 月 23 日申请公证，于 2016 年 2 月 26 日起诉，本案未超过诉讼时效。该院还对一审判决中的损失赔偿问题进行了认定。

在上述认定基础上，宁夏回族自治区高级人民法院判决驳回上诉，维持原判。

该案涉及作品著作权转让合同的效力以及著作权侵权行为的认定问题。在该案中，《销售与市场》登载《打破终端管理的瓶颈》一文署名为张某，法院认定某版权代理公司通过与张某签订《委托汇编与版权转让合同书》取得涉案文章的著作财产权。基于此，某版权代理公司有权以自己的名义行使诉权。对此，一审、二审法院均予以确认。该案为理解著作权转让合同的效力等问题提供了较重要的启发。

第九章 邻接权

前面提到,著作权之利用具有间接性,即并非通过著作权人直接行使来实现作品的社会价值。著作权人一般要通过授权出版者、表演者、播放者和录音录像制作者等作品的传播者传播、使用作品来实现。由于作品的传播者在传播作品的过程中也要付出创造性劳动,这就产生了一种与著作权有关的权益,即通常说的"邻接权"或"著作邻接权"。为阐述方便,本章将沿用这一通常说法,将我国《著作权法》中所称的"与著作权有关的权利"[1]简称为"邻接权"。

第一节 邻接权概述

一、邻接权的概念与类型

"邻接权"一词,是从国际通用的外文翻译过来的专门术语。它首先使用于 1948 年召开的旨在修改《伯尔尼公约》的布鲁塞尔外交会议上。由于国际公约及大多数国家都使用"邻接权"一词,它已成为法律上一个专门术语。不过,应当指出,TRIPs 协议并没有使用邻接权的概念,而是"相关权利"(related rights)的概念。我国《著作权法》则使用的是"与著作权有关权益"(rights related to copyright)的概念。事实上,早在 1941 年,意大利制定的第一部保护邻接权的法律就被称作《相关权法》。

所谓邻接权,就是指与著作权邻接、相关的一种民事权利,即作品的传播者依法在一定时期内对其在传播作品的过程中付出的创造性劳动和投资所形成的成果享有的权利。邻接权也可称为"作品传播者权""相关权"。

邻接权概念也有广义与狭义之分。邻接权最初表现为表演者因表演而产生的表演者权。因此,最狭义的邻接权即是指表演者权。随着传播技术的发展,邻接权的范围也在扩大,将录制者权、广播组织权也包括进去。这是传统意义上的邻接权,也是狭义上的邻接权。在承认广义邻接权的国家,一般首先都承认这三种狭义、传统意义上的邻接权。广义的邻接权则是指,一切传播作品的媒体所享有的专有排他权,即等同于作品传播者权。

各国在对邻接权进行保护时,一般都是对狭义邻接权进行规定,但具体到各国的法律中又各具特色。以我国《著作权法》的规定而论,除了传统的表演者权、录音录像制作者权、广播组

---

[1] 2010 年《著作权法》第四章的标题是"出版、表演、录音录像、播放"。现行《著作权法》则将其改为"与著作权有关的权利"。同时,在涉及与著作权有关的权利的保护和限制时,也多次使用了这一概念。应当说,这一概念较之于 2010 年《著作权法》使用"与著作权有关权益"的表述更精确,因为我国《著作权法》明确规定了与著作权有关的权利人应当享有的实体性权利。

织权外，还包括图书、期刊出版者就其版式设计所享有的版式设计权。现行《著作权法实施条例》第26条明确规定："著作权法和本条例所称与著作权有关的权益，是指出版者对其出版的图书和期刊的版式设计享有的权利，表演者对其表演享有的权利，录音录像制作者对其制作的录音录像制品享有的权利，广播电台、电视台对其播放的广播、电视节目享有的权利。"又如，法国《知识产权法典》在邻接权保护部分规定了艺术表演者、录音制品制作者和广播组织的权利，并对录像制作者、卫星播放者和有线传播者的权利作了规定。德国《著作权法》规定的邻接权则有表演者权、录音制品制作者权、制片人权、广播组织权、摄影者权、某些版本的出版者权以及数据库制作者权。其中，制片人权是指制片人因为投资和组织电影和录像制品拍摄而产生的权利；摄影者权是指摄影者对缺乏独创性的摄影作品而享有的权利；某些版本的出版者权是指以下两种情况：(1)有些作品或者文本从来没有受过著作权保护或者其著作权保护期限届满，如果重新出版能够体现不同于以前版本的学术性或者科学性，则授予出版者对该版本文献的权利；(2)某些作品的著作权保护期限届满或者尚未出版过，则首次出版这类作品的出版者对该作品享有专有权利。另外，英美法系一些国家著作权法中虽然没有明确对邻接权的保护，但邻接权仍可以通过一定形式得到间接保护。例如，美国《著作权法》中对录音制品的保护既包含了对录音制作者的保护，也包含了对表演者的保护。〔2〕

二、邻接权的特征及与著作权的关系

邻接权也是知识产权的一部分，因而具有知识产权的一般属性，即专有性、地域性和时间性。同时，邻接权虽然是和著作权有关、相邻的一种知识产权，但它并不是著作权，〔3〕因而邻接权也具有自身的一些法律特征。

第一，邻接权是作品的传播者对作品的新的特定表现形式〔4〕所享有的权利。其客体并不是作品本身，而是该作品的某一特定表现形式，如艺术表演者的现场表演。有学者认为，邻接权保护的是作品传播者通过创造性劳动和投资产生出来的媒体产品，如表演活动、录音制品和广播节目。这种媒体产品并不是对思想观念的表述，而是将作品呈现给社会公众的一种方式和形态，通过这种方式或形态可以更好地获得公众的接受和理解。〔5〕这里的媒体产品，是通过传播已有作品而获得的，它和通过创作行为而获得的作品虽然不同，但具有密切联系。

第二，邻接权的主体是作品的传播者，而不是作品的创作者。创作者生产精神产品的根本目的在于最大限度地追求社会效益，因而作者都力图扩大其作品的社会影响，实现其经济社会价值。传播正是扩大这种影响，实现这种价值的主要手段。通过传播，作品才能使人们了解其思想及作品的价值。没有传播，作者的创作就失去了社会意义。实际上，作者碍于各种客观条件的限制，也必须更多地依靠传播者传播其作品才能实现其著作权。作为邻接权主体的邻接权人就是作品的传播者，而非对作品享有著作权的人。而且，这里的传播者多为法人或非法人

〔2〕 李明德、许超：《著作权法》，法律出版社2003年版，第182～183页。

〔3〕 参见张伟君：《论邻接权与著作权的关系——兼谈〈著作权法〉第47条（广播组织权）的解释论问题》，载《苏州大学学报（法学版）》2021年第3期。

〔4〕 参见王国柱：《邻接权客体判断标准论》，载《法律科学（西北政法大学学报）》2018年第4期。

〔5〕 李明德、许超：《著作权法》，法律出版社2003年版，第178页。

组织,自然人相对来说较少。这与作品传播需要的技术、设备和经济实力等有一定关系。

第三,邻接权是受著作权制约的一种由著作权"派生"的专有权,具有从属性。在本质上,邻接权是一种与著作权邻接、衔接的知识产权,它是以著作权为基础,经过传播作品得到的权利。没有作品,就没有作品的传播以及在此基础上产生的邻接权。由于创作作品和传播作品是一种源和流的关系,亦即创作作品是传播作品的源泉,因而邻接权受制于著作权。这主要表现为邻接权人在传播作品前,除法律另有特别规定外,应事先从著作权人处取得对作品的使用权,否则这种传播就是违法的,邻接权人应当承担侵权责任。由于邻接权具有受著作权制约的特性,其权利主体在行使权利时,须承担相应的义务,其权利的行使应以尊重著作权为前提。这在国际著作权公约和有关国家著作权立法中有相应规定。例如,《罗马公约》第1条规定:"本公约给予的保护将不触动也不影响文学和艺术作品的著作权保护。"《世界知识产权组织表演和录音制品条约》也有类似规定。法国1985年《著作权法》第15条规定:邻接权不损害著作权,有关邻接权的任何规定不得解释为限制著作权人行使自己的权利。我国现行《著作权法实施条例》第27条也规定:"出版者、表演者、录音录像制作者、广播电台、电视台行使权利,不得损害被使用作品和原作品著作权人的权利。"

三、建立邻接权制度的重要意义

著作权法赋予作品著作权的意义在于鼓励作者创作与促进优秀作品向社会传播。艺术表演者、书刊出版者、录音录像制作者、广播组织是作品的主要传播者,其向公众传播作品时都利用了自己的智慧,付出了自己的创造性劳动,或者为此大量投资,从而使被传播的作品以一种新的方式表现出来,赋予其新的生命,使其具有新的创造性,有利于公众感知、欣赏,满足人们精神生活需要。因此,作品在社会上得到利用,既包含了作者在创作中付出的独创性劳动,也包括了传播者为传播作品所付出的创造性劳动。这种创造性劳动也应得到尊重,他们对自己的劳动成果,也应当享有正当权益。[6] 故法律对这种在著作权基础上产生出来的、在传播作品的过程中形成的权利也应予以确认和保护。

从实际情况看,随着复制、传播技术的飞速发展,作品传播者的经济权益受到侵害而造成的损失达到了不可忽视的程度。例如,录制者将自己的录制品发行后,很快会有大量劣质复制品充斥市场,这不仅会损害其经济利益,而且会损害消费者的利益。另外,每个作品传播者的利益也不尽一致。为了保护作品传播者的经济利益不受侵害、协调其利益关系以及和著作权人的关系,也需要建立邻接权制度。

四、邻接权保护的不同立法例

对于邻接权保护,各国在适用的法律及保护对象上各具特色。有些国家用劳动法、反不正当竞争法或者合同法保护,多数国家是制定知识产权法进行保护的。

就知识产权法保护而言,各国对邻接权的保护主要有以下三种方式:

---

[6] 参见王超政:《著作邻接权制度功能的历史探源与现代构造》,载《华中科技大学学报(社会科学版)》2020年第4期。

一是通过专门立法保护。如巴西、卢森堡等少数国家制定了保护艺术表演者、唱片制作者和广播组织的单项邻接权法。

二是通过著作权法保护。如日本，德国、意大利、奥地利、芬兰、丹麦、挪威、瑞典、匈牙利等国的著作权法都确认了表演者权、唱片(录音)制作者权和广播组织权这三项传统邻接权。另外一些国家，如印度、墨西哥、智利、土耳其等国只在著作权法中确认了部分邻接权。值得特别指出的是，在对邻接权保护方面，个别国家对待邻接权中的录音制作者权和表演者权的性质，与其他国家不同。如以表演者权而论，在美国著作权法理论和司法实践中，均存在将表演视为创作、将表演者视为作者的观点。如有关司法判例认为，就音乐作品表演而言，表演者在一定程度上是对乐谱进行独创性的再创作；音乐作品的乐器演奏和演唱可以作为作品而受著作权保护。我国过去在实践中也是通过著作权保护邻接权的。《著作权法》则将邻接权保护明确纳入著作权法保护范围之列。

三是由著作权法和专门立法分别保护。如英国 1911 年《著作权法》将唱片列为保护客体，后来又将广播节目纳入著作权保护范围。1925 年，英国通过《戏剧、音乐表演者权保护法》以保护艺术表演者。

从邻接权的保护范围来看，各国一般保护传统邻接权的部分或全部权利，同时根据本国的特点加入其他权利内容。如德国《著作权法》规定，电影制片者权被纳入邻接权中；意大利《著作权法》规定，戏剧的布景作品、摄影作品、个人书信与肖像、工程项目设计等作品的专有权，作为邻接权保护。

五、邻接权制度的沿革

传统的著作权法是不保护邻接权的，邻接权概念的产生与著作权并非同步，它是随着无线电技术、录音录像、电影、广播卫星等新技术的发明在文化领域的应用而在知识产权领域中增加的新内容。

实际上，在邻接权制度产生前，表演者和表演活动很早就存在。但是，在爱迪生发明留声机前，戏剧、音乐的表演只能由演员在舞台、音乐厅之类的表演场所进行现场演出，观众也只能在这些场所付费后欣赏演出。演员的表演活动不能以录制方式固定下来。此时表演者除对其表演有权主张当场付酬外，不能主张任何其他权利。就观众而言，如果需要再次欣赏该表演，就只能重新购买门票。

1877 年，爱迪生发明留声机，随后出现了录音、录像、电影、电视、无线电等新的传播手段在文化科学领域中广泛运用，演员的表演实况能够通过唱片将声音固定，通过电影片将其声音、形象固定，通过无线电传送到千里之遥的地方，还可将唱片、影片、广播节目复制发行，公众欣赏艺术表演就不限于表演现场了。这必然要影响音乐厅、剧院、影院之类场所的上座率。加之表演者除与同行竞争外，还要与唱片制作者、电台、电视台、电影制片者等竞争。这使以表演艺术为业的演员及其他艺术表演者的利益受到严重损害，同时也危及表演场所老板的利益。于是，他们纷纷要求通过立法保护其利益免受损害。由于表演事业的衰落也影响唱片制作、广播电视行业的生存与发展，他们也要求制定保护表演者的法律。国际文学艺术协会(ALAI)早在 1903 年在魏玛召开的会议上就已认识到以知识产权法保护表演者权利的重要性。表演者权遂率先产生了。1910年,德国《文学与音乐作品产权法》首先将音乐作品及音乐—戏剧作品的表演者,作为原作的改编创作者加以保护。1925年,英国颁布《戏剧、音乐表演者权保护法》,规定未经表演者书面同意,他人不得擅自录制戏剧和音乐表演者的表演,否则应予以赔偿。随着传播技术的发展,保护表演者的重要性被越来越多的国家所认识。表演者权已成为当代各国邻接权保护的首要内容。

录音录像技术发展起来后,许多企业和个人为牟取暴利,大量进行复制活动,并将复制品予以发行。这势必严重影响唱片制作者和广播组织的经济利益。例如,20世纪40年代,许多广播组织就发现,不少"海盗广播电台"坐收渔利,专门转播其他广播组织制作的现成节目。于是,唱片制作者和广播组织也要求保护自己正当权益,要求法律授予唱片制作者许可和禁止他人复制发行其唱片的权利、广播组织重播和转播的专有权。唱片制作者权和广播组织权也应运而生。如英国1911年《著作权法》将音乐唱片列入保护范围,1936年之后,意大利、奥地利也对录音制品制作者权予以保护。英国1956年《著作权法》则规定保护广播节目。

总的来说,在20世纪60年代以前,除奥地利、英国、意大利、西班牙、波兰、墨西哥、阿根廷、印度等国家对邻接权予以保护外,大多数国家仍不予保护。20世纪60年代以来,各国越来越认识到保护邻接权的重要性,迄今为止,已有半数以上的国家以各种形式保护这种权利。

与著作权国际保护的产生、发展相类似,随着国际文化科学交流与合作的不断加强,以及作品传播、复制技术的不断进步,邻接权保护日趋国际化。早在1928年修订《伯尔尼公约》时,伯尔尼联盟就提出过"鼓励各成员国通过国内法律保护表演者权"的主张。1948年,在布鲁塞尔修订《伯尔尼公约》时,许多国家也提出,公约应保护表演者权、录音制品制作者权、广播组织权。在国际无线电与电视组织、欧洲广播联盟等国际组织,以及表演者、录制者代表组织的推动下,1961年世界上第一个保护邻接权的国际公约——《罗马公约》在罗马缔结了。随后,为便于更充分地保护录音制作者的权利,1971年在日内瓦又缔结了《录音制品公约》,该公约是第一个专门针对录音制品保护而缔结的国际公约。1974年在布鲁塞尔签订了《关于播送由人造卫星转播载有节目信号的公约》(以下简称《卫星公约》)。1989年4月,世界知识产权组织在日内瓦又缔结了《视听作品国际登记条约》等。进入20世纪末以来,随着网络信息技术的飞速发展,在网络空间如何保护作品传播者利益的问题日益突出。1996年12月,在世界知识产权组织主持下缔结的《世界知识产权组织表演和录音制品条约》赋予了表演者和录音制品制作者在网络环境下的向公众提供权,并规定了技术措施和权利管理信息的保护。这些国际公约的缔结,是邻接权由国内保护走向国际保护以及国际保护趋势不断增强的重要标志。

第二节 书刊出版者的版式设计权

一、版式设计权的概念与保护期限

图书、期刊出版者是出版图书和期刊的人。在我国,一般是取得法人资格的出版社,取得或未取得法人资格的报社、杂志社等出版单位。图书、期刊出版者权不是传统邻接权的范围,也不是大多数国家邻接权的保护范围。这是因为出版者出版的图书、期刊来自著作权人的许可，是以著作权被许可人身份行使复制权和发行权的。即使出版者取得的是专有出版权，其性质也一样。不过，我国《著作权法》赋予了出版者对其出版的图书、期刊的版式设计享有专有权利。例如，现行《著作权法》第37条规定：出版者有权许可或者禁止他人使用其出版的图书、期刊的版式设计。前款规定的权利的保护期为10年，截止于使用该版式设计的图书、期刊首次出版后第10年的12月31日。所谓版式设计，是指图书、期刊版面格式的设计，包括字体、横排竖排、行距、格式、页边空格、标点符号、页码等。版式设计构成作品的组成部分，是图书、期刊出版过程中出版者进行编辑、加工、设计的劳动成果。但是，版式设计本身并不是作品，它不能独立于作品而单独地存在，[7]其作用在于美化作品，增强读者阅读图书和期刊时的愉悦感。版式设计尽管不是作品，却也包含了设计者的智力劳动，可以受到邻接权保护。

值得一提的是，1991年《著作权法实施条例》第38条规定，出版者对其出版的图书、报纸、杂志的版式、装帧设计，享有专有使用权。2001年《著作权法》和2002年《著作权法实施条例》则没有规定对装帧设计的保护。所谓装帧设计，是指图书、报纸、期刊的装潢设计，包括封面、封底、插图、装订形式等，由于装帧设计通常构成了具有独创性的、受著作权保护的作品，可以作为一般作品受到著作权保护，因此无须专门在邻接权保护部分加以规定。

在实践中，版式设计既可由图书、期刊出版单位职员设计，也可委托他人设计。无论著作权归属如何，图书出版者均享有专有的使用权。这种权利体现为一种独占性的财产权，未经图书出版者同意，任何人不得复制。

二、版式设计权与“制版权”的区别

值得注意的是，我国台湾地区“著作权法”规定的所谓“制版权”与这里探讨的版式设计权不同。制版权不仅限于文字、美术作品首次发行的出版者，以及未受到著作权保护或者不再受到著作权保护的作品，还需要注册才能产生，版式设计权则没有这些限制。另外，制版权限于“专有印刷或类似方法重制”，版式设计权则包括了印刷和类似方法以外的方式。

第三节　表 演 者 权

表演者权是早期邻接权保护的核心内容，在录音录像及广播电视技术发展起来之前，即存在表演者的活动，表演也是一种很古老的艺术活动。但是，其纳入邻接权的保护范围并非古已有之，而是与录音录像技术和无线电传播技术的发展相关。

表演者权是表演者权利的简称，即表演者因表演文学、戏剧、音乐作品等作品而享有的专有权利。表演者权所涉及的表演具有公开性，对于没有公开的表演活动则不能产生表演者权。表演者权可以从其客体、主体与内容，以及表演者与著作权人之间的关系等方面研究。

---

[7] 参见彭桂兵：《版式设计权保护的制度重构——兼论〈著作权法〉第36条的存与废》，载《出版科学》2017年第5期。

一、表演者权的客体与主体

（一）表演者权的客体

表演者权的客体是表演者对作品的表演活动，即表演者以声音、动作、表情再现文学艺术作品，或者通过一定的技术手段、设备（如乐器）再现作品的内容。表演活动是一种智力创造性活动，表演者表演作品包含了对作品的特有理解和认识，以及以一定形式向公众再现的过程。因此，其受法律保护是顺理成章的。特别是录音录像技术的发展可以将表演者的整个表演活动固定下来并向公众播放，公众不必像以前一样亲自到表演场所购买门票后欣赏，因此赋予表演者对其表演活动的专有权利就显得更加迫切。这种专有权利涵盖了表演者对录音录像的控制。在广播组织和信息网络发展起来后，表演者权还包括了对广播组织直播以及信息网络传播的控制。不过，表演者权的客体不能延伸到录音录像制品和广播电视节目，仍然是表演者的表演活动。另外，表演者的客体也不是被表演的作品，被表演的作品是著作权的客体，两者的性质不同。[8] 表演者的表演活动可以重复进行，例如，表演者就同一作品的表演在不同地方“巡回演出”。在这种情况下，表演者仍然可以就每次表演活动享有表演者权。

值得注意的是，在我国著作权法意义上，表演者的表演限于对作品的表演，这种作品可以是受到著作权保护的作品，也可以是不受著作权保护的、进入公有领域的作品。如果表演活动不是针对作品，就不是我国著作权法意义上的表演。当然，表演也可以即兴进行，如即兴朗诵、即兴舞蹈等就是如此。在这种情况下，创作作品和表演活动是融为一体的。不过，即令如此，表演作为再现作品的活动还是可以与创作作品划清界限的。

（二）表演者权的主体

表演者权的主体是表演者，即表演文学艺术作品的人。在有些情况下，表演者以外的人通过合同、继承等方式也可取得表演者的权利，成为表演者权的主体。这被称为派生或后继表演者权主体。表演者的表演形式是多种多样的，依各国著作权法规定，并非从事任何表演的表演者均能取得表演者权主体的法律资格。

各国著作权法一般都要对表演者的范围作出规定。表演者通常是以演出、演唱、演说、演奏、朗诵或其他方式表演文学、音乐、戏剧、曲艺、舞蹈等作品的人，包括演员、歌唱家、音乐家、舞蹈家、朗诵家、指挥家、曲艺家等。例如，《罗马公约》第 2 条规定，表演者包括表演文学艺术作品的一切演员、歌唱家、演奏家和舞蹈家，以及以表演、歌唱、演说、朗诵、演奏或者其他方式表演文学或艺术作品的人。

一般地说，邻接权意义上的表演者限于表演文学艺术作品的人，不包括从事非作品表演的人，即表演者是通过自己的表演对文学艺术作品进行解释和传播之人。很多国家有类似规定。如瑞典 1986 年《著作权法》第 45 条将表演者定义为“表演文学艺术作品的艺术家”，联邦德国 1985 年《著作权法》第 73 条视表演者为“演奏或表演某个作品或艺术地参与某个作品的演奏或表演的人”。法国《知识产权法典》视表演者为表演、演唱、演奏、朗诵文学艺术作品之人。不过，也有国家将不表演文学艺术作品的体操运动员、杂技演员、魔术师归入表演者之列。例

[8] 参见熊文聪：《论著作权法中的“表演”与“表演者”》，载《法商研究》2016 年第 6 期。

如,巴西《著作权法》认为,田径运动员、足球运动员的体育比赛也是一种表演。表演者权的主体主要是运动员所在单位,运动员的组织者有许可或禁止他人现场转播或录制运动员比赛实况并因许可转播或录制而获得报酬的权利。应当指出,这种规定实际上已经偏离了邻接权保护的宗旨。根据我国《著作权法》的规定,体育运动员的体育竞技活动不能称为著作权法意义上的表演活动。不过,由于规定了杂技艺术作品的保护,表演杂技艺术作品的杂技演员应被纳入表演者之列。

表演者除自然人之外,是否还包括法人或者非法人组织,这在各国也存在不同认识。各国著作权法一般规定,表演者是进行文学艺术作品表演的自然人,而非法人或非法人组织。其原因在于,能够在舞台上进行表演的人只能是自然人。根据我国2010年《著作权法》规定,表演者则还包括演出单位和其他表演文学、艺术作品的人。现行《著作权法实施条例》第5条第(6)项规定:"表演者,是指演员、演出单位或者其他表演文学、艺术作品的人。"其主要考虑是,我国演员一般隶属于演出单位,是单位的职员,这与西方国家不同。在西方国家,演员通常是"自由职业者",法律一般规定表演者仅指演员。

需要指出的是,现行《著作权法》第38条关于使用他人作品进行演出的规定,不再保留2010年《著作权法》第37条第1款中"演员、演出单位"。这是因为,现行《著作权法》第40条专门增加了职务表演,对在一定情况下演出单位的权利义务作出规定。在这种情况下,不宜再将演出单位纳入表演者的范畴,否则容易引起表演者主体资格和权属关系的混乱。从严格意义上说,表演者就是指进行表演活动的自然人,而不是该自然人所在的演出单位。这与演出单位在职务表演的情况下取得表演者权主体资格并不矛盾,正如在一定情况下著作权不属于进行创作的自然人作者,而属于其所在的法人或者非法人组织。演出单位作为表演者权主体并非在舞台上直接从事表演的人,而只是法律意义上享有表演者权的所有人。对此还将在下面关于职务表演权属部分进行探讨。

就国籍标准而言,表演者可分为本国表演者与外国表演者。由于邻接权地域性的限制,原则上,外国表演者仅限于在我国境内表演,方能受我国《著作权法》保护。现行《著作权法实施条例》第33条第1款规定:"外国人、无国籍人在中国境内的表演,受著作权法保护";第2款规定:"外国人、无国籍人根据中国参加的国际条约对其表演享有的权利,受著作权法保护"。这一规定表明,外国人、无国籍人只要是在中国境内进行的表演,都受到我国《著作权法》的保护。即使该表演没有发生于中国境内,外国人、无国籍人根据中国参加的国际条约对其表演享有的权利,也受到我国《著作权法》保护。

二、表演者权的内容

表演者权涉及表演者许可或者禁止他人利用自己的表演活动的专有权利。这种控制权包括现场直播和公开传送有关表演活动、以录音录像形式将表演活动固定下来以及通过互联网向公众传送表演活动等内容。各国对表演者权内容的规定不尽相同,整体上,包括人身权利和财产权利两方面内容。

(一)表演者人身权利

保护表演者人身权利或者说精神权利,是基于其与自然人创作类似的理由。表演者的表演活动包含了其对作品特有的理解、认识和阐释,需要投入自己的智慧劳动与思想情感。这样,在重视精神权利保护的大陆法系国家一般也规定了对表演者精神权利的保护。这些权利并不依赖于表演者的财产权利而可以独立存在,甚至在表演者财产权利被转让后,其也享有表演者人身权利。不过,由于对表演者精神权利的保护存在不同认识,《罗马公约》并没有规定对表演者精神权利的保护。随着人们对表演者精神权利保护的重视,以及信息网络技术的发展导致表演者精神权利受到损害的情况更加严重,《世界知识产权组织表演和录音制品条约》第5条之一规定:不依赖于表演者的经济权利,甚至在这些权利转让之后,表演者仍应对于其现场有声表演或以录音制品录制的表演有权要求承认其系表演的表演者,除非使用表演的方式决定可省略不提其系表演者;并有权反对任何对其表演进行将有损其名声的歪曲、篡改或其他修改。我国《著作权法》第39条规定的表演者人身权利则包括表明表演者身份和保护表演形象不受歪曲。

1. 表明表演者身份

和作者对其作品享有表明作者身份的署名权一样,表演者对其表演形象和表演活动享有表明表演者身份的权利,他人对此应予尊重。这一权利是表演者一项重要的精神权利。它是表演者要求承认自己是该表演的表演者的权利,是要求承认和尊重其具有表演者法律地位的权利。因而,和作者署名权一样,表演者身份权是表演者一切其他权利的基础,是表演者一项最基本的人身权利。通过行使这一权利,表演者能够获得一定的人格利益和价值。尊重表演者身份权,应当是文明社会普遍遵守的一种道德规范。例如,法国《知识产权法典》第21条之二规定:表演者对自己的姓名、表演身份和表演活动享有受尊重的权利,这些权利不可被剥夺,也不因诉讼时效等原因而丧失。

表演者身份权的行使方式和署名权相似,亦即表演者对其现场表演或者以录音制品录制的表演有署真名、艺名或者不署名的权利。通常的方式如节目主持人在演出时提及表演者姓名;广播、电视台播报节目的表演者,在电影银幕、电视屏幕上用字幕标明表演者;在演出节目或海报上标明表演者姓名;在复制发行、出租录制有表演者表演的录音录像制品时,营业者在广告、包装等媒体或载体上表明表演者身份。当然,并不是所有参加演出的人都能行使该项权利,在使用表演时可以免去难以向公众表明表演者身份的表演者。

2. 保护表演形象不受歪曲

表演形象是表演者通过表演进而在观众或听众中展示出的艺术魅力和表演声誉。这种权利实际上是一种禁止权,是表演者禁止他人对其现场演出时表现出来的表演形象进行歪曲、篡改等有损于艺术表演欣赏价值和表演者人格、名誉的权利。表演者有权禁止歪曲、丑化其表演形象而有损其声望、名誉等人格利益和价值的行为。这一权利具体又可分解为两项权能,一是保护表演完整权;二是禁止歪曲、丑化表演形象权。

表演形象是衡量表演者艺术表演水平的尺度之一。表演形象的好坏,直接影响表演者的名誉和声望。因此,法律应当授予表演者禁止他人歪曲、丑化其"创作"的表演形象的权利。例如,用特技丑化表演形象,在传播节目时对表演随意删节、插入或进行其他有损于表演者艺术形象的技术处理,都构成对表演形象的歪曲。德国《著作权法》第83条也规定,表演者有权禁止他人歪曲或者篡改自己的表演,以维护其声望和名誉。

但应注意,不应将下列两种情况与歪曲、丑化表演形象相混淆:一是在文艺评论中,对演员的演技、戏路等进行攻击、诬陷;二是歪曲使用表演者在日常生活中的肖像。前者是侵犯自然人名誉权的行为,后者是侵犯自然人肖像权的行为。只有歪曲在特定的表演中创作的表演形象才构成对上述权利的侵犯。例如,剧照是电影、戏剧等动态文艺作品中艺术造型的再现,剧照中的角色形象只是稍加修饰的演员形象,因而,对剧照的歪曲、丑化即构成对表演者表演形象的侵害。

表演者人身权利和著作人身权一样具有强烈的人身属性,不得转让、继承,也不得被强制剥夺而宣布无效。根据现行《著作权法》第 41 条的规定,这两项权利的保护期不受时间限制。

(二)表演者财产权利

与表演者精神权利不同,对表演者提供经济权利或者财产权利保护不存在争议。从国际公约的规定看,在规定表演者财产权利的专有性或者排他性方面,则有一个发展过程。《罗马公约》授予表演者可以制止未经其同意的某些行为,《世界知识产权组织表演和录音制品条约》则直接赋予了表演者对其表演的专有权利。

我国 1990 年《著作权法》规定的表演者的财产权利有许可他人从现场直播、许可他人以营利为目的的录音录像,并获得报酬的权利。2001 年修改《著作权法》时则扩大了表演者财产权利的内容。2010 年《著作权法》第 38 条维持了 2001 年《著作权法》的规定。现行《著作权法》第 39 条除了在第 1 款第(5)项中的“发行”后增加“出租”行为外,其他规定和 2010 年《著作权法》第 38 条相同。表演者财产权利包括对表演相关行为的控制权和因此获得报酬的权利。[9] 具体而言,体现如下:

1. 许可他人从现场直播和公开传送其现场表演,并获得报酬

现场直播是广播电台、电视台吸引观众、听众的方法之一。但是,倘若允许他人对表演实况进行现场直播,使观众通过传播媒介观看节目的再演出,该节目现场的上座率就会明显降低。这将直接影响再次演出时的票房收入,从而也影响著作权人和表演者的经济收益。因此,广播电台、电视台等传播媒介现场直播表演者表演时,应取得表演者的许可,并支付报酬,否则即构成侵犯表演者权的行为。

具体地说,表演者许可现场直播权可以分解为两项权能:(1)表演者有权准许他人通过广播电台、电视台等传播设备直接播放表演者的现场表演;(2)表演者有权禁止未经其授权而现场直播其表演实况。这里的现场直播,是指表演者的表演通过电视台、电台等无线方式从表演现场播放,公众通过接受声音或者声音与图像的形式获得该表演。

除了现场直播权外,表演者还享有公开传送其现场表演并获得报酬的权利。公开传送现场表演一般是指在表演现场通过广播电视以外的任何媒体,如通过扩音器、大屏幕等机械设备以同步方式向公众传送现场表演。例如,通过共用天线直接向用户传送,或者通过宾馆、车站、机场等公共场所内部接受系统向用户传送。这种情况之所以受到表演者的控制,是因为公开传送现场表演在一定程度上扩大了表演者现场表演的范围,对表演者未来的同类型现场表演活动具有重大的经济上的利害关系。通常人们通过技术设备看到现场表演后,可能会不愿意

[9] 参见崔立红:《作者、表演者公平报酬权比较研究》,载《山东社会科学》2019 年第 9 期。

再花费金钱和时间欣赏现场表演了。因而,有必要增加表演者对传送现场表演的控制权。在实践中,现场表演还可能通过录音录像的形式被固定下来,然后再被播放和传送。这种录制活动亦需要取得表演者的许可。

不过,根据《罗马公约》的规定,用于播放或者公开传播的表演本身系被播放过的表演或者录制品的除外。根据《罗马公约》和《〈录音制品公约〉指南》关于第 7 条第 7.13 段的解释,以下四种情况属于不需要征得表演者同意的情形:(1)重播,即已经被播放过;(2)广播电视的节目出自录制品,如为播放目的而制作的录制品、商业唱片、临时录制品;(3)被公开传播的表演本身是供广播电视播放的表演,如在宾馆、饭店、咖啡厅、机场等处收音机、电视机接受的广播电视节目;(4)公开传播的表演出自录制品,如从投币选唱机播出的表演。[10]

2. 许可他人录音录像,并获得报酬

表演者对他人就其表演录音录像享有许可权与禁止权。同时,表演者亦有权许可或禁止他人对其表演活动通过录音录像载体固定下来。这是因为,录音录像虽然能在极大的范围内传播表演者的表演,但如果将未能反映表演者水平的表演加以录制并广为发行,就会影响其声誉;而且录音录像制品的大量复制发行,也必然影响表演者对同一节目再次演出的上座率和票房收入,录音录像制作者因录制表演而独享其成,这也是不公平的。上述权利是针对尚未录制过或者表演过的表演进行录制,包括录音和录像两种形式。

值得注意的是,1990 年《著作权法》的相应规定是“许可他人为营利目的录音录像,并获得报酬”的权利。该规定将不以营利为目的的录音录像行为排除在外,从而缩小了表演者对录音录像的控制范围。加之该法没有规定表演者对载有其表演的录音录像制品享有复制发行权,录音录像制品录制者以营利为目的将其表演固定并复制、发行,表演者也只能就录制其表演的营利性行为加以控制并获得报酬,而不能对该录音录像制品的复制发行加以控制。2001 年修改《著作权法》时则删除了“以营利为目的”的限制性条件,有利于加强对表演者财产权利的保护。因此,此后版本的《著作权法》均保留了这一规定。

3. 许可他人复制、发行、出租录有其表演的录音录像制品,并获得报酬

录音录像制品一般包含了表演者的表演活动。他人经表演者的许可制作录音录像制品,将其表演活动固定后,录音录像制作者一般需要复制和发行该录音录像制品,以获取经济效益。其中复制、发行是录音录像制品推向市场的必经环节。就表演者来说,许可他人复制录有其表演的录音录像制品并获得报酬,以及许可他人发行录有其表演的录音录像制品并获得报酬,是两类性质相近的权利,故我国 2001 年《著作权法》将其纳入同一项,2010 年《著作权法》维持了这一规定。他人如果未经许可复制或者发行了录有表演者表演的录音录像制品,就构成非法复制或发行活动,应当承担侵权责任。如前所述,现行《著作权法》第 39 条第(5)项还增加了“出租”行为。这样就进一步加大了对表演者财产权利的保护力度,使他人出租录有表演者表演的录音录像制品也需要获得表演者许可并支付报酬。

根据《〈罗马公约〉指南》关于《罗马公约》第 7 条第 1 款解释,以下三种情况复制录制品需要经过表演者同意:(1)原始录制系未经表演者同意而制作的,如将广播电视节目中播放的小

---

〔10〕 汤宗舜:《著作权法》,知识产权出版社 2005 年版,第 126 页。

提琴独奏曲录制下来交给唱片公司制作唱片,该唱片公司又将唱片投入市场的;(2)复制目的与表演者授权目的不同,如表演者同意将其表演录制成果用于商业销售,却将其表演复制于电影的声带中;(3)原始录制品是根据对邻接权的限制而合法制作的,但后来为其他目的而对其进行复制,应经过表演者同意。[11]

4. 许可他人通过信息网络向公众传播其表演,并获得报酬

在数字化和网络信息技术日益发展之际,通过信息网络传播表演者表演的情况日益普遍。一般地说,表演者的表演是通过固定在数字化的录音录像制品中被上传到互联网上传播的。为适应数字技术发展的需要,2001 年修订的《著作权法》增设了这一新的权利。在此后的2010年和现行《著作权法》中均予以保留。不过,这一权利与现行《著作权法》第 10 条第 1 款第(12)项规定的信息网络传播权,即以有线或者无线方式向公众提供作品,使公众可以在其个人选定的时间和地点获得作品的权利,在概念内涵上不大吻合。是否需要增加"使公众可以在其个人选定的时间和地点获得该表演",这值得研究。

以上是我国《著作权法》对表演者财产权利的规定。[12] 实际上,他人以上述方式利用表演者的表演,通常还包含了受著作权保护的作品,因为表演者的表演活动一般是对他人享有著作权的作品的表演。这样,被许可人经表演者许可进行现场直播、公开传送现场直播、录音录像以及复制、发行录有其表演的录音录像制品,以及通过信息网络传送其表演时,一般会利用著作权人的作品。既然表演者使用著作权人的作品需要取得其许可,并支付报酬,而他人使用包含了著作权人作品的表演者的表演也需要取得表演者的许可,他人同时应取得著作权人的许可也就是顺理成章的。正因如此,现行《著作权法》第 39 条第 2 款还规定:"被许可人以前款第三项至第六项规定的方式使用作品,还应当取得著作权人许可,并支付报酬。"

根据现行《著作权法》第 41 条规定,表演者的人身权利的保护期不受限制。表演者财产权利的保护期为50 年,截止于该表演发生后第 50 年的 12 月 31 日。这与其他国家的著作权法的规定是一致的。

三、关于职务表演的权属问题

2010 年《著作权法》及其以前版本未就职务表演作出规定。但是,在我国表演实践中,职务表演的情况极为普遍。因此,现行《著作权法》第 40 条专门增加了这方面的内容。具体而言,其第 1 款规定:"演员为完成本演出单位的演出任务进行的表演为职务表演,演员享有表明

---

〔11〕 汤宗舜:《著作权法》,知识产权出版社 2005 年版,第 127 页。

〔12〕 应当指出,这些规定尽管较之于 1990 年《著作权法》扩大了表演者财产权利的范围,但与有的国家赋予表演者就其表演的"二次利用权"相比仍然有一定的距离。例如,某人在合法购买录音录像制品后,在电视台播放,除向著作权人支付费用外,不必向表演者支付表演活动费用。如果享有二次利用权,则应当向表演者支付费用。这里的二次利用,就是前面阐述过的机械表演问题。机械表演已经明确地被我国《著作权法》纳入著作权人的表演权的范围。机械表演显然是录音、录像等技术发展的产物。如果表演者对机械表演能够主张权利,就可以对将表演现场进行录制,然后利用录音、录像设备向公众公开播放的行为加以控制。从国际公约的规定看,《罗马公约》是将其作为一项选择性的权利加以规定的。该公约第 12 条规定,如果某种为商业目的发行的录音制品或其复制品直接用于广播或者任何向公众的传播,使用者应支付一笔总的合理的报酬给表演者,或者录音制作者,或者给予两者。表演者的二次利用权,在一些国家的著作权法中通常表现为对获得报酬权的确认。例如,德国《著作权法》第 77 条规定,通过音像载体或电台播送可公开感知的艺术表演人的表演,应向其支付适当报酬。

身份和保护表演形象不受歪曲的权利，其他权利归属由当事人约定。当事人没有约定或者约定不明确的，职务表演的权利由演出单位享有。”其第2款规定：“职务表演的权利由演员享有的，演出单位可以在其业务范围内免费使用该表演。”以下不妨对该规定的内涵和合理性等问题加以探讨。

首先，上述规定界定了什么是职务表演，即演员为完成本演出单位的演出任务进行的表演。该定义与前述现行《著作权法》第18条第1款关于职务作品的定义类似，均是为了完成本单位的工作任务而为之。

其次，上述规定明确了表明表演者身份和保护表演形象不受歪曲的权利由演员享有。这是因为，如前所述，这两种权利均属于表演者人身权利，具有与表演者人格和身份不可分离的特性。即令在职务表演的场合，也不宜将其归属于演员所在的演出单位。确保职务表演的演员的表演者人格权，可以增强演员作为表演者的荣誉感和成就感，从而更好地从事职务表演活动。

再次，在表演者财产权利归属方面，该规定明确引入了意思自治优先原则，规定表演者权中的财产权利即人身权利以外的其他权利由当事人约定。这一规定很好地适应了当前我国演出市场和表演体制机制改革的需要，能够使演员和演出单位根据实际情况确定表演者财产权利的归属。一般而言，这种约定具有三种可能：约定表演者财产权利属于演员、约定表演者财产权利属于演出单位，以及约定表演者财产权利由双方共有。同时，其还规定当事人没有约定或者约定不明确的，职务表演的权利由演出单位享有。这体现了在考虑意思自治原则的同时，兼顾职务表演的权利由演出单位享有的法定归属原则。之所以将当事人没有约定或者约定不明确时的表演者权属明确为演出单位，是为了更好地利用演出单位的条件促进表演活动，因为演出单位具有演员所不具备的物质技术条件与其他便利因素。这一规定也有利于调动演出单位的积极性。

最后，该规定还明确，当演员和演出单位约定表演者财产权归属演员时，演出单位可以在其业务范围内免费使用该表演。这一条款规定，是考虑到演出单位的合理需求、业务需要，以及促进表演的传播与利用。同时，该规定也是基于合理平衡演员和演出单位利益的考虑。

还需要指出，上述规定并没有像《专利法》同时规定职务发明创造和非职务发明创造一样规定“非职务表演”。这是因为，现行《著作权法》第38条已经明确了通常意义上的表演者就是自然人性质的演员，不包括演出单位，而其第39条规定的表演者的权利实际上涵盖了非职务表演的表演者的全部权利。因此，在法条中不必另外提出“非职务表演”的概念。当然，这并不妨碍对其在理论上的主张和探讨：非职务表演，是针对上述第39条规定的职务表演以外的表演。在非职务表演中，表演者即具体表演文学、艺术作品的演员，享有表演者权中的全部权利。

四、表演者与录制者和著作权人之间的关系

关于表演者与录制者的关系，可以从录音录像技术出现后对表演者权保护提出的诉求方面考虑。在录音录像技术出现之前，表演者的活表演不能通过有形载体被固定下来，表演活动只能在现场观看。录音录像技术出现后，表演活动则可以通过录音录像载体加以固定，并通过

录音录像制品的复制、发行而被广泛传播。这样,表演者的表演通过录音录像载体的利用,也能实现更大的经济社会价值。但是,在实践中,表演者难以直接主张对录音录像制品的控制权。基于这种现实考虑,《罗马公约》第 19 条规定"无论公约如何规定,一旦表演者同意将其表演录像或者录音录像,第 7 条将不再适用"。此处第 7 条规定了表演者的权利。上述第 19 条规定又被称为"权利转让条款"〔13〕。这一规定在《视听表演北京条约》第 12 条关于"权利的转让"中也有体现。在表演实践中,表演者权的行使,一般是通过与录音录像制作者或广播组织签订表演者权许可合同的方式实现的。现行《著作权法》第 43 条规定:"录音录像制作者制作录音录像制品,应当同表演者订立合同,并支付报酬"。

表演者根据与录音录像制作者签订的合同进行表演后,其表演被固定在录音录像制品中。根据现行《著作权法》第 44 条第 1 款规定,录音录像制作者对其制作的录音录像制品享有许可他人复制、发行、出租、通过信息网络向公众传播并获得报酬的权利。由于录音录像制品中包含了表演者对作品的表演,该条第 2 款还规定,"被许可人复制、发行、通过信息网络向公众传播录音录像制品,应当同时取得著作权人、表演者许可,并支付报酬;被许可人出租录音录像制品,还应当取得表演者许可,并支付报酬"。

表演者与著作权人就作品的表演也会形成法律上的关系。表演者表演的他人作品既可以是受著作权保护的作品,也可以是不受著作权保护的作品,包括本身不受著作权保护的作品以及著作权保护期限届满的作品。对于不受著作权保护的作品进行表演,自然不存在取得著作权人授权的问题。但一般而言,表演者是根据他人享有著作权的作品进行演出的。表演者使用受著作权保护的作品,就必然与著作权人形成法律关系。根据《罗马公约》第 1 条的精神,对表演者的保护决不能影响文学和艺术作品的著作权保护。

表演者要对文学、音乐、戏剧、舞蹈、曲艺等作品进行演出,首先须从著作权人处取得表演权,并应忠实于原作进行表演。表演者权也是一种受著作权制约的权利。这是因为,著作权人对其作品享有表演权,享有许可或者禁止他人以表演方式使用其作品的权利。在表演者并非免费表演并属于合理使用的场合,其表演享有著作权的作品,应当取得著作权人的许可,并支付报酬。具体而言,根据现行《著作权法》规定,表演者使用著作权人的作品在下列情况下与著作权人形成权利义务关系。(1)使用他人未发表作品进行演出。著作权人享有发表权,故表演他人未发表作品,应当取得著作权人的许可,并支付报酬。(2)使用他人已发表的作品进行营业性演出。对此,我国 1990 年《著作权法》第 35 条第 2 款规定:"表演者使用他人已发表的作品进行营业性演出,可以不经著作权人许可,但应当按照规定支付报酬;著作权人声明不许使用的不得使用。"这种规定对于著作权人以表演的方式利用其作品作出了较大限制,因为著作权人除非作出了禁止性声明,否则只享有获得报酬权。2001 年《著作权法》修订时明确取消了上述法定许可,其第 37 条规定使用他人作品演出,表演者(演员、演出单位)应当取得著作权人许可,并支付报酬。演出组织者组织演出,由该组织者取得著作权人许可,并支付报酬。如前所述,2010 年《著作权法》保留了这一规定,2020 年《著作权法》第 39 条则取消了上述括号内"演员、演出单位"的规定,其他内容未变。

---

〔13〕 张今:《著作权法》,北京大学出版社 2018 年版,第 183 页。

此外，如前所述，现行《著作权法》第 16 条规定："使用改编、翻译、注释、整理、汇编已有作品而产生的作品进行出版、演出和制作录音录像制品，应当取得该作品的著作权人和原作品的著作权人许可，并支付报酬。"这一该规定也包含了对演绎作品演出的法律关系调整，即应当取得演绎作品和原作品著作权许可并支付报酬。原因在于，演绎作品中包含了原作品的智力成果，对演绎作品以表演方式利用也会涉及对原作品的利用。

第四节 录音录像制作者权

前面在述及传统邻接权时，曾提到"唱片制作者权"。我国 1990 年《著作权法》在起草过程中也曾用"唱片制作者权"这一邻接权术语，最后使用的则是"录音录像制作者权"一词。这是考虑到，唱片和录音制品在概念上是基本相同的，两者都是以声音表现内容的载体。另外，唱片不包括让声音和形象同时再现的录像制品。故宜用"录音录像制作者权"这一术语，它是录音录像制作者对其制作的录音录像制品依法享有的专有权利。录音、录像都是一种录制活动，其性质是相同的，著作权法在同一节里对录音录像制作者权作了规定。

一、录音录像制作者权的客体与主体

录音录像制作者权的客体是录音录像制品。

录音制品，主要是指录音磁带、唱片、激光唱盘等，是除视听作品的录制形式以外，对表演的声音或者其他声音的固定。根据现行《著作权法实施条例》第 5 条的解释，录音制品，"是指任何对表演的声音和其他声音的录制品"；录像制品，"是指电影作品和以类似摄制电影的方法创作的作品以外的任何有伴音或者无伴音的连续相关形象、图像的录制品"。其制作主要有两种情况：(1)将已摄成的电影作品转录在录像带上，即将电影作品由以胶片为载体改变为以录像带为载体；(2)将他人创作的作品经过机械复制，再通过必要的技术处理制作而成，如电视讲座。可见录像制品和录像作品是不同的，后者是以类似摄制电影的方式、步骤所摄制的录像片，是受著作权保护的作品。相对于录音制品来说，录像制品的出现和普及稍晚一些。因此，在 20 世纪六七十年代分别制定《罗马公约》《录音制品公约》时，尚未对录像制品提供保护。甚至 1996 年世界知识产权组织制定的《世界知识产权组织表演和录音制品条约》也没有规定录像制作者权。但是，随着录像技术的发展，录像制品的地位越来越高，各国立法开始保护录像制作者对其录像制品享有的权利。

录音制作者、录像制作者分别是制作录音制品、录像制品的人，也就是录音录像制作者权的主体。根据《著作权法实施条例》第 5 条的解释，录音制作者，"是指录音制品的首次制作人"；录像制作者，"是指录像制品的首次制作人"。无论是录音制作者还是录像制作者，均包括自然人、法人和非法人组织。如德国《著作权法》第 95 条规定，录像制作者是指录制系列画面或者有伴音的系列画面的自然人或法人。法国《知识产权法典》第 215 条规定，录像制作者是首次录制有伴音或者无伴音的一组画面的自然人或者法人。

此外，就录音录像制作者权的主体而言，按照国籍标准可以分为本国主体和外国主体。

现行《著作权法实施条例》第34条第1款规定:"外国人、无国籍人在中国境内制作、发行的录音制品,受著作权法保护";第2款规定:"外国人、无国籍人根据中国参加的国际条约对其制作、发行的录音制品享有的权利,受著作权法保护"。这就是说,无论外国人、无国籍人是否为《罗马公约》缔约国或世界贸易组织成员,只要其是在中国境内制作、发行的录音制品,都受我国《著作权法》保护。这里的"在中国境内制作、发行的录音制品",是指在中国首次制作然后在中国发行的录音制品。另外,如果外国人、无国籍人根据中国参加的国际条约对其制作、发行的录音制品享有权利,该权利也应受我国《著作权法》保护。上述规定表明,我国对外国人、无国籍人的录音制品在一定的条件下也给予保护。

二、录音录像制作者权的内容

录音录像制作者权是现代录音录像技术发展的产物。到目前为止,绝大多数国家给予录音录像制作者对其制作的录音录像制品以法律保护。1989年4月缔结的《视听作品国际登记条约》则扩大了《罗马公约》《录音制品公约》对录制品的保护范围,将录像制品也包括进去。

我国《著作权法》对录音录像制作者也授予邻接权。如现行《著作权法》第44条第1款规定:"录音录像制作者对其制作的录音录像制品,享有许可他人复制、发行、出租、通过信息网络向公众传播并获得报酬的权利;权利的保护期为五十年,截止于该制品首次制作完成后第五十年的12月31日。"这就是说,录音录像制作者对其制作的录音录像制品享有许可使用权和获得报酬权。具体地说,录音录像制作者权包括以下专有权利。

(一)复制、发行权

录音录像制作者有权许可他人复制并发行其制作的录音录像制品。这里包含了录音录像制作者的复制权和发行权。其中复制包括直接复制和间接复制,通常直接复制指的是借助模版压制,制作一件或一件以上录音录像制品;间接复制是在此基础上产生的唱片以及通过录制包含录音录像制品的广播电视节目复制。通常,复制先需要制作母带,再在此基础上批量复制。在数字环境下,复制还包括以数字化形式存储的录音录像制品。发行包括通过出售、赠与、互易等转让所有权的形式公开提供录音录像制品的原件或者复制品。值得注意的有两点:(1)发行权受到权利穷竭的制约,即当录音录像制品被合法地首次发行后,录音录像制作者即不能再进一步控制该录音录像制品的发行。(2)我国《著作权法》规定了录音录像制作者权,但在TRIPs协议中缺乏对录像制作者权的规定,只有对录音制作者权的规定,即录音制作者应当享有许可或者禁止直接或间接复制其录音制品的权利。

(二)出租权

这一权利是2001年修改《著作权法》时新增的权利。其含义是,录音录像制作者对其制作的录音录像制品享有许可或者禁止他人向公众进行商业性出租并获得报酬的权利。在该录音录像制品的原件或者复制品已经由制作者制作或许可发行时,录音录像制作者仍然享有这一权利。该权利的增设,是考虑到现实中录音录像制品的出租比较常见,这种出租行为会明显地损害录音录像制作者的销售市场,因此应纳入录音录像制作者的专有权控制的范围。

从国际上看,《罗马公约》并没有规定录音录像制品制作者的出租权。但是,随着出租业的兴起,这一权利被逐渐纳入邻接权中。例如,TRIPs协议第14条规定,第11条关于计算机程序的规定经对细节作必要修改后,应适用于录音制品的制作者及经一成员方法律确认的录音制品的任何其他著作权人。若一成员方在1994年4月15日实行了在出租录音制品方面向著作权人提供合理补偿的制度,则可在录音制品的商业性出租未对著作权人独占翻录权造成重大损害的条件下,维持该项制度。《世界知识产权组织表演和录音制品条约》第13条规定,录音制品制作者应享有授权对其录音制品的原件和复制品向公众进行商业性出租的专有权,即使该原件或复制品已由录音制品制作者发行或根据录音制品制作者的授权发行。因此,可以说我国2001年修改《著作权法》时增加上述权利,也是顺应国际保护趋势的结果。2010年及2020年《著作权法》自然保留了上述规定。

(三)信息网络传播权

这一权利也是2001年修改《著作权法》时新增的权利,在2010年及2020年《著作权法》中也被予以保留。其含义是,录音录像制作者对其制作的录音录像制品享有许可或者禁止他人通过信息网络向公众传播并获得报酬的权利。这一权利在《世界知识产权组织表演和录音制品条约》也得到了确认。根据该条约第14条的规定,录音制品制作者享有许可或禁止他人通过有线或者无线方式向公众提供其录音制品,使公众中的成员可以在个人选定的时间和地点获得该制品。该权利是为适应信息社会发展需要而设立的。在当代信息网络社会中,以数字化形式存储的录音录像制品在网络空间中被大量上传、下载和传输,其中相当多制品涉及商业性利用。如果录音录像制作者不能对这种行为加以控制,就将使其失去在网络空间的保护。近些年来很多涉及网络空间录音录像制作者权保护的纠纷,都是以信息网络传播权作为法律保护的重要依据。

(四)获得报酬权

这表现于录音录像制作者对其制作的录音录像制品因许可他人复制、发行、出租、通过信息网络向公众传播而获得报酬的权利。

现行《著作权法》第44条第2款规定:“被许可人复制、发行、通过信息网络向公众传播录音录像制品,应当同时取得著作权人、表演者许可,并支付报酬;被许可人出租录音录像制品,还应当取得表演者许可,并支付报酬。”其原因在于,录音录像制品除了录音录像制作者的权利外,还包括负载在该录音录像制品中的作品和表演者的权利。如果仅取得录音录像制作者的许可,就会造成被许可人复制、发行或通过信息网络向公众提供录音录像制品时侵犯负载在该录音录像制品中的作品作者和表演者的权利。值得注意的是,上述规定中,表演者因录音录像制品出租也享有获得报酬的权利。在2010年及以前版本的《著作权法》中则未予以确认。原因在于,现行《著作权法》第39条第1款针对表演者对其表演享有的权利,在第(5)项中新增了“出租”录有其表演的录音录像制品并获得报酬的权利,而此前表演者并不享有对录音录像制品的出租权。

还值得指出的是,现行《著作权法》针对录音制品制作者专门增加了二次获酬权的第45条:“将录音制品用于有线或者无线公开传播,或者通过传送声音的技术设备向公众公开播送的,应当向录音制作者支付报酬。”应当说,这一规定具有国际法依据。具体而言,《罗马公约》规定了对录音制品二次使用获得报酬的权利。其第12条规定,如果某种为商业目的发行的录音制品或此类唱片的复制品直接用于广播或任何向公众的传播,使用者则应当付一笔总的合理的报酬给表演者，或录音制品制作者，或给二者。如有关各方之间没有协议，国内法律可以提出分享这些报酬的条件。《表演和录音制品条约》第15条针对“因广播和向公众传播获得报酬的权利”则规定：对于将为商业目的发行的录音制品直接或间接地用于广播或用于对公众的任何传播，表演者和录音制品制作者应享有获得一次性合理报酬的权利。缔约各方可在其国内立法中规定，该一次性合理报酬应由表演者、或由录音制品制作者或由二者向用户索取。缔约各方可制定国内立法，表演者和录音制品制作者之间如未达成协议，对表演者和录音制品制作者应如何分配该一次性合理报酬所依据的条件作出规定。不过，我国在分别加入上述国际公约时对上述条款均予以保留。尽管如此，在我国《著作权法》第三次修改过程中，在2020年4月修正案草案一次审议稿中出现了对录音制品使用二次获酬权的规定，最终通过的现行《著作权法》采纳了这一制度。这是基于充分保护录音制品制作者的考虑，因为在现实中以有线或者无线公开传播，或者通过传送声音的技术设备向公众公开播送录音制品的情况十分普遍，引入上述制度有利于平衡录音制品制作者与使用者的利益关系。

三、录音录像制作者与著作权人、表演者的关系

从《罗马公约》第1条规定可知，对录音制品录制者的保护不应触动也不应影响文学和艺术作品的保护。和表演权的情况一样，以录音录像的方式使用作品是著作权人的一种权利。同时，制作录音录像制品离不开表演者的表演。所以，录音录像制作者权的产生，首先须从著作权人与表演者处取得两项权利许可证。这就必然产生录音录像制作者与著作权人和表演者的权利义务关系。

根据现行《著作权法》的规定，录音录像制作者在以下几种情况中与著作权人发生权利义务关系：

一是使用他人未发表的作品，应取得著作权人的许可，并支付报酬。对于未发表作品来说，著作权人享有发表权。录音录像制作者若利用未发表作品进行录音录像，自然应当取得著作权人的许可，并支付报酬。

二是使用他人已发表的作品。对此，我国1990年《著作权法》第37条规定，使用他人已发表的作品制作录音制品，可以不经著作权人许可，但应按照规定交付报酬；著作权人声明不许使用的，不得使用。2001年修改《著作权法》时则取消了上述规定。其第39条则规定：“录音录像制作者使用他人作品制作录音录像制品，应当取得著作权人许可，并支付报酬。”不过，根据《伯尔尼公约》第13条规定，同盟每一成员国可就其本国情况，对音乐作品作者及允许其歌词与音乐作品一道录音的歌词作者授权，对上述音乐作品以及有歌词的音乐作品进行录音的专有权利规定保留及条件；但这类保留及条件之效力严格限于对此作出规定的国家，而且不得损害作者获得由主管当局规定的合理报酬的权利。这一点在任何情况下均应如此，即使作者与相对方之间没有协议。这一规定对音乐作品著作权人的录制其音乐作品的权利赋予了非自愿许可。基于此，2001年《著作权法》第39条第3款在承认音乐作品法定许可制度时，对其适用条件作了限制：“录音制作者使用他人已经合法录制为录音制品的音乐作品制作录音制品，可以不经著作权人许可，但应当按照规定支付报酬；著作权人声明不许使用的不得使用。”相比1990年《著作权法》第37条第1款的规定，法定许可的范围确实大大缩小了。2010年《著

作权法》第40条第3款及现行《著作权法》第42第2款维持了上述规定。

三是使用他人的演绎作品。2001年《著作权法》第39条第2款规定:"录音录像制作者使用改编、翻译、注释、整理已有作品而产生的作品,应当取得改编、翻译、注释、整理作品的著作权人和原作品著作权人许可,并支付报酬。"2010年《著作权法》第40条第2款沿袭了这一规定。该款规定被现行《著作权法》第16条所吸收:"使用改编、翻译、注释、整理、汇编已有作品而产生的作品进行出版、演出和制作录音录像制品,应当取得该作品的著作权人和原作品的著作权人许可,并支付报酬。"

除著作权人外,录音录像制作者还与表演者产生一定的权利义务关系。因为录音录像制品是以声、像的形式使人们感知作品的,为使这种感知具有生动、形象的效果,一般应有表演者的表演。此外,有许多录音录像制品就是对表演者的现场表演进行录制的,而表演者对其表演享有"许可他人从现场直播和公开传送其现场表演,并获得报酬"的权利,"许可他人录音录像,并获得报酬"的权利,"许可他人复制、发行、出租录有其表演的录音录像制品,并获得报酬"的权利,以及"许可他人通过信息网络向公众传播其表演,并获得报酬"的权利。录音录像制作者对表演者的表演录音录像,制作发行录音录像制品,应事先从表演者处取得授权。录音录像制作者在行使许可他人复制发行其制作的录音录像制品的许可权时,表演者有从被许可人处取得报酬的权利,该权利的保护期与录音录像制作者权保护期相同。在实践中,是通过录音录像制作者与表演者签订表演合同的形式明确双方之间的权利义务关系的。此外,根据现行《著作权法》第39条第2款的规定,录音录像制作者作为被许可人以上述方式使用作品,还应当取得著作权人许可,并支付报酬。

第五节 广播组织权

一、广播组织权的客体与主体

广播组织权的客体,即广播组织播放的广播电视。[14] 它是广播组织通过载有声音、图像的信号传播的节目。这一节目不一定是由其制作的,只要是其合法播放的即可。与电讯事业的发展相适应,该权利的客体也在扩大,广播卫星节目、电缆节目也被包括进去。应当注意的是,1990年《著作权法》是将"广播电台、电视台对其制作的广播、电视节目"作为广播组织权的客体,2001年修改《著作权法》时则将其修改为"广播电台、电视台将其播放的广播、电视转播"作为保护客体,显得合理一些。[15] 这是因为,广播电台、电视台对其制作的广播、电视节目既包括以类似摄制电影的方法创作的电视剧、电视综合节目,也包括制作录音录像制品后在电台、电视台播放。广播电台、电视台制作的节目不应笼统地规定为邻接权的客体。基于此,

---

〔14〕 参见崔立红、曹慧:《广播组织权客体研究》,载《法学论坛》2019年第3期;王迁:《广播组织权的客体——兼析"以信号为基础的方法"》,载《法学研究》2017年第1期。

〔15〕 参见胡开忠:《网络环境下广播组织权利内容立法的反思与重构——以"修正的信号说"为基础》,载《法律科学(西北政法大学学报)》2018年第6期。

2010 年及 2020 年《著作权法》保留了前述规定。[16]

广播组织权的主体,是编排了自己所播放的广播、电视的组织,包括以无线电波和有线电视系统传播各类信息的组织。随着电讯事业的飞速发展,通信卫星、广播电缆等传播作品的媒体也应运而生。广播组织权的主体也在扩大,在广播电台、电视台的基础上增加了广播电缆组织、卫星节目转播站等新型主体。因此,广播组织权中涉及的“广播”,除无线广播外,还包括有线广播,并且不限于传播声音的广播,还包括传播声音和图像的广播。此外,外国的广播电台、电视台在一定的条件下也可以成为我国广播组织权的主体。现行《著作权法实施条例》第35 条规定:“外国的广播电台、电视台根据中国参加的国际条约对其播放的广播、电视节目享有的权利,受著作权法保护。”

二、广播组织权的内容

广播组织的专有权一般是指广播组织有权许可或禁止他人转播、重播、录制或以其他方式向公众传播其播放的广播电视。[17] 2010 年《著作权法》第 45 条第 1 款规定:广播电台、电视台有权禁止未经其许可的下列行为:(1)将其播放的广播、电视转播;(2)将其播放的广播、电视录制在录音录像载体上以及复制录音录像载体。现行《著作权法》则对上述规定作了重要修改,其第47 条第1 款规定:“广播电台、电视台有权禁止未经其许可的下列行为:(一)将其播放的广播、电视以有线或者无线方式转播;(二)将其播放的广播、电视录制以及复制;(三)将其播放的广播、电视通过信息网络向公众传播。”

关于上述修改,值得指出的是,在《著作权法》第三次修改过程中,对于如何表述广播组织权,曾存在不同认识。如在 2020 年 4 月修正案一次审议稿第 45 条规定,广播电台、电视台对其播放的载有节目的信号享有下列权利:(1)许可他人转播;(2)许可他人录制以及复制;(3)许可他人通过信息网络向公众传播。2020 年 8 月 8 日全国人民代表大会宪法和法律委员会关于《中华人民共和国著作权法修正案(草案)》修改情况的汇报中还指出:“将广播组织权规定为广播电台、电视台的‘许可权’,实践中容易与著作权人、表演者、录音录像制作者等权利人享有的信息网络传播权等产生混淆或者冲突,建议将广播组织权恢复为现行《著作权法》规定的‘禁止权’。”

以下将根据 2020 年《著作权法》的上述规定,对广播组织权的内容进行探讨。

(一)将广播组织播放的广播、电视以有线或者无线方式转播

播放的广播、电视是指广播电台、电视台播放的全部广播、电视。根据《罗马公约》第 2 条的规定,广播组织播放的广播电视属于受邻接权保护的客体。转播是指某一广播电台、电视台以有线或者无线的形式同时播放另一个广播电台、电视台的节目。按照《罗马公约》第 3 条的解释,转播是指一个广播组织的节目被另一个广播组织同时广播。转播需要通过技术设备和

---

〔16〕 在《著作权法》第三次修改过程中,针对广播组织权的客体存在一定争议。一种观点主张其为广播电视节目的信号。2020 年 8 月 8 日,全国人民代表大会宪法和法律委员会关于《中华人民共和国著作权法修正案(草案)》修改情况的汇报中指出:“一些地方、部门、单位、专家和社会公众提出,信号是通讯技术概念,而广播组织权的客体应为广播、电视节目。”比较而言,广播组织播放的广播电视作为广播组织权的客体更为合理。

〔17〕 参见胡开忠:《信息技术发展与广播组织权利保护制度的重塑》,载《法学研究》2007 年第 5 期。

手段,将电磁波从一个收发系统传送到另一个收发系统。转播的是广播电台、电视台播放的广播、电视,而不是附载于广播电视的节目,因为后者涉及著作权人的著作权和其他邻接权人的权利。

转播不同于重播,它强调与广播的同步性,典型的如每天晚上7点各地电视台同时转播中央电视台的“新闻联播”。重播则是对首次播放后的广播电视,经录制后再重新播放。重播涉及广播电台、电视台享有的将广播组织播放的广播、电视录制以及复制的权利,与转播的权利不同。根据现行《著作权法》的规定,一个广播电台、电视台播放其他广播电台、电视台享有邻接权的录音录像制品或者播放他人及其他广播电台、电视台享有著作权的未发表作品,应当分别取得其他广播电台、电视台或他人的许可。

值得指出的是,与2010年《著作权法》规定相比,上述规定的修改体现为在“转播的权利”前面增加了“以有线或者无线方式”的限定性条件。从当前我国广播组织就其播放的广播、电视进行转播的技术条件看,包括有线和无线两种方式。现行《著作权法》增加上述限定性条件,实际上是对现实情况的回应。

(二)将广播组织播放的广播、电视录制以及复制

如前所述,这一禁止权在2010年《著作权法》第45条第1款第(2)项中,被称为将广播组织播放的广播、电视录制在录音录像载体上以及复制录音录像载体。

将广播组织播放的广播、电视录制以及复制,是广播电台、电视台就其播放的广播电视享有的专有权利。广播电台、电视台享有该权利,可以许可或禁止他人将其播放的广播、电视录制在录音录像载体上。在实践中,录音录像制作者利用复制发行广播、电视营利,只需机械复制,他们直接利用了该广播、电视的原创劳动,当然也包括表演者的劳动。例如,录像公司录制电视台制作的电视节目,不需要再像电视节目制作者一样经过组稿、编辑加工、录音录像、后期制作等程序,而只需进行简单的复制,即可发行并营利。因此,广播组织对其播放的广播、电视有权禁止他人未经许可的录制以及复制行为。在实践中,一般是通过广播电台、电视台与他人订立的许可发行其播放的广播、电视合同来实现的。

复制广播组织播放广播、电视的录制品,是在对广播电台、电视台播放的广播、电视录制形成录音录像载体后再进行的复制。这种复制通常是为了发行录音录像制品或者与其他广播电台、电视台进行交换。如果广播电台、电视台不能禁止这种行为,广播电台、电视台的利益将无法得到保障。因此,现行《著作权法》规定了广播电台、电视台不仅对其播放的广播、电视录制享有专有权利,而且对于复制其播放广播、电视的录制品也享有专有权利,有权禁止他人未经许可的上述使用行为。

(三)将广播组织播放的广播、电视通过信息网络向公众传播

该项规定是现行《著作权法》完全新增的内容。在2010年《著作权法》及其以前的版本中,没有规定广播电台、电视台享有禁止将其播放的广播电视通过信息网络向公众传送的权利。TRIPs协议第14条第3款则规定,广播组织应有权禁止下列未经其授权的行为:录制其广播、复制其录制品及通过无线广播方式转播其广播,以及将同样的电视广播向公众再转播。如果有成员未被授予上述广播组织权利,则应在符合《伯尔尼公约》(1971年)规定的前提下,赋予广播内容的版权所有人以阻止上述行为的权利。

在互联网技术发展和普及之前，广播组织对其播放的广播、电视是通过无线电波及有线电缆传播的。互联网技术发展和普及后，广播组织则可以利用信息网络传播其播放的广播、电视。不仅如此，网络经营者也可以通过技术手段和设备，将广播组织的广播、电视信号转化成数字形式在互联网中转播。我国2010年《著作权法》及以前版本没有规定广播组织的信息网络传播权，这与《世界知识产权组织版权条约》《世界知识产权组织表演和录音制品条约》均没有明确规定广播组织享有的信息网络传播权，[18]以及学术界和实务界对是否应当赋予广播组织这一专有权利存在分歧有关。[19] 从近些年来的相关实务案例看，由于《著作权法》没有明确规定，针对网络平台未经许可转播广播电台、电视台制作的广播、电视行为，法院一般难以判决被告侵害广播组织的权利。

在当代，随着信息网络技术的发展，通过网络传播广播、电视的情况逐渐增多，这成为网络空间信息传播的重要现象，如中央电视台授权网站同步转播春节联欢晚会即是如此，甚至出现了专门转播通过有线或无线系统传播广播、电视的网站服务，并被人们称为"网播"(webcasting)。互联网的普及使广播组织以节目信号形式存在的广播电视被转化成数字形式并在网络空间传播的现象越来越普遍，并且日益危及广播组织的利益，近些年来国际上一直在积极考虑将广播组织权利的保护延伸到网络空间。目前，已形成《保护广播组织条约草案》。根据该草案的规定，通过计算机网络以有线或者无线方式使公众能基本得到所播送的声音或者图像，或者图像和声音，或者图像与声音的表现物，属于网络广播行为。草案规定的广播组织享有的权利有：授权以任何方式转播其广播节目的专有权；禁止通过有线或者无线方式利用擅自制作的录制品向公众提供其广播节目，使公众中的成员可以在个人选定的时间和地点获得该广播节目的行为。由此可以认为，赋予广播组织在网络空间的信息网络传播权是著作权法顺应技术发展的产物。[20] 上述权利的赋予，也体现了信息网络时代我国《著作权法》对于广播组织权保护水平的大幅度提升。

由于广播组织播放的广播、电视在制作过程中需要利用受著作权保护的作品，并利用表演者的表演和录音录像制作者制作的录音录像制品，在广播组织行使上述禁止权时，难免存在和著作权人或者表演者、录音录像制作者等与著作权有关的权利人之间的冲突。为了避免和解决可能存在的冲突，需要确立相关的原则。为此，现行《著作权法》第47条第2款新增规定："广播电台、电视台行使前款规定的权利，不得影响、限制或者侵害他人行使著作权或者与著作权有关的权利。"尤其是就广播组织与著作权人之间的关系而言，"行使邻接权不得侵害著作权"原则同样适用。这是因为，如前所述，邻接权基于对受著作权保护作品的传播而产生，包括广播组织权在内的邻接权的行使自然不能影响、限制或者侵害他人行使著作权。就广播组织与表演者、录音录像制作者等与著作权有关的权利人的关系而言，尽管相互之间处于平行的关系，广播组织行使上述广播组织权时同样不能影响、限制或者侵害他人行使与著作权有关的权利。

---

〔18〕 这两个国际条约分别为著作权人、表演者和录音制品制作者规定了通过网络向公众传播的权利，并没有涉及广播组织的信息网络传播权。

〔19〕 王迁：《著作权法》，中国人民大学出版社2015年版，第295～296页。

〔20〕 参见刘文杰：《互联网时代广播组织权制度的完善》，载《环球法律评论》2017年第3期。

此外，广播组织权也有一定的保护期限。现行《著作权法》第47条第3款规定："本条第一款规定的权利的保护期为五十年，截止于该广播、电视首次播放后第五十年的12月31日。"

三、广播组织与其他权利主体的关系

（一）广播组织与著作权人的关系

关于播放他人未发表的作品。现行《著作权法》第46条第1款规定："广播电台、电视台播放他人未发表的作品，应当取得著作权人许可，并支付报酬。"著作权人对其作品享有发表权，有权决定是否以播放或其他方式使自己的作品首先公之于众。因此，播放他人未发表作品，应取得著作权人许可。为照顾著作权人利益，还应向其支付报酬。

关于播放他人已发表作品。现行《著作权法》第46条第2款规定："广播电台、电视台播放他人已发表的作品，可以不经著作权人许可，但应当按照规定支付报酬。"广播电台、电视台播放的著作权人作品，大都是已发表的。我国过去的做法是，仅对未发表的作品向著作权人付酬，除电影作品外，播放已发表作品一般是不付酬的。考虑到除自编自播外，广播电台、电视台制作节目离不开对著作权人作品的使用，只有充分保护著作权人权益，广播、电视节目才会有取之不尽的优秀作品来源。著作权人对其作品本身也享有播放权。因此，广播电台、电视台播放著作权人已发表作品，仍要按照规定支付其报酬。不过，正如前面所探讨的法定许可制度，广播电台、电视台播放他人已发表作品，不必征得著作权人许可。这是考虑到，播放广播、电视时效性较强，一一征得著作权人许可，在实践中难以做到，也没有很大必要。因为作者发表作品，一般就表示其愿意使自己的作品被传播和使用。需要补充的是，这种报酬的支付仅限于播放广播、电视，在重播或转播时不再另行付酬，亦即付酬是一次性的。

关于播放他人的演绎作品。由于演绎作品的创作离不开原作，广播电台、电视台播放演绎作品，实际上使用了原作品著作权人的智力成果。根据1990年《著作权法》第40条规定，使用他人已发表的演绎作品制作广播、电视节目，可以不经作品著作权人许可，但著作权人声明不许使用的不得使用，并且除法律规定可以不付酬的外，应向演绎作品著作权人和原作品著作权人支付报酬。2001年《著作权法》及其后续版本则取消了上述规定。不过，现行《著作权法》第46条第2款规定的"已发表作品"可以解释为包含了演绎作品在内。

此外，如前所述，2010年《著作权法》第44条规定："广播电台、电视台播放已经出版的录音制品，可以不经著作权人许可，但应当支付报酬。当事人另有约定的除外。具体办法由国务院规定。"上述规定为法定许可情形之一。该规定确立了著作权人收益权，但并没有赋予表演者和录音制作者的收益权。这是因为，尽管《罗马公约》《世界知识产权组织表演和录音制品条约》、TRIPs协议规定了二次使用录音制品应付报酬的原则，[21]但并不是强制性的规定。但是，现行《著作权法》确认了录音制品制作者对商业性录音制品的二次使用的收益权。因此，2010年《著作权法》上述规定不再合理。基于此，现行《著作权法》取消了2010年《著作权法》

〔21〕《罗马公约》第12条规定，使用者应向表演者和录音制品制作者支付合理的报酬。《世界知识产权组织表演和录音制品条约》第15条规定，对于将为商业目的发行的录音制品（包括其复制品）直接或间接地用于广播、电视的播放或用于对公众的传播，表演者和录音录像制作者应享有获得一笔合理报酬的权利。

第44条规定。

(二)广播组织与表演者的关系

如前所述,现行《著作权法》第39条规定了表演者享有的表演者权的内容。根据其规定,广播电台、电视台在下列情况下与表演者发生权利义务关系:(1)广播电台、电视台现场直播表演者表演时,应事先取得表演者的授权;(2)广播电台、电视台使用表演者的表演制作广播、电视时,须经表演者许可,与表演者订立表演者权许可合同,并支付报酬;(3)广播电台、电视台对其播放的广播、电视行使复制、发行许可权时,表演者有权依照规定从被许可复制发行的录音录像制作者那里获取报酬。如果表演者仅授权现场表演而未授权录音录像制品发行,广播电台、电视台则不能许可他人复制发行该广播、电视。

(三)广播组织与录音录像制作者的关系

广播电台、电视台对其播放的广播、电视,有许可他人复制发行并获得报酬的权利。因此,录音录像制作者要复制、发行其播放的广播、电视,须事先取得广播电台、电视台的许可,并向其和表演者支付报酬。

(四)电视台与电影、电视制片者和录像制作者的关系

电影、电视和录像是从声音和画面两方面来表现内容的。其创作过程较为复杂,但它们被制作出来后,容易被电视台、录像公司翻录。人们通过观看电影、电视和录像能完整地感知作品内容,这样,如果其他电视台播放了电影或电视制片者和录像制作者的电影、电视、录像,就必然会影响电影、电视或录像的上座率或收视率,从而直接影响其经济利益。其中,对录像制品而言,还可能涉及他人作品的著作权,则需要取得著作权人的许可。故现行《著作权法》第48条规定:"电视台播放他人的视听作品、录像制品,应当取得视听作品著作权人或者录像制作者许可,并支付报酬;播放他人的录像制品,还应当取得著作权人许可,并支付报酬。"

第六节 邻接权的限制

一、邻接权限制的立法依据

由于我国《著作权法》的规定既涉及著作权,也涉及与著作权有关的权利,在权利限制规定方面,除了著作权限制,也应当包括与著作权有关权利的限制。这里所说的"与著作权有关的权利",就是本书所称的领接权或相关权。邻接权限制的原因和著作权限制相类似,即保护邻接权也应考虑其他人的利益,它应以不妨碍邻接权客体的正常使用和传播为前提。加之邻接权本身是一种受著作权制约的派生权利,邻接权不是一种绝对权,故邻接权保护不是没有限制的。正因如此,《罗马公约》第15条第2款规定,缔约国可以对表演者、录音制品制作者和广播组织的保护,规定与该法律和规章给予文学和艺术作品保护规定相同的种类的限制。《世界知识产权组织表演和录音制品条约》第16条第1款也规定,缔约方在其国内立法中,可在对表演者和录音制品制作者的保护方面规定与其国内立法中对文学和艺术作品的著作权保护所规定的相同种类的限制或例外。我国2010年《著作权法》第22条第2款规定:"前款规定适用

于对出版者、表演者、录音录像制作者、广播电台、电视台的权利的限制。”现行《著作权法》第24条第2款则规定：“前款规定适用于对与著作权有关的权利的限制。”这里所说的“前款规定”，实际上是关于著作权限制的规定。

二、邻接权限制的表现

实践中邻接权限制形式很多，以下将根据《著作权法》的规定作出示例性说明。

现行《著作权法》第25条第1款规定：“为实施义务教育和国家教育规划而编写出版教科书，可以不经著作权人许可，在教科书中汇编已经发表的作品片段或者短小的文字作品、音乐作品或者单幅的美术作品、摄影作品、图形作品，但应当按照规定向著作权人支付报酬，指明作者姓名或者名称、作品名称，并且不得侵犯著作权人依照本法享有的其他权利。”其第2款规定：“前款规定适用于对与著作权有关的权利的限制。”上述规定说明，编写出版教科书的法定许可也适用于邻接权。例如，为实施九年制义务教育和国家教育规划而编写出版录音录像教材，可以不经其许可，复制录音录像制品片段或短暂的表演等，但应当按照规定支付报酬，指明表演者、录音录像制作者姓名或名称、录音录像制品名称，并且不得侵犯表演者、录音录像制作者依照《著作权法》享有的其他权利。

现行《著作权法》第39条第(4)项规定，表演者对其表演，享有许可他人录音录像，并获得报酬的权利。但是，如果对表演者的表演进行录音或录像只是为了个人学习、研究或者欣赏的目的，就不需要征得表演者许可并支付报酬。

现行《著作权法》第39条第(5)项规定，表演者享有许可他人复制、发行、出租录有其表演的录音录像制品，并获得报酬的权利。但如果进行录音录像是为了在音乐学院的课堂教学，或者为了个人学习、研究或者欣赏，就不必征得表演者的授权并支付报酬。

现行《著作权法》第44条第1款规定，录音录像制作者对其制作的录音录像制品，享有许可他人复制、发行、出租、通过信息网络向公众传播并获得报酬的权利。但如果复制该录音录像制品是为了在音乐学院或舞蹈学院进行课堂教学或者科学研究，为了报道时事新闻，为了个人学习、研究或者欣赏，或者是国家机关为了执行公务，就不必征得录音录像制作者的同意，不向其和表演者支付报酬。

现行《著作权法》第47条规定，广播电台、电视台有权禁止未经其许可的下列行为：将其播放的广播、电视以有线或者无线方式转播；将其播放的广播、电视录制以及复制；将其播放的广播、电视通过信息网络向公众传播。但是，其他广播电台、电视台转播该广播、电视的一部分是为了报道时事新闻，或者为个人学习、研究或者欣赏的需要将其播放的广播、电视录制下来，就不必取得广播电台、电视台的许可，也不必支付报酬。

现行《著作权法》第48条规定，电视台播放他人的视听作品、录像制品，应当取得视听作品著作权人或者录像制作者许可，并支付报酬；播放他人的录像制品，还应当取得著作权人许可，并支付报酬。但是，如果其他电视台为了介绍、评论某一影片、电视节目，或者为了报道新闻的需要，使用视听作品、录像制品的某个片段，就不必取得视听作品著作权人或者录像制作者许可，也无须支付报酬。

不过，应同样注意，对著作权合理使用限制(“反限制”)的基本原则同样适用于对与著作权有关的权利的限制，如应当指明与著作权有关的权利人的姓名或者名称、邻接权客体名称，并且不得影响该客体的正常使用，也不得不合理地损害与著作权有关的权利人的合法权益。

本章案例研讨

◈ 广播组织权侵权和主体资格的界定

某有线电视网络集团有限公司与某数字电视有限公司侵害广播组织权纠纷案〔22〕

2013年12月25日，某有线电视网络集团有限公司（以下简称某有线公司）以某数字电视有限公司（以下简称某数字电视公司）为被告，向商丘市中级人民法院提起侵害广播组织权之诉，请求判令某数字电视公司停止侵权行为，赔礼道歉、消除影响，并赔偿其经济损失。

法院将该案定性为侵犯广播组织权纠纷。关于某有线公司是否具备本案原告的主体资格问题，法院认为：中央电视台第3、5、6、8套电视节目的版权及转播权属于中央电视台，中央电视台授权中广影视公司（中央卫星电视传播中心）负责在中国地区保护相关知识产权。对于中广影视公司授权某有线公司在河南地区行使及维护相关权利，中央电视台已出具授权书，明确表示中广影视公司可授权第三方以自己的名义提起诉讼，故某有线公司已得到原权利人的授权，具备本案的主体资格。关于某数字电视公司是否构成侵权及是否应赔偿某有线公司损失的问题。某数字电视公司从某广电公司处购买了传输中央电视台第3、5、6、8套电视节目的设备并向其缴纳了收视费，某广电公司是某有线公司的全资子公司，某有线公司对某广电公司的行为进行了追认，但认为某广电公司实际授权某数字电视公司转播的期限为一年，某数字电视公司与某广电公司未签订书面的合同，属合同约定不明，某有线公司主张授权期限为一年的主张无证据支持。某有线公司诉称其在2010年、2013年两次通过法律函的方式告知某数字电视公司停止侵权，无证据证明已将相关函件送达某数字电视公司。中广影视公司与某有线公司对无线用户接收中央电视台第3、5、6、8套电视节目的收视费未作出约定，某数字电视公司系通过某有线公司全资子公司取得对中央电视台第3、5、6、8套电视节目的无线转播渠道，原审法院综合考虑相关因素，认为某数字电视公司取得转播中央电视台第3、5、6、8套电视节目转播权的期限应截至某有线公司向原审法院起诉之日。因某有线公司从中广影视公司取得的授权期限截至2013年，某有线公司向本院提起诉讼的时间为2013年12月25日，某有线公司未向本院举出其自2013年之后取得的授权，其要求判决某数字电视公司停止侵权、赔偿损失的权利基础已不存在。

基于上述认定，2014年7月17日，商丘市中级人民法院判决驳回原告诉讼请求。某有线

〔22〕 选自河南省高级人民法院（2014）豫法知民终字第249号民事判决书。另参见商丘市中级人民法院（2014）商民一初字第7号民事判决书。

公司、某数字电视公司均不服,向河南省高级人民法院提起上诉。其中,某有线公司主张被告构成侵权,某数字电视公司主张某有线公司不是本案适格原告。该院于2014年9月28日受理后,依法组成合议庭,于2014年11月12日公开开庭审理了本案。

关于某有线公司作为本案诉讼主体是否适格的问题,河南省高级人民法院认为:中央电视台是编排制作中央电视台第3、5、6、8套电视节目的广播组织权人,并将广播组织权授权给中广影视公司,中广影视公司转授权某有线公司自2010年起在河南省辖区范围内经营中央电视台第3、5、6、8套电视节目,转授权内容包括在河南省范围内转播中央电视台第3、5、6、8套电视节目、收视费收缴、知识产权与节目版权保护,并且授权某有线公司要求某数字电视公司立即停止侵权行为、公开赔礼道歉、消除影响、赔偿经济损失。以上授权经本院向中央电视台、中广影视公司核实,真实有效。所以,经广播组织权人中央电视台授权、中广影视公司转授权,某有线公司在本案具备诉讼主体资格。

关于某数字电视公司是否侵犯涉案广播组织权问题,河南省高级人民法院认为:某数字电视公司实施了转播中央电视台第3、5、6、8套电视节目的行为,双方对此事实均不持异议。中央电视台、中广影视公司的授权文件均未授权某有线公司或者某广电公司有向他人许可转播中央电视台第3、5、6、8套电视节目的权利。2008年10月14日至2014年3月5日,某广电公司并非某有线公司的全资子公司,某广电公司是具备独立民事行为能力、能够独立承担民事责任的法人,某广电公司销售转播设备的民事行为不能认定为某有线公司的民事行为。某数字电视公司未提供可以证明其有权转播中央电视台第3、5、6、8套电视节目的书面授权文件。

中央电视台作为广播组织权人,对无线转播模式、有线转播模式转播加密电视信号均享有广播组织权,某数字电视公司关于其转播模式为无线转播,故不侵犯涉案广播组织权的答辩理由不成立,本院不予支持。依照《著作权法》第45条第1条第1款的规定,某数字电视公司未经许可转播中央电视台第3、5、6、8套电视节目的行为,侵犯了中央电视台的广播组织权。

此外,河南省高级人民法院还对涉案损害赔偿额的界定,赔礼道歉、消除影响,以及某广电公司是否作为本案第三人参加诉讼的问题进行了认定。

在上述基础上,河南省高级人民法院判决撤销一审判决,某数字电视公司停止播放中央电视台第3、5、6、8套电视节目的侵权行为并赔偿某有线公司经济损失,赔礼道歉,驳回某有线公司其他诉讼请求。

该案涉及广播组织权的保护问题,具体又涉及侵害广播组织权纠纷案件中诉讼主体资格和侵害广播组织权的认定。该案中,一审、二审法院均认定:经广播组织权人中央电视台授权、中广影视公司转授权,某有线公司在本案具备诉讼主体资格。但是,在认定某数字电视公司是否侵害广播组织权问题上,一审、二审法院认定结论相反。其中,二审法院认为某数字电视公司未经许可转播中央电视台第3、5、6、8套电视节目的行为,侵犯了中央电视台的广播组织权,从而纠正了一审认定错误。该案为理解与认识广播组织权保护,包括相关案件中诉讼主体资格确定、转授权法律关系及效力和侵害广播组织权的认定提供了较为重要的指引。

◈ 录像作品与录像制品的区别及表演者身份权的认定

耿某诉北京某文化艺术传播有限公司等侵犯著作邻接权纠纷案[23]

耿某以北京某文化艺术传播有限公司（以下简称某文化艺术公司）和某广告公司为被告，向北京市第二中级人民法院提起诉讼，指控被告擅自将试镜的样片制作成播出带并在电视台多次播出、获利，侵害其表演权、署名权、广播权、保护作品完整权和获得报酬权。

北京市第二中级人民法院将双方争议的焦点问题归纳为原告是否同意被告某文化艺术公司将其表演录音录像并予以公开传送。该院认为，涉案争议的《健康伴你行》节目属于以类似摄制电影的方法创作的作品。原告耿某作为涉案节目的主持人，其作为表演者的相关权利应受法律保护。虽然双方未就拍摄涉案节目事宜签订书面合同，但是从涉案节目的录制过程、涉案各节目内容的连贯性和完整性、节目中其他人员的参与情况等因素综合判断，可以认定原告同意某文化艺术公司将其表演录音录像。因此，原告提出拍摄涉案节目的行为仅为试镜，未同意被告对其表演录音录像的主张，依据不足，不予支持。涉案节目播出时，仅在《2002我们一同走过》上集的片头字幕中列明了原告的名字，表明了原告作为表演者的身份，其他各集节目均未表明原告作为表演者的身份，因此，被告某文化艺术公司作为涉案节目的制作者，侵犯了原告作为表演者享有的表明身份的权利，应承担相应的法律责任。

法院认为，原告作为涉案节目的表演者，依法享有许可他人对其表演录音录像、公开传送其表演并获得报酬的权利。被告某文化艺术公司制作并播出涉案节目，除应取得表演者耿某对其表演录音录像的许可外，还应向其支付报酬，并取得公开传送其表演的许可。被告某文化艺术公司仅经原告同意录音录像，未向原告支付报酬，亦未取得公开传送原告表演的许可，侵犯了原告享有的上述相应权利，其应承担相应的法律责任。被告某文化艺术公司提出其与原告之间仅存在劳务报酬纠纷，其行为不构成侵权的主张，缺乏事实和法律依据，法院不予采信。

法院还认为，表演权、广播权和保护作品完整权系著作权人的专有权利，原告耿某作为涉案节目表演者，其应为涉案节目的著作邻接权人，不享有该作品的表演权、广播权和保护作品完整权。因此，其就上述权项提出的诉讼请求，缺乏依据，法院不予支持。此外，鉴于某广告公司仅为涉案《健康伴你行》栏目的广告代理商，与涉案被控侵权节目的制作、播出无关，某文化艺术公司对此予以认可，故原告要求某广告公司承担涉案侵权责任的诉讼请求，缺乏事实依据，法院不予支持。

综上所述，原告主张被告某文化艺术公司侵犯了其作为涉案节目的表演者享有的表明身份的权利和获得报酬权，应承担停止侵权、赔礼道歉、赔偿经济损失的民事责任，理由正当，本院予以支持。关于赔礼道歉的方式，法院将根据被告某文化艺术公司侵权行为所造成的影响等因素予以确定。关于赔偿经济损失的数额问题，根据本案具体情况，综合考虑被告某文化艺术公司侵权行为的方式、范围和主观恶意程度等因素，酌情确定被告某文化艺术公司赔偿原告

---

〔23〕 选自北京市高级人民法院（2004）高民终字第153号民事判决书。另参见北京市第二中级人民法院（2003）二中民初字第6279民事判决书。

经济损失的数额。

基于上述认定,北京市第二中级人民法院判决被告某文化艺术公司于本判决生效之日起未经许可不得公开传送涉案侵权节目,刊登致歉声明并予以经济赔偿。某文化艺术公司不服上述判决,向北京市高级人民法院提出上诉。

北京市高级人民法院审理后认为,以类似摄制电影的方法创作的作品,通常是在编剧的基础上,经过导演、演员、摄影、剪辑、服装、灯光、特技、合成等独创性活动产生。涉案节目是对景象、形象、声音进行机械录制产生的,它只是忠实地录制现存的音像,并不具有创作的成分,没有体现出制作者应有的创作性劳动,不构成著作权法保护的作品。原审判决认定涉案《健康伴你行》节目属于以类似摄制电影的方法创作的作品是错误的。

耿某作为涉案节目的主持人,其作为表演者的相关权利受法律保护,表演者对其表演享有表明表演者身份的权利。表明表演者身份的目的在于使表演者与其表演之间建立起联系,使他人知悉实施表演行为的表演者的身份。因此,只要以他人能够得知的适当形式让他人知悉实施表演的表演者为谁,即达到了表明表演者身份的要求。在某文化艺术公司制作的涉案每一集节目开头,耿某对自己身份向听众、观众所作的介绍,是一种表明其主持人身份的形式。因此,应认为某文化艺术公司已经以适当形式表明了耿某的身份,耿某的表明表演者身份的权利已得到实现。

表演者依法享有许可他人对其表演录音录像,并获得报酬的权利。从涉案节目的性质、内容、录制过程、涉案各节目内容的连贯性和完整性、节目中其他人员的参与情况等因素综合判断,耿某是知道其所录制的节目是以播出为目的的;其参与录制该节目,表明其同意某文化艺术公司将其表演录音录像并公开传送。某文化艺术公司播出涉案节目不需再经过耿某的许可。同时,原审判决认定耿某同意某文化艺术公司将其表演录音录像是正确的,但认为某文化艺术公司公开传送该节目应另行取得耿某同意,而某文化艺术公司没有取得耿某许可、构成侵权是错误的。表演者对其表演享有许可他人使用并获得报酬的权利。某文化艺术公司应向耿某支付其作为表演者参与录制节目应获得的报酬。

基于上述认定,北京市高级人民法院判决撤销原审判决,某文化艺术公司至本判决生效之日起10日内向耿某支付报酬,驳回耿某的其他诉讼请求。

该案涉及著作权法中以类似摄制电影的方式创作的录像作品与邻接权客体意义上的录像制品的界分以及如何认定侵害表演者身份权等问题。在该案中,二审法院纠正了一审法院将涉案《健康伴你行》节目认定为以类似摄制电影的方法创作的作品的错误,将其界定为录像制品。同时,二审法院认定耿某作为涉案节目的主持人,“其表明表演者身份的目的在于使表演者与其表演之间建立起联系,使他人知悉实施表演行为的表演者的身份”。根据该案事实,某文化艺术公司已以适当形式表明了耿某的身份,耿某表明表演者身份的权利已得到实现,故不构成侵害耿某表明表演者身份的权利。此外,该案还涉及“耿某参与录制该节目表明其同意将其表演录音录像并公开传送,从而使某文化艺术公司播出涉案节目不需再经过耿某的许可”的合法推定问题。该案为理解录像作品与录像制品、表演者身份权保护以及邻接权客体利用中的默示许可等问题提供了较为重要的启示。

第十章 著作权和与著作权有关的权利的保护

著作权是作者或其他著作权人依法享有的一种独占权。各国著作权法都毫无例外地要对侵犯著作权应承担的法律责任作出规定,否则对著作权的保护将无从谈起。由于著作权客体的复杂性和著作权内容的广泛性,以及著作权独立于工业产权的属性,著作权保护的确定性和可靠性不如专利权和商标专用权。加之科学技术的发展使智力成果商品化的范围扩大,著作权人的专有权较以前更加容易被他人侵犯。如何利用法律手段有效地制裁侵权行为这一问题变得日益突出。在我国《著作权法》中,除了规定对著作权的保护外,还规定了对与著作权有关权利的保护。此外,信息网络环境下,权利人通过技术措施和权利管理信息保护其著作权或者与著作权有关的权利,也是《著作权法》规定的重要内容。对著作权以及与著作权有关的权利的保护,主要是通过追究侵权人的法律责任形式实现的。因此,本章将以现行《著作权法》规定的侵害著作权和与著作权有关的权利的行为为基础,探讨著作权和与著作权有关的权利的保护。

第一节 著作权侵权行为的概念、构成要件与类型

一、著作权侵权行为的概念与构成要件

(一)著作权侵权行为的概念

侵权行为,可以认为是"因作为或不作为而不法侵害他人财产或人身权利的行为"。[1] 违法性是任何侵权行为的必备要件。如果一个行为符合法律规定,不具有违法性,就谈不上构成侵权行为。著作权侵权行为是侵权行为的一种,具有一般侵权行为的特征。它是指未经作者或其他著作权人的授权,也没有法律依据,擅自行使著作权人的专有权利的违法行为。

著作权侵权行为与负载著作权的有形物侵权不同,侵权边界难以确定,在界定著作权侵权概念时,不应拘泥于主观过错与损害行为,而应重点关注行为的违法性。著作权侵权是一种违反法律规定的行为,凡是违反了法律的规定而损害著作权人专有权的行为,都是侵犯著作权的行为。[2] 至于该行为是否造成损害后果、行为人主观上是否存在过错等,是著作权侵权责任的问题,不影响对著作权侵权行为的认定。这是因为,著作权具有法定性,法定性使任何一个

---

[1] 中国大百科全书总编辑委员会:《中国大百科全书——法学卷》,中国大百科全书出版社 1984 年版,第 472 页。

[2] See Shyamkrishna Balganesh, *The Questionable Origins of the Copyright Infringement Analysis*, 68 Stan. L. REV. 791 (2016).

特定的著作权的成立和受到保护，都需要有特定的法律依据，否则将不能被纳入著作权的保护范围。同样，著作权侵权行为也具有法定性。如果著作权法律没有将某种使用作品的行为纳入侵权范畴，这种使用行为就不构成著作权侵权。从合法性方面考虑，衡量一种行为是否构成著作权侵权，应满足以下两点：(1)被使用作品必须是受著作权保护的作品；(2)使用作品的行为必须是未经著作权人同意或为法律所限制的行为。也就是说，认定侵权行为应从作品的性质和使用作品行为性质两方面考虑。

（二）著作权侵权行为的构成要件——关于著作权侵权归责原则的讨论

毋庸指出，除违法性外，在传统的侵权行为构成理论中，还包括损害、行为人存在过错，以及损害行为与损害后果之间具有因果关系。关于著作权侵权行为，争议较大的是是否需要“行为人存在过错”这一要件。就著作权侵权成立而言，本书认为不需要考虑这一因素，而在确认著作权侵权的损害赔偿责任时，则需要将其作为条件之一。正如有学者针对包括著作权在内的知识产权侵权构成问题时指出，知识产权受到侵害时，不论侵权人是否有故意或者过失，权利人都有权要求侵权人停止侵权，并采取其他救济措施。如果侵权人有故意或过失，即侵权人在侵权时知道或者有合理的根据应当知道有关的客体是受知识产权保护的，权利人还有权要求侵权人赔偿损失。这对著作权和邻接权的侵害同样适用。[3]

事实上，侵权归责原则是侵权民事责任的归责原则，是责令侵权人承担法律责任的依据。侵权法的一般归责原则是关于侵权损害赔偿责任的归责规则，与损害赔偿紧密地联系在一起，没有必要涉及一切民事责任的归责原则。德国法学家拉伦茨即认为，归责原则是就赔偿之归责原则而言的，归责是负担行为之结果，对受害人而言是填补其所受之损害。[4] 这具体是指，行为人在一定主观心理状态支配下实施了造成他人损害的行为时，应就该损害后果负赔偿责任。侵权归责原则应是仅就损害赔偿而言的，著作权侵权归责原则也应从这一层面理解。以下将从几个概念的不同内涵和确认著作权请求权等角度加以分析。

1. 著作权侵权、著作权侵权归责与侵权责任的关系

确立著作权侵权归责的目的，是要以一定的标准和原则确定行为人实施侵害著作权的行为是否需要承担某种法律责任。这里首先需要明确的是，著作权侵权行为的构成要件与侵权责任的构成要件不是同一概念。著作权侵权责任是行为人因侵害著作权而被施加的强制性法律责任，旨在保护著作权人的利益不受侵犯。著作权侵权责任的构成要件是著作权侵权人承担著作权侵权责任应当具备的条件。这就涉及适用何种归责原则的问题。当然，两者亦存在密切的联系，即著作权侵权行为的认定是确定被控侵权行为人是否承担侵权民事责任以及承担什么样的侵权民事责任的前提，只有在确定了存在著作权侵权的前提下，也才有进一步界定和追究著作权侵权责任的必要。

就著作权侵权而言，其构成一般并不需要考虑行为人的主观过错、损害事实，以及行为人的行为与损害结果之间的关系，但这些都是著作权侵权责任所需要考虑的要素。著作权侵权行为需要承担相应的侵权法律责任。但是，某一特定的著作权侵权法律责任的承担，需要某一

---

〔3〕 汤宗舜：《著作权法》，知识产权出版社2005年版，第154页。

〔4〕 王泽鉴：《民法学说与判例研究》（第5册），中国政法大学出版社2003年版，第258～259页。

侵权行为具备一定的条件，这就是所谓著作权侵权之构成要件。如前所述，著作权具有依法确立的特点，没有法律的明确赋予，著作权人要获得某种著作权将无从谈起。与著作权的法定性特征相对应，著作权侵权的本质就是实施了为著作权法所禁止的行为，即行为人从事了侵害他人著作权的行为。在确认著作权侵权之构成方面，对行为的违法性应给予特别的强调。

在著作权专门法律中，什么是受权利限制的合法行为、什么是违法的侵权行为，其界限是清楚的。著作权侵权涉及的就是被明确为著作权侵权的、违反了著作权法规定的行为。如果某一行为在著作权法中具有合法依据，即令该行为没有获得著作权人的许可，仍然不能认为是著作权侵权行为。有观点认为，侵权行为作为违法的民事行为，须具备损害结果发生的要件，并进而认为在著作权侵权构成上，也应考虑损害结果问题。实际上，正如史尚宽先生指出：严格言之，损害之发生，为赔偿义务之要件，而非侵权行为之要件。因此，在认定某一行为是否构成著作权侵权时，不需要考虑损害结果因素。

2. 著作权请求权与债权请求权

在大陆法系国家，民法理论认为民事权利的保护方法有物权和债权两种保护方法，其中物权保护方法包括停止侵害、消除妨害、返还原物、消除危险、恢复原状等，旨在使物权恢复到圆满状态。债权保护方法则主要是指损害赔偿，旨在弥补因权利受到侵害而产生的损害。与上述两种民事权利的保护方法相对应，大陆法系有物权请求权和债权请求权之说，相应地也有物权之诉和债权之诉。侵权行为即是产生物权之诉和债权之诉，而且是可负损害赔偿责任的违法行为。

我国现行民事法律体系没有设立物权请求权（物上请求权），也不存在区分物权请求权和债权请求权。2021 年 1 月 1 日《民法典》施行前，《民法通则》第六章关于“民事责任”的规定，采纳的是广义的侵权概念，将各种对法律所保护权利的侵害或妨害行为都视为侵权。[5]《民法典》第 179 条规定了十一种承担民事责任形式，具体包括停止侵害、排除妨碍、消除危险、返还财产、恢复原状、修理、重做、更换，继续履行、赔偿损失、支付违约金、消除影响、恢复名誉，以及赔礼道歉。此外，该法还在第 179 条第 2 款规定了惩罚性赔偿制度，即法律规定惩罚性赔偿的，依照其规定。在第 1 款中，停止侵权、排除妨害、消除危险、返还财产、恢复原状等属于前面提到的排除类侵权责任，也就是上述大陆法系国家适用物权保护方法的途径；损害赔偿属于补偿类民事责任，属于大陆法系民法理论中的债权保护范畴。停止侵权等排除类民事责任，不需要考虑行为人的主观过错，无论行为人是否存在过错，行为人都需要承担停止侵害的法律责任。对于补偿类民事责任，则要求行为人存在主观过错，只有对于法律有明文规定的特殊性质的侵权行为，才实行无过错责任原则。在特定的情况下，也可以引进公平责任原则。

本书主张，有必要引入“著作权请求权”的概念。通过引入该概念，可以比较容易地理解著作权侵权及其民事责任的承担：当发生侵害著作权的行为后，随即可以产生著作权请求权和债权请求权。著作权请求权和债权请求权可以相互配合，共同保护著作权人利益的实现。有学者还认为这两类请求权存在着优先关系的问题：当著作权受到侵害时，无论是否造成了损害，权利人都可以行使著作权请求权以寻求保护；当侵权还造成了损害，著作权请求权不能完

---

〔5〕 王利明：《物权法研究》，中国人民大学出版社 2002 年版，第 105 页。

全保护著作权时,可以同时行使债权请求权。[6]

事实上,目前我国学术界和实务界关于著作权侵权归责过错责任和无过错责任之争的关键,就是由于没有引入类似于物权请求权的“著作权请求权”制度,以及对著作权侵权归责的概念内涵和外延作出了不同理解。物权请求权是一般民事侵权责任体系中的重要内容。物权请求权的理论基础是物权的绝对性、对世性和排他性特点。在著作权侵权领域,有必要引入类似于物权请求权的著作权请求权制度。这一请求权是基于著作权作为一种具有独占性的排他权而产生的。该请求权的存在源于著作权固有的属性,其行使不需要过错和损害后果作为前提条件。通过引进类似于物权请求权的著作权请求权制度,可以将因著作权侵权行为而产生的请求权划分为著作权请求权与债权请求权,将侵害著作权的民事责任划分为停止侵权、排除妨害一类的排除性民事责任以及损害赔偿一类的补偿性民事责任,将停止侵权一类排除性责任通过实施类似于物权请求权、提起物权之诉加以解决。对于损害赔偿一类的民事责任,则通过行使债权请求权和提起债权之诉加以解决。换言之,侵害著作权的损害赔偿属于债权请求权范畴,这种债权请求权的行使则需要实行过错责任原则。

上述著作权请求权之所以能够成立,是因为在权利的排他性、绝对性和对世性方面,著作权与物权具有相似的权利特征。著作权的本质是一种排除性的垄断权和专有权利,专有性是其根本和灵魂。任何人获得了一项著作权后,即享有不受其他任何人侵害的权利。当著作权侵害行为发生后,乃至有发生之虞时,著作权人即有权加以制止,无须考虑行为人主观上是否存在过错。

有了著作权请求权这一概念和制度,就会比较容易地认识到停止侵权一类排除性责任不需要考虑行为人的主观过错,也不会理解为建立了著作权侵权的无过错责任原则。因为对著作权人而言,停止侵害、恢复原状、排除妨碍等是基于著作权请求权而产生的。这类民事责任的存在是基于侵权事实和法律的明文规定,不需要考虑其他构成要件。事实上,包括郑成思教授在内的一些学者主张的著作权侵权的无过错责任的观点,其关键就是根据停止侵害等排除类法律责任的认定不需要考虑行为人的主观过错,而得出著作权侵权实行无过错归责原则的结论。

3. 著作权侵权过错责任归责原则确立的合理性

从上面的讨论可知,所谓著作权侵权归责原则,实为著作权侵权损害赔偿归责原则。这一原则应是过错责任原则,而非无过错责任原则。适用过错责任原则,可以避免行为人对其无过错造成著作权人损害的行为承担赔偿责任,而仅针对其过错行为造成的损害承担赔偿责任,这样既可以使侵权人承担的赔偿责任受到一定限制,不至于因为承担过重的法律责任而影响到作品的利用和传播,又在相当大的程度上保障了著作权人的利益不至于因为侵权而无法获得补偿。因此,以损害赔偿为实质内容的著作权侵权归责原则实行过错责任原则具有普遍的应用价值。著作权侵权损害赔偿责任是一种比较严厉的法律责任,它不仅涉及对著作权人权利的保护,还与侵权人存在相当大的利害关系。如果不考虑行为人是否存在主观过错,就可能使无辜的侵权人承担过重的法律责任,牺牲了法律的公平正义精神。

---

〔6〕 刘远山、徐民、贺显平:《知识产权侵权归责原则质疑》,载《河南省政法管理干部学院学报》2008 年第 5 期。

这里以2020年《审理著作权民事案件适用法律解释》关于出版物侵犯他人著作权的规定为例加以阐述。根据其第20条规定，出版物侵害他人著作权的，出版者应当根据其过错、侵权程度及损害后果等承担赔偿损失的责任。出版者对其出版行为的授权、稿件来源和署名、所编辑出版物的内容等未尽到合理注意义务的，依据《著作权法》第49条的规定，承担赔偿损失的责任。出版者应对其已尽合理注意义务承担举证责任。根据上述规定，出版者出版的作品侵犯他人著作权时，在归责原则上实行过错责任原则。当其因未尽合理注意义务而存在主观过错时，应承担赔偿的法律责任。当其没有过错时，仍然被视为侵权，应承担"停止侵权"的法律责任，但并不承担"赔偿损失"的民事责任，只是承担"返还其侵权所得利润"的民事责任，显然这是按照不当得利对待的。

4. 著作权侵权过错责任归责原则中"过错"的具体界定

在著作权侵权的过错责任原则中，过错是著作权侵权民事责任的构成要件，也是界定著作权侵权民事责任范围和类型的依据，故需要正确认识和理解其内涵和认定方法。一般认为，过错是一种可归责的主观心理状态，包括故意和过失。从关于过错之界定的现有研究成果和观点看，对过错的认定不仅关注过错的主观性，而且重视过错的客观性。实际上，过错的认定可以从主观和客观结合的角度加以认识。过错本身可以被看成是一个主观和客观相结合的概念。因此，在认定著作权侵权人的过错时，对故意特别是恶意程度高的侵权行为，可以侧重于从主观心理状况分析，而对于过失一类的过错的认定，则重视违法性本身，即查明行为人是否实施了著作权法所禁止的行为，违反了作为一个诚信、善意之人的普通的注意义务。从著作权侵权过错责任的认定看，过错责任原则要求，行为人在使用、传播他人作品时负有对该作品合理的注意义务，并且在损失发生后应采取合理的措施避免损失的扩大。

二、著作权侵权行为的类型

著作权侵权行为可依不同的标准划分为不同类型。[7]

(一)以行为人与使用受著作权保护作品的关系为标准

根据行为人与使用受著作权保护作品的关系，可将著作权侵权行为分为直接侵权与间接侵权两种类型。

1. 直接侵权

直接侵权，即对著作权的直接侵害。它是一种直接非法行使著作权人对其作品享有的专有权的行为。例如，未经著作权人同意，又非依照法律规定，以任何方式擅自发表、修改、复制、发行、表演、录音、录像，都是对著作权的直接侵犯。在这种情况下，侵权人直接涉及著作权作品，不法行为直接造成对著作权人专有权利的损害。[8] 这也是在著作权侵权行为中出现最多的一种。衡量一种行为是否构成直接侵权，主要应看该行为是否受到著作权人的专有权利的控制，以及该行为是否受到法律特别允许，如合理使用。

---

〔7〕 See Pamela Samuelson, *A Fresh Look at Tests for Nonliteral Copyright Infringement*, 107 NW. U. L. REV. 1821 (2013).

〔8〕 参见蒋舸：《著作权直接侵权认定中的"用户感知"因素——从复制权到信息网络传播权》，载《环球法律评论》2021年第2期。

2. 间接侵权

间接侵权是与直接侵权相对应的著作权侵权形式。在这种情况下，不法行为并未直接涉及受著作权保护的作品，但该行为为著作权侵权行为提供了便利条件，行为人自觉或不自觉地参与了侵权事件，从而对著作权人的合法权益造成了间接损害。这种侵权行为以他人的侵权行为存在为前提，在原侵权的基础上扩大了侵权后果。〔9〕间接侵权依赖于直接侵权，它以与直接侵权有联系为基础，是直接侵权的继续与扩大。

著作权侵权领域的间接侵权有以下几种形式：

第一，教唆、引诱或帮助侵犯他人著作权的行为。教唆、引诱或帮助侵犯他人是各国侵权行为法普遍确认的一类侵权行为。在我国，是将其纳入共同侵权对待的。例如，《民法典》第1169条规定，“教唆、帮助他人实施侵权行为的，应当与行为人承担连带责任”。这类侵权行为，在国外理论与实践中，也称为间接侵权。例如，根据美国著作权判例法，一个具有著作权知识的人，引诱、导致其他人侵权或者为之提供物质基础，将承担间接侵权责任。这一侵权责任的构成要件有二：一是被告对于侵权行为有所知晓，二是被告对著作权侵权进行了鼓励、参与或者实施了帮助。〔10〕间接侵权以他人的直接侵权活动为前提，是通过教唆、引诱他人侵权的形式构成的著作权侵权，或者是在明知他人的行为构成著作权侵权的前提下仍然对直接侵权人给予实质性的帮助。例如，进口或出售、出租非法复制的图书或录音制品；展出侵权复制品或为他人展出提供侵权复制品；故意为他人擅自演出享有著作权的作品提供演出场地、设备。很明显，上述间接侵权人在主观上具有过错，通常是故意。

对于这类著作权侵权，国外相关立法已有明确规定，值得我国借鉴。例如，根据英国《著作权法》第24～26条规定，未经著作权人许可，在知晓或者有理由认为某一专为制作作品复制件而设计或者改装的工具将被用于制作侵权复制件的情况下，在商业过程中出售、出租、发出销售邀约、为邀约或出租而展示，构成著作权侵权。在公共场所发生侵权表演时，在明知的情况下允许侵权表演者使用公共场所者构成著作权侵权；因公开表演作品或者使用播放、放映设备和电子信号接收设备播放作品而侵权时，设备提供者在提供该设备时以及场所所有人在允许该设备进入该场所时，如知晓或有理由认为设备可能用于侵权，应对该侵权行为负责；向他人提供唱片或电影拷贝者如在提供时知晓或有合理依据认为该唱片或电影拷贝可能被用于侵权，也应对侵权行为负责。〔11〕

第二，行为人本身没有直接侵权，也不属于上述教唆、引诱或帮助实施侵犯他人著作权的行为，但该行为如不制止将导致直接侵权的发生或扩大直接侵权的损害后果。仍以英国《著作权法》的规定为例，该法第24条还规定，未经著作权人许可，在知晓或有理由认为某一专为制作作品复制件而设计或改装的工具将被用于制作侵权复制件的情况下，制作该工具，将其输入英国和在商业过程中持有，构成著作权侵权。〔12〕上述行为纳入著作权侵权范畴，是基于从整体上考虑该行为对著作权人利益的损害性，如不加以禁止，将直接导致直接侵权发生或者扩

〔9〕参见冯术杰：《论网络服务提供者间接侵权责任的过错形态》，载《中国法学》2016年第4期。

〔10〕443 F. 2d 1159 (2d Cir. 1971).

〔11〕王迁：《著作权法学》，北京大学出版社2007年版，第253页。

〔12〕王迁：《著作权法学》，北京大学出版社2007年版，第253页。

大直接侵权的后果。

关于著作权侵权问题,还值得一提的是所谓替代责任(vicarious liability)问题。在我国有关学术作品中,有"替代侵权"之说。具体包括:受托人为履行合同义务而侵权时,委托人为间接侵权人;单位雇员或职员为完成本职工作而侵权时,雇主或单位为间接侵权人。严格地说,这两类行为本身并不构成"替代侵权",而是替代侵权责任。所谓替代责任,是由主人为仆人的侵权行为承担责任发展而来的。著作权侵权中的替代责任则是指,当一个自然人或法人对于直接侵权人的行为有权利与能力加以监督与管理,并且这种权利与能力与对著作权材料的使用有明显的直接经济联系,即使事实上不知道侵权行为正在发生,监督人仍应对著作权侵权行为承担替代责任。替代责任的构成与直接侵权一样,不考虑行为人主观上是否存在过错。一般地说,替代责任以与直接责任有联系为基础。替代侵权发生于被告有权利与能力来监视直接侵权人的行为,且在侵权行为中具有经济上的优势,尽管被告可能缺乏侵权行为方面的知识或没有参与直接侵权。简单地说,构成著作权侵权替代责任应符合以下两个条件:(1)被告有权利及能力去控制侵权行为人的行为;(2)被告直接因该侵权行为获得了行为人的财产利益。这两个条件应该同时具备才能构成替代侵权责任。

(二)以行为人使用作品是否依据当事人订立的合同为标准

根据行为人使用作品是否依据当事人订立的合同,可将著作权侵权行为分为基于合同违约而造成的侵权和非基于合同违约而造成的侵权两种类型。

如前所述,著作权人行使权利的一种重要方式是与作品使用人订立合同,以确定当事人之间的权利义务关系。从作品使用人的方面讲,可能在履行合同过程中侵犯著作权,如译者在履行翻译合同过程中,对原作进行了歪曲与篡改,构成对作者保护作品完整权的侵害。但应注意的是,著作权合同的违约并不一定都会侵犯著作权;因合同违约而侵犯著作权,也不一定都体现在履行著作权合同的过程中。除基于合同违约而造成的著作权侵权外,其他侵权行为可称为非基于合同违约而造成的著作权侵权。

第二节 我国《著作权法》规定的著作权侵权行为及其法律责任

著作权客体多样,内容广泛,著作权侵权行为表现也就复杂多样。我国《著作权法》根据行为的严重程度,将其分为仅承担民事责任的著作权侵权行为和除承担民事责任以外,还可能承担行政责任乃至刑事责任的行为,并相应地规定了应承担的法律责任。

一、仅承担民事责任的著作权侵权行为及其法律责任

(一)仅承担民事责任的著作权侵权行为

现行《著作权法》第52条对应当承担民事责任的侵犯著作权、与著作权有关的权利的行为作了规定。与该法第53条规定的侵权行为相比,这类侵权行为情节较轻,一般只涉及侵犯著作权人、与著作权有关的权利人的合法权益,不涉及他人。它包括以下几项内容:

1. 未经著作权人许可，发表其作品

发表权是属于著作权人专有的人身权利。未经其同意而将作品公布于众，即构成对著作权人发表权的侵犯。在多数情况下，著作权的行使有赖于发表权的行使。因此，对发表权的侵犯往往还损害著作权人的其他权益。换个角度说，发表权的行使通常与作品著作财产权的行使紧密地结合在一起，在现实中单纯侵犯发表权的情况并不多见，因为对尚未发表的作品擅自复制、表演、播放等构成侵害著作财产权的行为的同时，也侵害了著作权人的发表权。不过，正如前面已经讨论过的，在著作权人许可他人使用其尚未发表的作品时，应当认定其已经默示同意被许可人发表其作品，否则将影响到该作品的使用。

实践中，侵犯发表权的情况主要有：(1)未经著作权人许可，发表其未曾发表过的作品；(2)作者死后，未经其继承人或受遗赠人同意，将其遗作发表；(3)以作者负有债务为由，将其作品作为质权标的物，强行发表；(4)虽然被授权行使发表权，但未按权利人的意愿发表；(5)作者愿意发表作品，被他人无理妨碍其作品的发表；(6)作者已发表作品的一部分，他人擅自发表作者未发表的部分；(7)擅自将作品修改或改编后发表，这不仅侵犯作者发表权，也侵犯了著作权中的其他权利。此外，未经著作权人许可出版他人的日记、信函或其他类似作品，也是侵犯作者发表权的行为。

还值得注意的是，在涉及侵害发表权的著作权纠纷案件中，涉案作品已进行著作权登记，能否以此证明该作品已被发表，相关案件做出了明确回答。例如，在申请再审人某照相器材有限公司与某五金塑胶厂、甲实业公司、乙实业公司侵犯著作权纠纷案〔13〕中，最高人民法院指出：作品登记的主要作用在于证明权利的归属，一般不构成著作权法意义上的发表，在没有其他证据的情况下不宜以此推定被告接触过原告作品。尽管国家版权局1994年发布的《作品自愿登记试行办法》有“作品登记应实行计算机数据库管理，并对公众开放”的规定，最高人民法院则认为该办法并没有明确“登记机构能否向公众提供相关登记的作品”，基于著作权登记的目的在于提供权利归属的初步证明，不能认为作品一经登记即构成著作权法意义上的发表行为。

2. 未经合作作者许可，将与他人合作创作的作品当作自己单独创作的作品发表

合作作品凝聚着各合作作者共同的独创性劳动。无论是共同合作作品还是结合合作作品，任何一个合作作者都无权单独行使作品的著作权。上述行为是一种“侵吞”他人智力成果的行为，不仅侵犯了其他合作作者的署名权和使用权，还侵犯了其他合作作者的发表权，故应承担民事责任。

在实践中，有时涉及合作作品著作权纠纷的情况比较复杂，但仍可以以上述规定为基础加以判别。例如，最高人民法院在《关于刘某、卢某著作权纠纷案的复函》中指出：由刘某、胡某、郑某三人署名，并请卢某翻译成英文，向国际古陶瓷学术讨论会投稿的《镇窑结构及其特征的剖析》一文，是在原刘、胡、郑三人合作作品的基础上缩写而成的。此后，刘某将该文中“技术秘密”的内容去掉，文字上稍加修改润色，以《景德镇窑及其构造特征》为题，请卢某译成英文后发表在国外某杂志上，署名刘某、卢某。由于该文未署胡某、郑某之名，侵犯了胡、郑二人的著作权，刘某应承担民事责任。该文本应署名译者的卢某却被署名为作者，但由于该文署名方

---

〔13〕 最高人民法院(2010)民申字第281号民事裁定书；《知识产权案件年度报告》(2010)。

式主要系刘某所为，卢某对侵权无过错，可不承担民事责任。在上述案件中，在国外发表的文章尽管是由刘某浓缩、稍加润饰而完成，但仍包含了原刘、胡、郑三人合作创作的作品，刘某只是该合作作品作者之一，涉案行为因而构成对胡某、郑某著作权的侵害。

3. 没有参加创作，为谋取个人名利，在他人作品上署名

署名权是属于作者的，其有权决定在自己作品上的署名方式，也有权禁止未参加创作的人在其作品上署名。因此，为谋取个人名利的非创作者在他人作品上署名，无论是冒充为单独作者还是合作作者，都是侵害署名权的行为。

从合作作品的含义看，没有参加创作的人不能成为合作作者。为谋取个人名利在他人的作品上署名，也违反了著作权法关于合作作品的规定。当然，如确因工作性质的需要而不是上述"为谋取个人名利"，在获得作者同意的前提下，未实际参加创作者在他人创作的作品上署名，不视为著作权侵权行为。

在实践中，侵犯署名权的情况很多，如为谋取个人名利，故意改变、隐瞒作者署名；将译者署名为作者；出版或发表他人作品误印作者姓名等。

4. 歪曲、篡改他人作品

这一侵权行为可分为两种情况。一是作者将修改作品的权利授予被许可人，被许可人修改作品时超越授权范围，擅自对作品进行实质性修改或有损其声誉的修改，或有意无意地歪曲、篡改了他人作品，破坏了原作的完整性。这种行为既侵犯了作者修改权，也侵犯了保护作品完整权。[14] 二是作品使用人在使用作品时，对作品的表达形式、思想内容、艺术风格等作了有损于作者声誉或作品完整性的变更、贬低，从而歪曲、篡改了他人作品，这是一种不涉及作者修改权的侵犯保护作品完整权的行为。歪曲、篡改的后果是破坏了作品的完整性，损害了作品的价值，有损于作者声誉。

歪曲、篡改他人作品这类侵权行为常见于：(1)在表演作品时歪曲、篡改作者原意；(2)在改编、翻译、注释、整理、汇编他人作品时，对原作的内容、基本情节、结构、风格加以篡改；(3)将他人作品摄制成电影、电视、录像作品时，不按原作创作意图利用，歪曲作者原意；(4)将作品用于有损作者尊严、声誉的场合。如日本有一个将风景照片和大轮胎放在一起给轮胎制造厂做广告的案例，法院认为被告构成对"同一性保持权"的侵犯。

5. 剽窃他人作品

剽窃他人作品这一项在 1990 年《著作权法》中被称为剽窃、抄袭他人作品，在 2001 年《著作权法》中，被从既可以承担民事责任，也可以承担行政责任的行为中抽出来，纳入仅承担著作权侵权民事责任的行为中。

"剽窃"一词，在我国古代即已出现。《李洱·革旧习》中曾有"剽窃经传"之记载，与抄袭同义。上海辞书出版社出版的 1989 年版《辞海》关于两者的解释指出："剽窃：抄袭，窃取他人的文字以为己"；"抄袭：窃取别人的文章以为己作"。在著作权法理论与实践中，一般也将剽窃与抄袭视为同义词，都是指非法地将别人的作品的全部或部分原样或做某种程度的改变后

---

〔14〕 参见管育鹰：《保护作品完整权之歪曲篡改的理解与判定》，载《知识产权》2019 年第 10 期。

当作自己作品发表的行为。[15] 不过,学术界也有将两者作不同理解的。例如,韦之教授指出:抄袭是直接的;而剽窃是间接的。前者表现为大量地,甚至整段地照搬他人的作品,抄袭者不做任何改动或仅做无关紧要的改动;后者是指偷窃他人作品中那些具有个性的内容和思想,表现为将他人的内容改头换面,使之貌似自己的创作。[16] 还有观点认为,抄袭仍然要注明作品出处、作者姓名或名称,而剽窃行为则不加以注明;并认为剽窃是将他人创作的作品窃为己有,以自己名义公开发表,且不注明作品出处和作者姓名的行为。其特征有:(1)行为具有主观故意;(2)侵害对象是享有著作权的作品;(3)行为目的是将他人作品据为己有;(4)具体做法是删除他人姓名,以自己名义发表作品,并不注明作品名称和作者姓名;(5)结果为将该作品当成署名者自己创作的作品。[17] 本书认为,在我国的用语习惯中,剽窃和抄袭是被视为同义词的,尽管2001年《著作权法》修改时,将原先的"剽窃、抄袭"换成了"剽窃",但这不意味着两者不再相关。

剽窃分为对作品的全部剽窃和部分剽窃,前者见于将他人作品全部复制,只是将他人作品署名改为自己而已;后者常见于改头换面、乔装打扮式的剽窃,如窃取他人作品的部分表达,然后加以变造、调换顺序等。著作权法意义上的剽窃是针对作品的表达形式,而不是作品的思想,因为后者不受著作权法保护。在实践中,如果有作品涉嫌剽窃了他人作品的观点、思想,不能当然地以著作权侵权对待。当然,尽管这类行为可能被认定为不构成著作权侵权,但因其是一种严重背离学术规范和道德的行为,故也会受到舆论的谴责。

关于剽窃的认定。

第一,认定剽窃的前提条件。剽窃是对已有作品的照搬,因此,构成剽窃的前提条件是:(1)在剽窃行为发生时,被剽窃的作品已经存在;(2)剽窃者能够通过一定的途径接触到原作品。[18] 通过接触原作品,剽窃行为才得以完成。[19] 例如,最高人民法院《关于焦某诉傅某、某电视台著作权纠纷案如何处理的复函》(1992年)指出,根据黑龙江省高级人民法院报告和案卷材料,以及有关部门鉴定结论,傅某撰写的"八女投江"剧本是在看了焦某的"八女投江"剧本后写成的,且两个剧本存在多处雷同,故可认定傅某有抄袭行为,傅某应依法承担民事责任。

第二,认定剽窃的实质条件。(1)剽窃人主观上具有故意性。在剽窃行为中,行为人的动机和目的几乎都表现为故意,即有意窃取他人作品并据为己有,以骗取名誉和获取经济利益,行为具有欺诈性。行为人主观故意是剽窃行为一个基本特征。基于这一特点,如果有的作品在出版或发表过程中,由于编辑基于篇幅缩小的目的或人为疏忽等原因,将作者在作品中的引文注释删除,以致引起纠纷,不应认定作者具有剽窃行为。在审判实践中,通常是通过陈述被告作品的创作意图、构思和完成过程及在原始稿件和有关材料中确认被告人创作动机和目的,

---

〔15〕 See Jason Mazzone, Copyfraud, 81 N. Y. U. L. REV. 1026 (2006).

〔16〕 韦之:《著作权法原理》,北京大学出版社1998年版,第145页。

〔17〕 吴汉东主编:《知识产权法》,北京大学出版社2007年版,第110页。

〔18〕 参见王国柱:《论著作权法对剽窃侵权的独立规制》,载《法商研究》2020年第3期。

〔19〕 参见周小舟:《论接触要件在剽窃案中的程序和实质意义——从〈小站〉案切入》,载《华东政法大学学报》2016年第2期。

进而分析被告人有无剽窃之故意。(2)剽窃作品具有非独创性。剽窃之作本身所具有的独创性是原创作者智力创作成果的体现,剽窃人并未投入独创性劳动。因此,要判断一部作品是否为剽窃之作,可从独创性标准来判断。这条标准就是:看被告作品是否以非独创性方式包含了原告作品中的独创性成分。有些国家采用被告承担举证责任的办法,在无其他证据否定剽窃行为存在的情况下,被告有证明其作品是通过独创性创作完成的义务。如果不能证明自己作品的独创性,就很可能被判为剽窃。在界定涉嫌作品是否具有独创性时,美国司法实践中总结出的抽象测试法有一定的借鉴性。即看涉嫌剽窃的作品是他人作品中的抽象描述还是具体的表达,如果是前者则不能认为是侵权,如果是后者则可能被判为剽窃。(3)剽窃作品与原作具有形式上的雷同性——实质性相似。[20] 实质性相似,也被称为实质性近似,是认定著作权侵权的重要方式,也是剽窃类著作权侵权认定的关键。作品的表现形式包括符号、结构和体裁等。两部独创性作品之间几乎不可能在这三方面完全一致。如果出现雷同或者说实质性相似,就有可能被认定为剽窃。根据一般的生活经验,如果某人在看了一部作品后会感觉到另外一部作品与其相似或雷同,即可以怀疑其中一部对另一部存在剽窃。但须指出,"雷同"应从作品整体上把握。从现实情况看,明目张胆地全然照搬行为毕竟很少,大多是有所隐饰、乔装打扮式地窃取他人作品,由于此时并未改变原作的基本情节和结构,从整体上看就能确证该作品是"偷"来的。还需注意,由于就同一题材而产生的"巧合"作品也是受著作权保护的作品,认定剽窃仅从雷同方面分析还是不够的,尚须结合作品的创作动机和目的等情况,尤其是要判明作品的独创性。

在著作权司法实践中,实质性相似原则也经常被运用于判定剽窃抄袭类著作权侵权案件。不过,不同类型作品的剽窃抄袭问题,在实质性相似认定方面均有一定的"个性化"特色。以古籍点校类作品著作权侵权纠纷案件为例,需要结合古籍点校成果创作情况和点校者情况综合判断。如在再审申请人周某与被申请人江苏某出版社有限公司、杨某、陆某等侵害作品复制权、发行权纠纷案中,最高人民法院指出,涉及古籍点校引发的著作权侵权纠纷,判断是否构成实质性相似时应考虑古籍点校作品创作规律和纠纷特点。如果在文字、标点符号、段落划分等方面存在众多细节差异,已在整体上使普通读者对不同点校成果产生了不同阅读感受,也应当作为判断是否构成实质性相似的参考因素。此外,点校人是否具备独立创作的条件,也可以佐证实质性相似的认定。[21] 又如,在涉及翻译作品剽窃著作权侵权纠纷案件中,由于原被告作品都是基于同一原作和同一语言,表达构成实质性相同的可能性较大。对于这类案件的处理,[22]应当注意区别原被告作品中的"惯常表达"与原告译作中"个性化表达",重点判定该个性化表达是否在被告作品中重现。[23]

---

〔20〕 参见吴汉东:《试论"实质性相似 + 接触"的侵权认定规则》,载《法学》2015 年第 8 期;梁志文:《版权法上实质性相似的判断》,载《法学家》2015 年第 6 期。

〔21〕 最高人民法院(2015)民申字第 1471 号民事裁定书;《知识产权案件年度报告》(2019)。

〔22〕 参见北京市西城区人民法院(2019)京 0102 民初 32859 号民事判决书、北京知识产权法院(2020)京 73 民终 3021 号民事判决书。

〔23〕 参见冯晓青:《著作权司法实践中翻译作品剽窃认定研究》,载《版权理论与实务》2021 年第 10 期。

6. 未经著作权人许可,以展览、摄制视听作品的方法使用作品,或者以改编、翻译、注释等方式使用作品,《著作权法》另有规定的除外

这类行为侵犯了著作权人的展览权、摄制权以及演绎权等。在《著作权法》另有规定时,则不构成著作权侵权,如前述合理使用即为此种情况。

7. 使用他人作品,应当支付报酬而未支付

这是指使用著作权人的作品,按照法律规定应付报酬而未付、少付或拖延支付的行为。由于该项没有明确使用他人作品未经许可,本项"使用"应理解为合法的使用。实际上,该项应理解为在法定许可的情况下,使用他人作品应当支付报酬而未支付的情况,不包括在获得著作权人许可的情况下因没有履行许可使用合同约定的付酬义务而应承担违约责任的情形。根据法定许可应当支付报酬却没有付酬或少付报酬,著作权人对该行为,除有权要求按规定支付外,还可要求因延付、少付报酬对其造成的损失予以补偿。

应当指出,在实践中可能出现使用人愿意支付报酬,但由于不知著作权人或著作权人地址不明,无法将报酬给付著作权人的情况。例如,报刊上转载著作权人的作品,广播电台、电视台播放他人已发表的作品,都应向著作权人支付报酬。如上述情况不明,就无法将报酬送给著作权人。目前,随着著作权集体管理制度的完善,这一问题可以逐步得到解决。

8. 未经视听作品、计算机软件、录音录像制品的著作权人、表演者或者录音录像制作者许可,出租其作品或者录音录像制品的原件、复制件,《著作权法》另有规定的除外

如前所述,现行《著作权法》第 10 条第 1 款第(7)项规定:"出租权,即有偿许可他人临时使用视听作品、计算机软件的原件或者复制件的权利,计算机软件不是出租的主要标的的除外";第 44 条第 1 款规定:"录音录像制作者对其制作的录音录像制品,享有许可他人复制、发行、出租、通过信息网络向公众传播并获得报酬的权利"。显然,上述情况属于侵犯著作权人或者与著作权有关权利人的出租权的行为。

9. 未经出版者许可,使用其出版的图书、期刊的版式设计

根据现行《著作权法》第 37 条的规定,出版者有权许可或者禁止他人使用其出版的图书、期刊的版式设计。上述行为系侵犯图书、期刊出版者对其出版的图书、期刊的版式设计享有的专有权的行为。

10. 未经表演者许可,从现场直播或者公开传送其现场表演,或者录制其表演

根据现行《著作权法》第 39 条第(3)项至第(5)项的规定,表演者享有许可他人从现场直播和公开传送其现场表演,并获得报酬的权利;许可他人录音录像,并获得报酬的权利;许可他人复制、发行、出租录有其表演的录音录像制品,并获得报酬的权利。未经表演者许可,从现场直播或者公开传送其现场表演,或者录制其表演的行为,违反了上述规定,构成了对表演者财产权的侵害,应承担相应的民事责任。

11. 其他侵犯著作权以及与著作权有关的权利的行为

侵犯著作权、与著作权有关的权利或者邻接权的行为多种多样,不可能一一列举。为了切实保护著作权人、邻接权人的权利,《著作权法》作了以上规定。即上述侵权行为以外的著作权、邻接权侵权行为,也应承担民事责任。该项规定属于兜底性质的条文,旨在避免挂一漏万,使应当被追究的著作权侵权行为得不到追究。这类行为不在前面列举的侵权行为之列,但仍

然构成了对著作权的侵害。事实上,有些行为可以根据《著作权法》对权利的直接确认而被认定为侵权行为。具体地说,本项中"其他"侵权行为既包括直接侵权行为,也包括间接侵权行为。直接侵权行为如侵犯作者的修改权;侵犯表演者人身权;作者死后,妨碍其继承人行使著作权或直接侵害其著作权等。间接侵权行为如在知道或者应当知道侵权时仍然为他人侵犯著作权的表演提供场所,在知道或者应当知道侵权时仍为侵权复制品提供仓储、保管等条件。一般而言,间接侵权行为较直接侵权行为情节轻微。本项规定的侵权行为尚未达到现行《著作权法》第 53 条中应当承担行政责任的侵权行为的情节、后果的严重程度。故间接侵权行为大多可以归入这一项中。

(二)著作权侵权的民事责任

民事责任是国家强制力保障的强制措施,它与行政责任、刑事责任相比,在法律性质、处理原则和强制程度等方面均存在重要区别。从法律性质看,它是行为人违反民事法律而应承担的法律后果;在处理原则上,可以适用协商和调解,其强制性程度亦不能与行政责任、刑事责任相比。

一般地说,各国著作权法对应当承担民事责任的侵权行为并不是简单地援引本国民法的规定,而是在著作权法中另外作出专门规定。从多数国家著作权法的规定来看,侵犯著作权的民事责任主要有:停止侵权活动;赔礼道歉、清除影响、恢复名誉;赔偿损失;消除危险等。例如,德国《著作权法》第 97 条第 1 款规定,对于侵犯著作权或著作权法保护的其他权利的行为,受害人可以提起诉讼,并要求停止侵权。日本《著作权法》第 112 条第 1 款规定,著作人、著作权人、出版权所有者或者著作邻接权人对侵犯其著作人人格权、著作权、出版权或著作权邻接权的人或有侵权之虞的人,可以请求停止侵权或采取预防措施。

根据我国现行《著作权法》第 52 条之规定,对上述侵权行为,"应当根据情况,承担停止侵害、消除影响、赔礼道歉、赔偿损失等民事责任"。

1. 停止侵害

这是民事法律中常用的制止侵权行为继续的重要方法。对于正在实施的侵犯著作权、邻接权的行为,被侵权人有权责令立即停止侵权活动,而不论侵权人主观上是否有侵权故意。除被侵权人有权直接阻止侵权活动外,也可以要求主管部门或法院责令停止侵害。如采取封存扣押未出售的侵权复制品、停止发行、禁止销售等措施。值得指出的是,在著作权侵权案件中,停止侵害法律责任并非没有任何限制。在特定的情况下,如果停止涉案相关行为会损害国家利益、公共利益损害,则可以考虑不判决停止使用,而改为判决支付相应的使用费。对此,我国涉及专利权保护的司法解释已有明确规定。2016 年 1 月 25 日最高人民法院审判委员会第 1676 次会议通过并于 2016 年 4 月 1 日起施行的《关于审理侵犯专利权纠纷案件应用法律若干问题的解释(二)》(法释〔2016〕1 号)第 26 条即规定:"被告构成对专利权的侵犯,权利人请求判令其停止侵权行为的,人民法院应予支持,但基于国家利益、公共利益的考量,人民法院可以不判令被告停止被诉行为,而判令其支付相应的合理费用。"在我国著作权保护领域,虽然尚未见类似司法解释的规定,但基于著作权保护和专利权保护相同的法理,以及著作权保护实践中出现的问题，在特殊情况下，也需要考虑适用停止侵害民事责任限制制度。[24]

2. 消除影响

这是非财产性承担民事责任的一种方式。侵权人的加害行为如果给权利人造成了不良影响，应当采取适当措施予以消除。通过“消除影响”，被侵害人的名誉得到恢复。这也有利于弥补其精神上的损害。一般而言，侵权影响范围有多大，就应在多大范围内消除其影响。需要指出，消除影响这一民事责任形式，更多地适用于侵害著作人身权案件中，因为侵权人对于著作人身权的侵害，通常会对著作权人声誉造成一定的负面影响，损害著作权人的良好形象。为此，需要通过一定方式消除这种负面和不良影响。由于不同类型作品被侵权的表现和后果不同，不同类型作品被侵权造成著作权人声誉和形象的影响也不大相同。此外，不同作品的作者因为学术和艺术水平、个人声誉与影响不同，同一性质的著作权侵权行为造成的后果与负面影响也不同。因此，在著作权保护实践中，如何消除影响应根据个案中作者和作品的实际情况、侵权行为表现和范围、侵权后果等因素综合考虑。

3. 赔礼道歉

赔礼道歉也是一种非财产性承担民事责任的方式。一般地说，只适用于侵犯著作人身权的民事责任；对于既侵犯著作人身权，又侵犯著作财产权的行为，也可以合并使用。但应当注意，作为民事法律责任意义上的赔礼道歉和一般道德评价中的赔礼道歉不同，其具有法律上的强制性。对于拒不赔礼道歉者，可以予以训诫。

关于赔礼道歉民事责任的适用，值得指出的是，在我国 1990 年《著作权法》第 45 条和第 46 条关于侵权表现及其法律责任的规定中，使用的术语为“公开赔礼道歉”，在 2001 年《著作权法》及其后续版本中，则删除了“公开”这两个字。本书认为，这一修改具有很大的合理性，从一个侧面体现了法律制度的实施应当面向社会现实的基本法理。因为著作权纠纷案件，很多涉及“文化人”之间的纠纷，而在确认侵害著作权的前提下要求“赔礼道歉”具有公开性，这在实践中可能导致双方关系更难以弥合，也更难以执行。实际上，对于侵权人来说，赔礼道歉法律责任的功能和作用在于使侵权人真诚悔悟，表达因其侵权行为对被侵权人的歉意，并有助于使其反省，以后不再从事类似侵权行为；对于被侵权人来说，赔礼道歉的功能则在于抚慰其因被侵权所造成的伤害和损害，从而获得心理上的弥补。从整体的情况看，赔礼道歉有利于有效解决纠纷，维护社会关系的稳定与和谐。但是，上述功能和作用的实现并不以“公开”赔礼道歉为前提，关键在于侵权人道歉的忠诚和足以弥补被侵权人因侵权受到的精神损害。基于此，在著作权侵权法律责任中，对于赔礼道歉法律责任不要求“公开”这一条件就是顺理成章的。

关于赔礼道歉法律责任的适用，还应注意在著作权保护实践中被滥用情况的发生。在很多涉及著作权侵权纠纷案中，作为原告的被侵权人除了主张停止侵害和赔偿损失外，还同时主张赔礼道歉。如果这类纠纷并不涉及著作人身权的侵害，一般不应得到支持。此外，赔礼道歉这种法律责任履行的方式较为特殊。在一些情况下，被告不愿履行生效判决，人民法院通常只能以在报刊等媒体上刊登判决书摘要并责令侵权人支付刊登费用的方式履行。

---

〔24〕 参见张春艳：《我国知识产权停止侵害救济例外的现实困境及突围》，载《当代法学》2017 年第 5 期；何怀文、陈如文：《我国知识产权停止侵害请求权限制的法律原则》，载《浙江大学学报（人文社会科学版）》2015 年第 2 期。

4. 赔偿损失

赔偿损失，是一项普遍的财产性承担民事责任的方式。根据前面的论述，著作权侵权责任实为损害赔偿之责，在本质上属于债权之诉。这一债权之诉需要满足侵权人存在主观过错的条件，即著作权侵权损害赔偿实行过错责任原则。〔25〕这在著作权立法上也具有充分的体现，如现行《著作权法》第52条、第53条和第59条的规定。

2010年《著作权法》第49条规定："侵犯著作权或者与著作权有关的权利的，侵权人应当按照权利人的实际损失给予赔偿；实际损失难以计算的，可以按照侵权人的违法所得给予赔偿。赔偿数额还应当包括权利人为制止侵权行为所支付的合理开支。权利人的实际损失或者侵权人的违法所得不能确定的，由人民法院根据侵权行为的情节，判决给予五十万元以下的赔偿。"其第52条规定："人民法院审理案件，对于侵犯著作权或者与著作权有关的权利的，可以没收违法所得、侵权复制品以及进行违法活动的财物。"

从近些年我国著作权保护实践看，著作权侵权损害赔偿金额难以计算、侵权赔偿金额总体偏低、适用法定赔偿的赔偿标准案件过多等是常见的问题。基于损害赔偿制度对于制止著作权侵权具有重要意义，现行《著作权法》在总结我国著作权保护经验的基础之上，对于上述规定作了重大修改。以下将在对修改后的规定进行介绍的基础上，探讨著作权侵权损害赔偿制度的构建与完善问题。

现行《著作权法》第54条第1款规定："侵犯著作权或者与著作权有关的权利的，侵权人应当按照权利人因此受到的实际损失或者侵权人的违法所得给予赔偿；权利人的实际损失或者侵权人的违法所得难以计算的，可以参照该权利使用费给予赔偿。对故意侵犯著作权或者与著作权有关的权利，情节严重的，可以在按照上述方法确定数额的一倍以上五倍以下给予赔偿。"其第2款规定："权利人的实际损失、侵权人的违法所得、权利使用费难以计算的，由人民法院根据侵权行为的情节，判决给予五百元以上五百万元以下的赔偿。"其第3款规定："赔偿数额还应当包括权利人为制止侵权行为所支付的合理开支。"

对比上述规定，可以发现，现行《著作权法》关于著作权侵权损害赔偿制度较之于2010年《著作权法》有以下几方面重要突破：

首先，在著作权侵权损害赔偿额计算顺序上，将侵权人因侵权的违法所得与权利人的实际损失放在第一序位考虑，即"侵犯著作权或者与著作权有关的权利的，侵权人应当按照权利人因此受到的实际损失或者侵权人的违法所得给予赔偿"，而不是首先"应当按照权利人的实际损失给予赔偿"。这样就为著作权侵权损害赔偿额的界定提供了更多的选择余地。从侵权法理来说，民事侵权以补偿性原则为基础，所谓"损失多少、赔偿多少"。但是，由于著作权的无形财产权特征以及著作权侵权的隐蔽性和复杂性，在著作权保护实践中权利人受到的实际损失很难计算，大量著作权侵权案件的原告很难提供令人信服的证据证明其因侵权受到的实际损失。因此，"首先考虑"这一计算方式在实践中可操作性不强。将侵权人的违法所得同时纳入第一顺序的计算标准，就是对现实情况的回应，因而这一修改是合理的。

其次，增加了参照权利使用费的计算标准。在著作权侵权案中经常会出现权利人的实际

〔25〕参见曹新明：《我国知识产权侵权损害赔偿计算标准新设计》，载《现代法学》2019年第1期。

损失或者侵权人的违法所得难以计算的情况。如果权利人此前曾实施过许可,按照现行《著作权法》的规定,"可以参照该权利使用费给予赔偿"。其原因在于,著作权人存在许可使用行为,说明其著作权具有市场价值,著作权侵权行为的出现则会使权利人丧失通过许可使用获得经济利益的机会,这一可得利益的丧失自然需要由侵权人"买单"。需要指出的是,在参照权利使用费给予赔偿时,不能仅限于权利使用费,而通常应当是该许可费的合理倍数,否则著作权侵权损害制度遏制侵权的功能将无法实现。还应当注意,在著作权保护实践中,如果参照权利许可费用计算损害赔偿金,需要结合个案决定适当的标准,正如前面所探讨的,著作权许可存在独占许可、独家许可、普通许可等多种形式,相应的许可费标准不一。至于在著作权司法实践中权利人通过倒签合同形式提供虚假许可费用证据,人民法院应当注意甄别和认定,以防止错案的发生。

再次,在我国著作权制度中首次引进了著作权侵权惩罚性赔偿制度。民事侵权的惩罚性赔偿制度是针对特殊的侵权而建立的赔偿制度。顾名思义,惩罚性赔偿制度在制度安排和设计上具有惩罚性。[26] 就知识产权侵权惩罚性赔偿制度而言,我国首先在2013年修改《商标法》时引进了这一制度。接着又在2019年第二次修订《反不正当竞争法》时规定这一制度。在《著作权法》第三次修改过程中,对于引进著作权侵权惩罚性赔偿制度逐渐形成共识。特别是党的十九届四中全会明确提出要实施知识产权侵权惩罚性赔偿制度,《民法典》第1185条也明确规定:"故意侵害他人知识产权,情节严重的,被侵权人有权请求相应的惩罚性赔偿。"在著作权保护实践中,一些情节严重的故意侵权行为屡禁不止,司法实践中赔偿额较低的状况难以有效地遏制这类严重侵害著作权的行为,现行《著作权法》第54条第1款专门规定了著作权侵权的惩罚性损害赔偿制度,"对故意侵犯著作权或者与著作权有关的权利,情节严重的,可以在按照上述方法确定数额的一倍以上五倍以下给予赔偿"。

当然,应当注意的是,惩罚性赔偿并非包括著作权在内的知识产权侵权赔偿的主要形式,而只是为了弥补一般意义上的补偿性赔偿的不足而针对情节严重的故意侵权实施的赔偿制度,因而在实践中不能被滥用。[27] 由十九届中央全面深化改革领导小组第一次会议审议通过、于2018年2月27日发布并施行的《关于加强知识产权审判领域改革创新若干问题的意见》即要求建立"实现知识产权市场价值为指引,以补偿为主、惩罚为辅的侵权损害司法认定机制"。为此,需要严格掌握著作权侵权适用惩罚性赔偿的条件:侵权人存在主观故意,且情节严重,两者缺一不可。

最后,大幅度提高了法定赔偿标准。法定赔偿制度是2001年《著作权法》第48条第2款确立的著作权侵权损害赔偿制度之一。这一制度的基本内涵是,当权利人的实际损失、侵权人的违法所得以及权利使用费都难以计算时,人民法院根据案件的具体情况直接按照法律规定的赔偿额的幅度确定具体的赔偿额。法定赔偿本身并非法律规定的术语,而是在知识产权学理和司法实践中惯常使用的术语。这一制度的合理性在于,在难以根据当事人提供的证据确

---

〔26〕 冯晓青、罗娇:《知识产权侵权惩罚性赔偿研究——人文精神、制度理性与规范设计》,载《中国政法大学学报》2015年第6期。

〔27〕 参见张广良:《知识产权损害赔偿惩罚体系的构建》,载《法学》2020年第5期。

定著作权侵权损失赔偿额时,能够为权利人提供起码的保障,使其获得必要的赔偿。[28] 从近些年我国著作权司法实践的情况看,法定赔偿适用的比例极高,这与著作权侵权案件当事人难以提供侵权损失、侵权所得或者权利使用费证据有极大关系。由于适用法定赔偿比例高,而2010年《著作权法》规定的法定赔偿的幅度是50万元以下,这样就导致我国司法实践中判决著作权侵权的赔偿额总体偏低。[29] 基于此,现行《著作权法》大幅度提高了著作权侵权损害赔偿制度中的法定赔偿标准:"权利人的实际损失、侵权人的违法所得、权利使用费难以计算的,由人民法院根据侵权行为的情节,判决给予五百元以上五百万元以下的赔偿。"

为增强法定赔偿制度的可操作性,2020年《审理著作权民事案件适用法律解释》进一步作了细化。其第24条规定:"权利人的实际损失,可以根据权利人因侵权所造成复制品发行减少量或者侵权复制品销售量与权利人发行该复制品单位利润乘积计算。发行减少量难以确定的,按照侵权复制品市场销售量确定。"2020年《审理著作权民事案件适用法律解释》第25条规定:"权利人的实际损失或者侵权人的违法所得无法确定的,人民法院根据当事人的请求或者依职权适用著作权法第四十九条第二款的规定确定赔偿数额。人民法院在确定赔偿数额时,应当考虑作品类型、合理使用费、侵权行为性质、后果等情节综合确定。当事人按照本条第一款的规定就赔偿数额达成协议的,应当准许。"其第26条规定:"著作权法第四十九条第一款规定的制止侵权行为所支付的合理开支,包括权利人或者委托代理人对侵权行为进行调查、取证的合理费用。人民法院根据当事人的诉讼请求和具体案情,可以将符合国家有关部门规定的律师费用计算在赔偿范围内。"[30]

值得进一步探讨的是,关于侵犯著作人身权的精神损害赔偿问题。精神损害,又称非财产利益损害,其实质表现为一种非财产权益损害。精神损害赔偿则是加害人因其侵权行为引起受害人精神利益损害而依法承担的赔偿责任。作者著作权与作者人格、身份有着特别密切的联系。侵犯著作权是否也存在精神损害赔偿问题,这是研究著作权侵权损害赔偿时不可忽视的问题。

精神损害赔偿制度在西方国家经历了一个较长的发展过程。但在我国,过去由于受苏联民法理论的影响,长期对此予以否认,这一状况直到1986年《民法通则》颁布之时才予以改变。原《民法通则》第120条的规定,是我国法律确立精神损害赔偿制度的重要依据。《民法典》第1183条规定:"侵害自然人人身权益造成严重精神损害的,被侵权人有权请求精神损害赔偿。"我国《著作权法》规定了著作人身权和著作财产权两部分内容,并突出了著作人身权的保护。该法第52条、第53条则对著作权侵权行为规定了停止侵害、消除影响、赔礼道歉、赔偿损失等民事责任形式。由此可见,著作人身权之侵害除依法适用非财产责任外,也可以适用包含赔偿损失的财产责任形式。[31] 著作权法并没有排除侵害著作权的精神损害赔偿。

---

〔28〕 See Pamela Samuelson & Tara Wheatland, *Statutory Damages in Copyright Law: A Remedy in Need of Reform*, 51 WM. & MARY L. REV. 439 (2009).

〔29〕 参见孙海龙、赵克:《侵害著作权法定赔偿问题研究——以不同阶段抽样裁判文书为研究视角》,载《中国版权》2015年第3期。

〔30〕 参见杨兴:《完善我国〈著作权法〉第49条的思考——基于美国版权侵权法定赔偿金制度改革的启示》,载《暨南学报(哲学社会科学版)》2014年第12期。

〔31〕 参见段鲁艺:《精神损害赔偿与作品精神利益的保护》,载《重庆社会科学》2012年第10期。

实际上,在著作权领域适用精神损害赔偿制度在国外并不罕见。例如,德国《著作权法》规定,侵权人有故意或过失责任时,即使造成的是非财产上的损害,被侵权人也得在公平的限度内,请求赔偿损失。西班牙1987年《著作权法》规定,对于精神权利的侵害,即使有足够的证据说明并未造成经济损失,被侵权人也有权要求赔偿,这类赔偿数额将按照侵权情节、后果等综合考虑后确定。意大利《著作权法》规定,在行使精神权利的诉讼中,适用行使经济权利诉讼的赔偿原则。日本学者也强调这两点。

在界定著作权精神损害赔偿时,以下几点是值得注意之处:

其一,著作权人的精神权利受侵害后,在要求侵权人赔偿经济损失的同时,有权请求精神损害赔偿。精神权利损害属于一种精神损害,对精神权利损害的程度往往超过对经济权利的损害,对权利人造成的伤害也更难以挽回。因此,对著作权人的精神损失必须给予合理的补偿。

其二,对著作权人精神权利的损害,无论是否给著作权人带来经济损失,都可以适用精神损害的物质赔偿。有的学者认为,对精神权利的侵害只有给权利人带来一定的经济损失时,才适用赔偿损失。这不符合精神损害赔偿制度设立的目的,也不利于著作权的保护。进一步说,著作权精神损害赔偿的界定,应当从被侵权人的角度加以评价,而不能从侵权人的角度进行分析,特别是不能以侵权人是否获利作为赔偿损失的条件,因为在未获利时也可能对被侵权人精神权利造成严重损害。

其三,著作权精神损害涉及被侵权人生理、心理和人格利益的损害,因此在计算损害额时应当综合考虑侵权情节、时间、后果以及受害人和侵权人情况。

其四,著作权侵权精神损害赔偿受到一定的限制。这主要表现为:一是著作权精神损害赔偿只适用于对侵犯著作权中人身权这一精神利益的保护,而且获得精神损害赔偿的主体只能是作者,而不能是作者以外的著作权人。二是对著作权精神损害赔偿应首先适用停止侵权、消除影响、赔礼道歉等民事责任方式。当这些方式足以补偿著作权人的精神损害时,就不应再给予精神损害赔偿。三是著作权精神损害程度较轻、社会影响较小的,一般可以不考虑精神损害赔偿;精神损害程度一般,但同时造成经济损失的,除对造成的经济损失进行赔偿外,同时适用停止侵权、消除影响、赔礼道歉等民事责任方式;精神损害所造成的后果严重的,应结合侵权人主观过错、侵权情节与后果,给著作权人一定的经济赔偿。四是著作权精神损害赔偿数额不能过高。如前所述,精神损害赔偿的实质是补偿性的,它与补偿金额之间没有固定的切换方式,不能指望通过高额精神损害赔偿费达到抚慰精神创伤的作用,精神损害赔偿额应控制在适当的范围内。

上述各项民事责任,既可以单独适用,也可以合并使用。除此之外,我国《民法典》规定的其他民事责任的方式也可以适用。[32]

---

〔32〕 此外,还可能存在因违约引起的侵权责任。违约责任又称合同责任,是指当事人因不履行合同义务或者不按合同约定履行合同义务而应承担的民事责任。2010年《著作权法》第54条即规定:"当事人不履行合同义务或者履行合同义务不符合约定条件的,应当依照《中华人民共和国民法通则》、《中华人民共和国合同法》等有关法律规定承担民事责任。"该规定因为《民法典》施行后,《民法通则》《合同法》已被废止而不再具有必要性,因而在现行《著作权法》中被删除。在履行著作权许可使用合同过程中,作品使用人如违反合同约定的义务,除应承担违约责任外,也可能造成违约责任与侵权责任的竞合,导致须承担侵权责任的后果。

5. 民事制裁

民事制裁是一种较为特殊的承担民事责任的方式,体现了对民事侵权行为的惩罚性。为便于在民事司法保护程序中更大力度制止侵权,2002 年《审理著作权民事案件适用法律解释》第 29 条规定,人民法院可以根据当事人的请求除追究行为人民事责任外,并可以给予民事制裁,其中罚款数额根据《著作权法实施条例》有关规定确定。但是,著作权行政管理部门对相同的侵权行为已经给予行政处罚的,人民法院不再予以民事制裁。不过,上述司法解释 2020 年修正版删除了该条规定。为有效制止著作权侵权,防止侵权蔓延,现行《著作权法》第 54 条第 5 款规定:"人民法院审理著作权纠纷案件,应权利人请求,对侵权复制品,除特殊情况外,责令销毁;对主要用于制造侵权复制品的材料、工具、设备等,责令销毁,且不予补偿;或者在特殊情况下,责令禁止前述材料、工具、设备等进入商业渠道,且不予补偿。"

二、既应承担民事责任,也可以承担行政责任乃至刑事责任的侵权行为及其法律责任

(一)既承担民事责任,也可以承担行政责任乃至刑事责任的侵权行为

侵犯著作权的行政责任和民事责任是两种性质不同、互相独立的责任,不能互相取代。现行《著作权法》第 53 条对既应承担民事责任,又可以承担行政责任乃至刑事责任的侵权行为作了规定。针对其列举的八类侵权行为,该条规定:"应当根据情况,承担本法第五十二条规定的民事责任;侵权行为同时损害公共利益的,由主管著作权的部门责令停止侵权行为,予以警告,没收违法所得,没收、无害化销毁处理侵权复制品以及主要用于制作侵权复制品的材料、工具、设备等,违法经营额五万元以上的,可以并处违法经营额一倍以上五倍以下的罚款;没有违法经营额、违法经营额难以计算或者不足五万元的,可以并处二十五万元以下的罚款;构成犯罪的,依法追究刑事责任。"

与前述该法第 52 条所列侵权行为相比,这类侵权行为具有以下特点:(1)侵权目的都是获取非法利益;(2)行为人主观动机多表现为直接故意;(3)这类侵权行为是侵权后果较严重、侵权数额较大,或以侵权为业的行为,它一般不但损害著作权人的合法权益,而且还可能侵害他人利益,扰乱文化市场管理秩序,损害社会公共利益,因而还可能触犯国家行政管理法规,乃至刑法。基于此,对于这类侵权行为应承担的法律责任也更严厉。

现行《著作权法》规定的这类侵权行为有几种,下面分别予以阐述。

第一,未经著作权人许可,复制、发行、表演、放映、广播、汇编、通过信息网络向公众传播其作品的,《著作权法》另有规定的除外。上述行为侵犯的是著作权人的复制权、发行权、表演表、放映权、广播权、汇编权或信息网络传播权。

关于侵犯复制、发行权。作品通常需要在复制与发行的基础上才能进一步传播,复制、发行也是获得利益的基本手段。其中,复制侵权是常见的一种侵犯著作财产权的行为。国际上,"海盗版"已成公害。国际公约和各国著作权法都严厉禁止此种行为。曾经在我国,为获取非法利益的侵权复制,尤其是图书和录音录像制品方面的侵权复制现象较为严重。这种行为既损害了著作权人的利益;同时,由于复制品多为粗制滥造品,也损害了社会公众的利益。故打击复制侵权行为是著作权法的重要使命之一。值得注意的是,在 1990 年《著作权法》中,针对复制、发行这种著作权侵权,规定的是"未经著作权人许可,以营利为目的,复制发行其作品

的”行为,亦即需要在以营利为目的前提下才能构成既承担民事责任,也可以承担行政责任乃至刑事责任的侵权行为。当时的规定或许是考虑到,复制行为是在不改变著作权人关系的前提下对享有著作权作品的利用,它一般不涉及著作权中人身权利。非营利性复制与营利性复制相比,复制数量一般很少,它以满足自己需要为限,故可以认为非营利性的复制行为一般不会侵犯著作权人的复制权。2001 年《著作权法》则删除了这一条件,对著作权人的保护更加充分。基于此,2010 年及 2020 年《著作权法》维持了这一规定。现实中,侵犯复制权和发行权的著作权侵权行为比较频繁。2003 年国家版权局《关于对商业零售企业涉嫌销售侵权玩具的处理意见》涉及的某国际影业有限公司投诉某省大型商业零售企业销售侵权玩具一案即反映了这方面的情况。在该案中,某国际影业有限公司在电影电视等媒体中使用的卡通形象属于美术作品。国家版权局认为:(1)根据我国《著作权法》和有关国际公约的规定,该卡通形象受到著作权保护。未经许可,对卡通形象进行复制,包括平面复制和立体复制(如制成玩具),属于侵权行为。(2)本案中复制生产“铁甲小宝”系列玩具的直接行为人是玩具制造商。如果玩具制造商未经授权复制生产他人拥有著作权的作品,且同时损害了公共利益,可依照 2001 年《著作权法》第 47 条的规定对其进行行政处罚。(3)本案中涉嫌销售侵权玩具“铁甲小宝”的商业企业,如果其行为有过错,即明知是侵权制品而仍进行销售,应当承担相应民事责任。如果该行为同时损害了公共利益,则可以依照 2001 年《著作权法》第 47 条的规定给予行政处罚。如果行为人没有过错,不应给予行政处罚。[33]

关于侵犯表演权。在侵犯表演权的案件中,由于被表演的作品一般是音乐、戏剧、舞蹈、曲艺等作品,被侵权人一般是这类作品的著作权人。值得注意的是,关于侵犯表演权的表演是否也应享有表演者权,有不同认识。本书认为,原则上讲,邻接权是受著作权制约的一种权利,如果以侵犯著作权的方式传播作品,侵权人除应当对著作权人承担侵权责任外,都能产生自己的专有权利,这无疑会为“邻接权主体”侵犯著作权开绿灯。进一步说,对以侵犯著作权使用权为基础,在传播作品的过程中进一步侵犯著作人身权(如在表演中歪曲篡改作品)的作品传播活动,如认为也能产生自己的“邻接权”,则该传播者即可进一步使用或许可使用侵犯著作权的邻接权客体(如录制者复制发行其制作的包含侵权表演的录音录像制品),这无疑使著作权人的著作权进一步受害。为了切实维护著作权人利益,司法实践中应当确认:凡是以侵犯著作权的方式传播作品的,均不能再产生与著作权有关的权益。实际上,在我国,传播者因侵犯著作权而传播的作品,一般是未发表作品和著作权人声明禁止使用的已发表作品。对这类作品的传播不能产生邻接权,这也是显而易见的。

关于侵犯放映权。放映权是指著作权人享有的许可或者禁止他人以放映机、幻灯机等技术设备公开再现自己作品的权利。在未经著作权人许可,也没有法律的特别规定的情况下,以放映的形式使用著作权人的作品,即构成对放映权的侵犯。由于放映作品需要特定的技术设备,侵犯放映权的主体通常是电影院等单位。以前曾泛滥一时的“镭射电影”,也涉及侵犯放映权的问题。

关于侵犯广播权。广播权是著作权人以有线或者无线方式公开传播或者转播作品,以及

[33] 国家版权局《关于对商业零售企业涉嫌销售侵权玩具的处理意见》(国权办〔2003〕2 号)。

通过扩音器或者其他传送符号、声音、图像的类似工具向公众传播广播作品的权利，但不包括现行《著作权法》第10条第1款第(12)项规定的权利。被播放的作品一般包括文学、音乐、戏剧、舞蹈、视听作品等，被侵权人一般是这类作品的著作权人。侵犯广播权的主体则具有特定性，通常是那些通过技术设备等方式广播、传播、转播著作权人作品的主体，如擅自广播的电台、电视台。

关于侵犯汇编权。就汇编权而论，除立体作品外，几乎所有的作品都可以包括在汇编的作品中，这样一来，被侵犯的汇编权的权利主体就几乎包括所有作品的著作权人。常见的侵权行为是，擅自将著作权人作品编入新作品中。若侵权人既不向权利人支付报酬，也不注明被汇编之作品作者姓名或名称、作品出处，这将构成对著作权人多种权利的侵犯。在有些汇编作品中，汇编人只取得了某些原作著作权人的授权，这样的汇编作品仍然是侵权作品。

关于侵犯信息网络传播权。就信息网络传播权而论，除著作权法另有规定外，未经著作权人许可，通过信息网络向公众传播其作品，属于侵犯著作权人信息网络传播权的行为。[34] 这种行为是网络空间发生的著作权侵权行为，并有越来越严重之势。鉴于这种行为的特殊性，我国2001年《著作权法》在第10条第1款第(12)项确认这种权利后，2006年5月10日国务院第135次常务会议通过了《信息网络传播权保护条例》，最高人民法院也在2000年通过《审理计算机网络著作权案件适用法律解释》，并分别在2003年、2006年作出修订。特别是在2012年11月26日，最高人民法院审判委员会第1561次会议通过了自2013年1月1日起施行的《关于审理侵害信息网络传播权民事纠纷案件适用法律若干问题的规定》(以下简称《审理侵害信息网络传播权民事案件适用法律规定》)。该司法解释根据2020年12月23日最高人民法院审判委员会第1823次会议通过的《关于修改〈最高人民法院关于审理侵犯专利权纠纷案件应用法律若干问题的解释(二)〉等十八件知识产权类司法解释的决定》又进行了第一次修正，修正后的该司法解释于2021年1月1日起施行。除此之外，相关法律对于涉及信息网络环境下的著作权保护，包括对信息网络传播权的保护也有规定。《民法典》《电子商务法》中也有相关规定。《民法典》第1194条规定："网络用户、网络服务提供者利用网络侵害他人民事权益的，应当承担侵权责任。法律另有规定的，依照其规定。"这一规定，显然涵盖了网络用户、网络服务提供者侵害信息网络传播权的行为。

以下不妨以一个现实案例为例加以说明。在北京某科技发展有限公司等与某教育出版社等著作权纠纷上诉案中，一审法院认定某科技发展有限公司、某公司在其生产的P7000产品和OK8产品中内置涉案文件之行为，以及某公司在网站向P7000产品和OK8产品用户提供涉案文件下载之行为，均侵犯了某教育出版社、某教育电子出版社对上述教材所享有的著作权或对上述录音磁带所享有的录音制作者权，某科技发展有限公司、某公司对其行为应承担相应的侵权责任。某公司未经某教育出版社、某教育电子出版社许可，即将涉案45种教材内容及配套使用的录音上载至上述网站，形成共计860余个侵权文件。上述文件不能进行在线浏览，但P7000产品或OK8产品用户可以进行免费下载，且仅在下载至P7000产品或OK8产品之时方可正常使用。P7000产品销售价格为680元，OK8产品销售价格为1980元，某公司许可其产

---

〔34〕 参见王艳芳：《论侵害信息网络传播权行为的认定标准》，载《中外法学》2017年第2期。

品用户免费下载涉案文件,实则系直接为某公司获取经济利益。某公司不仅直接以复制的方式侵犯了某教育出版社对上述45种教材所享有的著作权和对上述4种录音磁带所享有的录音制作者权以及某教育电子出版社对上述29种录音磁带所享有的录音制作者权,而且许可其产品用户复制上述文件,进一步侵犯了某教育出版社、某教育电子出版社上述权利。法院遂判决某公司立即删除网站中侵犯某教育出版社、某教育电子出版社对《全日制普通高级中学教科书(必修)英语第一册(上)》等涉案45种教材所享有著作权以及对配套使用的涉案33种录音磁带所享有录音制作者权的涉案文件。二审的北京市第一中级人民法院则维持了一审判决。[35]

第二,出版他人享有专有出版权的图书。这一行为不仅侵犯了图书出版者享有的专有出版权,也侵犯了著作权人的使用权。[36] 当然,图书出版者自己也不得转让出版权或将其许可他人使用,否则也会构成对著作权人出版权的侵害。

关于这一类侵权,还应注意以下几点:

一是如前所述,图书出版者享有的专有出版权来自著作权人与其签订的图书出版合同,而不是像1990年《著作权法》规定的图书出版者在合同约定期间享有法定的专有出版权。换言之,如果著作权人与图书出版者签订的合同中没有授予图书出版者以专有出版权,图书出版者即不能享有专有出版权。

二是与其他一些著作权侵权行为不同,该项侵权行为没有"未经著作权人许可"的条件。这可以理解为即使获得了著作权人许可,其他出版者出版他人享有专有出版权的图书的,仍然可以构成该项侵权行为,只是这已不是对著作权的侵害,而是侵犯图书出版者享有的专有出版权。在此不妨以一个案例加以说明。

1998年,某青年作家王某与某文艺出版社签订为期5年的专有出版合同,约定由该出版社出版其中篇小说《往事如云》。2000年,某人民出版社看中该作品,拟收入其准备出版的《著名青年作家小说选》一书中。王某同意并与该出版社就入选该小说单独签订了出版合同,该书在半年后顺利出版。不久,某文艺出版社发现《著名青年作家小说选》一书中收录了其率先出版的《往事如云》小说,认为某人民出版社侵犯了其专有出版权。某人民出版社则认为,收录该小说得到了王某的授权,其以选集的方式再次出版王某的小说不构成著作权侵权。为此双方发生争执。[37] 在本案中王某的行为即受到其与某文艺出版社签订的专有出版合同的约束,而不能在对方专有出版权期间内另行出版该小说。就某人民出版社而言,其尽管取得了著作权人的授权,仍然侵犯了某文艺出版社对该小说享有的专有出版权。

三是在图书出版者通过合同约定取得了著作权人图书专有出版权的条件下,报社、期刊社能否对该作品进行连载或者节略内容登载。从上述规定看,似乎可以认为应当允许这种连载或节略。在西方国家,这种行为与图书出版行为在销售渠道上是分开的,对图书出版者的销售市场影响不大。就我国而言,上述现象并非没有。本书认为原则上应当允许,但如果连载全

---

〔35〕 北京市海淀区人民法院(2006)海民初字第34号民事判决书;北京市第一中级人民法院(2006)一中民终字第13335号民事判决书。

〔36〕 参见麦买提·乌斯曼:《专有出版权的司法适用规则构建》,载《编辑之友》2021年第4期。

〔37〕 常守风:《汇编作品典型侵权案例评析》,载《科技与出版》2002年第1期。

书,特别是在较短时间内连载,且损害了原作出版市场,应当受到限制。

第三,未经表演者许可,复制、发行录有其表演的录音录像制品,或者通过信息网络向公众传播其表演的,《著作权法》另有规定的除外。根据现行《著作权法》第 39 条的规定,表演者对录有其表演的录音录像制品,享有许可他人复制、发行、出租录有其表演的录音录像制品,并获得报酬的权利,以及许可他人通过信息网络向公众传播其表演,并获得报酬的权利。如上条款规定的即为侵犯表演者权的行为。该行为不仅损害了表演者财产权,还扰乱了文化市场的正常秩序。表演者有权制止这种侵权行为,要求赔偿损失,并可要求给侵权行为人以行政处罚。值得注意的是,如下面几项一样,我国《著作权法》对表演者、录音录像制作者和广播组织也规定了信息网络传播权,只不过这属于邻接权的范畴。

第四,未经录音录像制作者许可,复制、发行、通过信息网络向公众传播其制作的录音录像制品的,《著作权法》另有规定的除外。根据现行《著作权法》第 44 条的规定,录音录像制作者对其制作的录音录像制品,享有许可他人复制、发行、出租、通过信息网络向公众传播并获得报酬的权利。因此,上述行为是一种侵犯录音录像制作者权的侵权行为。

第五,未经许可,播放、复制或者通过信息网络向公众传播广播、电视的,《著作权法》另有规定的除外。根据现行《著作权法》第 47 条的规定,广播电台、电视台有权禁止未经其许可将其播放的广播、电视以有线或者无线方式转播,将其播放的广播、电视录制以及复制,以及将其播放的广播、电视通过信息网络向公众传播。该规定确立了广播电台、电视台对其播放的广播、电视在播放、录制及复制方面的专有权利。上述行为由于未取得广播电台、电视台的许可,构成侵犯广播组织权的行为。

第六,未经著作权人或者与著作权有关的权利人许可,故意避开或者破坏技术措施的,故意制造、进口或者向他人提供主要用于避开、破坏技术措施的装置或者部件的,或者故意为他人避开或者破坏技术措施提供技术服务的,法律、行政法规另有规定的除外。技术措施保护在我国著作权法中首见于 2001 年《著作权法》规定。2006 年,国务院根据该法的规定颁行了《信息网络传播权保护条例》,其中也包含对技术措施和下面所讨论的权利管理信息的保护。鉴于现行《著作权法》对技术措施和权利管理信息保护的规定在体例结构及具体内容上有较大的变化和改进,对于技术措施和权利管理信息的保护问题,将在下面专题探讨。

第七,未经著作权人或者与著作权有关的权利人许可,故意删除或者改变作品、版式设计、表演、录音录像制品或者广播、电视上的权利管理信息的,知道或者应当知道作品、版式设计、表演、录音录像制品或者广播、电视上的权利管理信息未经许可被删除或者改变,仍然向公众提供的,法律、行政法规另有规定的除外。关于现行《著作权法》对权利管理信息的保护,将在下面与技术措施保护一起集中讨论。在此不赘述。

第八,制作、出售假冒他人署名的作品。这种行为主要是指制作、出售假画(又称伪作或赝品)。它是指非某画家实际创作,而谎称为其创作并署其名出售的行为。[38] 假画的制作、销售方式多种多样,其共同特点则是假画的被署名人并非作品的真实作者。这种侵权行为主要包括:(1)既制作又出售假冒他人署名的美术作品。这种行为在我国 1990 年《著作权法》实施

〔38〕 参见邬跃:《作品冒名行为法律规制的路径选择》,载《江西社会科学》2016 年第 11 期。

之前即受到规制。例如,最高人民法院《关于范曾诉吴某侵害著作权一案的复函》指出:吴某将所临摹范曾的绘画作品署上自己的姓名,赠送他人,致其临摹作品在日本展览、并制成画册出售,吴某的行为构成了对范曾著作权的侵害,应承担相应的民事责任。[39] (2)明知是假冒作品而予以出售。这也是一种故意侵权行为。(3)不知是被假冒作品而予以出售。在这种情况下,出售人仍构成著作权侵权,权利人有权责令停止出售。应当注意的是:一是制作假画的一般目的是获取非法利益。如某人制作假画,并非出于获取非法利益(如为习作而作伪),也并没有销售行为,从而没有给被署名者造成实际损害,此时就不能当然地认为构成侵权行为。"出售"行为才是构成侵权的实质条件。二是将他人的美术作品署上自己名字予以出售,这是一种剽窃行为,和上述假冒行为在性质上相同,但形式上相反。

关于假冒他人署名的著作权侵权行为,需要指出的是,尽管《著作权法》已经明确将其纳入著作权侵权范畴,但我国学界仍存在反对的观点,即认为上述行为不构成侵犯著作权。例如,刘春田教授指出:著作权是就具体的作品产生的,没有作品就没有著作权。冒名行为已超出著作权法的署名问题,属于假冒姓名、侵犯他人姓名权的行为。[40] 有学者则考察了国外立法关于这类行为的规定,结果发现只有英美国家的著作权法才规定了禁止冒名的问题,如英国《著作权法》第 84 条、澳大利亚《著作权法》第 195 条、新西兰《著作权法》第 102 条等,而且这些国家规定的"禁止虚假署名权"是与署名权相并列的一项独立权利。[41] 本书则认为,将上述行为纳入著作权侵权范畴,是基于假冒行为对被冒名的作者及被假冒的作品声誉损害所考虑的。将其纳入著作权侵权范畴对于打击窃取名家声望、牟取非法利益的文化市场不正当竞争行为,充分保护被假冒者作品著作权具有重要意义。

(二)著作权侵权行为及其法律责任

根据现行《著作权法》第 53 条规定,上述侵权行为,"应当根据情况,承担本法第五十二条规定的民事责任;侵权行为同时损害公共利益的,由主管著作权的部门责令停止侵权行为,予以警告,没收违法所得,没收、无害化销毁处理侵权复制品以及主要用于制作侵权复制品的材料、工具、设备等,违法经营额五万元以上的,可以并处违法经营额一倍以上五倍以下的罚款;没有违法经营额、违法经营额难以计算或者不足五万元的,可以并处二十五万元以下的罚款;构成犯罪的,依法追究刑事责任"。也就是说,上述侵权行为主体除应当承担民事责任外,还可以视情况追究其行政责任乃至刑事责任。

1. 民事责任

关于侵犯著作权的民事责任,前面针对仅承担民事责任的著作权侵权行为作了分析。这里再以网络空间著作权侵权的一种典型类型,即网络服务提供者的著作权侵权民事责任加以探讨。

根据我国《信息网络传播权保护条例》《审理计算机网络著作权案件适用法律解释》的规定,关于互联网服务提供商承担著作权侵权责任,[42] 可得出以下结论:(1)互联网服务提供商

---

〔39〕 1990 年 7 月 9 日(1989)民他字第 20 号。

〔40〕 刘春田主编:《知识产权法》(第 2 版),中国人民大学出版社 2002 年版,第 68 ~ 69 页。

〔41〕 王迁:《著作权法学》,北京大学出版社 2007 年版,第 76 ~ 77 页。

〔42〕 参见吴汉东:《论网络服务提供者的著作权侵权责任》,载《中国法学》2011 年第 2 期。

对于通过系统或网络自己实施的著作权侵权行为应承担完全的民事责任。(2)对单纯提供连线服务的互联网服务提供商,其用户通过其系统或网络传输侵犯著作权的材料不承担著作权侵权责任,该责任由用户自行承担。(3)互联网服务提供商通过网络参与他人侵犯著作权行为,或者通过网络教唆、帮助他人实施侵犯著作权的行为,互联网服务提供商与其他行为人或者直接实施著作权侵权行为人承担共同侵权责任。(4)互联网内容提供商明知网络用户通过网络实施侵犯他人著作权的行为,或者经过著作权人提出确有证据的警告,仍不采取移除侵权内容等措施以消除侵权后果,该互联网服务提供商与该用户承担共同侵权责任。(5)互联网内容提供商有权利与能力控制其传输的内容,当用户在其系统或网络上传输侵犯著作权的材料,在著作权人告知后仍不采取措施阻止侵权进一步扩散的,应当承担著作权侵权连带责任。(6)互联网服务提供商明知专门用于故意避开或者破坏他人著作权技术保护措施的方法、设备或者材料,而上载、传播、提供的,根据当事人的诉讼请求和具体案情,应依照现行《著作权法》第53条第(6)项的规定,追究互联网服务提供商的民事侵权责任。(7)互联网内容提供商对著作权人要求提供侵权行为人在其网络的注册资料以追究行为人的侵权责任,无正当理由拒绝提供的,应依法承担相应的侵权责任。但是,著作权人发现侵权信息向互联网内容提供商提出警告或者索要侵权行为人的网络注册资料,而不能出示身份证明、著作权权属证明及侵权情况证明的,视为未提出警告或者未提出索要请求,互联网内容提供商不承担侵权责任。(8)互联网服务提供商应著作权人请求出于善意清除或阻止用户访问被指控为侵权的材料,即使这些材料被最终认定为不构成侵权,互联网服务提供商对用户不承担侵权责任。互联网服务提供商经著作权人提出确有证据的警告而采取移除被控侵权内容等措施,互联网服务提供商不因被控侵权人要求其承担违约责任而承担违约责任。[43]

值得注意的是,《信息网络传播权保护条例》第14~17条规定涉及的是通知—删除规则的适用问题。[44]《民法典》第1195~1196条以及《电子商务法》第42~45条也有明确规定,并适用于网络环境下的著作权保护。这一"避风港"规则旨在平衡网络服务提供者、著作权人和用户之间的利益关系,在充分保护网络环境下著作权的同时,促进网络服务健康发展。根据上述规定,网络服务提供者被赋予相应的义务与责任。著作权司法实践中对相关案件的处理即适用了这一程序。例如,在上诉人浙江某电子商务有限公司与北京某网讯科技有限公司、某在线网络技术有限公司侵害著作权纠纷上诉案[45]中,最高人民法院指出:在著作权人已多次发送符合条件的通知,网络服务提供者对著作权人权利被侵害的事实已有一定了解的情况下,网络服务提供者不应仅因为著作权人之后发送的通知不符合相应条件就对其视而不见,而应积极与著作权人联系协商以确定如何采取合理措施;怠于采取合理措施的,应对直接侵权行为继续所导致的损失的扩大承担相应责任。[46] 该案确认了本案被告作为网络服务提供者通知—

---

〔43〕 参见冯晓青主编:《著作权侵权专题判解与学理研究》(第2分册·网络空间著作权),中国大百科全书出版社2010年版,第71~72页。

〔44〕 参见万勇:《人工智能时代的版权法通知—移除制度》,载《中外法学》2019年第5期;徐明:《避风港原则前沿问题研究——以"通知—删除"作为诉讼前置程序为展开》,载《东方法学》2016年第5期。

〔45〕 最高人民法院(2009)民三终字第2号民事判决书。

〔46〕 《知识产权案件年度报告》(2013)。

删除程序适用中应当履行的义务和责任，旨在督促网络服务提供者及时采取有效措施，防止著作权侵权行为蔓延。

另外，根据《信息网络传播权保护条例》第21～23条规定，在一定的条件下，互联网服务提供商提供网络服务，特别是向公众提供作品、表演、录音录像制品，不承担赔偿责任。具体如下：(1)互联网服务提供商根据服务对象的指令提供网络自动接入服务，或者对服务对象提供的作品、表演、录音录像制品提供自动传输服务，并具备下列条件的，不承担赔偿责任：未选择并且未改变所传输的作品、表演、录音录像制品；向指定的服务对象提供该作品、表演、录音录像制品，并防止指定的服务对象以外的其他人获得。(2)互联网服务提供商为提高网络传输效率，自动存储从其他互联网服务提供商获得的作品、表演、录音录像制品，根据技术安排自动向服务对象提供，并具备下列条件的，不承担赔偿责任：未改变自动存储的作品、表演、录音录像制品；不影响提供作品、表演、录音录像制品的原互联网服务提供商掌握服务对象获取该作品、表演、录音录像制品的情况；在原互联网服务提供商修改、删除或者屏蔽该作品、表演、录音录像制品时，根据技术安排自动予以修改、删除或者屏蔽。(3)互联网服务提供商为服务对象提供信息存储空间，供服务对象通过信息网络向公众提供作品、表演、录音录像制品，并具备下列条件的，不承担赔偿责任：明确标示该信息存储空间是为服务对象所提供，并公开互联网服务提供商的名称、联系人、网络地址；未改变服务对象所提供的作品、表演、录音录像制品；不知道也没有合理的理由应当知道服务对象提供的作品、表演、录音录像制品侵权；未从服务对象提供作品、表演、录音录像制品中直接获得经济利益；在接到权利人的通知书后，根据《信息网络传播权保护条例》规定删除权利人认为侵权的作品、表演、录音录像制品。(4)互联网服务提供商为服务对象提供搜索或者链接服务，在接到权利人的通知书后，根据本条例规定断开与侵权的作品、表演、录音录像制品的链接的，不承担赔偿责任；但是，明知或者应知所链接的作品、表演、录音录像制品侵权的，应当承担共同侵权责任。[47]

2. 行政责任

首先是关于行政责任的有关规定。

我国《著作权法》《著作权法实施条例》规定，主管著作权的部门对严重侵犯著作权的行为可以给予行政处罚。[48] 根据前述现行《著作权法》第53条规定，侵权行为同时损害公共利益的，由主管著作权的部门责令停止侵权行为，予以警告，没收违法所得，没收、无害化销毁处理侵权复制品以及主要用于制作侵权复制品的材料、工具、设备等，并可以根据违法经营额的情况确定法定幅度的罚款。

值得注意的是，主管著作权的部门实施行政处罚措施和司法处理不同，它不是“不告不理”，而是一种主动的行为。主管著作权的部门的行政处罚应当依法作出。对于行政处罚的形式、程度，应根据侵权行为性质、情节的严重程度、侵害后果等因素来决定。行政处罚一经作出即产生一定的强制力。2010年《著作权法》第56条规定：“当事人对行政处罚不服的，可以自收到行政处罚决定书之日起三个月内向人民法院起诉，期满不起诉又不履行的，著作权行政

〔47〕 参见崔国斌：《论网络服务商版权内容过滤义务》，载《中国法学》2017年第2期。
〔48〕 参见王自强：《侵犯著作权人承担行政责任问题分析》，载《知识产权》2015年第11期。

管理部门可以申请人民法院执行。”〔49〕

关于著作权行政处罚，国家版权局颁布并于2009年6月15日起施行的《著作权行政处罚实施办法》根据《著作权法》《著作权法实施条例》的规定对著作权行政处罚进行了详细规定，这些规定涉及处罚类型、管辖和适用、处罚程序、执行程序、附则等内容。其规制的违法行为涉及以下内容：(1)2010年《著作权法》第48条列举的侵权行为，同时损害公共利益的；(2)《计算机软件保护条例》第24条列举的侵权行为，同时损害公共利益的；(3)《信息网络传播权保护条例》第18条列举的侵权行为，同时损害公共利益的；第19条、第25条列举的侵权行为；(4)《著作权集体管理条例》第41条、第44条规定的应予行政处罚的行为；(5)其他有关著作权法律、法规、规章规定的应给予行政处罚的违法行为。

根据该办法规定，违法行为由侵权行为实施地、侵权结果发生地、侵权制品储藏地或者依法查封扣押地的著作权行政管理部门负责查处。法律、行政法规另有规定的除外。对当事人的同一违法行为，其他行政机关已经予以罚款的，著作权行政管理部门不得再予罚款，但仍可以视具体情况予以该办法第4条所规定的其他种类的行政处罚。著作权行政管理部门作出较大数额罚款决定或者法律、行政法规规定应当听证的其他行政处罚决定前，应当告知当事人有要求举行听证的权利。当事人对国家版权局的行政处罚不服的，可以向国家版权局申请行政复议；当事人对地方著作权行政管理部门的行政处罚不服的，可以向该部门的本级人民政府或者其上一级著作权行政管理部门申请行政复议。当事人收到行政处罚决定书后，应当在行政处罚决定书规定的期限内予以履行。上级著作权行政管理部门作出的行政处罚决定，可以委托下级著作权行政管理部门代为执行。代为执行的下级著作权行政管理部门，应当将执行结果报告该上级著作权行政管理部门。当事人申请行政复议或者提起行政诉讼的，行政处罚不停止执行，法律另有规定的除外。当事人对行政处罚或者行政复议决定不服的，可以依法提起行政诉讼。

此外，针对网络空间著作权侵权日益严重的现实，国家版权局还与原信息产业部联合颁行了《互联网著作权行政保护办法》，并于2005年5月30日起施行。该部门规章也规定了侵犯著作权的行政责任以及责任豁免制度。根据《互联网著作权行政保护办法》规定，互联网信息服务提供者明知互联网内容提供者通过互联网实施侵犯他人著作权的行为，或者虽不明知，但接到著作权人通知后未采取措施移除相关内容，同时损害社会公共利益的，著作权行政管理部门可以根据2010年《著作权法》第48条的规定责令停止侵权行为，并给予下列行政处罚：(1)没收违法所得；(2)处以非法经营额3倍以下的罚款；非法经营额难以计算的，可以处10万元以下的罚款。互联网信息服务提供者根据著作权人的通知移除相关内容的，互联网内容提供者可以向互联网信息服务提供者和著作权人一并发出说明被移除内容不侵犯著作权的反通知。反通知发出后，互联网信息服务提供者即可恢复被移除的内容，且对该恢复行为不承担行政法律责任。没有证据表明互联网信息服务提供者明知侵权事实存在的，或者互联网信息服务提

---

〔49〕 现行《著作权法》则基于我国《行政诉讼法》对此有相关规定，删除了该条。此外，其将以前“著作权行政管理部门”的表述改为“主管著作权的部门”。

供者接到著作权人通知后,采取措施移除相关内容的,不承担行政法律责任。[50]

其次是关于著作权行政执法手段的完善。

现行《著作权法》明确赋予了主管著作权的部门查处著作权侵权行为的职权。其第55条第1款规定:“主管著作权的部门对涉嫌侵犯著作权和与著作权有关的权利的行为进行查处时,可以询问有关当事人,调查与涉嫌违法行为有关的情况;对当事人涉嫌违法行为的场所和物品实施现场检查;查阅、复制与涉嫌违法行为有关的合同、发票、账簿以及其他有关资料;对于涉嫌违法行为的场所和物品,可以查封或者扣押。”其第2款规定:“主管著作权的部门依法行使前款规定的职权时,当事人应当予以协助、配合,不得拒绝、阻挠。”该规定在很大程度上借鉴了2019年《商标法》第62条的规定,其实施有利于强化主管著作权的部门的行政职权,及时、有效地制止侵权,加强对著作权的行政保护。

最后是关于追究行政责任与民事司法保护的衔接。

在实践中,针对著作权侵权行为,可能在著作权行政管理部门依法进行查处后,著作权人或者与著作权有关的权利人再向人民法院提起诉讼。这就存在追究著作权侵权的行政责任与民事司法保护的衔接问题。[51] 对此,2002年《审理著作权民事案件适用法律解释》第3条规定:“对著作权行政管理部门查处的侵犯著作权行为,当事人向人民法院提起诉讼追究该行为人民事责任的,人民法院应当受理。人民法院审理已经过著作权行政管理部门处理的侵犯著作权行为的民事纠纷案件,应当对案件事实进行全面审查。”2020年《审理著作权民事案件适用法律解释》第3条则将上述规定修改为:“对著作权行政管理部门查处的侵害著作权行为,当事人向人民法院提起诉讼追究该行为人民事责任的,人民法院应当受理。人民法院审理已经过著作权行政管理部门处理的侵害著作权行为的民事纠纷案件,应当对案件事实进行全面审查。”该修改之处在于将“侵犯著作权”改为“侵害著作权”。实际上,一般在学术研究中未对其进行严格区分。不过,在强调著作权作为一种绝对权和支配权时,用侵害著作权更能体现这一意旨。

3. 刑事责任

对于侵犯著作权的行为,许多国家除提供民事救济措施外,还在《著作权法》或《刑法》中规定了追究刑事责任条款。近年来,随着侵犯著作权的事件日益严重,著作权刑事保护措施有加强的趋势。

刑事责任主要是针对那些严重侵犯著作权的行为,如盗版。其制裁方式主要包括罚金与监禁两种,两者可单独适用,也可以合并使用。刑事责任和民事责任相比,对侵权人的惩罚更严厉,有利于更充分有效地保护著作权人的专有权利。但正是基于刑事制裁对侵权人的惩罚比较严厉,一般国家认为它只适用于那些严重的侵权行为,而且是行为人主观上有过错的侵权行为。[52] 被追究刑事责任的对象也大多限于自然人,除有些国家规定雇主对雇员的著作权侵权行为负间接侵权责任外,许多国家认为刑事上的侵权人仅限于具体实施侵权的人。

---

〔50〕《互联网著作权行政保护办法》第7条、第11条、第12条。

〔51〕参见王迁:《论著作权保护刑民衔接的正当性》,载《法学》2021年第8期。

〔52〕参见杜瑞芳:《试析著作权侵权刑事责任的归责条件》,载《法学评论》2003年第1期。

我国《著作权法》和相关司法解释关于著作权犯罪及其法律责任的规定大致如下所述。

严重侵犯著作权的行为应负刑事责任，是由该行为的社会危害性所决定的。从我国侵犯著作权的实际情况看，人们历来抱有“奇文共赏”的心理，对“文化犯罪”现象熟视无睹，这使情节严重的侵权行为愈演愈烈，严重挫伤了作者或其他著作权人以及传播者的积极性，妨碍了文化科学事业的发展。但是，我国1990年《著作权法》因为多方面原因，未规定刑事处罚措施。随着我国经济、科学文化事业的发展，为著作权提供刑事保护已是一种客观要求。在1994年第八届全国人大常委会第八次会议上，通过了《关于惩治侵犯著作权的犯罪的决定》，建立了著作权犯罪的刑事责任制度。1997年我国《刑法》修订时则在第二编第三章第七节中增设了侵犯著作权罪和销售侵权复制品罪。根据《刑法》规定，2001年修订的《著作权法》首次在著作权立法中规定侵犯著作权构成犯罪的，依法追究刑事责任。2020年12月26日，第十三届全国人民代表大会常务委员会第二十四次会议通过《中华人民共和国刑法修正案（十一）》，2020年修改后的《刑法》（以下简称2020年《刑法》）于2021年3月1日起施行。2020年《刑法》对第二编第三章第七节“侵犯知识产权罪”的定罪量刑规定作了修改，包括构成侵犯知识产权罪的表现形式和刑事责任方面都作了重要改进，从总体上说进一步提高了我国知识产权刑事保护水平。相关内容将在下面继续探讨。

为了增加追究著作权犯罪的可操作性，加大对这类犯罪行为的打击力度，最高人民法院、最高人民检察院联合于2004年通过了《关于办理侵犯知识产权刑事案件具体应用法律若干问题的解释》（以下简称《侵犯知识产权刑事案件应用法律解释》）。2007年4月，最高人民法院和最高人民检察院又通过《关于办理侵犯知识产权刑事案件具体应用法律若干问题的解释（二）》（以下简称《侵犯知识产权刑事案件应用法律解释（二）》）。该司法解释关于侵犯著作权罪规定的显著特点是降低了著作权犯罪的门槛。2020年8月31日最高人民法院审判委员会第1811次会议、2020年8月21日最高人民检察院第十三届检察委员会第四十八次会议又通过《关于办理侵犯知识产权刑事案件具体应用法律若干问题的解释（三）》（以下简称《侵犯知识产权刑事案件应用法律解释（三）》），并于2020年9月14日起施行。《侵犯知识产权刑事案件应用法律解释（三）》第11条明确规定：“本解释发布施行后，之前发布的司法解释和规范性文件与本解释不一致的，以本解释为准。”以下将以《刑法》《侵犯知识产权刑事案件应用法律解释》《侵犯知识产权刑事案件应用法律解释（二）》《侵犯知识产权刑事案件应用法律解释（三）》为基本依据，对我国著作权犯罪的相关规定及其法律适用加以分析。

其一是侵犯著作权罪。

2020年《刑法》第217条规定：“以营利为目的，有下列侵犯著作权或者与著作权有关的权利的情形之一，违法所得数额较大或者有其他严重情节的，处三年以下有期徒刑，并处或者单处罚金；违法所得数额巨大或者有其他特别严重情节的，处三年以上十年以下有期徒刑，并处罚金：（一）未经著作权人许可，复制发行、通过信息网络向公众传播其文字作品、音乐、美术、视听作品、计算机软件及法律、行政法规规定的其他作品的；（二）出版他人享有专有出版权的图书的；（三）未经录音录像制作者许可，复制发行、通过信息网络向公众传播其制作的录音录像的;[53](四)未经表演者许可,复制发行录有其表演的录音录像制品,或者通过信息网络向公众传播其表演的;(五)制作、出售假冒他人署名的美术作品的;(六)未经著作权人或者与著作权有关的权利人许可,故意避开或者破坏权利人为其作品、录音录像制品等采取的保护著作权或者与著作权有关的权利的技术措施的。"[54]

将上述规定和2020年修改前《刑法》第217条规定相比,可以发现有以下改进:(1)将构成著作权罪的行为从模拟空间拓展到信息网络空间,适应了信息网络技术发展加强对著作权保护的迫切需要。[55] 在信息网络环境下,通过信息网络传播作品、录音录像、表演已成为常态,这种传播离不开复制这一基本的传播手段。将通过信息网络向公众传播受法律保护的作品、录音录像和表演纳入著作权刑事保护范围,有利于强化对信息网络环境下著作权和与著作权有关的权利的保护,实现著作权制度的现代化。(2)将部分侵害表演者行为纳入著作权和与著作权有关的权利的犯罪范畴,有利于提高我国对表演者权的保护水平,促进我国表演事业发展。(3)将故意避开或者破坏权利人为其作品、录音录像制品等采取的保护著作权或者与著作权有关的权利的技术措施的行为纳入著作权和与著作权有关的权利的犯罪范畴,有利于加强对权利人采取自力救济措施的保护,为权利人通过技术措施保护自身权利提供"护身符"。(4)对于违法所得数额巨大或者有其他特别严重情节的著作权犯罪行为提高了刑期,由原先的最高7年提高到10年,显然提高了对著作权犯罪的惩处力度,有利于对情节特别严重的著作权犯罪行为"重拳出击",有力遏制严重侵犯著作权的犯罪行为。

又根据《刑法》第220条规定,单位犯这一罪的,对单位判处罚金,并对其直接负责的主管人员和其他直接责任人员,依照第217条的规定处罚。

上述侵犯著作权的行为,包含了侵犯与著作权有关的权利的行为,即侵犯邻接权的行为,同时还包括了侵犯技术措施保护的行为。

其中,上述第(1)项至第(4)项是通常所说的"盗版行为",包括对受著作权保护作品的盗版和受邻接权保护的包含表演者表演的录音录像制品的盗版。上述行为在不构成犯罪的情况下,根据前面的分析,仍可能需要承担行政责任。为增加法律适用的可操作性,《侵犯知识产权刑事案件应用法律解释》第5条规定,以营利为目的,实施上述行为之一,违法所得数额在3万元以上的,属于"违法所得数额较大";具有下列情形之一的,属于"有其他严重情节",应当以侵犯著作权罪判处3年以下有期徒刑或者拘役,并处或者单处罚金:非法经营数额在5万元以上的;未经著作权人许可,复制发行其文字作品、音乐、电影、电视、录像作品、计算机软件及

---

[53] 根据最高人民法院、最高人民检察院《关于办理侵犯著作权刑事案件中涉及录音录像制品有关问题的批复》(法释〔2005〕12号)的规定,以营利为目的,未经录音录像制作者许可,复制发行其制作的录音录像制品的行为,复制品的数量标准分别适用最高人民法院、最高人民检察院《侵犯知识产权刑事案件应用法律解释》第5条第1款第(2)项、第2款第(2)项的规定。未经录音录像制作者许可,通过信息网络传播其制作的录音录像制品的行为,应当视为《刑法》第217条第(3)项规定的"复制发行"。

[54] 参见徐宏、陈颖:《侵犯著作权罪实证研究——以上海市近5年的裁判文书为分析样本》,载《中国出版》2019年第2期。

[55] 参见李芳芳:《网络著作权犯罪刑罚威慑效能实证研究——以〈刑法修正案(十一)〉对侵犯著作权罪的修改为背景》,载《山东大学学报(哲学社会科学版)》2021年第3期。

其他作品，复制品数量合计在1千张(份)以上的；其他严重情节的情形。[56] 以营利为目的，实施《刑法》上述行为之一，违法所得数额在15万元以上的，属于"违法所得数额巨大"；具有下列情形之一的，属于"有其他特别严重情节"，应当以侵犯著作权罪判处3年以上7年以下有期徒刑，并处罚金：非法经营数额在25万元以上的；未经著作权人许可，复制发行其文字作品、音乐、电影、电视、录像作品、计算机软件及其他作品，复制品数量合计在5千张(份)以上的；其他特别严重情节的情形。

该司法解释第11条还规定，上述"以营利为目的"包括以刊登收费广告等方式直接或者间接收取费用的情形。"未经著作权人许可"，则是指没有得到著作权人授权或者伪造、涂改著作权人授权许可文件或者超出授权许可范围的情形。此外，通过信息网络向公众传播他人文字作品、音乐、电影、电视、录像作品、计算机软件及其他作品的行为，应当视为《刑法》第217条规定的"复制发行"。[57]

《侵犯知识产权刑事案件应用法律解释(二)》第1条则规定，以营利为目的，未经著作权人许可，复制发行其文字作品、音乐、电影、电视、录像作品、计算机软件及其他作品，复制品数量合计在500张(份)以上的，属于《刑法》第217条规定的"有其他严重情节"；复制品数量在2500张(份)以上的，属于《刑法》第217条规定的"有其他特别严重情节"。其第2条规定：《刑法》第217条侵犯著作权罪中的"复制发行"，包括复制、发行或者既复制又发行的行为。侵权产品的持有人通过广告、征订等方式推销侵权产品的，属于《刑法》第217条规定的"发行"。非法出版、复制、发行他人作品，侵犯著作权构成犯罪的，按照侵犯著作权罪定罪处罚。可见，《侵犯知识产权刑事案件应用法律解释(二)》进一步降低了侵犯著作权罪的门槛。根据其第7条规定，以前发布的司法解释与本解释不一致的，以本解释为准。即在上述规定发生冲突时，以该司法解释的规定为准，如复制发行著作权人的文字作品、音乐、电影、电视、录像作品、计算机软件及其他作品，复制品数量合计以500张(份)作为量刑起点，而不再以1千张(份)为基础。[58]

上述2020年《刑法》第217条规定的第(5)项著作权犯罪行为属于假冒行为。关于制作、销售假冒他人署名的作品这类著作权侵权行为，前面已经进行了介绍和分析。需要注意的是，《刑法》并未将制作、销售所有假冒他人署名的作品行为纳入侵犯著作权罪的范畴，而是将其限定为美术作品。这是因为现实中这类被假冒的作品多见于美术作品，不必将所有作品被假

---

〔56〕《侵犯知识产权刑事案件应用法律解释》第12条规定，本解释所称"非法经营数额"，是指行为人在实施侵犯知识产权行为过程中，制造、储存、运输、销售侵权产品的价值。已销售的侵权产品的价值，按照实际销售的价格计算。制造、储存、运输和未销售的侵权产品的价值，按照标价或者已经查清的侵权产品的实际销售平均价格计算。侵权产品没有标价或者无法查清其实际销售价格的，按照被侵权产品的市场中间价格计算。多次实施侵犯知识产权行为，未经行政处理或者刑事处罚的，非法经营数额、违法所得数额或者销售金额累计计算。这一规定显然也适用于侵犯著作权罪。

〔57〕参见陈志鑫：《"双层社会"背景下侵犯著作权罪定罪量刑标准新构——基于306份刑事判决书的实证分析》，载《政治与法律》2015年第11期。

〔58〕另外，《侵犯知识产权刑事案件应用法律解释(二)》第4条规定，对于侵犯知识产权犯罪的，人民法院应当综合考虑犯罪的违法所得、非法经营数额、给权利人造成的损失、社会危害性等情节，依法判处罚金。罚金数额一般在违法所得的1倍以上5倍以下，或者按照非法经营数额的50%以上1倍以下确定。这一规定当然也适用于侵犯著作权罪。

冒行为都纳入刑事制裁。至于2020年《刑法》第217条规定的第(6)项行为,则是针对信息网络环境下技术措施保护而新增加的刑事责任类型,新增这一规定也是对现行《著作权法》第53条关于技术措施刑事责任规定的回应。[59] 可以预计,上述行为被纳入刑事制裁,必将有力地遏制在信息网络环境下未经著作权人或者与著作权有关的权利人许可而故意避开或者破坏权利人为其作品、录音录像制品等采取的保护著作权或者与著作权有关的权利的技术措施的行为,为著作权和与著作权有关权利的保护提供更加充分的法律保障。

关于2020年《刑法》第217条规定的构成著作权犯罪的行为,还值得一提的是《侵犯知识产权刑事案件应用法律解释(三)》对于相关署名的认定以及"未经著作权人许可""未经录音制作者许可"的内涵做了补充。其第2条第1款规定:"在刑法第二百一十七条规定的作品、录音制品上以通常方式署名的自然人、法人或者非法人组织,应当推定为著作权人或者录音制作者,且该作品、录音制品上存在相应权利,但有相反证明的除外。"其第2款规定:"在涉案作品、录音制品种类众多且权利人分散的案件中,有证据证明涉案复制品系非法出版、复制发行,且出版者、复制发行者不能提供获得著作权人、录音制作者许可的相关证据材料的,可以认定为刑法第二百一十七条规定的'未经著作权人许可''未经录音制作者许可'。但是,有证据证明权利人放弃权利、涉案作品的著作权或者录音制品的有关权利不受我国著作权法保护、权利保护期限已经届满的除外。"就上述第1款规定而言,实际上是沿用了前述著作权法理论与立法中"如无相反证明,在作品上署名的人为作者"的作者推定规则。同时,该规定将作者推定规则拓展到录音制品上的署名。在理解这一规定时,还需要注意以下几点:(1)应当是根据通常的署名方式,而不是特殊的署名方式;(2)作品、录音制品上存在着相应权利,这是主张权利的基础,如果作品或录音制品保护期限届满,则该作品或者录音制品不再受到法律保护,更谈不上构成犯罪问题;(3)如果有相反的证明,就可以推翻前述按照署名确定权利主体的推定。就上述第2款规定而言,需要重视以下例外的情况:有证据证明权利人放弃权利、涉案作品的著作权或者录音制品的有关权利不受我国著作权法保护、权利保护期限已经届满。这是因为,上述任何一种例外情况的出现,都会使原先的作品著作权人或者录音制作者权主体不再对涉案作品或者录音制品享有权利,自然也不存在构成著作权犯罪的问题。可以认为,上述司法解释第2条的规定,对于正确理解和适用2020年《刑法》第217条规定,特别是罪与非罪的界限十分重要。

其二是销售侵权复制品罪。

2020年修正前《刑法》第218条规定:"以营利为目的,销售明知是本法第二百一十七条规定的侵权复制品,违法所得数额巨大的,处三年以下有期徒刑或者拘役,并处或者单处罚金。"2020年《刑法》第218条则规定:"以营利为目的,销售明知是本法第二百一十七条规定的侵权复制品,违法所得数额巨大或者有其他严重情节的,处五年以下有期徒刑,并处或者单处罚金。"比较修法前后的规定,很明显修法后提高了销售侵权复制品罪的刑期,即将最高刑期由3年提高到5年,这一修改,必然有利于更好地遏制销售侵犯著作权的复制品的犯罪行为,从而

[59] 参见欧阳本祺:《论网络环境下著作权侵权的刑事归责——以网络服务提供者的刑事责任为中心》,载《法学家》2018年第3期。

更好地维护著作权人合法权益、消费者利益和社会公共利益。

这里的侵权复制品，是2020年《刑法》第217条规定的侵犯著作权以及与著作权有关权益的侵权复制品。[60] 根据2020年《刑法》第220条规定，单位犯这一罪的，对单位判处罚金，并对其直接负责的主管人员和其他直接责任人员，依照第218条的规定处罚。

《侵犯知识产权刑事案件应用法律解释》第6条规定，以营利为目的，实施上述行为，违法所得数额在10万元以上的，属于"违法所得数额巨大"，应当以销售侵权复制品罪判处3年以下有期徒刑或者拘役，并处或者单处罚金。

其三是缓刑、数罪并罚、从轻处罚、共同犯罪等问题。

《侵犯知识产权刑事案件应用法律解释（二）》第3条规定，侵犯知识产权犯罪，符合刑法规定的缓刑条件的，依法适用缓刑。有下列情形之一的，一般不适用缓刑：（1）因侵犯知识产权被刑事处罚或者行政处罚后，再次侵犯知识产权构成犯罪的；（2）不具有悔罪表现的；（3）拒不交出违法所得的；（4）其他不宜适用缓刑的情形。《侵犯知识产权刑事案件应用法律解释（三）》第8条则规定："具有下列情形之一的，可以酌情从重处罚，一般不适用缓刑：（一）主要以侵犯知识产权为业的；（二）因侵犯知识产权被行政处罚后再次侵犯知识产权构成犯罪的；（三）在重大自然灾害、事故灾难、公共卫生事件期间，假冒抢险救灾、防疫物资等商品的注册商标的；（四）拒不交出违法所得的。"该规定对前述第3条规定作了修改，因此应当以该规定为准。其中，第（三）项涉及的是假冒注册商标犯罪问题，与著作权犯罪没有联系，因而并不适用著作权犯罪问题。比较而言，修改后规定更加明确、合理。

《侵犯知识产权刑事案件应用法律解释》第14条规定，实施《刑法》第217条规定的侵犯著作权犯罪，又销售该侵权复制品，构成犯罪的，应当依照《刑法》第217条的规定，以侵犯著作权罪定罪处罚。实施《刑法》第217条规定的侵犯著作权犯罪，又销售明知是他人的侵权复制品，构成犯罪的，应当实行数罪并罚。

《侵犯知识产权刑事案件应用法律解释（三）》第9条规定："具有下列情形之一的，可以酌情从轻处罚：（一）认罪认罚的；（二）取得权利人谅解的；（三）具有悔罪表现的；（四）以不正当手段获取权利人的商业秘密后尚未披露、使用或者允许他人使用的。"其中，第（四）项是专门针对商业秘密保护所作的规定，与著作权犯罪无关。其他规定可适用于侵犯著作权犯罪酌情从轻处罚的情形。

《侵犯知识产权刑事案件应用法律解释》第16条规定，明知他人实施侵犯知识产权犯罪，而为其提供贷款、资金、账号、发票、证明、许可证件，或者提供生产、经营场所或者运输、储存、代理进出口等便利条件、帮助的，以侵犯知识产权犯罪的共犯论处。侵犯著作权犯罪也适用于本规定。

其四是关于侵犯著作权的复制品及主要用于制造侵权复制品的材料和工具的没收和销毁问题。

侵犯著作权的复制品及主要用于制造侵权复制品的材料和工具，既是侵权的证据，也是继

[60] 参见杨帆、张海宏：《销售侵权复制品罪虚置之争的再思考——基于功利主义知识产权刑事政策立场的评析》，载《政治与法律》2014年第3期。

续实施侵权的手段。为了有效遏制著作权侵权行为,如前所述,现行《著作权法》第 54 条第 5 款规定,人民法院审理著作权纠纷案件,应权利人请求,对侵权复制品,除特殊情况外,责令销毁;对主要用于制造侵权复制品的材料、工具、设备等,责令销毁,且不予补偿;或者在特殊情况下,责令禁止前述材料、工具、设备等进入商业渠道,且不予补偿。

《关于加强著作权和与著作权有关的权利保护的意见》(法发〔2020〕42 号)第六部分指出:"当事人请求立即销毁侵权复制品以及主要用于生产或者制造侵权复制品的材料和工具,除特殊情况外,人民法院在民事诉讼中应当予以支持,在刑事诉讼中应当依职权责令销毁。在特殊情况下不宜销毁的,人民法院可以责令侵权人在商业渠道之外以适当方式对上述材料和工具予以处置,以尽可能消除进一步侵权的风险。销毁或者处置费用由侵权人承担,侵权人请求补偿的,人民法院不予支持。在刑事诉讼中,权利人以为后续可能提起的民事或者行政诉讼保全证据为由,请求对侵权复制品及材料和工具暂不销毁的,人民法院可以予以支持。权利人在后续民事或者行政案件中请求侵权人赔偿其垫付的保管费用的,人民法院可以予以支持。"该政策性文件对于著作权刑事案件中如何没收和销毁侵犯著作权的复制品及主要用于制造侵权复制品的材料和工具提供了指引,并且对于相关民事案件和行政案件的衔接问题也作出了规范,有利于指导人民法院妥善解决著作权案件。

根据《侵犯知识产权刑事案件应用法律解释(三)》第 7 条规定,除特殊情况外,侵犯著作权的复制品、主要用于制造侵权复制品的材料和工具,应当依法予以没收和销毁。上述物品需要作为民事、行政案件的证据使用的,经权利人申请,可以在民事、行政案件终结后或者采取取样、拍照等方式对证据固定后予以销毁。这一规定,对于处理侵犯著作权的复制品、主要用于制造侵权复制品的材料和工具提出了更明确的规范。

应当说,上述几方面规定对于侵犯著作权的复制品及主要用于制造侵权复制品的材料和工具的没收和销毁问题都有明确的结论,即在一般情况下应予以没收和销毁;在特殊情况下,如权利人以为后续可能提起的民事或者行政诉讼保全证据为由请求对侵权复制品及材料和工具暂不销毁,则可以支持。当然,上述规定从效力上看,2020 年《著作权法》最高,其次为《侵犯知识产权刑事案件应用法律解释(三)》这一司法解释,再次为《关于加强著作权和与著作权有关的权利保护的意见》这一指导性文件。

其五是著作权犯罪罚金适用的标准。

罚金,是刑事处罚的一种形式。如前所述,在著作权犯罪案件中,罚金也是一种重要的刑罚。对此,《侵犯知识产权刑事案件应用法律解释(二)》第 4 条规定:"对于侵犯知识产权犯罪的,人民法院应当综合考虑犯罪的违法所得、非法经营数额、给权利人造成的损失、社会危害性等情节,依法判处罚金。罚金数额一般在违法所得的一倍以上五倍以下,或者按照非法经营数额的 50% 以上一倍以下确定。"《侵犯知识产权刑事案件应用法律解释(三)》第 10 条第 1 款规定:"对于侵犯知识产权犯罪的,应当综合考虑犯罪违法所得数额、非法经营数额、给权利人造成的损失数额、侵权假冒物品数量及社会危害性等情节,依法判处罚金。"其第 2 款规定:"罚金数额一般在违法所得数额的一倍以上五倍以下确定。违法所得数额无法查清的,罚金数额一般按照非法经营数额的百分之五十以上一倍以下确定。违法所得数额和非法经营数额均无法查清,判处三年以下有期徒刑、拘役、管制或者单处罚金的,一般在三万元以上一百万元以下确定罚金数额;判处三年以上有期徒刑的,一般在十五万元以上五百万元以下确定罚金数额。”由此可见,修改后的司法解释对于罚金刑的规定更具有可操作性,便于在著作权等知识产权犯罪案件中更好地适用这一刑事处罚形式。

其六是侵犯著作权罪案件的自诉和公诉问题。

《侵犯知识产权刑事案件应用法律解释(三)》第 5 条规定:“被害人有证据证明的侵犯知识产权刑事案件,直接向人民法院起诉的,人民法院应当依法受理;严重危害社会秩序和国家利益的侵犯知识产权刑事案件,由人民检察院依法提起公诉。”这一规定自然适用于侵犯著作权刑事案件的自诉和公诉的受理。这类案件属于刑事案件,适用我国《刑事诉讼法》规定的程序。在此不赘述。

第三节　技术措施与权利管理信息的保护与限制

一、技术措施的保护与限制

技术措施,一般是指权利人针对第三人未经许可或法律准许而采取的解密行为,以防范侵权为目的,利用加密技术实施的保护性措施。针对受著作权的保护的作品,技术措施是权利人为了防止他人非法接触、使用其作品而采取的技术手段。按照技术措施的基本功能,可以将其分为控制接触作品的技术措施、控制使用作品的技术措施、控制传播作品的技术措施、识别非授权作品的技术措施等类型。这些技术保护手段也是针对日益严重的网络著作权侵权现象而出现的,是为回应信息网络技术的迅猛发展而被纳入著作权保护体系中的。[61] 从在网络空间合理分配权利和义务的角度来说,技术措施的出现是著作权人利益与用户、网络传播者和社会公众之间利益平衡的产物。

著作权保护的技术措施实质上是在网络环境下对著作权进行权利管理的内涵之一。技术措施确保了著作权人对在线作品内容的控制,有利于改善在网络环境下著作权人对其著作权的保护所处的劣势地位,并有效地保护其作品著作权。因而,近些年来随着信息网络技术的急速发展,技术措施保护制度逐渐被各国著作权法所接受并被有关国际公约所肯定。就国际公约而言,《世界知识产权组织版权条约》(WCT)和《世界知识产权组织表演和录音制品条约》(WPPT)即分别规定了技术保护措施制度。

2001 年修改的《著作权法》规定了技术措施保护。根据其第 47 条第(6)项规定,除法律、行政法规另有规定的外,未经著作权人或者与著作权有关的权利人许可,故意避开或者破坏权利人为其作品、录音录像制品等采取的保护著作权或者与著作权有关的权利的技术措施的,应当承担民事侵权责任;同时损害公共利益的,可以承担行政责任;情节严重构成犯罪的,承担刑事责任。2010 年《著作权法》第 48 条维持了 2001 年《著作权法》的规定。从强化技术措施保护的目的看,前述规定在内容方面仍不够全面,如没有涉及控制作品访问的技术措施,没有对

〔61〕 参见王迁:《版权法保护技术措施的正当性》,载《法学研究》2011 年第 4 期。

规避技术措施的设备、装置的生产、使用和销售问题作出规定,也没有对故意为他人避开或者破坏技术措施提供技术服务作出规定。同时,对技术措施的保护没有任何限制性规定,不符合技术措施保护与限制的利益平衡原理和实际需要。此外,技术措施的保护对象除了作品和录音录像制品外,没有规定对表演采取技术措施。[62] 基于上述不足,现行《著作权法》对技术措施保护作了较多的改进和完善。

现行《著作权法》第 49 条第 1 款规定:“为保护著作权和与著作权有关的权利,权利人可以采取技术措施。”其第 2 款规定:未经权利人许可,任何组织或者个人不得故意避开或者破坏技术措施,不得以避开或者破坏技术措施为目的制造、进口或者向公众提供有关装置或者部件,不得故意为他人避开或者破坏技术措施提供技术服务。但是,法律、行政法规规定可以避开的情形除外。”其第 3 款规定:“本法所称的技术措施,是指用于防止、限制未经权利人许可浏览、欣赏作品、表演、录音录像制品或者通过信息网络向公众提供作品、表演、录音录像制品的有效技术、装置或者部件。”

从上述规定看,在技术措施保护方面,2020 年《著作权法》修改后有以下进展:(1)明确了技术措施的保护不仅包括著作权保护,而且包括与著作权有关的权利的保护;(2)将技术措施保护的范围和内容大大扩大,除了 2010 年《著作权法》规定的故意避开或者破坏权利人为其作品、录音录像制品等采取的保护著作权或者与著作权有关的权利的技术措施的行为外,还增加了以避开或者破坏技术措施为目的制造、进口或者向公众提供有关装置或者部件,以及故意为他人避开或者破坏技术措施提供技术服务的行为,这样就使得技术措施能够很好地发挥在保护著作权以及与著作权有关的权利方面的作用;(3)在技术措施的保护对象方面,增加了表演这一类型,从而有利于在信息网络环境下加强对表演者权的保护。

现行《著作权法》第 49 条是《著作权法》第三次修改新增加的规定,其为著作权人、与著作权有关的权利人通过技术措施保护自身合法权益提供了实体性的权利。在理论上,这一权利又被称为“技术措施权”。不过,这一权利本身不能被称为“著作权”或者“与著作权有关的权利”,因为其既不是来源于作品的创作,也不是源于作品的传播,只不过是对作品和作品的传播采取的保护性措施。

“有权利必有救济。”就技术措施的保护而言,如前所述,根据现行《著作权法》第 53 条规定,除法律、行政法规另有规定的除外,未经著作权人或者与著作权有关的权利人许可,故意避开或者破坏技术措施的,故意制造、进口或者向他人提供主要用于避开、破坏技术措施的装置或者部件的,或者故意为他人避开或者破坏技术措施提供技术服务,应当根据情况,承担其第 52 条规定的民事责任;侵权行为同时损害公共利益的,由主管著作权的部门责令停止侵权行为,予以警告,没收违法所得,没收、无害化销毁处理侵权复制品以及主要用于制作侵权复制品的材料、工具、设备等,违法经营额 5 万元以上的,可以并处违法经营额 1 倍以上 5 倍以下的罚款;没有违法经营额、违法经营额难以计算或者不足 5 万元的,可以并处 25 万元以下的罚款;构成犯罪的,依法追究刑事责任。

---

〔62〕 参见刘颖:《版权法上技术措施的范围》,载《法学评论》2017 年第 3 期;王迁:《论禁止规避技术措施的范围》,载《法学家》2016 年第 6 期。

在实践中,侵犯技术措施的著作权纠纷案件并不少见。仅以网吧下载提供“外挂”行为为例,国家版权局在《关于网吧下载提供“外挂”是否承担法律责任的意见》(国权办〔2004〕19号)指出:网吧下载“外挂”程序并向顾客提供,或者明知下载“外挂”程序系顾客利用网吧服务器分配的空间所为,却不制止并继续向他人提供的,属于《著作权法》禁止的未经著作权人或者与著作权有关的权利人许可,故意避开或者破坏权利人为其作品、录音录像制品等采取的保护著作权或者与著作权有关的权利的技术措施,未经著作权人或者与著作权有关的权利人许可,故意删除或者改变作品录音录像制品等的权利管理电子信息的侵权行为。网吧有足够的证据证明显示器提供的“外挂”程序非其下载,且确不知情的,应当删除下载的“外挂”程序。拒不删除的,可以故意侵权论处。

关于《著作权法》规定的技术措施的保护,值得进一步探讨的是技术措施保护的限制问题。技术措施保护是一把“双刃剑”,其在有效保护著作权人或者与著作权有关的权利人的同时,也可能限制了在正常情况下人们能够通过合理使用等方式使用作品、表演、录音录像制品的权利与自由,还可能会损及著作权法旨在实现的公共利益。因此,为了实现技术措施保护的目的、维系著作权法中的利益平衡机制,在充分、有效保护技术措施时,也同样需要对其给予一定的限制。[63] 就增加限制性内容来说,需要重视以下内容:(1)确立对技术措施限制的原则,如明确规定著作权法对著作权限制的规定也适用于对与著作权有关权利的限制。(2)需要明确技术措施限制的具体表现形式与条件,如借鉴美国《数字千年著作权法》(DMCA)的做法,以列举的形式规定技术措施限制与例外的类型、表现与条件,如加密测试、反向工程、非营利性机构的使用等。

值得指出的是,2010年《著作权法》修订前,2006年颁行及2013年修正的《信息网络传播权保护条例》即为互联网服务提供商等网络空间使用、传播享有著作权的作品的主体提供了若干著作权侵权责任限制与免除制度。针对前面讨论的技术措施的限制问题,《信息网络传播权保护条例》规定在特定情况下,为了公共利益等目的而破解技术措施的,不构成著作权侵权。根据2013年《信息网络传播权保护条例》第12条规定,属于下列情形的,可以避开技术措施,但不得向他人提供避开技术措施的技术、装置或者部件,不得侵犯权利人依法享有的其他权利:(1)为学校课堂教学或者科学研究,通过信息网络向少数教学、科研人员提供已经发表的作品、表演、录音录像制品,而该作品、表演、录音录像制品只能通过信息网络获取;(2)不以营利为目的,通过信息网络以盲人能够感知的独特方式向盲人提供已经发表的文字作品,而该作品只能通过信息网络获取;(3)国家机关依照行政、司法程序执行公务;(4)在信息网络上对计算机及其系统或者网络的安全性能进行测试。作为网络空间传播和使用作品的重要主体,互联网服务提供商自然也可以利用这一规定避开技术措施。

现行《著作权法》合理吸收了2013年《信息网络传播权保护条例》上述规定。其第50条第1款规定:“下列情形可以避开技术措施,但不得向他人提供避开技术措施的技术、装置或者部件,不得侵犯权利人依法享有的其他权利:(一)为学校课堂教学或者科学研究,提供少量已经发表的作品,供教学或者科研人员使用,而该作品无法通过正常途径获取;(二)不以营利为

---

〔63〕 冯晓青:《知识产权法利益平衡理论》,中国政法大学出版社2006年版,第644～650页。

目的，以阅读障碍者能够感知的无障碍方式向其提供已经发表的作品，而该作品无法通过正常途径获取；（三）国家机关依照行政、监察、司法程序执行公务；（四）对计算机及其系统或者网络的安全性能进行测试；（五）进行加密研究或者计算机软件反向工程研究。”其第2款规定：“前款规定适用于对与著作权有关的权利的限制。”

从以上规定看，其明显地优化了《信息网络传播权保护条例》关于技术措施保护限制的规定。例如，《信息网络传播权保护条例》基于学校课堂教学或者科学研究的规定，将作品、表演、录音录像制品使用条件限于“只能通过信息网络获取”，而现行《著作权法》上述规定将使用条件改为“无法通过正常途径获取”，这样就将技术措施限制的范围扩大。又如，现行《著作权法》对技术措施的限制，增加了“进行加密研究或者计算机软件反向工程研究”。〔64〕此外，其还通过第2款明确了第1款规定适用于对于著作权有关的权利的限制。可以预料，修改以后的技术措施保护与限制制度，能够更好地适应信息网络技术及其产业发展需要，使技术措施在有效保护著作权以及与著作权有关的权利的同时，防止因为保护过度、技术措施滥用〔65〕等行为而损害公众正常接近和利用受著作权以及与著作权有关的权利保护智力成果的权利与自由，实现私权保护与维护公共利益的有效平衡。

二、权利管理信息的保护

如前所述，我国2001年在修改《著作权法》时，增加了对技术措施和权利管理电子信息的保护。这一规定也是遵循国际条约的需要。例如，《世界知识产权组织版权条约》第12条规定了缔约各方的权利管理信息保护的义务，即缔约各方应规定适当和有效的法律补救办法，制止任何人明知或就民事补救而言有合理根据知道其行为会诱使、促成、便利或包庇对本条约或《伯尔尼公约》所涵盖的任何权利的侵犯而故意从事以下行为：未经许可去除或改变任何权利管理的电子信息；未经许可发行、为发行目的进口、广播或向公众传播明知已被未经许可去除或改变权利管理电子信息的作品或作品的复制品。《世界知识产权组织表演和录音制品条约》第19条也规定了权利管理信息保护的义务，即缔约各方应规定适当和有效的法律补救办法，制止任何人明知或就民事补救而言有合理根据知道其行为会诱使、促成、便利或包庇对本条约所涵盖的任何权利的侵犯而故意从事以下行为：未经许可去除或改变任何权利管理的电子信息；未经许可发行、为发行目的进口、广播、向公众传播或提供明知已被未经许可去除或改变权利管理电子信息的表演、录制的表演或录音制品的复制品。〔66〕上述行为，显系侵犯著作权人或者与著作权有关的权利人对其权利管理信息的权利。当然，在法律、行政法规另有规定的情况下，则不能以侵权论处。

2006年《信息网络传播权保护条例》第26条第4款规定：“权利管理电子信息，是指说明作品及其作者、表演及其表演者、录音录像制品及其制作者的信息，作品、表演、录音录像制品权利人的信息和使用条件的信息，以及表示上述信息的数字或者代码。”需要指出的是，在

---

〔64〕 参见张吉豫：《软件反向工程的合法性及立法建议》，载《中国法学》2013年第4期。

〔65〕 参见王迁：《论版权法对滥用技术措施行为的规制》，载《现代法学》2018年第4期。

〔66〕 参见湛茜：《因特网条约权利管理信息条款研究——兼论我国〈著作权法〉第三次修改》，载《暨南学报（哲学社会科学版）》2015年第2期。

2001 年、2010 年《著作权法》中，使用的是“权利管理电子信息”的概念，而不是现行《著作权法》中的“权利管理信息”的概念。现行《著作权法》之所以作出上述修改，是因为从实践中对著作权和与著作权有关权利的保护的角度看，电子信息以外的权利管理信息也可以实现相同的目的，将“权利管理电子信息”改为“权利管理信息”扩大了权利管理信息的内容和范围，有利于充分利用权利管理信息手段加强对著作权和与著作权有关的权利的保护。

关于权利管理信息的保护，依照 2010 年《著作权法》第 48 条第（7）项针对“权利管理电子信息”的保护规定，除法律、行政法规另有规定的除外，未经著作权人或者与著作权有关的权利人许可，故意删除或者改变作品、录音录像制品等的权利管理电子信息的，应当承担民事责任；同时损害公共利益的，承担行政责任；情节严重，构成犯罪的，承担刑事责任。现行《著作权法》第 51 条则新增了著作权人、与著作权有关的权利人享有的对权利管理信息的禁止权。具体内容如下：“未经权利人许可，不得进行下列行为：（一）故意删除或者改变作品、版式设计、表演、录音录像制品或者广播、电视上的权利管理信息，但由于技术上的原因无法避免的除外；（二）知道或者应当知道作品、版式设计、表演、录音录像制品或者广播、电视上的权利管理信息未经许可被删除或者改变，仍然向公众提供。”该规定适当借鉴了前述《世界知识产权组织版权条约》第 12 条和《世界知识产权组织表演和录音制品条约》第 19 条的规定，不仅对于著作权客体即作品上的权利管理信息的保护做了规定，而且对于与著作权有关的权利的保护对象，包括版式设计、表演、录音录像制品或者广播、电视上的权利管理信息的保护做了规定。同时，基于过错行为而擅自向公众提供权利管理信息被删除或者改变的作品、版式设计、表演、录音录像制品或者广播、电视的行为也被禁止。这样就为权利管理信息提供了比较全面的保护，有利于帮助著作权人以及与著作权有关的权利人行使权利，防止侵权的发生。

此外，同样基于有权利必有救济的原则，现行《著作权法》第 53 条第 1 款第（7）项规定了未经著作权人或者与著作权有关的权利人许可故意删除或者改变作品、版式设计、表演、录音录像制品或者广播、电视上的权利管理信息的法律责任。具体内容是，除法律、行政法规另有规定的除外，未经著作权人或者与著作权有关的权利人许可，故意删除或者改变作品、版式设计、表演、录音录像制品或者广播、电视上的权利管理信息的，知道或者应当知道作品、版式设计、表演、录音录像制品或者广播、电视上的权利管理信息未经许可被删除或者改变，仍然向公众提供的，应当承担侵权的民事责任；同时损害公共利益的，承担行政责任；情节严重，构成犯罪的，应承担刑事责任。这一规定，能够有力地制止和威慑侵害权利管理信息的行为，从而更好地利用权利管理信息保护制度保护著作权和与著作权有关的权利。

本章案例研讨

◈ 角色扮演类(RPG)电子游戏著作权侵权认定及其法律责任

苏州某网络科技股份有限公司、浙江某网络科技有限公司著作权权属、侵权纠纷案[67]

浙江某网络科技有限公司(以下简称浙江某网络公司)、上海某网络科技有限公司(以下简称上海某网络公司)以苏州某网络科技股份有限公司(以下简称苏州某网络公司)为被告,向杭州市中级人民法院提起诉讼,请求判令苏州某网络公司立即停止以复制、发行及通过信息网络传播等方式向公众提供、宣传、运营《烈焰武尊》手机游戏,消除影响,并赔偿损失。

杭州市中级人民法院将该案争议焦点概括为:其一,浙江某网络公司与上海某网络公司在本案中所主张内容能否受到著作权法保护;其二,上海某网络公司有无诉讼主体资格;其三,若前两个争点中浙江某网络公司与上海某网络公司的主张成立,《烈焰武尊》是否构成侵权;其四,若前三个争点中浙江某网络公司与上海某网络公司的主张成立,苏州某网络公司应当如何承担责任。

关于浙江某网络公司与上海某网络公司在本案中所主张内容能否受到著作权法保护,法院认为:本案中,因涉案客体所属领域及可复制性并无争议,故着重关注其是否属于独创性表达。著作权法对作品的保护,并非硬性要求一定要将作品作为一个不可分割的整体加以保护,也不是不加甄别地对作品中的任何内容都提供保护。无论在何种情形下,存在独创性表达是获得著作权法保护的前提。

针对角色扮演类(RPG)电子游戏是否可以受到著作权法保护,第一,角色扮演类电子游戏中包含独创性表达。角色扮演类电子游戏其最终呈现在用户面前的是连续的动态画面,可被感知,无疑属于表达的范畴。该连续动态画面是由游戏开发者独立创作出来,且智力创造已达到相当高度,具备独创性。至于在游戏过程中因玩家的不同操作而使画面呈现非唯一性、非固定性的特征,无论玩家如何操作,都只是在游戏所设定的场景中、操作人物完成设定好的动作、表现出设定好的视觉效果,而不会创造出超出游戏开发者设定的新的场景、新的动作、新的视觉效果。故因玩家的操作而产生的画面仍处于游戏开发者独创性智力劳动创造的成果范围之内,不应影响游戏连续动态画面独创性的判断,游戏最终所呈现的连续动态画面属于独创性表达。就游戏所包含的情节而言,角色扮演类电子游戏均有一定的情节,通过情节推进,展现出游戏人物从出生到不断成长、发展的历程。随着情节从抽象到不断具体化,创作者可以选择与安排的空间也越来越大,最终完成的成果也越能体现出创作者的独创性。第二,对角色扮演类电子游戏的保护可以类推适用法律。虽然我国著作权法或其他法律、行政法规中均未明确将游戏或角色扮演类电子游戏明确地类型化为一种作品,但根据法律适用规则,对其存在类推

[67] 选自浙江省高级人民法院(2019)浙民终709号民事判决书。另参见杭州市中级人民法院(2018)浙01民初3728号民事判决书。

适用的空间。

法院接着分别从情节、连续动态画面角度分析了《蓝月传奇》符合著作权保护要件。

关于上海某网络公司的诉讼主体资格，法院认为在案证据足以表明，浙江某网络公司是《蓝月传奇》游戏软件的著作权人。在无相反证据的前提下，《蓝月传奇》游戏中的情节与连续动态画面在著作权法项下的权利人亦为浙江某网络公司。浙江某网络公司与上海某网络公司之间存在合同关系，约定上海某网络公司有权"安装、拷贝、保存、使用，并有权根据协议从事在线游戏服务，演示、展示、出版、发行前述软件、文档及其复制件，并直接或利用预付卡或其他收费途径通过分销商或通过计算机信息网络向最终用户销售、营销及分销"。可见，上海某网络公司取得了《蓝月传奇》游戏复制权、信息网络传播权的授权。因此，浙江某网络公司与上海某网络公司对涉案《蓝月传奇》游戏均享有相应著作权实体性权利。在本案诉讼过程中，浙江某网络公司和上海某网络公司均确认根据双方协议，浙江某网络公司和上海某网络公司可以共同维权。鉴于著作权属于私权，在双方均享有实体权利，并均确认双方享有共同起诉的权利的前提下，上海某网络公司具有提起本案诉讼的主体资格。

关于侵权认定问题，法院首先对《烈焰武尊》与《蓝月传奇》进行了比对。根据查明的事实认为两者存在大量相同或近似之处，具体表现在情节上的近似性、连续动态画面上的近似性，这种近似是著作权法意义上的侵权性质的近似。同时，《烈焰武尊》在《蓝月传奇》面世之后，具有接触《蓝月传奇》的可能性，在《烈焰武尊》再现了《蓝月传奇》的独创性表达的前提下，应当认定《烈焰武尊》为侵权作品。

关于苏州某网络公司因侵权行为所应承担的赔偿责任，根据浙江某网络公司和上海某网络公司关于先行就侵权认定和停止侵权的诉讼请求作出判决的申请，考虑到及时制止侵权的需求，该院先行就浙江某网络公司与上海某网络公司的第1、2项诉讼请求作出判决，对于第3项诉讼请求留待后续诉讼程序再作处理。

综上所述，一审法院于2019年4月26日先行判决：苏州某网络公司立即停止侵害《蓝月传奇》著作权的行为，即立即停止复制或通过信息网络传播《烈焰武尊》手机游戏。苏州某网络公司不服上述判决，向浙江省高级人民法院提起上诉。该院于2019年7月3日立案后，并于同年9月4日、12月3日两次公开开庭进行了审理。

浙江省高级人民法院将二审争议焦点问题归纳为：第一，浙江某网络公司与上海某网络公司主张的《蓝月传奇》游戏内容是否属于著作权法保护的客体。第二，《烈焰武尊》与《蓝月传奇》是否构成实质性相似，苏州某网络公司是否侵害了浙江某网络公司与上海某网络公司的著作权。

关于浙江某网络公司与上海某网络公司主张的《蓝月传奇》游戏内容是否属于著作权法保护的客体，法院认为《蓝月传奇》游戏的故事设定、情节的选择与安排类似于电影剧本的创作；随着玩家操作形成的一系列有伴音或者无伴音的连续动态画面，类似于电影的摄制和成像过程；游戏创作完成后亦可存储在一定介质上，并可借助电脑等数字播放设备予以传播，基于以上特征，《蓝月传奇》游戏可以作为著作权法规定的类似摄制电影的方法创作的作品予以保护。

关于《烈焰武尊》与《蓝月传奇》是否构成实质性相似，苏州某网络公司是否侵害了浙江某网络公司与上海某网络公司的著作权,法院认为:认定在后游戏是否实质利用了在先游戏的独创性表达,应先判断两者单个子系统的特定呈现方式是否构成相同或实质性相似,再看整体游戏架构中对于单个子系统的选择、安排、组合是否实质性相似。对于角色扮演类游戏而言,具体的玩法规则、属性数值策划、技能体系等属于游戏设计的核心部分,美术、配乐等形象设计服务于游戏情节的需要,尽管《烈焰武尊》进行了美术、动画、音乐等内容的再创作,但其在玩法规则的特定呈现方式上利用了《蓝月传奇》的独创性表达,对于普通游戏玩家而言,其所感知到的游戏整体情节相似度极高,故两者整体上构成实质性相似。《烈焰武尊》对《蓝月传奇》游戏特定玩法规则的独创性表达进行了照搬和复制,侵犯了《蓝月传奇》的著作权。

综上所述,二审法院驳回上诉,维持原判。本判决为终审判决,有关本案侵权损害赔偿等部分由一审法院继续审理。

该案涉及角色扮演类(RPG)电子游戏在著作权法中的地位,尤其是如何认识其作品性质,以及这类作品著作权侵权的认定问题。在该案中,浙江某网络公司与上海某网络公司在本案中所主张内容角色扮演类(RPG)电子游戏及其动态画面被一审、二审法院认定为具有独创性的作品并受到著作权保护。在此基础上,法院从实质性相似和接触标准评判了被告作品和原告作品之间的关系,最终认定被告作品构成与原告作品的实质性相似,进而认定被告构成著作权侵权。具体而言,被告行为侵害了原告涉案作品复制权和信息网络传播权。该案还值得关注的是,法院针对损害赔偿额以外的停止侵权问题先行判决。损害赔偿额的界定问题则留待后续继续认定和判决。此种做法的缘由在于尽快制止侵权的蔓延,更好地维护权利人的合法权益。该案为认识涉及电子游戏的著作权客体以及著作权侵权的认定和法律责任界定问题提供了较为重要的指引。

◈ 学术研究中史料运用的独创性与剽窃、抄袭的界限

周某与王某侵害著作权纠纷案〔68〕

周某于2004年4月完成博士学位论文《晚清留日学生与云南近代化》的撰写。其认为被告王某在其著作中擅自引用上述论文并存在抄袭行为。周某遂诉以王某为被告,向昆明市中级人民法院提起著作权侵权诉讼。该院于2015年2月10日公开开庭审理了本案。

法院将争议问题归纳为:其一,原告主张被告擅自使用其论文中的部分内容,构成侵权是否有事实和法律依据;其二,若原告的主张成立,被告应如何承担法律责任。

关于著作权保护的对象,法院认为其是作品中的独创性表达。本案中原告显现出欲以独立的研究形成独创表达的客观表征和意图,其最终完成的论文应受著作权法的保护。被告的作品完成时间晚于原告,其章节安排、章节标题与原告作品不同,两者的篇幅亦有差异,故从作品整体来看,两者的表达并不完全相同,也不构成实质性相似。但原告主张被告作品中涉嫌侵权使用的对象并非其整部作品,而是作品中的局部内容。需要树立的法律适用理念是:保护作

〔68〕 选自昆明市中级人民法院(2015)昆知民初字第117号民事判决书。

品著作权的方式是对其中的独创性表达给予排他性保护，而独创性表达的标的可以是作品的整体，也可以是作品的局部内容。

关于剽窃的内涵，法院认为其是一种特殊的侵害著作权的行为，是指将他人的独创性表达作为自己的作品（以完整作品或作品的局部内容两种方式）来使用，造成对他人创作私益的侵害之同时，亦对社会提供了错误的创作信息，博得本不应有的社会评价和实际利益。若原告能够证明其作品局部内容的表达满足著作权法规定的独创性标准，能够获得著作权法的消极排他保护，被告擅自在其撰写的作品中使用了这些独创性表达，并且以自己名义发表，满足这些法律要件，被告将构成对其著作权的剽窃式侵害。

关于独创性标准的确定，法院认为：独创性必须以独立创作的行为规律及一般表征作为依据。独立创作发端于创作者独立的思想，其间的素材准备亦独立完成，最后运用自己习惯的词汇语言独立完成作品。在创作过程和结果中均能显现作者的个性化元素，因此，独创的法律涵义就是具有个性化的创作行为，独创性的判定标准就是看作品表达中是否呈现出与同等创作人（实际的或者拟制的）有区别的、专属于特定作者的个性化表达。本案中，评判原告作品部分内容的表达是否满足独创性标准则须从史学研究的规律谈起。史学研究同样应当遵循独立研究这一基本的学术研究准则。有鉴于史学研究的规律，具有相当程度个性化特征的史料文献引用表述一方面可以满足独创性标准，另一方面创造出独特的学术价值，理应得到著作权法的保护；当然对于历史事实的描述，与自由表达之空间有限的自然科学事实描述不同，它没有固定的程式和语言、词汇的限制，只要是独立研究就能形成有个性化特征的描述，通常具备独创性。虽然法律未对独创的程度设置门槛，但为了不阻碍文化科学的发展，不限制学术研究的正常进行，对于客观上公众均能接触使用的史料文献而言，对其引用须达到相当的独创性程度，方能授予著作权法上的消极排他权保护。更多的个性化表达元素附加或结合于史料文献内容的引用，对于研究思想内涵的提升力和支持效果比单独引用史料文献内容更为显著，也更能反映研究者的学术能力和学术成果的价值。故史学学术论著中引用史料文献内容所呈现之语言表述，其独创性外在显现的是形式表达标准，而内在含有实质价值标准，前者以个性化表达特征为依据，后者则承载着独立研究、独立创作的精神和学术价值，两者共同支持获得著作权法保护的正当性。

关于原告主张权利的作品局部内容的独创性问题，法院通对原告提出的各例的独创性进行了认定。如第一例中，文献原文的表述顺序为：首先记录商讨起义的时间、地点、参加人员，随后记录起义的具体安排。原告作品则按照起义的路线和带队将领的任务分工，对原文的内容进行归纳并予以重述。原告以另一种事实逻辑方法来呈现云南"重九起义"，其表述与原文有明显的不同，具有独创性。在第二例中，文献原文对云南的存亡与中国存亡的关系发出了充满感情色彩的表述。原告虽然完整使用了原文的内容和思想情感，但原告按照自己的理解，重组使用原文内容，并加入总结和解读性表述以及串联词句，从而与原文的表述有明显区别，具有独创性。在上述基础上，法院认为示例之表达均达到独创性形式上的表达标准，同时显现出原告对史料文献的查找、选取、编排、转译的独立研究和独立创作，产生出独特的学术价值，其满足实质性的价值标准，应当得到著作权法的保护。

针对被告对应行为，法院逐一比对了第一类行为和第二类行为的性质。经比较，认为被告作品中上述十处内容表述与原告作品中享有著作权法保护的独创性表达构成相同或者实质相同,被告在上述十例中将原告独创性表达侵权内容使用在自己研究撰写的作品中,假借为自己的研究创作成果予以自己的名义出版发行,此行为构成剽窃。针对第二类行为,法院也逐一进行了认定。法院认为,上述七例中原告作品要么是对单一史料文献内容的选取、引用,要么是篇幅较少的转译,尚难以达到著作权法要求的独创性标准,难以获得著作权法的保护,故这些行为只能由自律性的学术规范机制来评价处理。

关于被告应当承担的民事责任,法院认为:基于目前含有侵权内容的图书已经进入市场流通领域,并且无法消除侵权内容而继续发行,故为维护原告的私益和公共利益,只能要求被告停止以销售的方式公开发行,或者赠送等方式不公开发行含有侵权内容的著作,对于已经进入销售渠道的图书,应给予被告一定必要的时间来召回。

基于上述认定,法院判决被告王某停止侵害原告周某著作权的行为,在本判决生效之日起30日内收回在销售渠道内的涉案图书,并不得再以销售或赠与等方式发行该图书,于本判决生效之日起10日内赔偿原告周某经济损失,驳回原告周某的其他诉讼请求。

该案涉及利用史料、历史题材创作出的作品,如何认定引用史料的独创性及相应的剽窃、抄袭问题。史料本身属于客观事实范畴,任何人在创作中都可以利用。但是,对于史料的引用在具备著作权法意义上的独创性时,他人就不得随时擅自使用。该案中,法院认为史料文献使用的独创性具有形式表达标准和实质价值标准的正当性。法院在独创性界定标准上,以比对为基本方式,明确了原告史料引用中具有独创性的、应当受著作权保护部分以及不具有独创性的、不应当受著作权保护部分。该案为理解涉及史料题材引用等问题的作品独创性认定以及剽窃、抄袭的界限提供较为重要的指引。

◈ “通知—删除”规则在信息存储空间服务提供者的著作权侵权认定中的适用

某信息技术(北京)有限公司与苗某侵害作品信息网络传播权纠纷案[69]

苗某以某信息技术公司为被告,向商丘市中级人民法院提起侵害著作权之诉。

商丘市中级人民法院认为:本案中,依据苗某提供的公证书所附的《录制协议书》、《王华买爹》VCD以及《版权证明》,可以认定苗某对录像制品《王华买爹》享有通过信息网络向公众传播并获得报酬的权利。本案中,2018年9月13日,苗某在某公证处公证人员见证下通过特快专递向某信息技术公司发出了告知函,该告知函包含了权利人信息,提供了涉嫌侵权的作品名称,并附有相应的权利证明,系符合法定条件的通知。某信息技术公司从告知函发出至苗某采取公证方式取证期间,并未及时删除和屏蔽链接。某信息技术公司依法应当承担停止侵害、赔偿损失的民事责任。鉴于某信息技术公司庭审中陈述现已删除侵权作品,不再判令其公司承担停止侵权的责任。关于赔偿数额如何确定的问题,综合某信息技术公司的过错程度、侵权情节、造成的影响及后果等,同时考虑到苗某为维权势必存在一定的维权支出酌情确定某信息

〔69〕 选自河南省高级人民法院(2019)豫知民终231号民事判决书。另参见商丘市中级人民法院民事判决书。

技术公司赔偿苗某经济损失及维权费用。

在上述认定基础上，商丘市中级人民法院判决某信息公司于判决生效后赔偿苗某经济损失及维权支出，驳回苗某的其他诉讼请求。某信息技术公司不服上述判决，向河南省高级人民法院提起上诉。该院于2019年7月3日立案后，依法组成合议庭，公开开庭进行了审理。

二审期间，河南省高级人民法院另查明，某信息技术公司运营的“优酷网”网站上的涉案被控侵权视频是网络用户个人自行上传，“优酷网”网站对涉案被控侵权视频提供的是信息存储空间服务。

河南省高级人民法院将二审争议焦点归纳为某信息技术公司是否侵犯了涉案作品的著作权，如果构成侵权，应当如何承担责任。

法院首先对苗某是否享有涉案《王华买爹》录音录像制品的信息网络传播权进行了认定。某信息技术公司对苗某享有涉案《王华买爹》录音录像制品的信息网络传播权不持异议，一审法院认定并无不当。

关于某信息技术公司是否构成侵权，法院首先分析了其是否构成直接侵权。依据《侵害信息网络传播权民事案件适用法律规定》第3条、第6条规定，信息网络传播权控制的行为是向公众提供作品的行为。信息存储空间服务属于为服务对象通过网络提供作品给予技术支持和帮助的网络服务行为，不构成向公众提供作品的行为。未经许可实施向公众提供作品的行为构成侵害信息网络传播权的行为，属于直接侵权。本案中，涉案侵权视频是网络用户个人自行上传，某信息技术公司提供的是信息存储空间服务，因此某信息技术公司的行为不属于直接侵权。在上述基础上，法院就某信息技术公司是否构成帮助侵权进行认定。根据上述司法解释第7条第3款和第8条规定，网络服务提供者的过错包括对于网络用户侵害信息网络传播权行为的明知或者应知。网络服务提供者未对网络用户侵害信息网络传播权的行为主动进行审查的，人民法院不应据此认定其具有过错。网络服务提供者能够证明已采取合理、有效的技术措施，仍难以发现网络用户侵害信息网络传播权行为的，人民法院应当认定其不具有过错。基于此，判断网络服务提供者提供的信息存储空间服务是否构成对权利人信息网络传播权的帮助侵权，应具备下列要件：第一，网络用户利用该服务实施了未经许可提供作品的直接侵权行为；第二，该服务提供者对网络用户实施的直接侵权行为主观上具有明知或者应知的过错，且未及时采取删除、屏蔽等必要措施。本案中，双方当事人对于“优酷网”网站中出现的被控侵权视频系侵权视频均未提出异议。故某信息技术公司是否构成帮助侵权的关键在于其是否具有明知或者应知的过错，且未及时采取必要措施。

关于某信息技术公司是否具有“应知”的过错。法院根据《侵害信息网络传播权民事案件适用法律规定》第9条规定，认为认定网络服务提供者对于网络用户利用其网络服务实施的侵权行为是否应知，其核心在于确定网络服务提供者是否尽到了应尽的合理注意义务。关于网络服务提供者应尽的注意义务，应在坚守诚信善意之人注意义务基本标准的基础上，充分考虑网络服务提供者系为他人信息传播提供中介服务的特点，在促进网络行业健康发展与保护权利人合法权益之间寻找合适的平衡点，不能失之过严，也不能操之过宽；认定应知的前提是侵权事实明显，即当存在明显侵权行为的事实或者情况，网络服务提供者从中应当能够意识到侵权行为的存在时，就可以认定其有过错。本案中，“王华买爹”是传统戏剧剧目，有关“王华买爹”的视频有不同版本，仅通过名称难以确定是否侵犯涉案作品；再综合考虑到涉案作品的知名度、侵权视频数量、侵权视频的浏览量、某信息技术公司所应当具有的管理能力，本院认为某信息技术公司不具有“应知”的过错。

关于某信息技术公司是否具有“明知”的过错。根据《侵害信息网络传播权民事案件适用法律规定》第13条、《信息网络传播权保护条例》第14条规定，权利人应当对通知书的真实性负责。在侵害作品信息网络传播权纠纷案件中，“明知”通常理解为网络服务提供者确切知道网络用户利用其网络服务传播的特定内容系侵犯他人信息网络传播权的内容，而对该侵权内容不及时采取必要措施。网络服务提供者确切知道侵权内容通常是收到了权利人的“通知”，该“通知”应符合信息网络传播权保护条例中的规定或者足以使网络服务提供者能够准确定位侵权内容。本案中，苗某虽然曾经向某信息技术公司发送了告知函，但告知函并未列明要求删除或者断开链接的侵权内容的网络地址，苗某也未举证证明某信息技术公司网站上“王华买爹”的视频较少，仅通过名称即可确定侵犯涉案作品。因此，该告知函不符合《信息网络传播权保护条例》中的相关规定，且不足以使某信息技术公司能够准确定位侵权内容。因此，某信息技术公司不具有“明知”的过错。

综上所述，某信息技术公司的上诉理由成立，本院予以支持。一审判决认定事实错误，本院予以纠正，判决撤销河南省商丘市中级人民法院民事判决，驳回苗某的诉讼请求。

该案属于网络服务提供者针对其用户侵害信息网络传播权行为是否应当承担著作权侵权责任的案件。在该案中，法院认定某信息技术公司运营的“优酷网”网站上的涉案被控侵权视频是网络用户个人自行上传，“优酷网”网站对涉案被控侵权视频提供的是信息存储空间服务。该服务行为不属于向公众提供作品的行为，而属于为网络用户提供技术支持和帮助的行为。但一审法院认定，根据通知—删除规则，在原告履行了合格通知的义务的前提下，被告仍然未及时删除和屏蔽链接，因而构成对原告信息网络传播权的侵害。二审法院则对于某信息技术公司是否构成直接侵权或帮助侵权进行了详细的分析和认定，认为判断网络服务提供者提供的信息存储空间服务是否构成对权利人信息网络传播权的帮助侵权，其核心在于确定网络服务提供者是否尽到了应尽的合理注意义务。结合该案事实，其认为某信息技术公司不具有明知和应知的过错。二审法院还认定涉案告知函不符合《信息网络传播权保护条例》中的相关规定。基于此，二审法院撤销了一审判决。该案为理解如何认定网络服务提供者针对用户的行为承担著作权侵权责任提供了较为重要的指引。

◈ 侵犯著作权罪中制作、销售盗版书籍构成共同犯罪的认定

庄某、曾某、王某、施某侵犯著作权案[70]

永安市人民检察院指控被告人庄某、王某、曾某、黄某、施某犯侵犯著作权罪。永安市人民

〔70〕 选自三明市中级人民法院(2020)闽04刑终71号刑事判决书。另参见永安市人民法院(2019)闽0481刑初371号刑事判决书。

法院认定:2016 年至 2018 年 10 月,被告人庄某为谋取非法利益,在未取得版权方授权的情况下,与被告人王某经预谋后,达成合意共同印刷福建人民出版社出版的并由福建省新华书店独家经销的《幼儿活动操作材料》丛书(一套 7 册)。被告人庄某将《幼儿活动操作材料》正版书籍作为印刷样本提供给被告人王某,以 8 元至 8.5 元 1 套(一套 7 册)价格委托被告人王某进行非法印刷。被告人王某接受庄某提供的《幼儿活动操作材料》样本书和存储在 U 盘里面的扫描图片,按照书籍的样本进行校对、修整、拼版、制作 PS 版(印刷版),采购纸张提供给印刷厂印刷半成品,对印刷的半成品做切割、装订等后道工序加工成书,非法印刷《幼儿活动操作材料》大班、中班、小班上册和下册书籍共计 13.8 万套,交由被告人庄某进行销售,经营数额共计 110 万余元,非法获利 8.69 万元。被告人庄某以每套 17.5 元至 22 元的低价将上述 13.8 万套《幼儿活动操作材料》盗版书籍销售给福建省三明市、泉州市等地多家私立幼儿园,销售金额共计人民币 240 余万元,非法获利人民币 100 余万元。

2018 年 10 月至 2019 年 1 月,被告人庄某为谋取非法利益,在未取得版权方授权的情况下,与被告人曾某经预谋后,达成合意共同印刷福建人民出版社出版的并由福建省新华书店独家经销的《幼儿活动操作材料》丛书(一套 7 册)。被告人庄某将《幼儿活动操作材料》的电子扫描样本提供给被告人曾某,并以每套 8 元的价格委托曾某进行非法印刷。被告人曾某为谋取非法利益,在明知是侵犯著作权的情况下,仍接受被告人庄某的委托,以每张半成品印刷费 0.14 元的价格分别委托被告人黄某、施某等人进行非法印刷。被告人黄某、施某在明知印刷出版物需要相关版权授权委托手续而被告人曾某未提供相关手续的情况下,仍接受被告人曾某的委托,并为被告人曾某非法印刷《幼儿活动操作材料》。其中被告人黄某非法印刷《幼儿活动操作材料》共计 31.4 万张半成品,非法获利 2 万元;被告人施某非法印刷《幼儿活动操作材料》共计 12 万张半成品,非法获利 1 万。被告人曾某将黄某、施某印刷的半成品进行后期加工,共计制作《幼儿活动操作材料》大班下册 40,140 套、中班下册 41,640 套,价值共计人民币 140 余万元,非法获利人民币 5 万元。另查明,永安市公安局民警于 2019 年 1 月 16 日在福建省普江市抓获被告人庄某、曾某,并在福建省晋江市现场查扣《幼儿活动操作材料》大班下册 40,140 套、中班下册 41,640 套。经福建人民出版社和福建省版权局鉴定,从被告人庄某处查扣的《幼儿活动操作材料》大班下册 40,140 套、中班下册 41,640 套均为盗版书籍。

法院认为,被告人庄某、王某、曾某、施某、黄某以营利为目的,未经著作权人许可,复制、发行其作品,情节特别严重,其行为均已构成侵犯著作权罪。公诉机关的指控成立,属共同犯罪。被告人庄某、王某、曾某在共同犯罪中起主要作用,系主犯;被告人黄某、施某在共同犯罪中起次要作用,属从犯,应当从轻或者减轻处罚。被告人庄某当庭自愿认罪,可以从轻处罚。被告人王某、曾某、施某、黄某归案后能如实供述自己的犯罪事实,属坦白,自愿认罪认罚,均可以从轻处罚。被告人黄某、施某退出全部违法所得,主动缴纳罚金,有较好的悔罪表现,可以酌情从轻处罚。综合以上量刑情节,对被告人庄某、王某、曾某可以从轻处罚,对被告人黄某、施某可以减轻处罚。根据被告人黄某、施某的犯罪情节和悔罪表现,结合其行为尚未造成损害后果、自愿认罪认罚等情形,可以适用缓刑。公诉机关提出的对被告人黄某、施某量刑建议适当,予以采纳。据此,判决被告人庄某、王某、曾某、黄某、施某犯侵犯著作权罪,分别判决相应刑罚。

庄某、王某、曾某向三明市中级人民法院提出上诉。该院依法组成合议庭,决定不开庭审理。

三明市中级人民法院经审理查明，原判认定原审被告人庄某、王某、曾某、黄某、施某犯侵犯著作权罪的事实清楚，据以认定的证据均经原审庭审举证、质证，证据来源合法，内容客观真实，并能够相互印证，本院予以确认。法院对上诉人及其辩护人提出的辩护理由和事实逐一进行了查实和认定。法院认为，上诉人庄某、王某、曾某、原审被告人黄某、施某以营利为目的，未经著作权人许可，复制、发行其作品，情节特别严重，其行为均已构成侵犯著作权罪。法院对于各被告在侵犯著作权犯罪中地位和作用做了认定，并提出应当给予相应刑事处罚的标准。

在上述认定基础上，三明市中级人民法院判决维持福建省永安市人民法院（2019）闽0481刑初371号刑事判决第一、三、四、五项，撤销福建省永安市人民法院（2019）闽0481刑初371号刑事判决第二、六项，上诉人（原审被告人）王某犯侵犯著作权罪，判处相应有期徒刑、罚金，以及其他处罚。

该案属于制作、销售盗版幼儿教辅书侵犯著作权罪案件。在该案中，法院认定被告人庄某、王某、曾某、施某、黄某以营利为目的，未经著作权人许可，复制、发行其作品，情节特别严重，其行为均已构成侵犯著作权罪。法院根据各被告人的犯罪事实，明确了共同犯罪的标准和构成，并根据不同犯罪主体的犯罪情节，明确了相应的主犯和从犯。法院还采取了刑事处罚和经济惩处共同适用的原则，以便于从源头上削弱刑事被告人继续实施犯罪的能力，加大对盗版这一类严重侵害著作权的犯罪行为的打击力度，有效地保护著作权，维护社会公共利益。

第十一章 著作权诉讼

著作权纠纷除具有一般民事纠纷的特征外,还具有专业性强、证据不易收集、纠纷解决难度大、影响范围广、客体形式广泛及诉讼请求具有独特性等特点。因此,著作权纠纷发生后,如何以适当方式予以解决,具有十分重要的意义。本章主要研究著作权司法保护即著作权诉讼问题。

第一节 著作权民事案件诉讼

一、著作权民事诉讼案件类型

著作权纠纷诉讼属民事诉讼的一种,具有民事诉讼的一般特征。根据2020年《审理著作权民事案件适用法律解释》第1条的规定,人民法院受理以下著作权民事纠纷案件:(1)著作权及与著作权有关权益权属、侵权、合同纠纷案件;(2)申请诉前停止侵害著作权、与著作权有关权益行为,申请诉前财产保全、诉前证据保全案件;(3)其他著作权、与著作权有关权益纠纷案件。以下对著作权诉讼中亟待解决的问题进行探讨。

二、著作权侵权民事诉讼主体资格

(一)著作权民事诉讼主体的类型

著作权民事诉讼主体,是指在著作权诉讼中,享有诉讼权利、承担诉讼义务,并有权使诉讼程序发生、变更或消灭的诉讼行为人,如人民法院、当事人、共同诉讼人和第三人。一般地说,当事人和人民法院是两个基本的诉讼主体。这里仅就提起侵犯著作权民事诉讼主体资格问题加以讨论。

一般地说,各国著作权法都要规定在著作权受到侵犯时谁享有诉权的问题。大多数国家认为,权利主体即诉讼主体。著作权人可以对著作权侵权行为提起诉讼。著作权人享有著作权不仅在于有权支配作品,而且在于其权利受到侵犯时能够取得司法救济。这就是说,在著作权侵权诉讼中,著作权人总享有原告的法律地位。这里关键是要弄清谁是著作权人。前已述,作者在著作权法中处于主导地位,在著作权诉讼中,作者当然也是最重要的诉讼主体。除作者外,其他人在一定条件下也可以享有著作权,从而也可以成为诉讼主体。例如,当著作权受到侵犯时,作者的继承人、受遗赠人和承受权利义务的法人或者非法人组织有权提起诉讼。

需注意的是,“非法人组织”也能成为我国《著作权法》中民事诉讼权利主体。在我国,非法人组织成为著作权人是客观存在的事实。非法人组织虽然不具有实体法的民事权利能力,但具有程序法上的独立性,具有诉讼权利能力。当非法人组织享有的著作权被侵犯时,其应当享有诉讼当事人的资格,有权以自己的名义向法院提起诉讼。

(二)著作权转让与许可使用中涉及著作权侵权时诉讼主体资格的确认

在著作权转让与许可使用活动中,也会存在确认侵权诉讼主体资格的问题。当著作权被转让后,受让人成为继受著作权主体,有资格享有和维护著作权,并对侵权行为提起诉讼,这在实行著作权转让制的国家都有明确规定。实践中存在的一个问题则是,受让人能否对著作权被转让之前的著作权侵权行为主张权利,要求损害赔偿。

在著作权许可使用中发生侵犯著作权的行为,被许可人是否有权提起民事诉讼,各国的规定则不尽一致。在非专有许可使用的情况下,如果第三者以与被许可人相同的方式擅自使用作品,各国著作权法一般都认为,著作权人有权起诉,因为侵权行为直接侵害的是著作权人的许可使用权,被许可人因为只是作品的一个使用者而无权起诉。不过,也有个别国家规定,原始著作权人可以通过包括非独占许可合同在内的合同将诉权授予被许可人。在专有许可使用的情况下,有些国家认为,被许可人有权对侵权行为起诉。如英国《著作权法》第 96 条、第 101 条第 1 款规定,著作权的独占被许可人和著作权人一样享有诉权。根据德国《著作权法》第 97 条的规定,侵权的受害人有权提起诉讼,而在独占许可使用的情况下,如果发生著作权侵权行为,独占许可的被许可人就是著作权侵权的直接受害者,因此可以享有诉权。意大利《著作权法》第 158 条也有类似规定。另一些国家则规定,被许可人只有专有使用权,不享有诉权。如日本《著作权法》第 112 条即有这方面规定。

在独占许可使用或者专有许可使用的情况下,被许可人取得的虽然是一种准物权性质的权利,但仍是一种债权。而且,著作权人并未将其著作权使用权转让于人,许可权仍然由著作权人享有。在第三者以与被许可人相同的方式使用著作权人作品时,被许可人对第三者的侵权行为是否享有起诉的权利,或者说是否只有著作权人才享有诉权,我国《著作权法》没有作出规定。最高人民法院 2002 年发布的《关于对诉前停止侵犯专利权行为适用法律问题的若干规定》(已失效)规定,独占实施许可合同的被许可人在侵权起诉前可以单独向人民法院申请责令侵权人停止侵权,排他许可实施合同被许可人在专利权人不申请的情况下也可以提出申请。根据该规定,相关被许可人可以申请法院责令停止侵权,也应当是可以单独提起侵权诉讼的。借鉴上述司法解释的规定,在著作权独占许可使用的情况下,独占被许可人应有权单独对著作权侵权行为提起诉讼。非独占被许可人则在取得著作权人的授权的情况下,也可以提起诉讼。对此,我国著作权司法实践已有明确结论。例如,在福州某文化传播有限公司与宁乡某音乐会所著作权权属、侵权纠纷案中,最高人民法院指出:针对著作权专有使用权许可,被许可人可以作为原告提起诉讼。针对非专有使用权许可,经著作权人明确授权,被许可人也可以提起诉讼。[1]

另外,被许可人对其独占使用权被侵犯还可以通过许可人的行为维护自己权利。如果第三者使用作品且事先从著作权人处取得了非独占性许可证,独占被许可人可依合同追究许可人的违约责任。

---

〔1〕 最高人民法院(2018)最高法民再 417 号民事判决书。

（三）特定机构或组织诉权问题

除上述情况外，有些国家规定，诉权不一定为受害人专有。有些机关团体也可以提起诉讼，如作家协会、版权协会等作者或其他著作权人的团体组织，在该成员作品著作权受到侵害时，有权起诉。有些国家还规定，当侵犯著作权的事件涉及国际著作权保护或侵犯著作权的一方是一个国家及其机构时，国家也可以享有诉权。当匿名作品著作权受到侵犯时，一般国家都规定，由出版者代行作者的诉权；合作作品著作权受到侵犯时，每一个合作作者均可单独起诉。

就我国而言，在1990年《著作权法》实施后，1993年最高人民法院民事审判庭《关于中国音乐著作权协会与音乐著作权人之间几个法律问题的复函》即明确了作为著作权集体管理组织的中国音乐著作权协会在委托权限范围内有权以自己的名义提起诉讼。该复函指出：音乐著作权协会与音乐著作权人（会员）根据法律规定可就音乐作品的某些权利的管理通过合同方式建立平等主体之间的带有信托性质的民事法律关系，双方的权利与义务由合同约定，音乐著作权协会可以将双方的权利与义务等事项规定在协会章程之中。根据《民法典》、《著作权法》、《民事诉讼法》以及双方订立的合同，音乐著作权人将其音乐作品的部分著作权委托音乐著作权协会管理后，音乐著作权协会可以以自己的名义对音乐著作权人委托的权利进行管理。发生纠纷时，根据合同在委托权限范围内有权以自己的名义提起诉讼。但音乐著作权人在其著作权受到侵害而音乐著作权协会未提起诉讼或者权利人认为有必要等情况下，依法仍有权提起诉讼。

我国2001年修订《著作权法》时，在确认著作权集体管理组织法律地位的同时，也明确了其诉权资格。其第8条第1款规定："著作权人和与著作权有关的权利人可以授权著作权集体管理组织行使著作权或者与著作权有关的权利。著作权集体管理组织被授权后，可以以自己的名义为著作权人和与著作权有关的权利人主张权利，并可以作为当事人进行涉及著作权或者与著作权有关的权利的诉讼、仲裁活动。"2020年《审理著作权民事案件适用法律解释》第6条也规定："依法成立的著作权集体管理组织，根据著作权人的书面授权，以自己的名义提起诉讼，人民法院应当受理。"上述规定表明，在主张权利涉及著作权集体管理时，著作权集体管理组织可以原告的名义起诉。

但是，上述规定应理解为我国国内的著作权集体管理组织，而不是境外的著作权集体管理组织。对此，国家版权局针对最高人民法院《关于境外著作权集体管理组织诉讼主体资格问题的函》（法民三〔2004〕3号）发出的复函指出：关于境外著作权集体管理组织能否以自己的名义在我国起诉问题，虽然我国著作权法律法规并未明确禁止，但我们应持慎重态度。主要理由是：(1)按照国际惯例，一国的著作权集体管理组织在另一国主张权利，是通过其与另一国集体管理组织签订相互代表协议，由另一国的著作权集体管理组织代为行使。根据这一原则，一个国家的著作权集体管理组织要想在本国之外主张权利，必须通过与国外的著作权集体管理组织签订相互代表协议来实现。(2)迄今为止我们未了解到境外著作权集体管理组织以自己的名义进行跨国诉讼的案例。(3)我国对境外法律中介服务组织在华设立机构和开展业务活动设立了市场准入门槛。著作权集体管理组织属于法律中介服务组织，境外著作权集体管理组织在我国开展业务活动（包括进行诉讼）必须符合我国的市场准入条件。目前，我国政府未向任何国家和地区作出开放著作权集体管理组织来华开展业务活动（包括法律诉讼）的承诺。(4)中国音乐著作权协会已经与境外的42个相关协会签订了相互代表协议,这些协议所涉及的境外音乐作品基本覆盖了我国使用境外音乐作品的绝大部分。如果境外著作权集体管理组织可以在我国以其名义开展业务活动和进行诉讼,中国音乐著作权协会与境外的42个著作权集体管理组织签订的相互代表协议将失去意义。[2] 该意见显然是不大赞同境外著作权集体管理组织以自己的名义在我国起诉,应当说这是妥当的。

三、诉讼管辖

对于著作权诉讼案件所适用的诉讼管辖原则,各国规定不一。有的适用一般侵权案件地域管辖原则,有的适用特殊案件的专属管辖原则。如西班牙1987年《著作权法》规定,有权管辖侵犯著作权诉讼的法院,为侵权行为发生地的一审法院,或者侵权复制品被发现地的法院。原告可以从中选择,但一旦选定在一个有管辖权的法院起诉,其他法院就不再享有管辖权。德国《著作权法》第105条规定,各州自己可以指定某一州法院作为受理著作权诉讼案的法院。在美国,著作权诉讼的一审法院只能是联邦区法院。

侵犯著作权的诉讼案件属于民事诉讼案件,在我国首先应适用《民事诉讼法》关于一般民事案件诉讼管辖的规定。另外,基于著作权案件的专业性和复杂性,我国有关司法解释确认了级别管辖制度。2020年《审理著作权民事案件适用法律解释》第2条规定:"著作权民事纠纷案件,由中级以上人民法院管辖。各高级人民法院根据本辖区的实际情况,可以确定若干基层人民法院管辖第一审著作权民事纠纷案件。"2020年《审理著作权民事案件适用法律解释》第2条则将其修改为:"著作权民事纠纷案件,由中级以上人民法院管辖。各高级人民法院根据本辖区的实际情况,可以报请最高人民法院批准,由若干基层人民法院管辖第一审著作权民事纠纷案件。"由此可见,我国著作权民事案件在级别管辖上,采用以中级人民法院行使管辖权为基本原则,以基层人民法院行使管辖权为补充的模式。其原因在于,著作权民事案件具有较强的专业性和复杂性,一般基层人民法院难以胜任,需要由中级人民法院作为一审法院。但在有些基层人民法院审判力量较强的地区,经报请最高人民法院批准,也可以管辖第一审著作权民事纠纷案件,如北京市海淀区人民法院、深圳市南山区人民法院等。

地域管辖也是著作权案件管辖的重要内容。2020年《审理著作权民事案件适用法律解释》第4条第1款规定:"因侵害著作权行为提起的民事诉讼,由著作权法第四十七条、第四十八条所规定侵权行为的实施地、侵权复制品储藏地或者查封扣押地、被告住所地人民法院管辖。"其第2款规定:"前款规定的侵权复制品储藏地,是指大量或者经常性储存、隐匿侵权复制品所在地;查封扣押地,是指海关、版权等行政机关依法查封、扣押侵权复制品所在地。"需要指出的是,与该司法解释2002年版相比,该条第2款删除了"工商"行政管理机关,这是基于当前我国行政管理机构改革的现实而为之。

针对选择管辖问题,2020年《审理著作权民事案件适用法律解释》第5条规定:"对涉及不同侵权行为实施地的多个被告提起的共同诉讼,原告可以选择向其中一个被告的侵权行为实施地人民法院提起诉讼;仅对其中某一被告提起的诉讼,该被告侵权行为实施地的人民法院有

---

〔2〕 国家版权局《关于对境外著作权集体管理组织诉讼主体资格问题的复函》(权司〔2004〕26号)。

管辖权。”与2002年版相比，修正后规定将原规定“原告可以选择其中一个被告的侵权行为实施地人民法院管辖”，修改为“原告可以选择向其中一个被告的侵权行为实施地人民法院提起诉讼”，从而使表达更精确。

在实践中，因管辖权问题导致的纠纷也常见。如在2001年《著作权法》实施前，最高人民法院针对〔2000〕赣高法知终字第5号《关于卫星传送境外电视节目如何确定地域管辖的请示》作出的《关于胡某诉叶某、上海某文化传播有限公司侵犯著作权管辖权异议案的答复》就涉及管辖权异议的处理。对此，该答复指出：侵权行为地应当根据原告指控的侵权人和具体侵权行为来确定。根据江西省高级人民法院随卷送来的起诉状等材料，本案原审原告胡某以电视连续剧《陈香梅》的编剧叶某、拍摄单位上海某文化传播有限公司为被告，指控该两被告在改编、摄制电视作品过程中使用了其创作的《陈香梅传》中的内容。这一指控，涉及被告的改编、摄制行为，而未涉及被告的许可播放行为和香港特别行政区某电视台的播放行为，其行为实施地和结果发生地均为上海。况且被告许可播放的行为在上海或者香港特别行政区等地实施，其结果地即播放地为香港。南昌与被控侵权行为的实施与结果均无直接关系，故南昌不是本案的侵权行为地。南昌市中级人民法院应当依照《民事诉讼法》的有关规定将本案移送有管辖权的人民法院审理。江西省高级人民法院第一种意见认为南昌是侵权结果到达地而非法律意义上的侵权结果发生地，未明确“侵权结果”针对的是哪些具体的侵权行为，虽然结论正确但在理由表述上不够充分；江西省高级人民法院第二种意见认为，“如原告主张成立，则编剧、制作、播放行为均属侵权行为”，未考虑到原告指控的主体和行为，故该意见缺乏事实依据。〔3〕

四、举证责任

（一）举证责任的内容

举证责任制度在诉讼中具有重要作用。它是指当事人在诉讼中对自己提出的主张，负有提出证据以证明其主张真实的责任。根据我国《民事诉讼法》规定，当事人对自己提出的主张，有责任提供证据。这表明，著作权人在侵权诉讼中负有举证的义务。

在著作权诉讼中著作权人举出足以支持其主张的证据是非常必要的。根据2020年《审理著作权民事案件适用法律解释》规定，当事人提供的涉及著作权的底稿、原件、合法出版物、著作权登记证书、认证机构出具的证明、取得权利的合同等，可以作为证据。在作品或者制品上署名的自然人、法人或者非法人组织视为著作权、与著作权有关权益的权利人，但有相反证明的除外。当事人自行或者委托他人以定购、现场交易等方式购买侵权复制品而取得的实物、发票等，可以作为证据。公证人员在未向涉嫌侵权的一方当事人表明身份的情况下，如实对另一方当事人按照前款规定的方式取得的证据和取证过程出具的公证书，应当作为证据使用，但有相反证据的除外。〔4〕

（二）过错推定原则适用之规定

2010年《著作权法》第53条规定：“复制品的出版者、制作者不能证明其出版、制作有合法

〔3〕 最高人民法院《关于胡某诉叶某、上海某文化传播有限公司侵犯著作权管辖权异议案的答复》（〔2000〕知他字第4号函）。

〔4〕 2020年《审理著作权民事案件适用法律解释》第7条、第8条。

授权的,复制品的发行者或者电影作品或者以类似摄制电影的方法创作的作品、计算机软件、录音录像制品的复制品的出租者不能证明其发行、出租的复制品有合法来源的,应当承担法律责任。"现行《著作权法》第59条第1款除了将上述"电影作品或者以类似摄制电影的方法创作的作品"改为"视听作品"外,其他内容未变。这一规定暗示或者说可以从另外一个角度加以理解,即复制品的出版者、制作者应当证明其出版、制作有合法授权;复制品的发行者或者视听作品、计算机软件、录音录像制品的复制品的出租者应当证明其发行、出租的复制品有合法来源。这里的合法授权,是指取得了著作权人或者与著作权有关的权利人的许可;合法来源,是指复制品的发行者或者视听作品、计算机软件、录音录像制品的复制品的出租经过了著作权人或录音录像制作者的许可。如果上述两种情况分别不能证明有合法授权或者合法来源,复制品的出版者、制作者就都应当承担法律责任。原因在于,在不能证明有合法授权或者合法来源时,可以推断被告没有取得著作权人或者与著作权有关权益的人的许可,从而构成著作权侵权。事实上,2020年《审理著作权民事案件适用法律解释》第19条已有相关规定。即出版者、制作者应当对其出版、制作有合法授权承担举证责任,发行者、出租者应当对其发行或者出租的复制品有合法来源承担举证责任。举证不能的,依据2010年《著作权法》第47条、第48条的相应规定承担法律责任。

值得进一步指出的是,现行《著作权法》第59条第2款规定:"在诉讼程序中,被诉侵权人主张其不承担侵权责任的,应当提供证据证明已经取得权利人的许可,或者具有本法规定的不经权利人许可而可以使用的情形。"该规定系新增规定。这一规定进一步明确了被诉侵权人不承担著作权侵权责任的条件是能够提供证据证明其行为获得了权利人许可,或者根据著作权法之规定使用不需要获得权利人许可。当然,即使没有这一新增规定,也可以从著作权侵权原理得出同样的结论,因为如前所述,侵害著作权的行为应当是没有获得权利人许可的行为,而且不属于著作权法规定不需要获得权利人许可的行为。当然,明确作出上述规定,更便于司法实践中认定被控侵权行为人是否构成侵害著作权。

(三)证明责任的分配

现行《著作权法》第54条第4款规定:"人民法院为确定赔偿数额,在权利人已经尽了必要举证责任,而与侵权行为相关的账簿、资料等主要由侵权人掌握的,可以责令侵权人提供与侵权行为相关的账簿、资料等;侵权人不提供,或者提供虚假的账簿、资料等的,人民法院可以参考权利人的主张和提供的证据确定赔偿数额。"该规定可以认为是直接借鉴了2013年第三次修改后的《商标法》第63条第2款的规定,即"人民法院为确定赔偿数额,在权利人已经尽力举证,而与侵权行为相关的账簿、资料主要由侵权人掌握的情况下,可以责令侵权人提供与侵权行为相关的账簿、资料;侵权人不提供或者提供虚假的账簿、资料的,人民法院可以参考权利人的主张和提供的证据判定赔偿数额"。同时,对《商标法》上述规定作了适当变通。实际上,在《著作权法》第三次修改过程中,上述条款规定的内容也经过了一个不断完善的过程。例如,在2014年《著作权法(修订草案送审稿)》第76条第4款中,只规定"人民法院可以根据权利人的主张判定侵权赔偿数额",现行《著作权法》第54条第4款则规定为"人民法院可以参考权利人的主张和提供的证据确定赔偿数额”。[5] 与前述规定相比，在人民法院考虑的因素中增加了“权利人提供的证据”。这样就使在上述情况下人民法院查明著作权侵权损害赔偿的证据更加全面，有利于合理界定著作权侵权损害赔偿数额。

(四)关于“陷阱取证”问题

在著作权侵权诉讼中，近些年屡屡出现一种取证模式，即所谓“陷阱取证”。比较典型的案例如某集团有限公司、北京某计算机科学技术研究所诉北京甲科技公司、北京乙科技公司计算机软件著作权侵权纠纷提审案。[6]

在该案中，北京市第一中级人民法院审理认为，根据本案查明的事实可以确认，原告为了获得被告侵权的证据，投入较为可观的成本，其中包括购买激光照排机、租赁房屋等，采取的是“陷阱取证”的方式，但该方式并未被法律所禁止，故原告采取的上述取证方式，法院予以认可。此外，北京市某公证处出具的公证书亦证明了被告实施安装盗版原告软件的过程，同时对安装有盗版原告软件的计算机和盗版软件进行了证据保全，上述公证的过程和公证保全的内容已经法庭确认，且被告并未提供足以推翻公证书内容的相反证据。因此，两被告关于从未复制、销售方正 RIP 等软件的抗辩理由，法院不予采信。

在该案二审中，北京市高级人民法院认为：本案中上诉人（北京甲科技公司、北京乙科技公司）与被上诉人（某集团有限公司、北京某计算机科学技术研究所）原为合作关系，上诉人为被上诉人代理销售激光照排机，合作破裂后，上诉人与被上诉人均从事代理涉案品牌激光照排机在国内的销售业务；被上诉人在未取得其他能够证明上诉人侵犯其软件著作权证据的情况下，派其员工在外租用民房，化名购买上诉人代理销售的激光照排机，并主动提出购买盗版方正软件的要求。由此可看出，被上诉人购买激光照排机是假，欲获取上诉人销售盗版方正软件的证据是真。就本案而言，被上诉人的此种取证方式并非获取上诉人侵权证据的唯一方式，此种取证方式有违公平原则，一旦被广泛使用，将对正常的市场秩序造成破坏，故法院对该取证方式不予认可。

在该案再审中，最高人民法院判决则认为：根据《民事诉讼法》第 67 条的规定，经过公证程序证明的法律事实，除有相反证据足以推翻的外，人民法院应当作为认定事实的根据。北京甲科技公司安装盗版方正软件是本案公证证明的事实，因北京乙科技公司、北京甲科技公司无相反证据足以推翻，对于该事实的真实性应予认定。以何种方式获取的公证证明的事实，涉及取证方式本身是否违法，如果采取的取证方式本身违法，即使其为公证方式所证明，所获取的证据亦不能作为认定案件事实的依据。因为，如果非法证据因其为公证所证明而取得合法性，就既不符合公证机关需审查公证事项合法性的公证规则，也不利于制止违法取证行为和保护他人合法权益。二审法院在否定某集团有限公司取证方式合法性的同时，又以该方式获取的法律事实经过公证证明而作为认定案件事实的依据，是不妥当的。在民事诉讼中，尽管法律对于违法行为作出了较多的明文规定，但由于社会关系的广泛性和利益关系的复杂性，除另有明

---

〔5〕 参见周浩仁：《论我国著作权侵权的证明责任——兼谈〈著作权法〉关于证明责任的修改》，载《科技与出版》2019年第 3 期。

〔6〕 北京市高级人民法院（2002）高民终字第 194 号民事判决书、最高人民法院（2006）民三提字第 1 号民事判决书；冯晓青主编：《著作权侵权专题判解与学理研究》（第 1 分册），中国大百科全书出版社 2010 年，第 305 ~ 320 页。

文规定外,法律对于违法行为不采取穷尽式的列举规定,而存在较多的空间根据利益衡量、价值取向来解决,故对于法律没有明文禁止的行为,主要根据该行为实质上的正当性进行判断。就本案而言,某集团有限公司通过公证取证方式,不仅取得了北京甲科技公司现场安装盗版方正软件的证据,而且获取了其向其他客户销售盗版软件,实施同类侵权行为的证据和证据线索,其目的并无不正当性,其行为并未损害社会公共利益和他人合法权益。加之计算机软件著作权侵权行为具有隐蔽性较强、取证难度大等特点,采取该取证方式,有利于解决此类案件取证难问题,起到威慑和遏制侵权行为的作用,也符合依法加强知识产权保护的法律精神。

由此可见,最高人民法院的判决是有条件地认可了陷阱取证的证据效力。在实践中,对这种取证模式应予以适当限制,使其符合合法性、必要性、诚信等原则,以免损害被告的合法利益。

五、诉前临时措施与证据保全措施

(一)诉前临时措施

诉前临时措施是为了及时保护著作权人的合法权益而采取的防止著作权侵权损害后果进一步扩大的有效措施。该制度在我国2000年8月25日修改的《专利法》中即有明确的规定。在《著作权法》中规定这种措施具有同样的必要性。在一般情况下,著作权侵权是一种持续而动态的行为,在著作权人提起诉讼或者要求主管著作权的部门处理时,该侵权行为也可能会继续下去。如果不采取必要的紧急措施,而是等到人民法院作出判决或主管著作权的部门作出处理决定以后再做处理,可能会对权利人产生难以弥补的损害。

为了保障著作权人的利益不受难以弥补的损害,并与TRIPs协议的规定相协调,2001年修改后的《著作权法》第49条第1款规定:"著作权人或者与著作权有关的权利人有证据证明他人正在实施或者即将实施侵犯其权利的行为,如不及时制止将会使其合法权益受到难以弥补的损害的,可以在起诉前向人民法院申请采取责令停止有关行为和财产保全的措施。"2010年《著作权法》第50条第1款维持了上述规定。

现行《著作权法》第56条则将上述规定修改为:"著作权人或者与著作权有关的权利人有证据证明他人正在实施或者即将实施侵犯其权利、妨碍其实现权利的行为,如不及时制止将会使其合法权益受到难以弥补的损害的,可以在起诉前依法向人民法院申请采取财产保全、责令作出一定行为或者禁止作出一定行为等措施。"这种涉及诉讼的临时性措施对于及时保护著作权人的合法权益,加大对著作权的保护力度有重要的作用。该措施的表现形式是人民法院代表国家发出裁定,对于涉案财产采取保全措施,禁止被申请人正在实施或者即将实施的某种行为,或者责令作出一定行为。与2010年《著作权法》规定相比,现行《著作权法》上述规定优化了诉前临时措施制度,具体体现为:(1)适用诉前临时措施的行为,除了正在实施或者即将实施侵犯著作权人或者与著作权有关的权利人的权利的行为外,还包括"妨碍其实现权利的行为",有利于在更大范围内保护著作权以及与著作权有关的权利;(2)采取诉前临时措施的行为不限于禁止作出一定行为，[7]还包括责令作出一定行为，这样就使得在著作权司法实践中能够根据个案确定适当的处理方式。

此外，关于上述修改，现行《著作权法》第56条取消了2010年《著作权法》第50条第2款规定，是因为已无必要再另行增加与《民事诉讼法》的衔接性规定。还需要指出的是，诉前财产保全措施在我国《民事诉讼法》中已有明确的规定。由于诉前财产保全对于著作权保护具有重要意义，自2001年《著作权法》第49条规定人民法院在处理著作权纠纷中可以采取诉前财产保全措施后，诉前财产保全制度一直被沿袭。诉前临时措施与诉前财产保全制度相结合，可以使著作权人在诉讼之前即处于主动地位，便于有效地打击著作权侵权行为，保护著作权人的合法权益。

（二）诉前证据保全措施

诉前证据保全措施也是2001年《著作权法》开始规定的诉前的临时措施之一，其第50条规定，为制止侵权行为，在证据可能灭失或者以后难以取得的情况下，著作权人或者与著作权有关的权利人可以在起诉前向人民法院申请证据保全。人民法院接受申请以后，必须在48小时内作出裁定；裁定采取保全措施的，应当立即开始执行。人民法院可以责令申请人提供担保，申请人不提供担保的，驳回申请。申请人在人民法院采取保全措施后15日内不起诉的，人民法院应当解除保全措施。2010年《著作权法》第51条维持了上述规定。现行《著作权法》第57条则将上述规定修改为："为制止侵权行为，在证据可能灭失或者以后难以取得的情况下，著作权人或者与著作权有关的权利人可以在起诉前依法向人民法院申请保全证据。"上述规定之所以取消了2010年《著作权法》中关于证据保全的时限和程序要求，是因为我国《民事诉讼法》已对这方面问题作出了规定，直接适用该法规定即可，不必另行作出规定。

诉前证据保全措施这一规定，建立了著作权侵权案件的诉前证据保全制度。其意义是不可低估的，因为著作权作为无形财产权，当其被他人侵害时，证据的收集、获得对权利人来说往往很困难。侵权人为了逃避侵权的惩罚，往往要千方百计地隐匿、毁灭证据。在实行"谁主张，谁举证"的基础上，侵权人在相当多的情况下得以逃避侵权责任。这对于惩治著作权侵权是很不利的。诉前证据保全制度的确立弥补了这方面的缺陷。它可以说是与诉前临时措施、财产保全制度一起，构成了在诉前著作权人保护自己权益的坚强盾牌。

六、诉讼时效

著作权侵权诉讼时效是指著作权人认为自己的权利受到侵害后请求法院给予保护的期间。从理论上说，诉讼期限届满而不主张权利则会丧失程序意义上的请求权，实体意义上的权利则仍然存在。但国外也有规定时效届满会导致实体权利消灭的后果。例如，德国《著作权法》第102条规定，根据本法第97条请求损害赔偿的权利，自被侵害人知道侵权和责任方的身份之时起3年届满时终止，但请求停止侵权、销毁侵权复制品和侵权设备以及不请求销毁而请求交付侵权复制品和侵权用的设备的权利，则不受时效限制。美国《著作权法》第507条规

---

〔7〕参见肖建国：《论诉前停止侵权行为的法律性质——以诉前停止侵犯知识产权行为为中心的研究》，载《法商研究》2002年第4期。

定,根据本篇的民事诉讼,起诉应在请求权产生后3年内开始,否则不予受理。

我国《著作权法》没有明确规定诉讼时效问题,自然应适用《民法典》的有关规定。即提起著作权侵权诉讼的时效为3年,自权利人知道或者应当知道自己的权利受到侵害时起算。这里需要明确的是著作权侵权诉讼时效的"起算点"问题。在著作权侵权实践中,侵权行为有时具有连续性,对这种连续发生的侵权是否超过规定的诉讼时效,值得探讨。对于这种侵权行为,从侵权行为开始到提起诉讼超过3年的部分,著作权人不能获得保护,因为已经超过3年的诉讼时效。不过,这并不导致著作权人权利的丧失,因为只要其著作权尚在著作权保护期内,其著作权就应受到法律保护。在著作权保护期内,著作权人仍然可以随时提起侵权诉讼。2020年《审理著作权民事案件适用法律解释》第27条规定:侵害著作权的诉讼时效为3年,自著作权人知道或者应当知道权利受到损害以及义务人之日起计算。权利人超过3年起诉的,如果侵权行为在起诉时仍在持续,在该著作权保护期内,人民法院应当判决被告停止侵权行为;侵权损害赔偿数额应当自权利人向人民法院起诉之日起向前推算3年计算。这样就较好地解决了涉及持续侵权的诉讼时效问题。

七、著作权侵权诉讼中涉及权属不明情况的处理

在著作权侵权诉讼中,有时出现相关作品著作权权属不明的情况。在这种情况下,应当首先对相关权属情况进行查明与认定,否则将无法确定著作权侵权责任。我国著作权司法实践在这方面提供了相关经验,值得研究。例如,在申请再审人黄某、许某等与被申请人某音像有限公司、汝某侵犯著作权纠纷案〔8〕中,最高人民法院指出:在侵权之诉中人民法院对相关权属状况进行审查,是查清案件事实的必要环节;涉案沪剧音乐中的唱腔音乐与开幕曲、幕间曲及大合唱等场景音乐应作为一个整体作品看待,在历史上对涉案戏曲音乐曲作者署名不尽一致,且署名的案外人未参与侵权诉讼,无法查清相关事实的情况下,其中一位署名作者主张著作权归已所有不应予以支持。在该案中,最高人民法院基于涉案作品创作的特定历史背景,确认了原审法院认定的"涉案沪剧音乐系由老一辈戏曲表演艺术家及曲作者、琴师等共同创作完成,符合客观事实"。该案中仅一名署名作者主张著作权为其所有,在无法根据现有证据查明权属情况时,最高人民法院认定应当不予保护。

第二节 著作权行政案件诉讼

一、著作权行政案件诉讼的概念与意义

著作权行政案件诉讼,是指主管著作权的部门与著作权人、作品使用者等相对人之间就因著作权行政处罚等引起的纠纷而进行的诉讼活动。在著作权行政案件诉讼中,原告是被主管著作权的部门处罚或作出其他行政决定的行政相对人,通常是作品的使用者,被告则是进行著

---

〔8〕 最高人民法院(2010)民申字第556号民事裁定书;《知识产权案件年度报告》(2010)。

作权行政处罚或作出其他行政决定的主管著作权的部门，如某省、市版权局。至于著作权人，则可以列为第三人。

著作权行政案件诉讼的意义在于，通过行政诉讼程序，维护当事人的合法权益，加强对著作权行政案件的监督，以切实履行著作权法对著作权保护的规定。

二、著作权行政案件诉讼的适用程序

根据我国《著作权法》的规定，当发生现行《著作权法》第 53 条规定的侵权行为时，主管著作权的部门可以对侵权人予以行政处罚。对主管著作权的部门的行政处罚，当事人可能自觉接受，也可能不服。

当事人对主管著作权的部门的行政处罚不服，可以直接向人民法院提起诉讼，但应当在知道作出具体行政行为之日起 3 个月内提出。如前所述，2010 年《著作权法》第 56 条规定了著作权侵权行政处罚及其法律救济程序。这一规定既可以防止不法行政行为给公民、法人和非法人组织造成侵害，又可保障主管著作权的部门依法进行著作权的管理工作，更好地维护著作权人的合法权益和文化市场管理秩序。按该条规定，主管著作权的部门的行政处罚一经作出即具有强制力。当事人没有异议的，应当自觉履行。如果在法定期限内当事人既不履行行政处罚决定，又不向人民法院起诉，主管著作权的部门可以申请人民法院强制执行。需要再次指出，由于上述行政处罚及其救济程序在我国相关行政法中有明确规定，现行《著作权法》不再保留该规定。在著作权保护实践中，当事人完全可以按照《行政诉讼法》等的规定处理。

第三节　著作权刑事案件诉讼

一、著作权刑事案件诉讼概述

在进行著作权刑事保护的国家，除在著作权法或其他法律中规定刑事制裁措施外，一般还要专门规定侵犯著作权的刑事诉讼程序。由于大多数侵犯著作权的刑事诉讼案件都同时涉及赔偿被侵权人损失的问题，“刑事附带民事诉讼”也是很常见的。

对于著作权刑事诉讼的主体资格，一般国家规定，当侵权行为发生后，根据知情人的检举和揭发，可由国家检察机关提起公诉。

对于侵犯著作权的刑事案件，有些国家和地区著作权相关规范实行“不告不理”的原则。如我国台湾地区“著作权法”第 47 条规定，第 38 条至第 43 条之罪，须告诉乃论。但犯第 43 条之罪而著作权人或被冒用人死亡者，不在此限。此外，像日本《著作权法》第 123 条、德国《著作权法》第 169 条，也都有“告诉乃论”的规定。

二、我国著作权刑事案件诉讼

关于著作权犯罪案件的刑事追诉标准，最高人民检察院、公安部联合制定颁行的《关于公安机关管辖的刑事案件立案追诉标准的规定(一)》作了明确规定。根据其第 26 条规定，以营

利为目的,未经著作权人许可,复制发行其文字作品、音乐、电影、电视、录像作品、计算机软件及其他作品,或者出版他人享有专有出版权的图书,或者未经录音录像制作者许可,复制发行其制作的录音录像,或者制作、出售假冒他人署名的美术作品,涉嫌下列情形之一的,应予立案追诉:(1)违法所得数额3万元以上的;(2)非法经营数额5万元以上的;(3)未经著作权人许可,复制发行其文字作品、音乐、电影、电视、录像作品、计算机软件及其他作品,复制品数量合计500张(份)以上的;(4)未经录音录像制作者许可,复制发行其制作的录音录像制品,复制品数量合计500张(份)以上的;(5)其他情节严重的情形。

该条还对以下概念作了界定:以刊登收费广告等方式直接或者间接收取费用的情形,属于"以营利为目的";"未经著作权人许可",是指没有得到著作权人授权或者伪造、涂改著作权人授权许可文件或者超出授权许可范围的情形;"复制发行",包括复制、发行或者既复制又发行的行为;通过信息网络向公众传播他人文字作品、音乐、电影、电视、录像作品、计算机软件及其他作品,或者通过信息网络传播他人制作的录音录像制品的行为,应当视为本条规定的"复制发行";侵权产品的持有人通过广告、征订等方式推销侵权产品的,属于本条规定的"发行"。此外,该条规定的"非法经营数额",是指行为人在实施侵犯知识产权行为过程中,制造、储存、运输、销售侵权产品的价值。已销售的侵权产品的价值,按照实际销售的价格计算。制造、储存、运输和未销售的侵权产品的价值,按照标价或者已经查清的侵权产品的实际销售平均价格计算。侵权产品没有标价或者无法查清其实际销售价格的,按照被侵权产品的市场中间价格计算。

《关于公安机关管辖的刑事案件立案追诉标准的规定(一)》第27条则规定,以营利为目的,销售明知是《刑法》第217条规定的侵权复制品,涉嫌下列情形之一的,应予立案追诉:(1)违法所得数额10万元以上的;(2)违法所得数额虽未达到上述数额标准,但尚未销售的侵权复制品货值金额达到30万元以上的。

本章案例研讨

◈ 侵犯计算机软件著作权纠纷案件中"陷阱取证"的合法性问题

某集团有限公司、北京某计算机科学技术研究所诉北京甲科技有限公司、北京乙科技公司计算机软件著作权侵权纠纷案[9]

某集团有限公司(以下简称某集团公司)、北京某计算机科学技术研究所(以下简称某研究所)以北京甲科技有限公司(以下简称甲科技公司)、北京乙科技公司(以下简称乙科技公司)为被告,向北京市第一中级人民法院提起侵害著作权诉讼。

法院认为,某集团公司为了获得甲科技公司、乙科技公司侵权的证据,投入较为可观的成

〔9〕 选自最高人民法院(2006)民三提字第1号民事判决书。另参见北京市高级人民法院(2002)高民终字第194号民事判决书、北京市第一中级人民法院(2001)一中知初字第268号民事判决书。

本,其中包括购买激光照排机、租赁房屋等,采取的是“陷阱取证”的方式,该方式并未被法律所禁止,应予认可。公证书亦证明了甲科技公司、乙科技公司实施安装盗版方正软件的过程,同时对安装有盗版方正软件的计算机和盗版软件进行了证据保全,上述公证过程和公证保全的内容已经法庭确认,甲科技公司、乙科技公司未提供足以推翻公证书内容的相反证据。甲科技公司、乙科技公司作为计算机设备及相关软件的销售商,对他人的计算机软件著作权负有注意义务,拒绝盗版是其应尽的义务,否则,应当承担相应的法律责任。甲科技公司、乙科技公司的员工在本案中所从事的工作是一种职务行为,履行合同的一方当事人是甲科技公司、乙科技公司,因此,甲科技公司、乙科技公司应承担相应的法律责任。

2001年12月20日,法院判决甲科技公司、乙科技公司立即停止复制、销售方正RIP软件、方正文合软件的侵权行为,向某集团公司、某研究所赔礼道歉,共同赔偿某集团公司、某研究所经济损失和某集团公司、某研究所为本案支付的调查取证费等。

甲科技公司、乙科技公司不服上述判决,向北京市高级人民法院提起上诉。

二审法院认为:北京市某公证处出具的公证书,甲科技公司、乙科技公司没有举出足够的相反证据推翻该公证书记载内容,故该公证书是合法有效的民事证据,对该公证书所记载的内容予以认定。但结合本案其他证据,对于某集团公司长达1个月的购买激光照排机的过程来说,该公证记录仅对五处场景作了记录,对整个的购买过程的记载缺乏连贯性和完整性。某集团公司在未取得其他能够证明甲科技公司、乙科技公司侵犯其软件著作权证据的情况下,派其员工在外租用民房,化名购买甲科技公司、乙科技公司代理销售的激光照排机,并主动提出购买盗版方正软件的要求,由此可以看出,某集团公司购买激光照排机是假,欲获取甲科技公司、乙科技公司销售盗版方正软件的证据是真。某集团公司的此种取证方式并非获取甲科技公司、乙科技公司侵权证据的唯一方式,此种取证方式有违公平原则,一旦被广泛利用,将对正常的市场秩序造成破坏,故对该取证方式不予认可。

2002年7月15日,二审法院判决维持一审判决的第(一)、(二)、(六)项,撤销一审判决的第(三)、(四)、(五)项,甲科技公司、乙科技公司共同赔偿某集团公司、某研究所经济损失及为本案所支付的公证费。

某集团公司、某研究所不服二审判决,向北京市高级人民法院提出再审申请。该院经审查,于2003年8月20日驳回某集团公司、某研究所再审申请。

某集团公司、某研究所不服北京市高级人民法院二审判决及驳回再审申请通知,向最高人民法院申请再审。

最高人民法院认为:本案主要涉及某集团公司取证方式的合法性、被控侵权行为的性质以及赔偿数额的确定等争议焦点问题。

关于本案涉及的取证方式是否合法,法院认为:在民事诉讼中尽管法律对于违法行为作出了较多的明文规定,但由于社会关系的广泛性和利益关系的复杂性,除另有明文规定外,法律对于违法行为不采取穷尽式的列举规定,而存在较多的空间根据利益衡量、价值取向来解决,故对于法律没有明文禁止的行为,主要根据该行为实质上的正当性进行判断。就本案而言,某集团公司通过公证取证方式,不仅取得了甲科技公司现场安装盗版方正软件的证据,而且获取了其向其他客户销售盗版软件,实施同类侵权行为的证据和证据线索,其目的并无不正当性,其行为并未损害社会公共利益和他人合法权益。加之计算机软件著作权侵权行为具有隐蔽性较强、取证难度大等特点,采取该取证方式,有利于解决此类案件取证难问题,起到威慑和遏制侵权行为的作用,也符合依法加强知识产权保护的法律精神。此外,某集团公司采取的取证方式亦未侵犯乙科技公司、甲科技公司的合法权益。某集团公司、某研究所申请再审的理由正当,应予支持。据此,本案涉及的取证方式合法有效,对其获取证据所证明的事实应作为定案根据。

关于本案侵权行为的定性问题,法院认为:某集团公司、某研究所诉请的对象是甲科技公司、乙科技公司非法复制、安装、销售盗版软件的侵权行为,因甲科技公司、乙科技公司未就其销售的盗版软件的来源提供相关证据,故应推定其侵权行为包括复制,即甲科技公司、乙科技公司侵犯了某集团公司、某研究所方正RIP软件和方正文合软件的复制权及发行权。

最高人民法院还就复制、销售盗版软件数量和损害赔偿数额以及相关费用应如何分担的问题进行了认定。

在上述认定基础上,最高人民法院认为某集团公司、某研究所申请再审的主要理由成立,本院予以支持,判决撤销二审判决,维持北京市第一中级人民法院(2001)一中知初字第268号民事判决第(一)、(二)、(三)、(六)项,同时变更其第(四)项,撤销其第(五)项。

该案涉及"陷阱取证"的合法性认定问题。根据诉讼证据的要求,证据的取得应当合法,以非法手段取得的证据不应承认该证据的合法效力。在该案中,最高人民法院认为,针对证据取得方式,在法律没有明文禁止时主要根据该行为实质上的正当性进行判断。就该案而言,最高人民法院认为,一审原告采取的取证方式并未损害社会公共利益和他人合法权益。同时,考虑到在计算机软件著作权侵权案件中侵权行为具有的隐蔽性较强、取证难度大等特点,采取这种取证方式也有利于威慑侵权、及时而有效地维护权利人的合法权益。该案为理解著作权侵权纠纷案件中取证方式的合法性认定提供了较为重要的指引。

◈ 美术作品著作权犯罪的认定

李某、闫某、张某、王某、杜某、吕某等侵犯乐某公司著作权案[10]

上海市人民检察院第三分院向上海市第三中级人民法院提起公诉,指控被告人李某伙同闫某、张某、王某、吕某、王某、余某、李某某等人以营利为目的,实施非法复制发行的著作权侵权行为,构成侵犯著作权罪。

上海市第三中级人民法院经审理查明:"GreatWallofChina"拼装玩具等47个系列663款产品系乐某公司(LEGOA/S)创作的美术作品,乐某公司根据该作品制作、生产了系列拼装玩具并在市场上销售。2015年起,被告人李某指使被告人杜某等人购买新款乐高系列玩具,并通过拆解研究,着手复制乐高玩具。2015年1月,李某指使杜某以个人名义注册乐某玩具厂

〔10〕　选自上海市高级人民法院(2020)沪刑终105号刑事裁定书。另参见上海市第三中级人民法院(2020)沪03刑初28号刑事判决书。

(后变更为利某玩具厂),并在该厂复刻乐高玩具的设计、开模、生产,在某包装厂进行成品包装,在小巨蛋玩具厂进行仓储。2016年起,被告人闫某在担任李某司机期间,受李某指使注册汕头市某玩具厂(以下简称某玩具厂)作为乐拼玩具的生产厂家印制在乐拼玩具上,其还协助李某传达日常生产指令、督促加快完成生产进度。被告人张某受李某指使负责利某玩具厂的生产经营,按照设计及销售人员给予的包装设计资料、物料清单、工艺流程、销售出货单等,组织工人在利某玩具厂对玩具胶件进行分拣、在某包装厂进行包装以及对每款玩具进行拼装测试,玩具成品包装好以后安排被告人李某将存放于仓库内的成品玩具按照销售出货单对外发货。被告人王某在担任利某玩具厂开发主管、美某公司创意开发部主管期间,帮助李某制作乐拼积木的物料清单。被告人王某担任美某公司电商部负责人期间,帮助李某通过淘宝、速卖通、阿里巴巴等网络平台对外销售复制乐高玩具的乐拼玩具。被告人吕某担任利某玩具厂工程部主管期间,根据李某指令对乐高玩具外包装、胶件等称重并将数据发给王某,对乐高正品玩具胶件进行清理、分拣,挑出乐高玩具的特殊件,并在李某指定的厂家委托他人对上述特殊件绘制3D图和进行开模。被告人余某在担任美某公司包装设计部经理期间,受被告人李某指使设计、申请"乐拼"商标。被告人李某某作为乐拼玩具仓储部主管,负责某厂仓库等成品玩具出库管理,并根据王某等人的销售出货单对外发货。经中国版权保护中心版权鉴定委员会鉴定,乐拼的"GreatWallofChina"玩具与乐某公司的"GreatWallofChina"玩具;乐拼的"PRIMITIVETRIBE"玩具与乐某公司的"THEFLINTSTONES"玩具;乐拼的"FAIRYTALE"玩具与乐某公司的"DISNEYPRINCESS"玩具;乐拼的"TECHNICIAN"玩具与乐某公司的"ALLTerrainTowTruck"玩具均基本相同,构成复制关系。乐拼的《NINJAGThunderSwordsman》图册与乐某公司的《NINJAGOMastersofSpinjitzu》图册相同,构成复制关系。

法院认为,被告人李某伙同闫某、张某、王某、吕某、王某、余某、李某某等人以营利为目的,未经著作权人许可,复制发行乐某公司享有著作权的美术作品,非法经营数额达3.3亿余元;被告人杜某作为经销商之一,未经著作权人许可,发行乐某公司享有著作权的美术作品,非法经营数额达621万余元,均属于情节特别严重,各被告人的行为均已构成侵犯著作权罪,依法应予惩处。法院根据各被告人实施行为的情况,分别判决了相应的刑罚。

被告人李某、闫某、张某、王某、杜某、吕某不服,向上海市高级人民法院提出上诉。该院受理后,依法组成合议庭,于2020年12月24日公开开庭进行了审理。

关于乐某公司被侵权拼装玩具是否属于美术作品的问题,上海市高级人民法院认为:本案中,被侵权的拼装立体模型共计663款,这些立体模型所承载的表达,均系乐某公司独立创作,具有独创性及独特的审美意义,故拼装完成的立体模型均属于我国《著作权法》所保护的美术作品范畴。此外,乐某公司是涉案美术作品的著作权人,其所属国为丹麦,丹麦是《伯尔尼公约》和《世界版权公约》成员国,我国于1992年加入该两公约。基于我国法律及上述国际公约规定,涉案的乐某公司美术作品受我国法律保护。

关于原判认定上诉人李某等人侵犯著作权犯罪的非法经营数额是否正确的问题,法院认为原判结合会计鉴定意见书及相关证据,认定李某等人侵犯著作权犯罪的非法经营数额为3.3亿余元正确,应予确认。

关于本案是否属于美某公司单位犯罪的问题,法院认为:以单位名义实施犯罪,违法所得归单位所有的，是单位犯罪。结合在案事实，本案不属于美某公司实施的单位犯罪，而系李某等人结伙实施的共同犯罪。

关于原判对上诉人杜某以侵犯著作权罪定罪处罚是否准确的问题，法院认为：杜某自2015年起帮助李某购买乐高玩具、着手复制行为，并以个人名义注册利某玩具厂，租赁某包装厂和仓库，2016年年底离职后开设淘宝网店铺，作为经销商之一，以营利为目的，销售复制乐高玩具的乐拼玩具。结合在案证据，原判对杜某以侵犯著作权罪定罪处罚准确。

上海市高级人民法院还对上诉人杜某是否具有自首情节、原判量刑是否适当等问题进行了认定。法院认为，本案是一起由李某起意并负责组织、指挥，在案人员均积极参与且分工明确，覆盖设计、生产、销售等各环节，作案时间较长，涉案金额特别巨大的侵犯著作权的共同犯罪案件。本案不仅给权利人的商誉和经济利益造成重大损失，还破坏社会主义市场经济秩序，具有严重的社会危害性，依法应予严惩。李某在共同犯罪中起主要作用，系主犯，主观恶性大、社会危害性严重，应按照其参与、组织、指挥的全部犯罪处罚。闫某、张某、王某、吕某、王某、余某、李某某与李某属于共同犯罪，虽然每人在共同犯罪中的分工不同，但根据共同犯罪"部分实行全部责任"的原理，均应对非法经营数额3.3亿余元承担刑事责任。

综上所述，上海市高级人民法院裁定驳回上诉，维持原判。

该案是一起涉及非法复制、发行他人享有著作权的美术作品的著作权犯罪案件。该案中，法院认定李某伙同闫某、张某等被告人擅自复制发行乐某公司享有著作权的美术作品，非法经营数额特别巨大，构成情节特别严重的侵犯著作权罪的行为。该案被告犯罪行为似乎是在单位组织下实施的，但法院基于各被告人实施的行为在著作权犯罪中的作用和表现，认定为李某等人结伙实施的共同犯罪。该案还区分了主犯和从犯地位，并基于不同被告的行为判处相应刑罚，体现了罪刑相适应原则。该案为理解著作权犯罪案件中单位犯罪与非单位犯罪的界限、主犯和从犯的区分以及侵害著作权罪的认定及其法律责任等问题提供了较为重要的启发。

第十二章 计算机软件著作权

计算机软件(以下简称软件)被纳入著作权保护范围,既是计算机领域高科技发展的产物,也是著作权制度顺应技术发展的反映。关于软件的著作权保护,前面一些章节已多次述及,但未予系统介绍和研究。本章主要以我国《计算机软件保护条例》的规定为基本依据,全面介绍和分析软件著作权保护的有关问题。

第一节 软件及其法律保护概述

一、软件的概念与特征

软件是和计算机硬件相对而言的,包括计算机程序及其有关文档。其中,计算机程序是指为了得到某种结果而可以由计算机等具有信息处理能力的装置执行的代码化指令序列,或者可以被自动转换成代码化指令序列的符号化指令序列或者符号化语句序列。同一计算机程序的源程序和目标程序为同一作品。文档,是指用来描述程序的内容、组成、设计、功能规格、开发情况、测试结果及使用方法的文字资料和图表等,如程序设计说明书、流程图、用户手册等。文档作一般文字作品或图形作品受著作权保护,这是不成问题的。故软件主要指作为其核心部分的计算机程序。

软件是表达人思想的智力成果,包含了软件开发者的智慧劳动,而不是对他人已有软件的复制。与一般著作权客体相比,软件有其自身的特点。这主要体现在:(1)固定性。软件作为一种高科技智力成果,本身属于无形财产权的范畴,但应以一定的有形形式加以固定。这是因为,软件开发完成后,需要复制和传播,而这就需要将开发完成的软件以一定的有形载体加以固定,否则无法实现软件的价值,也难以真正对其加以法律保护。我国 2013 年修订的《计算机软件保护条例》第 4 条规定:"受本条例保护的软件必须由开发者独立开发,并已固定在某种有形物体上。"(2)实用性。软件是能够直接用于工业生产,能够创造显著经济效益的工业财富。(3)可复制性。软件极易被复制,在很短的时间内就能复制出完全相同的软件。此外,软件在思想与表现形式区分方面,和一般作品相比难度更大,这是因为其思想和其表现形式往往相互渗透。不过,在理论上,两者仍然是能够明显区分的。

二、软件法律保护的必要性

在软件产业的发展初期,软件仅作为计算机的附件未受到人们重视。随着计算机产业的发展,软件逐渐从"硬件"中分离出来单独发展,发展成为一支庞大的软件产业,并逐渐成为计算机产业的主导。

软件是一种知识密集型与劳动密集型的智力产品。设计成功的软件已成为社会重要财富。但软件开发困难、投资高且相应的风险也大,这种产品在开发之后容易被擅自复制并销售,且复制费用低廉、使用简便。许多投机商人纷纷非法复制并销售软件开发者经过艰辛智力劳动开发的软件产品,牟取暴利。这自然严重挫伤了软件开发者开发软件产品的积极性,损害了其正当利益,扰乱了正常的软件销售市场,最后必然阻碍整个软件产业的发展。这就在客观上有了以法律手段保护软件的必要性。

三、软件的著作权保护

在软件法律保护方面,经历了从专利保护到著作权保护的历程,其中也涉及单独立法的探讨。以单独立法而论,它也是软件保护历程中出现的一种代表性模式。其基本考虑是,鉴于软件的技术特点和工具性,不宜将其纳入某一专门的知识产权法保护,而应制定专门的软件保护法律。例如,日本通产省在1983年曾就软件的单独立法保护向政府提交过一份报告。巴西、阿根廷、韩国等国家也曾尝试对软件保护的单独立法,但最终因被认为不利于在软件保护领域处于强势的美国等发达国家的利益,该模式逐渐被淡忘。最终,人们就以著作权保护软件达成了共识。

早在1972年,菲律宾率先将软件列入著作权客体之中。随后,美国、匈牙利、印度、日本、法国、英国、智利、新加坡等国及我国台湾地区和香港特别行政区也用著作权法保护计算机软件。当前,计算机软件的著作权保护已成为软件法律保护的主要趋势。综合看来,其原因在于:(1)计算机程序是一种表达人思想的智力成果,其设计过程主要包括可行性分析—流图—模块—源程序—目标程序—程序说明及使用手册,这一过程渗透着人的思想,与传统的著作权客体相似。(2)著作权保护只要求独创性,这就使许多独立开发相类似软件的作者同样受到保护,避免了其遭受额外的损失与浪费。(3)著作权只保护作品的表现形式,这就既可使程序的表达受到保护,又避免了技术内容上的垄断,其他开发者可利用已被著作权法保护的软件的创作思想,开发新的软件。(4)软件著作权保护手续简便,可以避免像专利保护那样的审查和批准程序,与软件迅猛发展的速度相适应。(5)容易形成国际保护,软件如被纳入著作权法的保护范围,必然会纳入两大国际著作权公约保护客体之中,这就能够产生广泛的国际影响,形成世界性的国际保护。

在我国,早在1983年就提出了软件法律保护问题,并成立了软件法律工作组。我国《著作权法》顺应了软件法律保护的主要趋势,明确将其列为受著作权法保护的作品。

1991年6月4日,国务院依据1990年《著作权法》第53条的规定“计算机软件的保护办法由国务院另行规定”,发布了《计算机软件保护条例》(以下简称《软件保护条例》),并于同年10月1日起施行。2001年,为了有效保护软件著作权人的权益,调整软件在开发、传播和使用中发生的利益关系,鼓励软件的开发与应用,促进软件产业和国民经济信息化的发展,《软件保护条例》进行了一次系统的修订。修订后的《软件保护条例》于2002年1月1日施行。该条例根据《著作权法》的原则性规定和软件保护的自身特点,对软件著作权的内容、归属、保护期、限制,侵权表现、法律责任,以及软件的登记管理等方面都作了具体规定。2013年1月16

日，国务院第231次常务会议通过了修订后的《软件保护条例》，自2013年3月1日起施行。以下关于《软件保护条例》的介绍和分析，均以2013年修订的为准。

第二节 软件著作权主体与权利归属

一、软件著作权主体

软件著作权主体也就是软件著作权人。根据《软件保护条例》第3条第(4)项的规定，软件著作权人，"是指依照本条例的规定，对软件享有著作权的自然人、法人或者其他组织"，包括软件开发者和权利继受人两类。

软件开发者，是指实际组织开发、直接进行开发，并对开发完成的软件承担责任的法人或者非法人组织；或者依靠自己具有的条件独立完成软件开发，并对软件承担责任的自然人。为便于实践中判断软件开发者，《软件保护条例》第9条第2款规定"如无相反证明，在软件上署名的自然人、法人或者其他组织为开发者"。换言之，可以根据软件上的署名情况判断软件开发者身份。除非有相反的证据，可以认为在软件上署名的自然人、法人或者非法人组织为开发者。[1]

权利继受人也称为派生著作权人，是指软件开发者的权利受让人或者作为开发者的自然人的继承人等。例如，根据《软件保护条例》第15条第2款的规定，软件著作权属于法人或者其他组织的，法人或者其他组织变更、终止后，其著作权在本条例规定的保护期内由承受其权利义务的法人或者其他组织享有；没有承受其权利义务的法人或者其他组织的，由国家享有。在实践中，权利受让人不能获得软件著作权中的人身权，而只能获得其中的财产权，在财产权中，也可能只是部分权利。因此，这就存在权利受让人如何与软件著作人身权所有者和其他财产权所有者的利益协调的问题。原则上，权利受让人行使权利不能损害软件原始著作权人的合法权益。

二、不同类型的软件著作权的归属

(一)确认软件著作权归属的一般原则

根据《软件保护条例》第9条的规定，软件著作权属于软件开发者，本条例另有规定的除外。具体地说，在确定软件著作权归属时，应按照该条例的直接规定或者有关合同的约定加以明确。

(二)合作开发软件著作权的归属

合作开发的软件是相对于单独开发的软件而言的。所谓单独开发软件，是指开发软件作品的主体具有单一性，包括单一的自然人、法人或者非法人组织。合作开发的软件则是两个以上的自然人、法人或者非法人组织合作开发的软件。合作开发的软件的认定可以参照前面对

---

[1] 鉴于《著作权法》已于2020年修改并生效，上述"其他组织"应改为"非法人组织"。下同。

合作作品的认定进行,如主体应为两个或者两个以上,开发者之间有明确的合作开发的合意;并且开发者之间进行了共同的软件开发活动,而不是一般性的参与。

根据《软件保护条例》第 10 条的规定,由两个以上的自然人、法人或非法人组织合作开发的软件,其著作权的归属由合作开发者签订书面合同约定。无书面合同或者合同未作明确约定,合作开发的软件可以分割使用的,开发者对各自开发的部分可以单独享有著作权;但是,行使著作权时,不得扩展到合作开发的软件整体的著作权。合作开发的软件不能分割使用的,其著作权由各合作开发者共同享有,通过协商一致行使;不能协商一致,又无正当理由的,任何一方不得阻止他方行使除转让权以外的其他权利,但是所得收益应当合理分配给所有合作开发者。

可以看出,上述规定与《著作权法》关于合作作品的规定比较接近,但值得注意的是,其"著作权的归属由合作开发者签订书面合同约定",而不是当然地"由合作作者共同享有"。可见,这一规定将合同意思自治原则放在首位,主要是基于软件的工业实用性和软件合作开放目的的多重性,笼统规定著作权由全体合作开发者共同享有将缺乏应有的灵活性。

(三)委托开发软件著作权的归属

委托开发软件是接受他人委托开发的软件。这类软件与自由开发的软件不同之处在于,软件开发是接受委托人的委托、按照委托人的要求进行的开发。为了保障委托开发软件的顺利完成,通常需要签订书面的委托开发合同。根据《软件保护条例》第 11 条的规定,接受他人委托开发的软件,其著作权的归属由委托人与受托人签订书面合同约定;无书面合同或者合同未作明确约定的,其著作权由受托人享有。

(四)职务开发软件著作权的归属

职务开发软件是自然人在为完成法人、非法人组织的工作任务期间而开发的软件。根据《软件保护条例》第 13 条的规定,自然人在法人或者非法人组织中任职期间所开发的软件有下列情形之一的,该软件著作权由该法人或者非法人组织享有,该法人或者非法人组织可以对开发软件的自然人进行奖励:(1)针对本职工作中明确指定的开发目标所开发的软件;(2)开发的软件是从事本职工作活动所预见的结果或者自然的结果;(3)主要使用了法人或者其他组织的资金、专用设备、未公开的专门信息等物质技术条件所开发并由法人或者其他组织承担责任的软件。

上述规定,与《著作权法》关于职务作品和法人作品著作权的归属的规定有类似之处,可以看作融合了两者的规定。其合理性在于,职务开发的软件由单位享有全部的著作权,有利于该软件的利用。上述规定也可以理解为条例将职务软件著作权强制性地转让给了具体承担软件开发的自然人所在单位。从国外立法来看,大陆法系国家对计算机软件著作权归属的规定与其对一般作品也有所区别。例如,法国《知识产权法典》第 113 条之九规定,雇员在雇佣范围内创作的计算机程序及其文档,经济权利归属于雇主。德国《著作权法》第 69 条规定,雇员在雇佣关系内创作的软件,其经济权利归属于雇主。这些规定也反映了职务开发软件著作权归属的特殊性。

(五)为完成国家下达任务而开发软件著作权的归属

在软件开发实践中,一部分来自完成国家机关下达的任务书。这部分软件著作权的归属,主要应考虑项目任务书的目的和要求，不宜笼统地规定其著作权由开发者或者下达任务的国家机关所有，而是可以由项目任务书或者合同规定。《软件保护条例》第12条即规定，由国家机关下达任务开发的软件，著作权的归属与行使由项目任务书或者合同规定；项目任务书或者合同中未作明确规定的，软件著作权由接受任务的法人或者其他组织享有。

第三节 软件著作权的内容

著作权包括著作人身权和著作财产权两类，软件著作权也不例外。同时，根据《软件保护条例》第6条的规定，本条例对软件著作权的保护不延及开发软件所用的思想、处理过程、操作方法或者数学概念等。这是著作权保护中思想表达二分法在软件著作权保护中的体现。

一、软件著作人身权

（一）发表权

软件著作权中的发表权即决定软件是否公之于众的权利。软件公之于众有多种形式，如演示、公开展示、在出版物上登载。公之于众的结果是使软件中包含的信息处于为不特定多数人可以知晓的状态。发表权也应包括禁止他人将其软件公之于众的权利。例如，他人未经许可强行公开软件著作权人的软件或者尽管公开获得了软件著作权人的同意，但改变了软件的公开方式，这些都属于侵犯软件著作权的行为。

（二）署名权

软件著作权中的署名权即表明开发者身份，在软件上署名的权利。该权利的本质是确认开发者身份，故又有开发者身份确认权之说。署名权可谓软件著作权中最重要的人身权，它在某种程度上类似于物权中通过“占有”而向外界宣告物之所有者。署名权具有很强的身份特性，不因软件著作权的转让、许可而丧失。

（三）修改权

软件著作权中的修改权即对软件进行增补、删节，或者改变指令、语句顺序的权利。修改权的设立旨在保障软件著作权人基于软件的技术功能，能够更好地实现软件的目的。在实践中，修改权可以通过授权他人行使的方式加以实现。

二、软件著作财产权

（一）复制权

复制权即将软件制作一份或者多份的权利。复制权是软件著作财产权中最重要的权利，这是因为软件著作权中的其他财产权利通常是在行使复制权的基础上产生的。在实践中，侵害复制权也是软件著作权侵权的“重灾区”，打击盗版软件仍然是软件著作权保护领域的“重头戏”。复制权体现为软件著作权人许可或禁止他人复制其软件的权利。因此，获得软件开发者或其他著作权人的许可，或者直接根据法律的规定，其他人也可以复制软件。

（二）发行权

发行权是以出售或者赠与方式向公众提供软件的原件或者复制件的权利。发行既可以是商业性的，也可以是非商业性的，它是向不特定的主体实施的行为。发行权涉及的客体既包括软件的原件，也包括软件的复制件。关于软件发行权，过去具有争议的是在网络空间，软件的上传、下载及通过网络传输的行为是否仍然构成软件的发行，是否受到软件著作权中的发行权的控制。从一般意义上的发行权的概念上理解，软件的发行应当包含负载软件的有形实体的转移，即包含有形载体物权的转移。但在网络环境下，并不存在这一所谓有形物质载体的转移，因为用户只要轻松地点击一下鼠标即可完成传送以数字化形式体现的软件作品。接受者则在通过电子邮件等方式获得数字化形式存在的软件后，完成软件的安装和运行，与通过有形载体获得软件在本质上并无二致。由于后来立法中增加了下面提到的“信息网络传播权”，这一问题已自然获得解决。

（三）出租权

出租权是有偿许可他人临时使用软件的权利，但是软件不是出租的主要标的的除外。该权利具有以下几个特点：(1)权利涉及的出租具有临时性。(2)出租行为具有有偿性，而不是无偿的，否则会变成“出借”行为。(3)出租标的限于软件本身或者软件是出租的主要标的，如果软件不是出租的主要标的，则不受出租权的制约。实际上，确认软件的出租权也是TRIPs协议的要求。我国《软件保护条例》规定软件著作权人的出租权，是落实上述要求的体现。

（四）信息网络传播权

信息网络传播权是以有线或者无线方式向公众提供软件，使公众可以在其个人选定的时间和地点获得软件的权利。这一权利显然是信息网络技术发展，导致软件可能通过信息网络被大量传播的产物。根据上面关于发行权的分析，该权利在某种意义上也是弥补发行权在信息网络空间保护的缺失而出现的。

（五）翻译权

翻译权是将原软件从一种自然语言文字转换成另一种自然语言文字的权利。翻译权的设立是为了便于实现软件的功能和交流。如将一种计算机语言译成另一种计算机语言，将用一种高级语言写成的源程序改变为用另一种高级语言写成的源程序，将原软件的源代码改编为目标代码等。

（六）许可使用权

许可使用权是指软件著作权人许可他人行使其软件著作权的权利。在行使许可使用权的同时，软件著作权人还享有因他人使用其软件而获得报酬的权利。获得报酬的权利又称为收益权，它是软件著作权人行使许可使用权而必然获得的对价。当然，软件著作权人也可以放弃获得报酬的权利，这完全取决于软件著作权人的意志。这一获得报酬的对价性质的权利，在软件著作权人行使转让权时尤为重要。

在实践中，软件的许可使用存在一种标准化的授权模式，即所谓“启封许可证”，它是现代工业化的结果，其出现大大便利了软件著作权人许可使用其著作权作品，有利于作品的快速传播和利用。从现实情况看，国外运用启封许可证的情形比较多，并且在发生法律纠纷时，这种特殊的许可证的效力一般为法院所认同。如在 ProCD, Inc. v. Eidenberg 案[2]中,法院的判决即承认了启封许可证的效力。此后在国外发生的一些案例也一般承认启封许可证的有效性。这种协议在本质上是一种不存在"谈判"的格式合同。在协议的条款和内容设计方面,为了充分保障著作权人的利益,它一般对作品用户的使用行为施加了种种限制,如禁止从事一定的行为,而其中的一些限制甚至是被著作权法保障的反向工程、[3]模仿和批评之类的合理使用行为。当启封许可证不合理地限制了软件用户的合法利益时,启封许可协议的实施有滥用著作权之嫌,此时需要重新确认其效力范围。启封许可证是一种试图通过私人的附合合同形式便捷地达成软件许可协议的手段,但许可人在这种信息交易中占据了公众的权利。在一定意义上,启封许可证的实施使得私人合同主导了著作权法的实施,其直接影响到信息的私人权利和信息的公开接近的权利之间的平衡。

(七)转让权

转让权是软件著作权人全部或者部分转让其软件著作权的权利。与上面分析的软件著作权人行使许可使用权有权获得报酬这一对价一样,软件著作权人在转让其软件著作权时,也有权获得报酬。由于涉及所有权的转移,这一报酬一般应当比许可使用的费用更高。

(八)应当由软件著作权人享有的其他权利

除了上述权利外,软件著作权人还享有应当由其享有的其他权利。例如,我国《信息网络传播权保护条例》规定了技术措施和权利管理信息的保护,软件作为著作权客体之一,当然也享有这一权利。

第四节 软件著作权的获得、保护期限与权利限制

一、软件著作权的获得

(一)软件著作权获得的一般原则

软件作为一种受保护的智力创作成果,其著作权的获得遵循自动保护主义原则。根据《软件保护条例》第 5 条第 1 款的规定,中国公民、法人或者其他组织对其所开发的软件,不论是否发表,依照本条例享有著作权。这一原则确立了我国公民、法人或非法人组织开发的软件的著作权,不以发表为获得保护的条件。与前述一般情况下作品著作权的取得是一样的。

但是,对于外国人和无国籍人,则需要根据不同情况区别对待。根据《软件保护条例》第 5 条第 2 款、第 3 款的规定,外国人、无国籍人的软件首先在中国境内发行的,依照本条例享有著作权;外国人、无国籍人的软件,依照其开发者所属国或者经常居住地国同中国签订的协议或者依照中国参加的国际条约享有的著作权,受本条例保护。上述规定确立了在我国境内首先发行的软件,可以根据条例的规定享有著作权。这是著作权保护"地域标准"的体现。对于外

---

〔2〕 86 F. 3d 1447 (7th Cir. 1996).

〔3〕 参见陈潇婷:《禁止计算机软件反向工程条款的合法性研究——AWS 客户协议之许可限制条款所引发的思考》,载《出版科学》2019 年第 3 期。

国人、无国籍人开发的软件,如果其开发者所属国或者经常居住地国同中国签订了保护软件的协议或者依照中国参加的国际条约享有该软件著作权,则也受到条例的保护。

(二)软件著作权登记

对于软件,有些实行登记注册制的国家,在将软件纳入著作权保护后,也要求进行登记。有些国家和地区对一般作品不需要履行注册登记手续,但对软件则有此项要求,以此作为著作权有效的证据,如日本、韩国,以及我国台湾地区即有这方面规定。

1991年《软件保护条例》第24条规定:"向软件登记管理机构办理软件著作权的登记,是根据本条例提出软件纠纷行政处理或者诉讼的前提。软件登记机构发放的登记证明文件,是软件著作权有效或者登记申请文件所述事实确切的初步证明。"这表明,软件著作权自动产生于软件开发完成之日,但鉴于存在发生软件著作权纠纷后向法院提起诉讼的情况,须向软件登记管理机构办理登记手续。[4] 显然,这一规定与我国《民事诉讼法》关于诉权的规定是不符合的。而且,就外国软件著作权人而言,这一规定不符合《伯尔尼公约》自动保护原则。为了解决这一问题,1992年国务院颁布的《关于实施国际著作权条约的规定》规定,外国人的计算机软件可以不履行登记手续,但这又引发了对本国人不公的"超国民待遇"问题。为此,1993年最高人民法院专门发文指出:凡当事人以计算机软件著作权纠纷提起诉讼的,经审查符合我国《民事诉讼法》第108条规定的,无论其软件是否经过有关主管部门登记,有关主管部门均应予受理。2002年1月1日实施的修改后的《软件保护条例》则废除了原来的规定。其第7条规定:软件著作权人可以向国务院著作权行政管理部门认定的软件登记机构办理登记。软件登记机构发放的登记证明文件是登记事项的初步证明。上述规定不再坚持将登记作为提起行政处理或者诉讼的前提,也不将其作为获得软件著作权的必备条件和程序,但其仍具有比较重要的法律意义。[5] 例如,软件著作权登记具有备案效力,便于软件著作权的查询和管理;软件著作权登记具有证明权利的初步证明力,在发生软件著作权纠纷时,登记可以作为享有著作权的初步证明,在缺乏相反证据时,可以初步认定被登记的软件开发者为软件著作权人;还如,软件著作权登记可产生一定的公信力,如果第三者因相信被登记的软件的著作权的效力而与之进行软件著作权交易,在其没有过错的情况下,软件著作权人对其造成第三者的损失应承担信赖利益赔偿责任。

此外,办理软件登记应当缴纳费用。软件登记的收费标准由国务院著作权行政管理部门会同国务院价格主管部门规定。值得探讨的是,当登记管理机关因其过错行为导致登记具有瑕疵,而第三者因登记机关的公信力而与软件著作权人进行交易,造成的损失是否需要由登记机关承担。条例对此未作出规定,这可以在修订时加以完善。

二、软件著作权的保护期限

软件著作权具有一定的保护期限,其缘由与前述著作权保护期限的合理性一样,都是为了平衡软件著作权人与社会公众的利益,在充分保护著作权人利益的基础之上,增进社会利益。

---

〔4〕 1992年4月6日,机械电子工业部公布了《计算机软件著作权登记办法》。

〔5〕 参见齐爱民、彭振:《我国计算机软件著作权登记机制的反思与完善》,载《河北法学》2013年第5期。

由于软件开发者可以是自然人、法人或非法人组织，而法人与非法人组织不存在自然人的自然生命，软件著作权保护期限呈现不同特点。

根据前面关于软件著作权自动保护主义的规定，软件著作权自软件开发完成之日起产生。《软件保护条例》第14条规定：自然人的软件著作权，保护期为自然人终生及其死亡后50年，截止于自然人死亡后第50年的12月31日；软件是合作开发的，截止于最后死亡的自然人死亡后第50年的12月31日。法人或者其他组织的软件著作权，保护期为50年，截止于软件首次发表后第50年的12月31日，但软件自开发完成之日起50年内未发表的，本条例不再保护。从上述规定可以看出，自然人享有的软件著作权和法人或非法人组织享有的软件著作权的保护期限的计算标准不同，与前述关于自然人享有的著作权和法人或非法人组织享有的著作权的保护期限的规定相同。

《软件保护条例》第15条还规定：软件著作权属于自然人的，该自然人死亡后，在软件著作权的保护期内，软件著作权的继承人可以依照《继承法》的有关规定，继承本条例第8条规定的除署名权以外的其他权利。该条确认了署名权以外的软件著作权可以由被继承人加以继承。值得注意的是，这一规定明显地与2020年《著作权法》第21条规定"著作权属于自然人的，自然人死亡后，其本法第十条第一款第五项至第十七项规定的权利在本法规定的保护期内，依法转移"相悖。《著作权法》仅规定著作财产权可以被继承，著作人身权则不能被继承，而只能由继承人加以维护。《软件保护条例》上述规定是否妥当，值得研究。当然，也可以基于软件特殊的工业产品属性，将一般意义上的作品著作权的发表权和修改权视为财产权。基于这一财产权性质，则可以由继承人加以继承。

三、软件著作权的限制

与规定著作权具有保护期限的理由相似，著作权限制的合理性在于合理平衡著作权人利益与社会公众利益之间的关系，以保障不会因为著作权保护而妨碍正常的学习、交流以及知识的传播与利用。软件著作权的限制也不例外。不过，《软件保护条例》主要是通过赋予软件合法复制品所有人享有某些权利的方式规定软件著作权限制问题的。根据该条例第16条的规定，软件合法复制品所有人享有以下权利：(1)根据使用的需要把该软件装入计算机等具有信息处理能力的装置内。(2)为了防止复制品损坏而制作备份复制品。这些备份复制品不得通过任何方式提供给他人使用，并在所有人丧失该合法复制品的所有权时，负责将备份复制品销毁。(3)为了把该软件用于实际的计算机应用环境或者改进其功能、性能而进行必要的修改；但是，除合同另有约定外，未经该软件著作权人许可，不得向任何第三方提供修改后的软件。

此外，《软件保护条例》第17条还规定，为了学习和研究软件内含的设计思想和原理，通过安装、显示、传输或者存储软件等方式使用软件的，可以不经软件著作权人许可，不向其支付报酬。这一规定属于著作权合理使用范畴，有利于保障学生、研究者自由利用已有软件进行学习与研究，提高软件的开发水平。

第五节 软件著作权的许可使用与转让

一、软件著作权的许可使用

软件著作权的许可使用是指软件著作权人授权他人在一定的范围和期间内以一定方式使用其软件的法律行为。软件著作权许可使用属于著作权许可使用的范畴,可以适用《著作权法》关于著作权许可使用的一般规定。

根据《软件保护条例》第18条的规定,许可他人行使软件著作权的,应当订立许可使用合同。许可使用合同中软件著作权人未明确许可的权利,被许可人不得行使。这一规定强调了软件许可使用订立许可使用合同的要求。这是因为,软件属于技术性较强的作品,其许可使用涉及比较复杂的技术和法律问题,特别是许可方与被许可方之间的权利义务关系,这些问题需要通过合同加以明确。而且,为了充分保障软件著作权人的利益,凡是许可使用合同中未明确许可的权利,推定为许可人未予授权,因而被许可人不得行使。

在软件著作权许可使用中,专有许可使用合同具有独特地位,因为其对许可人和被许可人来说都具有较重要的利害关系。为了加强对软件著作权专有许可使用合同的规范,《软件保护条例》第19条规定,许可他人专有行使软件著作权的,当事人应当订立书面合同。没有订立书面合同或者合同中未明确约定为专有许可的,被许可行使的权利应当视为非专有权利。该规定具有以下两个特点:(1)强调应签订书面合同,以更好地明确合同当事人之间的权利义务关系,保障合同的有效履行;(2)在没有订立书面合同或者合同中未明确约定为专有许可的,推定许可人没有授予专有许可使用权,而只能是非专有权利。显然,该规定也是为了保障作为许可人的软件著作权人的利益,同时也便于一旦发生纠纷时"有法可依"。

二、软件著作权转让

软件著作权转让无疑属于著作权转让的范畴,它是指软件著作权人将其软件著作财产权的部分或者全部转移给他人的法律行为。与软件著作权许可使用不同,软件著作权转让涉及所有权的转移,而不限于使用权的转移。基于软件著作权转让涉及软件著作权的移转,与软件著作权人之间存在重大的利害关系,《软件保护条例》第20条规定:"转让软件著作权的,当事人应当订立书面合同。"参照《著作权法》对著作权转让的规定,这类合同需要规范的内容主要有:软件名称及合同当事人姓名或名称;转让软件著作权的类型与地域范围;转让软件著作权的价金;交付转让价金的日期和方式;违约责任以及双方认为需要约定的其他条款。例如,合同可规定:软件著作权人应担保系所转让的软件著作权合法权利人,保障软件著作权的有效性,受让人如因行使转让的著作权而侵犯他人的权利,软件著作权人应承担法律责任等。

三、软件著作权许可使用或转让合同的登记

《软件保护条例》第21条规定,订立许可他人专有行使软件著作权的许可合同,或者订立

转让软件著作权合同,可以向国务院著作权行政管理部门认定的软件登记机构登记。这一规定确认了软件著作权许可使用和转让合同的自愿登记制度。由于登记具有自愿性而非强制性,它并不是许可他人专有行使软件著作权的许可合同或转让软件著作权合同生效的必备条件。

对于登记的软件而言,登记机关应当注意专有许可使用或者转让合同书涉及的软件应当是由开发者独立开发的软件或者是经软件著作权人许可而对原有软件修改后形成的在功能和性能上予以改进的软件。

另外,根据《软件保护条例》第22条的规定,中国公民、法人或者其他组织向外国人许可或者转让软件著作权的,应当遵守《技术进出口管理条例》的有关规定。这一规定既是为了与《技术进出口管理条例》规定的协调,也是为了防止我国具有重要价值的软件流失到外国人手中。

第六节　软件著作权侵权的法律责任

一、软件著作权侵权行为

软件著作权侵权行为是未经软件著作权人许可,也没有法律的特别授权而擅自使用受著作权保护的软件,从而使软件著作权人的利益受到损害的违法行为。作为著作权侵权行为的一种类型,软件著作权侵权的界定可适用《著作权法》关于著作权侵权的一般规定,即"接触加实质性相似"的标准。司法实践经验表明,"源代码比对并非计算机软件著作权侵权判断的必备条件和必须环节"。[6] 根据软件著作权侵权的后果不同,可以将其分为仅承担民事责任的软件著作权侵权行为以及除民事责任外,还可以承担行政责任乃至刑事责任的侵权行为。

(一)仅承担民事责任的软件著作权侵权行为

《软件保护条例》第23条规定,属于仅承担民事责任的软件著作权侵权行为有以下类型。

1. 未经软件著作权人许可,发表或者登记其软件

未经软件著作权人许可,发表其软件的行为显然是侵犯软件著作权人的发表权的行为。这种行为不仅包括没有获得任何许可发表其软件的行为,而且包括在获得发表许可的前提下改变发表方式的侵权行为。至于未经软件著作权人许可,登记其软件的行为,本身不属于侵犯软件发表权的行为,而属于损害了软件著作权人登记软件著作权的决定权,自然也妨害了软件著作权登记制度。

2. 将他人软件作为自己的软件发表或者登记

将他人软件作为自己的软件发表或者登记,属于剽窃他人软件的行为。如果不仅将他人软件以自己的名义进行登记,而且还将该软件以自己的名义发表,其侵权的性质更加严重。

---

〔6〕 北京某电泳设备有限公司与北京某科技有限公司侵害计算机软件著作权纠纷案,最高人民法院(2020)最高法知民终209号民事裁定书。

3. 未经合作者许可,将与他人合作开发的软件作为自己单独完成的软件发表或者登记

这种行为侵害的是合作软件的著作权。如前所述,根据《软件保护条例》第 10 条的规定,由两个以上的自然人、法人或者其他组织合作开发的软件,其著作权的归属由合作开发者签订书面合同约定。无书面合同或者合同未作明确约定,合作开发的软件可以分割使用的,开发者对各自开发的部分可以单独享有著作权;但是,行使著作权时,不得扩展到合作开发的软件整体的著作权。合作开发的软件不能分割使用的,其著作权由各合作开发者共同享有,通过协商一致行使;不能协商一致,又无正当理由的,任何一方不得阻止他方行使除转让权以外的其他权利,但是所得收益应当合理分配给所有合作开发者。根据这一规定,与他人合作开发的软件的著作权的归属应通过合同约定。无论是针对可以分割使用的合作开发的软件还是不可以分割使用的合作开发的软件,任何合作方都无权在未经过合作作者同意的前提下将与他人合作开发的软件作为自己单独完成的软件发表或者登记。

4. 在他人软件上署名或者更改他人软件上的署名

署名权是软件著作权人最重要的人身权。擅自在他人软件上署名无疑侵害了软件著作权人的署名权。值得注意的是,《软件保护条例》没有明确如果经过软件著作权人的同意,"在他人软件上署名"是否应当允许。从该条例的规定看,可以推论出即使经过了软件作者的同意,只要不是其独立或者合作开发的软件,就没有资格在该软件上署名。这种理解在著作权法原理上是行得通的,不过在实践中要辨别仍然存在一定难度。加之经过了软件作者同意,在实践中发生纠纷的可能性也不大。故可以理解为上述规定主要是打击那些擅自在他人软件上署名的侵权行为。至于更改他人软件署名,也是侵害他人软件著作权中的署名权的行为。

5. 未经软件著作权人许可,修改、翻译其软件

这种行为显然属于侵犯了他人软件著作权中修改权和翻译权的行为。规制这类侵权,有利于保障软件的完整性,防止他人篡改软件,或者将软件以著作权人不予以授权的其他语言文字流传。

6. 其他侵犯软件著作权的行为

实践中,软件著作权侵权行为类型多种多样。为了避免挂一漏万,充分地保障软件著作权人的合法权益,《软件保护条例》作了这一兜底性质的规定。

(二)除民事责任外,还可以承担行政责任乃至刑事责任的侵权行为

根据《软件保护条例》第 24 条的规定,以下行为属于除民事责任外,还可以承担行政责任乃至刑事责任的侵权行为。

1. 复制或者部分复制著作权人的软件

复制权是软件著作财产权中最为重要的财产权利。在软件著作权保护实践中,侵犯复制权也是非常严重的一种侵权行为。无论是全部复制还是部分复制软件著作权人的软件,都属于侵害软件著作权人复制权的行为。由于软件是一种以数字化形式存在的高科技产品,软件复制行为与一般情况下的硬件复制行为不同,它需要借助于计算机、存储磁盘、光盘等技术设备进行。在网络环境下,通过互联网络复制侵权的现象也非常普遍,这种行为还往往涉及对软件著作权人信息网络传播权的侵害。

以下以最高人民法院审理的一个涉及游戏软件的著作权侵权纠纷案为例加以分析:

在翁某与福州某电脑科技有限公司等侵犯计算机游戏软件著作权纠纷上诉案中，最高人民法院判决指出：从技术角度看，计算机游戏软件符合计算机软件的一切技术特性。从应用角度看，游戏软件确有其不同于一般计算机软件的特点。游戏软件的主要用途是供人们娱乐，其外观感受主要通过游戏中的场景、人物、音响、音效变化等来实现。这些随着游戏进程而不断变化的场景、人物、音响是游戏软件程序设计的主要目的，是通过计算机程序代码具体实现的。因此，游戏软件的计算机程序代码是否相同，可以通过其外观感受较明显、直观地体现出来。虽然从技术上讲，相同功能的游戏软件包括外观感受可以通过不同的计算机程序实现，但是鉴于游戏软件的特点，两个各自独立开发的计算机游戏软件，其场景、人物、音响等恰巧完全相同的可能性几乎是不存在的，若是刻意模仿，要实现外观感受的完全相同，从技术上讲亦是有难度的。鉴于本案上诉人在二审中明确表示不申请对双方程序代码进行对比鉴定，亦未提供被控侵权软件的源程序，故根据本案事实，通过被控侵权软件与被上诉人所开发游戏软件在场景、人物、音响等外观感受方面的异同，结合本案其他相关证据，可以认定游戏软件程序代码是否相同。

根据原审法院委托某省版权局所作的鉴定结论、本院对双方游戏软件的现场勘验结果以及对双方游戏软件说明书的对比结果，可以认定：双方游戏软件所体现的场景、人物、音响等外观与感受完全相同；从运行游戏软件后所显示的中英文游戏名称、制作者名称、有关人员姓氏等对比结果看，上诉人的游戏软件留有修改的痕迹；双方游戏软件的说明书等文档也基本相同。上诉人提供的软件技术参数对比结果，本身亦说明至少 5 个游戏软件的目标程序相同率达 50%。同时，重新开发一个与他人游戏软件的场景、人物、音响等完全相同的游戏软件，并不符合上诉人作为游戏软件经营者的经营目的，而且上诉人不能对双方游戏软件外观感受、说明书、目标程序等方面的种种相同或相似作出合理解释。因此，综合本案事实和证据，足以认定被控侵权软件是对被上诉人游戏软件的复制，上诉人侵犯了被上诉人《三国争霸》等十种游戏软件的著作权。[7]

在上述案件中，判断被告软件是否构成对原告软件的复制，关键是看两部作品之间是否存在实质性相似，即表达形式是否雷同。在判断是否雷同时，则需要将作品中属于公共领域中的思想加以排除，因为这部分内容不属于著作权之保护范围。最高人民法院正是经过对比认定被告与原告软件雷同而确认被告构成对原告软件的复制。

2. 向公众发行、出租、通过信息网络传播著作权人的软件

根据《软件保护条例》的规定，软件著作权人享有向公众发行、出租、通过信息网络传播其软件的专有权利。上述行为即是侵犯软件著作权人发行权、出租权、信息网络传播权的行为。

3. 故意避开或者破坏著作权人为保护其软件著作权而采取的技术措施

前面所探讨的著作权保护的技术措施实质上是在网络环境下对著作权进行权利管理的内涵之一。技术措施确保了著作权人对在线作品内容的控制，有利于改善在网络环境下著作权人对其著作权的保护所处的劣势地位，并有效地保护其作品著作权。在软件著作权保护中，禁止故意避开或者破坏著作权人为保护其软件著作权而采取的技术措施也是其中的重要内容。

---

〔7〕 摘引自最高人民法院(2000)知终字第 4 号民事判决书。

从国外来看,美国《数字千年著作权法》(DMCA)颁行后,已发生了一系列涉及通过技术措施保护著作权人的案例,其中包括在软件著作权保护中适用技术措施保护的案例。例如,2000年8月17日University City Studios v. Shawn Reimerdes案即有代表性。在该案中,八大电影制片厂对网站运营商鼓励拷贝并启用一个叫DeCSS的信息程序提起诉讼,要求禁止该程序在屏幕上显示和以超文本形式链接到机器上阅读。该程序在技术上的特点是包含可以解开CSS密码系统的钥匙,而CSS密码系统可以防止拷贝DVD和使DVD在不同型号的机器上阅读。法官认定CSS系统可以有效地通过阅读方式获得DVD上的作品,而DeCSS主要是为规避CSS系统而设计的系统。法院没有接受被告合理使用的辩护,并给被告发出了诉前禁令,进而作出了有利于原告的判决。次年11月29日,上诉法院在第二轮审判中核准了该判决。上诉法院的理由是,软件代码受到言论自由(《宪法第一修正案》)的保护,但对这种自由作出合理限制的DMCA无疑是合适的。[8]

4. 故意删除或者改变软件权利管理电子信息

如前所述,权利管理电子信息保护也是《世界知识产权组织版权条约》、《世界知识产权组织表演和录音制品条约》以及我国《著作权法》所确认的权利。故意删除或者改变软件权利管理电子信息,在软件著作权领域也同样存在,需要规制。当然,与技术措施保护一样,软件权利管理电子信息的保护也受到合理使用原则的限制。例如,合理使用的用户在复制网络上的公共信息时删除附带的权利管理信息,不应构成侵权。

5. 转让或者许可他人行使著作权人的软件著作权

上述行为属于侵犯软件著作权人许可使用权或转让权的范畴。不过应注意的是,对于合作开发的软件而言,根据《软件保护条例》第10条的规定,合作开发的软件不能分割使用的,其著作权由各合作开发者共同享有,通过协商一致行使;不能协商一致,又无正当理由的,任何一方不得阻止他方行使除转让权以外的其他权利。因此,在特定情况下,不可分割使用的软件的合作作者可以单独许可他人行使软件著作权。但是,转让的权利无论如何都不能被合作作者单独行使。

另外,根据《软件保护条例》第24条第2款的规定,有前款第(1)项或者第(2)项行为的,可以并处每件100元或者货值金额1倍以上5倍以下的罚款;有前款第(3)项、第(4)项或者第(5)项行为的,可以并处20万元以下的罚款。

二、软件著作权侵权的法律责任

(一)法律责任承担方式

上述软件著作权侵权行为,承担的法律责任形式分别为民事责任、行政责任与刑事责任。其中,《软件保护条例》第23条规定的民事责任形式有停止侵害、消除影响、赔礼道歉、赔偿损失等。《软件保护条例》第24条规定的既可以承担民事责任,还可以承担行政责任、刑事责任的形式是:停止侵害、消除影响、赔礼道歉、赔偿损失等民事责任;同时损害社会公共利益的,由著作权行政管理部门责令停止侵权行为,没收违法所得,没收、销毁侵权复制品,可以并处罚

[8] [美]安娜·勒帕热:《数字环境下版权例外和限制概况》,刘板盛译,载《版权公报》2003年第1期。

款;情节严重的,著作权行政管理部门并可以没收主要用于制作侵权复制品的材料、工具、设备等;触犯刑律的,依照刑法关于侵犯著作权罪、销售侵权复制品罪的规定,依法追究刑事责任。

此外,根据2020年《审理著作权民事案件适用法律解释》第21条的规定,软件用户未经许可或者超过许可范围商业使用计算机软件的,依据2010年《著作权法》第48条第(1)项、《软件保护条例》第24条第(1)项的规定承担民事责任。

(二)损害赔偿的确定

根据《软件保护条例》第25规定,侵犯软件著作权的赔偿数额,依照2010年《著作权法》第49条(现行《著作权法》第54条)的规定确定。如前所述,现行《著作权法》第54条规定,侵犯著作权或者与著作权有关的权利的,侵权人应当按照权利人因此受到的实际损失或者侵权人的违法所得给予赔偿;权利人的实际损失或者侵权人的违法所得难以计算的,可以参照该权利使用费给予赔偿。对故意侵犯著作权或者与著作权有关的权利,情节严重的,可以在按照上述方法确定数额的1倍以上5倍以下给予赔偿。事实上,在我国第一起软件著作权侵权纠纷案中,法院主张以被侵权人在被侵权期间因被侵权所受到的损失作为计算赔偿金额的标准。在该案中,某研究所研究的UNFOX 2.1软件从某公司非法复制销售软件时起,销售量锐减,损失43,000元,这笔数额即被法院判为侵权损害赔偿额。

(三)司法救济措施

1. 诉前临时措施

诉前临时措施是在软件著作权人在向法院起诉前,为及时维护自己的合法利益而向法院申请的司法措施,包括责令停止有关行为、财产保全与证据保全。

关于诉前停止有关行为与财产保全。根据《软件保护条例》第26条的规定,软件著作权人有证据证明他人正在实施或者即将实施侵犯其权利的行为,如不及时制止,将会使其合法权益受到难以弥补的损害的,可以依照2010年《著作权法》第50条(现行《著作权法》第56条)的规定,在提起诉讼前向人民法院申请采取责令停止有关行为和财产保全的措施。

关于诉前证据保全。根据《软件保护条例》第27条的规定,为了制止侵权行为,在证据可能灭失或者以后难以取得的情况下,软件著作权人可以依照2010年《著作权法》第51条(现行《著作权法》第57条)的规定,在提起诉讼前向人民法院申请保全证据。该规定有利于保障软件著作权人及时获取侵权证据,从而有效地打击软件著作权侵权行为。

2. 过错推定

《软件保护条例》第28条规定,软件复制品的出版者、制作者不能证明其出版、制作有合法授权的,或者软件复制品的发行者、出租者不能证明其发行、出租的复制品有合法来源的,应当承担法律责任。这一规定确立了软件复制品的出版者、制作者著作权侵权的过错推定原则。该规定源于2001年《著作权法》第52条的规定。例如,在国家版权局针对《关于杭州某电脑控制设备厂计算机软件是否侵权等问题的请示》(浙权〔2003〕2号)而作出的关于对计算机软件版权保护问题的意见(国权办〔2003〕26号)指出:根据我国《著作权法》和《软件保护条例》的规定,被投诉人不能证明其制作、发行的作品、计算机软件有合法来源的,应当承担法律责任。本案中,被投诉人某电脑控制设备厂的软件已经有关部门认定与投诉人的软件绝大部分相同,因此,应当对自己制作软件的合法来源提供证据,如果无法证明合法来源,就应承担侵权责任。

该规定暗示,如果软件复制品的出版者、制作者能够证明其出版、制作有合法授权,或者软件复制品的发行者、出租者能证明其发行、出租的复制品有合法来源,就不应承担法律责任。

3. 例外规定

《软件保护条例》主要有以下两种例外规定。

第一种,表达方式有限造成的雷同,不构成侵权。

《软件保护条例》第29条规定:软件开发者开发的软件,由于可供选用的表达方式有限而与已经存在的软件相似的,不构成对已经存在的软件的著作权的侵犯。这一规定体现了对思想与表达二分法原则之合并原则的引进。合并原则只是适用于某些特例,即作品的思想表达形式极其有限,甚至只有一种表达形式。在这种情况下,即使表达具有独创性,该作品也不受著作权保护。在国外著作权司法判例中,与思想和表达合并原则相关的案例并不少见。例如,在 Apple Computer v. Franklin Computer 案〔9〕中,法院指出:"如果只有一种方式或很有限的表达方式表达一个思想,允许复制表达的形式。"Computer Assoc. Int, Inc. v. Altai, Inc. 案〔10〕则提出了著名的软件著作权侵权的抽象—过滤—比较分析的过滤步骤。法院基于软件市场中程序和竞争的功利性质指出,由于本案思想与表达发生了合并,可以通过效率主导的因素考虑案涉软件不受著作权保护。故在思想与表达合并的情况下,划分两者的界限没有意义。相似的讨论还涉及法院需要"过滤"的其他因素,如从公共领域中取走的因素以及由外部因素控制的因素。在 Sid & Marty Krofft Televisions v. McDonald's Corp 案〔11〕中,法院主张侵权将根据所有权、接触和实质性相似的证据加以确认。

上述合并原则也体现于国家版权局发表的观点中。例如,国家版权局《关于对计算机软件版权保护问题的意见》(国权办〔2003〕26号)指出:根据《软件保护条例》第29条的规定,在可供选用的表达方式有限的情况下,软件可以相似或者相同,而不发生侵权。但相似或相同的软件必须是各自独立创作产生的,而不能是抄袭或者复制他人已有软件的结果。在软件著作权纠纷中,被诉方以"可供选用的表达方式有限"为由,为其软件与他人软件相同或者相似进行抗辩的,应当承担说明其表达方式有限的举证责任;举证不能的,应承担相应的侵权责任。显然,该意见在强调承认合并原则的同时,也重视举证责任的重要性,主张应证明相似性来源于独创而非抄袭或者复制。该意见是符合《著作权法》原理和精神的。

第二种,无过错不承担赔偿责任。

《软件保护条例》第30条规定:软件的复制品持有人不知道也没有合理理由应当知道该软件是侵权复制品的,不承担赔偿责任;但是,应当停止使用、销毁该侵权复制品。如果停止使用并销毁该侵权复制品将给复制品使用人造成重大损失的,复制品使用人可以在向软件著作权人支付合理费用后继续使用。

---

〔9〕 714 F. 2d 1240, 1253 (3rd Cir. 1983).

〔10〕 982 F. 2d 693 (2rd Cir. 1992).

〔11〕 562 F. 2d 1157 at 1162 - 63 (9th Cir. 1977).

（四）司法救济方式

1. 调解

调解是指发生纠纷后，由当事人以外的第三者从中斡旋，促使当事人达成协议。我国现行《著作权法》第60条第1款规定，“著作权纠纷可以调解”。《软件保护条例》第31条第1款则规定：“软件著作权侵权纠纷可以调解。”通过调解方式解决纠纷，程序简单、手续简便，解决纠纷及时。在自愿的基础上达成协议，也有利于协议的执行。所以说，调解是一种值得提倡的行之有效的解决争端的方法。

2. 仲裁

现行《著作权法》第60条规定，著作权纠纷可以根据当事人达成的书面仲裁协议或者著作权合同中的仲裁条款，向仲裁机构申请仲裁。当事人没有书面仲裁协议，也没有在著作权合同中订立仲裁条款的，可以直接向人民法院起诉。《软件保护条例》第31条第2款则规定，软件著作权合同纠纷可以依据合同中的仲裁条款或者事后达成的书面仲裁协议，向仲裁机构申请仲裁。根据上述规定，就软件著作权合同纠纷，如果合同中订立了仲裁条款或者事后达成了书面仲裁协议，则可以向仲裁机构申请仲裁。事实上，一旦当事人选择以仲裁方式解决软件著作权合同纠纷后，非经双方一致同意，任何一方不得向法院起诉。这意味着当事人在一定程度上放弃了通过司法途径解决软件著作权合同纠纷的权利。另外，仲裁坚持当事人自愿的原则。如果仲裁只是一方的意愿，仲裁机构不予受理，也无权仲裁。

3. 诉讼

《软件保护条例》第31条第3款则规定，软件著作权合同当事人没有在合同中订立仲裁条款，事后又没有书面仲裁协议的，可以直接向人民法院提起诉讼。软件著作权诉讼属于著作权诉讼的范畴，前面关于著作权的司法保护探讨中业已阐述，在此不赘述。

本章案例研讨

◈ 计算机软件开发合同中软件功能需求、延迟交付及违约责任认定

山东某重工有限公司与某（山东）信息技术有限公司计算机软件开发合同纠纷案[12]

2018年12月20日，山东某重工有限公司（以下简称某重工公司）（甲方）与某（山东）信息技术有限公司（以下简称某信息公司）（乙方）签订涉案合同。合同约定：甲方委托乙方研究开发某集团基建在线互联网平台项目，并支付研究开发经费和报酬。在合同履行过程中，某信息公司认为某重工公司构成违约，遂向济南市中级人民法院提起合同违约诉讼，请求法院判令某重工公司支付剩余款项。某重工公司则认为某信息公司存在延期交付软件行为，并且涉案

[12] 选自最高人民法院（2020）最高法知民终713号民事判决书。另参见济南市中级人民法院（2019）鲁01民初3744号民事判决书。

软件尚未达到合同约定标准。

济南市中级人民法院将争议焦点归纳为：第一，某重工公司的付款条件；第二，某信息公司交付的软件是否符合合同约定，达到初验标准，某信息公司要求某重工公司支付初验款项条件是否成就；第三，某信息公司交付的软件是否符合合同约定，达到终验标准，某信息公司要求某重工公司支付终验款项条件是否成就。

关于某重工公司的付款条件，法院认为：根据涉案合同约定，初验付款及终验付款的付款条件有两项，一是交付软件达到初验标准或终验标准，二是某信息公司给某重工公司开具符合约定的发票。在合同实际履行过程中，某信息公司于2019年3月15日、3月30日、4月12日三次向某重工公司交付涉案软件，某重工公司对此并无异议，可视为某信息公司已经交付软件。因此某重工公司辩称某信息公司未完成软件开发工作、未交付软件的意见不予采信。

关于某信息公司交付的软件是否符合合同约定，达到初验标准，某信息公司要求某重工公司支付初验款项条件是否成就，法院认为：根据合同约定，易基建项目存在两次验收，即初验和终验。合同未对初验标准作说明解释，但是其对终验的标准为“初验通过三个月后，无任何缺陷或能正常运行使用无任何问题后”。根据常理，初验的标准低于终验标准，即初验标准不要求交付软件无任何缺陷或能正常运行使用无任何问题，可以容忍一般的、非根本性、不影响软件重要功能、后期可优化的瑕疵。虽然涉案合同约定某信息公司应于2019年2月18日完成整体系统安装调试并提交某信息公司测试验收，但是该日期是针对2018年12月20日签订的涉案合同附件所附的整体需求而言的。在合同履行过程中，软件迭代三期的需求确定时间为2019年1月17日，需求确定时间比签订合同时间进行了延后，因此软件交付时间也应当相应顺延。按照原先双方约定的开发时长，即顺延后的软件交付时间应为3月18日。某信息公司在2019年3月15日交付并不存在延迟问题。而且在某信息公司交付后，某重工公司并未提出所谓延迟交付问题。

关于某信息公司交付的软件是否符合合同约定。在某重工公司发送给某信息公司的三次反馈意见中，仅有3月18日反馈的PC端微信支付功能无法实现是属于“软件存在缺陷”的问题，其余问题均为对现有软件功能或界面的优化需求，在软件开发过程当中，对功能及页面的不断优化属于正常情形，符合商业惯例，不影响易基建项目软件的使用，不属于“软件存在缺陷”的问题。

关于某信息公司交付的软件是否符合合同约定，达到终验标准，某信息公司要求某重工公司支付终验款项条件是否成就，法院认为：据涉案合同约定，只有交付的软件达到“初验通过三个月后，无任何缺陷或能正常运行使用无任何问题后”的标准，才算通过终验。从本案查明的事实来看，某信息公司与某重工公司业务往来中可以多渠道获得某重工公司的联系方式等信息，某信息公司仅是电话、短信联系某重工公司未得到回应，便认为无法完成交付而不交付软件。虽然某重工公司存在消极回复的情形，但某信息公司在未实际最终交付最后版本软件的情形下，未能证明其行为仍符合终验标准的付款条件“无任何缺陷或能正常运行使用无任何问题”，某信息公司要求某重工公司支付终验款项的诉求，不予支持。

2020年3月26日，济南市中级人民法院判决某重工公司于判决生效之日起10日内支付某信息公司初验款，某重工公司于判决生效之日起10日内赔偿某信息公司公证费用，驳回某信息公司的其他诉讼请求。

某重工公司不服上述判决,向最高人民法院提起上诉。该院于 2020 年 5 月 20 日立案后,依法组成合议庭对本案进行了审理。二审期间,某信息公司确认涉案合同不再继续履行。

最高人民法院认为,本案争议的焦点问题是:其一,某信息公司交付的涉案软件是否符合初验要求;其二,某信息公司是否存在延期交付涉案软件的情形。

法院认为:在计算机软件开发合同的履行过程中,当事人一方在技术上发生的能够及时纠正的差错,或者为适应情况变化所作的必要技术调整,不影响合同目的实现的,不应认为是违约行为。根据计算机软件开发工作的特点,软件的功能需求可能在签订合同时通过合同文本或附件明确,也可能在合同履行中随着双方交流、委托工作的阶段性完成而逐渐明晰,在软件开发过程中,对软件开发的内容和功能进行调整较为常见。如果双方在合同文本中约定了软件名称和软件实现的目的,而在合同履行中通过电子邮件、即时通信、通信群组等网络应用服务的通信信息对功能需求进行磋商、沟通的,经双方确认的功能需求是对合同内容的补充,构成软件开发合同的内容。

关于某信息公司交付的涉案软件是否符合初验要求,法院认为:由于双方在涉案合同中并未明确约定初验的要求,故对于涉案软件是否符合初验要求的认定,应当考虑涉案软件是否能够实现合同目的、存在问题是否属于软件基本缺陷以及相关商业惯例等因素。本案事实表明,某信息公司交付的易基建项目软件符合初验标准,某重工公司应当向某信息公司支付初验款 20 万元。

关于某信息公司是否存在延期交付涉案软件情形,法院认为:由于某信息公司应当交付的软件包括了迭代一期、二期、三期的项目,而迭代三期的项目需求在 2019 年 1 月 17 日才经双方确认,因此,涉案合同约定的软件交付期限已经实际发生变更,某信息公司履行合同的期限应当相应进行顺延。2019 年 3 月 15 日,某信息公司将开发完成软件代码提交某重工公司验收,并向某重工公司发送验收请求,应当视为某信息公司已经按期交付软件,并无延期履行的情形。

在上述认定基础上,最高人民法院判决驳回上诉,维持原判。

该案涉及计算机软件开发合同软件功能需求、延迟交付及违约责任等问题。针对是否延迟交付及相应的违约问题,法院认定由于合同未约定初验要求,应考虑涉案软件是否能够实现合同目的、存在问题是否属于软件基本缺陷以及相关商业惯例等因素。针对软件开发合同功能需求,法院认为基于软件开发技术特点,软件功能需求既可以在签订合同时予以明确,也可以在软件开发合同履行中基于研究开发进展而调整软件开发内容与功能。如果在开发合同中并没有对于软件功能需求或界面优化进行专门约定,在履行合同中不能以委托方单方面提出的新的需求作为是否实际履行合同的依据。该案为软件开发合同如何确定软件功能需求提供了较为重要的指引。

◈ 计算机软件著作权侵权的认定标准及举证责任

北京某科技有限公司与大连某污染管理处等侵害计算机软件著作权纠纷案[13]

2007年12月,北京某科技有限公司(以下简称某科技公司)通过大连市政府招投标程序中标"大连市机动车尾气检测设备采购与安装项目"。2007年12月19日,某科技公司与(某环保局下设的事业单位法人)大连某污染某管理处(以下简称某管理处)签订了《协议书》,约定了大连市机动车尾气检测线设备采购与安装项目。后因合同履行问题发生争议,某科技公司单方面终止了合同。

某科技公司向大连市西岗区人民法院起诉,请求判令某管理处、某检测公司删除某科技公司所提供的在某管理处使用的简易工况法尾气检测线系统中其修改并替换的侵权软件,恢复某科技公司的软件及署名,并且在全国性报刊上消除影响、公开赔礼道歉,判令某管理处、某检测公司连带赔偿某科技公司直接损失。

法院认为,计算机软件著作权属于软件开发者,其相关权利受法律保护。某科技公司已提供证据能够证明其对该计算机软件享有著作权,而从某科技公司与某管理处签订的《协议书》及其提供的其他证据均无法证明某科技公司与某管理处合作期间某科技公司提供给某管理处的检测设备上运行的是案涉被侵权计算机软件。某管理处与某检测公司建立合同关系的直接原因系某科技公司通过技术手段单方锁止其向某管理处提供的某管理处已经支付全部购买费用的计算机软件,而大连仲裁委员会(2012)大仲字第376号裁决书已经认定某科技公司无权锁止某管理处向其购买的检测软件。因当事人对其主张应提供证据予以证明,没有证据或提供的证据不足以证明其主张的,由负有举证责任的当事人承担不利后果。某科技公司主张某管理处、某检测公司在未获得其同意和许可的情况下在某管理处运行的设备中对某科技公司早前向某管理处提供的计算机软件擅自进行了修改、复制、更改署名,某科技公司对此不申请进行计算机软件程序的侵权比对鉴定,故应由某科技公司承担举证不能的法律后果。某科技公司不能提供证据证明某管理处、某检测公司构成侵权,其起诉没有事实依据和法律依据,应予以驳回。法院判决驳回某科技公司的诉讼请求。

某科技公司不服上述判决,向大连市中级人民法院提起上诉。该院于2016年8月11日立案后,依法组成合议庭,开庭进行了审理。

大连市中级人民法院将争议焦点概括为某管理处和某检测公司是否实施了侵犯某科技公司计算机软件著作权的行为。法院认为:认定著作权侵权的判断标准是"接触加实质性相似"。由于某管理处与某检测公司均认可并未卸载某科技公司为某管理处安装的计算机软件,在一审法院保全取得的证据中亦包含某科技公司的软件程序,且某检测公司完成被控侵权软件开发并取得著作权登记证书的时间均晚于某科技公司取得软件著作权的时间,可以认定二者具有接触某科技公司软件的条件。

---

〔13〕 选自大连市中级人民法院(2016)辽02民终5082号民事判决书。另参见大连市西岗区人民法院(2015)西审民初字第67号民事判决书。

软件的“实质性相似”，主要是比对被控侵权软件与著作权人软件的源程序代码、目标程序代码是否相同或实质性相似。某科技公司需要提交己方软件和被控侵权软件的源程序、目标程序等以及二者的对比情况。但某科技公司没有提交上述任何证据，仅提供了计算机软件著作权登记证书以及《技术秘密转让合同书》等证据，以此主张被控侵权软件系在其提供的底盘测功机等设备上运行，只有在取得设备专有通信协议的基础上才能开发出软件实现设备运行，而通信协议系其从案外人德国某有限公司独家授权取得，从而推定某检测公司采用非法手段获得通信协议或者破坏某科技公司技术措施，获得与编制软件的关键源代码，并对某科技公司的软件实施了修改及更改署名的侵权行为。

受著作权保护的计算机软件仅指计算机程序及其文档等对思想的表达，而计算机软件中的思想、概念、原理、处理过程和运行方法等并非表达，不受著作权法保护。而且，计算机软件作为一种具有实用性的作品，同类软件在功能和操作方法上往往具有较大的相似性，不同的计算机软件程序可以实现相同的功能，因此功能是否相同不能成为判断程序是否相同的依据。虽然能够实现相同的功能，但只要是该程序系使用了不同的代码独立编写而成，也不构成著作权侵权。由于硬件设备与软件程序之间并不存在一一对应的绝对关系，仅根据某检测公司的软件能够与某科技公司的软件同样实现驱动底盘测功机等硬件设备的功能，并不能由此推断某检测公司的软件必然使用了与某科技公司相同的源程序。而且，某科技公司仅对其在编制源程序过程中的创造性智力活动成果享有著作权，即使其需要将德国某有限公司的通信协议写入程序中，其对该通信协议本身亦不享有软件著作权，对于通信协议所要求的实现与硬件设备兼容的特定代码亦不享有著作权。因此，某科技公司未能提供证据证明某检测公司软件的源程序与其相同，仅凭硬件设备正常运行的事实不足以证明某检测公司及某管理处实施了侵犯其计算机软件著作权的行为，应当承担举证不能的法律后果。

在上述认定基础上，大连市中级人民法院判决驳回上诉，维持原判。

该案涉及计算机软件著作权侵权认定及相关举证责任问题。法院遵循著作权侵权判定的基本原则即“接触加实质性相似”，并结合计算机软件这类较为特殊的作品的特点判定使用涉案软件的行为未侵害某科技公司软件著作权。该案还涉及软件著作权侵权认定中举证责任分配问题。法院认为，“某科技公司未能提供证据证明某检测公司软件的源程序与其相同，仅凭硬件设备正常运行的事实不足以证明某检测公司及某管理处实施了侵犯其计算机软件著作权的行为，应当承担举证不能的法律后果”。在该案中，某科技公司指控某管理处和某检测公司对其享有著作权的计算机软件进行了修改、复制及更改署名，但其不申请对案涉计算机软件是否被侵权进行鉴定，未能提供足够的证据加以证明。基于此，一审、二审法院均认为已有证据不足以证明某管理处和某检测公司实施了侵害涉案软件著作权的行为。该案为理解计算机软件著作权侵权认定及其相关的举证责任问题提供了较为重要的指引。

第十三章 著作权集体管理

著作权是一种专有权利,非经权利人许可或法律作出特别规定,他人不得擅自行使。但在实践中,著作权人靠自己力量向成千上万个作品使用人发放许可证、收取使用费是很难做到的。著作权人对广泛性的侵权行为往往也无力抗衡。这就有必要建立一种专门机构,代表著作权人发放许可证,收取著作权使用费,简化使用作品的法律程序。为保障著作权法的实施,需要建立一套完整的著作权集体管理制度。本章主要以我国《著作权法》和《著作权集体管理条例》为依据加以探讨。[1]

第一节 著作权集体管理概述

一、国外著作权集体管理概况

著作权集体管理是实现著作权人利益的重要形式,而这一管理形式又是通过建立著作权集体管理组织而实现的。从历史上看,著作权集体管理组织最早源于1847年法国一位作家和两位作曲家在法国巴黎爱丽舍田园大街一家音乐咖啡馆发生的纠纷。这场纠纷直接导致了世界上第一个音乐演奏集体管理组织音乐作者作曲者出版者协会的诞生。

18世纪后半叶,法国建立了第一批著作权集体管理组织。1777年法国著名戏剧家博马歇创立的“戏剧立法局”被认为是世界上最古老的著作权集体管理机构的雏形。1851年,法国又成立“词作家、作曲家及音乐出版商协会”(SACEM);1903年,德国成立“音乐表演及机械复制权协会”(GEMA);1914年美国成立“词作家、作曲家及音乐出版商协会”(ASCAP),和法国的SACEM一样,管理非戏剧音乐作品的表演权;1950年美国又成立“广播音乐公司”(BMI);1977年苏联成立“全苏著作权代理公司”。在“二战”以前,尚没有官方或半官方的著作权集体管理组织。“二战”后则在东欧和第三世界国家等出现了官方或半官方的著作权集体管理组织。

到目前为止,大多数国家和地区都建立了著作权集体管理机构。大致说来,世界上的著作权集体管理组织主要有两类:一是针对音乐作品的公开表演权、机械表演权、广播权等权利的集体管理组织;二是针对文字作品复印权、公共借阅权、制作多媒体权和网络传输权等权利的

[1] 现行《著作权法》已于2021年6月1日施行。《著作权集体管理条例》需要根据现行《著作权法》的规定作出相应修改。

集体管理组织。[2] 按照著作权集体管理组织的内在结构分类，则可以分为单一型、分立型和完全型等模式，其中，单一型著作权集体管理组织是对著作权和邻接权进行协调、保护、管理的统一的单一性的著作权集体管理组织，具有很强的垄断性。分立型是按照作品的表现形式分别设立著作权集体管理组织，如瑞典有音乐作者协会、表演者协会、视觉作者协会、机械表演协会和出版商协会。完全型著作权集体管理组织是根据被授权范围确定著作权集体管理组织，又分为完全型与部分型著作权集体管理组织，其中，前者对著作权、邻接权进行全面管理，包括谈判、授权、监督实施、实施权利、报酬收取以及分配等；后者则是根据权利人的授权而仅对某项或者某项范围内的专有权进行管理的著作权集体管理组织。[3]

而且，后来还出现了国际性的著作权集体管理组织，如国际唱片协会、国际作者作曲者联合会和国际复印权组织。这些组织和国内的著作权集体管理组织不同之处在于，其重要目的是协调不同国家著作权集体管理组织之间的业务联系，在其间建立相互代表协议制度。

二、我国著作权集体管理制度

在我国，1991 年《著作权法实施条例》第 7 条第（3）项规定国家版权局有权批准设立著作权集体管理机构并监督、指导其工作，第 54 条进一步规定："著作权人可以通过集体管理方式行使其著作权。"根据这些规定，国家版权局在 1992 年批准成立了我国第一家著作权集体管理组织——中国音乐著作权协会。此后在 2008 年 5 月 28 日，筹备时间长达 10 年之久的中国音像著作权集体管理协会成立，同年 10 月 24 日，中国文字著作权协会成立；同年 11 月 21 日，中国摄影著作权协会成立。2009 年，中国电影版权保护协会正式转变为著作权集体管理组织，并更名为中国电影著作权协会。

2001 年《著作权法》第 8 条明确规定："著作权人和与著作权有关的权利人可以授权著作权集体管理组织行使著作权或者与著作权有关的权利。著作权集体管理组织被授权后，可以以自己的名义为著作权人和与著作权有关的权利人主张权利，并可以作为当事人进行涉及著作权或者与著作权有关的权利的诉讼、仲裁活动。著作权集体管理组织是非营利性组织，其设立方式、权利义务、著作权许可使用费的收取和分配，以及对其监督和管理等由国务院另行规定。"2010 年《著作权法》第 8 条则维持了这一规定。根据《著作权法》上述规定，为了规范著作权集体管理活动，便于著作权人和与著作权有关的权利人行使权利和使用者使用作品，2004 年国务院颁布了《著作权集体管理条例》，后于 2011 年、2013 年进行修订，对著作权集体管理组织、著作权集体管理活动、著作权集体管理活动的监管等内容作了详细规定。

值得指出的是，现行《著作权法》第 8 条对上述规定作了较大程度的改进。其第 1 款规定："著作权人和与著作权有关的权利人可以授权著作权集体管理组织行使著作权或者与著作权有关的权利。依法设立的著作权集体管理组织是非营利法人，被授权后可以以自己的名义为著作权人和与著作权有关的权利人主张权利，并可以作为当事人进行涉及著作权或者与

[2] 姚红主编：《中华人民共和国著作权法释解》，群众出版社 2001 年版，第 74 页。
[3] 费安玲：《著作权法教程》，知识产权出版社 2003 年版，第 203 页。

著作权有关的权利的诉讼、仲裁、调解活动。”〔4〕

上述所谓著作权集体管理，根据我国《著作权集体管理条例》第2条的规定，它是指著作权集体管理组织经权利人授权，集中行使权利人的有关权利并以自己的名义进行的下列活动：与使用者订立著作权或者与著作权有关的权利许可使用合同；向使用者收取使用费；向权利人转付使用费；进行涉及著作权或者与著作权有关的权利的诉讼、仲裁等。著作权集体管理的前提是著作权人的授权，并依托于特定的著作权集体管理组织，它是由著作权集体管理组织集中行使著作权人的权利的活动。

著作权集体管理与行政管理不同。前者旨在针对著作权人不便行使或者难以行使的权利建构一套特殊的许可使用机制，促进作品许可使用和价值实现，后者则是主管著作权的部门按照法定职权进行行政执法、加强行政管理的活动。2010年《著作权法》第7条规定：“国务院著作权行政管理部门主管全国的著作权管理工作；各省、自治区、直辖市人民政府的著作权行政管理部门主管本行政区域的著作权管理工作。”现行《著作权法》第7条则对上述规定作了重要修改，规定：“国家著作权主管部门负责全国的著作权管理工作；县级以上地方主管著作权的部门负责本行政区域的著作权管理工作。”其修订之处体现于：将2010年《著作权法》第7条中的国务院著作权行政管理部门，改为“国家著作权主管部门”；将“主管全国的著作权管理工作”修改为“负责全国的著作权管理工作”；将“各省、自治区、直辖市人民政府的著作权行政管理部门”修改为“县级以上地方主管著作权的部门”。上述规定修改的原因是，一是适应当前我国政府行政管理部门改革的需要，对相关表述做出调整；二是扩大地方主管著作权管理工作的部门范围，由原先的限于省级下放到县级以上，以适应加强我国著作权行政管理的需要。

第二节　著作权集体管理组织

在我国，著作权集体管理组织，是指为权利人的利益依法设立，根据权利人授权、对权利人的著作权或者与著作权有关的权利进行集体管理的社会团体。著作权集体管理组织应当依照有关社会团体登记管理的行政法规和《著作权集体管理条例》的规定进行登记并开展活动。著作权集体管理组织具有专属性，不能任意设立。根据《著作权集体管理条例》第6条的规定，除依照该条例规定设立的著作权集体管理组织外，任何组织和个人不得从事著作权集体管理活动。

一、著作权集体管理组织的设立条件

依法享有著作权或者与著作权有关的权利的中国公民、法人或者非法人组织，可以发起设立著作权集体管理组织。根据《著作权集体管理条例》第7条的规定，设立著作权集体管理组织，应当具备下列条件：(1)发起设立著作权集体管理组织的权利人不少于50人；(2)不与已

〔4〕 参见许可、肖冰：《替代性纠纷解决机制在著作权侵权纠纷中的适用——以著作权集体管理组织为原告的案件为例》，载《山东大学学报(哲学社会科学版)》2019年第2期。

经依法登记的著作权集体管理组织的业务范围交叉、重合;(3)能在全国范围代表相关权利人的利益;(4)有著作权集体管理组织的章程草案、使用费收取标准草案和向权利人转付使用费的办法(以下简称使用费转付办法)草案。

在上述条件中,第(1)项是对发起人人数的要求,基于著作权集体管理组织系全国性的组织,发起人不能少于50人。第(2)项规定是为了与已经登记的著作权集体管理组织业务相协调,避免著作权集体管理组织之间产生直接竞争关系,方便权利人和使用者使用作品和录音录像制品等。第(3)项是对著作权集体管理组织行使权利范围的规定,要求能够在全国范围内代表权利人的利益。不过,著作权集体管理组织仍然可以在全国各地设立分支机构。第(4)项是对著作权集体管理组织规范化管理的要求,便于该组织及时收取和支付费用。根据该条例第13条规定,著作权集体管理组织应当根据下列因素制定使用费收取标准:使用作品、录音录像制品等的时间、方式和地域范围;权利的种类;订立许可使用合同和收取使用费工作的繁简程度。该条例第14条规定,著作权集体管理组织应当根据权利人的作品或者录音录像制品等使用情况制定使用费转付办法。

二、著作权集体管理组织的申请设立程序

申请设立著作权集体管理组织,应当向国务院著作权管理部门提交证明符合规定条件的材料,包括著作权集体管理组织的章程草案、使用费收取标准草案和向权利人转付使用费的办法。国务院著作权管理部门应当自收到材料之日起60日内,作出批准或者不予批准的决定。国务院著作权管理部门认为符合条件的,即予以批准,并发给著作权集体管理许可证;认为不符合条件的,不予批准并应说明理由。申请人应当自国务院著作权管理部门发给著作权集体管理许可证之日起30日内,依照有关社会团体登记管理的行政法规到国务院民政部门办理登记手续。依法登记的著作权集体管理组织,应当自国务院民政部门发给登记证书之日起30日内,将其登记证书副本报国务院著作权管理部门备案;国务院著作权管理部门应当将报备的登记证书副本以及著作权集体管理组织章程、使用费收取标准、使用费转付办法予以公告。

著作权集体管理组织获得了国务院民政部门颁发的登记证书,并且在国务院著作权管理部门将登记证书副本以及著作权集体管理组织章程、使用费收取标准、使用费转付办法予以公告以后,即可以开展著作权集体管理活动。

三、著作权集体管理组织的职责

著作权集体管理组织的职责是集中行使作品或者录音录像制品权利人自己难以有效行使的权利,如现行《著作权法》规定的表演权、放映权、广播权、出租权、信息网络传播权、复制权等即属于权利人自己难以有效行使的权利。这些权利即可由著作权集体管理组织进行集体管理。例如,某作曲作者在其音乐作品发表后,许可他人行使该作品的舞台表演权、机械表演权和广播权,在实践中存在一定难度。就使用作品和录音录像制品的使用者来说,每天使用的量很大,而且经常具有较强的时间性,与各位权利人分别谈判许可证事宜显然是不大现实的,至少是不经济的。著作权集体管理组织则可以在权利人与使用者之间建立联系,使权利人和使用者各得其所。国外著作权集体管理的成功运作也证明了设立著作权集体管理组织的必

要性。

从著作权集体管理组织的中心任务看,应当主要是处理好作者那些不便于自己行使权利而权益保障发生问题的情况,如音乐、戏剧作品的广播、表演、录制权,美术、摄影作品的复制权,文学作品的影印复制权等,以及避免社会和公众因寻找作者困难而无法得到作品的情况发生。对于著作权人能够直接行使的权利,应由其直接行使,著作权集体管理组织无须包揽。

著作权集体管理组织的基本职责是围绕维护权利人的利益进行的,它应尽量减少开支,提高管理效率。如前所述,根据《著作权集体管理条例》第 2 条的规定,著作权集体管理组织的基本任务是与使用者订立著作权或者与著作权有关的权利许可使用合同,向使用者收取使用费,向权利人转付使用费,进行涉及著作权或者与著作权有关的权利的诉讼、仲裁等。

四、著作权集体管理组织的性质

现行《著作权法》第 8 条第 4 款明确规定:"著作权集体管理组织的设立方式、权利义务、使用费的收取和分配,以及对其监督和管理等由国务院另行规定。"这一规定确立了著作权集体管理组织的非营利性。著作权集体管理组织需要根据权利人的授权收取许可使用作品、录音录像制品的费用,其本身的活动是带有经济意义的,但它和以营利为目的的公司不同,因为收取的费用在扣除必要的成本后,应转付权利人。只有将其定位于非营利性质的组织,才能使其摆脱经济利益的诱惑,使其真正成为维护著作权人和与著作权有关权利人权益的"使者"。

著作权集体管理组织也具有社会团体的性质。著作权集体管理组织是由一定数量的权利人发起、组织的集中行使其难以实现的权利的社会团体。作为一种社会团体,需要按照国家法律有关社会团体的要求进行登记和公告。社会团体性质的定位,使著作权集体管理组织与著作权行政管理部门划清了界限,有利于履行著作权集体管理组织的职责。当然,在某些国家,也存在著作权集体管理组织属于政府设立的公立机构而非社会团体的情形。

在我国,著作权集体管理组织的业务活动具有独占性。《著作权集体管理条例》第 6 条规定,除依照该条例规定设立的著作权集体管理组织外,任何组织和个人不得从事著作权集体管理活动。其第 7 条第 2 款第(2)项规定,设立的著作权集体管理组织"不与已经依法登记的著作权集体管理组织的业务范围交叉、重合",这说明在业务活动方面著作权集体管理组织具有专一性、独占性。这样做的优点是,可以保障著作权集体管理组织专司其职,避免与同类著作权集体管理组织的恶性竞争,更好地维护权利人的合法权益。换言之,著作权集体管理机构应是垄断性的非营利性服务机构,其职权应以国家立法的形式赋予。这种机构之所以要求具有垄断性,是考虑到如分散、重复管理会降低工作效率,增加作品使用人负担。当然,独占性也难以避免滥用权力的弊端,因此需要加强对著作权集体管理组织的有效监督。对此,本章第四节将专门介绍与分析。

需要指出的是,从国外著作权集体管理组织的性质看,著作权集体管理组织并非都是具有独占性质的组织。从世界各国看,著作权集体管理的形式主要有两种类型,一种是民间性的私人团体,另一种是官方或半官方的机构。有些国家和我国一样建立了在全国范围内统一负责作品和录音录像制品费用收取的集体管理组织,有些国家则针对不同的作品、录音录像制品的集体管理建立了不同集体管理组织,例如,法国的戏剧作者作曲者协会负责戏剧作品的复制权和公开表演权，作者作曲者音乐出版者协会负责音乐作品公开表演权，文学家协会则负责文学作品的著作权，艺术产权与外观设计协会负责艺术作品复制权和追续权，平面立体艺术作者协会负责追续权事宜。美国则针对同一类作品建立了不同类型的集体管理组织。如美国作曲者作者出版者协会、音乐广播公司和欧洲戏剧作者作曲者协会都是负责音乐作品公开表演权的集体管理组织，其业务范围显然具有交叉和重合的部分。总的来说，著作权集体管理组织的模式应与本国著作权保护的实际情况相吻合。

第三节　著作权集体管理组织的活动

我国著作权集体管理组织的活动，在《著作权集体管理条例》第四章中作了专门规定，大致可归纳如下。

一、著作权集体管理授权与合同的签订

著作权集体管理组织是通过与著作权人和与著作权有关的权利人签订书面合同、取得授权许可而开展集体管理活动的。根据《著作权集体管理条例》第 19 条的规定，权利人可以与著作权集体管理组织以书面形式订立著作权集体管理合同，授权该组织对其依法享有的著作权或者与著作权有关的权利进行管理。权利人符合章程规定加入条件的，[5]著作权集体管理组织应当与其订立著作权集体管理合同，不得拒绝。权利人与著作权集体管理组织订立著作权集体管理合同并按照章程规定履行相应手续后，即成为该著作权集体管理组织的会员。

从上述规定可以看出，著作权集体管理合同与一般民事合同存在一定区别。这表现为如果权利人愿意参加著作权集体管理组织并且符合该组织章程规定的加入条件，著作权集体管理组织即应当与其签订集体管理合同，而不能以任何理由加以拒绝。这一规定旨在保障权利人通过集体管理方式实现自己的利益，避免因为集体管理组织的拒绝入会而使其权利不能通过集体管理方式加以实现。

二、权利人与著作权集体管理合同的终止

著作权集体管理合同应采取书面形式，通常包括授权管理的作品、录音录像制品的名称和权利人的姓名或者名称；授权管理的权利类型；授权管理的客体的地域范围和期间；授权管理的具体的业务内容，如签订合同、谈判并收取使用费，进行与被授权的权利相关的诉讼、仲裁等活动；监督检查授权客体的使用情况；使用费收取和集体管理组织管理费用提取情况；使用费用的支付标准等内容。根据《著作权集体管理条例》第 20 条的规定，权利人与著作权集体管理组织订立著作权集体管理合同后，不得在合同约定期限内自己行使或者许可他人行使合同约定的由著作权集体管理组织行使的权利。这一规定的意义在于，保障著作权集体管理组织

---

〔5〕《著作权集体管理条例》第 15 条规定，著作权集体管理组织修改章程，应当将章程修改草案报国务院著作权管理部门批准，并依法经国务院民政部门核准后，由国务院著作权管理部门予以公告。

独占性地行使通过合同授予的进行集体管理的权利，避免权利人与其为行使同一权利而发生“撞车”。

根据《著作权集体管理条例》第21条的规定，权利人可以依照章程规定的程序，退出著作权集体管理组织，终止著作权集体管理合同。但是，著作权集体管理组织已经与他人订立许可使用合同的，该合同在期限届满前继续有效；该合同有效期内，权利人有权获得相应的使用费并可以查阅有关业务材料。这一规定表明，权利人享有自愿适时退出著作权集体管理组织的权利。这有利于权利人根据自己权利行使的情况调整利用作品或录音录像制品的策略，在权利人感到不需要授权集体管理组织行使自己的权利时，就不必再交由其行使权利了。当然，退出著作权集体管理组织意味着著作权集体管理合同的终止，而合同终止不影响在终止前已经与他人签订的著作权合同，不能因为著作权集体管理合同终止而连累这些合同的履行。因此，上述规定明确该合同在期限届满前继续有效。相应地，在该合同有效期内，权利人有权获得相应的使用费并可以查阅有关业务材料。

三、对外国人著作权的集体管理问题

根据现行《著作权法》和我国参加的《伯尔尼公约》、TRIPs协议的规定，外国人、无国籍人的作品和录音录像制品可以依法受到的我国《著作权法》的保护。关于外国人、无国籍人在我国的作品和录音录像制品获得著作权集体管理组织的集体管理，《著作权集体管理条例》第22规定，外国人、无国籍人可以通过与中国的著作权集体管理组织订立相互代表协议的境外同类组织，授权中国的著作权集体管理组织管理其依法在中国境内享有的著作权或者与著作权有关的权利。这里的“相互代表协议”，是指中国的著作权集体管理组织与境外的同类组织相互授权对方在其所在国家或者地区进行集体管理活动的协议。著作权集体管理组织与境外同类组织订立的相互代表协议应当报国务院著作权管理部门备案，由国务院著作权管理部门予以公告。

四、授权他人使用权利人的作品、录音录像制品等

《著作权集体管理条例》第23条规定，著作权集体管理组织许可他人使用其管理的作品、录音录像制品等，应当与使用者以书面形式订立许可使用合同。著作权集体管理组织不得与使用者订立专有许可使用合同。使用者以合理的条件要求与著作权集体管理组织订立许可使用合同，著作权集体管理组织不得拒绝。许可使用合同的期限不得超过2年；合同期限届满可以续订。

关于上述规定，有以下几点应予注意：一是这种许可使用合同与一般的著作权许可使用合同具有一定的区别，因为使用者在以合理的条件要求与著作权集体管理组织签订许可使用合同的情况下，著作权集体管理组织有义务签订合同，不得拒绝。一般情况下的著作权许可使用合同则完全基于合同当事人之间自愿的原则。二是这种合同应当采取书面形式，不能采取其他形式。根据《民法典》第469条的规定，书面形式是合同书、信件、电报、电传、传真等可以有形地表现所载内容的形式；以电子数据交换、电子邮件等方式能够有形地表现所载内容，并可以随时调取查用的数据电文，视为书面形式。三是这种合同应明确许可使用的作品、录音录像

制品的权利种类,但不能以独占许可使用的形式出现,因为独占许可使用将排除包括著作权人在内的任何其他人使用合同所涉作品、录音录像制品的权利。四是关于使用费的具体标准,根据《著作权集体管理条例》第25条的规定,除《著作权法》第23条(现第25条)、第33条第2款(现第35条第2款)、第40条第3款(现第42条第2款)、第43条第2款(现第46条第2款)和第44条(现已取消)规定应当支付的使用费外,著作权集体管理组织应当根据国务院著作权管理部门公告的使用费收取标准,与使用者约定收取使用费的具体数额。

五、信息查询系统的建立

建立权利信息查询系统是著作权集体管理组织应当履行的职责。该系统旨在供权利人和使用者查询,并应包括著作权集体管理组织管理的权利种类;作品、录音录像制品等的名称;权利人姓名或者名称;授权管理的期限。权利人和使用者对著作权集体管理组织管理的权利的信息进行咨询时,该组织应当予以答复。

鉴于建立权利信息查询系统的重要性,现行《著作权法》第8条第3款新增规定,"著作权集体管理组织应当将使用费的收取和转付、管理费的提取和使用、使用费的未分配部分等总体情况定期向社会公布,并应当建立权利信息查询系统,供权利人和使用者查询"。新增这一规定,也是基于对近些年来我国实行著作权集体管理制度的经验总结,其有利于著作权集体管理信息的透明,以便于接受社会监督,表达社会关切,促进著作权集体管理制度的正常运转。

六、使用费的收取与转付

(一)不同著作权集体管理组织就同一使用方式向同一使用者收取使用费的处理

在著作权集体管理实践中,可能存在两个或者两个以上著作权集体管理组织就同一使用方式向同一使用者收取使用费的情况。例如,现行《著作权法》第44条规定:"录音录像制作者对其制作的录音录像制品,享有许可他人复制、发行、出租、通过信息网络向公众传播并获得报酬的权利;权利的保护期为五十年,截止于该制品首次制作完成后第五十年的12月31日。被许可人复制、发行、通过信息网络向公众传播录音录像制品,应当同时取得著作权人、表演者许可,并支付报酬;被许可人出租录音录像制品,还应当取得表演者许可,并支付报酬。"如果某使用者复制、发行、通过信息网络向公众传播该录音录像制品,就应取得著作权人、表演者和录音录像制作者的许可,并支付报酬;如该被许可人出租录音录像制品,则还应当取得表演者许可并支付报酬。在这种情况下,中国录音录像著作权协会与中国音乐著作权协会就会牵涉到就同一使用者收取使用费的问题。为了协调不同著作权集体管理部门就同一使用方式向同一使用者收取使用费,《著作权集体管理条例》第26条规定:"两个或者两个以上著作权集体管理组织就同一使用方式向同一使用者收取使用费,可以事先协商确定由其中一个著作权集体管理组织统一收取。统一收取的使用费在有关著作权集体管理组织之间经协商分配。"

(二)使用费的收取和转付

鉴于使用费收取是著作权集体管理最为重要的内容之一,现行《著作权法》在第8条第3款专门新增了使用费收取的职权、程序和发生争议时的法律救济措施。具体规定如下:"著作权集体管理组织应当将使用费的收取和转付、管理费的提取和使用、使用费的未分配部分等总体情况定期向社会公布,并应当建立权利信息查询系统,供权利人和使用者查询。国家著作权主管部门应当依法对著作权集体管理组织进行监督、管理。”这一规定,为著作权集体管理组织依法收取使用费、妥善解决围绕使用费产生的纠纷提供了明确的规范。

根据《著作权集体管理条例》第13条的规定,著作权集体管理组织应当根据下列因素制定使用费收取标准:(1)使用作品、录音录像制品等的时间、方式和地域范围;(2)权利的种类;(3)订立许可使用合同和收取使用费工作的繁简程度。使用者向著作权集体管理组织支付使用费时,应当提供其使用的作品、录音录像制品等的名称,以及权利人姓名或者名称和使用的方式、数量、时间等有关使用情况;许可使用合同另有约定的除外。使用者提供的有关使用情况涉及该使用者商业秘密的,著作权集体管理组织负有保密义务。

此外,著作权集体管理组织可以从收取的使用费中提取一定比例作为管理费,用于维持其正常的业务活动。著作权集体管理组织提取管理费的比例应当随着使用费收入的增加而逐步降低。著作权集体管理组织收取的使用费,在提取管理费后,应当全部转付给权利人,不得挪作他用。著作权集体管理组织转付使用费,应当编制使用费转付记录。使用费转付记录应当载明使用费总额、管理费数额、权利人姓名或者名称、作品或者录音录像制品等的名称、有关使用情况、向各权利人转付使用费的具体数额等事项,并应当保存10年以上。

此外,根据《著作权集体管理条例》第47条的规定,依照《著作权法》第23条(现第25条)、第33条第2款(现第35条第2款)、第40条第3款(现第42条第2款)的规定使用他人作品,未能依照《著作权法实施条例》第32条的规定向权利人支付使用费的,应当将使用费连同邮资以及使用作品的有关情况送交管理相关权利的著作权集体管理组织,由该著作权集体管理组织将使用费转付给权利人。负责转付使用费的著作权集体管理组织应当建立作品使用情况查询系统,供权利人、使用者查询。负责转付使用费的著作权集体管理组织可以从其收到的使用费中提取管理费,管理费按照会员大会决定的该集体管理组织管理费的比例减半提取。除管理费外,该著作权集体管理组织不得从其收到的使用费中提取其他任何费用。

第四节 著作权集体管理组织的监管

著作权集体管理组织担负着维护权利人的利益,促进作品、录音录像制品等的传播和利用的功能。在我国,它还是一个在业务上具有独占性的专门组织和社会团体。为了保障著作权集体管理组织有效地开展集体管理活动,防止集体管理组织滥用其权力、损害权利人和使用者的合法权益的行为,自2001年《著作权法》开始建立我国著作权集体管理制度以来,国务院有权另行制定对著作权集体管理的监督和管理制度。《著作权集体管理条例》因而规定了一系列监管措施。特别是,现行《著作权法》在第8条新增第3款还专门赋予了国家著作权主管部门对著作权集体管理活动的监督、管理权限,即“国家著作权主管部门应当依法对著作权集体管理组织进行监督、管理”。同时,其第4款对2010年《著作权法》第8条第2款“著作权集体管理组织是非营利性组织,其设立方式、权利义务、著作权许可使用费的收取和分配,以及对其监督和管理等由国务院另行规定”进行了整合,规定“著作权集体管理组织的设立方式、权利义务、使用费的收取和分配,以及对其监督和管理等由国务院另行规定”。

一、著作权集体管理组织权力机构的建立与运转

著作权集体管理组织会员大会是著作权集体管理组织的权力机构。会员大会由理事会依照《著作权集体管理条例》的规定负责召集。《著作权集体管理条例》第17条规定,会员大会行使下列职权:制定和修改章程;制定和修改使用费收取标准;制定和修改使用费转付办法;选举和罢免理事;审议批准理事会的工作报告和财务报告;制定内部管理制度;决定使用费转付方案和著作权集体管理组织提取管理费的比例;决定其他重大事项。其第18条规定,著作权集体管理组织设立理事会,对会员大会负责,执行会员大会决定。理事会成员不得少于9人。

著作权集体管理组织权力机关的建立和运转,有利于贯彻《著作权集体管理条例》规定的职责,加强对著作权集体管理组织活动的监督。

二、国家行政管理机关的监督

《著作权集体管理条例》第5条规定,国务院著作权管理部门主管全国的著作权集体管理工作。即国家版权局是我国著作权集体管理组织从事集体管理活动的主要的监督管理机关。同时,著作权集体管理组织作为社会团体,还受到国务院民政部门和其他相关部门的监督。这在《著作权集体管理条例》有关规定中即有体现,如其第31条规定,著作权集体管理组织的资产使用和财务管理受国务院著作权管理部门和民政部门的监督;第38条规定,著作权集体管理组织应当依法接受国务院民政部门和其他有关部门的监督。

国务院著作权管理部门则可以采取下列方式对著作权集体管理组织进行监督,并应当对监督活动作出记录:(1)检查著作权集体管理组织的业务活动是否符合本条例及其章程的规定;(2)核查著作权集体管理组织的会计账簿、年度预算和决算报告及其他有关业务材料;(3)派员列席著作权集体管理组织的会员大会、理事会等重要会议。

此外,前面介绍了著作权集体管理组织的设立条件和程序。对此,国务院著作权行政管理部门和民政部门依法对设立著作权集体管理组织的申请进行审核,对具备条例规定条件的组织才予以批准和登记,这也反映了国家行政管理机关对著作权集体管理组织的监督。

三、权利人的监督

著作权集体管理组织的活动直接与权利人的利益挂钩,因而权利人理所当然地有权对其集体管理活动加以监督。著作权集体管理组织应当对作品许可使用情况、使用费收取和转付情况以及管理费提取和使用等情况进行记录,供权利人和使用者查阅。权利人则有权查阅、复制著作权集体管理组织的财务报告、工作报告和其他业务材料,著作权集体管理组织应当对此提供便利。同时,权利人认为著作权集体管理组织有下列情形之一的,可以向国务院著作权管理部门检举:(1)权利人符合章程规定的加入条件要求加入著作权集体管理组织,或者会员依照章程规定的程序要求退出著作权集体管理组织,著作权集体管理组织拒绝的;(2)著作权集体管理组织不按照规定收取、转付使用费,或者不按照规定提取、使用管理费的;(3)权利人要求查阅《著作权集体管理条例》第32条规定的记录、业务材料,著作权集体管理组织拒绝提

供的。

四、使用者及其以外的公民、法人或者非法人组织的监督

著作权集体管理组织的活动是为使用者提供服务的,因此该项活动与使用者利益直接相关,其有权监督著作权集体管理组织的活动是否合法。如前所述,著作权集体管理组织不得与使用者订立专有许可使用合同。使用者以合理的条件要求与著作权集体管理组织订立许可使用合同,著作权集体管理组织不得拒绝。这些规定是使用者签订合同可以适用的强制性规定。如果著作权集体管理组织违背这些规定,使用者可以拒绝接受并要求著作权集体管理组织予以改正。

根据《著作权集体管理条例》第 32 条的规定,著作权集体管理组织应当对作品许可使用情况、使用费收取和转付情况以及管理费提取和使用情况等事项进行记录,供权利人和使用者查阅。这一规定反映了权利人和使用者有权就作品使用费用等情况予以了解和知晓。

《著作权集体管理条例》赋予了使用者对著作权集体管理组织违反条例规定义务的行为进行检举的权利。其第 34 条规定,使用者认为著作权集体管理组织有下列情形之一的,可以向国务院著作权管理部门检举:(1)著作权集体管理组织违反条例第 23 条规定拒绝与使用者订立许可使用合同的;(2)著作权集体管理组织未根据公告的使用费收取标准约定收取使用费的具体数额的;(3)使用者要求查阅条例第 32 条规定的记录,著作权集体管理组织拒绝提供的。其第 36 条则规定,国务院著作权管理部门应当自接到检举、举报之日起 60 日内对检举、举报事项进行调查并依法处理。

此外,著作权集体管理组织的行为不仅涉及权利人和使用者的监督权,还关系非法人组织和个人的需要与利益。因此,《著作权集体管理条例》也赋予了非法人组织和个人对著作权集体管理组织违反条例规定义务的行为进行检举的权利。根据其第 35 条的规定,权利人和使用者以外的公民、法人或者非法人组织认为著作权集体管理组织有违反本条例规定的行为的,可以向国务院著作权管理部门举报。

五、著作权集体管理组织管理活动的规范

著作权集体管理组织的集体管理活动需要通过日常的规范化的活动予以保障。如著作权集体管理组织应当依法建立财务、会计制度和资产管理制度,并按照国家有关规定设置会计账簿。著作权集体管理组织应当在每个会计年度结束时制作财务会计报告,委托会计师事务所依法进行审计,并公布审计结果。

第五节　著作权集体管理组织相关法律责任

著作权集体管理组织为顺利完成集体管理的任务,需要认真履行《著作权集体管理条例》赋予的职责。如果其怠于履行职责,将会对权利人、使用者造成损害,不利于著作权立法的贯彻。因此,《著作权集体管理条例》也规定了著作权集体管理组织违反条例应承担的法律责

任。其主要内容如下。

一、未履行著作权备案手续等的处理

《著作权集体管理条例》第39条规定，著作权集体管理组织有下列情形之一的，由国务院著作权管理部门责令限期改正：(1)违反条例第22条规定，未将与境外同类组织订立的相互代表协议报国务院著作权管理部门备案的；(2)违反条例第24条规定，未建立权利信息查询系统的；(3)未根据公告的使用费收取标准约定收取使用费的具体数额的。著作权集体管理组织超出业务范围管理权利人的权利的，由国务院著作权管理部门责令限期改正，其与使用者订立的许可使用合同无效；给权利人、使用者造成损害的，依法承担民事责任。

二、拒绝与权利人订立著作权集体管理合同等行为的处理

《著作权集体管理条例》第40条规定，著作权集体管理组织有下列情形之一的，由国务院著作权管理部门责令限期改正；逾期不改正的，责令会员大会或者理事会根据本条例规定的权限罢免或者解聘直接负责的主管人员：(1)违反条例第19条规定拒绝与权利人订立著作权集体管理合同的，或者违反本条例第21条的规定拒绝会员退出该组织的要求的；(2)违反条例第23条规定，拒绝与使用者订立许可使用合同的；(3)违反条例第28条规定提取管理费的；(4)违反本条例第29条规定转付使用费的；(5)拒绝提供或者提供虚假的会计账簿、年度预算和决算报告或者其他有关业务材料的。

三、不及时开展活动的处理

著作权集体管理组织在获得登记后，及时开展集体管理活动才能很好地履行集体管理职责。《著作权集体管理条例》第41条规定，著作权集体管理组织自国务院民政部门发给登记证书之日起超过6个月无正当理由未开展著作权集体管理活动，或者连续中止著作权集体管理活动6个月以上的，由国务院著作权管理部门吊销其著作权集体管理许可证，并由国务院民政部门撤销登记。著作权集体管理组织被依法撤销登记的，自被撤销登记之日起不得再进行著作权集体管理业务活动。

四、从事营利性活动的处理

著作权集体管理组织是非营利性质的社会团体，不能从事营利性活动。《著作权集体管理条例》第42条规定，著作权集体管理组织从事营利性经营活动的，由工商行政管理部门依法予以取缔，没收违法所得；构成犯罪的，依法追究刑事责任。

五、其他法律责任形式

《著作权集体管理条例》第43条规定，违反该条例第27条的规定，使用者能够提供有关使用情况而拒绝提供，或者在提供有关使用情况时弄虚作假的，由国务院著作权管理部门责令改正；著作权集体管理组织可以中止许可使用合同。

《著作权集体管理条例》第44条规定，擅自设立著作权集体管理组织或者分支机构，或者

擅自从事著作权集体管理活动的，由国务院著作权管理部门或者民政部门依照职责分工予以取缔，没收违法所得；构成犯罪的，依法追究刑事责任。

《著作权集体管理条例》第45条规定，依照该条例规定从事著作权集体管理组织审批和监督工作的国家行政机关工作人员玩忽职守、滥用职权、徇私舞弊，构成犯罪的，依法追究刑事责任；尚不构成犯罪的，依法给予行政处分。

本章案例研讨

◈ 著作权许可与著作权集体管理的区分

福州某文化传播有限公司、宁乡县某音乐会所著作权权属、侵权纠纷案[6]

某国际音乐股份有限公司（以下简称某音乐公司）是涉案MV音乐电视作品的著作权人。某音乐公司与福州某文化传播有限公司（以下简称某文化公司）签订授权合同，约定某音乐公司依法拥有的音像作品的放映权、复制权信托某文化公司管理，且某文化公司有权以自己的名义向侵权使用者提起诉讼。某文化公司认为，宁乡某音乐会所（以下简称某音乐会所）以营利为目的，擅自在其经营的KTV娱乐场所内以卡拉OK方式向公众放映涉案音乐电视作品，侵犯了其合法权益。某文化公司以某音乐会所为被告，向长沙市中级人民法院提起诉讼，请求判令某音乐会所停止侵权，立即从曲库中删除侵权作品，并判令某音乐会所赔偿经济损失。

长沙市中级人民法院首先对涉案著作权权属问题进行了认定。法院认为：涉案音乐电视作品属于以类似摄制电影的方法创作的作品，其著作权由制片者享有。上述音乐电视作品所署著作权人为某音乐公司，在无相反证据的情况下某音乐公司对涉案10首音乐电视作品享有著作权。其次，法院分析了被诉侵权作品与涉案音乐电视作品是否相同的问题。法院认为：经比对确认，取证光盘所播放的为每首被诉侵权作品的开头部分，虽未对全部作品予以完整录制，但其录制的部分与某文化公司涉案作品从动态画面、词曲作者及演唱者信息、歌词字幕的内容与出现形式等特征构成整体一致，应当认定为相同的作品。再次，法院分析了某音乐会所是否侵犯了某文化公司的复制权。法院认为：某文化公司未提供证据证明某音乐会所放映的涉案作品系由某音乐会所制作形成，因此，对于某文化公司主张的某音乐会所侵犯其复制权，不予支持。关于是否侵犯了放映权，某音乐会所未经权利人许可，在其经营场所的KTV包房内放映某文化公司享有授权的涉案音乐电视作品，且未支付报酬，侵害了某文化公司就其权利作品享有的放映权。复次，法院分析了适格主体和证据问题。法院认为某文化公司根据授权，可以取得诉讼主体资格。最后，法院就侵权责任和赔偿数额问题进行了认定。法院认为：某音

---

〔6〕 选自最高人民法院（2018）最高法民再417号民事判决书。另参见最高人民法院（2018）最高法民申2402号民事裁定书、湖南省高级人民法院（2017）湘民终560号民事裁定书、长沙市中级人民法院（2016）湘01民初第2050号民事判决书。

乐会所应就其侵害某文化公司的10首涉案音乐电视作品放映权的行为依法承担相应的侵权责任,应停止在其经营场所公开放映涉案音乐电视作品的行为。某文化公司提出某音乐会所从曲库中删除涉案作品的诉讼请求超出其权利救济的合理范畴,缺乏法律依据。关于赔偿数额,某文化公司实际损失和某音乐会所具体获利均难以确定,应综合考虑涉案音乐电视作品数量、类型、被诉侵权行为性质、后果及主观过错程度等因素判定赔偿数额。

在上述认定基础上,长沙市中级人民法院判决某音乐会所于本判决发生法律效力之日起立即停止侵害某文化公司涉案10首音乐电视作品著作权的行为,赔偿某文化公司经济损失和合理维权费用,驳回某文化公司的其他诉讼请求。

某音乐会所不服上述判决,向湖南省高级人民法院提起上诉。

湖南省高级人民法院将二审争议焦点概括为:其一,某音乐公司是否对涉案10首音乐电视作品享有著作权以及被诉侵权作品与涉案作品是否系相同作品;其二,某文化公司能否以自己的名义提起诉讼。

关于争议焦点一,法院明确接受了原审中的认定。关于争议焦点二,法院认为:本案中某音乐公司是涉案作品的著作权人,某文化公司根据某音乐公司授权,从著作权人某音乐公司处取得了就涉案作品许可VOD生产商和卡拉OK经营者进行复制、放映的权利,以及向该二类经营者收取费用并以自己名义提起诉讼的权利,该类权利与著作权集体管理组织从著作权人处获得的著作权集体管理权利无实质差别。但是,某文化公司并未提供证据证明其已满足《著作权集体管理条例》第7条的设立条件,根据该条例第6条的规定,某文化公司不得行使著作权集体管理组织的权利,包括无权就涉案作品向某音乐会所提起诉讼。某音乐会所作为KTV经营者,应当依法向著作权人或根据法律规定可代表著作权人收取版权许可使用费的著作权集体管理组织交纳版权许可使用费。

基于上述认定,湖南省高级人民法院认为某文化公司不是本案的适格当事人,不能以自己名义提起本案诉讼,故裁定撤销一审判决,驳回某文化公司的起诉。

某文化公司不服上述裁定,向最高人民法院申请再审。该院于2018年9月18日作出(2018)最高法民申2402号民事裁定书,提审本案,并依法组成合议庭对本案进行了审理。

最高人民法院将争议焦点归纳为某文化公司是否有权利以自己的名义提起诉讼。

关于著作权许可的法律性质和被许可人诉讼资格认定等相关问题,法院认为:《民事诉讼法》第119条规定,原告是与本案有直接利害关系的公民、法人和其他组织,因此被许可使用人是否可以作为原告起诉需要审查其与被诉著作权侵权行为是否具有直接利害关系。在专有使用权许可的情形下,被许可人作为作品唯一有权使用人,著作权被侵害时其利益直接受损,与被诉侵权行为有直接利害关系,可以作为原告提起诉讼。在非专有使用权许可情形下,被许可人为有权使用作品的人之一,著作权被侵害时其利益亦直接受损,并与被诉侵权行为有直接利害关系。考虑到在非专有使用许可情形下,著作权人也可以使用作品,而且被许可人可能有多个,为维护正常诉讼秩序,参照最高人民法院《关于审理商标民事纠纷案件适用法律若干问题的解释》第4条的相关规定,在经著作权人明确授权的情形下,被许可人亦可以提起诉讼。

关于著作权集体管理制度相关法律问题,最高人民法院认为:著作权集体管理与著作权许可在权利行使、作品使用和费用支付方式上存在重大区别。在著作权许可中,权利人是通过许可的方式将有关实体权利授权给了被许可人,被许可人并非像著作权集体管理组织那样为了权利人的利益行使属于权利人的实体权利,而是行使自己的实体权利。在作品使用方式上,著作权集体管理组织许可他人使用其管理的作品,不得与使用者订立专有许可使用合同;著作权被许可人则可以依法授权他人专有使用。在费用支付方式上,著作权集体管理组织先向使用者收取使用费,后向权利人转付使用费;著作权许可合同必须约定付酬标准和办法,许可费为双方协商确定,并非被许可人向他人收取许可费后再转付给权利人。

关于某文化公司是否有权利以自己的名义提起诉讼的问题,法院认为:某音乐公司授权许可某文化公司独家行使涉案作品的复制、放映、信息网络传播、获得报酬等权利,并明确约定某文化公司可以自己的名义向任何第三人提起民事诉讼。同时,某文化公司从事活动中也不包括"向使用者收取使用费,再向权利人转付使用费"的行为,故尚不足以认定某文化公司从事了著作权集体管理活动或者行使了著作权集体管理组织权利。基于被许可使用的实体权利,某文化公司可以作为原告向人民法院提起诉讼,而且某文化公司作为原告提起诉讼既有利于权利人维护权利,也不违反著作权法和《著作权集体管理条例》关于著作权集体管理组织的相关规定。此外,一审法院关于损害赔偿和合理使用费的界定并无明显不当。

在上述认定基础上,最高人民法院判决撤销二审民事裁定,维持长沙市中级人民法院(2016)湘01民初第2050号民事判决。

该案涉及MV音乐电视作品法律属性、某文化公司是否享有诉权及其行使涉案作品权利的性质等问题,但最重要的是关于著作权集体管理与一般意义上的著作权许可使用的区别问题。该案中,再审法院认同一审法院的认定,将某音乐公司的涉案行为定性为一般意义上的著作权许可使用行为,否定了二审法院关于某文化公司从事了著作权集体管理活动或者行使了著作权集体管理组织权利的主张。再审法院对著作权集体管理的性质与一般意义上的著作权许可使用进行了区分,认定某文化公司行为不符合著作权集体管理活动的行为特征,在该案中具有诉权,其基于被许可使用的实体权利可以作为原告向人民法院提起诉讼。该案为认识著作权许可使用行为与著作权集体管理活动的区别,合理解决涉及著作权许可使用的著作权侵权纠纷提供了较为重要的启发。

◈ 练歌房经营音乐电视作品著作权侵权的认定及其法律责任

太原市某练歌房与中国音像著作权集体管理协会
著作权权属、侵权纠纷案[7]

中国音像著作权集体管理协会(以下简称音集协)是经国家批准成立的、中国大陆地区唯一的音像著作权集体管理组织,依法有权代表权利人对使用MV音乐电视(录像)作品的卡拉OK经营业者发放著作权有偿许可并以自己的名义从事维护音乐著作权的法律诉讼。音集协

〔7〕 选自山西省高级人民法院(2019)晋民终284号民事判决书。另参见太原市中级人民法院(2018)晋01民初1240号民事判决书。

代选取《流行歌曲经典中国音像著作权集体管理协会会员作品精选集(第三辑)》中10首MV音乐电视作品揭示问题,主张权利。音集协针对太原市某练歌房(以下简称某练歌房)被控侵权行为进行了证据保全,通过公证取得消费票据、场所现场照片、现场录制视频以及通过被告场所工作人员获取被告场所包间40个。音集协认为,被告未经原告授权,以营利为目的,擅自在其经营的场所内以卡拉OK方式向公众放映MV音乐作品,侵犯了原告所享有的放映权,向太原市中级人民法院提起诉讼,请求判令被告停止侵权,立即从曲库中删除侵权作品,赔偿原告经济损失。

法院查明,原告音集协性质为社会团体法人,其业务范围为:开展音像著作权集体管理工作、咨询服务、法律诉讼、国际版权交流,举办研讨、交流及与本会宗旨一致的相关业务活动。某练歌房类型为个体工商户,经营者:张某,经营场所为太原市某大厦二层。

法院认为,本案涉及的音乐电视作品,属于摄制在一定介质上,由一系列有伴音或无伴音的连续画面组成,并需借助适当装置放映或以其他方式传播的作品,系以类似摄制电影的方法创作的作品,其著作权应由制片者享有。原告提交的《流行歌曲经典中国音像著作权集体管理协会会员作品精选集(第三辑)》所附附件曲目录可以证明涉案10部音乐电视作品的著作权人为北京某音乐有限公司。结合著作权人与原告所签的授权合同,可以认定原告依授权取得涉案10部音乐电视作品在卡拉OK经营场所享有的独家许可放映权、复制权,为本案的适格原告。被告在其经营场所的点歌设备中复制"X、江南、突然累了,只对你说,不死之身"等10部涉案音乐电视作品并提供放映服务,应取得原告的合法授权,并应向原告支付复制、放映许可使用费,但被告未举证证明其获得相关授权并支付了相关许可使用费,亦不符合著作权法规定的合理使用与法定许可的情况,故被告侵犯了原告对涉案音乐电视作品在卡拉OK经营场所享有的独家许可放映权、复制权,被告应停止侵权,并依法承担向原告赔偿经济损失的侵权责任。关于具体的赔偿数额,依照晋高法发〔2018〕6号关于贯彻执行山西省高级人民法院《关于审理卡拉OK著作权纠纷案件的指导意见》的通知第4条的规定,侵权赔偿数额暂定按5~6元/日包房确定。结合本案,被告明知应当支付音乐作品使用费而不支付,侵权时间长,被告应按照著作权使用费收费标准(包房数×6元/日/包房×365日/年)支付。原告为本案诉讼而支付的维权费用,有相关票据为证,予以采信。判决被告某练歌房于本判决生效之日起10日内赔偿原告中国音像著作权集体管理协会包括制止侵权行为的合理开支在内的经济损失,驳回音集协其他诉讼请求。

某练歌房不服上述判决,向山西省高级人民法院提起上诉。该院受理后,依法组成合议庭,对本案进行了审理。

山西省高级人民法院认为,根据《著作权法》的相关规定,参照山西省高级人民法院《关于审理卡拉OK著作权纠纷案件的指导意见》的规定,确定著作权许可使用费以及侵害著作权赔偿数额应考虑以下因素:一是国家版权局公布的卡拉OK著作权使用费收费标准;二是卡拉OK经营者歌城(厅)包房数量、应缴费的经营期间;三是卡拉OK歌城(厅)的地理位置、经营规模;四是音集协服务情况及维权费用;五是当地经济发展水平;六是音集协和经营者在本案纠纷解决中的态度。本案中,上诉人某练歌房认为其无侵犯著作权的主观意识,不存在主观过错,与其多年签订许可使用合同并缴纳许可费用的实际履行情况矛盾,其主张不能成立。综合考量本案情节,一审确定的赔偿数额过高,双方利益明显失衡,应当作相应调整,以平衡当事人之间的权利义务及利益。本院酌情确定本案赔偿数额为:48,000 元(包房数 40×4 元/日/包房×300 日/年)+576.3 元(音集协为本案诉讼而支付的维权费用)=48,576.3 元。

综上,一审法院认定事实清楚,适用法律正确,但处理结果不够妥当。上诉人某练歌房的上诉理由部分成立,本院予以部分采纳。

基于上述认定,山西省高级人民法院判决维持一审判决第二项;变更原审判决第一项为某练歌房于本判决生效之日起十日内赔偿中国音像著作权集体管理协会包括制止侵权行为的合理开支在内的经济损失人民币 48,576.3 元。

该案属于著作权集体管理组织代表权利人维权的案件。该案中,一审、二审法院均依据《著作权法》关于著作权集体管理组织权利的规定,确认音集协依授权取得涉案 10 部涉案音乐电视作品在卡拉 OK 经营场所享有独家许可放映权、复制权,并享有涉案的诉讼主体资格。某练歌房由于未经原告授权,以营利为目的在其经营的场所内以卡拉 OK 方式向公众放映 MV 音乐作品,侵犯了原告所享有的独家许可放映权、复制权。在涉及侵权赔偿数额上,二审法院则基于该案实际情况对赔偿标准进行了适当下调,以平衡当事人之间的权利义务及利益。该案为认识在著作权集体管理模式下权利人维权、诉讼主体资格认定和损害赔偿额的界定等问题提供了较为重要的指引。

第十四章　著作权的国际保护

著作权的地域性使得本国作品在国外得不到保护，外国作品在本国也得不到保护，这不利于国与国之间科学文化交流与合作的发展。国内著作权保护则无法解决这个问题，国际著作权保护也就应运而生。

第一节　著作权国际保护的产生背景、主要方式和基本原则

一、著作权国际保护的产生背景

在著作权制度设立之初，由于传播作品技术落后，加上国与国之间交流较少，作品难以越出国界。19 世纪后半叶，欧洲大多数国家相继走上了资本主义的发展道路，各国之间文化交流日益频繁，许多优秀作品通过各种渠道传播到其他国家，成为人类共同的财富。由于本国著作权法无域外效力，这些作品在国外被大量翻译和翻印，损害了著作权人和出版商的利益。例如，当时比利时的出版商就专门翻印法国的图书，致使法国某些出版商因不敌廉价翻版书而破产。为保护本国著作权人和出版商的利益，保护国外的本国作品，英、法等一些欧洲发达资本主义国家的作者和出版商竭力反对“海盗行为”，迫切要求对著作权进行国际保护。如英国著名作家狄更斯在美洲常常发表支持著作权国际保护的讲话。这种情况促使英、法等欧洲发达资本主义国家为保护本国作家和出版商的利益，控制国外图书市场，采取有力措施开展著作权国际保护活动。

二、著作权国际保护的主要方式

迄今为止，著作权的国际保护主要有以下几种方式。

第一，通过互惠原则给外国人作品以对等之著作权保护。互惠原则，是指如果外国法律给本国作者以著作权保护，则本国法律也给予外国作者以著作权保护。如美国、西班牙、丹麦、瑞典、瑞士、匈牙利等国的著作权法都有互惠原则的规定。

第二，通过签订双边协定给外国作者以著作权保护。签订双边协定，是国际著作权公约产生之前不同国家开展国际保护的主要形式。如 1852 ~ 1862 年法国分别与 23 个国家签订了双边保护协定，美国在参加《世界版权公约》之前于 1891 ~ 1954 年同英国、法国、意大利、德国、加拿大、印度等 35 个国家签订了双边著作权协定。这些双边协定一般都要规定“国民待遇”、著作权保护对象、保护期限等内容。

双边保护协定至今在国际著作权保护中扮演着一个重要角色，只是其主导地位被多边国

际公约所取代而已。大致说来,双边协定可分为以下几种类型:(1)未参加国际著作权公约的国家互相签订双边协定。如上述美国1954年参加《世界版权公约》之前与其他一些未参加公约国家签订的双边协定就是如此。(2)已参加国际公约的国家与未参加国际公约的国家签订双边协定。如1979年我国分别与美国、菲律宾缔结的三项协定中的“知识产权”条款中,都有“双方将按本国的法律给予适当的版权保护”之规定。当然,我国已加入国际公约,上述协定中有关双边著作权保护的规定将适用公约对成员国的规定。(3)已参加国际公约的国家相互签订双边协定。如苏联与古巴、波兰、匈牙利、奥地利等国缔结的《著作权互惠保护双边协定》。当然,按照国际法的原则,参加国际著作权公约的国家,须通过一定的程序使公约的最低要求成为国内法的一部分或约束国内法一部分。故这并不意味着双边协定或条约可以降低公约的最低要求。相反,这些协定或条约为著作权提供的保护只能高于公约的最低要求。

第三,通过缔结多边公约建立国际联盟给外国作品以著作权保护。通过缔结双边协定虽然能够解决两国之间著作权保护问题,但不少国家发现谈判和签订双边协定十分烦琐,双边协定并不能及于当事国之外的第三国。为了获得更大范围的国际保护,缔结区域性或多边性国际公约被提上日程了。

三、著作权国际保护的基本原则

(一)国民待遇原则

国民待遇原则,是指缔约双方或各方都应根据各自的法律和规章给对方或其他各方国民以著作权保护,此种保护应与给予本国国民的保护相同。[1] 如《伯尔尼公约》第5条、《世界版权公约》第2条都将国民待遇原则作为公约的首要基本原则。在《泛美版权公约》中,从1902年的《墨西哥城公约》起,也开始采用国民待遇原则。在双边协定中,也多据此原则在互惠的基础上相互提供保护。

(二)最低限度保护原则

最低限度保护原则,是指缔约一方对其他各方的著作权保护,不能低于公约规定的最低标准。这就要求在保护对象、范围、程度、权利内容、期限等方面制订出一些各国都能接受的标准。

第二节　《伯尔尼公约》

一、《伯尔尼公约》的缔结经过

19世纪中叶,很多国家开始签订双边著作权协定,推动了著作权国际保护的产生。1852年,法国第一个宣布单方面给外国作者以著作权保护的优惠待遇,人们普遍认为,这是国际著作权保护的一个里程碑。1878年,由法国著名作家雨果主持,在巴黎召开了一次重要的大会,

---

〔1〕 参见何隽:《知识产权公约中国民待遇的“例外”》,载《清华法学》2013年第2期。

大会通过了制定一项国际公约的建议，成立了“国际文学艺术协会”。该协会于1883年在伯尔尼召开会议时，通过了一个题为“建立文学艺术作品作者权利保护联盟公约”的草案，成为后来制定《伯尔尼公约》的基础。

1884年和1885年，由瑞士政府主持，在伯尔尼两次召开的外交会议上讨论了上述草案，确定了“给予本国和外国国民同等权利”为公约的基本原则。1886年，在伯尔尼举行的第三次外交会议上，最后一个草案终于被通过并定名为《保护文学艺术作品伯尔尼公约》。该公约缔结后，分别于1896年、1908年、1914年、1928年、1948年、1967年和1971年经过多次补充或修订，目前仅生效的文本就有7个，其中1971年巴黎文本最为重要。到目前为止，绝大多数国家和地区参加了该公约，其中批准的文本多为巴黎文本。

首批批准公约的国家有英国、法国、德国、意大利、西班牙、比利时、瑞士、海地和突尼斯九国，它们共同组成了“伯尔尼联盟”。公约对涉及著作权的许多问题都作了明确规定，在国际著作权保护中是处于主导地位的国际公约，也是目前保护水平最高的国际著作权公约。特别是在世界贸易组织成立后，按照TRIPs协议的规定，世界贸易组织成员，即便不是《伯尔尼公约》成员国，也应遵守该公约第1～21条（第6条之二除外）及公约的附录。这就在很大程度上扩大了该公约的适用范围。可以认为，《伯尔尼公约》是一个具有世界性的调整著作权关系的基础性国际公约。

二、《伯尔尼公约》的基本原则

《伯尔尼公约》诞生100多年以来历经数次修订和补充，[2]但公约规定的基本原则仍然是当代国际著作权保护的重要依据。公约规定的基本原则如下：

（一）国民待遇原则

在成员国中确立这一原则是当初缔结《伯尔尼公约》的主要目的。它体现在公约大部分实体条文中，又集中体现在公约第3～4条和第5条第1款、第3～4款中。

依据《伯尔尼公约》的规定，国民待遇原则的主要内容包括：

第一，对于具有本联盟成员国国民身份的作者，无论其作品是否已经出版，均提供保护；在其他公约成员国享有该国法令现在和将来给予本国国民的权利，以及公约所特别授予的权利。非本联盟成员国国民而在其成员国有经常住所者，亦视为等同于该成员国国民而受到保护。这就是公约所确立的“作者国籍”标准，或称“人身标准”。

第二，对于非本联盟成员国的作者，其作品首次于某一成员国出版，或在某成员国及非成员国同时出版，《伯尔尼公约》予以保护；在该成员国可以得到与该国国民同等的保护，享有该国法令现在和将来给予本国国民的权利和本公约特别授予的权利。但是，如果该作者所属国未能为本联盟成员国作者的作品提供充分的保护，则针对首次于成员国出版其作品之日在成员国无经常住所的非成员国国民的作品，成员国可对其著作权保护加以限制。如果该项限制权被行使，其他成员国对于该特定作品提供的保护范围，无须宽于首次出版国提供的保护。当

---

〔2〕《伯尔尼公约》共有8个文本，其中巴黎文本是公约最新文本。本书除另有说明，对《伯尔尼公约》的阐述以巴黎文本为准。

然,限制权的行使也不得影响作者在限制实施之前已在本联盟成员国出版的作品应享有的权利。这一项规定即公约确定的“地点标准”或称“作品国籍标准”。

第三,对于电影作品的作者来说,即使不符合上述条件,只要有关电影的制片人的总部或其经常住所在本联盟某个成员国中,则该成员国被视为电影作品的来源国。根据公约第5条的规定,“如果作者非作品的来源国国民,其作品又受本公约保护,则该作者仍得在该国享其国民作者的国民待遇”,该电影作品作者也受公约保护。

第四,和第三点的情况一样,建筑作品的作者,只要其作品在本联盟成员国中,或者建筑物中的艺术作品构成为本联盟成员国之建筑中的一部分,亦可享受公约规定的国民待遇。

由此可见,《伯尔尼公约》确立的国民待遇原则实际上包括两方面内容:一是享有公约成员国依其国内法已经给予的或将要给予的著作权保护,这方面的保护涉及与著作权保护有关的所有国内法,而不仅限于著作权法。显然,这种保护在各国是不同的。二是《伯尔尼公约》提供的专门保护,这就使作者能够获得公约最低限度的保护。

在确定上述保护标准时,明确作品的起源国(country of origin)具有重要意义。也就是在判定某外国人作品在某一成员国是否受到保护时,是根据作品的起源国是否为《伯尔尼公约》成员国来决定的。根据《伯尔尼公约》第5条之四规定,首次出版地、作者国籍或者经常居住地都是确定起源国的因素。

(二)自动保护原则

这一原则体现在《伯尔尼公约》第5条第2款中。作者在缔约各国享有依国民待遇所提供的著作权保护,无须经过任何手续。亦即作品一经问世即自动产生著作权。对于公约成员国国民及在成员国有长期住所的国民来讲,在作品创作完成时即享有著作权;对于非成员国国民且在成员国无长期住所者,只要其作品首先在成员国出版或同时在成员国与非成员国出版,亦自动享有著作权。

不过,如前所述,《伯尔尼公约》并不排除允许成员国在国内法中对一般作品或任何特定种类的作品要求须以某种物质形式加以固定才能受到保护。这与自动保护原则并不相冲突,因为上述要求仅将口述作品等少数作品排除在著作权保护之外,也未提出经过任何手续。此外,这一原则的贯彻也不要求以履行一定的手续作为取得著作权的条件的公约成员国对本国著作权立法的“有手续原则”加以修改,只要求这些取得著作权的条件限于本国国民即可。

(三)最低限度保护原则

这一原则是指各缔约国国民无论是对本国作者还是国外作者作品的著作权保护均不得低于公约规定的最低限度。《伯尔尼公约》第19条、第20条还规定,公约不妨碍成员国给予作者高于公约的著作权保护,但不能以双边协定或条约降低公约的保护水平。这一原则的贯彻有利于避免国与国之间著作权保护的差异而使一国作者在公约另一成员国失去起码的著作权保护。

(四)独立保护原则

这一原则亦称为“著作权独立性”原则,它也体现在《伯尔尼公约》第5条第2款中。公约规定,作者就其作品享有的国民待遇原则,不以作品在来源国受到保护为条件。即在某一公约成员国受到的保护,并不受另一成员国提供保护的影响。在符合公约最低保护的前提下,作品受保护程度、为保护作者权利而提供司法救济措施等,完全适用于提供保护的成员国的法律。

从独立保护原则可以看出,《伯尔尼公约》并未取代各国国内法,各成员国只是根据公约的规定来适用国内法。也就是说,公约的“自动保护原则”并不能看作著作权地域性的根本突破。《伯尔尼公约》本身也并非类似《班吉协定》成为一部“跨国著作权法”,它只是将著作权保护由国内上升到国际而已。

三、《伯尔尼公约》的主要内容

(一)著作权的主体

《伯尔尼公约》第1条规定,履行本公约的国家,为保护作者就其文学艺术作品享有的权利而结成联盟。这一规定表明,著作权主体是作者。

公约回避了给“作者”下明确定义,而允许公约成员国根据自己的国内法界定作者的范围。不过,世界知识产权组织多数成员国著作权法学者认为,只有自然人才能成为作者。从《伯尔尼公约》对著作权保护的条款的规定来看,对作者身份明确的作品,保护期均以作者有生之年加死后若干年计算,可见公约也认为作者是自然人。

(二)著作权的客体

受《伯尔尼公约》保护的著作权客体是文学艺术作品,包括文学、科学和艺术领域内一切作品,而不问其表现形式或表现方式如何。诸如图书、小册子和其他著作物;讲课、讲演、布道和其他同类性质的作品;戏剧或音乐戏剧作品;舞蹈作品、哑剧作品;配词或不配词的乐曲;电影作品及使用与拍摄电影类似的方法表现的作品;图画、绘画、建筑、雕塑、雕刻及版画作品;实用艺术作品;与地理、地形、建筑、科学有关的插图、地图、设计图、草图、立体作品均包括在内。

文学艺术作品的翻译、改编,乐曲的整理以及用其他方式改变了原作而形成的作品,在不损害原作著作权的情况下,同原作一样受到保护。

文学艺术作品的改编,诸如百科全书、文选,由于其内容的选择与编排而构成智力创作,只要其本身不伤害构成它的各个作品的著作权,同样受到保护。

各成员国可以通过立法确定对立法条文、行政及法律性质的官方文件,以及这些作品的官方译本提供的保护,可以自行以立法决定本国法律对实用艺术品、工业品外观设计、模型等的适用程度,以及这些艺术品、设计、模型的受保护条件。

由此可见,《伯尔尼公约》是以列举方式规定受保护作品的。这一方面避免了各成员国立法对“作品”范围界定上的差异,另一方面也给著作权的客体留下了余地,因为随着科学技术发展可能出现新的受著作权保护的作品。公约还对演绎作品和汇编作品给予保护。对有些作品是否受到保护则留给成员国国内法确定。

(三)著作权的内容

1. 精神权利

《伯尔尼公约》第6条之二规定的精神权利是指,作者有权声明自己系作品的原作者,并有权反对任何对其作品的歪曲、篡改或其他更改,或对其作品有损其声誉的贬抑。它不依赖于作者的经济权利,乃至在经济权利转让之后,精神权利仍可归作者享有。至于作者死后由谁代行其精神权利,按照“权利要求地法”决定。

这表明,公约规定的精神权利包括署名权和保护作品完整权。至于“发表权”与“收回权”,则由成员国国内法自行决定保护与否。

2. 经济权利

著作权中的经济权利内容很广。《伯尔尼公约》规定各成员国必须授予的经济权利共有8项。包括:(1)翻译权(第8条)。作者在其作品整个保护期内,享有翻译其作品及授权他人翻译其作品的专有权。(2)复制权(第9条第1款)。作者享有授权他人以任何方式或形式复制其作品的专有权。任何录音或录像也被视为复制。除此之外,像手写、打字、铅印、油印、影印、胶印、静电复印、磁带或光盘复制等都是将作品按章原样固定在一定的有形载体上,也均为复制。不过,朗诵或者演出剧本不是复制,因为公约已经另外规定了相应的权利。(3)公开表演权(第11条)。戏剧、戏剧音乐及音乐作品的作者,享有以任何方式公演其作品和将其作品的演出向公众作任何传播的专有权,并对其作品的译本享有同样的权利。该公约将公开表演权分为活表演与机械表演,其中活表演限于公开表演,既包括现场表演,也包括利用录音录像等技术手段或方法的公开表演。如果表演不具有公开性,则不受表演权的控制。机械表演则涉及利用各种技术手段传送其表演,如在机场、车站上安装的有线麦克风广播系统,在超市、旅馆、饭店安装的闭路电视系统(广播组织无线广播和电视系统除外),这些技术手段和设备可以用于传送作品的表演。(4)广播权(第11条之二)。文学艺术作品的作者享有广播其作品的专有权,有权以无线电传送信号、音像的方式将作品传播给公众,有权将作品以有线广播形式向公众传递或向公众传播,有权以扬音器向公众传播或以同类传播信号、录音录像的工具传播其作品。该权利涉及授权广播作品、授权原广播组织以外的其他广播组织将广播的作品转播或者以有线方式向公众传送,以及授权以扩音器或者其他任何类似设备向公众传送广播的作品。(5)公开朗诵权(第11条之三)。文学作品的作者享有以任何方法或方式公开朗诵其作品,以及将这种朗诵向公众传播的专有权。对于作品的译本,享有同样的权利。(6)改编权(第12条)。文学艺术作品的作者享有将其作品改编、整理或作其他改动的专有权。(7)电影摄制权(第14条)。文学艺术作品的作者享有将其作品改编为电影作品,将其电影复制、发行的专有权。在不损害任何被改编或复制的作品著作权的情况下,须将电影作品视同原作一样受到保护,电影作品著作权人享有与原作作者一样的权利。如果将某个从文学艺术作品中演绎出的电影作品改编为任何其他的艺术形式,在必须得到电影作品作者授权的情况下,也必须得到原作作者的授权。(8)受益权。作者享有因他人以上述方式使用作品而获得公平报酬的权利。此外,作为非最低要求之一的权利,《伯尔尼公约》规定了追续权(第14条之三)。该项权利不可让渡。根据该公约规定,追续权只有在作者所属的国家予以认可时,才能在规定这种权利的其他缔约国要求获得保护,并且保护的程度限于被要求给予保护的国家法律允许的范围。

(四)权利的保护期

《伯尔尼公约》第6条之二第2款规定了精神权利的保护期:作者享有的精神权利,在其死后仍旧有效,至少至其经济权利保护期届满为止,由保护该权利的国家依法授权的人或机构行使这项权利。但如果保护精神权利的国家的法律就该国批准或加入本公约文本时,尚未为作者死后提供精神权利保护,则可以规定作者死后其精神权利不复存在。这就是说,公约允许在1967年之前或批准1967年公约文本之前只在作者在世时给其以精神权利保护的国家,继续实行其已有的规定。

《伯尔尼公约》第7条规定了经济权利的保护期，对一般作品，为作者有生之年加死后50年。对电影作品，成员国可规定保护期为经作者同意而公开放映之后的50年，如作品完成后50年内未公开放映，则保护期为作品完成后50年。对于匿名或假名作品，保护期为公众合法获得作品后50年。如果在上述期间内披露了真实身份，保护期适用对一般作品的规定。只要能合理推断匿名或假名作者去世已超过50年，即不得再要求成员国对其作品予以保护。对于摄影作品及实用艺术作品作为艺术品的保护期至少须维持到作品完成之后25年。上述作品的保护期，从作者去世后或所指事实发生的次年1月1日起计算。对于共同作品，作者死后的日期以共同作者中最后去世的作者为准。

（五）权利限制

1. 关于复制权的限制

《伯尔尼公约》第9条第2款规定，在某些特殊情况下复制上述作品，只要这种复制不损害作品的正常使用，也不致无故侵害作者的合法利益。这里的某些特殊情况，是指为个人学习与研究等需要复制作品的情形。作品的正常使用是指作品通常使用的情况。

2. 合理使用

《伯尔尼公约》对作品的合理使用作了规定。这主要体现在公约第10条、第10条之二中，包括：(1)适当引用。公约准许从公众已经合法取得的作品中摘录原文，只要摘录行为符合公平惯例，摘录范围未超过摘录目的所允许的程度。这里的摘录，包括以报纸摘要形式从报纸杂志上进行摘录。(2)为教学目的利用作品。公约准许在合理的目的下，以讲解的方式将文学艺术作品用于出版物、广播、录音或录像，以作为教学之用，只要这种利用符合公平惯例。(3)复制报刊或者广播电视节目中的文章。公约准许通过无线广播或有线广播，复制报纸杂志上关于经济、政治、宗教等时事性文章，以及同类性质的广播作品，只要该文章、作品中未明确保留复制权与广播权。这里的复制，在报刊中体现为转载，在广播中体现为播放。(4)为报道时事而再现作品。公约允许为时事之目的，以摄影、电影、有线或无线电广播等方式，在符合报道目的范围内复制所报道的时事中的文学艺术作品。

3. 音乐作品录制专有权的限制

《伯尔尼公约》在第13条第1款规定，成员国可就其本国情况对音乐作品作者及允许其歌词与音乐作品一道录音的歌词作者授权对音乐作品以及有歌词的音乐作品进行录音的专有权利规定保留及条件；但这类保留及条件之效力严格限于对此作出规定的国家，而且在任何情况下均不得损害作者获得在没有友好协议情况下由主管当局规定的合理报酬的权利。

（六）对发展中国家的特殊规定

经过发展中国家的长期斗争，两个主要的国际著作权公约在1971年7月召开的巴黎修订会议上，同时承认发展中国家有颁布翻译及复制其他缔约国受著作权保护的作品的强制许可证的权利。公约规定，如果一个依联合国大会惯例属于发展中国家的国家宣布其将利用“强制许可证”条款，就可以由本国主管当局颁发强制许可证。这有利于防止著作权人因垄断作品的翻译权和复制权而阻碍作品的传播，协调发达国家与发展中国家的利益，符合发展中国家的愿望。

《伯尔尼公约》巴黎文本附件中规定，从作品首次出版之日起满3年后，或从发证国法律所特别规定的更长期限届满后,如果该作品翻译权所有人未将其作品以发证国的通用语言翻译出版,也未授权他人出版,则该国任何国民均可以申请许可证,以使用上述语言翻译该作品,并以印刷形式或类似的复制方式出版译本。如用上述语言出版的翻译作品的所有版本已绝版,主管当局也可以颁发许可证,授权其国民翻译、出版作品。如果把译本译成联盟成员国的一个或一个以上发达国家的非通用语言,申请翻译许可证的期间限制由3年改为1年。

《伯尔尼公约》还对颁发复制出版外国享有著作权的作品许可证作了规定:凡受公约保护的自然科学及物理学(包括数学)作品、技术作品首次出版3年后,小说、诗歌,戏剧、音乐作品、艺术书籍首次出版7年后,其他著作首次出版5年后,复制权所有人本人没有,也没有授权他人将上述出版物在某个缔约国适当的范围内用适当的价格出售,则为了系统教育目的,该缔约国的任何国民均可从主管当局获得非独占性的强制性许可证,以上述适当的价格或更低的价格复制出版上述版本。复制许可证也适用于以录音录像的形式复制外国专为教学准备和录制的视听资料。

对复制强制许可证的手续和限制条件,可以基本适用上述翻译出版强制许可证的情况。

(七)追溯力

《伯尔尼公约》具有追溯力。公约第18条规定:本公约适用于在其生效之日在来源国尚未因保护期届满而进入公有领域的一切作品,直至作品的保护期届满为止。如果作品在此之前保护期已经届满,从而在其要求得到保护的国家已进入公有领域,则不能重新受到保护。对于新加入伯尔尼联盟的国家来说,公约的最低要求也适用于该国在加入公约之前已存在的,及在该国已进入公有领域、但在其他国家仍受保护的作品。

第三节 《世界版权公约》

《世界版权公约》,是由联合国教科文组织发起制定并进行管理的国际著作权公约。该公约于1952年9月6日在日内瓦签订,故又称为《日内瓦公约》,以与《伯尔尼公约》相对应。公约于1955年9月16日生效,其目的是使各国采取必要措施,充分保障文学艺术作品。公约于1971年在巴黎修订过一次。我国已于1992年加入该公约。

一、《世界版权公约》的缔结经过

《世界版权公约》的产生,与美国没有参加《伯尔尼公约》,且在第二次世界大战后成为科技文化事业最发达的国家从而谋求建立更有利的著作权国际保护制度有着密切关系。

第二次世界大战后,美国成为西方经济大国,科学和文学艺术作品数量猛增,印刷工业迅猛发展,足以与欧洲国家抗衡。但由于美国不是《伯尔尼公约》成员国,其作品在欧洲大国控制的地区不受保护,直接影响了本国的利益。为了使美国日益增多的作品在国外取得保护,并取代英法等欧洲大国垄断世界图书市场的地位,美国希望建立一个新的对它有利的国际著作权组织。另外,美国是西方最大的图书市场,英法等伯尔尼联盟大国也希望把美国拉进一个统一的国际著作权公约。这样,建立一个新的国际著作权组织,就成了共同的要求。

1947年,联合国教科文组织承担了准备建立新的国际著作权组织的任务。1947年至1951年,联合国教科文组织召开了四次专家会议,起草新的国际公约。1952年,由联合国教科文组织主持召开政府间代表会议,在日内瓦讨论和通过了《世界版权公约》。当时在参加会议的50个国家代表中,有40个国家代表签了字。与《伯尔尼公约》相比,《世界版权公约》的影响力要小得多,特别是在TRIPs协议规定应采纳《伯尔尼公约》的实体性规定后,《世界版权公约》的影响力进一步减弱。1992年,我国第七届全国人民代表大会常务委员会第二十六次会议决定:中华人民共和国加入《世界版权公约》,同时声明,中华人民共和国根据《世界版权公约》第5条之二的规定,享有该公约第5条之三、之四规定的权利。

二、《世界版权公约》的基本原则

(一)国民待遇原则

根据《世界版权公约》第2条及1971年两个议定书的规定,国民待遇原则的内容包括:(1)任何成员国国民已出版的作品,无论在何地出版,在其他成员国均享有后者给予其本国国民首次于本国地域内出版的作品同等之保护。(2)任何在成员国首次出版的作品,无论作者是否为成员国国民,均享有各成员国给予本国国民已出版的作品的同等保护。(3)任何成员国国民的未出版的作品,在其他各成员国中均享有该国给予其国民之未出版作品同等的保护。此外还分别可享有公约专门授予的保护。由此可见,《世界版权公约》的国民待遇也包括国籍原则和首次发行地原则。

(二)非自动保护原则

《世界版权公约》要求在希望得到著作权保护的作品上有一定的标记。即在作品首次出版时,每一份复制品上都标有著作权符号©、著作权人姓名、首次出版年份。标明的方式和位置足以使人注意到著作权的权利要求。如对书籍来说,标记应加在书内大标题后的扉页上,或加在书末。只要标明上述三项内容,任何成员国如按其国内法要求履行任何手续,就必须视为已经履行了应有的手续。这一原则称为"非自动保护原则"。

但是,根据《世界版权公约》第3条的规定,除标明上述标记外,如果成员国对其本国国民取得著作权还须履行更多的手续,公约并不过问;对公约成员国为维护著作权有更多程序上的要求,公约也不加以限制,但如未能符合程序,亦不得影响著作权的效力;对于未出版作品,成员国不得要求履行任何手续才给予著作权保护。

(三)独立保护原则

这一原则体现在《世界版权公约》第2条、第4条第1款、第4条之二第2款等条款中。如第4条第1款规定,著作权的保护期须由有关作品要求提供著作权保护的那个成员国法律确定。这就是说,作品保护期适用"权利要求地法"。这一原则表明,《世界版权公约》同样没有突破著作权的地域性。

(四)最低限度保护原则

这一原则也与《伯尔尼公约》的规定相似。如关于保护期,公约规定成员国国内法规定不得短于作者终身及死后25年。

三、《世界版权公约》的主要内容

（一）权利主体

《世界版权公约》第1条规定，任何参加公约的国家，从公约对它生效之日起，就有责任采取必要措施，对作品的作者及其他著作权人的权利提供充分有效的保护。这表明，“作者或其他著作权人”是公约规定的权利主体。这就将作者之外的国民和法人也包括进去了。例如，在成员国没有长期住所的非成员国国民，其作品又不是首先在成员国出版，通过转让活动将作品的有关权利授予成员国国民，受让人即成为“其他著作权人”。

（二）受保护的作品

《世界版权公约》对文学、科学及艺术作品的作者及其他著作权人提供充分、有效的保护。公约第1条规定，文学、科学、艺术作品包括文学的、音乐的、戏剧的、电影的作品，以及绘画、雕刻与雕塑作品。可见，《世界版权公约》并未像《伯尔尼公约》一样详细列出受保护作品种类，受保护作品随着各成员国国内法的承认，可自动扩大，而《伯尔尼公约》规定的受保护作品的最小范围，是随着公约修改其范围而逐步扩大的。

（三）著作权的内容

《世界版权公约》对精神权利未作明文规定。这与缔结公约时一些主要国家尚未保护精神权利有关。但公约第5条、第5条之二、之三等条款规定，在翻译作品时不得曲解原意，应注明原著作者、尊重作者的收回权等，这可看作公约要求成员国对作者的某些精神权利予以间接承认。

《世界版权公约》强调保证作者经济利益的基本权利。从公约第4条之二第1款、第5条第1款的规定看，经济权利包括复制权、公演权、广播权、演绎权（翻译权、改编权等）。

（四）权利的保护期

《世界版权公约》规定，作品的保护不得少于作者有生之年加死后25年。假如保护期按首次出版来计算，保护期自首次出版之日起，不得少于25年。如果任何成员国参加公约前按作品首次出版前的登记日起算保护期的，不得少于自出版前登记日起25年。如果成员国的立法提供两个或两个以上连续保护期，但其初期保护期不得少于首次出版或首次出版前登记日起25年。如果成员国对摄影作品或实用艺术品提供保护，保护期不得少于10年。

（五）合理使用

公约成员国根据国内法对作者经济利益的基本权利作出符合公约精神及规定的例外规定。凡通过立法作出了例外规定的成员国，均须对例外所及的作品在合理使用程度上提供保护。

（六）对翻译权与复制权的强制许可

《世界版权公约》允许成员国依据国内法对翻译权予以限制。如果作品首次出版满7年后，翻译权所有人本人没有，也未授权他人将作品以某成员国之通用语言翻译出版，则该成员国的任何国民均可从主管当局获得以上述通用语言翻译出版该作品的非独占许可证。如果某成员国依联合国大会确定的惯例被视为发展中国家，该国可通过国内立法规定将作者授权翻译其作品的专有权减为3年。如果作品译成的语言文本并非本公约或1952年公约的一个或多个发达国家成员国的通用语,则上述期限为 1 年,而不是 3 年。这种强制许可只能为教学、学习或者研究目的而颁发,并须保证翻译权所有人得到公平的符合国际标准的补偿。许可证只在申请颁发它的成员国境内出版译本有效。如果作者已从流通中收回其作品的全部复制品,则不得颁发该作品的翻译许可证。

此外,公约还就发展中国家为满足社会需要和系统教学活动而使用作品规定了一些其他“优惠待遇”。在这种情况下,当公约规定的授权复制和翻译作品的专有期限届满后,就可以颁发强制许可证。

(七)追溯力

《世界版权公约》第 7 条规定,“本公约不适用于当公约在某成员国生效时,已永久进入该国公有领域的那些作品或作品中的权利”。这表明,公约不具有追溯力,它只是适用在它生效之后处于受保护状态的作品。这就能大大减少非成员国在参加公约后承担的保护义务。

(八)对《伯尔尼公约》的保护条款

《世界版权公约》生效后,不以任何方式影响《伯尔尼公约》的条款,也不影响该公约成员国的资格。任何原已参加《伯尔尼公约》的国家可以再参加本公约,但不得因此而退出《伯尔尼公约》,否则将不承认该国享有《世界版权公约》规定的国际保护(经联合国认可的发展中国家除外)。

第四节 TRIPs 协议

前面在分析有关著作权问题时多次提到 TRIPs 协议。该协议是一个代表发达国家知识产权保护水平的高标准、高水平的知识产权保护国际公约。加入世界贸易组织,必须同时加入该协议。我国 2001 年加入了世界贸易组织,意味着我国也已加入该协议。该协议一部分是专门对著作权问题的规定,一部分是对专利权、商标权等其他知识产权问题的规定,还有部分规定适用于所有知识产权问题。本节将介绍和分析关于知识产权总体性规定和关于著作权规定的内容。

一、总则和基本原则

(一)成员义务的性质与范围

TRIPs 协议第 1 条要求各成员方应给予其他成员方国民以本协议所规定的待遇。就相关的知识产权而言,如果所有世界贸易组织成员方已是这些公约的成员方,则其他成员方国民应被理解为符合 1967 年《巴黎公约》、1971 年《伯尔尼公约》、1961 年《罗马公约》及 1989 年《关于集成电路的知识产权条约》所规定的受保护资格标准的自然人或法人。任何利用由《罗马公约》第 5 条第 3 款或第 6 条第 2 款所提供之可能性的成员方应如那些条款所预见的那样,向与贸易有关的知识产权理事会作出通报。

协议规定第一部分至第四部分的所有规定均不得减损各成员方按照《巴黎公约》、《伯尔尼公约》、《罗马公约》和《有关集成电路知识产权条约》而可能相互承担的现行义务。

（二）国民待遇

TRIPs协议第3条规定，在保护知识产权方面，在服从分别在《巴黎公约》、《伯尔尼公约》、《罗马公约》或《关于集成电路的知识产权条约》中已作例外规定的条件下，每一成员方应给予其他成员方的待遇，其优惠不得少于它给予自己国民的优惠。根据该协议本条的原注，这里的知识产权保护涉及较广的范围，包括授予的权利、受保护的条件，还包括影响知识产权利用的种类、获得范围及执法等事项。

对于录音及广播机构的表演者、制作者，本项义务只对该协议中规定的权利适用。这就是说，成员提供国民待遇的义务仅限于协议所规定的权利，而该协议没有规定的权利，成员没有提供国民待遇的义务。

在国民待遇方面，协议允许司法及行政程序有关的例外，包括在一成员方司法管辖权范围内指定服务地址或委任代理人，只有在为确保与该协议规定不一致的法律、规章得到遵守所必要的，并且此种做法不以一种可能对贸易构成变相限制的方式被采用的条件下，各成员方可利用。协议提到任何利用由1971年《伯尔尼公约》第6条或《罗马公约》第16条第1款第（2）项所规定的可能性的成员方均应向与贸易有关的知识产权理事会作出在那些条款中预知的通报。该规定涉及在实质方面以互惠原则替代国民待遇原则问题。

（三）最惠国待遇

TRIPs协议第4条规定，在知识产权的保护方面，由一成员方授予任一其他国家国民的任何利益、优惠、特权或豁免均应立即无条件地给予所有其他成员方的国民。这一规定确立了知识产权保护的最惠国待遇原则。即任何一个国家的国民在一个成员受到的在其他成员享受不到的待遇，应当无条件地给予其他成员的国民，而不能采取歧视政策。值得指出，最惠国待遇原则在以往的知识产权国际公约中是从未见到的。协议将其纳入知识产权保护的一个基本原则，应当说与该协议是为了解决“与贸易有关的知识产权”的问题，而将促进公平贸易竞争的原则引入知识产权保护领域相关。

不过，最惠国待遇原则也受到一定限制。根据协议第4条后半部分规定，一成员方给予的下列利益、优惠、特权或豁免，不受义务的约束：（1）根据一般司法协助和法律执行的国际协定而产生并非专为保护知识产权的；（2）根据1971年《伯尔尼公约》或《罗马公约》的规定，按照互惠原则而不是国民待遇原则授予的；（3）有关本协议未作规定的录音与广播组织的表演者及录制作者权利的；（4）来自世界贸易组织协定生效之前已生效的与知识产权保护有关的国际协定的，条件是此类协定已通报与贸易有关的知识产权理事会，并且不得构成对其他各成员方国民随意的或不公正的歧视。

（四）关于保护的获得或保持的多边协定

TRIPs协议第5条规定，第3条和第4条规定的义务，不适用于在世界知识产权组织主持下达成的有关知识产权获得或保持的多边协定规定的程序。也就是说，没有加入这些多边协定的世界贸易组织的成员不能根据国民待遇或者最惠国待遇原则要求享受多边协定中规定的给予缔约国在程序上的优惠待遇。

（五）权利穷竭

TRIPs协议第6条规定，就该协议下争端的解决而言，按照第3条及第4条，该协议中的任何条款均不得用以提出知识产权权利穷竭问题。作出该规定的原因在于,各成员对知识产权权利穷竭的规定不大统一。如关于在一国知识产权权利穷竭,在其他国家是否也会导致权利穷竭,存在不同认识。

（六）宗旨

TRIPs 协议第 7 条规定,知识产权的保护和实施应当对促进技术革新以及技术转让和传播作出贡献,对技术知识的生产者和使用者的共同利益作出贡献,并应当以一种有助于社会和经济福利以及有助于权利与义务平衡的方式进行。这一规定明确了协议对知识产权保护的目的,体现了对知识创造者和使用者利益的公平保护,以及增进社会、经济利益和利益平衡。

（七）原则

TRIPs 协议第 8 条规定,各成员方在制订或修正其法律和规章时,可采取必要措施以保护公众健康和营养,并促进对其社会经济和技术发展至关重要部门的公众利益,只要该措施符合该协议规定。为防止知识产权所有者滥用知识产权或借以对贸易进行不合理限制或实行对国际的技术转让产生不利影响的做法,可以采取与该协议的规定相一致的适当的措施。

二、著作权及相关权利

（一）与《伯尔尼公约》的关系

TRIPs 协议规定,各成员方应遵守 1971 年《伯尔尼公约》第 1 条至第 21 条及其附件的规定。然而,各成员方根据本协议对《伯尔尼公约》第 6 条规定授予的权利和按照该条获得权利而言,各成员根据协议既无权利也无义务。协议还规定,对著作权的保护可延伸到表达,但不得延伸到思想、程序、操作方法或数学上的概念等。该规定确认了著作权保护中的思想与表达二分法原则。

（二）计算机程序和数据汇编

TRIPs 协议第 10 条规定,计算机程序,无论是源代码还是目标代码,均应根据 1971 年《伯尔尼公约》的规定作为文字作品而受到保护。

无论是机读的还是其他形式的数据或其他材料的汇编,其内容的选择和安排如构成了智力创作即应作为智力创造加以保护。这种保护,不得延及数据或材料本身的保护,不应损害任何存在于数据或材料本身的著作权。这一规定明确了数据汇编（数据库）可以受到著作权保护。

（三）出租权

TRIPs 协议第 11 条规定,至少在计算机程序和电影作品方面,一成员方应给予作者及其权利继受人以授权或禁止将其拥有著作权的作品原件或复制品向公众作商业性出租的权利。除非此类出租已导致了对该作品的广泛复制,而这种复制严重损害了该成员方给予作者及其权利继受人的独家著作权,否则在电影艺术作品方面一成员方可免除此项义务。在计算机程序方面,当程序本身不是出租的主要对象时,这一义务不适用于出租。该规定确立了计算机程序和电影作品的出租权。

（四）保护期

TRIPs 协议第 12 条规定,电影作品或实用艺术作品以外作品的保护期,应以不同于自然人的寿命计算，此期限应为自授权出版的历年年终起算不得少于50年，或者若作品在创作后50年内未被授权出版，则应为自创作年年终起算的50年。

（五）限制与例外

TRIPs协议第13条规定，各成员方应将对独占权的限制和例外规定限于某些特殊情况，而不影响作品的正常利用，也不无理地损害权利所有者的合法利益。该规定确立了著作权限制的基本原则。如前所述，与《伯尔尼公约》规定相比，该规定将权利限制由复制权扩展到所有权利。

（六）对表演者、录音制品制作者和广播组织的保护

1. 表演者的权利

TRIPs协议第14条第1款规定，表演者就其固定于录音制品上的表演而言，表演者应能阻止未经其许可而进行的下列行为：录制和复制其尚未录制的表演；表演者也应能阻止未经其许可的下列行为，即将其现场表演作无线电广播和向公众传播。

2. 录音制品制作者的权利

TRIPs协议第14条第2款规定，录音制品制作者应享有授权或禁止直接或间接复制其录音制品的权利。计算机程序作者享有的商业性出租权，应适用于录音制品的制作者及经一成员方法律确认的录音制品的任何其他的权利人。

3. 广播组织的权利

TRIPs协议第14条第3款规定，广播机构应有权禁止未经其许可而进行的下列行为：将其广播电视节目予以固定，复制这种固定品，以无线广播手段转播，以及向公众传播同一录音制品的电视广播。TRIPs协议也允许成员不对广播组织授予这些权利，条件是应遵循《伯尔尼公约》的规定，向广播电视节目的著作权人提供阻止上述行为的可能性。

4. 权利的保护期限

TRIPs协议第14条第5款规定，录音制品制作者和表演者根据本协议可以获得的保护期至少应持续到从录音制品被制作或演出进行的历年年终起算的50年期结束时。按照第3款给予的保护期至少应从广播播出的历年年终起算持续20年。

5. 权利限制与例外

TRIPs协议第14条第6款规定，有关按第2款及第3款授予的权利，任何成员方可在《罗马公约》允许的范围内对按第2款及第3款授予的权利规定条件、限制、例外及保留。但是，1971年《伯尔尼公约》第18条的规定经对细节作必要修改后，也应适用于录音制品表演者和制作者的权利。该规定表明，成员应不再适用《罗马公约》关于不具有追溯力的规定。

三、知识产权执法

（一）总义务

TRIPs协议第41条规定，成员方应保证由本部分所具体规定的实施程序根据国内法是有效的，以便采取有效措施，制止侵犯知识产权的任何行为，包括及时阻止侵权的补救措施和对进一步侵权构成一种威慑的补救措施。但是，在运用这些程序时，应避免对合法贸易构成障碍，并规定防止其滥用的保障措施。知识产权的实施程序应公平合理，不应有不必要的烦琐和

过高的花费,也不应规定不合理的期限和无休止的拖延。

对一案件案情实质的裁决,最好应以书面形式作出并陈述理由。对该案件案情实质的判定应只以各方被提供机会了解的证据为依据。对行政机关的终局决定应有机会向司法机关申诉。对司法机关的初审判决,应有机会向上级请求复审。但是,没有义务为对刑事案件中的判定无罪进行审查提供机会。

(二)民事和行政程序及救济

1. 公平和公正的程序

TRIPs 协议第 42 条规定,成员方应向权利人提供关于执行知识产权的民事司法程序。被告有权及时获得内容详细的书面通知,包括原告主张的证据。应允许当事人聘请独立的法律顾问代表。程序中不应规定当事人必须亲自出庭,所有当事人应有充分的权利证实其要求,并提出所有相关的证据。为鉴别和保护保密信息,程序应有规定,但不得与现行的宪法要求相抵触。

2. 证据及信息的提供

TRIPs 协议第 43 条规定,若一当事方已提交了足以支持其要求的合理有效的证据,并具体指明对方掌握有证明其主张的证据,司法当局应有权要求对方出示该证据。若诉讼一方当事人无正当理由拒绝查阅必要的信息,或严重地妨碍与某一强制行动有关的程序,则一成员方可授权司法当局根据呈交上来的信息,包括因被拒绝使用信息而受到不利影响的一方呈交的申诉和事实陈述,作出肯定或否定的最初和最终裁决,但应向双方当事人提供机会,对其主张或者证据加以陈述。

3. 法律救济途径

一是停止侵权。TRIPs 协议第 44 条规定,司法当局有权责令当事人停止侵权,特别是在涉及对知识产权有侵权行为的进口货物结关之后,立即阻止这些货物进入其司法管辖区内的商业渠道。各成员方对涉及由个人在得知或有合理的根据得知经营受保护产品会构成对知识产权的侵犯之前获得或订购的该产品,成员无义务授予这样的权力。

二是损害赔偿。TRIPs 协议第 45 条第 1 款规定,若侵权人明知或者有合理的理由认为应当知道其进行了侵权活动,司法当局应有权责令侵权人向权利人支付适当的补偿。TRIPs 协议第 45 条第 2 款规定,司法当局有权令侵权人向权利所有人支付费用,可能包括聘请律师的有关费用。在有关案件中,即使侵权人并非故意地从事侵权活动或有合理的根据知道其正在从事侵权活动,成员方仍可授权司法当局下令追偿利润和/或支付预先确定的损失。

三是其他救济。TRIPs 协议第 46 条规定,为了对侵权行为造成有效的威慑,司法当局有权责令将侵权状态的商品清除出商业渠道或者予以销毁,将主要用于制作侵权物品的材料清除出商业渠道,而不用任何补偿。

四是获得信息权。TRIPs 协议第 47 条规定,成员方可规定,司法当局有权令侵权人将参与生产和销毁侵权商品或服务的第三方的身份及其销售渠道告知权利持有人。

五是对被告的赔偿。TRIPs 协议第 48 条规定,若请求采取措施的一方当事人滥用了司法程序,司法机关应有权令该当事人向受到错误禁止或限制的一方当事人由于这种滥用而遭受的损害提供足够的补偿。司法机关还应有权令申诉方支付被告的费用,包括律师费。关于与知识产权的保护或实施有关的任何法律的实施,若政府机构和政府官员在实施法律过程中有诚意地采取了行动或打算采取行动，则应仅免除其对适当补救措施的责任。

六是行政程序。TRIPs 协议第 49 条规定，在能够决定以任何民事补救作为关于一案件案情实质的行政程序之结果的范围内，此类程序应遵守与本协议规定的那些原则大体相等的原则。

（三）临时措施

TRIPs 协议第 50 条规定，司法机关应有权决定采取以下及时、有效的临时措施：(1)制止任何侵犯知识产权的行为发生，特别是制止有关货物（特别是刚由海关放行的进口货物）进入其管辖下的商业渠道。(2)保存被控侵权的有关证据。在适当的情况下，尤其是在任何延迟可能会给权利人造成不可弥补的损害或证据显然有被毁灭危险的情况下，司法机关有权采取适当的措施。(3)司法机关有权要求申诉人提供合理有效的证据，以便其充分肯定地确认申诉人就是权利人，申诉人的权利正在受到侵犯，或者这种侵犯即将发生。同时，司法机关应要求申诉人提供足以保护被告和防止滥用的保证金或同等的担保。(4)若临时措施是在尚未听取另一方意见的情况下采取的，司法机关应在实施措施后立即通知受影响的成员方。应被告请求，司法机关应对这些措施进行复审，包括听取被告陈述，以便在关于措施的通报发出后的合理时间内决定这些措施是否应加以修正、撤销或确认。(5)司法机关可以要求申诉人提供为鉴别相关产品所必需的其他资料。(6)在成员方法律允许的情况下，导致对案件案情实质作出裁决的合理诉讼时间，由发布措施令的司法机关决定。(7)如果临时措施被撤销，或由于申诉人的任何作为或疏忽而失效，或随后发现对知识产权的侵犯或侵犯的威胁并不存在，司法机关可根据被告的请求，令申诉人就这些措施对被告造成的任何损害向被告提供适当的赔偿。(8)在能够决定以任何临时措施作为行政程序之结果的范围内，此类程序应遵守与协议规定的那些原则大体相等的原则。

（四）边境措施

1. 海关中止放行

TRIPs 协议第 51 条规定，成员方应依照以下规定制定程序，以便权利人在有确实根据的理由怀疑有假冒商标或者盗版的货物进出口时，能向行政或者司法机关提出书面申请，要求海关当局中止放行。

2. 申请

TRIPs 协议第 52 条规定，申请海关中止放行的权利人应提供适当的证据使主管当局确信，根据进口国的法律，确有对权利人知识产权无可争辩的侵犯，以使海关当局可以迅速地对其加以识别。若主管当局决定受理，应通知申诉人海关当局采取行动的时间。

3. 保证金或同等担保

TRIPs 协议第 53 条规定，主管机关应有权要求申请人提供一笔足以保护被告和有关当局并阻止滥用的保证金或同等担保。该保证金或同等担保不应无理地阻碍对这些程序的援用。保证金的支付不应妨碍向权利人作其他有效的补偿。显然，如果权利人在一段合理的时间内没有起诉，保证金应予免除。

4. 中止通知与中止的持续期限

TRIPs 协议第 54 条规定，根据上述第 51 条的规定，货物放行一旦被中止，应立即通知进口商和申请人;第 55 条规定,若在送达通知 10 个工作日内海关没有接到被告以外的当事人已就案件提起诉讼的通知,也未接到授权机关延长中止放行的通知,该货物应当予以放行。

5. 对商品进口商和货主的补偿

TRIPs 协议第 56 条规定,有关当局应有权令申请人就因错误扣押货物或扣押根据上述第 55 条规定应予放行的货物而对进口商、收货人和货主所造成的损害向其支付适当的赔偿。

此外,TRIPs 协议第 57 条规定了资料和调查权,第 58 条规定了依职权的行为,第 59 条规定了补救措施,第 60 条规定了少量进口行为的处理。

上述对包括著作权在内的知识产权边境保护措施,对于及时、有效地打击知识产权侵权行为、阻止侵权货物的蔓延,保护知识产权人的利益具有重要意义。

(五)刑事程序

TRIPs 协议第 61 条规定,成员方应规定刑事程序和惩罚,至少适用于具有商业规模的故意假冒商标或盗版案件。可采取的补救措施应包括足以起威慑作用的与对相应程度的刑事犯罪适用的处罚水平相同的监禁和/或罚款措施。在适当的情形,可以采取的补救措施还包括扣押、没收和销毁侵权货物以及主要用于犯罪的任何材料和工具。

第五节 《世界知识产权组织版权条约》

一、概述

《伯尔尼公约》实施 100 多年以来,历经数次修订,其中最近的一次是 1971 年。近些年来,随着网络技术的出现,作品的附载形式、利用和传播方式出现了很多前所未有的特点。在新的环境下,针对数字技术和网络技术发展产生的新的著作权问题,有必要建立一些新的规则或将已有规则延伸到数字网络空间。基于此,世界知识产权组织经过 1996 年 12 月 20 日在瑞士日内瓦召开的关于版权和邻接权若干问题的外交会议讨论,签订了《世界知识产权组织版权条约》(WCT,以下简称《版权条约》)和《世界知识产权组织表演和录音制品条约》(WPPT)。至今,世界上过半数国家和地区参加了这两个条约。2006 年 12 月 29 日第十届全国人民代表大会常务委员会第二十五次会议决定:加入《版权条约》。同时声明:在中华人民共和国政府另行通知前,《版权条约》不适用于中华人民共和国香港特别行政区和澳门特别行政区。

《版权条约》序言指出:出于以尽可能有效和一致的方式发展和维护保护作者对其文学和艺术作品之权利的愿望,承认有必要采用新的国际规则并澄清对某些现有规则的解释,以提供解决由经济、社会、文化和技术发展新形势所提出的问题的适当办法,承认信息与通信技术的发展和交汇对文学和艺术作品的创作与使用的深刻影响,强调著作权保护作为文学和艺术创作促进因素的重要意义,承认有必要按《伯尔尼公约》所反映的保持作者的权利与广大公众的利益,尤其是在教育、研究和获得信息的利益之间的平衡方面达成协议。该序言鲜明地表明了其需要解决新技术条件下出现的著作权问题,特别是网络环境下著作权问题。因此,该条约又有"互联网条约"之称。

二、与《伯尔尼公约》的关系

《版权条约》在第1条明确了它与《伯尔尼公约》的关系。即对于属于《伯尔尼公约》所建联盟之成员国的缔约方而言，本条约系该公约第20条意义下的专门协定，本条约不得与除《伯尔尼公约》(1971年7月24日的巴黎文本)以外的条约有任何关联，亦不得损害依任何其他条约的任何权利和义务。条约的任何内容均不得减损缔约方相互之间依照《伯尔尼公约》已承担的现有义务。

缔约各方应遵守《伯尔尼公约》第1条至第21条和附件的规定。如前面已提到的，关于第1条第(4)款的议定声明指出：《伯尔尼公约》第9条所规定的复制权及其允许的例外，完全适用于数字环境，尤其是以数字形式使用作品的情况。不言而喻，在电子媒体中以数字形式存储受保护的作品，构成《伯尔尼公约》第9条意义下的复制。

《版权条约》第3条对《伯尔尼公约》第2条至第6条的适用进行了专门规定，即缔约各方对于本条约所规定的保护应比照适用《伯尔尼公约》第2条至第6条的规定。

上述规定表明，《版权条约》与《伯尔尼公约》之间具有十分密切的联系。由于《伯尔尼公约》修改面临较大的困难，在TRIPs协议加强知识产权保护的情况下，世界知识产权组织认为可以在该公约的框架下另行签订专门协定，以弥补《伯尔尼公约》因应新技术发展的不足。《版权条约》就是这样一个思路的产物。

三、著作权保护范围与客体

《版权条约》第2条规定，版权保护延及表达，而不延及思想、过程、操作方法或数学概念本身。该规定体现了著作权保护之思想与表达二分法原则，也是对TRIPs协议第9条的确认。

在保护客体方面，《版权条约》专门规定了计算机程序和数据汇编(数据库)的保护问题。《版权条约》第4条规定，计算机程序作为《伯尔尼公约》第2条意义下的文学作品受到保护。此种保护适用于各计算机程序，而无论其表达方式或表达形式如何。关于第4条的条约外交会议的议定声明则指出：依本条约第4条规定的计算机程序保护的范围，与《伯尔尼公约》第2条的规定一致，并与TRIPs协议的有关规定相同。

《版权条约》第5条规定，数据或其他资料的汇编，无论采用任何形式，只要由于其内容的选择或编排构成智力创作，其本身即受到保护。这种保护不延及数据或资料本身，亦不损害汇编中的数据或资料已存在的任何版权。关于该条的议定声明则指出：数据汇编(数据库)保护的范围，与《伯尔尼公约》第2条的规定一致，并与TRIPs协议的有关规定相同。

四、受保护的权利

(一)发行权

《版权条约》第6条第1款规定：文学和艺术作品的作者应享有授权通过销售或其他所有权转让形式向公众提供其作品原件或复制品的专有权；第2款规定：对于在作品的原件或复制品经作者授权被首次销售或所有权转让之后适用本条第1款中权利的用尽所依据的条件(如有此种条件)，本条约的任何内容均不得影响缔约各方确定该条件的自由。关于第6条和第7

条的议定声明指出:该两条中的用语“复制品”和“原件和复制品”,受该两条中发行权和出租权的约束,专指可作为有形物品投放流通的固定的复制品。

(二)出租权

《版权条约》第7条第1款规定,计算机程序、电影作品和按缔约各方国内法的规定,以录音制品体现的作品的作者,应享有授权将其作品的原件或复制品向公众进行商业性出租的专有权。其第2款规定,上述规定不适用于程序本身并非出租主要对象的计算机程序;对电影作品来说,除非此种商业性出租已导致对此种作品的广泛复制,从而严重地损害了复制专有权,否则本条规定也不适用。关于第6条和第7条的议定声明指出:该两条中的用语“复制品”和“原件和复制品”受该两条中发行权和出租权的约束,专指可作为有形物品投放流通的固定的复制品。关于第7条的议定声明则强调:第7条第1款义务不要求缔约方对依照该缔约方法律未授予其对录音制品权利的作者规定商业性出租的专有权。这一义务应被理解为与TRIPs协议第14条第4款相一致。

(三)向公众传播的权利

《版权条约》第8条规定,在不损害《伯尔尼公约》第11条第1款第(2)项、第11条之二第1款第(1)~(2)项、第11条之三第1款第(2)项、第14条第1款第(2)项和第14条之二第1款的规定的情况下,文学和艺术作品的作者应享有专有权,以授权将其作品以有线或无线方式向公众传播,包括将其作品向公众提供,使公众中的成员在其个人选定的地点和时间获得这些作品。关于第8条议定声明则指出:仅为促成或进行传播提供实物设施不致构成本条约或《伯尔尼公约》意义下的传播。并且,第8条中的任何内容均不得理解为阻止缔约方适用第11条之二第2款。上述规定,实际上是建立了一个涵盖较广范围的向公众传播的权利。前面阐述的我国《著作权法》中的信息网络传播权,也可以被包含在这一权利之中。

五、著作权的限制与例外

《版权条约》第10条建立了著作权限制与例外制度。条约规定,缔约各方在某些既不与作品的正常利用相抵触、也不无理地损害作者合法权益的情况下,可在其国内立法中对依本条约授予文学和艺术作品作者的权利规定限制或例外。但是,缔约各方在适用《伯尔尼公约》时,应将对该公约所规定权利的任何限制或例外限于某些不与作品的正常利用相抵触,也不无理地损害作者合法利益的特殊情况。对照《伯尔尼公约》第9条的相应规定,仅适用于复制权。该规定则将权利限制与例外的范围扩大到了其他权利,这就扩大了权利限制与例外的范围。另外,根据该条的议定声明,第10条的规定允许缔约各方将其国内法中依《伯尔尼公约》被认为可接受的限制与例外继续适用并适当地延伸到数字环境中。同样,这些规定应被理解为允许缔约方制定对数字网络环境适宜的新的例外与限制。另外,第10条第2款既不缩小也不扩大由《伯尔尼公约》所允许的限制与例外的可适用性范围。

六、技术措施保护

《版权条约》第11条规定,缔约各方应规定适当的法律保护和有效的法律补救办法,制止规避由作者为行使本条约所规定的权利而使用的、对就其作品进行未经该有关作者许可或未由法律准许的行为加以约束的有效技术措施。[3] 该条确立了缔约方对技术措施的保护义务。这是因应技术发展需要加强著作权保护而增加的规定,在以前的著作权国际公约中是没有的。

七、权利管理信息的保护

《版权条约》第 12 条规定,缔约各方应规定适当和有效的法律补救办法,制止任何人明知或就民事补救而言有合理根据知道其行为会诱使、促成、便利或包庇对本条约或《伯尔尼公约》所涵盖的任何权利的侵犯而故意从事以下行为:(1)未经许可去除或改变任何权利管理的电子信息;(2)未经许可发行、为发行目的进口、广播或向公众传播明知已被未经许可去除或改变权利管理电子信息的作品或作品的复制品。这里的权利管理信息,是指识别作品、作品的作者、对作品拥有任何权利的所有人的信息,或有关作品使用的条款和条件的信息,以及代表此种信息的任何数字或代码,各该项信息均附于作品的每件复制品上或在作品向公众进行传播时出现。根据该条议定书声明,缔约各方不会依赖本条来制定或实施要求履行为《伯尔尼公约》或本条约所不允许的手续的权利管理制度,从而阻止商品的自由流通或妨碍享有依本条约规定的权利。上述规定也是因应技术发展需要加强著作权保护而增加的规定。

八、其他规定

《版权条约》还规定了其他相关问题。例如,第 9 条规定,对于摄影作品,缔约各方不得适用《伯尔尼公约》第 7 条第 4 款的规定;第 13 条规定,缔约各方应将《伯尔尼公约》第 18 条的规定适用于本条约所规定的一切保护;第 14 条规定,缔约各方承诺根据其法律制度采取必要措施,以确保本条约的适用;缔约各方应确保依照其法律可以提供执法程序,以便能采取制止对本条约所涵盖权利的任何侵犯行为的有效行动,包括防止侵权的快速补救和为遏制进一步侵权的补救;第 18 条规定,除本条约有任何相反的具体规定以外,每一缔约方均应享有本条约规定的一切权利并承担本条约规定的一切义务;第 22 条规定,条约不允许有任何保留;第 23 条规定,条约的任何缔约方均可退出本条约,退约应通知本组织总干事。任何退约应于本组织总干事收到通知之日起 1 年后生效。

第六节　《世界知识产权组织表演和录音制品条约》

一、概述

关于表演和录音制品的保护,1961 年签订的《罗马公约》已有规定,TRIPs 协议也对表演者、录音制品制作者和广播组织等邻接权主体的权利给予保护。但是,随着近些年来数字和网络技术的飞速发展,作品及录音录像制品的存储和使用、传播方式发生了深刻变化。原先的规定需要拓展其适用范围或者作出修改。在这种背景下,如前所述,1996 年 12 月 20 日世界知识

〔3〕 参见罗莉:《作为社会规范的技术与法律的协调——中国反技术规避规则检讨》,载《中国社会科学》2006 年第 1 期。

产权组织在瑞士日内瓦召开的关于版权和邻接权若干问题的外交会议上签订了《世界知识产权组织表演和录音制品条约》(以下简称《表演和录音制品条约》)。2006 年 12 月 29 日,第十届全国人民代表大会常务委员会第二十五次会议通过决定:加入《表演和录音制品条约》。同时声明:中华人民共和国不受《表演和录音制品条约》第 15 条第 1 款的约束;在中华人民共和国政府另行通知前,《表演和录音制品条约》不适用于中华人民共和国香港特别行政区和澳门特别行政区。

该条约序言明确指出:出于以尽可能有效和一致的方式发展和维护保护表演者和录音制品制作者权利的愿望,承认有必要采用新的国际规则,以提供解决由经济、社会、文化和技术发展所提出的问题的适当方法;承认信息与通信技术的发展和交汇对表演和录音制品的制作与使用的深刻影响;承认有必要保持表演者和录音制品制作者的权利与广大公众的利益尤其是教育、研究和获得信息的利益之间的平衡,达成本协议。

《表演和录音制品条约》在总则部分主要规定了以下内容。

(一)《表演和录音制品条约》与其他公约的关系

条约的任何内容均不得减损缔约方相互之间依照于 1961 年 10 月 26 日在罗马签订的《罗马公约》已承担的现有义务,不得触动或以任何方式影响对文学和艺术作品著作权的保护。条约的任何内容均不得被解释为损害此种保护。有关上述条款的议定声明则指出:在需要以录音制品体现作品的作者与对录音制品持有权利的表演者或制作者许可的情况下,获得作者许可的需要并非因同时还需获得表演者或制作者的许可而不复存在,反之亦然。上述内容均不阻止缔约方对表演者或录音制品制作者规定的专有权超出依照本条约需要规定的专有权。此外,条约不得与任何其他条约有任何关联,亦不得损害依任何其他条约的任何权利和义务。

(二)定义

《表演和录音制品条约》第 2 条对有关概念进行了定义。

“表演者”指演员、歌唱家、音乐家、舞蹈家以及以表演、歌唱、演说、朗诵、演奏、表现,或其他方式表演文学或艺术作品或民间文学艺术作品的其他人员。

“录音制品”系指除以电影作品或其他录音录像作品所含的录制形式之外,对表演的声音、或其他声音、或声音表现物所进行的录制。关于该项的议定声明指出:该项规定的录音制品的定义并不表明对录音制品的权利因将录音制品包含在电影作品或其他录音录像作品中而受到任何影响。

“录制”系指对声音或声音表现物的体现,从中通过某种装置可感觉、复制或传播该声音。

“录音制品制作者”系指首次将表演的声音、或其他声音、或声音表现物录制下来提出动议并负有责任的自然人或法人。

“发行”录制的表演或录音制品系指经权利持有人同意并在以合理的数量向公众提供复制品的条件下,将录制的表演或录音制品的复制品提供给公众。有关该项及第 8 条、第 9 条、第 12 条、第 13 条的议定声明则指出:这些条款中的用语“复制品”和“原件和复制品”,受各条中发行权和出租权的约束,专指可作为有形物品投放流通的固定的复制品。

“广播”系指以无线方式的播送,使公众能接收声音或图像和声音或图像和声音表现物;通过卫星进行的此种播送亦为“广播”;播送密码信号,如果广播组织或经其同意向公众提供了解码的手段,则是“广播”。

“向公众传播”表演或录音制品系指通过除广播以外的任何媒体向公众播送表演的声音或以录音制品录制的声音或声音表现物。在第 15 条中,“向公众传播”包括使公众能听到以录音制品录制的声音或声音表现物。

(三)受保护的受益人

《表演和录音制品条约》第 3 条规定:缔约各方应将依本条约规定的保护给予系其他缔约方国民的表演者和录音制品制作者。其他缔约方的国民应被理解为符合《罗马公约》规定的标准、有资格受到保护的表演者或录音制品制作者,如同本条约的全体缔约方均假设为该公约缔约国的情形。对于这些资格标准,缔约各方应适用于本条约第 2 条中的有关定义。相关议定书指出,录制系指制作完成原始带(“母带”)。任何利用《罗马公约》第 5 条第 3 款所规定的可能性或为该公约第 5 条的目的利用《罗马公约》第 17 条所规定的可能性的缔约方,应向世界知识产权组织总干事作出那些条款所预先规定的通知。

(四)国民待遇

《表演和录音制品条约》第 4 条规定:在本条约所专门授予的专有权以及本条约第 15 条所规定的获得合理报酬的权利方面,每个缔约方均应将其给予本国国民的待遇给予第 3 条第 2 款所定义的其他缔约方的国民。本条第 1 款规定的义务不适用于另一缔约方使用了本条约第 15 条第 3 款允许保留的情况。

二、表演者的权利

(一)表演者的精神权利

根据《表演和录音制品条约》第 5 条的规定,不依赖于表演者的经济权利,甚至在这些权利转让之后,表演者仍应对于其现场有声表演或以录音制品录制的表演有权要求承认其系表演的表演者,除非使用表演的方式决定可省略不提其系表演者;并有权反对任何对其表演进行将有损其名声的歪曲、篡改或其他修改。根据前述规定授予表演者的权利在其死后应继续保留,至少到其经济权利期满为止,并应可由被要求提供保护的缔约方立法所授权的个人或机构行使。但批准或加入本条约时其立法尚未规定在表演者死后保护上款所述之全部权利的国家,则可规定其中部分权利在表演者死后不再保留。为保留本条所授予的权利而采取的补救办法应由被要求提供保护的缔约方立法规定。

(二)对其尚未录制的表演的经济权利

根据《表演和录音制品条约》第 6 条的规定,表演者应享有专有权,对于其表演授权:(1)广播和向公众传播其尚未录制的表演,除非该表演本身已属广播表演;(2)录制其尚未录制的表演。

(三)复制权

根据《表演和录音制品条约》第 7 条的规定,表演者应享有授权以任何方式或形式对其以录音制品录制的表演直接或间接地进行复制的专有权。关于第 7 条、第 11 条和第 16 条的议定声明则指出:第 7 条和第 11 条所规定的复制权及其中通过第 16 条允许的例外,完全适用于数字环境,尤其是以数字形式使用表演和录音制品的情况。不言而喻,在电子媒体中以数字形式存储受保护的表演或录音制品,构成这些条款意义下的复制。

(四)发行权

根据《表演和录音制品条约》第 8 条的规定,表演者应享有授权通过销售或其他所有权转让形式给公众提供其以录音制品录制的表演的原件或复制品的专有权。对于在已录制的表演的原件或复制品经表演者授权被首次销售或其他所有权转让之后适用本条第 1 款中权利的用尽所依据的条件(如有此种条件),本条约的任何内容均不得影响缔约各方确定该条件的自由。关于第 2 条第(5)项、第 8 条、第 9 条、第 12 条和第 13 条的议定声明:这些条款中的用语"复制品"和"原件和复制品",受各条中发行权和出租权的约束,专指可作为有形物品投放流通的固定的复制品。

(五)出租权

《表演和录音制品条约》第 9 条规定,表演者应按缔约各方国内法中的规定享有授权将其以录音制品录制的表演的原件和复制品向公众进行商业性出租的专有权,即使该原件或复制品已由表演者发行或根据表演者的授权发行。

(六)提供已录制表演的权利

《表演和录音制品条约》第 10 条规定,表演者应享有专有权,以授权通过有线或无线的方式向公众提供其以录音制品录制的表演,使该表演可为公众中的成员在其个人选定的地点和时间获得。

三、录音制品制作者的权利

(一)复制权

《表演和录音制品条约》第 11 条规定:录音制品制作者应享有授权以任何方式或形式对其录音制品直接或间接地进行复制的专有权。关于第 7 条、第 11 条和第 16 条的议定声明则指出:第 7 条和第 11 条所规定的复制权及其中通过第 16 条允许的例外,完全适用于数字环境,尤其是以数字形式使用表演和录音制品的情况。不言而喻,在电子媒体中以数字形式存储受保护的表演或录音制品,构成这些条款意义下的复制。该议定声明旨在将复制权的保护拓展到数字环境领域。

(二)发行权

《表演和录音制品条约》第 12 条规定:录音制品制作者应享有授权通过销售或其他所有权转让形式向公众提供其录音制品的原件或复制品的专有权。对于在录音制品的原件或复制品经录音制品制作者授权被首次销售或其他所有权转让之后适用前述权利的用尽所依据的条件(如有此种条件),本条约任何内容均不得影响缔约各方确定该条件的自由。关于第 2 条第(5)项和第 8 条、第 9 条、第 12 条、第 13 条的议定声明则指出:这些条款中的用语"复制品"和"原件和复制品",受各条中发行权和出租权的约束,专指可作为有形物品投放流通的固定的复制品。

(三)出租权

《表演和录音制品条约》第 13 条规定:录音制品制作者应享有授权对其录音制品的原件

和复制品向公众进行商业性出租的专有权,即使该原件或复制品已由录音制品制作者发行或根据录音制品制作者的授权发行。由此可见,录音制品制作者的出租权不仅包含录音制品的原件,也包括其复制品,这样就在很大程度上扩大了录音制品出租权的保护范围。

(四)提供录音制品的权利

《表演和录音制品条约》第14条规定:录音制品制作者应享有专有权,以授权通过有线或无线的方式向公众提供其录音制品,使该录音制品可被公众中的成员在其个人选定的地点和时间获得。该条规定无疑使录音制品制作者权的保护延伸到网络环境。

四、共同规定

(一)因广播和向公众传播获得报酬的权利

《表演和录音制品条约》第15条规定:(1)对于将为商业目的发行的录音制品直接或间接地用于广播或用于对公众的任何传播,表演者和录音制品制作者应享有获得一次性合理报酬的权利。(2)缔约各方可在其国内立法中规定,该一次性合理报酬应由表演者或由录音制品制作者或由二者向用户索取。缔约各方可制定国内立法,对表演者和录音制品制作者之间如未达成协议,表演者和录音制品制作者应如何分配该一次性合理报酬所依据的条件作出规定。(3)任何缔约方均可在向世界知识产权组织总干事交存的通知书中,声明其将仅对某些使用适用本条第1款的规定,或声明其将以某种其他方式对其适用加以限制,或声明其将根本不适用这些规定。(4)在本条中,以有线或无线的方式向公众中的成员在其他选定的地点和时间获得的录音制品应被认为符合其原本即为商业目的而发行。关于第15条的议定声明则指出:第15条不妨碍将本条授予的权利提供给民间文学艺术作品的表演者和录制民间文学艺术作品录音制品的制作者,只要这些录音制品未被以获得商业利润为目的而发行。

(二)权利限制与例外

《表演和录音制品条约》第16条规定:缔约各方在其国内立法中,可在对表演者和录音制品制作者的保护方面规定与其国内立法中对文学和艺术作品的版权保护所规定的相同种类的限制或例外。缔约各方应将对本条约所规定权利的任何限制或例外限于某些不与录音制品的正常利用相抵触,不得无理地损害表演者或录音制品制作者合法利益。关于第7条、第11条和第16条的议定声明指出:第7条和第11条所规定的复制权及其中通过第16条允许的例外,完全适用于数字环境,尤其是以数字形式使用表演和录音制品的情况。不言而喻,在电子媒体中以数字形式存储受保护的表演或录音制品,构成这些条款意义下的复制。议定书的解释也是将表演和录音制品权利的限制延伸到数字网络空间。

(三)保护期

《表演和录音制品条约》第17条规定:依本条约授予表演者的保护期,应自表演以录音制品录制之年年终算起,至少持续到50年期满为止。依本条约授予录音制品制作者的保护期,应自该录音制品发行之年年终算起,至少持续到50年期满为止;或如果录音制品自录制完成起50年内未被发行,则保护期应自录制完成之年年终起至少持续50年。

(四)关于技术措施义务

《表演和录音制品条约》第18条规定:缔约各方应规定适当的法律保护和有效的法律补

救办法，制止规避由表演者或录音制品制作者为行使本条约所规定的权利而使用的、对就其表演或录音制品进行未经该有关表演者或录音制品制作者许可，或未由法律准许的行为加以约束的有效技术措施。这一规定与《版权公约》相类似。

（五）关于权利管理信息的义务

《表演和录音制品条约》第19条规定：缔约各方应规定适当和有效的法律补救办法，制止任何人明知或就民事补救而言有合理根据知道其行为会诱使、促成、便利或包庇对本条约所涵盖的任何权利的侵犯而故意从事以下行为：(1)未经许可去除或改变任何权利管理的电子信息；(2)未经许可发行、为发行目的进口、广播、向公众传播或提供明知已被未经许可去除或改变权利管理电子信息的表演、录制的表演或录音制品的复制品。这里的"权利管理信息"系指识别表演者、表演者的表演、录音制品制作者、录音制品、对表演或录音制品拥有任何权利的所有人的信息，或有关使用表演或录音制品的条款和条件的信息和代表此种信息的任何数字或代码，各该项信息均附于录制的表演或录音制品的每件复制品上或在录制的表演或录音制品向公众提供时出现。

（六）适用的时限

《表演和录音制品条约》第22条规定：缔约各方应将《伯尔尼公约》第18条的规定比照适用于本条约所规定的表演者和录音制品制作者的权利。尽管有上述规定，缔约方可将对本条约第5条的适用限制于在本条约对该缔约方生效之后进行的表演。

（七）关于权利的行使

《表演和录音制品条约》第23条规定：缔约各方承诺根据其法律制度采取必要的措施，以确保本条约的适用。缔约各方应确保依照其法律可以提供执法程序，以便能采取制止对本条约所涵盖权利的任何侵犯行为的有效行动，包括防止侵权的快速补救和为遏制进一步侵权的补救。

五、其他规定

《表演和录音制品条约》还就手续、保留、大会、国际局、退约等问题作了规定。例如，其第20条规定，享有和行使本条约所规定的权利无须履行任何手续；第21条规定，除第15条第3款的规定外，不允许对本条约有任何保留；第24条规定，缔约方应设大会，应处理涉及维护和发展本条约及适用和实施本条约的事项；第25条规定，本组织的国际局应履行与本条约有关的行政工作；第27条规定，除本条约有任何相反的具体规定以外，每一缔约方均应享有本条约规定的一切权利并承担本条约规定的一切义务；第31条规定，本条约的任何缔约方均可退出本条约，退约应通知本组织总干事。任何退约应于本组织总干事收到通知之日起1年后生效。

第七节　保护邻接权的国际公约

国际上，保护邻接权的公约主要见于《罗马公约》、《录音制品公约》和《卫星公约》。下面对这几个公约分别进行介绍和分析。

一、《罗马公约》

1961 年 10 月 26 日，由世界知识产权组织、联合国世界劳工组织、教科文组织共同发起，在罗马缔结了《罗马公约》。该公约于 1964 年 5 月 18 日生效，由上述三个组织管理。公约规定，只有参加了《伯尔尼公约》或《世界版权公约》的国家才有资格参加这个公约。可以说是一个"封闭式"公约。

公约的主要内容可以概括为：

（一）国民待遇原则

公约第 2 条规定，邻接权由各国分别授予，实行国民待遇原则。国民待遇原则即要求缔约国的国内法律给予其节目在该国境内表演、广播或首次录制的身为该国国民的待遇，其录音制品在该国境内首次录制或首次发行的身为该国国民的录音制品制作者的待遇，其广播组织从设在该国领土上的发射台发射的总部设在该国境内的广播组织的待遇。但国民待遇应服从公约具体给予的保护和具体规定的限制。

（二）对录制权采取非自动保护原则

《罗马公约》对权利的成立采取无手续原则。但考虑到有些国家规定须履行一定手续才能取得保护，公约制定了与《世界版权公约》类似的规定：如果成员国法律要求履行一定手续作为对录音制品制作者或表演者取得权利的条件，只要以适当方式在发行的录音制品的所有供销售的复制品上或其容器包装上注明Ⓟ（圈内英文字母是英文录音制品"Phonogram"一词的起首字母）这一符号、首次发行年份、主要表演者和著作权人姓名等内容，即认为符合该国规定的条件。

（三）权利主体与内容

《罗马公约》规定的邻接权主体有表演者、录音制品制作者和广播组织。表演者即表演文学艺术作品的人，包括演员、歌唱家、音乐家、舞蹈家及以各种方式表演文学艺术作品的人。录音制品制作者是首次将表演的声音或其他声音录制下来的自然人或法人。公约第 9 条还允许成员国根据国内法律和规章，将公约提供的保护扩大到不表演文学或艺术作品的人。

《罗马公约》第 7 条规定，表演者权包括：（1）准许或禁止他人广播或转播其表演实况，但专为广播目的而演出除外；（2）准许或禁止他人录制其未被录制过的表演；（3）准许或禁止他人复制载有其表演内容的录制品，包括录音、录像和其他录制品。

《罗马公约》第 10 条规定，录音制品制作者权包括：许可或禁止他人直接或间接复制其录音制品。

《罗马公约》第 13 条规定，广播组织权包括：（1）许可或禁止同时转播其广播节目；（2）许可或禁止他人录制其广播节目；（3）许可或禁止他人复制固定后的节目载体。

（四）权利的保护期

《罗马公约》第 14 条规定，在保护期上，以 20 年为最低限。对于录音制品和已载于录音制品中的表演，从录制年份的年底计算，对于未录制在录音制品中的表演，从表演活动发生之年的年底起算，对于广播节目，从播出之年的年底计算。

（五）权利限制

《罗马公约》第15条规定了可以不经权利所有人许可，也不向其支付报酬的四种例外情况：(1)私人使用；(2)在时事报道中少量引用；(3)广播组织为编排本组织的节目，利用本组织的设备暂时录制；(4)仅为教学或科研目的而使用。

（六）关于商业用录音制品的再次使用

《罗马公约》第12条对表演者和录音制品制作者因录音制品被再次使用的权利作了规定：为商业目的发行的录音制品或此类录音制品的复制品，如果直接用于广播或向任何公众传播，使用者应付一笔总的合理报酬给表演者，或录音制品制作者，或两者兼具。若有关各方之间未签订协议，是否支付报酬，由成员国国内法律确定。

（七）追溯力

《罗马公约》不具有追溯力。公约不影响任何缔约国在本公约在该国生效之前已经获得的权利，各成员国也无须对在它参加公约前已发生的表演、广播或已录制的录音制品予以保护。

二、《录音制品公约》

（一）产生背景

《罗马公约》是保护录音制品制作者权的。但公约并不完全禁止复制录音制品行为的发生，因公约并未授权录音制品制作者禁止发行或进口未经授权而复制的“海盗版”录音制品。公约对录音制品和录像制品的营利问题也未予涉及。由于成员国与录音制品所属国无协定或该国对录音制品不给予国民待遇时，很难控制在成员国出现的大量“海盗版”，有必要缔结一个新的邻接权公约保护录音制品制作者权。1971年10月，《录音制品公约》便诞生了。公约于1975年7月生效。我国在1992年11月7日第七届全国人大常委会第二十八次会议作出了加入该公约的决定，这是我国加入的第一个有关邻接权的国际公约。该公约的制定对防止盗制录音制品和出售盗制录音制品以及防止擅自进口等方面有重要作用。尽管该公约与《罗马公约》一样规定了录音制品的保护，两者在规范内容上仍然具有明显不同。例如，《罗马公约》赋予了录音制品制作者许可或禁止的权利，《录音制品公约》则只是规定成员国可以自由选择法律防止或制止盗版行为，没有明确授予实体性的权利。在国民待遇问题上，《罗马公约》明确规定了国民待遇原则，《录音制品公约》则没有加以明确，只是规定成员国应提供有效的保护，以防止不法行为。

（二）主要原则

《录音制品公约》的基本原则主要包括国民待遇原则和非自动保护原则。在国民待遇原则上，与其他公约不同，《录音制品公约》以“国籍”而非以“居住地”为标准。公约仅为成员国国民，而不为在缔约国居住的外籍居住者或经营者提供国民待遇保护。但如果某成员国在参加公约之前是以录音制品的首次录制固定为准来确定国民待遇的，可以声明其继续采用录制标准。在非自动保护原则上，公约要求受保护的录音制品须附上邻接权标记Ⓟ、首次发行年份、录制者或其他合法继承人或独占许可证持有人姓名或名称。标记的方式应足以使人注意到权利要求。

（三）保护方式

《录音制品公约》允许成员国不以著作权法保护录音制品制作者权，而可通过反不正当竞争法或其他法律加以保护。可见，该公约并不依赖于传统的知识产权法保护录音制品制作者权。参加该公约自然也不以参加任何知识产权国际条约为前提条件。其主要原因在于，在缔结该公约时，各国是以不同方式保护录音制品的。为使各国在不改变现有国内法的基础上加入该公约，遂规定准许缔约国通过授予著作权等知识产权进行保护或以其他方式保护。

（四）权利内容与保护期

《录音制品公约》第2条规定的享有国民待遇的录音制品制作者权主要包括三项：(1)禁止他人未经许可而复制其录音制品；(2)禁止他人进口未经许可而复制的录音制品；(3)禁止他人销售未经许可而复制的录音制品。公约没有授予录音制品制作者任何实体性权利，它只是要求各缔约国依其国内法保护，防止录音制品被擅自复制，防止复制品的进口与发行。可见公约是以各成员国彼此承担责任为基础的。

《录音制品公约》第4条规定的权利保护期为20年，从首次录制之年年底或录音制品发行之年年底起算。具体而言，给予保护的期限应当由各缔约国国内法律规定。但是，如果国内法律规定一具体保护期，此保护期不应短于自录音制品载有的声音首次被固定之年年底起，或从录音制品首次出版之年年底起20年。

（五）权利限制、追溯力和保留问题

《录音制品公约》并未像其他著作权公约一样对权利作了具体的限制。根据该公约规定，不能滥用著作权保护中的“合理使用”原则，如为私人使用或为科研目的而使用，均不构成“合理使用”。不过，《录音制品公约》第6条原则上规定在一定的条件下可以颁发强制许可证。这些条件为：(1)复制品只能为教学或科研目的的需要；(2)许可证仅对在颁发许可证的主管当局管辖的领土上所进行的复制有效，而且不得引申于此类复制品的出口；(3)根据许可证制作复制品，应向录制者支付合理报酬。

《录音制品公约》第7条第3款规定：任何成员国都没有义务保护在其参加公约之前已被录制成的录音制品，不管这种录音制品在何处录制。这表明，公约无追溯力。公约也不允许作任何保留，这体现在公约第10条之中。

（六）对著作权、表演者权的保护条款

《录音制品公约》第7条第1款规定，本公约对作者、表演者、录音制品制作者或广播组织根据任何国内法律或国际协定所用不同方式取得保护，不得作限制或妨碍的解释；第2款规定，各成员国有权依其国内法，使表演活动被录制的表演者也能在一定条件下享有公约提供的保护。

《录音制品公约》相对《罗马公约》来说是一个“开放式”公约。只要是联合国或联合国专门机构的成员或国际原子能机构的成员或参加了国际法院规约的国家，均可参加该公约。它是以联合国教科文组织和世界知识产权组织为主起草的，其管理机构是世界知识产权组织。

三、《卫星公约》

随着传播技术的不断发展，人造卫星在广播、通信上广为运用。许多国家的广播组织便开始考虑防止其他广播组织使用自己被授权传播的节目信号，从而保护广播节目制作者的权益，因为通过地面发射台和接收台以实用化的通信卫星可以将广播节目传送信号从地球上某个地方向其他地方转播，此时往往有人盗用这种通信信号，出现地面接收台非法接受的海盗行为。

在上述背景下，联合国教科文组织和世界知识产权组织于1971年在卢塞恩、1972年在巴黎、1977年在内罗毕联合召开了三次政府专家委员会的准备会议后，1974年5月在布鲁塞尔召开了外交会议，签订了《卫星公约》。公约于1974年5月生效，截至2021年3月，该公约共有38个成员国。中国尚未加入此公约。

《卫星公约》并不直接保护著作权或邻接权，它只是要求公约成员国承担义务，保证采取适当措施，防止任何播送者在本国地域内播送通过人造卫星发来的，但并不是为该组织提供的那种载有节目的信号。公约原则上要求成员国无限期尽义务，但在一定条件下，也可以有限期地承担义务。

关于为时事报道而播送、有限地引用非法人组织节目的行为，公约视为合理使用。

与《录音制品公约》一样，《卫星公约》是没有追溯力的开放性公约，其管理机构也是世界知识产权组织。

本章案例研讨

◈《伯尔尼公约》成员国作者的作品受到我国法律保护

上海某电脑图文技术有限公司与美国某公司著作权侵权纠纷案[4]

1999年8月，美国某公司委托上海市某律师事务所对侵犯其软件的行为进行市场调查。该所接受委托后于同月11日派出两名调查人员至上海某电脑图文技术有限公司（以下简称上海某电脑公司）处洽谈购买苹果牌计算机。8月24日，上述两名调查人员以人民币22,000元向上海某电脑公司购得一台苹果牌“G3/350CD＋17&”、整机编号为M5183的计算机，上海某电脑公司并随机附送一张光盘。经某市技术监督电子产品质量检验站当日检测，该计算机内装有“奥多比排版专家6.5中文版&”“奥多比电子照相馆5.0版&”“奥多比绘图大师8.0版&”软件。上述从购机到检测的整个过程，由上海某公证处进行了公证，并出具了公证书。美国某公司以上海某电脑公司为被告，向上海市第一中级人民法院提起著作权侵权诉讼。

法院认为，我国《计算机软件保护条例》第6条第3款规定：“外国人在中国境外发表的软件，依照其所属国同中国签订的协议或者共同参加的国际条约享有的著作权，受本条例保

---

〔4〕 选自上海市高级人民法院（2000）沪高（知）终字第51号民事判决书。另参见上海市第一中级人民法院（2000）沪一中知初字第17号民事判决书。

护。”由于中国与美国均是《伯尔尼公约》成员国，根据该公约规定的国民待遇原则，美国某公司在美国版权局登记并生效的“奥多比排版专家6.5版&”“奥多比电子照相馆5.0版&”“奥多比绘图大师8.0版&”软件受我国《计算机软件保护条例》保护。上海某电脑公司辩称系争软件可以免费从网络上下载，但其提供的网站并非美国某公司开设的网站，上海某电脑公司也不能证明这些软件系合法途径所得，故其在销售的苹果牌计算机中安装美国某公司的软件未经美国某公司许可。对于上海某电脑公司在计算机中安装美国某公司的软件一事，鉴于两位证人即当时在场的美国某公司市场调查员和上海某电脑公司电脑销售人员说法不一，且上海某电脑公司又未能提供其他有效的证据证明其是应美国某公司委托的调查人员的要求所为，故上海某电脑公司应对其侵权行为承担相应的民事责任。此外，上海某电脑公司应对其销售人员在其职权范围内的经营行为承担责任，其销售人员的行为应视为公司的行为，应当由上海某电脑公司承担法律后果。综上，依照《伯尔尼公约》《计算机软件保护条例》的有关规定，判决上海某电脑公司停止对美国某公司涉案软件著作权的侵害，赔偿美国某公司经济损失，驳回美国某公司其他诉讼请求。

上海某电脑公司不服上述判决，向上海市高级人民法院提起上诉。

上海市高级人民法院认为，在认定本案软件著作权侵权行为时，首先应确认上海某电脑公司有无过错，上海某电脑公司只有在证明自己无过错情况下方可免责。上海某电脑公司作为经营计算机等产品的专业经销商，其销售人员应当知道未经软件著作权人的许可，不得擅自复制并随机附送他人享有著作权的软件，且上海某电脑公司未能提供证据证明其销售人员实施复制并随机附送软件行为时，受到美国某公司调查员的诱导。故上海某电脑公司以营利为目的，为出售计算机而实施的复制、安装美国某公司软件的行为，构成对美国某公司计算机软件著作权的侵犯，应承担相应的民事责任。

针对损害赔偿额的界定，该院认为：对于已认定构成侵权并造成权利人损害，但被侵权人的实际损失和侵权人的侵权获利情况都难以计算的，人民法院可根据具体侵权行为的社会影响、侵权手段和情节、侵权时间和范围、侵权人的主观过错程度等酌情确定赔偿额。由于本案中美国某公司的损失和上海某电脑公司的获利难以计算，原审法院根据上海某电脑公司的主观过错、侵权情节、损害后果等因素酌情确定15万元赔偿额，亦无不当。

该院认为，美国某公司是“奥多比排版专家6.5版&”（Adobe PageMaker 6.5 Macintosh）、“奥多比排版专家6.5中文版&”等计算机软件的著作权人。鉴于美国与我国均系《伯尔尼公约》的成员国，按照该公约的国民待遇原则，美国某公司的上述软件著作权受我国法律保护。根据《著作权法》第3条第(8)项、第12条规定，改编、翻译、注释、整理已有作品而产生的作品，其著作权由改编、翻译、注释、整理人享有，但行使著作权时，不得侵犯原作品的著作权。另根据国务院颁布的《计算机软件保护条例》第9条第(3)项、第30条第(6)项规定，软件著作权人享有使用权，即在不损害社会公共利益的前提下，以复制、展示、发行、修改、翻译、注释等方式使用其软件的权利。未经软件著作权人或者其合法受让者的同意复制或者部分复制其软件作品的，应承担停止侵害、消除影响、公开赔礼道歉、赔偿损失等民事责任。

该院还认为，根据现有的证据证明，美国某公司对“奥多比排版专家6.5中文版&”软件享有著作权，故上海某电脑公司复制“奥多比排版专家6.5中文版&”软件的行为，既侵犯了“奥多比排版专家6.5 中文版 &”软件的著作权,也同时侵犯了“奥多比排版专家6.5 版 &”(Adobe PageMaker 6.5 Macintosh)软件的著作权。原审判决未明确区分奥多比排版专家6.5 英文版软件和中文版软件,应予纠正。同时根据现有证据证明,上海某电脑公司非法复制、安装的“奥多比电子照相馆5.0 版 &”和“奥多比绘图大师8.0 版 &”系在 Macintosh 环境下运行的计算机软件,原审法院混淆了上述软件在 Macintosh 和 Windows 两种环境下运行的差异,也应予一并纠正。综上,上海某电脑公司未经合法授权,在出售的计算机中擅自复制、安装美国某公司软件,构成对美国某公司计算机软件著作权的侵犯,应承担相应的民事责任。

基于上述认定,上海市高级人民法院判决维持一审判决第二项,即上海某电脑公司赔偿美国某公司经济损失人民币 15 万元,于本判决生效之日起 10 日内履行完毕;维持一审判决第三项:原告美国某公司的其他诉讼请求不予支持;变更一审判决第一项为上海某电脑公司停止对美国某公司享有的“奥多比排版专家6.5 版 &”(Adobe PageMaker 6.5 Macintosh)、“奥多比排版专家6.5 中文版 &”等涉案软件著作权的侵害。

该案涉及外国人在境外发表的计算机软件是否受我国著作权保护的问题。我国《计算机软件保护条例》明确规定,外国人在中国境外发表的软件,依照其所属国同中国签订的协议或者共同参加的国际条约享有的著作权,受本条例保护。由于我国和美国都是《伯尔尼公约》成员国,按照该公约规定的国民待遇原则,该案美国某公司在美国版权局登记并生效的“奥多比排版专家6.5 版 &”等涉案软件受我国《计算机软件保护条例》和《著作权法》的保护。该案中,由于上海某电脑公司未经软件著作权人同意复制了涉案软件作品,法院判决其承担停止侵害、赔偿损失等民事责任。该案为认识与理解外国人在境外发表的作品在我国的著作权保护问题提供了较为重要的启发。

◈ 网络平台服务商的著作权侵权责任认定

苹某公司与麦某侵害信息网络传播权纠纷案[5]

麦某发现苹某公司经营的应用程序商店(App Store)中存在未经其许可的侵犯其著作权的作品,遂向北京市第二中级人民法院提起诉讼。

北京市第二中级人民法院将该案焦点问题概括为:第一,麦某是否享有涉案作品信息网络传播权;第二,苹某公司是否为应用程序商店 App Store 的经营者;第三,苹某公司是否侵害了麦某的信息网络传播权;第四,苹某公司是否应承担法律责任。

法院认为:涉案作品《暗算》《风声》《解密》《风语》版权页显示,该作品为麦某著。在无相反证据的情况下,确认麦某为涉案作品的作者,依法享有著作权。苹某公司是应用程序商店 App Store 的经营者。经比对,涉案应用程序“茅盾文学奖全集”“最经典谍战小说合集”“热播男人剧集”中均使用了涉案作品的主要内容。本案中,苹某公司提供了涉案应用程序开发者的信息,结合现有证据,在无相反证据的情况下,认定涉案应用程序是第三方开发商上传至应

〔5〕 北京市高级人民法院(2013)高民终字第 2619 号民事判决书。

用程序商店中供公众下载的。涉案应用程序的开发商分别将涉案应用程序"茅盾文学奖全集""最经典谍战小说合集""热播男人剧集"上传至网络,使公众可以使用 Iphone、Ipad、IPod Touch 等设备,在其个人选定的时间和地点从应用程序商店 App Store 中下载涉案应用程序,该行为侵害了麦某就涉案作品享有的信息网络传播权。

苹某公司经营管理应用程序商店 App Store,为涉案应用程序的开发者上传涉案应用程序供公众下载提供服务,属于网络服务提供行为。在本案中,麦某并无证据证明苹某公司对于开发商上传涉案侵权应用程序系明知,但在案证据足以证明苹某公司对于开发商上传涉案侵权应用程序构成应知,因为苹某公司作为应用程序商店 App Store 的运营者,对该网络服务平台具有控制和管理能力,并且苹某公司作为应用程序商店 App Store 的运营者,其通过该网络服务平台获取利益和承担义务应具有对应性和一致性。

本案中,麦某请求法院判令苹某公司承担赔偿经济损失的法律责任,理由正当,予以支持。关于赔偿经济损失的具体数额,将根据本案的具体情况酌情予以确定。

在上述认定基础上,北京市第二中级人民法院判决苹某公司于本判决生效之日起十日内赔偿麦某经济损失及因诉讼支出的合理费用人民币,驳回麦某其他诉讼请求。

苹某公司不服上述判决,向北京市高级人民法院提起上诉。该院于 2013 年 7 月 8 日受理后,依法组成合议庭,并于 2013 年 9 月 4 日公开开庭进行了审理。

北京市高级人民法院将二审焦点问题归纳为:第一,苹某公司是否为应用程序商店的经营者;第二,涉案应用程序是否为未经授权的侵权应用程序;第三,苹某公司应否负有较高的注意义务,对于第三方侵权行为是否属于应知;第四,苹某公司的涉案行为是否属于法定的网络服务商的免责事项;第五,关于麦某在原审法庭辩论后提出的新的诉讼请求,原审法院的相关处理是否正确;第六,原审法院确定的赔偿数额是否适当。

关于苹某公司是否为应用程序商店的经营者,法院认为:在应用程序商店 App Store 的商业模式中,主要存在三方参与者,即平台服务提供商、应用程序开发商和应用程序最终用户。本案中苹某公司即为平台服务商,其一方面作为 ITUNES 程序的开发者并提供该程序的免费下载,另一方面与开发商签订协议,是涉案协议的当事人,并依据协议的约定,在 App Store 运营中承担包括协议内容、政策的修改,应用程序的审核、分销和撤销等重要职责。

关于涉案应用程序是否为未经授权的侵权应用程序,法院认为就在案证据而言,被上诉人已经提供了初步证据证明了涉案应用程序使用了涉案作品并且未经许可,故在无相反证据的情况下,原审法院认定该涉案应用程序侵权,并无不当。

关于苹某公司是否应负有较高的注意义务,对于第三方侵权行为是否属于应知,法院认为网络服务提供者的过错包括对于网络用户侵害信息网络传播权行为的明知或者应知;根据侵权的具体事实是否明显,综合考虑网络服务提供者提供服务应当具备的管理信息的能力,及网络服务提供者是否主动对作品进行了选择、编辑、推荐等各种因素,综合认定网络服务提供者是否构成应知;网络服务提供者从网络用户提供的作品、表演、录音录像制品中直接获得经济利益的,人民法院应当认定其对该网络用户侵害信息网络传播权的行为负有较高的注意义务。由于苹某公司已提供涉案应用程序开发者的信息,因此在无相反证据的情况下,可以认定涉案应用程序系第三方开发商上传。苹某公司所经营的应用程序商店,是为开发者上传涉案应用程序供公众下载提供服务,属于网络服务提供行为。由于苹某公司所经营的应用程序商店是一个以收费下载为主的网络服务平台,并且在与开发商的协议中,约定了固定比例的直接收益,因此可以认定苹某公司应对开发商的侵权行为负有较高的注意义务。苹某公司在可以明显感知涉案应用程序为应用程序开发商未经许可提供的情况下,仍未采取合理措施,故可以认定苹某公司并未尽到上述注意义务,具有主观过错,其涉案行为构成侵权。

关于苹某公司的涉案行为是否属于法定的网络服务商的免责事项,法院认为:苹某公司对于应用程序商店具有极强的管控能力,绝非简单地提供存储空间而已。苹某公司对于可以在应用程序商店上发布的应用程序采取了符合其自身政策需求的选择与挑选,而无需受到第三方开发者的限制。这与一般的信息存储空间网络服务提供是存在差别的。此外,如前文所述,苹某公司从涉案应用程序中直接获利,应当知道开发商侵权的情况。

此外,北京市高级人民法院还就麦某在原审法庭辩论后提出的新的诉讼请求原审法院予以接受是否正确,以及原审法院确定的赔偿数额是否适当等问题,对一审判决的认定予以肯定。

在上述认定基础上,北京市高级人民法院判决驳回上诉,维持原判。

该案涉及信息网络平台出现侵害他人著作权的作品,相关信息网络平台是否应当承担侵害著作权责任的问题。该案中,苹某公司是一个国际性公司,其在我国实施的与受著作权保护作品有关的行为受到我国《著作权法》的调整。在该案中,由于其所运营的应用程序商店 App Store 是一个以收费下载为主的网络服务平台,且其与第三方开发商在协议中约定了固定收益比例,从应用程序商店 App Store 的运营中获取了直接经济利益,故一审、二审法院均认定其对于在其运营的平台上发生的著作权侵权行为具有较高的注意义务,其对于开发商上传涉案侵权应用程序构成应知,存在主观过错,因而侵犯了麦某对涉案作品享有的信息网络传播权,应承担相应的法律责任。该案为认识著作权国际保护和网络环境下著作权侵权认定提供了较为重要的启发。

主要参考文献

中文图书

1. 王利明主编:《中国民法典释评·总则编》,中国人民大学出版社 2020 年版。
2. 程啸:《民法学》(第 6 版),法律出版社 2020 年版。
3. 郑成思:《知识产权论》(第 3 版),法律出版社 2003 年版。
4. 刘春田主编:《知识产权法》(第 5 版),高等教育出版社 2015 年版。
5. 刘春田主编:《知识产权法》(第 5 版),中国人民大学出版社 2014 年版。
6. 吴汉东:《知识产权总论》(第 4 版),中国人民大学出版社 2020 年版。
7. 吴汉东主编:《知识产权法》(第 5 版),法律出版社 2014 年版。
8. 吴汉东:《知识产权法多维度解读》,北京大学出版社 2008 年版。
9. 吴汉东等:《知识产权基本问题研究》,中国人民大学出版社 2005 年版。
10. 冯晓青:《知识产权法律制度反思与完善:法理·立法·司法》,知识产权出版社 2021 年版。
11. 冯晓青:《企业知识产权战略》(第 4 版),知识产权出版社 2015 年版。
12. 冯晓青:《技术创新与企业知识产权战略》(第 4 版),知识产权出版社 2015 年版。
13. 冯晓青主编:《知识产权法》(第 3 版),中国政法大学出版社 2015 年版。
14. 冯晓青主编:《知识产权法》(第 2 版),武汉大学出版社 2014 年版。
15. 冯晓青:《知识产权法利益平衡理论》,中国政法大学出版社 2006 年版。
16. 冯晓青:《知识产权法哲学》,中国人民公安大学出版社 2003 年版。
17. 郑成思:《版权法》(修订版),中国人民大学出版社 1997 年版。
18. 吴汉东:《著作权合理使用制度研究》,中国政法大学出版社 2005 年版。
19. 黄薇、王雷鸣主编:《〈中华人民共和国著作权法〉导读与释义》,中国民主与法制出版社 2021 年版。
20. 杨伯勇主编:《著作权法原理解读与审判实务》,法律出版社 2021 年版。
21. 张今:《著作权法学》(第 3 版),北京大学出版社 2020 年版。
22. 李扬:《著作权法基本原理》,知识产权出版社 2019 年版。
23. 崔国斌:《著作权法:原理与案例》,北京大学出版社 2019 年版。
24. 王迁:《著作权法学》,北京大学出版社 2015 年版。
25. 王迁:《网络环境中的著作权保护研究》,法律出版社 2011 年版。
26. 李明德、管育鹰、唐广良:《〈著作权法〉专家建议稿说明》,法律出版社 2012 年版。
27. 汤宗舜:《著作权法原理》,知识产权出版社 2005 年版。
28. 李明德、许超:《著作权法》,法律出版社 2003 年版。

29. 费安玲:《著作权法教程》,知识产权出版社 2003 年版。
30. 姚红主编:《中华人民共和国著作权法释解》,群众出版社 2001 年版。
31. 韦之:《著作权法原理》,北京大学出版社 1998 年版。
32. 冯晓青主编:《著作权侵权专题判解与学理研究》(第 1 分册),中国大百科全书出版社 2010 年版。
33. 冯晓青主编:《著作权侵权专题判解与学理研究》(第 2 分册 · 网络空间著作权),中国大百科全书出版社 2010 年版。
34. 胡康生主编:《中华人民共和国著作权法释义》,北京师范学院出版社 1990 年版。
35. 江平等主讲:《中华人民共和国著作权法讲析》,中国国际广播出版社 1991 年版。
36. 河山、肖水:《著作权法概要》,人民出版社 1991 年版。
37. 沈仁干、钟颖科:《版权法概论》,黑龙江教育出版社 1988 年版。
38. 沈仁干等编著:《中华人民共和国著作权法讲话》,法律出版社 1991 年版。
39. 周贺微:《著作权法激励理论研究》,中国政法大学出版社 2017 年版。
40. 张革新:《现代著作权法》,中国法制出版社 2006 年版。
41. 肖雄淋:《著作权法论》(第 7 版),台北,五南图书出版股份有限公司 2010 年版。
42. [日]半田正夫、纹谷畅男编:《著作权法 50 讲》,魏启学译,法律出版社 1990 年版。
43. [美]阿瑟 · R. 米勒、迈克 · H. 戴维斯:《知识产权法:专利、商标和著作权》(影印本第 3 版),法律出版社 2004 年版。
44. [英]蒂娜 · 哈特等:《知识产权法》(影印本第 2 版),法律出版社 2003 年版。
45. [匈]米哈依 · 菲彻尔:《版权法与因特网》(上、下),郭寿康、万勇、相靖译,中国大百科全书出版社 2009 年版。
46. [加]迈克尔 · 盖斯特主编:《为了公共利益——加拿大版权法的未来》,李静译,知识产权出版社 2008 年版。

英文资料

1. W. R. Cornish, *Intellectual Property: Patents, Copyright, Trade Marks and Allied Rights*, London, 1996.
2. Peter Drahos, *A Philosophy of Intellectual Property*, Dartmouth: Publishing Company Limited, 1996.
3. Shyamkrishna Balganesh, *Privative Copyright*, 73 VAND. L. REV. 1 (2020).
4. Dotan Oliar, *The Copyright – Innovation Tradeoff: Property Rules, Liability Rules, and Intentional Infliction of Harm*, 64 Stan. L. REV. 951 (2012).
5. Christopher S. Yoo, *Rethinking Copyright and Personhood*, 2019 U. ILL. L. REV. 1039 (2019).
6. Justin Hughes & Robert P. Merges, *Copyright and Distributive Justice*, 92 NOTRE DAME L. REV. 513 (2016).
7. Christopher Sprigman, *Reform(aliz)ing Copyright*, 57 Stan. L. REV. 485 (2004).
Christopher Buccafusco, *A Theory of Copyright Authorship*, 102 VA. L. REV. 1229 (2016).
8. Shyamkrishna Balganesh, *Copyright as Market Prospect*, 166 U. PA. L. REV. 443 (2018).
9. Jon M. Garon, *Normative Copyright: A Conceptual Framework for Copyright Philosophy and Ethics*, 88 CORNELL L. REV. 1278 (2003).
10. Joseph P. Fishman, *Originality's Other Path*, 109 CAL. L. REV. 861 (2021).
11. Larry A. DiMatteo, *Human Capital and the Search for Originality*, 16 BERKELEY Bus. L. J. 267 (2019).

12. Dave Fagundes & Aaron Perzanowski, *Abandoning Copyright*, 62 WM. & MARY L. REV. 487 (2020).
13. Stewart E. Sterk, *Rhetoric and Reality in Copyright Law*, 94 MICH. L. REV. 1197 (1996).
14. Pamela Samuelson, *Strategies for Discerning the Boundaries of Copyright and Patent Protections*, 92 NOTRE DAME L. REV. 1493 (2017).
15. Amy B. Cohen, *Copyright Law and the Myth of Objectivity: The Idea – Expression Dichotomy and the Inevitability of Artistic Value Judgements*, 66 IND. L. J. 175 (1990).
16. Dennis S. Karjala, *Congestion Externalities and Extended Copyright Protection*, 94 GEO. L. J. 1065 (2006).
17. Cathay Y. N. Smith, *Political Fair Use*, 62 WM. & MARY L. REV. 2003 (2021).
18. Dan L. Burk, *Algorithmic Fair Use*, 86 U. CHI. L. REV. 283 (2019).
19. Wendy J. Gordon, *Fair Use as Market Failure: A Structural and Economic Analysis of the Betamax Case and Its Predecessors*, 82 COLUM. L. REV. 1600 (1982).
20. Jessica Litman, *Lawful Personal Use*, 85 TEX. L. REV. 1871 (2007).
21. Jacob Victor, *Reconceptualizing Compulsory Copyright Licenses*, 72 Stan. L. REV. 915 (2020).
22. Matthew Sag, *Internet Safe Harbors and the Transformation of Copyright Law*, 93 NOTRE DAME L. REV. 499 (2017).
23. Abraham Bell & Gideon Parchomovsky, *Restructuring Copyright Infringement*, 98 TEX. L. REV. 679 (2020).
24. Ben Depoorter, *Copyright Enforcement in the Digital Age: When the Remedy Is the Wrong*, 66 UCLA L. REV. 400 (2019).
25. Christopher Buccafusco & David Fagundes, *The Moral Psychology of Copyright Infringement*, 100 MINN. L. REV. 2433 (2016).
26. Mark A. Lemley & R. Anthony Reese, *Reducing Digital Copyright Infringement without Restricting Innovation*, 56 Stan. L. REV. 1345 (2004).
27. Laura A. Heymann, *Knowing How to Know: Secondary Liability for Speech in Copyright Law*, 55 WAKE Forest L. REV. 333 (2020).
28. David Nimmer, *Investigating the Hypothetical Reasonable Royalty for Copyright Infringement*, 99 B. U. L. REV. 1 (2019).
29. Oren Bracha & Talha Syed, *The Wrongs of Copyright's Statutory Damages*, 98 TEX. L. REV. 1219 (2020).
30. Joseph P. Fishman, *Derivable Works*, 67 UCLA L. REV. 122 (2020).